KB210174

제2판

위탁선거법강의

이용복 · 윤상화

박영사

제2판 서문

지난 2022. 9. 본서를 처음 선보인 이후, 위탁선거법 전반에 많은 변화가 있었다.

예비후보자 제도와 활동보조인 제도가 신설되었고, 선거인들의 연락처를 가상번호로 제공받을 수 있게 되는 등 후보자의 선거운동에 관한 권리가 확대되었다. 한편 후보자의 범죄경력을 조회하여 선거공보에 게재하게 하는 등 선거인의 알 권리도 더욱 충실해졌다.

위탁선거법의 적용 범위도 보다 넓어져 2025. 3. 5.에는 새마을금고 이사장 선거가 위탁선거법 적용 하에 첫 전국동시선거로 실시를 앞두고 있고, 신용협동조합 이사장 선거도 의무위탁선거가 되어 2025. 11. 12. 전국동시선거로 실시될 예정이다.

이러한 변화에 발맞추어 개정된 각 법률조항에 대한 해설과 그동안 누적된 판례들을 정리하고 반영하여 본 개정판을 출간하기에 이르렀다.

2025. 1.

이용복, 윤상화

서문

선거관리위원회는 「농업협동조합법」, 「수산업협동조합법」, 「산림조합법」에 따른 조합과 중앙회, 「중소기업협동조합법」에 따른 중소기업중앙회, 「새마을금고법」에 따른 금고와 중앙회, 「도시 및 주거환경정비법(약칭 : 도시정비법)」에 따른 조합과 조합설립추진위원회, 「국민체육진흥법」에 따른 대한체육회, 지방체육회 및 대한장애인체육회, 「신용협동조합법」에 따른 조합과 중앙회 등 관련 법률에 따른 공공단체 등으로부터 조합장, 중앙회장, 이사장, 추진위원장 등에 대한 선거를 위탁받아 관리하고 있는바, 「공공단체등 위탁선거에 관한 법률(약칭 : 위탁선거법)」은 이들 공공단체 등이 위탁하는 선거에 관한 절차 및 방법 등을 규율하는 법률이다.

위탁선거법은 2014. 6. 11. 법률 제12755호로 제정된 이래 2차례 걸친 전국동시조합장선거 등 많은 위탁선거에 적용되어 왔으나, 그에 관한 주석서나 해설서가 없어 통일적인 법 해석과 적용에 어려움이 있었다.

이 책은 위탁선거법에서 정한 위탁선거의 절차 및 방법 등 위탁선거 전반을 다루었다. 지금까지 축적된 대법원 및 헌법재판소 판례에서 나타난 각종 이론과 사례를 바탕으로 각 조문별로 체계적으로 정리하였다. 법 시행이 오래지 않아 축적된 판례가 없는 부분은 공직선거법에 관한 판례와 법리를 원용하였다. 위탁선거법의 전체 조문에 대하여 각 부분별로 나누어 상술하면서, 관련 법률의 변경에 따라 위탁선거법의 개정이 필요한 부분도 함께 기술하였다.

2022. 9.

이용복

차례

제1장 위탁선거제도 일반

제2장 공공단체등의 조합장 등의 선출방법

제3장 위탁선거의 선거권자

제4장 위탁선거의 피선거권자

제5장 위탁선거의 선거인, 선거인명부, 선거일 및 선거기간

제6장 위탁선거의 후보자

제7장 위탁선거의 선거운동

제8장 위탁선거의 투표 및 개표

제9장 위탁선거의 당선인

제10장 위탁선거의 선거관리경비

제11장 재선거 · 보궐선거 및 연기된 선거

제12장 위탁선거에 관한 쟁송

제13장 위탁선거의 특별형사소송절차

제14장 위탁선거범죄로 인한 당선무효

제15장 위탁선거의 벌칙

제16장 위탁선거의 과태료

일러두기

1. 「공공단체등 위탁선거에 관한 법률」은 '위탁선거법'으로, 「공공단체등 위탁선거에 관한 규칙」은 '위탁선거규칙'으로 약칭한다.

2. 「도시 및 주거환경정비법」은 「도시정비법」으로 약칭한다.

3. 법과 시행령을 기재할 때에는 「 」안에 기재한다. 다만, ( )안에 법령을 인용할 때에는 「 」표시를 하지 아니하고, 위탁선거법과 위탁선거규칙도 「 」표시를 하지 아니한다.
   예) 「농업협동조합법」 제29조 제2항 제1호 → (농업협동조합법§29②1.)

4. ( )안에 법령의 조문을 인용할 때에의 법조문의 표시는 '조'는 해당 조의 숫자 앞에 '§'를 표시하고, '항'은 '○'안에 해당 항의 숫자를 기재하고, '호'는 아라비아숫자로 표시하고 점을 찍고, '목'은 '가, 나, 다 …'순으로 표시하고 점을 찍는다.
   예) 위탁선거법 제112조 제2항 제3호 라목 → (법§112②3.라.)
   위탁선거법 제19조 제1호 → (법§19 1.)

5. 각주의 참고문헌 중 책 또는 교과서는 『 』, 논문 또는 기사는 「 」로 그 제목을 인용한다. 참고문헌목록은 별도로 작성하지 않는다.

6. 각주의 중앙선거관리위원회의 질의회답은 '중앙선관위 질의회답'으로 약칭한다.

제1장 위탁선거제도 일반

1. 총설

가. 위탁선거법의 연혁

선거관리위원회는 구「선거관리위원회법(2014. 6. 11. 법률 제12756호로 개정되기 전의 것)」[1]에 근거하여 법령의 규정에 따라 「농업협동조합법」, 「수산업협동조합법」, 「산림조합법」에 의한 조합의 조합장과 중앙회장에 대한 선거를 위탁받아 관리하여 왔다. 그러나 각 조합장 등의 선거에 대한 개별 근거법의 규정 내용이 다르고, 조합장 등의 선거에 대한 개별 법률은 구체적인 선거운동의 방법 등을 정관 등에 위임하여 선거인과 피선거인의 권리를 법률의 근거 없이 제한할 수 있고, 해당 정관의 경우에도 구체적인 사항이 규정되어 있지 않는 경우가 많아 공정하고 깨끗한 선거 및 선거관리가 이루어지기 어려운 면이 많았다. 조합은 원칙적으로 조합원의 권익을 위해 존재하고 강제가입 등 강제적 요소를 가지지 않는다는 점에서 공공조합에 해당한다고 볼 수 없으나 조합의 설립목적과 취지, 활동 및 기능을 고려했을 때 일반기업과는 구별되는 강한 공공성[2]을 갖고 있다.[3] 이러한 공공성과 함께 조합이 치르는 선거는 지

---

1) 「선거관리위원회법(2014. 6. 11. 법률 제12756호로 개정되기 전의 것)」 제3조(위원회의 직무)
① 선거관리위원회는 법령이 정하는 바에 의하여 다음 각 호의 사무를 행한다.
1. 국가 및 지방자치단체의 선거에 관한 사무
2. 국민투표에 관한 사무
3. 정당에 관한 사무
4. 제1호에 규정된 선거 이외에 법령의 규정에 따라 이 법에 의한 선거관리위원회가 관리하는 공공단체의 선거(이하 "위탁선거"라 한다)에 관한 사무
5. 기타 법령으로 정하는 사무

2) 헌법재판소는, 농협의 성격과 관련하여, '농협은 기본적으로 사법인의 성격을 지니지만, 농협법에서 정하는 특정한 국가적 목적을 위하여 설립되는 공공성이 강한 법인으로 그 수행하는 사업 내지 업무가 국민경제에서 상당한 비중을 차지하고 국민경제 및 국가전체의 경제와 관련된 경제적 기능에 있어서 금융기관에 준하는 공공성을 가진다.'고 하여 농협의 공공성을 강조하였다

역사회에 미치는 영향이 매우 크기 때문에 선거의 공정성이 반드시 확보되어야 하고, 선거운동의 주체, 선거운동의 방법, 위반행위에 대한 제재 등은 모두 국민의 기본권과 관련된 내용이므로 법률에 근거를 두고 이루어져야 하고, 선거의 공정성을 담보하는 전제로서 통일적이고 효율적인 선거관리를 할 필요가 있었다.[4] 또한 이러한 조합장선거 외에 관련 법률에 따라 선거관리위원회에 위탁하여 실시할 수 있는 중소기업중앙회 및 새마을금고 임원 등의 선거에 관한 규정도 체계적으로 일원화하여 함께 규정할 필요성이 있었다.

이러한 위탁선거관리에 관한 통일적인 법률의 필요성에 따라, 각 조합법을 비롯한 개별 법률에서 다르게 규정하고 있는 선거절차 등에 관한 규정을 통일성 있게 규율함으로써 공공단체 등의 자율성을 존중하면서도 선거의 공정성이 확보되도록 하기 위하여, 2014. 6. 11. 법률 제12755호로 공공단체등의 선거가 깨끗하고 공정하게 이루어지도록 함으로써 공공단체등의 건전한 발전과 민주사회 발전에 기여함을 목적(위탁선거법§1)으로 하는 「공공단체등 위탁선거에 관한 법률(약칭 : 위탁선거법)」이 제정되었다. 위탁선거법은 공공단체 선거의 공정성과 투명성을 담보하고 선거인들의 자유로운 의사결정을 보장하여 궁극적으로 공공단체의 건전한 발전과 민주사회 발전에 기여함을 목적으로 한다.[5]

위와 같이 제정된 위탁선거법에 따라 2015. 3. 11. 실시한 제1회 전국동시조합장선거는 과거에 비하여 선거과정과 절차의 공정성을 제고하였다는 긍정적인 평가에도 불구하고, 후보자의 선거운동방법이 제한되어 있어, 후보자의 정책을 유권자에게 알릴 수 있는 기회가 부족하다는 지적이 있었고, 특히 중앙회장선거와 총회 또는 대의원회에서 선출하는 조합장선거의 경우 총회 외에서 직접 선출하는 조합장선거보다 선거운동방법을 더욱 제한하고 있을 뿐만 아니라 위탁선거법 제정 전까지 해당 조합의 정관에 따라 실시해왔던 '선거일 투표개시 전 후보자의 소견발표'를 할 수 없게 됨

(2012. 12. 27. 선고 2011헌마562, 2012헌마282(병합) 결정).

3) 협동조합의 원칙은 민주성과 자주성을 기본으로 한다. 협동조합의 자주성은 대외적으로 외부세력으로부터 지배·간섭을 받지 않고 주체적이고 독자적으로 조직을 유지하고 활동하는 것을 말하고, 협동조합의 민주성은 대내적으로 조합원의 자유와 평등을 전제로 조합의 의사가 직접 또는 간접으로 조합원의 총의에서 형성되어 집행되는 것을 말한다(이한솔, 「협동조합장 선거법의 헌법적 쟁점에 관한 연구」, 연세대학교 석사학위 논문(2016), 39쪽).

4) 고려대학교 산학협력단, 「위탁선거관리에 관한 기본법 제정을 위한 합리적 입법 방안 고찰(2012. 10.)」

5) 대구지방법원 2019. 11. 15. 선고 2019노3419 판결

으로써 후보자의 선거운동의 자유와 유권자의 알권리가 제한되는 불합리한 결과를 초래하였다.

이에 따라, 2015. 12. 24. 법률 제13619호로 개정된 위탁선거법은 후보자의 선거운동의 자유와 유권자의 알권리 보장을 위하여 중앙회장선거와 총회 또는 대의원회에서 선출하는 조합장선거의 특수성을 고려하여 투표에 앞서 후보자의 소견발표를 허용하였다. 그러나 위탁선거 중 「농업협동조합법」, 「수산업협동조합법」에 따른 조합과 중앙회 및 「산림조합법」에 따른 조합 선거의 경우는 선거운동제한·금지 및 벌칙이 적용되도록 규정되어 있는 반면에, 그 밖에 개별법령에 따라 위탁하는 선거는 금품·향응제공·후보자비방·허위사실공표 등 선거질서 문란행위를 근절하기 위한 제도적 장치가 없어 선거의 공정성과 투명성 확보에 어려움이 예상되었다. 이후 2016. 12. 27. 법률 제14523호로 개정된 위탁선거법은 개별 법령에서 의무적으로 위탁하도록 한 선거의 경우 선거운동제한·금지 및 벌칙을 적용하도록 하는 한편, 대학의 총장 후보자 추천 선거는 대학의 자율성을 존중하여 선거운동제한·금지 및 벌칙 규정 적용에서 제외하였다.

하지만 지역구가 협소하고 후보자와 선거인의 사적 연대가 존재하는 조합장 선거와 달리 중앙회장 선거는 전국단위 선거로 후보자의 능력이나 공약 등을 알릴 수 있는 선거운동이 더욱 중요함에도, 선거운동 주체, 기간 등을 조합장 선거와 일원화하여 규정하고 있어 선거운동기간이 짧아 후보자의 알릴 권리와 선거인의 알 권리가 충분히 보장되지 못하고 있었고, 사(死)표를 줄이고 중앙회장의 대표성을 강화하기 위해 결선투표제를 도입하고 있었음에도 결선투표에 오르지 못한 후보자를 지지한 선거인들을 상대로 한 2차적인 선거운동을 할 수 있는 수단이 없었다. 이에 따라 2017. 12. 26. 법률 제15327호로 개정된 위탁선거법은 조합장 선거와 달리 전국단위 선거로써 특수성을 가지는 중앙회장 선거에 한해 예비후보자제도를 도입하고 선거일 당일 문자메시지를 전송하는 방법으로 선거운동을 하는 것을 허용하였다.

의무위탁선거 대상에서 빠져있던 산림조합중앙회도 농업협동조합중앙회 및 수산업협동조합중앙회와 마찬가지로 의무위탁선거 대상으로 하기 위하여 2023. 3. 2. 법률 제19227호로 위탁선거법이 개정되었고, 이어서 2023. 8. 8. 법률 제19623호로 위탁선거법을 개정하여 새마을금고의 이사장 및 중앙회장 선거를 의무위탁선거로 규정하여 동시이사장선거를 동시조합장선거의 방법에 준해서 실시하도록 하고, 투표소 설치의 경우 원칙적으로 읍·면·동마다 1개씩 설치하도록 하되, 금고의 주된 사무소가 설치되지 아니한 지역 등에 대해서는 일부 읍·면·동에 투표소를 설치할 수 있도록 하는 한편, 선거운동의 주체·기간·방법, 후보자 소개 및 소견발표, 기부행위제한, 축의·부의금품 제공제한 등 선거운동 적용 대상에 새마을금고 이사장 및 중앙회장을 추가하여 산림조합중앙회장선거와 새마을금고의 이사장 및 중앙회장 선거가 청렴하고 공정하게 이루어질 수 있도록 하였다.

2024. 1. 30. 법률 제20179호로 개정된 위탁선거법은 후보자 외에 후보자가 배우자, 직계존비속 또는 해당 위탁단체의 임직원이 아닌 조합원·회원 중에서 지정하는 1명도 선거운동을 할 수 있도록 하고, 중앙회장선거에만 적용되던 예비후보자 제도를 조합장선거 및 이사장선거에도 도입하며, 장애인 예비후보자·후보자가 그의 활동을 보조하기 위하여 배우자, 직계존비속 또는 해당 위탁단체의 임직원이 아닌 조합원·회원 중에서 1명의 활동보조인을 둘 수 있도록 하고, 후보자가 해당 위탁단체에 그 구성원의 이동전화번호가 노출되지 않도록 생성한 휴대전화 가상번호를 이동통신사업자로부터 제공받아 제공하여 줄 것을 요청할 수 있도록 하며, 해당 위탁단체가 개최하는 공개행사에 예비후보자·후보자가 방문하여 자신의 정책을 발표할 수 있도록 하는 한편, 위탁단체로 하여금 선거인명부작성개시일 전 30일까지 회원명부를 정비하도록 하고, 후보자가 되려는 사람이 범죄경력조회를 요청할 수 있는 근거를 마련하였다.

나. 위탁선거의 의의

(1) 위탁선거의 정의

'위탁선거'란 '관할위원회'가 공공단체등으로부터 선거의 관리를 위탁받은 선거를 말한다(위탁선거법§3 4.).

'관할위원회'란 위탁단체의 주된 사무소 소재지를 관할하는 「선거관리위원회법」에 따른 구·시·군 선거관리위원회(세종특별자치시선거관리위원회를 포함한다)를 말한다. 다만 법령에서 관할위원회를 지정하는 경우에는 해당 선거관리위원회를 말한다(위탁선거법§3 3.)

(2) 위탁단체

'위탁단체'란 임원 등의 선출을 위한 선거의 관리를 선거관리위원회에 위탁하는 '공공단체등'을 말한다(위탁선거법§3 2.).

‘공공단체등’이란 다음 각 목의 어느 하나에 해당하는 단체를 말한다(위탁선거법§3 1.).

가. 「농업협동조합법」, 「수산업협동조합법」 및 「산림조합법」에 따른 조합 및 중앙회와 「새마을금고법」에 따른 금고 및 중앙회

나. 「중소기업협동조합법」에 따른 중소기업중앙회 및 「도시 및 주거환경정비법(약칭 : 도시정비법)」에 따른 조합과 조합설립추진위원회

다. 그 밖의 법령에 따라 임원 등의 선출을 위한 선거의 관리를 선거관리위원회에 위탁하여야 하거나 위탁할 수 있는 단체[「공직선거법」 제57조의4(당내경선사무의 위탁)에 따른 당내경선 또는 「정당법」 제48조의2(당대표경선사무의 위탁)에 따른 당대표경선을 위탁하는 정당을 제외한다]

라. 그 밖에 가목부터 다목까지의 규정에 준하는 단체로서 임원 등의 선출을 위한 선거의 관리를 선거관리위원회에 위탁하려는 단체

(가) 「농업협동조합법」, 「수산업협동조합법」 및 「산림조합법」에 따른 조합 및 중앙회와 「새마을금고법」에 따른 금고 및 중앙회

「농업협동조합법」에 따른 조합이란 ‘지역조합’과 ‘품목조합’을 말하고(농업협동조합법§2 1.), ‘지역조합’에는 「농업협동조합법」에 따라 설립된 ‘지역농업협동조합(이하 “지역농협”이라 한다)’과 ‘지역축산업협동조합(이하 “지역축협”이라 한다)’이 있고(농업협동조합법§2 2.), ‘품목조합’이란 「농업협동조합법」에 따라 설립된 ‘품목별 · 업종별협동조합’을 말한다(농업협동조합법§2 3.).

‘지역농협’은 조합원의 농업생산성을 높이고 조합원이 생산한 농산물의 판로 확대 및 유통 원활화를 도모하며, 조합원이 필요로 하는 기술, 자금 및 정보 등을 제공하여 조합원의 경제적 · 사회적 · 문화적 지위향상을 증대시키는 것을 목적으로 하고(농업협동조합법§13), 「지방자치법」 제2조(지방자치단체의 종류) 제1항 제2호[6]에 따른 하나의 시 · 군 · 구에서 정관으로 정한 지역(다만, 생활권 · 경제권 등을 고려하여 하나의 시 · 군 · 구를 구역으로 하는 것이 부적당한 경우로서 농림축산식품부장관의 인가를 받은 경우에는 둘 이상의 시 · 군 · 구에서 정관으로 정할 수 있다)을 구역으로 하는 조합이다(농업협동조합법§14①).

‘지역축협’은 조합원의 축산업생산성을 높이고 조합원이 생산한 축산물의 판로 확

6) 「지방자치법」 제2조(지방자치단체의 종류) ① 지방자치단체는 다음의 두 가지 종류로 구분한다.
1. 특별시, 광역시, 특별자치시, 도, 특별자치도
2. 시, 군, 구

대 및 유통 원활화를 도모하며, 조합원이 필요로 하는 기술, 자금 및 정보 등을 제공함으로써 조합원의 경제적·사회적·문화적 지위향상을 증대하는 것을 목적으로 하고(농업협동조합법§103), 행정구역이나 경제권 등을 중심으로 하여 정관으로 정하는 지역을 구역(같은 구역에서는 둘 이상의 지역축협을 설립할 수 없다)으로 하는 조합이다(농업협동조합법§104).

'품목조합'은 정관으로 정하는 품목이나 업종의 농업 또는 정관으로 정하는 한우사육업, 낙농업, 양돈업, 양계업 그 밖에 대통령령[7]으로 정하는 가축사육업의 축산업을 경영하는 조합원에게 필요한 기술·자금 및 정보를 제공하고, 조합원이 생산한 농축산물의 판로 확대 및 유통 원활화를 도모하여 조합원의 경제적·사회적·문화적 지위향상을 증대시키는 것을 목적으로 하며(농업협동조합법§108), 정관으로 정한 지역을 구역으로 하는 조합이다(농업협동조합법§109).

「농업협동조합」에 따른 '중앙회'란 「농업협동조합법」에 따라 설립된 '농업협동조합중앙회'를 말한다(농업협동조합법§2 4.). '농업협동조합중앙회'는 회원의 공동이익의 증진과 그 건전한 발전을 도모하는 것을 목적으로 하며(농업협동조합법§113), 전국을 구역으로 한다(농업협동조합법§114②).

「수산업협동조합법」에 따른 조합이란 「수산업협동조합법」에 따라 설립된 '지구별 수산업협동조합(이하 "지구별수협"이라 한다)', '업종별 수산업협동조합(이하 "업종별수협"이라 한다)', '수산물가공 수산업협동조합(이하 "수산물가공수협"이라 한다)'을 말한다(수산업협동조합법§2 4.).

'지구별수협'은 조합원의 어업생산성을 높이고 조합원이 생산한 수산물의 판로 확대 및 유통의 원활화를 도모하며, 조합원에게 필요한 자금·자재·기술 및 정보 등을 제공함으로써 조합원의 경제적·사회적·문화적 지위향상을 증대시키는 것을 목적으

---

7) 「농업협동조합법 시행령」 제11조(품목조합의 가축사육업의 범위) 법 제108조(목적)에서 "대통령령으로 정하는 가축사업"이란 다음 각 호와 같다.
   1. 양봉업
   2. 토끼사육업
   3. 사슴사육업
   4. 염소사육업
   5. 개사육업
   6. 모피가축사육업
   7. 말사육업
   8. 오리사육업

로 하며(수산업협동조합법§13), 시·군의 행정구역에 따른 지역(다만, 해양수산부장관의 인가를 받은 경우에는 그러하지 아니하다)을 구역으로 하는 조합이다(수산업협동조합법§14①).

'업종별수협'은 어업을 경영하는 조합원의 생산성을 높이고 조합원이 생산한 수산물의 판로 확대 및 유통 원활화를 도모하며, 조합원에게 필요한 자금·자재·기술 및 정보 등을 제공함으로써 조합원의 경제적·사회적·문화적 지위향상을 증대함을 목적으로 하고(수산업협동조합법§104), 정관으로 정하는 지역을 구역으로 하는 조합이다(수산업협동조합법§105①).

'수산물가공수협'은 수산물가공업을 경영하는 조합원의 생산성을 높이고 조합원이 생산한 가공품의 판로 확대 및 유통 원활화를 도모하며, 조합원에게 필요한 기술·자금 및 정보 등을 제공함으로써 조합원의 경제적·사회적·문화적 지위향상을 증대함을 목적으로 하고(수산업협동조합법§109), 정관으로 정하는 지역을 구역으로 하는 조합이다(수산업협동조합법§110①).

「수산업협동조합법」에 따른 '중앙회'란 「수산업협동조합법」에 따라 설립된 '수산업협동조합중앙회'를 말한다(수산업협동조합법§2 5.). '수산업협동조합중앙회'는 회원의 공동이익의 증진과 건전한 발전을 도모함으로 목적으로 하며(수산업협동조합법§116), 전국을 구역으로 한다(수산업협동조합법§117②).

「산림조합법」에 따른 조합이란 '지역조합'과 '전문조합'을 말한다(산림조합법§2 1.).

'지역조합'이란 「산림조합법」에 따라 설립된 '지역산림조합'을 말하고(산림조합법§2 2.), '전문조합'이란 「산림조합법」에 따라 설립된 '품목별·업종별 산림조합'을 말한다(산림조합법§2 3.).

'지역조합'은 특별자치시·특별자치도·시·군·구(구는 자치구를 말하며, 이하 "시·군·구"라 한다)의 지역(다만, 시·군·구의 구역으로 조직하는 것이 부적당한 경우에는 산림청장의 승인을 받아 따로 구역을 정할 수 있다)을 구역으로 하고(산림조합법§13①), '전문조합'은 경제권역 또는 주 생산단지를 중심으로 정관으로 정하는 지역을 구역으로 하며(산림조합법§13②), '지역조합'과 '전문조합'은 조합원에게 필요한 기술, 자금 및 정보 등을 원활히 제공하여 지속 가능한 산림경영을 촉진하고 산림의 생산력을 증진하며, 조합원이 생산한 임산물의 판로 확대 및 유통의 원활화를 통하여 조합원의 경제적·사회적·문화적 지위향상을 도모함을 목적으로 한다(산림조합법§12). 이하에서는 '지역조합'과 '전문조합'을 모두 '산림조합'이라고 한다.

「산림조합법」에 따른 '중앙회'란 「산림조합법」에 따라 설립된 '산림조합중앙회'를 말한다(산림조합법§2 4.). '산림조합중앙회'는 회원의 공동이익의 증진과 건전한 발전을 도모함으로 목적으로 하며(산림조합법§87), 전국을 구역으로 한다(산림조합법§88②). 2020. 3. 24. 법률 제17096호로 「산림조합법」이 개정됨으로써 산림조합중앙회의 회장 선거도 의무위탁선거의 대상이 되었고(산림조합법§104⑦[8]), 2023. 3. 2. 법률 제19227호로 위탁선거법이 개정되면서 산림조합중앙회도 명시적으로 위탁단체에 포함되었다.

「새마을금고법」에 따른 금고란 국민의 자주적인 협동 조직을 바탕으로 우리나라 고유의 상부상조 정신에 입각하여 자금의 조성과 이용, 회원의 경제적 · 사회적 · 문화적 지위의 향상, 지역사회 개발을 통한 건전한 국민정신의 함양과 국가경제 발전에 이바지한다는 목적을 달성하기 위하여 「새마을금고법」에 따라 설립된 비영리법인인 '새마을금고'를 말한다(새마을금고법§2①, §1).

「새마을금고법」에 따른 '중앙회'란 모든 금고의 공동이익 증진과 지속적인 발전을 도모하기 위하여 「새마을금고법」에 따라 설립한 비영리법인인 '새마을금고중앙회'를 말한다(새마을금고법§2③). '새마을금고중앙회'는 금고를 구성원으로 하고 금고의 업무를 지도 · 감독한다(새마을금고법§54①).

(나) 「중소기업협동조합법」에 따른 중소기업중앙회 및 「도시정비법」에 따른 조합과 조합설립추진위원회

「중소기업협동조합법」에 따른 중소기업중앙회는 중소기업협동조합의 종류 중의 하나이며(중소기업협동조합법§3①4.), 전국을 업무구역(조합원 또는 회원의 자격을 가진 자의 지역 소재 범위를 말한다)으로 하고 각 업종 및 사업을 총괄한다(중소기업협동조합법§6④).

「도시정비법」에 따른 조합이란 정비사업을 시행하기 위하여 토지등소유자로 구성된 조합을 말한다(도시정비법§35①).

「도시정비법」에 따른 조합설립추진위원회란 「도시정비법」에 따른 조합을 설립하기 위하여 추진위원 및 추진위원회의 운영규정에 대한 토지등소유자 과반수의 동의를 받아 구성되는 조직을 말한다(도시정비법§31①).

---

8) 「산림조합법」 제104조(임원의 선출과 임기) ⑦ 중앙회는 제1항에 따른 회장 선출에 대한 선거관리를 정관으로 정하는 바에 따라 「선거관리위원회법」에 따른 중앙선거관리위원회에 위탁하여야 한다.

(다) 그 밖의 법령에 따라 임원 등의 선출을 위한 선거의 관리를 선거관리위원회에 위탁하여야 하거나 위탁할 수 있는 단체

1) 그 밖의 법령에 따라 임원 등의 선출을 위한 선거의 관리를 선거관리위원회에 위탁하여야 하는 단체

'그 밖의 법령에 따라 임원 등의 선출을 위한 선거의 관리를 선거관리위원회에 위탁하여야 하는 단체'에는 「신용협동조합법」에 따른 자산 1천억 원 이상의 지역조합 및 중앙회, 「국민체육진흥법」에 따른 대한체육회·지방체육회 및 대한장애인체육회, 「교육공무원법」에 따른 대학의 장 후보자를 추천할 때 해당 대학 교원, 직원 및 학생[9]의 합의된 방식과 절차에 따라 직접선거로 선정하는 경우의 해당 대학 등이 있다.

「신용협동조합법」에 따른 '지역조합'은 공동유대[10]를 바탕으로 하는 신용협동조직의 건전한 육성을 통하여 그 구성원의 경제적·사회적 지위를 향상시키고, 지역주민에게 금융편의를 제공함으로써 지역경제의 발전에 이바지하는 목적을 달성하기 위하여 「신용협동조합법」에 따라 설립된 비영리법인인 '신용협동조합(신용협동조합법§2 1.)' 중에서 동일한 행정구역·경제권 또는 생활권을 공동유대로 하는 조합을 말한다(신용협동조합법§2 8). 2023. 7. 18. 법률 제19565호로 「신용협동조합법」이 개정됨으로써 '지역조합' 중 대통령령으로 정하는 규모 이상의 자산을 보유한 지역조합의 이사장 선거가 의무 위탁의 대상이 되었으며(신용협동조합법§27의3②), 현행 규정은 직전 사업연도 평균잔액으로 계산한 총자산이 1천억 원 이상인 지역조합을 그 대상으로 하고 있다(신용협동조합법 시행령§14의5).

「신용협동조합법」에 따른 '중앙회'란 조합의 공동이익을 도모하기 위하여 「신용협

---

9) 2021. 9. 24. 법률 제18455호로 개정되기 전의 구「교육공무원법」 제24조의3(대학의 장 후보자 추천을 위한 선거사무의 위탁) 제1항은 "대학의 장 후보자를 추천할 때 제24조(대학의 장의 임용) 제3항 제2호에 따라 해당 대학 교원의 합의된 방식과 절차에 따라 직접선거로 선정하는 경우 해당 대학은 선거관리에 관하여 그 소재지를 관할하는 「선거관리위원회법」에 따른 구·시·군선거관리위원회에 선거관리를 위탁하여야 한다."고 규정하고 있었으나, 최근 국립대 총장 선임과정에 있어 직원·학생들의 의견을 무시하고 교수평의회가 총장후보자를 결정하는 경우가 있어 비교수 단체의 반발로 총장 선임이 중단되거나 소송이 진행되는 경우가 다수 발생하고 있으며, 학교의 주인이 교수가 아닌 교직원 및 학생임을 감안할 때 그 구성원을 교수로 한정할 경우 대학 운영의 민주성이 떨어진다는 지적이 있어, 총장 후보자를 교원, 직원 및 학생의 합의된 방식과 절차에 따라 선정할 수 있도록 해 총장 직선제를 뒷받침하기 위하여 2021. 9. 24. 법률 제18455호로 「교육공무원법」을 개정함으로써 총장 후보자를 추천할 때 교원, 직원 및 학생의 합의된 방식과 절차에 따르도록 하였다.

10) "공동유대"란 조합의 설립과 구성원의 자격을 결정하는 단위를 말한다(신용협동조합법§2 3.).

동조합법」에 따라 설립된 비영리법인인 '신용협동조합중앙회'를 말한다(신용협동조합법§2 2.). '신용협동조합중앙회'는 조합을 구성원으로 하고 조합의 업무를 지도·감독한다(신용협동조합법§61①). 2023. 7. 18. 법률 제19565호로 「신용협동조합법」이 개정됨으로써 신용협동조합중앙회의 회장 선거가 의무 위탁의 대상이 되었다(신용협동조합법§72⑨).

「국민체육진흥법」에 따른 '대한체육회'란 체육진흥에 관한 각종 사업과 활동을 하게 하기 위하여 문화체육관광부장관의 인가를 받아 설립된 단체이고(국민체육진흥법§33①), 「국민체육진흥법」에 따른 '지방체육회'란 지역사회의 체육진흥에 관한 각종 사업과 활동을 하게 하기 위하여 관할 지방자치단체의 장의 인가를 받아 설립된 단체이며(국민체육진흥법§33의2①), 「국민체육진흥법」에 따른 '대한장애인체육회'란 장애인 체육진흥에 관한 각종 사업과 활동을 하게 하기 위하여 문화체육관광부장관의 인가를 받아 설립된 단체를 말한다(국민체육진흥법§34①).

2) 그 밖의 법령에 따라 임원 등의 선출을 위한 선거의 관리를 선거관리위원회에 위탁할 수 있는 단체

'그 밖의 법령에 따라 임원 등의 선출을 위한 선거의 관리를 선거관리위원회에 위탁할 수 있는 단체'에는 「새마을금고법」에 따른 금고의 이사장을 제외한 임원선거(새마을금고법§23의2②), 「신용협동조합법」에 따른 '지역조합' 중 총자산이 1천억 원 미만인 조합의 이사장 선거(신용협동조합법§27의3②), 「신용협동조합법」에 따른 신용협동조합중앙회의 임원 선거(신용협동조합법§72⑨)가 있다.

한편, '그 밖의 법령에 따라 임원 등의 선출을 위한 선거의 관리를 선거관리위원회에 위탁할 수 있는 공공단체등'에는 「공직선거법」 제57조의4(당내경선사무의 위탁)[11]에 따른 당내경선 또는 「정당법」 제48조의2(당대표경선사무의 위탁)[12]에 따른 당대표

11) 「공직선거법」 제57조의4(당내경선사무의 위탁) ① 「정치자금법」 제27조(보조금의 배분)의 규정에 따라 보조금의 배분대상이 되는 정당은 당내경선사무 중 경선운동, 투표 및 개표에 관한 사무의 관리를 당해 선거의 관할선거구선거관리위원회에 위탁할 수 있다.
② 관할선거구선거관리위원회가 제1항에 따라 당내경선의 투표 및 개표에 관한 사무를 수탁관리하는 경우에는 그 비용은 국가가 부담한다. 다만, 투표 및 개표참관인의 수당은 당해 정당이 부담한다.
③ 제1항의 규정에 따라 정당이 당내경선사무를 위탁하는 경우 그 구체적인 절차 및 필요한 사항은 중앙선거관리위원회규칙으로 정한다.

12) 「정당법」 제48조의2(당대표경선사무의 위탁) ① 「정치자금법」 제27조(보조금의 배분)에 따라 보조금의 배분대상이 되는 정당의 중앙당은 그 대표자의 선출을 위한 선거(이하 이 조에서 "당대표경선"이라 한다)사무 중 투표 및 개표에 관한 사무의 관리를 중앙선거관리위원회에 위탁할

경선을 위탁하는 정당은 제외한다(위탁선거법§3 1.다.).

다. 위탁선거의 기본원칙

선거관리위원회는 위탁선거법에 따라 공공단체등의 위탁선거를 관리하는 경우 구성원의 자유로운 의사와 민주적인 절차에 따라 공정하게 행하여지도록 하고, 공공단체등의 자율성이 존중되도록 노력하여야 한다(위탁선거법§2).

공공단체등의 자율성이 존중되어야 하는 이유는 공공단체등이 기본적으로 구성원들의 이익을 목적으로 구성된 자율적 조직이라는 특성에서 비롯되었다.

2. 위탁선거의 종류

가. 의의

위탁선거에는 의무위탁선거와 임의위탁선거가 있다. 위탁선거법은 다음 각 호의 위탁선거에 적용한다(위탁선거법§4).

1. 의무위탁선거 : 위탁선거법 제3조(정의) 제1호 가목에 해당하는 공공단체등이 위탁하는 선거와 같은 조 제1호 다목에 해당하는 공공단체등이 선거관리위원회에 위탁하여야 하는 선거
2. 임의위탁선거 : 위탁선거법 제3조(정의) 제1호 나목 및 라목에 해당하는 공공단체등이 위탁하는 선거와 같은 조 제1호 다목에 해당하는 공공단체등이 선거관리위원회에 위탁할 수 있는 선거

나. 의무위탁선거

의무위탁선거는 선거의 관리를 선거관리위원회에 의무적으로 위탁하여야 하는 선거이다.

(1) 위탁선거법 제3조(정의) 제1호 가목에 해당하는 공공단체등이 위탁하는 선거

위탁선거법 제3조(정의) 제1호 가목에 해당하는 공공단체등은 「농업협동조합법」,

수 있다.
② 중앙선거관리위원회는 제1항에 따라 당대표경선의 투표 및 개표에 관한 사무를 수탁관리하는 경우 그 비용은 해당 정당이 부담한다.
③ 제1항에 따라 정당의 중앙당이 당대표경선사무를 위탁하는 경우 그 구체적인 절차와 필요한 사항은 중앙선거관리위원회규칙으로 정한다.

「수산업협동조합법」, 「산림조합법」에 따른 조합 및 중앙회, 「새마을금고법」에 따른 금고 및 중앙회다.

이들 공공단체등은 그 조합장이나 이사장 및 회장의 선출을 위한 선거의 관리를 선거관리위원회에 위탁하여야 한다. 위탁선거법 제4조(적용범위) 제1호가 의무위탁선거의 범위에 이들 조합과 중앙회가 위탁하는 선거를 규정하고 있지만, 이들 공공단체등에 관한 해당 법률에도 이들 공공단체등의 조합장이나 이사장 및 회장의 선출을 위한 선거관리를 선거관리위원회에 의무적으로 위탁하는 규정을 두고 있다.

「농업협동조합법」 제51조(조합선거관리위원회의 구성 · 운영 등) 제4항은 "지역농협은 제45조(임원의 정수 및 선출) 제5항 제1호 및 제2호[13]에 따라 선출하는 조합장 선거의 관리에 대하여는 정관으로 정하는 바에 따라 그 주된 사무소의 소재지를 관할하는 「선거관리위원회법」에 따른 구 · 시 · 군선거관리위원회에 위탁하여야 한다."고 규정하여, 지역농협의 조합장을 조합원이 총회 또는 총회 외에서 투표로 직접 선출하거나 대의원회에서 선출하는 경우에는 그 선거의 관리를 관할위원회에 의무적으로 위탁하도록 하고 있고, 지역축협과 품목조합의 경우에도 이를 준용하고 있다(농업협동조합법 §107, §112).

「농업협동조합법」 제130조(임원의 선출과 임기 등) 제8항은 "중앙회는 제1항[14]에 따른 회장 선출에 대한 선거관리를 정관으로 정하는 바에 따라 「선거관리위원회법」에 따른 중앙선거관리위원회에 위탁하여야 한다."고 규정하여, 농업협동조합중앙회의 회장은 총회에서 선출하고[15] 이에 대한 선거의 관리를 중앙선거관리위원회에 의무적으로 위탁하도록 하고 있다.

---

13) 「농업협동조합법」 제45조(임원의 정수 및 선출) ⑤ 조합장은 조합원 중에서 정관으로 정하는 바에 따라 다음 각 호의 어느 하나의 방법으로 선출한다.
 1. 조합원이 총회 또는 총회 외에서 투표로 직접 선출
 2. 대의원회가 선출
 3. 이사회가 이사 중에서 선출

14) 「농업협동조합법」 제130조(임원의 선출과 임기 등) ① 회장은 총회에서 선출하되, 회원인 조합의 조합원이어야 한다. 이 경우 회원은 제122조(총회) 제5항에도 불구하고 조합원 수 등 대통령령으로 정하는 기준에 따라 투표권을 차등하여 두 표까지 행사한다.

15) 구「농업협동조합법(2021. 4. 13. 법률 제18020호로 개정되기 전의 것)」아래에서는 농협중앙회의 대표자인 회장을 회원조합장 중 일부로 구성된 대의원회에서 선출하고 있었고, 이로 인하여 다수의 회원조합장이 대표자 선출에 참여하지 못하고 있었던 폐단이 있어, 2021. 4. 13. 법률 제18020호로 개정되어 2022. 4. 14.부터 시행된 「농업협동조합법」은 농협중앙회의 회장을 전체 회원조합의 조합장으로 구성된 총회에서 선출하도록 변경하였다.

「수산업협동조합법」 제54조(선거관리위원회) 제2항은 “지구별수협은 제46조(임원의 정수 및 선출) 제3항 제1호 및 제2호[16]에 따라 선출하는 조합장 선거의 관리에 대하여는 정관으로 정하는 바에 따라 그 주된 사무소의 소재지를 관할하는 「선거관리위원회법」에 따른 구·시·군선거관리위원회에 위탁하여야 한다.”고 규정하여, 지구별수협의 조합장을 조합원이 총회 또는 총회 외에서 투표로 직접 선출하거나 대의원회에서 선출하는 경우에는 그 선거의 관리를 관할위원회에 의무적으로 위탁하도록 하고 있고, 업종별수협과 수산물가공수협의 경우에도 이를 준용하고 있다(수산업협동조합법 §108, §113).

「수산업협동조합법」 제134조(임원의 선출 및 임기) 제7항은 “중앙회는 제1항[17]에 따른 회장 선출에 대한 선거관리를 정관으로 정하는 바에 따라 「선거관리위원회법」에 따른 중앙선거관리위원회에 위탁하여야 한다.”고 규정하여, 총회에서 선출하는 수산업협동조합중앙회의 회장 선거의 관리를 중앙선거관리위원회에 의무적으로 위탁하도록 하고 있다.

「산림조합법」 제40조의3(조합선거관리위원회의 구성·운영 등) 제2항은 “조합은 제35조(임원의 정수 및 선출) 제4항 제1호 및 제2호[18]에 따라 선출하는 조합장선거의 관리에 대하여는 정관으로 정하는 바에 따라 그 주된 사무소의 소재지를 관할하는 「선거관리위원회법」에 따른 구·시·군선거관리위원회에 위탁하여야 한다.”고 규정하여, 조합원이 총회 또는 총회 외에서 투표로 직접 선출하거나 대의원회에서 선출하는 조합의 조합장 선거의 관리를 관할위원회에 의무적으로 위탁하도록 하고 있다.

「산림조합법」 제104조(임원의 선출과 임기) 제7항은 “중앙회는 제1항[19]에 따른 회장

---

16) 「수산업협동조합법」 제46조(임원의 정수 및 선출) ③ 조합장은 조합원(법인인 경우에는 그 대표자를 말한다) 중에서 정관으로 정하는 바에 따라 다음 각 호의 어느 하나의 방법으로 선출한다.
  1. 조합원이 총회 또는 총회 외에서 투표로 직접 선출
  2. 대의원회의 선출
  3. 이사회가 이사회 구성원 중에서 선출

17) 「수산업협동조합법」 제134조(임원의 선출 및 임기) ① 회장은 총회에서 선출하되, 회원인 조합의 조합원이어야 한다.

18) 「산림조합법」 제35조(임원의 정수 및 선출) ④ 조합장은 조합원 중에서 정관으로 정하는 바에 따라 다음 각 호의 어느 하나의 방법으로 선출한다.
  1. 조합원이 총회 또는 총회 외에서 직접 투표로 선출
  2. 대의원회에서 선출

19) 「산림조합법」 제104조(임원의 선출과 임기) ① 회장은 총회에서 선출하되, 회원인 조합의 조합원이어야 한다.

선출에 대한 선거관리를 정관으로 정하는 바에 따라 「선거관리위원회법」에 따른 중앙선거관리위원회에 위탁하여야 한다."고 규정하여, 총회에서 선출하는 산림조합중앙회의 회장 선거의 관리를 중앙선거관리위원회에 의무적으로 위탁하도록 하고 있다.

구「새마을금고법(2021. 10. 19. 법률 제18492호로 일부 개정되어 2022. 4. 22. 시행되기 전의 것)」 제23조의2(선거관리의 위탁)는 "금고는 임원선거의 관리에 대하여 정관으로 정하는 바에 따라 그 주된 사무소의 소재지를 관할하는 「선거관리위원회법」에 따른 구·시·군선거관리위원회에 위탁할 수 있다."고 규정하여, 금고의 이사장뿐만 아니라 부이사장, 이사 및 감사 등 임원의 선출에 대한 선거관리를 관할위원회에 임의적으로 위탁할 수 있도록 하였고, 새마을금고중앙회도 이를 준용하도록 하였다(구 새마을금고법(2021. 10. 19. 법률 제18492호로 일부 개정되어 2022. 4. 22. 시행되기 전의 것)§64의2⑥).

그러나 2021. 10. 19. 법률 제18492호로 개정되어 2022. 4. 20.부터 시행된 「새마을금고법」은 개정되기 전의 법 아래에서 실제로는 금고의 약 80% 가량이 간선제 방식으로 이사장을 선출하고 있고 선거과정에서 선거부정 등이 발생하는 사례가 나타나고 있으며, 금고 부이사장 및 새마을금고중앙회 부회장은 특별한 역할을 부여받고 있지 아니하여 선거비용 발생에 비해 제도를 유지할 실익이 적다는 지적이 제기되고 있어, 소규모 금고 등 일부 금고를 제외하고는 이사장을 회원의 투표로 직접 선출하도록 하고, 금고 이사장 및 새마을금고중앙회장 선거를 농협·수협 등 유사 상호금융기관과 같이 선거관리위원회에 의무적으로 위탁하도록 하고, 금고 부이사장 및 새마을금고중앙회 부회장 제도를 폐지하였다. 개정된 주요내용을 보면, i) 금고의 부이사장 및 새마을금고중앙회 부회장 제도를 폐지하고(새마을금고법§17②, §18①, §18⑨단서, §19③본문, §25⑥, §60②, §64①)[20], ii) 소규모 금고 등 일부 금고를 제외하고는 이사장

---

20) 「새마을금고법」 제17조(이사회) ② 이사회는 이사장을 포함한 이사로 구성하며, 이사장이 이를 소집한다.

제18조(임원의 선임 등) ① 금고의 임원으로 이사장 1명을 포함한 7명 이상 15명 이하의 이사와 3명 이하의 감사를 두며, 임원은 금고의 다른 직(職)을 겸할 수 없다.

⑨ 이사장을 제외한 임원은 총회에서 무기명 비밀투표로 선출하되, 다수득표자 순으로 임원의 정수에 해당하는 사람으로 한다. 다만, 이사장을 제외한 임원의 후보자가 각각 그 정수 이내일 경우에는 정관으로 정하는 방법에 따라 선출할 수 있으며, 이사장을 제5항에 따라 회원의 투표로 직접 선출하는 경우에는 본문에도 불구하고 이사장을 제외한 임원도 같은 방법으로 이사장과 동시에 선출할 수 있다.

제19조(임원과 직원) ③ 이사장의 자리가 비거나 사고가 있으면 이사회가 정하는 이사가 그 직무를 대행한다. 다만, 이사장이 구속되거나 60일 이상의 장기입원 등의 사유로 금고의 업무를

을 회원의 투표로 직접 선출하도록 하고, 새마을금고중앙회장은 금고의 투표로 직접 선출하도록 하였고(새마을금고법§18⑤, §64의2①),[21] iii) 금고 이사장 선거 및 새마을금고중앙회장 선거에 대해서는 선거관리위원회에 의무적으로 위탁하도록 하되, 새마을금고중앙회장 및 새마을금고중앙회장 외의 새마을금고중앙회 임원 선거를 위탁하는 경우에는 구·시·군선거관리위원회가 아닌 중앙선거관리위원회에 위탁하도록 하였고(새마을금고법§23의2, §64의2⑥),[22] iv) 금고 이사장 선거를 위탁함에 따라 동시선거를 실시하도록 하되, 최초의 동시선거일을 2025. 3. 5.로 하며 이후 임기만료에 따른 이사장 선거는 임기가 만료되는 해당 연도 3월의 첫 번째 수요일에 동시 실시하도록 하였다(새마을금고법 부칙§3).[23][24]

집행할 수 없고 총회를 소집할 여유가 없을 때에는 회장은 임원 중에서 임시대표이사를 지정할 수 있다.

제25조(임원의 성실의무와 책임) ⑥ 제2항부터 제5항까지의 규정에 따른 구상권은 이사장을 포함한 이사에 대하여는 감사가, 임원 전원에 대하여는 회원 3분의 1 이상의 동의를 받은 회원 대표가 행사한다.

제60조(이사회) ② 이사회는 회장, 신용공제대표이사, 지도이사, 전무이사를 포함한 이사로 구성한다.

제64조(임원의 정수 등) ① 중앙회에는 회장 1명, 신용공제대표이사 1명, 지도이사 1명, 전무이사 1명을 포함하여 11명 이상 21명 이하의 이사와 감사위원 5명을 임원으로 둔다.

21) 「새마을금고법」 제18조(임원의 선임 등) ⑤ 이사장은 회원 중에서 회원의 무기명 비밀투표로 직접 선출한다. 다만, 자산이 일정 규모 이하인 금고 등 대통령령으로 정하는 금고의 이사장은 회원의 투표로 직접 선출하는 방법, 총회에서 선출하는 방법 또는 대의원회에서 선출하는 방법 중 정관으로 정하는 방법을 택하여 선출할 수 있다.

제64조의2(임원의 선출과 임기 등) ① 회장은 금고의 회원 중에서 금고의 무기명 비밀투표로 직접 선출한다. 이 경우 최다득표자를 당선인으로 결정한다.

22) 「새마을금고법」 제23조의2(선거관리의 위탁) ① 금고는 이사장 선거의 관리에 대하여 정관으로 정하는 바에 따라 그 주된 사무소의 소재지를 관할하는 「선거관리위원회법」에 따른 구·시·군선거관리위원회에 위탁하여야 한다.

② 금고는 이사장을 제외한 임원선거의 관리에 대하여 정관이 정하는 바에 따라 그 주된 사무소의 소재지를 관할하는 「선거관리위원회법」에 따른 구·시·군선거관리위원회에 위탁할 수 있다.

제64조의2(임원의 선출과 임기 등)

⑥ 중앙회에 관하여는 제18조(임원의 선임 등) 제10항 본문, 같은 조 제11항, 제19조(임원과 직원) 제8항, 제20조(임원의 임기) 제2항, 제21조(임원의 결격 사유) 제1항 제1호부터 제12호까지 · 제12호의2 · 제13호 · 제13호의2 · 제14호 · 제15호, 제21조(임원의 결격 사유) 제2항부터 제4항까지, 제21조의2(벌금형의 분리선고), 제22조(임원의 선거운동제한), 제23조(선거관리위원회의 설치·운영 등), 제23조의2(선거관리의 위탁), 제24조(경업자의 임직원 취임 금지), 제25조(임원의 성실 의무와 책임), 제26조(「민법」·「상법」의 준용) 제1항 및 제27조(서류 비치 등의 의무)를 준용한다. 이 경우 제23조의2(선거관리의 위탁) 중 "금고"는 "중앙회"로, "이사장"은 "회장"으로, "구·시·군선거관리위원회"는 "중앙선거관리위원회"로 보고, 제25조(임원의 성실 의무와 책임) 제6항 중 "이사장"은 "회장과 상근이사"로, "감사"는 "감사위원장"으로 본다.

23) 최초의 동시선거일은 '2025. 3. 12.'로, 이후 임기 만료에 따른 이사장 선거는 임기가 만료되는 해당 연도 3월의 '두 번째 수요일'로 되어 있었으나, 이후 2025. 1. 7.자로 최초의 동시선거일은 '2025. 3. 5.'로, 이후 임기 만료에 따른 이사장 선거는 임기가 만료되는 해당 연도 3월의 '첫 번째 수요일'로 각 개정되었다. 이하에서는 2025. 1. 7. 개정된 선거일을 기준으로 상술한다.

24) 「새마을금고법」 부칙 제3조(이사장의 임기 및 선출 등에 관한 특례) ① 2019년 3월 22일부터 2023년 3월 21일까지의 기간 동안 이사장의 임기가 개시되었거나 개시되는 경우에는 제20조(임원의 임기) 제1항에도 불구하고 해당 이사장의 임기는 2025년 3월 20일까지로 한다. 다만, 2021년 3월 21일부터 이 법 시행일 전에 새로이 선출되거나 임기가 개시되는 이사장의 임기는 제20조(임원의 임기) 제1항에 따른 임기만료일까지로 한다.
② 제1항 단서에 따라 임기가 만료되는 이사장 다음에 새로이 임기가 개시되는 이사장의 경우에는 제20조(임원의 임기) 제1항에도 불구하고 해당 이사장의 임기는 2029년 3월 20일까지로 한다.
③ 제1항 본문에 따라 임기가 2025년 3월 20일에 만료되는 이사장 선거는 2025년 3월 5일에 동시 실시하고, 이후 임기만료에 따른 이사장 선거는 임기가 만료되는 해당 연도의 3월 첫 번째 수요일에 동시 실시한다.
④ 2023년 3월 22일 이후 재선거 또는 보궐선거로 선출되는 이사장의 임기는 전임자 임기의 남은 기간으로 한다. 다만, 그 실시사유가 발생한 날부터 임기만료일까지의 기간이 1년 미만인 경우에는 재선거 또는 보궐선거를 실시하지 아니한다.
⑤ 2023년 3월 22일 이후 다음 각 호의 어느 하나에 해당하는 금고에서 선출된 이사장의 임기는 그 임기개시일부터 제1항 본문에 따른 임기만료일(이후 매 4년마다 도래하는 임기만료일을 포함하며, 이하 "동시선거임기만료일"이라 한다)까지의 기간이 2년 이상인 경우에는 해당 동시선거임기만료일까지로 하고, 그 임기개시일부터 최초로 도래하는 동시선거임기만료일가지의 기간이 2년 미만인 경우에는 차기 동시선거임기만료일까지로 한다.
1. 제7조(설립)에 따라 새로 설립하는 금고
2. 제37조(합병)에 따라 합병하는 금고
⑥ 다음 각 호의 어느 하나에 해당하는 경우 해당 금고는 이사회 의결에 따라 제3항에 따른 이사장 동시선거를 실시하지 아니할 수 있다.
1. 제37조(합병) 제1항에 따른 합병의결이 있는 때
2. 다음 각 목의 어느 하나에 해당하여 주무부장관 또는 중앙회장이 선거를 실시하지 아니하도록 권고한 때
가. 이 법에 따라 합병 권고·요구 또는 명령을 받은 경우
나. 거액의 금융사고, 천재지변 등으로 선거를 실시하기 곤란한 경우
⑦ 제6항에 따라 이사장 동시선거를 실시하지 아니하였으나 같은 항 각 호에 해당하지 아니하게 된 때에는 지체 없이 이사회 의결로 선거일을 지정하여 30일 이내에 이사장 선거를 실시하여야 한다. 이 경우 이사장의 임기는 제3항에 따른 이사장 동시선거를 실시하지 아니하며 선출하지 못한 이사장 임기의 남은 기간으로 하며, 그 기간이 1년 미만인 경우에는 해당 이사장 선거를 실시하지 아니한다.
⑧ 제1항 본문, 제2항 또는 제5항에 따라 이사장의 임기가 단축되는 경우에는 해당 임기를 제20조(임원의 임기) 제1항 단서에 따른 연임제한 횟수에 포함하지 아니한다.
⑨ 제4항 단서에 따라 재선거 또는 보궐선거를 실시하지 아니하는 경우 또는 제7항 후단에 따라 이사장을 선출하지 아니한 경우 이사장의 직무는 제4항 단서의 경우에는 전임 이사장 임기만료일까지, 제7항 후단의 경우에는 제3항에 따른 이사장 동시선거를 실시하지 아니하며 선출하지 못한 이사장의 임기만료일까지 제19조(임원과 직원) 제3항에 따른 직무대행자가 대행한다.

이로써 2022. 4. 20.부터 시행된 「새마을금고법」에 따르면, 금고의 이사장 선거 및 새마을금고중앙회의 회장 선거는 구·시·군선거관리위원회 및 중앙선거관리위원회에 의무적으로 위탁하여야 하고(새마을금고법§23의2①, §64의2⑥), 금고의 이사장 및 새마을금고중앙회의 회장을 제외한 금고와 새마을금고중앙회의 임원선거의 관리에 대하여는 정관으로 정하는 바에 따라 구·시·군선거관리위원회 및 중앙선거관리위원회에 임의로 위탁할 수 있게 되었다(새마을금고법§23의2②, §64의2⑥). 즉, 금고의 이사장 및 새마을금고중앙회의 회장을 선출하는 선거에 대한 선거관리는 해당 선거관리위원회에 의무적으로 위탁하여야 하는 의무위탁선거이고, 금고의 이사장 및 새마을금고중앙회의 회장을 제외한 금고와 새마을금고중앙회의 임원선거에 대한 선거관리는 해당 선거관리위원회에 임의적으로 위탁할 수 있는 임의위탁선거가 되었다.[25]

(2) 위탁선거법 제3조(정의) 제1호 다목에 해당하는 공공단체등이 선거관리위원회에 위탁하여야 하는 선거

위탁선거법 제3조(정의) 제1호 다목의 '그 밖의 법령에 의하여 임원 등의 선출을 위한 선거의 관리를 선거관리위원회에 위탁하여야 하는 공공단체등'에는 「신용협동조합법」에 따른 자산 1천억 원 이상의 지역조합 및 중앙회, 「국민체육진흥법」에 따른 대한체육회, 지방체육회 및 대한장애인체육회, 「교육공무원법」에 따른 대학의 장 후보자를 추천할 때 해당 대학 교원, 직원 및 학생의 합의된 방식과 절차에 따라 직접선거로 선정하는 경우의 대학[26] 등이 있고, 이들 공공단체등이 선거관리위원회에

---

25) 이하에서는 선거관리를 해당 선거관리위원회에 의무적으로 위탁하여야 하는 금고의 이사장 및 새마을금고중앙회장을 선출하는 선거를 위주로 기술한다. 이는 지금까지 임의위탁선거였던 금고 및 새마을금고중앙회의 임원선거가 사실상 위탁선거로 이루어지지 않은 경우가 많고, 「새마을금고법」 외에 개별 위탁단체에 관한 법률들인 「농업협동조합법」, 「수산업협동조합법」, 「산림조합법」, 「중소기업협동조합법」 등의 경우에도 조합장 및 중앙회 회장의 선출을 위한 선거관리만을 위탁하도록 규정하고 있는 점 등을 고려하였다.

26) 헌법재판소는, 대학의 장 후보자선정을 직접선거의 방법으로 실시하기로 해당 대학 교원의 합의가 있는 경우 그 선거를 선거관리위원회에 의무적으로 위탁시키는 구「교육공무원법(2021. 9. 24. 법률 제18455호로 개정되기 전의 것)」 제24조의3(대학의 장 후보자 추천을 위한 선거사무의 위탁) 제1항과 관련하여, '국가의 예산과 공무원이라는 인적조직에 의하여 운용되는 국립대학에서 선거관리를 공정하게 하기 위하여 중립적 기구인 선거관리위원회에 선거관리를 위탁하는 것은 선거의 공정성을 확보하기 위한 적절한 방법인 점, 선거관리위원회에 위탁하는 경우는 대학의 장 후보자를 선정함에 있어서 교원의 합의된 방식과 절차에 따라 직접선거에 의하는 경우로 한정되어 있는 점, 선거에 관한 모든 사항을 선거관리위원회에 위탁하는 것이 아니라 선거관리만을 위탁하는 것이고 그 외 선거권, 피선거권, 선출방식 등은 여전히 대학이 자율적으로 정할 수 있는 점, 중앙선거관리위원회에서 위 선거관리와 관련한 규칙을 제정하고자 하는 경우

위탁하여야 하는 선거가 의무위탁선거에 포함된다. 이들 공공단체등에 관한 해당 법률에는 이들 공공단체등의 임원 등의 선출을 위한 선거관리를 선거관리위원회에 의무적으로 위탁하는 규정을 두고 있다.

구「신용협동조합법(2023. 7. 18. 법률 제19565호로 개정되어 2023. 10. 19.부터 시행되기 전의 것)」 제27조의3(조합선거관리위원회의 구성·운영 등) 제2항은 "조합은 제27조(임원) 제2항, 제3항 및 제9항에 따라 선출하는 임원 선거의 관리에 대하여 정관으로 정하는 바에 따라 그 주된 사무소의 소재지를 관할하는 「선거관리위원회법」에 따른 구·시·군선거관리위원회에 위탁할 수 있다."고 규정하여, 총회에서 선출하는 이사장, 부이사장, 이사 및 감사 등 신용협동조합의 임원 선거에 대한 선거관리를 관할위원회에 임의적으로 위탁할 수 있도록 하였고, 신용협동조합중앙회의 임원 선출에 관한 선거관리의 경우에도 이를 준용하였다(신용협동조합법§72⑧). 그러나 2023. 7. 18. 법률 제19565호로 개정되어 2023. 10. 19.부터 시행된 「신용협동조합법」은 일정 규모 이상의 지역조합의 이사장 선거와 신용협동중앙회의 회장 선거를 모두 의무적으로 선거관리위원회에 위탁하도록 하고 있다.

「신용협동조합법」 제27조의3(조합선거관리위원회의 구성·운영 등) 제2항은 "대통령령으로 정하는 규모 이상의 자산을 보유한 지역조합은 제27조 제2항 및 제3항[27]에 따라 선출하는 이사장 선거의 관리에 대하여 정관으로 정하는 바에 따라 구·시·군선거관리위원회에 위탁하여야 한다."고 규정하여, 정관으로 정하는 바에 따라 투표로 선출하는 일정 규모 이상의 자산을 보유한 지역조합의 이사장 선거에 대한 선거관리를 중앙선거관리위원회에 의무적으로 위탁하도록 하고 있다. "대통령령으로 정하는

대학들은 교육인적자원부장관을 통하여 그 의견을 개진할 수 있는 점(「교육공무원법」 제24조의3(대학의 장 후보자 추천을 위한 선거사무의 위탁) 제2항), 선거관리위원회는 공공단체의 직접선거와 관련하여 조합원이 직접 투표로 선출하는 조합장선거(「농업협동조합법」 제51조(조합선거관리위원회의 구성·운영) 제4항)와 교육위원 및 교육감선거(구「교육자치법(2015. 4. 26. 법률 제7340호로 개정되기 전의 것)」 제51조 제1항(선거관리) 제1항)의 경우에도 그 선거사무를 관리하고 있는 점을 고려하면, 위 규정이 매우 자의적인 것으로서 합리적인 입법한계를 일탈하였거나 대학의 자율의 본질적인 부분을 침해하였다고 볼 수 없다.'고 판시하였다(2006. 4. 27. 선고 2005헌마1047·1048(병합) 전원재판부 결정).

27) 「신용협동조합법」 제27조(임원) ② 임원은 정관에서 정하는 바에 따라 총회에서 선출하되, 이사장을 포함한 임원의 3분의 2 이상은 조합원이어야 한다.
③ 제24조 제1항 제3호에 따른 이사장과 부이사장의 선출은 선거인 과반수의 투표로써 다수 득표자를 당선인으로 결정하고, 이사장 및 부이사장을 제외한 임원 중 제2항에 따라 조합원이어야 하는 임원의 선출은 선거인 과반수의 투표로써 다수 득표자순으로 당선인을 결정한다. 이 경우 제25조 제1항 단서를 준용한다.

규모 이상의 자산"이란 직전 사업연도 평균잔액으로 계산한 총자산이 1천억 원 이상을 말한다(신용협동조합법 시행령§14의5).

「신용협동조합법」 제72조(임원의 직무와 임기 등) 제9항은 "제71조의2 제1항 및 제3항[28]에 따라 선출하는 중앙회장 선거의 관리에 대하여는 정관으로 정하는 바에 따라 중앙선거관리위원회에 위탁하여야 한다."고 규정하여, 정관으로 정하는 바에 따라 투표로 선출하는 신용협동조합중앙회의 회장 선거에 대한 선거관리를 중앙선거관리위원회에 의무적으로 위탁하도록 하고 있다.

다만, 「신용협동조합법」개정으로 일정 규모 이상의 지역조합 이사장 선거와 중앙회장 선거가 모두 의무위탁선거가 되었음에도 현행 위탁선거법 제3조(정의) 제1호 가목에는 포함되어 있지 않은 결과 이들 선거에는 위탁선거법 제22조(적용제외)에 따라 위탁선거법상 선거운동 관련 규정이 일부만 적용되는 문제가 있는 바, 위탁선거 제3조(정의) 제1호 가목을 2023. 10. 19.부터 시행된 「신용협동조합법」에 따라 개정함이 상당하다.

「국민체육진흥법」 제33조(대한체육회) 제7항은 "체육회는 제6항[29]에 따른 회장 선출에 대한 선거관리를 정관으로 정하는 바에 따라 「선거관리위원회법」에 따른 중앙선거관리위원회에 위탁하여야 한다."고 규정하여, 정관으로 정하는 바에 따라 투표로 선출하는 대한체육회의 회장 선거에 대한 선거관리를 중앙선거관리위원회에 의무적으로 위탁하도록 하고 있다. 「대한체육회정관」은 대한체육회의 회장은 회장선출기구에서 선출한다고 규정하고 있다.[30]

「국민체육진흥법」 제33조의2(지방체육회) 제7항은 "지방체육회는 제6항[31]에 따른 회장 선출에 대한 선거관리를 정관으로 정하는 바에 따라 「선거관리위원회법」에 따른 시·도 및 시·군·구선거관리위원회에 위탁하여야 한다."고 규정하여, 정관[32]으

28) 「신용협동조합법」 제71조의2(임원의 선임 및 자격요건) ① 임원은 정관이 정하는 바에 따라 총회에서 선출하되, 신용·공제사업 대표이사 및 검사·감독이사를 포함한 임원의 3분의 1이상은 조합의 임원 또는 간부직원이 아닌 자중에서 선출하여야 한다.
③ 신용·공제사업 대표이사, 검사·감독이사 및 조합의 임원 또는 간부직원이 아닌 이사는 금융에 관한 전문지식과 경험을 갖춘 자로서 대통령령이 정하는 요건에 적합한 자중에서 선출한다.

29) 「국민체육진흥법」 제33조(대한체육회) ⑥ 체육회의 임원 중 회장은 정관으로 정하는 바에 따라 투표로 선출하되, 문화체육관광부장관의 승인을 받아 취임한다.

30) 「대한체육회정관(2024. 1. 3. 문화체육관광부 허가)」 제24조(회장의 선출) ① 회장은 회장선출기구에서 선출한다.

31) 「국민체육진흥법」 제33조의2(지방체육회) ⑥ 지방체육회의 임원 중 회장은 정관으로 정하는 바에 따라 투표로 선출한다.

로 정하는 바에 따라 투표로 선출하는 지방체육회의 회장 선거에 대한 선거관리를 시·도 및 시·군·구선거관리위원회에 의무적으로 위탁하도록 하고 있다.[33)]

「지방체육회정관」은 지방체육회의 회장은 대의원확대기구에서 선출한다고 규정하고 있다.[34)]

「국민체육진흥법」 제34조(대한장애인체육회) 제8항은 "장애인체육회는 제7항 단서[35)]에 따른 회장 선출에 대한 선거관리를 정관으로 정하는 바에 따라 「선거관리위원회법」에 따른 중앙선거관리위원회에 위탁하여야 한다."고 규정하여, 정관으로 정하는 바에 따라 투표로 선출하는 대한장애인체육회의 회장 선거에 대한 선거관리를 중앙선거관리위원회에 의무적으로 위탁하도록 하고 있다. 「대한장애인체육회정관」은 대한장애인체육회의 회장은 회장선출기구에서 선출한다고 규정하고 있다.[36)]

「교육공무원법」 제24조의3(대학의 장 후보자 추천을 위한 선거사무의 위탁) 제1항은 "대학의 장 후보자를 추천할 때 제24조(대학의 장의 임용) 제3항 제2호[37)]에 따라 해당

32) 지방체육회의 회장 선출방법에 대하여는 「국민체육진흥법」 제33조의2(지방체육회) 제6항에 "지방체육회의 임원 중 회장은 정관으로 정하는 바에 따라 투표로 선출한다."라고만 규정되어 있어 구체적인 회장 선출 기관이나 방법 등이 정해져 있지 않고 각 지역의 지방체육회의 「정관」 및 「회장선거관리규정」에 정하도록 하고 있는바, 각 지역의 「정관」 및 「회장선거관리규정」에 규정된 내용은 대동소이하고, 지방체육회의 「회장선거관리규정」또한 대한체육회가 정한 「회원시·도체육회규정(개정 2023. 11. 7.)」을 토대로 규정되어있는바, 2020. 12. 8. 법률 제17580호로 「국민체육진흥법」이 개정되어 지방체육회의 회장 선출에 관한 선거관리를 관할위원회에 의무적으로 위탁하도록 하는 규정(국민체육진흥법§33의2)이 신설된 이후에 제정·개정된 「대전광역시체육회정관(대전광역시 승인 2024. 3. 19.)」 및 「대전광역시체육회 회장선거관리규정(개정 2024. 2. 7.)」에 규정된 내용을 토대로 지방체육회의 회장 선출 기관 및 방법에 대하여 기술한다.

33) 구「국민체육진흥법(2020. 12. 8. 법률 제17580호로 개정되기 전의 것)」에는 지방체육회에 관한 규정이 없었으나, 지역사회의 체육진흥에 관한 사업과 활동을 하게 하기 위하여 관할지방자치단체의 장의 인가를 받아 지방체육회를 설립하도록 하여 지방체육회를 법정법인화하여 자율적으로 지역체육을 특성화하는 역할을 수행할 수 있도록 하고, 지방체육회의 회장 선출에 관한 선거관리는 해당 지방자치단체의 관할 선거관리위원회에 위탁하도록 하는 내용의 지방체육회에 관한 규정인 「국민체육진흥법」 제33조의2(지방체육회)가 2020. 12. 8. 법률 제17580호로 개정되어 2021. 6. 9.부터 시행된 「국민체육진흥법」에 신설되었다.

34) 「대전광역시체육회정관(대전광역시 승인 2024. 3. 19.)」 제24조(회장의 선출) ① 회장은 대의원확대기구에서 선출한다.

35) 「국민체육진흥법」 제34조(대한장애인체육회) ⑦ 제6항에 따른 임원의 정원, 임기 및 선출 방법 등은 정관으로 정한다. 다만, 회장은 정관으로 정하는 바에 따라 투표로 선출하되, 문화체육관광부장관의 승인을 받아 취임한다.

36) 「대한장애인체육회정관(2024. 3. 12. 문화체육관광부 승인)」 제22조(회장의 선출) ① 회장은 회장선출기구에서 선출한다.

37) 「교육공무원법」 제24조(대학의 장의 임용) ③ 추천위원회는 해당 대학에서 정하는 바에 따라 다음 각 호의 어느 하나의 방법에 따라 대학의 장 후보자를 선정하여야 한다.

대학 교원, 직원 및 학생의 합의된 방식과 절차에 따라 직접선거로 선정하는 경우 해당 대학은 선거관리에 관하여 그 소재지를 관할하는 「선거관리위원회법」에 따른 구·시·군선거관리위원회에 선거관리를 위탁하여야 한다."고 규정하여, 대학의 장 후보자를 추천할 때 해당 대학 교원, 직원 및 학생의 합의된 방식과 절차에 따라 직접선거로 선정하는 경우에는 관할위원회에 의무적으로 위탁하도록 하고 있다.

다. 임의위탁선거

임의위탁선거는 선거의 관리를 선거관리위원회에 임의적으로 위탁할 수 있는 선거이다.

(1) 위탁선거법 제3조(정의) 제1호 나목 및 라목에 해당하는 공공단체등이 위탁하는 선거

위탁선거법 제3조(정의) 제1호 나목에 해당하는 공공단체등은 「중소기업협동조합법」에 따른 중소기업중앙회 및 「도시정비법」에 따른 조합과 조합설립추진위원회이다.

위 공공단체등은 그 회장 및 조합장 등의 선출을 위한 선거의 관리를 선거관리위원회에 위탁할 수 있다. 위탁선거법 제4조(적용범위) 제2호가 임의위탁선거의 범위에 위 공공단체등이 위탁하는 선거를 규정하고 있지만, 위 공공단체등에 관한 해당 법률에도 위 공동단체등의 회장 및 조합장 등의 선출을 위한 선거관리를 선거관리위원회에 임의로 위탁할 수 있는 규정을 두고 있다.

「중소기업협동조합법」 제123조(임원의 선임) 제6항은 "중앙회는 제1항[38]에 따른 회장 선출에 대한 선거관리를 정관으로 정하는 바에 따라 「선거관리위원회법」에 따른 중앙선거관리위원회에 위탁할 수 있다."고 규정하여, 총회에서 투표로 선출하는 중소기업중앙회의 회장 선거의 관리를 중앙선거관리위원회에 임의적으로 위탁할 수 있도록 하고 있다.

「도시정비법」 제41조(조합의 임원) 제3항은 "조합은 총회 의결을 거쳐 조합임원의 선출에 관한 선거관리를 「선거관리위원회법」 제3조(위원회의 직무)[39]에 따라 선거관

---

1. 추천위원회에서 선정
2. 해당 대학 교원, 직원 및 학생의 합의된 방식과 절차에 따른 선정

38) 「중소기업협동조합법」 제123조(임원의 선임) ① 회장은 정회원의 대표자 중에서 정관으로 정하는 바에 따라 총회에서 투표로 선출한다. 다만, 회장은 조합 또는 사업조합의 이사장이나 연합회의 회장 및 제106조(업무) 제2항에 따라 출자한 법인의 대표이사를 겸직할 수 없다.

39) 「선거관리위원회법」 제3조(위원회의 직무) ① 선거관리위원회는 법령이 정하는 바에 의하여 다

리위원회에 위탁할 수 있다."고 규정하여, 조합장, 이사, 감사 등 정비사업조합의 임원[40]을 선출하는 선거에 대한 선거관리를 관할위원회에 임의적으로 위탁할 수 있도록 하였고, 조합설립추진위원회의 추진위원의 선출에 관한 선거관리도 이를 준용하고 있다(도시정비법§33②).[41]

(2) 위탁선거법 제3조(정의) 제1호 다목에 해당하는 공공단체등이 선거관리위원회에 위탁할 수 있는 선거

위탁선거법 제3조(정의) 제1호 다목의 '그 밖의 법령에 의하여 임원 등의 선출을 위한 선거의 관리를 선거관리위원회에 위탁할 수 있는 공공단체등'에는 「새마을금고법」에 따른 금고의 이사장을 제외한 임원선거(새마을금고법§23의2②), 「신용협동조합법」에 따른 '지역조합' 중 총자산이 1천억 원 미만인 조합의 이사장 선거(신용협동조합법§27의3②), 「신용협동조합법」에 따른 신용협동조합중앙회의 임원 선거(신용협동조합법§72⑨)가 있다.

한편, 위탁선거법 제3조(정의) 제1호 다목의 '그 밖의 법령에 의하여 임원 등의 선출을 위한 선거의 관리를 선거관리위원회에 위탁할 수 있는 공공단체등'에는 「공직선거법」 제57조의4(당내경선사무의 위탁)에 따른 당내경선 또는 「정당법」 제48조의2(당

음 각 호의 사무를 행한다.
1. 국가 및 지방자치단체의 선거에 관한 사무
2. 국민투표에 관한 사무
3. 정당에 관한 사무
4. 「위탁선거법」에 따른 위탁선거(이하 "위탁선거"라 한다)에 관한 사무
5. 기타 법령으로 정하는 사무

② 선거관리위원회는 법령을 성실히 준수함으로써 선거 및 국민투표의 관리와 정당에 관한 사무의 처리에 공정을 기하여야 한다.

③ 중앙선거관리위원회는 제1항의 사무를 통할·관리하며, 각급선거관리위원회는 제1항의 사무를 수행함에 있어 하급선거관리위원회를 지휘·감독한다.

40) 「도시정비법」 제41조(조합의 임원) ① 조합은 다음 각 호의 어느 하나의 요건을 갖춘 조합장 1명과 이사, 감사를 임원으로 둔다. 이 경우 조합장은 선임일부터 제74조(관리처분계획의 인가 등) 제1항에 따른 관리처분계획인가를 받을 때까지는 해당 정비구역에서 거주(영업을 하는 자의 경우 영업을 말한다. 이하 이 조 및 제43조(조합임원 등의 결격사유 및 해임)에서 같다)하여야 한다.
1. 정비구역에서 거주하고 있는 자로서 선임일 직전 3년 동안 정비구역 내 거주기간이 1년 이상일 것
2. 정비구역에 위치한 건축물 또는 토지(재건축사업의 경우에는 건축물과 그 부속토지를 말한다)를 5년 이상 소유하고 있을 것

41) 이하에서는 정비사업조합의 조합장 및 조합설립추진위원회의 추진위원장의 선출을 위한 선거를 위주로 기술한다.

대표경선사무의 위탁)에 따른 당대표경선을 위탁하는 정당은 제외되므로, 정당이 위탁할 수 있는 당내경선 및 당대표경선은 임의위탁선거에 해당하지 아니한다.

3. 위탁선거의 법률적용의 우선순위

공공단체등의 위탁선거에 관하여는 다른 법률에 우선하여 「위탁선거법」이 적용된다(위탁선거법§5). 따라서 비위탁선거에 관하여는 위탁선거법이 아닌 위탁단체의 해당 법률이나 정관등이 적용된다.[42)]

한편, 위탁선거법은 '선거권 및 피선거권(입후보자격 등 그 명칭에 관계없이 임원 등이 될 수 있는 자격을 말한다)에 관하여는 해당 법령이나 정관등에 따르고(위탁선거법§12), 당선인 결정도 해당 법령이나 정관등에 따른다(위탁선거법§56).'고 규정하고 있다. 이는 위탁단체의 자율성을 보장하기 위한 것이다.

'정관등'이란 위탁단체의 정관, 규약, 규정, 준칙 그 밖에 위탁단체의 조직 및 활동을 규율하는 자치규범을 말한다(위탁선거법§3 8.).

4. 위탁선거의 관리

가. 위탁선거의 관리범위

관할위원회가 관리하는 위탁선거사무의 범위는 다음 각 호와 같다(위탁선거법§7).

1. 선거관리 전반에 관한 사무(다만, 선거인명부의 작성 및 확정에 관한 사무는 제외한다)

---

42) 이선신은 '위탁선거에는 위탁선거법이 적용되고, 비위탁선거에는 농협법 등 개별 법률이 적용되는데, 중복규정의 문제로 인하여 ① 양 법률의 규정내용이 조금씩 상이하여 법 적용상 형평성 문제가 발생될 수 있고, ② 법을 체계적·합리적으로 해석하는데 어려움과 혼란이 발생될 수 있으며, ③ 각 조합법을 비롯한 개별 법률에서 다르게 규정하고 있는 선거절차 등에 관한 규정을 통일성있게 규율함으로써 공공단체 등의 자율성을 존중하면서도 선거의 공정성을 확보하도록 하기 위해 제정된 위탁선거법의 취지를 달성할 수 없게 되고, ④ 위탁선거법과 농협법 중 다수의 선거관련 사항이 중복 규정되어 있고 또 상이한 내용으로 규정되어 있는 것은 그 합리성과 타당성을 인정하기 어렵고, ⑤ 법적용의 우선순위에 관한 논란이 발생할 우려가 있고, ⑥ 「협동조합기본법」상 관련규정과의 형평성이 문제된다면서, 농협법 등 개별 법률에 규정된 선거관련 중복규정들을 모두 삭제하고 현행 위탁선거법을 "(가칭)공공단체등 선거에 관한 법률"로 변경하여 위탁선거와 비위탁선거에 관한 사항을 모두 망라하고 일원화하여 단일의 법에서 규정하는 것이 바람직하다.'고 주장한다(이선신, 「농협법·위탁선거법상 중복규정의 문제점 및 해결방안 검토」, 한국협동조합연구 제36집 제2호, (사)한국협동조합학회, 2018. 8., 14-20쪽).

2. 선거참여·투표절차, 그 밖에 위탁선거의 홍보에 관한 사무
3. 위탁선거 위반행위[위탁선거법 또는 위탁선거와 관련하여 다른 법령(해당 정관등을 포함한다)을 위반한 행위를 말한다. 이하 같다]에 대한 단속과 조사에 관한 사무

즉, 관할위원회는 후보자등록, 선거공보의 발송, 선거벽보의 첩부 및 후보자 소견발표의 개최, 투표소의 설치, 투표안내문의 발송, 투표 및 개표 관리 및 위탁선거 위반행위의 단속과 조사 등의 사무를 행한다. 다만, 선거인명부의 작성 및 확정에 관한 사무와 당선인의 결정은 위탁선거를 선거관리위원회에 위탁하는 위탁단체가 해당 법령이나 정관등에 따라 이를 행한다.[43)]

나. 위탁선거의 관리

(1) 중앙선거관리위원회 등의 통할·관리

중앙선거관리위원회는 위탁선거법에 특별한 규정이 있는 경우를 제외하고는 위탁선거 사무를 통할·관리하며, 하급선거관리위원회의 위법·부당한 처분에 대하여 이를 취소하거나 변경할 수 있다(위탁선거법§11①). 특별시·광역시·도·특별자치도선거관리위원회는 하급선거관리위원회의 위탁선거에 관한 위법·부당한 처분에 대하여 이를 취소하거나 변경할 수 있다(위탁선거법§11②).

(2) 동시조합장선거 또는 동시이사장선거의 선거관리 필요사항 통보

동시조합장선거 또는 동시이사장선거를 실시하는 경우 관할위원회는 임기만료일 전 200일까지 선거권자의 수, 선거벽보의 첩부 예정 수량 및 장소, 정관 및 선거규정 등 선거관리에 필요한 사항을 통보해 줄 것을 위탁단체에 요청할 수 있다. 이 경우 그 요청을 받은 위탁단체는 임기만료일 전 180일에 해당하는 날의 다음 날까지 서면으로 해당 사항을 관할위원회에 통보하여야 한다(위탁선거규칙§3②).

"동시조합장선거"란 「농업협동조합법」, 「수산업협동조합법」 및 「산림조합법」에 따라 관할위원회에 위탁하여 동시에 실시하는 임기만료에 따른 조합장선거를 말하며[44)], "동시이사장선거"란 「새마을금고법」에 따라 관할위원회에 위탁하여 동시에 실시하는 임기만료에 따른 이사장선거를 말한다(위탁선거법§3 7.).[45)]

---

43) 각 위탁단체별 선거인명부의 작성·확정에 관한 사무 및 당선인결정 등에 대하여는 해당 부분에서 상술한다.

44) 동시조합장선거는 2015. 3. 11. 최초로 실시되어 전국 1,326개 조합(농협 1,115곳, 수협 82곳, 산림조합 129곳)의 조합장을 선출하였고, 제2회 전국동시조합장선거는 2019. 3. 13. 실시되었다.

45) 동시이사장선거는 「새마을금고법」 부칙 제3조(이사장의 임기 및 선출 등에 관한 특례) 제3항에

한편, 「신용협동조합법」 부칙 제4조(지역조합 이사장의 동시선거에 따른 임기 및 선출 등에 관한 특례) 제3항은 "제1항 및 제2항에 따라 임기가 만료되는 이사장 다음에 새로 임기가 시작되는 이사장의 선거는 다음 각 호에 따라 최초로 동시 실시하고, 이후 임기만료에 따른 이사장의 선거는 임기가 만료되는 해당 연도의 11월의 두 번째 수요일에 동시 실시한다. 1. 제1항에 따라 임기가 만료되는 이사장 다음에 새로 임기가 시작되는 이사장의 동시선거일 : 2025년 11월 12일 2. 제2항에 따라 임기가 만료되는 이사장 다음에 새로 임기가 시작되는 이사장의 동시선거일 : 2029년 11월 14일"이라고 규정하여, 지역조합 이사장 선거를 동시선거로 실시하도록 하되, 최초의 동시선거일을 2025. 11. 12.로 하며 이후 임기만료에 따른 이사장 선거는 임기가 만료되는 해당 연도 11월의 두 번째 수요일에 동시 실시하도록 하고 있어, 지역조합의 이사장 선거를 "동시이사장선거"로서 동시에 실시하도록 하였다.[46] 따라서 신용협동조합 지역조합의 "동시이사장선거"에 관하여도 새마을금고의 "동시이사장선거"와 마찬가지로 위탁선거법과 위탁선거규칙에 관련 조항을 준용하는 규정을 둠이 상당하다.

다. 위탁선거사무의 대행

(1) 대행위원회등의 지정

관할위원회는 선거관리를 위하여 필요하다고 인정하는 경우에는 위탁선거규칙으로 정하는 바에 따라 관할위원회가 지정하는 사람 또는 하급선거관리위원회나 다른 구·시·군선거관리위원회(이하 "대행위원회등"이라 한다)로 하여금 위탁선거사무를 행하게 할 수 있다(위탁선거법§11③). 관할위원회가 지정한 사람으로 하여금 위탁선거사무를 행하게 하려는 경우 선거관리 경험이 풍부하고 중립적이며 공정한 사람 중에서 지정하여야 하며, 그 사람에게는 중앙선거관리위원회 위원장이 정하는 바에 따라 수당 및 실비를 지급할 수 있다(위탁선거규칙§6②).

직근 상급선거관리위원회는 관할위원회가 천재지변, 그 밖의 부득이한 사유로 그 기능을 수행할 수 없는 경우에는 위탁선거 사무를 직접 관리하거나 다른 선거관리위원회로 하여금 관할위원회의 기능이 회복될 때까지 대행하게 할 수 있다. 이 경우 다른 선거관리위원회로 하여금 위탁선거 사무를 대행하게 하는 때에는 대행할 업무의

따라 임기가 2025. 3. 20. 만료되는 이사장에 대한 선거가 2025. 3. 5. 처음 실시될 예정이다.

46) 2024. 10. 현재 전국 신용협동조합 지역조합의 수는 869개(점포수는 1,694개)가 있다(cu.co.kr/cu/cm/cntnts/cntntsView.do?mi=100023&cntntsId=1088).

범위도 함께 정하여야 한다(위탁선거법§11④).

(2) 대행사무의 범위

관할위원회는 대행위원회등으로 하여금 다음 각 호의 위탁선거사무의 전부 또는 일부를 행하게 할 수 있다. 다만, 관할위원회가 지정한 사람으로 하여금 위탁선거 사무를 행하게 할 때에는 제2호부터 제4호까지에 규정된 사무에 한정한다(위탁선거규칙§6①).

1. 공정선거인단의 운영에 관한 사무
2. 선거공보 및 법 제25조 제2항에 따른 범죄경력에 관한 서류(이하 "선거공보등"이라 한다)의 접수·확인 및 발송에 관한 사무
3. 선거벽보의 접수·확인·첩부 및 철거에 관한 사무
4. 투표안내문의 작성 및 발송에 관한 사무
5. 투표 및 개표의 관리에 관한 사무
6. 그 밖에 위 각 호의 어느 하나에 준하는 사무

(3) 대행위원회등의 사무관리

대행위원회등은 관할위원회가 정한 사무·기간 등의 범위에서 관할위원회의 지도·감독을 받아 업무를 행하여야 하며, 관할위원회가 지정한 사람이 그 업무를 행한 경우에는 그에 관한 모든 서류를 선거일 후 지체 없이 관할위원회에 송부하여야 한다(위탁선거규칙§6⑤). 대행위원회등이 위탁선거사무를 행하는 경우 관할위원회가 지정한 사람은 자신의 도장을, 하급선거관리위원회 또는 다른 구·시·군선거관리위원회는 그 선거관리위원회의 청인 또는 위원장의 직인을 찍는다. 이 경우 관할위원회가 지정한 사람은 위탁선거규칙이 정하는 서식[47]에 준하는 인영신고서를 관할위원회에 제출하여야 한다(위탁선거규칙§6④).

라. 공고

직근 상급선거관리위원회는 위탁선거 사무를 직접 관리하거나 대행하게 한 경우에는 해당 선거관리위원회와 업무의 범위를 지체 없이 공고하여야 한다(위탁선거법§11⑤). 대행위원회등으로 하여금 위탁선거사무를 행하게 하려는 경우 선거일 전 30일[재선거, 보궐선거, 위탁단체의 설립·분할 또는 합병으로 인한 선거(이하 "보궐선거등"이라 한

47) 위탁선거규칙 별지 제8호 서식(인영신고서)

다)의 경우에는 위탁신청을 받은 날부터 10일]까지 대행위원회등이 행할 사무·시간, 그 밖에 필요한 사항을 정하여 이를 공고하고, 해당 대행위원회등에게 통지하여야 한다(위탁선거규칙§6③).

마. 선거관리의 협조 등

(1) 선거관리의 협조 등

국가기관·지방자치단체·위탁단체 등은 위탁선거의 관리에 관하여 선거관리위원회로부터 인력·시설·장비 등의 협조 요구를 받은 때에는 특별한 사유가 없으면 이에 따라야 한다(위탁선거법§6①). 중앙행정기관의 장은 위탁선거의 관리에 관한 내용의 법령을 제정·개정 또는 폐지하려는 경우에는 미리 해당 법령안을 중앙선거관리위원회에 보내 그 의견을 들어야 한다. 국회의원이 발의한 위탁선거의 관리에 관한 법률안이 국회 소관 상임위원회 등에 회부된 사실을 통보받은 때에도 또한 같다(위탁선거법§6②). 위탁단체는 선거공보의 발송, 선거벽보의 첩부 및 후보자 소견발표의 개최 등에 관하여 관할위원회로부터 인력·시설·장비 등의 협조 요구를 받은 때에는 우선적으로 이에 따라야 한다(위탁선거규칙§2).

(2) 정관등에 관한 의견표시

관할위원회는 위탁단체의 정관등에 규정된 선거에 관한 규정이 위탁선거를 관리하는데 현저하게 불합리하다고 판단될 때에는 해당 규정을 개정할 것을 권고할 수 있다(위탁선거규칙§4).

5. 선거관리의 위탁절차

가. 선거관리의 위탁신청

공공단체등이 임원 등의 선출을 위한 선거의 관리를 위탁하려는 때에는 다음 각 호에 따른 기한까지 관할위원회에 위탁선거규칙이 정하는 서식[48]에 따른 서면으로 신청하여야 한다. 다만, 재선거, 보궐선거, 위탁단체의 설립·분할 또는 합병으로 인한 선거(이하 "보궐선거등"이라 한다)의 경우에는 그 선거의 실시사유가 발생한 날로부터 5일까지 신청하여야 한다(위탁선거법§8, 위탁선거규칙§3①).

---

48) 위탁선거규칙 별지 제1호 서식(○○선거관리 위탁 신청서)

1. 의무위탁선거 : 임원 등의 임기만료일 전 180일까지. 이 경우 동시조합장선거 및 동시이사장선거에서는 임기만료일 전 180일에 별도의 신청 없이 위탁한 것으로 본다.
2. 임의위탁선거 : 임원 등의 임기만료일 전 90일까지

즉, 의무위탁선거는 위탁단체의 임원 등의 임기만료일 전 180일까지 선거관리의 위탁신청을 하여야하고, 다만, "동시조합장선거" 및 "동시이사장선거"에서는 임기만료인 전 180일에 별도의 신청 없이 위탁한 것으로 본다. 임의위탁선거는 위탁단체의 임원 등의 임기만료일 전 90일까지 위탁신청을 하여야 한다.

나. 임의위탁선거의 위탁관리 결정 · 통지

임의위탁선거 선거관리의 위탁신청을 받은 관할위원회는 '공직선거등'과 다른 위탁선거와의 선거사무일정을 고려하여 그 신청서를 접수한 날로부터 7일 이내에 위탁관리 여부를 결정하고, 지체 없이 그 결과를 해당 공공단체등에 통지하여야 한다(위탁선거법§9).

위 '공직선거등'이란 다음 각 호의 어느 하나에 해당하는 선거 또는 투표를 말한다(위탁선거법§3 6.).

1. 「공직선거법」에 따른 대통령선거, 국회의원선거, 지방의회의원 및 지방자치단체의 장의 선거, 「제주특별자치도 설치 및 국제자유도시 조성을 위한 특별법」 및 「세종특별자치시 설치 등에 관한 특별법」에 따른 지방의회의원 및 지방자치단체의 장의 선거
2. 「지방교육자치에 관한 법률」, 「제주특별자치도 설치 및 국제자유도시 조성을 위한 특별법」 및 「세종특별자치시 설치 등에 관한 특별법」에 따른 교육감 및 교육의원 선거
3. 「국민투표법」에 따른 국민투표
4. 「주민투표법」에 따른 주민투표
5. 「주민소환에 관한 법률」에 따른 주민소환투표

다. 위탁선거 해소사유 통보

합병 · 해산 등 법령이나 정관 또는 규약 등이 정하는 바에 따라 위탁선거를 실시하지 아니할 사유가 발생한 경우에는 해당 위탁단체는 지체 없이 합병 관련 등기서 사본, 합병 · 해산 관련 총회 의결록 또는 인가서의 사본, 그 밖에 그 사유를 증명할 수 있는 서류를 첨부하여 서면으로 그 사유를 관할위원회에 통보하여야 한다(위탁선거규칙§3③).

6. 공정선거지원단

가. 공정선거지원단의 설치

관할위원회는 위탁선거 위반행위의 예방 및 감시·단속활동을 위하여 선거실시구역·선거인수, 그 밖의 조건을 고려하여 다음 각 호의 기간의 범위에서 중립적이고 공정한 사람으로 구성된 공정선거지원단을 둘 수 있다. 다만, 동시조합장선거 및 동시이사장선거의 경우에는 임기만료일 전 180일부터 선거일까지 공정선거지원단을 둔다(위탁선거법§10①).

1. 의무위탁선거 : 위탁선거법 제8조(선거관리의 위탁신청)에 따라 위탁신청을 받은 날로부터 선거일까지
2. 임의위탁선거 : 위탁선거법 제9조(임의위탁선거의 위탁관리 결정·통지)에 따라 위탁받아 관리하기로 결정하여 통지한 날로부터 선거일까지

즉, 공정선거지원단을 설치하는 기간은 의무위탁선거의 경우에는 위탁단체의 임원 등의 임기만료일 전 180일까지 위탁신청을 하여야 하므로 임원 등의 임기만료일 전 180일 전에 위탁신청을 받은 때에는 그 위탁신청을 받은 날부터 선거일까지이고, 임의위탁선거는 위탁단체의 임원 등의 임기만료일 전 90일까지 위탁신청을 하여야 하므로 임원 등의 임기만료일 전 90일 전에 위탁신청을 받은 경우에는 위탁신청을 받은 날부터 선거일까지이다. 다만, 동시조합장선거 및 동시이사장선거의 경우에는 조합장의 임기만료일 전 180일부터 선거일까지 공정선거지원단을 설치하여야 한다.

나. 공정선거지원단원의 구성 및 대우

공정선거지원단원의 수는 30명 이내에서 중앙선거관리위원회 위원장이 정하는 기준에 따라 관할위원회가 정하고(위탁선거규칙§5①), 관할위원회는 공정선거지원단원에게 위탁선거규칙이 정하는 양식[49]의 신분증명서를 발급하여야 한다(위탁선거규칙§5②).

다. 공정선거지원단의 활동

공정선거지원단은 위탁선거 위반행위에 대하여 관할위원회의 지휘를 받아 사전안내·예방 및 감시·단속·조사활동을 할 수 있다(위탁선거법§10②). 공정선거지원단원

49) 위탁선거규칙 별지 제30호 양식(신분증명서)

은 법규를 준수하고 성실하게 임무를 수행하여야 하며 관할위원회의 명령에 따라야 하고(위탁선거규칙§5③), 사전안내 · 예방 및 감시 · 단속 · 조사활동을 하는 경우에는 신분증명서를 관계인에게 제시하여야 한다(위탁선거규칙§5④).

공정선거지원단원에게 수당을 지급하는 경우에는 「최저임금법」 제10조(최저임금의 고시와 효력발생)[50]에 따라 고시된 최저임금액 이상으로 지급하고, 실비는 「공무원여비규정」 별표2 <국내여비지급표>[51]의 제2호에 따라 산정된 금액을 지급한다. 이 경우 활동실적과 근무상황이 우수한 공정선거지원단원에게는 중앙선거관리위원회 위원장이 정하는 바에 따라 추가로 성과수당을 지급할 수 있다(위탁선거규칙§5⑦).

---

50) 「최저임금법」 제10조(최저임금의 고시와 효력발생) ① 고용노동부장관은 최저임금을 결정한 때에는 지체 없이 그 내용을 고시하여야 한다.
② 제1항에 따라 고시된 최저임금은 다음 연도 1월 1일부터 효력이 발생한다. 다만, 고용노동부장관은 사업의 종류별로 임금교섭시기 등을 고려하여 필요하다고 인정하면 효력발생 시기를 따로 정할 수 있다.

51) 「공무원 여비 규정」 [별표 2] <국내 여비 지급표(제10조부터 제13조까지 및 제16조 제1항 관련)>

(단위 : 원)

구분	철도운임	선박운임	항공운임	자동차 운임	일비 (1일당)	숙박비 (1박당)	식비 (1일당)
제1호	실비 (특실)	실비 (1등급)	실비	실비	25,000	실비	25,000
제2호	실비 (일반실)	실비 (2등급)	실비	실비	25,000	실비 (상한액 : 서울특별시 100,000, 광역시 80,000, 그 밖의 지역은 70,000)	25,000

비고 : 1. 위 표의 제1호란에도 불구하고 별표 1의 제1호 가목 중 대통령과 국무총리의 일비와 식비는 실비로 한다.
1의2. 공적 항공마일리지를 시용하여 항공운임을 절약한 공무원에 대해서는 일비의 50퍼센트를 추가로 지급하되, 추가로 지급되는 일비 총액은 공적 항공마일리지 사용으로 절약된 항공운임의 범위에서 인사혁신처장이 정하는 바에 따른다.
2. 항공운임이 2개 이상의 등급으로 구분되어 있는 경우에는 별표 3 비고에 따라 기획재정부장관이 인사혁신처장과 협의하여 정하는 기준에 따른다.
3. 버스운임은 국토교통부장관 또는 특별시장 · 광역시장 · 특별자치시장 · 도지사 · 특별자치도지사가 정하는 기준 및 요율의 범위에서 정해진 버스요금을 기준으로 한다.
4. 자가용 승용차를 이용하여 공무로 여행하는 경우의 운임은 표의 제1호란 및 제2호란에 따른 철도운임 또는 버스운임으로 한다. 다만, 공무의 형편상 부득이한 사유로 자가용 승용차를 이용한 경우에는 연료비 및 통행료 등을 지급할 수 있고 구체적인 지급기준은 인사혁신처장이 기획재정부장관과 협의하여 정한다.
5. 운임 및 숙박비의 할인이 가능한 경우에는 할인된 요금을 지급한다.

라. 공정선거지원단원의 해촉 및 사직

관할위원회는 공정선거지원단원이 다음 각 호의 어느 하나에 해당하는 경우에는 해촉할 수 있다(위탁선거규칙§5⑤).

1. 법규를 위반하거나 그 임무를 수행하면서 불공정한 행위를 하거나 할 우려가 있는 경우
2. 정당한 사유 없이 관할위원회의 지휘·명령에 따르지 아니하거나 그 임무를 게을리한 경우
3. 임무수행 중 입수한 자료를 유출하거나 알게 된 정보를 누설한 경우
4. 공정선거지원단원이 그 품위를 손상하거나 선거관리위원회의 위신을 실추시키는 행위를 한 경우
5. 건강 또는 그 밖의 사유로 임무를 성실히 수행할 수 없다고 판단되는 경우

공정선거지원단원이 사직하거나 해촉된 때에는 지체 없이 그 신분증명서를 반환하여야 한다(위탁선거규칙§5⑥).

제2장 공공단체등의 조합장 등의 선출방법[1)]

제1절 의무위탁단체의 조합장 등의 선출방법

1. 「농업협동조합법」에 따른 조합의 조합장 선출방법

가. 「농업협동조합법」에 따른 조합[2)]의 조합장 선출방법

조합장은 조합원 중에서 정관[3)]으로 정하는 바에 따라 다음 각 호의 어느 하나의 방법으로 선출한다(농업협동조합법§45⑤).

1. 조합원이 총회 또는 총회 외에서 투표로 직접 선출
2. 대의원회가 선출
3. 이사회가 이사 중에서 선출

즉, 조합의 조합장은 ① 조합원이 총회 또는 총회 외에서 투표로 직접 선출하거나, ② 대의원회가 선출하거나, ③ 이사회가 이사 중에서 선출하는 방법 중 정관으로 정하는 방법으로 선출하는 바, 조합장선거의 선거관리에 대하여 관할위원회에 위탁하

---

1) 이 장에서는 의무위탁단체 및 임의위탁단체에 대하여 위탁선거와 관련된 각 위탁단체별 해당 법률에 규정된 조합, 금고 및 중앙회의 조합장, 이사장 및 중앙회장 등의 선출방법을 총괄적으로 기술하는바, 각 위탁단체별 조합장 등의 선출을 위한 기관(총회, 대의원회 등)에 대하여는 조합장 등의 선출방법을 기술하는데 필요한 부분에 한하여 기술한다.

2) 농업협동조합의 조합장의 선출방법에 대하여는 지역농협에 관한 규정을 지역축협이나 품목조합에서도 각각 준용하고 있으므로 지역농협을 위주로 기술한다.

3) 「지역농업협동조합정관례(농림축산식품부고시 제2024－74호, 2024. 10. 8. 일부개정)」 제54조(임원의 선출) ①
＜제1례＞ 조합장을 총회 또는 총회 외에서 투표로 직접 선출하는 경우
조합장은 조합원 중에서 조합원이 총회 또는 총회 외에서 투표로 직접 선출한다.
＜제2례＞ 조합장을 대의원회에서 선출하는 경우
조합장은 조합원 중에서 대의원회에서 선출한다.
＜제3례＞ 조합장을 이사회에서 선출하는 경우
조합장은 조합원인 이사 중에서 이사회가 선출한다.
(비고) 선출방식 변경은 조합장의 임기가 만료되는 해의 직전년도 12월까지 가능

여야 하는 조합장 선출방법은 ① 조합원이 총회 또는 총회 외에서 투표로 직접 선출하거나, ② 대의원회가 선출하는 방법이다(농업협동조합법§51④).

나. 조합의 조합장 선출을 위한 기관

(1) 총회

(가) 총회의 설치

지역농협에 조합원[4]으로 구성하는 총회를 두고(농업협동조합법§34①, ②), 조합장이 의장이 된다. 총회의 정기총회는 매년 1회 정관으로 정하는 시기에 소집하고, 임시총회는 필요할 때에 수시로 소집한다(농업협동조합법§34③).[5]

(나) 총회의 의결사항

임원의 선출 및 해임에 관한 사항은 총회의 의결을 거쳐야 한다(농업협동조합법§35①5.).

(다) 총회의 소집

총회는 원칙적으로 조합장이 소집한다. 총회를 소집하려면 총회 개최 7일전까지 회의목적 등을 적은 총회소집통지서를 조합원에게 발송하여야 한다. 다만 같은 목적으로 총회를 다시 소집할 때에는 개회 전날까지 알린다(농업협동조합법§37②). 지역농협이 조합원에게 통지할 때에는 조합원명부에 적힌 조합원의 주소나 거소로 하여야 한다(농업협동조합법§37①).

조합원은 조합원 300인이나 100분의 10 이상의 동의를 받아 소집의 목적과 이유

---

4) 총회의 구성원인 조합원의 자격 등에 대하여는 「위탁선거의 선거권자」에서 상술한다.

5) 「지역농업협동조합정관례(농림축산식품부고시 제2024－74호, 2024. 10. 8. 일부개정)」 제31조(총회) ① 총회는 조합원으로 구성하며, 조합장이 그 의장이 된다.
제32조(정기총회) 정기총회는 매년 1회 회계연도 종료 후 2개월 이내에 조합장이 이를 소집한다.
제33조(임시총회) ① 임시총회는 다음 각 호의 어느 하나에 해당하는 경우에 조합장이 이를 소집한다.
1. 조합장이 필요하다고 인정한 때
2. 이사회가 필요하다고 인정하여 소집을 청구한 때
3. 조합원이 조합원 300인 또는 100분의 10 이상의 동의를 받아 소집의 목적과 이유를 적은 서면을 제출하여 조합장에게 소집을 청구한 때
4. 감사가 조합의 재산상황이나 업무집행에 부정한 사실이 있는 것을 발견하고 그 내용을 총회에 신속히 보고할 필요가 있다고 인정하여 조합장에게 소집을 요구한 때

② 조합장은 제1항 제2호 및 제3호에 따른 청구를 받으면 정당한 사유가 없는 한 2주일 이내에 총회소집통지서를 발송하여야 하며, 제4호의 경우에는 7일 이내에 총회소집통지서를 발송하여야 한다.

를 적어 조합장에게 제출하고 총회의 소집을 청구할 수 있고(농업협동조합법§36①), 위 청구를 받은 조합장은 2주일 이내에 총회소집통지서를 발송하여야 한다(농업협동조합법§36②). 총회를 소집할 사람이 없거나 총회소집청구를 받은 조합장이 2주일 이내에 정당한 사유 없이 총회소집통지서를 발송하지 아니할 때에는 감사가 5일 이내에 총회소집통지서를 발송하여야 하고(농업협동조합법§36③), 감사가 위 기간 이내에 총회소집통지서를 발송하지 아니할 때에는 총회소집을 청구한 조합원의 대표가 총회를 소집한다. 이 경우 조합원이 의장의 직무를 수행한다(농업협동조합법§36④).

(라) 총회의 개의와 의결

총회는 「농업협동조합법」에 다른 규정이 있는 경우를 제외하고는 조합원 과반수의 출석으로 개의(開議)하고 출석조합원 과반수의 찬성으로 의결한다(농업협동조합법§38①본문).

(마) 총회 의결의 특례

「농업협동조합법」 제45조(임원의 정수 및 선출) 제5항 제1호[6]에 따른 조합장의 선출에 관한 사항은 「농업협동조합법」 제35조(총회의결사항 등) 제1항에도 불구하고 조합원의 투표로 총회의 의결을 갈음할 수 있다. 이 경우 조합원 투표의 통지·방법, 그 밖에 투표에 필요한 사항은 정관으로 정한다(농업협동조합법§41①2.). 「농업협동조합법」 제45조(임원의 정수 및 선출) 제5항 제1호에 따른 조합장의 선출에 관한 사항에 대한 선출은 유효투표의 최다득표자를 선출하되, 다만, 최다득표자가 2명 이상이면 연장자를 당선인으로 결정한다(농업협동조합법§41②2.).

즉, 조합원이 총회 또는 총회 외에서 투표로 직접 조합장을 선출하는 경우에는 총회의 의결을 거치지 아니하고 조합원의 투표로 총회의 의결을 갈음할 수 있다. 이 경우 유효투표의 최다득표자를 조합장으로 선출하되, 다만 최다득표자가 2명 이상이면 연장자를 당선인으로 결정한다.

(2) 대의원회

(가) 대의원회의 설치

지역농협은 정관으로 정하는 바에 따라 「농업협동조합법」 제41조(총회 의결의 특례)

---

6) 「농업협동조합법」 제45조(임원의 정수 및 선출) ⑤ 조합장은 조합원 중에서 정관으로 정하는 바에 따라 다음 각 호의 어느 하나의 방법으로 선출한다.
1. 조합원이 총회 또는 총회 외에서 투표로 직접 선출

제1항 각 호[7]에 규정된 사항 외의 사항에 대한 총회의 의결에 관하여 총회를 갈음하는 대의원회를 둘 수 있고(농업협동조합법§42①), 대의원은 조합원이어야 한다(농업협동조합법§42①).

즉, 조합장을 조합원이 총회 또는 총회 외에서 투표로 직접 선출하는 것(농업협동조합법§45⑤1.) 외에 대의원회가 선출하는 경우(농업협동조합법§45⑤2.)에는 총회의 의결에 관하여 총회를 갈음하는 대의원회를 둘 수 있다.

(나) 대의원의 정수, 임기 및 선출방법, 자격, 해임[8]

대의원의 정수, 임기 및 선출방법은 정관으로 정한다.[9] 다만, 임기만료연도 결산기의 마지막 달부터 그 결산기에 관한 정기총회 전에 임기가 끝난 경우에는 정기총회가 끝날 때까지 그 임기가 연장된다(농업협동조합법§42②).

1) 대의원의 정수

가) 여성대의원 선출구역을 별도로 두지 않는 경우

대의원회는 조합장을 제외한 50명 이상 200명 이하에서 조합의 실정에 따라 정하는 대의원(여성대의원 ○○명을 포함한다)으로 구성하며, 선출구역별 선출할 대의원수를 성별로 배분함으로써 의무적으로 선출하여야 하는 여성대의원수는 전체 조합원수 중에서 여성조합원수가 차지하는 비율을 감안하여 정하고, 조합장이 대의원회의 의장이 된다.[10]

나) 여성대의원 선출구역을 별도로 두는 경우

대의원회는 조합장을 제외한 50명 이상 200명 이하에서 조합의 실정에 따라 정하는 대의원으로 구성하며, 여성대의원 선출구역에서 선출할 여성대의원수는 전체 조

---

7) 「농업협동조합법」 제41조(총회 의결의 특례) ① 다음 각 호의 사항에 대하여는 제35조(총회의 결사항 등) 제1항에도 불구하고 조합원의 투표로 총회의 의결을 갈음할 수 있다. 이 경우 조합원 투표의 통지·방법, 그 밖에 투표에 필요한 사항은 정관으로 정한다.
 1. 해산, 분할 또는 품목조합으로서의 조직변경
 2. 제45조(임원의 정수 및 선출) 제5항 제1호에 따른 조합장의 선출
 3. 제54조(임원의 해임) 제1항에 따른 임원의 해임
 4. 합병

8) 대의원의 정수, 임기 및 선출방법, 자격, 해임 등은 「지역농업협동조합정관례(농림축산식품부고시 제2024-74호, 2024. 10. 8. 일부개정)」에 따라 기술한다.

9) 「지역농업협동조합정관례(농림축산식품부고시 제2024-74호, 2024. 10. 8. 일부개정)」 제46조(대의원회), 제47조(대의원의 해임)

10) 「지역농업협동조합정관례(농림축산식품부고시 제2024-74호, 2024. 10. 8. 일부개정)」 제46조(대의원회) <제1례> ②

합원수 중에서 여성조합원수가 차지하는 비율을 감안하여 정하고, 조합장이 대의원회의 의장이 된다.[11)]

2) 대의원의 선출 구역 및 방법

가) 여성대의원 선출구역을 별도로 두지 않는 경우

조합장을 제외한 대의원의 선출구역은 다음 각 호와 같으며, 조합원수에 비례하여 선출하여야 한다.

1. ○○ 마을(이동) ○○명
2. ○○ 마을(이동) ○○명
3. ○○ 마을(이동) ○○명(남성 ○명, 여성 ○명)

위 각 호의 선출구역 중 제3호에 따라 선출할 대의원수를 성별로 배분할 선출구역을 정하는 경우 각 선출구역별로 배분된 여성대의원수의 합계가 의무적으로 선출하도록 정한 여성대의원수와 일치하도록 정하여야 하고, 위 각 호의 "마을(이동)"은 "면(동)"과 같이 조합의 실정에 따라 정할 수 있다.[12)]

나) 여성대의원 선출구역을 별도로 두는 경우

조합장을 제외한 대의원의 선출구역은 다음 각 호와 같으며, 조합원수에 비례하여 선출하여야 한다.

1. ○○ 마을(이동) ○○명
2. ○○ 마을(이동) ○○명
3. 여성대의원의 선출구역은 다음 각 목과 같으며, 선출구역안의 여성조합원 중에서 선출한다.
   가. ○○ 마을(이동), ○○ 마을(이동) ○○명
   나. ○○ 마을(이동), ○○ 마을(이동) ○○명

위 각 호의 "마을(이동)"은 "면(동)"과 같이 조합의 실정에 따라 정할 수 있다.[13)]

3) 대의원의 임기

조합장을 제외한 대의원의 임기는 2년으로 한다. 다만, 임기만료연도 결산기의 마

---

11) 「지역농업협동조합정관례(농림축산식품부고시 제2024-74호, 2024. 10. 8. 일부개정)」 제46조(대의원회) <제2례> ②
12) 「지역농업협동조합정관례(농림축산식품부고시 제2024-74호, 2024. 10. 8. 일부개정)」 제46조(대의원회) <제1례> ③
13) 「지역농업협동조합정관례(농림축산식품부고시 제2024-74호, 2024. 10. 8. 일부개정)」 제46조(대의원회) <제2례> ③

지막 달부터 그 결산기에 관한 정기총회 전에 임기가 끝난 경우에는 정기총회가 끝날 때까지 그 임기를 연장하되 그 정기총회가 속하는 연도의 6월을 초과할 수 없다.[14] 임기만료로 인한 선거에 따라 선출된 대의원의 임기개시일은 전임자의 임기만료일 다음날로 하고,[15] 그 외의 경우 대의원의 임기개시일은 당선공고일로 한다.[16] 보궐선거에 따라 선출된 대의원의 임기는 전임자의 잔임기간으로 한다. 다만, 대의원 전원의 결원으로 인하여 실시하는 보궐선거에서 당선되는 대의원의 임기는 당선이 결정된 때부터 새로이 기산한다.[17]

4) 대의원의 자격

다음 각 호의 어느 하나에 해당하는 사람은 조합의 대의원이 될 수 없다.[18]

1. 대한민국 국민이 아닌 사람
2. 미성년자 · 피성년후견인 또는 피한정후견인
3. 파산선고를 받고 복권되지 아니한 사람
4. 선거일공고일 현재 조합, 중앙회 또는 「농업협동조합법」 제49조(임원의 결격사유) 제1항 제11호 각 목의 금융기관에 대하여 1천만원 이상의 채무(보증채무를 제외한다)를 1년을 초과하여 연체한 사람

위 각 호의 사유가 발생하면 해당 대의원은 당연히 해임된다. 이 경우 위 제4호의 "선거일공고일 현재"를 "현재"로 한다.[19] 위 해임된 대의원이 해임 전에 관여한 행위는 그 효력을 상실하지 아니한다.[20]

대의원은 해당 지역농협의 조합장을 제외한 임직원과 다른 조합의 임직원을 겸직하여서는 아니 된다(농업협동조합법§42④).

---

14) 「지역농업협동조합정관례(농림축산식품부고시 제2024－74호, 2024. 10. 8. 일부개정)」 제46조(대의원회) ④
15) 「지역농업협동조합정관례(농림축산식품부고시 제2024－74호, 2024. 10. 8. 일부개정)」 제46조(대의원회) ⑦
16) 「지역농업협동조합정관례(농림축산식품부고시 제2024－74호, 2024. 10. 8. 일부개정)」 제46조(대의원회) ⑧
17) 「지역농업협동조합정관례(농림축산식품부고시 제2024－74호, 2024. 10. 8. 일부개정)」 제46조(대의원회) ⑨
18) 「지역농업협동조합정관례(농림축산식품부고시 제2024－74호, 2024. 10. 8. 일부개정)」 제46조(대의원회) ⑩, 제56조(임원의 결격사유) ①
19) 「지역농업협동조합정관례(농림축산식품부고시 제2024－74호, 2024. 10. 8. 일부개정)」 제46조(대의원회) ⑩, 제56조(임원의 결격사유) ②
20) 「지역농업협동조합정관례(농림축산식품부고시 제2024－74호, 2024. 10. 8. 일부개정)」 제46조(대의원회) ⑩, 제56조(임원의 결격사유) ③

5) 대의원의 해임

조합원은 대의원 선출구역안의 조합원 5분의 1 이상의 서면동의를 얻어 조합장에게 대의원의 해임을 위한 투표를 요구할 수 있다. 이 경우 대의원의 해임은 대의원 선출구역안의 조합원 과반수의 투표와 투표조합원 3분의 2 이상의 찬성으로 결정한다.[21] 조합장은 위 해임요구가 있는 경우 10일 이내에 투표일을 정하여 대의원 선출구역안의 조합원으로 구성된 회의를 소집하되, 소집의 통지는 개회 7일 전까지 목적·일시·장소 등을 적은 회의소집통지서의 발송에 따른다.[22] 위와 같이 소집된 회의의 의장은 출석한 조합원 중에서 호선하며, 의장은 출석 조합원 중 투·개표관리자 각 2명을 선정하여 투·개표사무를 관리하게 한다.[23] 의장은 회의에 관한 의사록을 작성하고 투·개표관리자와 함께 기명날인하여 조합장에게 제출하고, 조합장은 그 결과를 즉시 공고한다.[24] 해임을 의결하려면 해당 대의원에게 해임의 이유를 적은 서면으로 해임의결일 7일 전까지 통지하여 위 회의에서 의견을 진술할 기회를 주어야 한다.[25]

(다) 대의원회의 결의

대의원회에 대하여는 총회에 관한 규정을 준용한다. 다만, 대의원의 의결권은 대리인이 행사할 수 없다(농업협동조합법§42⑤).

다. 조합장의 임기

조합장의 임기는 4년이고, 조합장(상임인 경우에만 해당한다)은 2차에 한하여 연임할 수 있다. 다만, 설립 당시의 조합장의 임기는 정관으로 정하되, 2년을 초과할 수 없다(농업협동조합법§48①).

조합장의 임기가 임기만료연도 결산기의 마지막 달부터 그 결산기에 관한 정기총

---

21) 「지역농업협동조합정관례(농림축산식품부고시 제2024-74호, 2024. 10. 8. 일부개정)」 제47조(대의원의 해임) ①

22) 「지역농업협동조합정관례(농림축산식품부고시 제2024-74호, 2024. 10. 8. 일부개정)」 제47조(대의원의 해임) ②

23) 「지역농업협동조합정관례(농림축산식품부고시 제2024-74호, 2024. 10. 8. 일부개정)」 제47조(대의원의 해임) ③

24) 「지역농업협동조합정관례(농림축산식품부고시 제2024-74호, 2024. 10. 8. 일부개정)」 제47조(대의원의 해임) ④

25) 「지역농업협동조합정관례(농림축산식품부고시 제2024-74호, 2024. 10. 8. 일부개정)」 제47조(대의원의 해임) ⑤, 제57조(임원의 해임) <제1례> ③, <제2례> ④

회 전에 끝난 경우에는 정기총회가 끝날 때까지 그 임기가 연장된다(농업협동조합법 §48②, §42③단서).

2. 「농업협동조합법」에 따른 중앙회의 회장 선출방법

가. 「농업협동조합법」에 따른 중앙회의 회장 선출방법

회장은 총회에서 선출하되, 회원인 조합의 조합원이어야 한다. 이 경우 회원은 「농업협동조합법」 제122조(총회) 제5항[26]에도 불구하고 조합원 수 등 대통령령[27]으로 정하는 기준에 따라 차등하여 두 표까지 행사한다(농업협동조합법§130①).

구「농업협동조합법(2021. 4. 13. 법률 제18020호로 개정되기 전의 것)」 제130조(임원의 선출과 임기 등) 제1항은 "회장은 총회에서 선출하되, 회원인 조합의 조합원이어야 한다."라고만 규정하고 있었고, 같은 법 제124조(대의원회) 제1항은 "중앙회의 총회를 갈음하는 대의원회를 둔다. 다만, 제54조(임원의 해임) 제1항을 준용하는 제161조(준용규정)에 따라 임원의 해임을 위한 총회의 경우에는 그러하지 아니하다."라고 규정하고 있었는바, 이에 따라 「농업협동조합중앙회정관(개정 2022. 12. 29. 농림축산식품부장관 인가)」 제56조(임원의 선출) 제1항은 "회장은 대의원회에서 선출하되, 회원인 조합의 조합원이어야 한다."고 규정함으로써, 중앙회의 회장은 대의원회에서 선출하였다.

그러나 중앙회의 대표자인 회장을 회원조합장 중 일부로 구성된 대의원회에서 선출함에 따라 다수의 회원조합장이 대표자 선출에 참여하지 못하였던 불합리한 점을 개선하고자 2021. 4. 13. 법률 제18020호로 개정되어 2022. 4. 14.부터 시행된 「농업협동조합법」 제124조(대의원회)는 "중앙회에 총회를 갈음하는 대의원회를 둔다. 다만, 제130조(임원의 선출과 임기 등) 제1항에 따른 회장의 선출을 위한 총회 및 제54조(임

---

26) 「농업협동조합법」 제122조(총회) ⑤ 중앙회의 회원은 해당 조합의 조합원 수 등 대통령령으로 정하는 기준에 따라 정관으로 정하는 바에 따라 총회에서 한 표에서 세 표까지의 의결권을 행사한다.

27) 「농업협동조합법 시행령」 제11조의8(중앙회 회장 선출 시 투표권 행사기준) ① 법 제130조(임원의 선출과 임기 등) 제1항 후단에서 "조합원 수 등 대통령령으로 정하는 기준"이란 다음 각 호의 기준을 말한다.
1. 조합원 수가 3천명 미만인 조합 또는 연합회는 1표
2. 조합원 수가 3천명 이상인 조합은 2표
② 제1항 각 호에 따른 조합원 수의 산정에 관하여는 제11조의4(중앙회 총회의 의결권 행사기준) 제2항 및 제3항을 준용한다.

원의 해임) 제1항을 준용하는 제161조(준용규정)에 따라 임원의 해임을 위한 총회의 경우에는 그러하지 아니하다."라고 규정함으로써, 대의원회에서 중앙회의 회장 선출을 하지 못하도록 하고, 총회에서 중앙회의 회장을 선출하도록 하였다.

이와 함께 중앙회의 회장 선출을 위한 총회에서 회원조합장이 행사할 수 있는 '투표수에 대한 행사기준'을 같은 법 제130조(임원의 선출과 임기 등) 제1항의 단서에 삽입하였다.[28] 즉, 중앙회의 회장 선출을 위한 총회에서 회원은 「농업협동조합법」 제122조(총회) 제5항[29]에도 불구하고 대통령령으로 정하는 기준에 따라 투표권을 차등하여 두 표까지 행사하는 바(농업협동조합법§130①단서), 위 "조합원 수 등 대통령령으로 정하는 기준"이란 다음 각 호의 기준을 말한다(농업협동조합법 시행령§11의8①).

1. 조합원 수가 3천명 미만인 조합 또는 연합회는 1표
2. 조합원 수가 3천명 이상인 조합은 2표

위 중앙회의 회장 선출을 위한 총회에서 회원조합장이 행사할 수 있는 투표수에 대한 행사기준이 되는 조합원 수는 매년 중앙회 정기총회에서 직전 회계연도 말을 기준으로 확정한다(농업협동조합법 시행령§11의8②, §11의4②). 다만, 정기총회 이후 합병하거나 새로 설립된 조합의 경우에는 합병등기일 또는 설립등기일을 기준으로 중앙회 이사회가 조합원 수를 확정한다(농업협동조합법 시행령§11의8②, §11의4③).

나. 중앙회 회장 선출을 위한 기관(총회)

(1) 총회의 설치

중앙회에는 회장과 회원[30]으로 구성된 총회를 두고(농업협동조합법§122①, ②), 회장이 총회의 의장이 된다(농업협동조합법§122③).

(2) 총회의 소집

총회는 회장이 소집한다(농업협동조합법§122②). 정기총회는 매년 1회 정관[31]으로

28) 현행 「농업협동조합중앙회정관(개정 2022. 12. 29. 농림축산식품부장관 인가)」은 현행 「농업협동조합법」에 따라 농업협동조합중앙회의 회장을 총회에서 선출하는 것으로 개정이 이루어졌다.
29) 「농업협동조합법」 제122조(총회) ⑤ 중앙회의 회원은 해당 조합의 조합원 수 등 대통령령으로 정하는 기준에 따라 정관으로 정하는 바에 따라 총회에서 한 표에서 세 표까지의 의결권을 행사한다.
30) 총회의 구성원인 회원의 자격 등에 대하여는 「위탁선거의 선거권자」에서 상술한다.
31) 「농업협동조합중앙회정관(개정 2022. 12. 29. 농림축산식품부장관 인가)」 제33조(정기총회) 정기총회는 매년 1회 회계연도 종료후 3개월 이내에 회장이 이를 소집한다.

정한 시기에 소집하고 임시총회는 필요할 때에 수시로 소집한다(농업협동조합법§122 ④).

(3) 총회의 의결사항

임원의 선출과 해임에 관한 총회의 의결이 있어야 한다(농업협동조합법§123 5.).

(4) 총회의 개의와 의결

중앙회의 총회는 「농업협동조합법」에 다른 규정이 있는 경우 외에는 의결권 총수의 과반수에 해당하는 회원의 출석으로 개의하고, 출석한 회원의 의결권 과반수의 찬성으로 의결한다(농업협동조합법§123의2①).

다. 중앙회 회장의 임기

회장의 임기는 4년으로 하며, 중임할 수 없다(농업협동조합법§130⑤).

3. 「수산업협동조합법」에 따른 조합의 조합장 선출방법

가. 「수산업협동조합법」에 따른 조합[32]의 조합장 선출방법

조합장은 조합원(법인인 경우에는 그 대표자를 말한다) 중에서 정관으로 정하는 바에 따라 다음 각 호의 어느 하나의 방법으로 선출한다(수산업협동조합법§46③).

1. 조합원이 총회 또는 총회 외에서 투표로 직접 선출
2. 대의원회의 선출
3. 이사회가 이사회 구성원 중에서 선출하는 방법

제34조(임시총회) ① 임시총회는 다음 각 호의 1에 해당하는 경우에 회장이 이를 소집한다.
1. 회장이 필요하다고 인정한 때
2. 이사회가 필요하다고 인정하여 소집을 청구한 때
3. 회원이 회원 100분의 10 이상의 동의를 얻어 소집의 목적과 이유를 기재한 서면을 제출하여 회장에게 소집을 청구한 때
4. 감사위원회가 본회의 재산상황 또는 업무집행에 관하여 부정한 사실이 있는 것을 발견하여 그 내용을 총회에 신속히 보고하여야 할 필요가 있어 회장에게 소집을 요구한 때

② 제1항 제2호 및 제3호의 청구가 있는 때에는 정당한 사유가 없는 한 회장은 2주 이내에 총회소집통지서를 발송하여야 한다.

32) '업종별수협' 및 '수산물가공수협'의 기관이나 조합장의 선출방법 등에 대하여는 '지구별수협'에 관한 규정을 각각 준용하고 있으므로 이하 에서는 '지구별수협'을 위주로 기술한다.

즉, 조합의 조합장은 ① 조합원이 총회 또는 총회 외에서 투표로 직접 선출하거나, ② 대의원회가 선출하거나, ③ 이사회가 이사회 구성원 중에서 선출하는 방법 중 정관으로 정하는 방법으로 선출하는 바, 조합장 선거의 선거관리에 대하여 관할위원회에 위탁하여야 하는 선출방법은 ① 조합원이 총회 또는 총회 외에서 투표로 직접 선출하거나, ② 대의원회가 선출하는 방법이다(수산업협동조합법§54②).

나. 조합의 조합장 선출을 위한 기관

(1) 총회

(가) 총회의 설치

지구별수협에 조합원[33]으로 구성하는 총회를 둔다(수산업협동조합법§36①, ②). 총회에는 정기총회와 임시총회가 있고, 정기총회는 회계연도 경과 후 3개월 이내에 조합장이 매년 1회 소집하고, 임시총회는 조합장이 필요하다고 인정할 때 소집할 수 있다(수산업협동조합법§36③).

(나) 총회의 의결사항

임원의 선출과 해임에 관한 사항은 총회의 의결을 거쳐야 한다(수산업협동조합법§37①4.).

(다) 총회의 소집

조합원은 조합원 5분의 1 이상의 동의를 받아 소집의 목적과 이유를 서면에 적어 조합장에게 제출하고 총회의 소집을 청구할 수 있고(수산업협동조합법§38①), 조합장은 위 청구를 받으면 2주 이내에 총회를 소집하여야 한다(수산업협동조합법§38②). 총회를 소집할 사람이 없거나 조합장이 총회 소집 청구를 받고도 2주 이내에 정당한 사유 없이 총회를 소집하지 아니할 때에는 감사가 5일 이내에 총회를 소집하여야 한다. 이 경우 감사가 의장의 직무를 수행하고(수산업협동조합법§38③), 감사가 5일 이내에 총회를 소집하지 아니할 때에는 소집을 청구한 조합원의 대표가 총회를 소집한다. 이 경우 조합원의 대표가 의장의 직무를 수행한다(수산업협동조합법§38④). 총회를 소집하려면 총회 개회 7일 전까지 회의 목적 등을 적은 총회소집통지서를 조합원에게 발송하여야 한다. 다만, 같은 목적으로 총회를 다시 소집할 때에는 개회 전날까지 통지한다(수산업협동조합법§39②).

33) 총회의 구성원인 조합원의 자격 등에 대하여는 「위탁선거의 선거권자」에서 상술한다.

(라) 총회의 의결

총회는 「수산업협동조합법」에 다른 규정이 있는 경우를 제외하고는 구성원 과반수의 출석으로 개의하고 출석구성원 과반수의 찬성으로 의결한다(수산업협동조합법 §40본문).

(마) 총회 의결의 특례

조합장 선출방식에 관한 정관의 변경에 관한 사항은 「수산업협동조합법」 제37조(총회의 의결사항 등) 제1항에도 불구하고 조합원의 투표로 총회의 의결을 갈음할 수 있다. 이 경우 조합원 투표의 통지·방법, 그 밖에 투표에 필요한 사항은 정관으로 정한다(수산업협동조합법§43①2.). 이 경우 조합원 투표는 조합원 과반수의 투표와 투표한 조합원 3분의 2 이상의 찬성을 얻어야 한다(수산업협동조합법§43②).

(2) 대의원회

(가) 대의원회의 설치

지구별수협은 정관으로 정하는 바에 따라 「수산업협동조합법」 제43조(총회 의결의 특례) 제1항 각 호에 규정된 사항(총회특별결의사항) 외의 사항에 대한 총회의 의결의 관하여 총회를 갈음하는 대의원회를 둘 수 있으며, 대의원회는 조합장과 대의원으로 구성하고(수산업협동조합법§44①), 조합장이 그 의장이 된다.[34] 즉, ① 해산·합병 또는 분할, ② 조합장 선출방식에 관한 정관의 변경에 대한 사항을 제외한 사항에 대한 총회의 의결에 관하여 총회의 의결에 갈음하는 대의원회를 둘 수 있다.

(나) 대의원의 정수, 선출방법, 임기, 자격[35]

대의원의 정수 및 선출방법은 정관으로 정한다(수산업협동조합법§44③).

1) 대의원의 정수

조합의 대의원의 정수는 30명 이상 40명 이내로 한다. 다만, 조합원 수가 2,000명 미만인 조합은 대의원 정수를 20명 이상 30명 미만으로 할 수 있다.[36]

2) 대의원의 선출방법

대의원의 선출구역은 읍·면·동·리를 선출구역으로 하고,[37] 선출구역별 대의원

34) 「지구별수산업협동조합정관(예)(해양수산부고시 제2021－10호, 2021. 1. 18. 일부 개정)」 제45조(대의원회) ②

35) 대의원의 정수, 선출방법, 임기 및 자격 등은 「수산업협동조합법」 및 「지구별수산업협동조합정관(예)(해양수산부고시 제2021－10호, 2021. 1. 18. 일부개정)」에 따라 기술한다.

36) 「지구별수산업협동조합정관(예)(해양수산부고시 제2021－10호, 2021. 1. 18. 일부개정)」 제47조(대의원의 정수) ①

은 조합원 수에 비례하여 이사회에서 정한다.[38] 위 조합원 수는 대의원선거일 전 30일을 기준으로 한다.[39]

3) 대의원의 임기

대의원의 임기는 2년으로 한다. 다만, 임기 만료 연도 결산기의 마지막 달 이후 그 결산기에 관한 정기총회 전에 임기가 만료된 경우에는 정기총회가 끝날 때까지 그 임기가 연장된다(수산업협동조합법§44③). 대의원 중 결원이 생긴 때에는 보궐선거를 하며, 보궐선거로 당선된 대의원의 임기는 전임자의 남은 기간으로 한다. 다만, 대의원의 결원 수가 대의원 정수의 5분의 1 이하인 때에는 보궐선거를 하지 아니할 수 있다.[40]

4) 대의원의 자격

대의원은 조합원(법인인 경우에는 그 대표자를 말한다)이어야 하고(수산업협동조합법§44②), 해당 지구별수협의 조합장을 제외한 임직원과 다른 조합(다른 법률에 따른 협동조합을 포함한다)의 임직원을 겸직하여서는 아니 된다(수산업협동조합법§44④).

다음 각 호의 어느 하나에 해당하는 사람은 조합의 대의원이 될 수 없다.[41]

1. 대한민국 국민이 아닌 사람
2. 미성년자 · 피성년후견인 · 피한정후견인
3. 파산선고를 받고 복권되지 아니한 사람
4. 법원의 판결 또는 다른 법률에 따라 자격이 상실되거나 정지된 사람
5. 선거일공고일 현재 조합의 조합원 신분을 2년 이상 계속 보유하고 있지 아니하거나 100계좌(조합의 실정에 따라 하향하거나 상향하여 달리 정할 수 있되, 아라비아숫자로 명확히 정하여야 하고, 100계좌보다 상향하여 달리 정하고자 하는 경우에는 지나치게 상향하여 조합원의 피선거권이 과도하게 제한되지 않도록 상향하고자 하는 좌수에 해당되는 조합원수, 평균납입출자계좌 수 등을 감안하여 합리적으로 정하여야 한

37) 「지구별수산업협동조합정관(예)(해양수산부고시 제2021－10호, 2021. 1. 18. 일부개정)」 제47조(대의원의 정수) ①
38) 「지구별수산업협동조합정관(예)(해양수산부고시 제2021－10호, 2021. 1. 18. 일부개정)」 제47조(대의원의 정수) ②
39) 「지구별수산업협동조합정관(예)(해양수산부고시 제2021－10호, 2021. 1. 18. 일부개정)」 제47조(대의원의 정수) ③
40) 「지구별수산업협동조합정관(예)(해양수산부고시 제2021－10호, 2021. 1. 18. 일부개정)」 제46조(대의원의 자격 및 선거) ④
41) 「지구별수산업협동조합정관(예)(해양수산부고시 제2021－10호, 2021. 1. 18. 일부개정)」 제46조(대의원의 자격 및 선거) ⑤, 제55조(임원의 결격사유) ①

다) 이상의 납입출자금을 2년 이상 계속 보유하고 있지 아니한 사람. 다만, 설립 또는 합병 후 2년이 지나지 아니한 경우에는 선거일공고일 현재 조합원 신분을 보유하고 있지 아니하거나 조합의 조합원 평균출자계좌 수 이상의 납입출자금을 보유하고 있지 아니한 사람을 말한다.

6. 선거일공고일 현재 「수산업협동조합법」 제51조(임원의 결격사유) 제1항 제12호[42]에 따라 조합, 중앙회, 수협은행 또는 같은 호 각 목의 금융기관에 대하여 500만원 이상의 채무(변상처분을 받고 이행하지 않은 금액을 포함하며, 보증채무를 제외한다)의 상환을 6개월을 초과하여 연체하고 있는 사람
7. 선거공고일 현재 조합의 사업이용실적(선거일공고일 1년 전부터 선거일공고일 전일까지의 기간 동안 이용한 금액을 말한다)이 일정액에 해당하지 않는 사람[43]

위 결격사유에 해당하는 사람은 대의원이 될 수 없으며, 대의원에 선출된 후 선거일 후 임기개시 전에 위 결격사유에 해당하게 될 때에는 당선의 효력이 상실된다.[44] 임기 중에 위 결격사유가 발생한 때에는 해당 대의원은 당연히 해임된다. 이 경우 위 "선거공고일 현재"는 "현재"로 한다.[45] 위와 같이 해임된 대의원이 해임되기 전에 관여한 행위는 그 효력을 상실하지 아니한다.[46]

대의원은 재임 중 위 결격사유에 해당하는 사유가 발생한 때에는 지체 없이 이를

---

42) 「수산업협동조합법」 제51조(임원의 결격사유) ① 다음 각 호의 어느 하나에 해당하는 사람은 지구별수협의 임원이 될 수 없다. 다만, 제11호와 제13호는 조합원인 임원에게만 적용된다.
 12. 이 법에 따른 선거일 공고일 현재 해당 지구별수협, 중앙회, 수협은행 또는 다음 각 목의 어느 하나에 해당하는 금융기관에 대하여 정관으로 정하는 금액과 기간을 초과하여 채무상환을 연체하고 있는 사람
 가. 「은행법」에 따라 설립된 은행
 나. 「한국산업은행법」에 따른 한국산업은행
 다. 「중소기업은행법」에 따른 중소기업은행
 라. 그 밖에 대통령령으로 정하는 금융기관
43) 경제사업(위판실적을 제외한다)을 이용한 금액, 경제사업 이용에 따른 위판금액, 신용사업 이용에 따른 예·적금의 평균잔액, 신용사업 이용에 따른 대출금의 평균잔액, 공제사업 이용(정책보험의 경우 보험료에 대한 국고보조금을 제외한다)에 따른 공제료 중 3개 이상에 해당하지 않는 사람이고, 위 각 금액을 정할 때에는 과도하지 않도록 제반사정을 고려하여 합리적으로 정하여야 한다.
44) 「지구별수산업협동조합정관(예)(해양수산부고시 제2021－10호, 2021. 1. 18. 일부개정)」 제46조(대의원의 자격 및 선거) ⑤, 제55조(임원의 결격사유) ②
45) 「지구별수산업협동조합정관(예)(해양수산부고시 제2021－10호, 2021. 1. 18. 일부개정)」 제46조(대의원의 자격 및 선거) ⑤, 제55조(임원의 결격사유) ③
46) 「지구별수산업협동조합정관(예)(해양수산부고시 제2021－10호, 2021. 1. 18. 일부개정)」 제46조(대의원의 자격 및 선거) ⑤, 제55조(임원의 결격사유) ④

조합에 신고하여야 한다.[47]

5) 대의원의 자격상실

대의원회는 대의원이 다음 각 호의 어느 하나에 해당하는 행위를 할 때에는 그 의결로 대의원자격을 상실하게 할 수 있고, 이 경우 해당 대의원에게 해임이유를 기재한 서면으로 해임의결일 7일 전까지 통지하고 총회 또는 대의원회에서 의견을 진술할 기회를 주어야 한다.[48]

1. 대의원회 소집통지서를 받고 정당한 사유 없이 계속하여 3회 이상 출석하지 아니하거나 대의원회에 출석하여 같은 안건에 대한 의결에 2회 이상 참가하지 아니한 경우
2. 부정한 방법으로 대의원회의 의사를 방해한 경우
3. 고의 또는 중대한 과실로 조합의 명예 또는 신용을 훼손시킨 경우

(다) 대의원회의 결의

대의원회에 대하여는 총회에 관한 규정을 준용한다. 다만, 대의원의 의결권은 대리인이 행사할 수 없다(수산업협동조합법§44⑤).

다. 조합장의 임기

조합장의 임기는 4년으로 하고, 비상임인 조합장은 한 번만 연임할 수 있고, 상임인 조합장은 두 번만 연임할 수 있다(수산업협동조합법§50①). 다만, 임기만료 연도 결산기의 마지막 달 이후 그 결산기에 관한 정기총회 전에 임기가 만료되는 경우에는 정기총회가 끝날 때까지 그 임기가 연장된다(수산업협동조합법§50②, §44③단서).

합병으로 설립되는 조합의 설립당시 조합장의 임기는 설립등기일로부터 2년으로 한다. 다만, 합병으로 소멸되는 조합의 조합장이 합병으로 설립되는 조합의 조합장으로 선출되는 경우 설립등기일 현재 조합장의 종전 임기의 남은 임기가 2년을 초과하는 경우에는 그 남은 임기를 그 조합장의 임기로 한다(수산업협동조합법§50③). 합병 후 존속하는 조합의 변경등기 당시 재임 중인 조합장의 남은 임기가 변경등기일 현재 2년 미만인 경우에는 그 임기를 변경등기일로부터 2년으로 한다(수산업협동조합법§50④).

47) 「지구별수산업협동조합정관(예)(해양수산부고시 제2021-10호, 2021. 1. 18. 일부개정)」 제46조(대의원의 자격 및 선거) ⑤, 제55조(임원의 결격사유) ⑤

48) 「지구별수산업협동조합정관(예)(해양수산부고시 제2021-10호, 2021. 1. 18. 일부개정)」 제48조(대의원의 의무 및 자격상실) ②, 제57조(임원의 해임) ④

4. 「수산업협동조합법」에 따른 중앙회의 회장 선출방법

가. 「수산업협동조합법」에 따른 중앙회 회장의 선출방법

회장은 총회에서 선출하되, 회원[49]인 조합의 조합원이어야 한다(수산업협동조합법 §134①).

나. 중앙회의 회장 선출을 위한 기관(총회)

(1) 총회의 설치

중앙회에는 회장과 회원으로 구성된 총회를 두고(수산업협동조합법§125①, ②전단), 회장이 총회의 의장이 된다(수산업협동조합법§125③).

(2) 총회의 소집

총회는 회장이 소집한다(수산업협동조합법§125②후단). 정기총회는 회계연도 경과 후 3개월 이내에 회장이 매년 1회 소집하고, 임시총회는 회장이 필요하다고 인정할 때에 수시로 소집한다(수산업협동조합법§125④).

(3) 총회의 의결사항

중앙회 회장의 선출 및 해임에 관한 사항은 총회의 의결을 거쳐야 한다(수산업협동조합법§126①3.).

(4) 총회의 개의와 의결

중앙회의 총회의 소집과 개의 및 의결 등은 지구별수협의 총회에 관한 규정인 「수산업협동조합법」 제38조(총회의 소집청구), 제39조(조합원에 대한 통지와 최고), 제40조(총회의 개의와 의결), 제41조(의결권의 제한 등)를 준용한다(수산업협동조합법§168).

다. 중앙회 회장의 임기

회장의 임기는 4년으로 하되, 회장은 연임할 수 없다(수산업협동조합법§134⑤).

---

49) 총회의 구성원인 회원의 자격 등에 대하여는 「위탁선거의 선거권자」에서 상술한다.

5. 「산림조합법」에 따른 조합의 조합장 선출방법

가. 「산림조합법」에 따른 조합의 조합장 선출방법

조합장은 조합원 중에서 정관[50]으로 정하는 바에 따라 다음 각 호의 어느 하나의 방법으로 선출한다(산림조합법§35④).

1. 조합원이 총회 또는 총회 외에서 투표로 직접 선출
2. 대의원회가 선출

위와 같이 「산림조합법」에 따른 조합의 조합장 선출방법에는 ① 조합원이 총회 또는 총회 외에서 투표로 직접 선출하거나, ② 대의원회가 선출하는 방법만을 두고 있다. 「산림조합법」에 따른 조합의 조합장 선출방법에 따라 선출하는 조합장선거의 선거관리는 모두 관할위원회에 위탁하여야 한다(산림조합법§40의3②).

나. 조합의 조합장 선출을 위한 기관

(1) 총회

(가) 총회의 설치

조합에 조합원[51]으로 구성하는 총회를 둔다(산림조합법§31①, ③). 총회는 정관으로 정하는 바에 따라 조합장이 소집하고(산림조합법§31③), 정기총회는 매년 한 차례 정

50) 「산림조합정관(예)(개정 2023. 10. 6. 산림청장 시행)」 제62조(임원의 선출)
<조합장을 상임으로 운영하는 경우>
제62조(임원의 선출) ①
<조합장을 조합원 총회에서 직접투표로 선출하는 경우>
조합장은 조합원 중에서 조합원이 총회에서 직접투표로 선출한다.
<조합장을 총회 외에서 직접투표로 선출하는 경우>
조합장은 조합원 중에서 조합원이 총회 외에서 직접투표로 선출한다.
<조합장을 대의원회에서 선출하는 경우>
조합장은 조합원 중에서 대의원회에서 선출한다.
<조합장을 비상임으로 운영하는 경우>
제62조(임원의 선출) ①
<조합장을 조합원 총회에서 직접투표로 선출하는 경우>
조합장은 조합원 중에서 조합원이 총회에서 직접투표로 선출한다.
<조합장을 총회 외에서 직접투표로 선출하는 경우>
조합장은 조합원 중에서 조합원이 총회 외에서 직접투표로 선출한다.
<조합장을 대의원회에서 선출하는 경우>
조합장은 조합원 중에서 대의원회에서 선출한다.

51) 총회의 구성원인 조합원의 자격 등에 대하여는 「위탁선거의 선거권자」에서 상술한다.

관으로 정하는 시기에 소집하고, 임시총회는 필요할 때에 수시로 소집한다(산림조합법 §31②).[52)]

(나) 총회의 의결사항

임원의 선출과 해임에 관한 사항은 총회의 의결을 거쳐야 한다(산림조합법§31⑤5.).

(다) 총회의 소집

조합원은 조합원 300인 또는 100분의 10 이상의 동의를 받아 소집의 목적과 이유를 적은 서면을 제출하여 조합장에게 총회의 소집을 청구할 수 있고(산림조합법§31의3①), 위 청구를 받은 조합장은 2주 이내에 총회를 소집하여야 한다(산림조합법§31의3②). 조합장이 위 청구를 받고 2주 이내에 정당한 사유 없이 총회를 소집하지 아니하면 감사가 5일 이내에 소집하여야 한다. 이 경우 감사가 의장의 직무를 수행한다(산림조합법§31의3③). 감사가 위 기간에 총회를 소집하지 아니하면 그 소집을 청구한 조합원의 대표가 소집한다. 이 경우 조합원의 대표가 의장의 직무를 수행한다(산림조합법§31의3④). 총회소집의 통지는 총회 개회 7일 전까지 회의목적 등을 적은 총회소집 통지서의 발송에 의한다. 다만, 같은 목적으로 총회를 다시 소집하려는 경우에는 개회 전날까지 통지한다(산림조합법§31의4②).

(라) 총회의 의결

총회는 「산림조합법」에 다른 규정이 있는 경우를 제외하고는 조합원 과반수의 출석으로 개의하고, 출석조합원 과반소의 찬성으로 의결한다(산림조합법§31④본문).

(마) 총회 의결의 특례

「산림조합법」 제35조(임원의 정수 및 선출) 제4항 제1호[53)]에 따른 총회 외에서의 조

---

52) 「산림조합정관(예)(개정 2023. 10. 6. 산림청장 시행)」 제40조(총회의 소집) ① 본 조합의 정기총회는 매년 1회 회계연도 종료후 60일 이내에 조합장이 소집한다.
② 임시총회는 다음 각 호의 어느 하나에 해당하는 경우 조합장이 소집한다.
1. 조합장이 필요하다고 인정한 때
2. 이사회가 필요하다고 인정하여 소집을 요구한 때
3. 조합원이 조합원 300명 또는 100분의 10 이상의 동의를 받아 소집의 목적과 사유를 적어 서면으로 제출하여 조합장에게 청구한 때
4. 감사 또는 중앙회장이 조합의 재산의 상황 또는 업무의 집행에 관하여 부정한 사실을 발견하여 그 내용을 총회에 신속히 보고할 필요가 있어 조합장에게 소집을 요구한 때
② 제2항 제2호 및 제3호의 청구를 받으면 정당한 사유가 없는 한 조합장은 그 청구가 있는 날부터 2주 이내에 총회를 소집하여야 한다.

53) 「산림조합법」 제35조(임원의 정수 및 선출) ④ 조합장은 조합원 중에서 정관으로 정하는 바에 따라 다음 각 호의 어느 하나의 방법으로 선출한다.

합장 선출에 관한 사항에 대하여는 조합원투표로써 「산림조합법」 제31조(총회) 제5항에 따른 총회의 의결을 갈음할 수 있다. 이 경우 조합원투표의 통지·방법과 그 밖에 투표에 필요한 사항은 정관으로 정한다(산림조합법§31의2①3.). 「산림조합법」 제35조(임원의 정수 및 선출) 제4항 제1호에 따른 총회 외에서의 조합장 선출은 유효투표의 최다득표자를 선출한다. 다만, 최다득표자가 2명 이상인 경우에는 연장자를 당선인으로 결정한다(산림조합법§31의2②3.).

즉, 조합원이 총회 외에서 조합장을 직접 투표로 선출하는 경우에는 총회의 의결을 거치지 아니하고 조합원의 투표로 총회의 의결을 갈음할 수 있다. 이 경우 유효투표의 최다득표자를 조합장으로 선출하되, 최다득표자가 2명 이상인 경우에는 연장자를 당선인으로 결정한다.

(2) 대의원회

(가) 대의원회의 설치

조합에는 정관으로 정하는 바에 따라 총회를 갈음하는 대의원회를 둘 수 있고(산림조합법§32①), 대의원회는 조합장과 대의원으로 구성한다(산림조합법§32②).

(나) 대의원의 정수, 선출방법, 임기, 자격[54]

1) 대의원의 정수

대의원의 정수는 100명 이상으로 조합이 자율적으로 정한다. 다만, 조합원수 1천명 이하인 조합과 조합장을 총회 또는 총회 외에서 조합원이 직접 투표로 선출하는 조합은 30명 이상으로 결정할 수 있다.[55] 대의원 중 결원이 생긴 때에는 보궐선거를 실시하여야 한다. 다만, 결원 대의원수가 정수의 5분의 1 이하인 때에는 보궐선거를 실시하지 아니할 수 있다.[56]

2) 대의원의 선출방법

대의원의 선출구역 확정 및 단위구역별 대의원수는 조합원수, 산주조합원, 조합원 소유 산림면적 등을 감안하여 이사회에서 정한다. 이 경우 여성대의원수는 전체 조합원수 중에서 여성조합원수가 차지하는 비율을 감안하여 정한다.[57] 위 조합원수 확정

---

1. 조합원이 총회 또는 총회 외에서 직접투표로 선출

54) 대의원의 정수, 임기, 선출방법, 자격 등에 대하여는 「산림조합법」 및 「산림조합정관(예)(개정 2023. 10. 6. 산림청장 시행)」에 따라 기술한다.

55) 「산림조합정관(예)(개정 2023. 10. 6. 산림청장 시행)」 제52조(대의원의 정수) ①

56) 「산림조합정관(예)(개정 2023. 10. 6. 산림청장 시행)」 제53조(대의원의 선거 등) ③

57) 「산림조합정관(예)(개정 2023. 10. 6. 산림청장 시행)」 제52조(대의원의 정수) ②

기준일은 대의원선거일 전 180일로 한다.[58]

3) 대의원의 임기

대의원의 임기는 2년으로 하되, 보궐선거로 선출된 대의원의 임기는 전임자 임기의 남은 기간으로 한다. 다만, 임기가 만료되는 연도의 결산기 마지막 달 이후 그 결산기에 관한 정기총회 전에 임기가 만료될 때에는 그 정기총회가 끝나는 날까지 임기가 연장된다(산림조합법§32④).

4) 대의원의 자격

대의원은 조합원(법인인 경우에는 그 대표자를 말한다)이어야 한다(산림조합법§32③). 다음 각 호의 어느 하나에 해당하는 사람은 조합의 대의원이 될 수 없다.[59]

1. 대한민국 국민이 아닌 사람
2. 미성년자 · 피성년후견인 또는 피한정후견인
3. 파산선고를 받고 복권되지 아니한 사람
4. 법원의 판결 또는 다른 법률에 따라 자격이 상실되거나 정지된 사람
5. 금고 이상의 실형의 선고를 받고 그 집행이 끝나거나(집행이 끝난 것으로 보는 경우를 포함한다) 집행이 면제된 날부터 3년이 지나지 아니한 사람

5의2. 「형법」 제303조(업무상위력 등에 의한 간음)[60] 또는 「성폭력범죄의 처벌 등에 관한 특례법」 제10조(업무상위력 등에 의한 추행)[61]에 규정된 죄를 저지른 사람으로서 300만원 이상의 벌금형을 선고받고 그 형이 확정된 후 2년이 지나지 아니한 사람

6. 「산림조합법」 제125조(위법행위에 대한 행정처분) 제1항[62] 또는 「신용협동조합법」

---

58) 「산림조합정관(예)(개정 2023. 10. 6. 산림청장 시행)」 제52조(대의원의 정수) ③

59) 「산림조합정관(예)(개정 2023. 10. 6. 산림청장 시행)」 제53조(대의원의 선거등) ⑤, 제64조(임원의 결격사유) ①

60) 「형법」 제303조(업무상위력 등에 의한 간음) ① 업무, 고용 기타 관계로 인하여 자기의 보호 또는 감독을 받는 사람에 대하여 위계 또는 위력으로써 간음한 자는 7년 이하의 징역 또는 3천만원 이하의 벌금에 처한다.
② 법률에 의하여 구금된 사람을 감호하는 자가 그 사람을 간음한 때에는 10년 이하의 징역에 처한다.

61) 「성폭력범죄의 처벌 등에 관한 특례법」 제10조(업무상위력 등에 의한 추행) ① 업무, 고용이나 그 밖의 관계로 인하여 자기의 보호, 감독을 받는 사람에 대하여 위계 또는 위력으로 추행한 사람은 3년 이하의 징역 또는 1천500만원 이하의 벌금에 처한다.
② 법률에 따라 구금된 사람을 감호하는 사람이 그 사람을 추행한 때에는 5년 이하의 징역 또는 2천만원 이하의 벌금에 처한다.

62) 「산림조합법」 제125조(위법행위에 대한 행정처분) ① 산림청장 또는 시 · 도지사는 조합등 또는 중앙회의 업무와 회계가 법령, 법령에 따른 행정처분 또는 정관을 위반한다고 인정할 때에는 그 조합 또는 중앙회에 대하여 기간을 정하여 시정을 명하고 관련 임직원에 대하여 다음 각 호의

제84조(임직원에 대한 행정처분) 제1항[63]에 따른 개선 또는 징계면직의 처분을 받은 날부터 5년이 지나지 아니한 사람

7. 금고 이상의 형의 집행유예선고를 받고 그 유예기간 중에 있는 사람
8. 삭제
9. 「산림조합법」 제132조(벌칙) 또는 위탁선거법 제58조(매수 및 이해유도죄) · 제59조(기부행위의 금지 · 제한 등 위반죄) · 제61조(허위사실공표죄)부터 제66조(각종 제한 규정 위반죄)까지에 규정된 죄를 저질러 벌금 100만원 이상의 형을 선고받고 4년이 지나지 아니한 사람
10. 임원선거에 당선되었으나 「산림조합법」 제133조(선거범죄로 인한 당선무효 등) 제1항 제1호[64] 또는 위탁선거법 제70조(위탁선거범죄로 인한 당선무효) 제1호에 해당하게 되어 당선이 무효로 된 사람으로서 그 무효가 확정된 날부터 5년이 지나지 아니한 사람
11. 선거일공고일 현재 조합에 대하여 50계좌 이상의 납입출자(이하 "기준출자"라 한다)를 2년 이상 계속 보유하고 있지 아니한 사람. 다만, 설립 또는 합병 후 2년이 지나지 아니한 경우에는 그러하지 아니하다.
12. 선거일공고일 현재 조합, 중앙회 또는 「산림조합법」 제39조(임원의 결격사유) 제1항 제12호 각 목[65]의 어느 하나에 해당하는 금융기관에 대하여 5백만원 이상의 채무를

조치를 할 것을 요구할 수 있다.
1. 임원에 대하여는 개선 또는 직무의 정지
2. 직원에 대하여는 징계면직, 정직 또는 감봉

63) 「신용협동조합법」 제84조(임직원에 대한 행정처분) ① 금융위원회는 조합 또는 중앙회의 임직원이 이 법 또는 이 법에 따른 명령 · 정관 · 규정에서 정한 절차 · 의무를 이행하지 아니한 경우에는 조합 또는 중앙회로 하여금 관련 임직원에 대하여 다음 각 호의 조치를 하게 할 수 있다.
1. 임원에 대해서는 개선, 직무의 정지 또는 견책
2. 직원에 대해서는 징계면직, 정직, 감봉 또는 견책
3. 임직원에 대한 주의 · 경고

64) 「산림조합법」 제133조(선거범죄로 인한 당선무효 등) ① 조합 또는 중앙회의 임원 선거와 관련하여 다음 각 호의 어느 하나에 해당하는 경우에는 해당 선거의 당선을 무효로 한다.
1. 당선인이 해당 선거에서 제132조(벌칙)에 해당하는 죄를 저질러 징역형 또는 100만원 이상의 벌금형을 선고받았을 때

65) 「산림조합법」 제39조(임원의 결격사유) ① 다음 각 호의 어느 하나에 해당하는 사람은 조합의 임원이 될 수 없다. 다만, 제11호와 제13호는 조합원인 임원에게만 적용한다.
12. 선거일공고일 현재 해당 조합, 중앙회 또는 다음 각 목의 어느 하나에 해당하는 금융기관에 대하여 정관으로 정하는 금액과 기간을 초과하여 채무상환을 연체하고 있는 사람
가. 「은행법」에 따라 설립된 은행
나. 「한국산업은행법」에 따른 한국산업은행
다. 「중소기업은행법」에 따른 중소기업은행
라. 그 밖에 대통령령으로 정하는 금융기관

6개월을 초과하여 연체하고 있는 사람

13. 선거공고일 현재 조합의 사업이용실적(선거일공고일 현재의 1년 전부터 선거일공고일 현재의 전일까지의 기간 동안 이용한 금액)이 다음 각 목의 기준금액[66] 중 어느 하나에도 해당하지 아니한 사람
    가. 제5조 제1항 제2호 가목 및 나목의 경제사업을 이용한 금액 : ( )만원 이상
    나. 제5조 제1항 제4호 가목의 신용사업 이용에 따른 예금·적금의 평균잔액 : ( )만원 이상
    다. 제5조 제1항 제4호 나목의 신용사업 이용에 따른 대출금의 평균잔액 : ( )만원 이상

대의원은 해당 조합의 조합장을 제외한 임직원과 다른 조합(다른 법률에 따른 협동조합을 포함한다)의 임직원을 겸직하여서는 아니 된다(산림조합법§32⑤).

5) 대의원의 자격상실

대의원회는 대의원이 다음 각 호의 어느 하나에 해당하는 행위를 한 때에는 그 의결로서 대의원의 자격을 상실하게 할 수 있다. 이 경우 대의원 과반수의 출석과 출석대의원 3분의 2 이상의 찬성으로 의결한다.[67]

1. 대의원회 소집통지서를 받고 정당한 사유 없이 계속하여 3회 이상 출석하지 아니한 때
2. 부정한 방법으로 대의원회의 의사를 방해한 때
3. 조합의 사업 또는 업무에 방해가 되는 행위를 하거나 조합의 명예 또는 신용을 잃게 하는 행위를 한 때

(다) 대의원회의 결의

대의원회에는 총회에 관한 규정을 준용하되, 한다. 다만, 대의원의 의결권은 대리인으로 하여금 행사하게 할 수 없고(산림조합법§32⑥), 조합장직무대행자는 의결권을 행사할 수 없다.[68]

---

66) 「산림조합정관(예)(개정 2023. 10. 6. 산림청장 시행)」 제64조(임원의 결격사유) ① 13. (비고1) 제13호의 각 목 중 조합의 실정에 따라 하나 이상을 선택하여야 하며, 이 경우 하나만을 선택할 때에는 제13호 본문 중 "다음 각 목의 기준금액 중 어느 하나에도 해당하지 아니한 사람"을 "다음 기준금액에 해당하지 아니한 사람"으로 한다.

67) 「산림조합정관(예)(개정 2023. 10. 6. 산림청장 시행)」 제54조(대의원의 의무 및 자격상실) ②, 제65조(임원의 해임) ①

68) 「산림조합정관(예)(개정 2023. 10. 6. 산림청장 시행)」 제51조(대의원회) ③, 제60조(임원의 직무) ③

다. 조합장의 임기

조합장의 임기는 4년으로 하며, 상임인 조합장은 두 번까지만 연임할 수 있다. 다만, 설립 당시의 조합장의 임기는 정관으로 정하되, 2년을 초과할 수 없다(산림조합법§38①).

조합장의 임기가 임기만료연도의 결산기 마지막 달 이후 그 결산기에 관한 정기총회 전에 만료될 때에는 그 정기총회가 끝나는 날까지 임기가 연장된다(산림조합법§38②, §32④단서).

6. 「산림조합법」에 따른 중앙회의 회장 선출 방법

가. 「산림조합법」에 따른 중앙회의 회장 선출방법

회장은 총회에서 선출하되, 회원인 조합의 조합원이어야 한다(산림조합법§104①).

나. 중앙회 회장 선출을 위한 기관(총회)

(1) 총회의 설치

중앙회에 회장과 회원[69]으로 구성된 총회를 둔다(산림조합법§95①, ②전단).

(2) 총회의 소집

총회는 정관으로 정하는 바에 따라 회장이 소집한다(산림조합법§95②후단). 정기총회는 매년 한 차례 정관으로 정한 시기에 소집하고 임시총회는 필요할 때에 수시로 소집한다(산림조합법§95③).[70]

---

69) 총회의 구성원인 회원의 자격 등에 대하여는 「위탁선거의 선거권자」에서 상술한다.

70) 「산림조합중앙회정관(개정 2024. 2. 19. 산림청장 인가)」 제42조(정기총회) 정기총회는 매년 한 번 회계연도 경과 후 3개월 이내에 회장이 소집한다.

제43조(임시총회) ① 임시총회는 다음 각 호의 어느 하나에 해당하는 경우에 회장이 소집한다.

1. 회장이 필요하다고 인정한 때
2. 이사회가 필요하다고 인정하여 소집을 요구한 때
3. 회원 100분의 10 이상이 회의의 목적으로 하는 사항과 소집의 이유를 기재한 서면을 회장에게 제출하고 소집을 요구한 때
4. 감사위원회가 재산의 상황 또는 업무의 집행에 관하여 부정사실을 발견한 경우에 있어서 신속히 총회에 보고할 필요가 있어 회장에게 소집을 요구한 때

② 제1항 제2호 및 제3호에 따른 요구가 있는 때에는 회장은 2주 이내에 총회를 소집하여야 한다.

(3) 총회의 의결사항

임원의 선출과 해임에 관한 사항은 총회의 의결을 받아야 한다(산림조합법§95④3.).

(4) 총회의 개의와 의결

중앙회의 총회는 「산림조합법」에 다른 규정이 있는 경우를 제외하고는 조합원 과반수의 출석으로 개의하고, 출석조합원 과반수의 찬성으로 의결한다(산림조합법§122, §31④본문).

다. 중앙회 회장의 임기

회장의 임기는 4년으로 하며, 한 차례만 연임할 수 있다(산림조합법§104④).

7. 「새마을금고법」에 따른 금고의 이사장 선출방법

가. 「새마을금고법」에 따른 금고의 이사장 선출방법

금고의 이사장은 회원 중에서 회원[71]의 무기명 비밀투표로 직접 선출한다. 다만, 자산이 일정 규모 이하인 금고 등 대통령령으로 정하는 금고의 이사장은 회원의 투표로 직접 선출하는 방법, 총회에서 선출하는 방법 또는 대의원회에서 선출하는 방법 중 정관으로 정하는 방법을 택하여 선출할 수 있다(새마을금고법§18⑤). 위 "자산이 일정 규모 이하인 금고 등 대통령령으로 정하는 금고"란 다음 각 호의 금고를 말한다(새마을금고법 시행령§8의2).

1. 이사장을 선출하는 연도의 전전 사업연도의 총자산(해당 사업연도의 평균 잔액으로 계산한 총자산을 말한다)이 2,000억원 미만인 지역금고
2. 지역금고 외의 금고

즉, 원칙적으로 금고의 이사장은 회원의 무기명 비밀투표로 선출한다. 다만, 이사장을 선출하는 연도의 전전 사업연도의 총자산(해당 사업연도의 평균 잔액으로 계산한 총자산)이 2,000억원 미만인 지역금고와 지역금고 외의 금고의 경우에는 회원의 투표로 직접 선출하는 방법, 총회에서 선출하는 방법 또는 대의원회에서 선출하는 방법 중 정관으로 정하는 방법을 택하여 선출할 수 있다. '지역금고'는 금고 중 동일한 행정구역, 경제권 또는 생활권을 업무구역으로 하는 금고를 말한다(새마을금고법§2②).

---

71) 금고 이사장의 선거권자인 회원의 자격 등에 대하여는 「위탁선거의 선거권자」에서 상술한다.

「새마을금고법」이 2021. 10. 19. 법률 제18492호로 개정되어 2022. 4. 20.부터 시행되기 전의 구「새마을금고법(2021. 10. 19. 법률 제18492호로 개정되기 전의 것)」은 금고의 이사장 선출 시 총회 선출, 대의원회 선출, 회원 투표로 직접 선출하는 방법 중 정관으로 정하는 방법을 택하여 선출하도록 하고 있었으나,[72] 실제로는 80% 가량의 금고에서 대의원회에서 선출하는 간선제 방식으로 이사장을 선출하고 있고 선거과정에서 선거부정 등이 발생하는 사례가 나타나고 있었기 때문에, 위 개정 「새마을금고법」에 의하여 소규모 금고 등 일부 금고를 제외하고는 이사장을 회원의 투표로 직접 선출하도록 하였다.

금고 이사장을 회원의 투표로 직접 선출하는 경우 투표의 방법 · 절차, 투표의 사전통지 등에 필요한 사항은 정관으로 정하고(새마을금고법§18⑥), 이사장의 후보자가 1명인 경우에는 정관으로 따로 정하는 방법에 따라 이사장을 선출할 수 있다(새마을금고법§18⑦).[73]

나. 금고의 이사장 선출을 위한 기관[74]

(1) 총회

(가) 총회의 설치

금고에 회원으로 구성된 총회를 둔다(새마을금고법§12①, ③전단). 정기총회는 매년 1회 정관[75]으로 정하는 바에 따라 소집하고, 임시총회는 필요하다고 인정할 때에 소집한다(새마을금고법§12②).

---

72) 「구 새마을금고법(2021. 10. 19. 법률 제18492호로 개정되기 전의 것)」 제18조(임원의 선임 등) ⑤ 이사장은 회원 중에서 무기명 비밀투표로 선출하되, 다음 각 호의 어느 하나의 방법 중 정관으로 정하는 방법을 택하여 선출한다. 다만, 이사장 후보자가 1명인 경우에는 정관으로 따로 정하는 방법에 따라 이사장을 선출할 수 있다.
 1. 총회에서 선출
 2. 대의원회에서 선출
 3. 제1호 및 제2호 외의 방법 중에서 회원의 투표로 직접 선출. 이 경우 투표의 방법 · 절차, 투표의 사전통지 등에 필요한 사항은 정관으로 정한다.

73) 금고의 이사장 선출과 관련하여 「새마을금고 임원선거규약(예)(일부개정 2024. 7. 10.)」 제2장 이사장 선거에는 「제1절 :회원 직접 투표로 선출하는 경우」와 「제2절 : 총회 또는 대의원회에서 선출하는 경우」가 있는바, 이하에서는 「제1절 : 회원 직접 투표로 선출하는 경우」를 위주로 기술한다.

74) 금고의 이사장을 총회에서 선출하거나 대의원회에서 선출하는 경우의 기관이다.

75) 「새마을금고정관(예)(일부개정 2024. 7. 10.)」 제18조(정기총회) 정기총회는 매사업연도 종료 후 2개월 이내에 개최하며, 그 일시 및 장소는 이사회에서 정한다.

(나) 총회의 소집

총회는 이사장이 소집한다(새마을금고법§12③). 총회의 소집 통지는 총회 개최일 7일 전에 개회 일시, 개회 장소, 회의 목적사항을 제시하여 정관으로 정한 방법에 따라 공고하여야 한다(새마을금고법§15②).

회원은 회원 3분의 1 이상의 동의를 받아 회의의 목적과 이유를 적고 서명날인한 서면을 제출하여 임시총회의 소집을 이사장에게 요구할 수 있고(새마을금고법§14①), 이사장은 위 소집요구가 있는 날부터 2주일 이내에 총회를 개최하여야 한다(새마을금고법§14③). 총회를 소집할 자가 없거나 위 기간에 정당한 사유 없이 이사장이 총회를 개최하지 아니하면 감사가 5일 이내에 총회를 소집하여야 하며, 이 경우 감사가 의장의 직무를 대행하고(새마을금고법§14④), 감사가 위 기간 내에 총회를 소집하지 아니하면 총회 소집을 요구한 회원의 대표가 총회를 개최하며, 이 경우 그 회원의 대표가 의장의 직무를 대행한다(새마을금고법§14⑤). 감사나 회원대표가 총회를 소집할 때에는 소집 공고 전에 회장에게 알려야 한다(새마을금고법§14⑥).

(다) 총회의 의결사항

임원의 선임(이사장의 선임은 정관으로 이사장을 총회에서 선출하도록 한 경우에 한정한다)과 해임에 관한 사항은 총회의 의결이 있어야 한다(새마음금고법§12④3.).

(라) 총회의 개의와 의결

총회는 「새마을금고법」에 다른 규정이 있는 경우 외에는 재적회원(在籍會員) 과반수의 출석으로 개의(開議)하고 출석회원 과반수의 찬성으로 의결한다. 다만, 재적회원이 300명을 초과하는 경우에는 151명 이상 출석으로 개의하고 출석회원 과반수의 찬성으로 의결할 수 있다(새마을금고법§13①). 총회에서는 미리 공고한 사항에 대하여만 의결할 수 있다. 다만, 긴급한 사항으로서 재적회원 과반수(재적회원이 300명을 초과하는 경우에는 151명 이상)의 출석과 출석회원 3분의 2 이상의 찬성이 있는 경우에는 그러하지 아니하다(새마을금고법§13③).

(2) 대의원회

(가) 대의원회의 설치

회원이 300명을 초과하는 금고는 총회를 갈음할 대의원회를 둘 수 있고, 대의원회는 그 금고의 이사장과 대의원으로 구성한다(새마을금고법§16①, 새마을금고법 시행령§6①).

(나) 대의원의 임기, 자격, 정수, 선임 방법

1) 대의원의 임기

대의원의 임기는 3년으로 한다(새마을금고법§16②). 다만 대의원 중 일부의 궐원으로 인한 재선거 또는 보궐선거로 선임된 대의원의 임기는 다음 각 호와 같다(새마을금고법§16③).

1. 재선거의 경우에는 재선거 실시 전에 실시한 선거로 선출된 대의원의 남은 임기
2. 보궐선거의 경우에는 전임자의 남은 임기

2) 대의원의 자격

대의원의 자격은 정관으로 정하되, 회원으로 가입한 후 1년이 지난 자이어야 한다. 다만, 금고가 설립된 후 1년이 지나지 아니하였거나 직장 금고의 경우에는 그러하지 아니하다(새마을금고법 시행령§6②).

대의원은 해당 금고의 임직원(이사장은 제외한다), 다른 금고의 대의원 및 임직원을 겸할 수 없다.[76]

3) 대의원의 정수 및 선임방법

금고의 대의원의 수는 회원수에 비례하여 정관으로 정하되, 100명 이상으로 한다(새마을금고법 시행령§6③). 대의원은 선거구별로 회원수에 비례한 정수를 정하여 선임한다. 이 경우 선거구와 대의원 정수는 이사회의 의결을 얻어 규정으로 정한다.[77]

(다) 대의원회의 의결

대의원회의 개의와 의결에 관하여는 총회에 관한 규정을 준용한다(새마을금고법§16⑤).

다. 금고 이사장의 임기

이사장의 임기는 4년으로 한다(새마을금고법§20①). 이사장의 궐원으로 인한 재선거 또는 보궐선거로 선임된 이사장의 임기는 다음 각 호와 같다(새마을금고법§20②).

1. 재선거의 경우에는 재선거 실시 전에 실시한 선거로 선출된 이사장의 남은 임기
2. 보궐선거의 경우에는 전임자의 남은 임기

76) 「새마을금고정관(예)(일부개정 2024. 7. 10.)」 제28조(대의원회) ④
77) 「새마을금고정관(예)(일부개정 2024. 7. 10.)」 제28조(대의원회) ③

이사장은 2차에 한정하여 연임할 수 있고, 이 경우 이사장이 임기만료일 전 2년부터 임기만료일까지 퇴임한 경우에는 1회를 재임한 것으로 보고, 임기만료에 따라 퇴임한 이사장이 임기만료 후 2년 이내에 이사장으로 선임되는 경우에는 연임한 것으로 본다(새마을금고법§20③).

8. 「새마을금고법」에 따른 중앙회의 회장 선출방법

가. 「새마을금고법」에 따른 중앙회의 회장 선출방법

중앙회의 회장은 금고의 회원 중에서 금고[78]의 무기명 비밀투표로 직접 선출한다. 이 경우 최다득표자를 당선인으로 결정한다(새마을금고법§64의2①).

「새마을금고법」이 2021. 10. 19. 법률 제18492호로 개정되어 2022. 4. 20.부터 시행되기 전의 구「새마을금고법(2021. 10. 19. 법률 제18492호로 개정되기 전의 것)」은 중앙회 회장의 선출 시 총회 선출, 대의원회 선출, 회원 투표로 직접 선출하는 방법 중 정관으로 정하는 방법을 택하여 선출하도록 하고 있으나,[79] 위 개정 법률에 의하여 중앙회 회장은 금고의 회원 중에서 금고의 무기명 비밀투표로 직접 선출하고, 최다득표자를 당선인으로 결정하도록 하였다.

나. 중앙회 회장의 임기

회장의 임기는 4년으로 하고, 한 차례에 한정하여 연임할 수 있다(새마을금고법§64의2⑤). 회장의 궐원으로 인한 재선거 또는 보궐선거로 선임된 회장의 임기는 다음 각 호와 같다(새마을금고법§64의2⑥, §20②).

1. 재선거의 경우에는 재선거 실시 전에 실시한 선거로 선출된 회장의 남은 임기
2. 보궐선거의 경우에는 전임자의 남은 임기

---

78) 중앙회 회장의 선거권자인 회원의 자격 등에 대하여는 「위탁선거의 선거권자」에서 상술한다.

79) 구「새마을금고법(2021. 10. 19. 법률 제18492호로 개정되기 전의 것)」 제64조의2(임원의 선출과 임기 등) ① 회장은 금고의 회원 중에서 선출하며, 회장의 선출방법에 대해서는 제18조(임원의 선임 등) 제5항 및 제6항을 준용한다. 이 경우 "이사장"은 "회장"으로 본다.

9. 「신용협동조합법」에 따른 조합의 이사장 선출방법[80)]

가. 「신용협동조합법」에 따른 조합의 이사장 선출방법

신용협동조합의 이사장은 조합원 중에서 정관에서 정하는 바에 따라 총회에서 선출하는 바(신용협동조합법§27②), 이사장의 선출은 조합원 중에서 선거인 과반수의 투표로써 다수 득표자를 당선인으로 결정한다.[81)] 다만, 재적조합원이 500인을 초과하는 경우에는 251인 이상이 투표하고 투표조합원 과반수의 득표로 당선인을 결정할 수 있다(신용협동조합법§27③, §25①단서).

나. 조합의 이사장 선출을 위한 기관(총회)

(1) 총회의 설치

조합에 조합원[82)]으로 구성하는 총회를 둔다(신용협동조합법§23①, ②전단). 정기총회는 사업연도마다 1회 이사장이 소집하고, 임시총회는 이사장이 필요하다고 인정하거나 조합원 또는 감사의 청구로 정관에서 정하는 바에 따라 소집한다(신용협동조합법§23②후단, §26).

(2) 총회의 의결사항

임원의 선임과 해임에 관한 사항은 총회의 결의를 거쳐야 한다(신용협동조합법§24① 3.).

(3) 총회의 소집

조합원은 조합원 5분의 1 이상의 동의를 받아 회의의 목적과 소집 이유를 적은 서면을 제출하여 총회의 소집을 이사장에게 청구할 수 있다(신용협동조합법§26①). 이사

---

80) 「신용협동조합법」 제27조의3(조합선거관리위원회의 구성·운영 등) 제2항은 "대통령령으로 정하는 규모 이상의 자산을 보유한 지역조합은 제27조 제2항 및 제3항에 따라 선출하는 이사장 선거의 관리에 대하여 정관으로 정하는 바에 따라 구·시·군선거관리위원회에 위탁하여야 한다."고 규정하여, 정관으로 정하는 바에 따라 투표로 선출하는 일정 규모 이상의 자산을 보유한 지역조합의 이사장 선거에 대한 선거관리를 중앙선거관리위원회에 의무적으로 위탁하도록 하고 있고, "대통령령으로 정하는 규모 이상의 자산"이란 직전 사업연도 평균잔액으로 계산한 총자산이 1천억 원 이상을 말한다(신용협동조합법 시행령§14의5). 현재 약 70%의 신용협동조합이 '총자산 1천억 원 이상'에 해당하여 그 이사장 선출이 의무위탁선거에 해당하는바, 이하에서는 신용협동조합 이사장 선거를 의무위탁선거로 서술한다.

81) 「신용협동조합표준정관(2021. 10. 20. 개정)」 제50조(임원의 선출) ①

82) 총회의 구성원인 조합원의 자격 등에 대하여는 「위탁선거의 선거권자」에서 상술한다.

장은 위 청구를 받으면 15일 이내에 총회를 개최하여야 하고(신용협동조합법§26③), 총회를 소집할 자가 없거나 위 기간 이내에 정당한 이유 없이 이사장이 총회를 개최하지 아니한 경우에는 감사가 지체 없이 총회를 소집하여야 한다. 이 경우 감사가 의장의 직무를 대행한다(신용협동조합법§26④). 감사가 총회를 소집하지 아니한 경우에는 총회의 소집을 청구한 조합원의 대표가 총회를 소집한다. 이 경우 그 조합원의 대표가 의장의 직무를 대행한다(신용협동조합법§26⑤). 조합원이 총회를 소집하는 경우에는 미리 중앙회장에게 보고하여야 한다(신용협동조합법§26⑥).

(4) 총회의 개의와 의결

총회는 「신용협동조합법」에 다른 규정이 있는 경우를 제외하고는 재적조합원 과반수의 출석으로 개의하고, 출석조합원 과반수의 찬성으로 의결한다. 다만, 재적조합원이 500인을 초과하는 경우에는 251인 이상의 출석으로 개의하고 출석조합원 과반수의 찬성으로 결의할 수 있다(신용협동조합법§25①).

(5) 총회 의결의 특례

임원(「신용협동조합법」 제27조(임원) 제3항[83]에 따른 임원으로 한정한다)의 선임에 관한 사항에 대해서는 총회의 결의사항(신용협동조합법§24①)임에도 불구하고 조합원의 투표로 총회의 결의를 갈음할 수 있다. 이 경우 조합원 투표의 통지·방법, 그 밖에 투표에 필요한 사항은 정관에서 정한다(신용협동조합법§26의2①). 임원(「신용협동조합법」 제27조(임원) 제3항에 따른 임원으로 한정한다)의 선임에 관한 사항 중 이사장은 선거인(정관으로 정하는 바에 따라 선거권을 가진 자를 말한다) 과반수의 투표로써 다수 득표자를 당선인으로 결정한다. 다만, 재적조합원이 500인을 초과하는 경우에는 251인 이상의 출석으로 개의하고 출석조합원 과반수의 찬성으로 결의할 수 있다(신용협동조합법§26의2②2.).

즉, 조합의 이사장은 총회 외에서 조합원의 투표로 직접 선출할 수 있고, 이 경우 이사장은 조합원인 선거인 과반수의 투표로써 다수득표를 획득한 사람이 당선인으로 결정된다. 다만, 재적조합원이 500인을 초과하는 경우에는 251인 이상의 출석으로

---

83) 「신용협동조합법」 제27조(임원) ③ 제24조(총회의 결의사항 등) 제1항 제3호에 따른 이사장과 부이사장의 선출은 선거인 과반수의 투표로써 다수 득표자를 당선인으로 결정하고, 이사장 및 부이사장을 제외한 임원 중 제2항에 따라 조합원이어야 하는 임원의 선출은 선거인 과반수의 투표로써 다수 득표자순으로 당선인을 결정한다. 이 경우 제25조(총회의 개의와 결의) 제1항 단서를 준용한다.

개의하고 출석조합원 과반수의 찬성으로 결의할 수 있다

다. 조합 이사장의 임기

이사장의 임기는 4년으로 하고, 두 차례만 연임할 수 있다(신용협동조합법§31①). 보궐선거로 선출된 이사장의 임기는 전임자 임기의 남은 기간으로 하고(신용협동조합법§31②), 설립당시 이사장의 임기는 4년의 기간 이내에서 정관에서 정한다(신용협동조합법§31③).

10. 「신용협동조합법」에 따른 중앙회의 회장 선출방법

가. 「신용협동조합법」에 따른 중앙회의 회장 선출방법

신용협동조합중앙회의 회장은 정관이 정하는 바에 따라 총회에서 선출한다(신용협동조합법§71의2①).

중앙회장은 조합의 조합원이어야 하고(신용협동조합법§71의2②), 조합의 이사장이 중앙회장으로 선출된 경우에는 취임 전에 그 직을 사임하여야 한다(신용협동조합법§71의2⑤).

나. 중앙회 회장 선출을 위한 기관

(1) 총회

(가) 총회의 설치

총회는 중앙회장과 조합의 대표로 구성하며, 정기총회와 임시총회로 구분한다(신용협동조합법§68①).

(나) 총회의 소집

정기총회는 중앙회장이 매년 1회 소집하고, 임시총회는 중앙회장이 필요하다고 인정하거나 조합 대표의 청구로 정관에서 정하는 바에 따라 소집하며, 중앙회장이 총회의 의장이 된다(신용협동조합법§68③).

(다) 총회의 결의사항

임원의 임면에 관한 사항은 「신용협동조합법」에 다른 규정이 있는 경우를 제외하고는 총회의 결의를 거쳐야 한다(신용협동조합법§69①6.).

(라) 총회의 개의와 의결

총회는 「신용협동조합법」에 다른 규정이 있는 경우를 제외하고는 조합 과반수의 출석으로 개의하고 출석 조합 과반수의 찬성으로 결의한다(신용협동조합법§68④, §25① 본문).

(2) 대의원회

(가) 대의원회의 설치

중앙회에 총회를 갈음하는 대의원회를 둔다(신용협동조합법§70①). 총회의 결의사항은 대의원회에서 결의할 수 있다. 이 경우 그 결의는 총회의 결의로 본다(신용협동조합법§70②).

대의원회는 중앙회장과 대의원으로 구성한다(신용협동조합법§70③).

(나) 대의원의 정수 및 선출과 임기

대의원의 정수는 200명 이내로 하며, 조합의 대표 중 정관에서 정하는 바에 따라 선출한다(신용협동조합법§70④). 대의원의 임기는 4년으로 하며, 보궐선거로 선출된 대의원의 임기는 전임자 임기의 남은 기간으로 한다(신용협동조합법§70⑤).

(다) 대의원회의 결의

대의원회에는 총회에 관한 규정을 준용하되, 그 의결권과 선거권은 대리인으로 하여금 행사하게 할 수 없다(신용협동조합법§70⑥).

다. 중앙회 회장의 임기

회장의 임기는 4년으로 하며, 한 차례만 연임할 수 있다(신용협동조합법§72⑦).

11. 「국민체육진흥법」에 따른 대한체육회 회장의 선출방법[84)]

가. 「국민체육진흥법」에 따른 대한체육회 회장의 선출방법

대한체육회의 임원 중 회장은 정관으로 정하는 바에 따라 투표로 선출하되, 문화체육관광부장관의 승인을 받아 취임한다(국민체육진흥법§33⑥).

---

84) 대한체육회의 기관 및 임원, 임원의 선출 등에 대하여는 「국민체육진흥법」에 정하져 있지 않고 「대한체육회정관(2024. 1. 3. 문화체육관광부 허가)」에 정해져 있어, 대한체육회의 기관 및 임원, 임원의 선출 등에 관하여는 「대한체육회정관(2024. 1. 3. 문화체육관광부 허가)」 및 「대한체육회 회장선거관리규정(개정 2024. 7. 20.)」에 규정된 내용을 중심으로 기술한다.

회장은 회장선출기구에서 선출하는 바,[85] ① 회장선거는 무기명 비밀투표로 하며 유효투표 중 다수의 득표를 한 사람을 당선인으로 결정하고, ② 다수득표자가 동수인 경우에는 연장자를 당선인으로 결정하며, ③ 후보자가 1명인 때에는 투표를 실시하지 아니하고 선거일에 그 후보자를 당선인으로 결정한다.[86]

나. 대한체육회의 회장 선출을 위한 조직[87]

(1) 선거운영위원회

(가) 선거운영위원회의 설치

체육회는 선거인명부의 작성 등 선거와 관련된 사무의 처리 및 의사결정을 위하여 선거운영위원회를 구성하여야 하는 바,[88] 체육회는 대한체육회장 선거(이하 "회장선거"라 한다)에 따른 업무의 수행을 대한체육회 회장(이하 "회장"이라 하다) 임기만료일 전 80일까지 선거운영위원회를 구성하여야 한다. 다만, 재선거 및 보궐선거의 경우에는 그 실시사유가 확정된 날부터 10일 이내에 구성하여야 한다.[89]

위원회는 설치된 날부터 선거일 후 60일까지 존속하되, 필요시 이사회의 의결로 연장할 수 있다.[90] 그럼에도 불구하고, 위원회 존속 중에 재선거 또는 보궐선거의 실시사유가 확정된 경우 위원회 존속기간은 그 선거일 후 60일까지로 연장한다.[91]

(나) 선거운영위원회의 기능

선거운영위원회의 기능은 다음 각 호와 같다.[92]

1. 선거인 수의 배정
2. 예비선거인명부의 작성
3. 선거인명부의 작성
4. 선거인명부의 열람 및 이의신청에 대한 처리

---

85) 「대한체육회정관(2024. 1. 3. 문화체육관광부 허가)」 제24조(회장의 선출) ①
86) 「대한체육회정관(2024. 1. 3. 문화체육관광부 허가)」 제24조의2(회장 선출절차 등) ⑧
87) 대한체육회의 회장은 정관이 정하는 바에 따라 투표로 선출하는 바(국민체육진흥법§33⑥), 이하에서는 「대한체육회정관(2024. 1. 3. 문화체육관광부 허가)」 및 「대한체육회 회장선거관리규정(개정 2024. 7. 20.)」에서 정한 체육회 회장 선거를 위해 설치·운영하여야 하는 조직에 대하여 기술한다.
88) 「대한체육회정관(2024. 1. 3. 문화체육관광부 허가)」 제24조(회장의 선출) ⑥
89) 「대한체육회 회장선거관리규정(개정 2024. 7. 20.)」 제2조(선거운영위원회의 설치) ①
90) 「대한체육회 회장선거관리규정(개정 2024. 7. 20.)」 제2조(선거운영위원회의 설치) ③
91) 「대한체육회 회장선거관리규정(개정 2024. 7. 20.)」 제2조(선거운영위원회의 설치) ④
92) 「대한체육회 회장선거관리규정(개정 2024. 7. 20.)」 제2조(선거운영위원회의 설치) ②

5. 선거운동방법 등 선거관리에 관한 사항 결정
6. 회장선거 후보자(이하 "후보자"라 한다) 정책토론회 주최
7. 회장선거와 관련한 위반사항에 대한 제재
8. 선거 또는 당선 효력 등의 이의제기에 관한 심의 및 결정
9. 「대한체육회정관」 제24조의2(회장 선출절차 등) 제4항[93]에 따른 국제관계 업무 시의 활동계획이 회장선거와 관련이 있는지 여부에 대한 사전 검토

(다) 선거운영위원회의 구성

1) 위원회의 위원 등

위원회는 다음 각 호의 어느 하나에 해당하지 않은 9명 이상 11명 이하의 외부인사로 구성한다.[94]

1. 체육회 대의원, 임 · 직원
2. 회원종목단체, 회원시 · 도체육회, 회원시 · 도체육회의 회원인 시 · 군 · 구체육회(이하 "회원단체등"이라 한다)의 대의원, 임직원
3. 「대한체육회 회장선거관리규정」 제15조(후보자의 자격) 제2항에 따라 후보자 등록의사를 제출한 체육회 또는 회원종목단체, 시도체육회, 시군구체육회의 비상임 임원의 친족(「민법」 제777조(친족의 범위)의 친족을 말한다. 이하 같다)
4. 정당의 당원

위원회에 간사 1명을 두며, 회장이 체육회의 직원 중에서 정한다.[95]

2) 위원의 위촉

위원회의 위원은 체육회가 법조계, 체육학회, 스포츠언론계 등 관계단체로부터 추천받은 사람 중 주무부처와 협의를 거쳐 선정된 자를 이사회의 동의를 받아 회장이 위촉하되, 위원장은 위원 중 호선한다.[96]

위원회의 위원 재적수가 9명 미만이 될 경우, 위 관계단체로부터 이미 추천된 사람 중 주무부처와 협의를 거쳐 위원회에서 보선 대상자를 결정하고, 회장이 위촉한다.[97]

---

93) 「대한체육회정관(2024. 1. 3. 문화체육관광부 허가)」 제24조의2(회장 선출절차 등) ④ 제2항에도 불구하고, 회장은 다음 각 호의 어느 하나에 해당하는 국제관계업무에 한해 체육회를 대표할 수 있다.
   1. 국외에서 개최되는 체육 관련 행사 · 대회 · 회의 및 교섭 등
   2. 국제올림픽위원회, 아시아올림픽평의회, 국가올림픽위원회연합회가 주최하거나 주무부처와 합의한 국내개최 국제행사(대회, 회의를 포함한다)

94) 「대한체육회 회장선거관리규정(개정 2024. 7. 20.)」 제3조(위원회의 구성) ①

95) 「대한체육회 회장선거관리규정(개정 2024. 7. 20.)」 제3조(위원회의 구성) ⑤

96) 「대한체육회 회장선거관리규정(개정 2024. 7. 20.)」 제3조(위원회의 구성) ②

3) 위원의 해촉

회장은 위원회의 위원이 다음 각 호의 어느 하나에 해당되는 경우 해촉한다.[98]

1. 사임의사를 표명한 경우
2. 위원회 위원의 결격사유[99] 중 어느 하나에 해당하는 경우
3. 친족이 후보자로 등록한 경우
4. 회장선거의 공정성을 저해하는 행위를 하여 위원회 재적위원 3분의 2 이상의 찬성으로 의결한 경우

(라) 선거운영위원회의 운영

1) 위원장

위원장은 위원회를 대표하고 그 업무를 총괄한다. 다만, 위원장이 부득이한 사유로 직무를 수행할 수 없을 경우에는 위원장이 지명한 위원이 그 직무를 대행한다.[100]

2) 위원회의 의결

위원회는 위원장이 소집하고 「대한체육회 회장선거관리규정」에 특별히 정한 것을 제외하고는 재적위원 3분의 2 이상 출석으로 개의하고, 출석위원 과반수의 찬성으로 의결한다.[101]

위원회의 위원 재적수가 9명 미만이 될 경우, 위원회는 위 9명 미만인 자에 대한 보선 대상자 결정의 건 이외의 사항에 대해 의결할 수 없다.[102]

3) 위원 등의 의무사항

위원회의 위원, 간사 또는 그 직에 있었던 사람은 다음 각 호의 의무사항을 준수하여야 한다.[103]

1. 위원회 활동과정에서 취득한 정보나 문서 등을 임의로 공표하거나 타인에게 배포·유포해서는 아니 된다.
2. 위원회 업무수행 중 알게 된 비밀을 누설하거나 도용해서는 아니 된다.

4) 서류의 체육회로의 인계

위원회는 그 존속기간이 종료한 때에는 작성·보유한 모든 서류를 체육회로 인계

97) 「대한체육회 회장선거관리규정(개정 2024. 7. 20.)」 제3조(위원회의 구성) ④
98) 「대한체육회 회장선거관리규정(개정 2024. 7. 20.)」 제3조(위원회의 구성) ③
99) 「대한체육회 회장선거관리규정(개정 2024. 7. 20.)」 제3조(위원회의 구성) ①
100) 「대한체육회 회장선거관리규정(개정 2024. 7. 20.)」 제4조(위원회의 운영) ①
101) 「대한체육회 회장선거관리규정(개정 2024. 7. 20.)」 제4조(위원회의 운영) ②
102) 「대한체육회 회장선거관리규정(개정 2024. 7. 20.)」 제4조(위원회의 운영) ③
103) 「대한체육회 회장선거관리규정(개정 2024. 7. 20.)」 제4조(위원회의 운영) ④

하여야 한다.[104)]

(2) 회장선출기구

체육회의 회장은 회장선출기구에서 선출하는 바,[105)] 회장선출기구는 회장선거의 선거인으로 이루어진 기구이다.

회장선출기구는 다음 각 호의 사람으로 구성한다.[106)]

1. 「대한체육회정관」 제14조(총회의 구성) 제1항 및 제2항[107)]에 따른 대의원
2. 회원종목단체(인정단체를 제외한다), 회원시·도체육회, 시·군·구체육회를 구성하는 사람 중 제6항의 선거운영위원회의 추첨에 의하여 선정된 사람
3. 시·군·구체육회의 임원 및 대의원 중에서 해당 시·군·구체육회가 추천한 1명

즉, 회장선출기구의 구성원인 선거인은 대의원, 회원종목단체 중 인정단체를 제외한 정회원단체 및 준회원단체와 회원시·도체육회 및 시·군·구체육회(이하 "지방체육회"[108)]라 한다)를 구성하는 사람 중 추첨에 의하여 선정된 사람, 시·군·구체육회의 임원 및 대의원 중에서 해당 시·군·구 체육회가 추천한 1명이다.

올림픽헌장에 따라 회장선출기구는 올림픽종목 국제경기연맹에 가입한 회원종목단체를 대표하는 선거인이 전체의 과반수가 되어야 하며, 이 경우 올림픽종목은 회장선출일 직후 개최되는 올림픽대회를 기준으로 한다.[109)]

(가) 대의원

회장선출기구의 선거인 중 대의원은 ① 「대한체육회정관」 제7조(회원단체) 제3항 제1호[110)]에 따른 정회원단체의 장, ② 대한민국 국적의 국제올림픽위원회 위원 및

104) 「대한체육회 회장선거관리규정(개정 2024. 7. 20.)」 제4조(위원회의 운영) ⑤
105) 「대한체육회정관(2024. 1. 3. 문화체육관광부 허가)」 제24조(회장의 선출) ①
106) 「대한체육회정관(2024. 1. 3. 문화체육관광부 허가)」 제24조(회장의 선출) ②
107) 「대한체육회정관(2024. 1. 3. 문화체육관광부 허가)」 제14조(총회의 구성) ① 총회는 다음 각 호의 대의원으로 구성한다.
1. 제7조(회원단체) 제3항 제1호에 따른 정회원단체의 장
2. 삭제
3. 대한민국 국적의 국제올림픽위원회 위원
4. 제42조(선수위원회)에 따른 선수위원회에서 선출된 선수대표 2명
② 정회원단체 중 올림픽종목인 회원종목단체는 제1항 제1호에도 불구하고 해당 단체의 장과 그 단체가 지명한 부회장 1명이 대의원이 된다.
108) 「국민체육진흥법」 제2조(정의) 9. 가.
109) 「대한체육회정관(2024. 1. 3. 문화체육관광부 허가)」 제24조(회장의 선출) ⑤
110) 「대한체육회정관(2024. 1. 3. 문화체육관광부 허가)」 제7조(회원단체) ③ 제1항의 회원단체의

③「대한체육회정관」 제42조(선수위원회)[111]에 따른 선수위원회에서 선출된 선수대표 2명이고,[112] 다만, 정회원단체 중 올림픽종목인 회원종목단체는 해당 단체의 장과 그 단체가 지명한 부회장 1명이 대의원이 된다.[113]

(나) 인정단체를 제외한 회원종목단체와 지방체육회를 구성하는 사람 중 선거운영위원회의 추첨에 의하여 선정된 사람

인정단체를 제외한 회원종목단체와 지방체육회를 구성하는 사람 중 선거운영위원회의 추첨에 의하여 선정된 사람은 해당 단체의 임원과 대의원 또는 체육회 등록시스템에 등록된 경기인 등으로 균형있게 구성되어야 하고,[114] 회원단체의 종류, 종목의 특성(올림픽대회 등 각종 종합대회의 종목으로 채택되었는지를 말한다), 종목의 규모(경기인 수 등을 말한다), 시·도의 규모 등을 고려하여 그 수에 차등을 둘 수 있다.[115]

구분은 다음과 같다.

1. "정회원단체'는 체육회 이사회의 의결을 거쳐 대의원총회(이하 "총회"라 한다) 의결로 회원 가입을 확정한 단체를 말한다.

111) 「대한체육회정관(2024. 1. 3. 문화체육관광부 허가)」 제42조(선수위원회) ① 체육회는 다음 각 호의 목적을 달성하기 위하여 선수위원회를 설치한다.

1. 선수와 관련된 사항에 관한 체육회에 대한 조언
2. 경기장 안팎에서 선수의 권익 보호·증진
3. 선수들의 권익 대변 및 국제스포츠중재위원회(International Council of Arbitration for Sport, 약칭 ICAS) 중재인 선임 시 체육회에 대한 조언
4. 국제올림픽위원회 선수위원회와의 협력

② 선수위원회는 다음 각 호의 요건을 충족하는 21명 이하로 구성한다.

1. 대한민국 국적을 가진 사람
2. 세계반도핑규약과 관련한 제재를 받은 적이 없는 사람
3. 선수가 선출한 사람(이하 "선출위원'이라 한다)이 과반수가 되어야 한다.
4. 올림픽종목의 국내 또는 국제경기대회에 참가하고 있는 선수이거나 최근 4년 이내에 참가했던 선수가 과반수가 되어야 한다.
5. 국제올림픽위원회 및 아시아올림픽평의회 선수위원

③ 선수위원회 위원(제2항 제5호의 위원은 제외한다)의 임기는 4년으로 하고, 연임할 수 있다.

④ 선수위원회의 위원장은 선출위원 중에서 호선한다.

⑤ 선수위원회는 총회와 이사회에서 의결권을 행사할 선수대표를 최근 개최된 3회의 올림픽대회에 1회 이상 참가한 위원 중에서 위원회의 투표를 통해 선출하여야 한다.

⑥ 이 정관에 규정한 것 이외에 선수위원회의 구성 및 운영에 필요한 사항은 별도로 정한다.

112) 「대한체육회정관(2024. 1. 3. 문화체육관광부 허가)」 제14조(총회의 구성) ①

113) 「대한체육회정관(2024. 1. 3. 문화체육관광부 허가)」 제14조(총회의 구성) ②

114) 「대한체육회정관(2024. 1. 3. 문화체육관광부 허가)」 제24조(회장의 선출) ③

115) 「대한체육회정관(2024. 1. 3. 문화체육관광부 허가)」 제24조(회장의 선출) ④

다. 체육회 회장의 임기

회장(국제올림픽위원회 위원, 사무총장 및 선수대표를 제외한다)의 임기는 4년으로 하고, 1회에 한하여 연임할 수 있다. 다만, 다음 각 호에 따라 스포츠공정위원회의 심의를 거친 경우에는 예외로 한다.[116]

1. 국제스포츠기구 임원진출 시 임원경력이 필요한 경우
2. 재정기여, 주요 국제대회 성적, 단체평가 등 지표를 계량화하여 평가한 결과 그 기여가 명확한 경우

회장의 임기 횟수 제한을 산정할 때에는 회장 외의 다른 임원으로 활동한 기간은 포함하지 아니한다.[117]

회장의 임기는 회장으로 당선된 후 직근 정기총회일로부터 시작되어 이후 4번째 정기총회일 전날까지로 한다. 다만, 보궐선거에 당선된 경우에는 당선이 확정된 날로부터 임기가 시작된다.[118] 잔여임기가 1년 미만인 회장의 보궐선거에서 선출된 회장의 임기는 그 잔여임기에 4년을 추가한 기간으로 보며, 1회 재임한 것으로 본다.[119]

12. 「국민체육진흥법」에 따른 지방체육회 회장의 선출 방법[120]

가. 「국민체육진흥법」에 따른 지방체육회 회장의 선출방법

지방체육회의 임원 중 회장은 정관으로 정하는 바에 따라 투표로 선출한다(국민체육진흥법§33의2⑥).

---

116) 「대한체육회정관(2024. 1. 3. 문화체육관광부 허가)」 제29조(임원의 임기) ①
117) 「대한체육회정관(2024. 1. 3. 문화체육관광부 허가)」 제29조(임원의 임기) ③
118) 「대한체육회정관(2024. 1. 3. 문화체육관광부 허가)」 제29조(임원의 임기) ⑥
119) 「대한체육회정관(2024. 1. 3. 문화체육관광부 허가)」 제29조(임원의 임기) ⑪
120) 지방체육회의 회장 선출방법에 대하여는 「국민체육진흥법」 제33조의2(지방체육회) 제6항에 "지방체육회의 임원 중 회장은 정관으로 정하는 바에 따라 투표로 선출한다."라고만 규정되어 있어 구체적인 회장 선출 기관이나 방법이 정해져 있지 않고 각 지역 지방체육회의 「정관」 및 「회장선거관리규정」에 정하도록 하고 있는바, 각 지역의 「정관」 및 「회장선거관리규정」에 규정된 내용은 대동소이하고, 지방체육회의 「회장선거관리규정」 또한 대한체육회가 정한 「회원시·도체육회규정(개정 2023. 11. 7.)」을 토대로 규정되어있는바, 2020. 12. 8. 법률 제17580호로 「국민체육진흥법」이 개정되어 지방체육회의 회장 선출에 관한 선거관리를 관할위원회에 의무적으로 위탁하도록 하는 규정(국민체육진흥법§33의2)이 신설된 이후에 제정·개정된 「대전광역시체육회정관(대전광역시 승인 2024. 3. 19.)」 및 「대전광역시체육회 회장선거관리규정(개정 2024. 2. 7.)」에 규정된 내용을 토대로 지방체육회의 회장 선출 기관 및 방법에 대하여 기술한다.

회장은 대의원확대기구에서 선출하는 바,[121] ① 회장선거는 무기명 비밀투표로 하며 유효투표 중 다수의 득표를 한 사람을 당선인으로 결정하고, ② 다수득표자가 동수인 경우에는 연장자를 당선인으로 결정하며, ③ 후보자가 1명인 때에는 투표를 실시하지 아니하고 선거일에 그 후보자를 당선인으로 결정한다.[122]

나. 지방체육회 회장 선출을 위한 조직

(1) 선거운영위원회

(가) 선거운영위원회의 설치

지방체육회(이하 "체육회"라 한다)는 선거일 결정과 선거인명부의 작성 등 선거에 관련된 사무의 처리 및 의사결정을 위하여 선거운영위원회를 구성하여야 하는 바,[123] 체육회는 회장 선거에 따른 업무의 수행을 위하여 회장 임기 만료일 전 27일까지 선거운영위원회를 구성하여야 한다. 다만, 재선거 및 보궐선거의 경우에는 그 실시사유가 확정된 날부터 10일 이내에 구성하여야 한다.[124]

위원회는 설치된 날부터 선거일 후 60일까지 존속하되, 필요시 이사회의 의결로 연장할 수 있다.[125] 그럼에도 불구하고, 위원회 존속 중에 재선거 또는 보궐선거의 실시사유가 확정된 경우 위원회 존속기간은 그 선거일 후 60일까지로 연장한다.[126]

(나) 선거운영위원회의 기능

선거운영위원회의 기능은 다음 각 호와 같다.[127]

1. 선거인 수의 결정 및 배정
2. 예비선거인명부의 작성
3. 선거인명부의 작성
4. 선거인명부의 열람 및 이의신청에 대한 처리
5. 선거운동방법 등 선거관리에 관한 사항 결정
6. 회장선거와 관련한 위반사항에 대한 제재
7. 선거 또는 당선 효력 등의 이의제기에 관한 심의 및 결정

---

121) 「대전광역시체육회정관(대전광역시 승인 2024. 3. 19.)」 제24조(회장의 선출) ①
122) 「대전광역시체육회정관(대전광역시 승인 2024. 3. 19.)」 제24조(회장의 선출) ⑬
123) 「대전광역시체육회정관(대전광역시 승인 2024. 3. 19.)」 제24조(회장의 선출) ④
124) 「대전광역시체육회 회장선거관리규정(개정 2024. 2. 7.)」 제3조(선거운영위원회의 설치) ①
125) 「대전광역시체육회 회장선거관리규정(개정 2024. 2. 7.)」 제3조(선거운영위원회의 설치) ③
126) 「대전광역시체육회 회장선거관리규정(개정 2024. 2. 7.)」 제3조(선거운영위원회의 설치) ④
127) 「대전광역시체육회 회장선거관리규정(개정 2024. 2. 7.)」 제3조(선거운영위원회의 설치) ②

8. 회장선거 후보자 정책토론회 개최여부 결정
9. 「대전광역시체육회정관」 제24조(회장의 선출) 제10항[128]에 따른 국제관계 업무 시의 활동계획이 회장선거와 관련이 있는지 여부에 대한 사전 검토
10. 선거일 후보자 소개 및 소견발표 진행
11. 그 밖에 선거관리에 관하여 필요한 사항

(다) 선거운영위원회의 구성

1) 위원회의 위원 등

위원회는 7명 이상 11명 이하의 위원으로 구성하며, 체육회와 관계가 없는 외부위원(학계, 언론계, 법조계 등)이 전체 위원의 3분의 2 이상이어야 한다. 이때 "체육회와 관계"된 사람은 대한체육회, 대한체육회 회원단체, 대한체육회 회원단체의 회원단체 및 그 회원단체의 임직원, 각종 위원회 위원을 말한다.[129] 한편, 다음 각 호에 해당하는 사람은 위원회의 위원이 될 수 없다.[130]

1. 체육회 및 체육회 회원단체의 대의원, 임·직원
2. 「체육회 회장선거관리규정」 제9조(선거인)에 따라 예비선거인을 추천하는 단체의 대의원, 임·직원
3. 정당의 당원
4. 「체육회 회장선거관리규정」 제16조(후보자의 자격) 제2항에 따라 후보자 등록의사 표명서를 제출한 대한체육회, 대한체육회 회원단체, 대한체육회 회원단체의 회원단체 및 그 회원단체의 임원의 친족(「민법」 제777조(친족의 범위)의 친족을 말한다. 이하 같다)

위원회에 간사 1명을 두며, 회장이 체육회의 직원 중에서 정한다.[131]

2) 위원의 위촉

위원회의 위원은 이사회의 동의를 받아 회장이 위촉하되, 위원장은 체육회와 관계가 없는 외부위원 중 호선하여 정한다.[132] 위원회의 위원은 체육회가 정하는 서식[133]

---

128) 「대전광역시체육회정관(대전광역시 승인 2024. 3. 19.)」 제24조(회장의 선출) ⑩ 제8항에도 불구하고, 회장은 다음 각 호의 어느 하나에 해당하는 국제관계 업무에 한해 체육회를 대표할 수 있다.
  1. 국외에서 개최되는 체육 관련 행사·대회·회의 및 교섭 등
  2. 국제올림픽위원회, 아시아올림픽평의회, 국가올림픽위원회연합회가 주최하거나 주무부처와 합의한 국내개최 국제행사(대회, 회의를 포함한다)

129) 「대전광역시체육회 회장선거관리규정(개정 2024. 2. 7.)」 제4조(위원회의 구성) ①
130) 「대전광역시체육회 회장선거관리규정(개정 2024. 2. 7.)」 제4조(위원회의 구성) ②
131) 「대전광역시체육회 회장선거관리규정(개정 2024. 2. 7.)」 제4조(위원회의 구성) ⑦

의 위원 위촉 승낙서를 제출하여야 한다.[134)]

위원회의 위원 재적수가 7명 미만이 될 경우에는 이사회의 동의를 받아 회장이 위촉하여 위원을 보선하여야 한다.[135)]

3) 위원의 해촉

회장은 위원회의 위원이 다음 각 호의 어느 하나에 해당되는 경우 해촉한다.[136)]

1. 사임의사를 표명한 경우
2. 위원회 위원의 결격사유[137)] 중 어느 하나에 해당하는 경우
3. 친족(「민법」 제777조(친족의 범위)의 친족을 말한다)이 후보자로 등록한 경우
4. 회장선거의 공정성을 저해하는 행위를 하여 위원회 재적위원 3분의 2 이상의 찬성으로 의결한 경우

(라) 선거운영위원회의 운영

1) 위원장

위원장은 위원회를 대표하고 그 업무를 총괄한다. 다만, 위원장이 부득이한 사유로 직무를 수행할 수 없을 경우에는 위원장이 지명한 위원이 그 직무를 대행한다.[138)]

2) 위원회의 의결

위원회는 위원장이 소집하고 「체육회 회장선거관리규정」에 특별히 정한 것을 제외하고는 재적위원 3분의 2 이상 출석으로 개회하고, 출석위원 과반수의 찬성으로 의결한다.[139)]

3) 위원 등의 의무사항

위원회의 위원, 간사 또는 그 직에 있었던 사람은 다음 각 호의 의무사항을 준수하여야 한다.[140)]

1. 위원회 활동과정에서 취득한 정보나 문서 등을 임의로 공표하거나 타인에게 배포·유포해서는 아니 된다.

---

132) 「대전광역시체육회 회장선거관리규정(개정 2024. 2. 7.)」 제4조(위원회의 구성) ④
133) 「대전광역시체육회 회장선거관리규정(개정 2024. 2. 7.)」 별지 제1호 서식(위원 위촉 승낙서)
134) 「대전광역시체육회 회장선거관리규정(개정 2024. 2. 7.)」 제4조(위원회의 구성) ③
135) 「대전광역시체육회 회장선거관리규정(개정 2024. 2. 7.)」 제4조(위원회의 구성) ⑥
136) 「대전광역시체육회 회장선거관리규정(개정 2024. 2. 7.)」 제4조(위원회의 구성) ⑤
137) 「대전광역시체육회 회장선거관리규정(개정 2024. 2. 7.)」 제4조(위원회의 구성) ②
138) 「대전광역시체육회 회장선거관리규정(개정 2024. 2. 7.)」 제5조(위원회의 운영) ①
139) 「대전광역시체육회 회장선거관리규정(개정 2024. 2. 7.)」 제5조(위원회의 운영) ②
140) 「대전광역시체육회 회장선거관리규정(개정 2024. 2. 7.)」 제5조(위원회의 운영) ③

2. 위원회 업무수행 중 알게 된 비밀을 누설하거나 도용해서는 아니 된다.

4) 서류의 체육회로의 인계

위원회는 그 존속기간이 종료한 때에는 작성·보유한 모든 서류를 체육회로 인계하여야 한다.[141]

(2) 대의원확대기구

지방체육회의 회장은 대의원확대기구에서 선출하는 바,[142] 대의원확대기구는 회장선거의 선거인으로 이루어진 기구이다.

대의원확대기구는 다음 각 호의 선거인으로 구성한다.[143]

1. 체육회 정회원단체의 장
2. 체육회 정회원단체의 대의원 중 추첨에 의하여 선정된 사람

즉, 대의원확대기구의 구성원인 선거인은 정회원단체의 장과 정회원단체의 대의원 중 추첨에 의하여 선정된 사람이다. 선거인 중 정회원단체의 대의원 중 추첨에 의하여 선정되는 선거인수는 ① 종목의 규모(지도자, 선수, 동호인 수 등을 말한다), ② 구의 인구규모, ③ 회장선거 직전에 「대한체육회 전국종합체육대회규정」 제2조(정의) 제1호[144]의 대회에서 개최된 종목을 고려하여 차등을 둘 수 있다.[145]

다. 지방체육회 회장의 임기

회장의 임기는 4년으로 하되, 1회에 한하여 연임할 수 있다.[146] 다만, 체육회의 회장은 대한체육회 스포츠공정위원회의 결정에 따라 연임 횟수 제한의 예외를 인정받을 수 있다.[147]

회장의 임기 횟수 제한을 산정할 때에는 회장 외의 다른 임원으로 활동한 기간은 포함하지 아니한다.[148]

---

141) 「대전광역시체육회 회장선거관리규정(개정 2024. 2. 7.)」 제5조(위원회의 운영) ④
142) 「대전광역시체육회정관(대전광역시 승인 2024. 3. 19.)」 제24조(회장의 선출) ①
143) 「대전광역시체육회정관(대전광역시 승인 2024. 3. 19.)」 제24조(회장의 선출) ②
144) 「대한체육회 전국종합체육대회규정(개정 2023. 9. 11.)」 제2조(정의) 이 규정에서 사용하는 용어의 뜻은 다음과 같다.
   1. "종합체육대회"란 대한체육회(이하 "체육회"라 한다)가 주최하는 전국체육대회, 전국동계체육대회, 전국소년체육대회, 전국생활체육대축전을 말한다.
145) 「대전광역시체육회정관(대전광역시 승인 2024. 3. 19.)」 제24조(회장의 선출) ③
146) 「대전광역시체육회정관(대전광역시 승인 2024. 3. 19.)」 제29조(임원의 임기) ①
147) 「대전광역시체육회정관(대전광역시 승인 2024. 3. 19.)」 제29조(임원의 임기) ②

회장의 임기는 회장으로 당선된 후 바로 다음 정기총회일로부터 시작되어 이후 4번째 정기총회일 전날까지로 한다. 다만, 보궐선거에 당선된 경우에는 당선이 확정된 날로부터 임기가 시작된다.149) 보선된 회장의 임기는 전임자의 잔여기간으로 한다.150)

13. 「국민체육진흥법」에 따른 대한장애인체육회 회장의 선출방법151)

가. 「국민체육진흥법」에 따른 대한장애인체육회 회장의 선출방법

대한장애인체육회(이하 "장애인체육회"라 한다)의 회장은 정관으로 정하는 바에 따라 투표로 선출하되, 문화체육관광부의 승인을 받아 취임한다(국민체육진흥법§34⑦).

회장은 회장선출기구에서 선출하는 바,152) 회장의 선출방법은 ① 무기명 비밀투표로 하며 유효투표 중 다수의 득표를 한 사람을 당선인으로 결정하고, ② 다수득표자가 동수인 경우에는 연장자를 당선인으로 결정하며, ③ 후보자가 1명인 때에는 유효투표수의 과반수 찬성을 얻은 경우에 당선된다.153)

나. 장애인체육회의 회장 선출을 위한 조직

(1) 선거운영위원회

(가) 선거운영위원회의 설치

장애인체육회는 선거인명부의 작성 및 확정, 이의신청에 대한 결정, 선거운동방법, 선거일정 등 선거관리에 관한 사항 결정, 회장선거와 관련된 위반사항에 대한 제재, 선거와 관련된 이의제기에 대한 심의 결정, 그밖에 「대한장애인체육회정관」 또는 「대한장애인체육회 회장선거관리규정」이 정하지 않은 사항에 대한 결정 업무의 수행을 위하여 회장 임기만료일 전 60일까지 선거운영위원회를 구성하여야 한다.154)

---

148) 「대전광역시체육회정관(대전광역시 승인 2024. 3. 19.)」 제29조(임원의 임기) ③

149) 「대전광역시체육회정관(대전광역시 승인 2024. 3. 19.)」 제29조(임원의 임기) ⑥

150) 「대전광역시체육회정관(대전광역시 승인 2024. 3. 19.)」 제29조(임원의 임기) ⑨

151) 대한장애인체육회의 회장 선출방법에 대하여는 「국민체육진흥법」 제34조(대한장애인체육회) 제7항 단서에 "회장은 정관으로 정하는 바에 따라 투표로 선출하되, 문화체육관광부장관의 승인을 받아 취임한다."라고만 규정되어 있어 구체적인 회장 선출 기관이나 방법이 정해져 있지 않고 「정관」 및 「회장선거관리규정」에 정하도록 하고 있는바, 대한장애인체육회의 회장 선출 기관이나 방법 등에 대하여는 「대한장애인체육회정관(2024. 3. 12. 문화체육관광부 승인)」 및 「대한장애인체육회 회장선거관리규정(개정 2024. 8. 13.)」에 따라 기술한다.

152) 「대한장애인체육회정관(2024. 3. 12. 문화체육관광부 승인)」 제22조(회장의 선출) ①

153) 「대한장애인체육회정관(2024. 3. 12. 문화체육관광부 승인)」 제22조(회장의 선출) ⑦

(나) 선거운영위원회의 구성

선거운영위원회는 장애인체육회 임원 3명을 포함하여 7명 이상 10명 이내의 인사로 구성한다.[155]

선거운영위원회의 위원은 회장이 추천한 자로 이사회의 동의를 받아 위촉하고 위원장은 위원 중에서 호선한다. 단, 회장이 후보자로 등록하고자 하는 경우에는 「대한장애인체육회정관」 제24조(회장의 선출) 제2항에 따라 직무를 대행하는 자가 위원을 추천하고 이사회의 동의를 받아 위촉한다.[156]

위원회에 간사 1명을 두며, 간사는 선거관장 담당 부서장으로 한다.[157]

(2) 회장선출기구

장애인체육회의 회장은 회장선출기구에서 선출하는 바,[158] 회장선출기구는 회장선거의 선거인으로 이루어진 기구이다.

회장선출기구는 다음 각 호의 사람으로 구성한다.[159]

1. 정 가맹단체장
2. 시 · 도장애인체육회장
3. 대한민국 국적을 가진 IPC 집행위원 및 IPC 선수위원
4. 선수대표
5. 지도자 대표
6. 심판 대표
7. 학계 대표

즉, 회장선출기구의 구성원인 선거인은 ① 가맹단체로서의 권리 및 의무사항을 이행할 것에 동의하여 장애인체육회 이사회를 거쳐 대의원총회 의결로써 가맹을 확정한 단체인 "정가맹단체"[160]의 장, ② 장애인체육회의 사업목적 수행을 위하여 서울특별시, 각 광역시 · 도, 특별자치시 · 도에 설치된 "시 · 도장애인체육회"[161]의 회장, ③ 대한민국 국적을 가진 국제패럴림픽위원회(International Paralympic Committee : 약

---

154) 「대한장애인체육회 회장선거관리규정(개정 2024. 8. 13.)」 제3조(선거운영위원회의 설치) ①
155) 「대한장애인체육회 회장선거관리규정(개정 2024. 8. 13.)」 제3조(선거운영위원회의 설치) ②
156) 「대한장애인체육회 회장선거관리규정(개정 2024. 8. 13.)」 제3조(선거운영위원회의 설치) ③
157) 「대한장애인체육회 회장선거관리규정(개정 2024. 8. 13.)」 제3조(선거운영위원회의 설치) ④
158) 「대한장애인체육회정관(2024. 3. 12. 문화체육관광부 승인)」 제22조(회장의 선출) ①
159) 「대한장애인체육회 회장선거관리규정(개정 2024. 8. 13.)」 제22조(회장의 선출) ②
160) 「대한장애인체육회정관(2024. 3. 12. 문화체육관광부 승인)」 제5조(조직가맹) ① 1.
161) 「대한장애인체육회정관(2024. 3. 12. 문화체육관광부 승인)」 제6조(지회) ①

칭 IPC)의 집행위원 및 선수위원과 ④ 선수대표, ⑤ 지도자대표, ⑥ 심판대표 및 ⑦ 학계대표로 선정된 사람이다.

다. 장애인체육회 회장의 임기

회장의 임기는 4년이고, 1회에 한하여 연임할 수 있다.[162]

회장의 임기 제한 기간 산정에 있어 회장 이외의 다른 임원으로 활동한 기간은 포함하지 아니하고,[163] 회장은 회장으로 당선된 후 처음으로 개최되는 정기총회일에 임기가 시작되는 것으로 본다. 다만, 부득이한 사유로 정기총회가 개최되지 못한 경우에는 「대한장애인체육회정관」 제15조(정기총회와 임시총회) 제1항[164]에 명시된 정기총회개최일부터 회장의 임기가 시작된 것으로 본다.[165] 보선된 회장의 임기는 전임자의 잔여기간으로 한다.[166]

14. 「교육공무원법」에 따른 대학의 장 임용방법

가. 대학의 장의 임용

대학(「고등교육법」 제2조(학교의 종류)[167] 각 호의 학교를 말하되, 공립대학[168]은 제외한

162) 「대한장애인체육회정관(2024. 3. 12. 문화체육관광부 승인)」 제21조(임원의 임기) ①
163) 「대한장애인체육회정관(2024. 3. 12. 문화체육관광부 승인)」 제21조(임원의 임기) ②
164) 「대한장애인체육회정관(2024. 3. 12. 문화체육관광부 승인)」 제15조(정기총회와 임시총회) ① 정기총회는 회계연도 종료 후 2월 마지막 주 목요일에 개최한다. 다만, 2월 마지막 주 목요일이 민속절 또는 공휴일인 때에는 그 전 주 목요일에 개최한다.
165) 「대한장애인체육회정관(2024. 3. 12. 문화체육관광부 승인)」 제21조(임원의 임기) ⑤
166) 「대한장애인체육회정관(2024. 3. 12. 문화체육관광부 승인)」 제21조(임원의 임기) ⑦ 전단
167) 「고등교육법」 제2조(학교의 종류) 고등교육을 실시하기 위하여 다음 각 호의 학교를 둔다.
    1. 대학
    2. 산업대학
    3. 교육대학
    4. 전문대학
    5. 방송대학 · 통신대학 · 방송통신대학 및 사이버대학(이하 “원격대학”이라 한다)
    6. 기술대학
    7. 각종학교
168) 「고등교육법」 제3조(국립 · 공립 · 사립 학교의 구분) 제2조 각 호의 학교(이하 “학교”라 한다)는 국가가 설립 · 경영하거나 국가가 국립대학 법인으로 설립하는 국립학교, 지방자치단체가 설립 · 경영하는 공립학교(설립주체에 따라 시립학교 · 도립학교로 구분할 수 있다), 학교법인이 설립 · 경영하는 사립학교로 구분한다.

다)의 장은 해당 대학의 추천을 받아 교육부장관의 제청으로 대통령이 임명한다. 다만, 새로 설립되는 대학의 장을 임용하거나 대학의 장의 명칭 변경으로 인하여 학장으로 재직 중인 사람을 해당 대학의 총장으로, 총장으로 재직 중인 사람을 해당 대학의 학장으로 그 임기 중에 임용하는 경우에는 교육부장관의 제청으로 대통령이 임명한다(교육공무원법§24①). 대학의 장의 임기가 끝난 후 3개월 이내에 해당 대학이 대학의 장 후보자를 추천하지 아니하는 경우 해당 대학의 장은 교육부장관의 제청으로 대통령이 임용한다(교육공무원법§24⑤).[169)]

나. 임용추천위원회

(1) 임용추천위원회의 설치 및 대학의 장 후보자 선정

대학의 장의 임용추천을 위하여 대학에 대학의 장 임용추천위원회(이하 "추천위원회"라 한다)를 둔다(교육공무원법§24②).

추천위원회는 해당 대학에서 정하는 바에 따라 다음 각 호의 어느 하나의 방법에 따라 대학의 장 후보자를 선정하여야 한다(교육공무원법§24③).

1. 추천위원회에서 선정
2. 해당 대학 교원, 직원 및 학생의 합의된 방식과 절차에 따른 선정

(2) 추천위원회의 구성

추천위원회는 다음 각 호의 사람 중에서 해당 대학의 학칙으로 정하는 바에 따라 10명 이상 50명 이하(교육대학 및 「고등교육법」 제43조(종합교원양성대학) 제1항에 따른 종합교원양성대학의 경우에는 10명 이상 20명 이하)의 위원으로 구성한다. 다만, 교육부장관이 학생 정원 등 해당 대학의 규모를 고려하여 위원 수를 조정할 필요가 있다고 인정한 대학의 추천위원회는 10명 이상 60명 이하의 위원으로 구성할 수 있다(교육공무원임용령§12의3①).

1. 해당 대학의 교원
2. 해당 대학의 직원
3. 해당 대학의 재학생
4. 해당 대학의 졸업생

---

169) 국립대학법인인 서울대학교의 총장은 총장추천위원회가 추천한 후보자 중에서 이사회가 선출하며 교육부장관의 제청으로 대통령이 임명한다(국립대학법인 서울대학교 설립·운영에 관한 법률§7①).

5. 해당 대학의 발전에 기여하였거나 교육·연구 또는 대학 운영에 관한 학식과 경험이 풍부한 사람

추천위원회의 위원에는 위 각 호에 해당 하는 위원이 각 1명 이상 포함되어야 하고(교육공무원임용령§12의3②), 추천위원회에는 위원장 1명과 부위원장 1명을 두되, 위원장 및 부위원장은 위원 중에서 각각 호선한다(교육공무원임용령§12의3④).

추천위원회 위원의 구성비율은 다음 각 호의 기준에 따라야 한다(교육공무원임용령§12의3③).

1. 위 제1호부터 제3호까지의 각 호별 해당 위원 수가 제1호부터 제3호까지에 해당하는 위원 수 합계의 10분의 8을 초과하지 아니할 것
2. 위 제4호 및 제5호에 해당하는 위원 수의 합계는 전체 위원 수의 10분의 1 이상일 것
3. 여성위원의 수가 전체 위원 수의 10분의 2 이상일 것

추천위원회는 추천위원회가 추천한 대학의 장 후보자가 대학의 장으로 임용되는 날까지 존속하고(교육공무원임용령§12의3⑦), 추천위원회의 운영 등에 필요한 세부사항은 해당 대학의 학칙으로 정한다(교육공무원임용령§12의3⑧).

추천위원회는 대학의 장 후보자를 선정하였을 때에는 지체 없이 그 선정결과를 대학의 장에게 통보하여야 한다(교육공무원임용령§12의3⑥).

다. 대학의 장 후보자 선정에서의 대학 구성원들의 직접선거

추천위원회가 대학의 장 후보자를 추천할 때에는 해당 대학 교원, 직원 및 학생의 합의된 방식과 절차에 따라 직접선거로 선정하는 방법에 의하여 할 수 있다(교육공무원법§24의3①, §24③2.).

구「교육공무원법(2021. 9. 24. 법률 제18455호로 개정되기 전의 것)」 제24조(대학의 장의 임용) 제3항 제2호는 국공립대학교의 총장 후보자 선정방법 중 하나로 "해당 대학 교원의 합의된 방식과 절차에 따른 선정"을 규정하고 있었는바, 이는 교원 외에 다른 대학구성원들인 직원이나 학생들의 의견은 무시하고 '교수평의회'가 총장후보자를 결정함으로써 '비교수 단체'의 반발로 총장 선임이 중단되거나 소송이 진행되는 경우가 다수 발생하고,[170] 학교의 주인은 교수가 아닌 교직원 및 학생임을 감안할 때 그 구

170) 군산대학교는 2021. 11. 제9대 총장 임용후보자 선정과 관련하여 직원 및 학생들의 의견을 무시하고 총장추천위원회의 구성원을 교수로 한정하여 구성함으로써 직원들과 학생들의 반발을

성원을 교수로 한정할 경우 대학 운영의 민주성이 떨어진다는 지적이 있었다. 이에 2021. 9. 24. 법률 제18455호로 개정된 「교육공무원법」은 총장 후보자를 대학 구성원 모두인 교원, 직원 및 학생의 합의된 방식과 절차에 따라 선정할 수 있도록 함으로써 총장 직선제를 뒷받침하고 있다.[171][172]

제2절 임의위탁단체의 임원 선출방법

1. 「중소기업협동조합법」에 따른 중소기업중앙회의 회장 선출방법

가. 「중소기업협동조합법」에 따른 중소기업중앙회의 회장 선출방법

중소기업중앙회의 회장은 정회원의 대표자 중에서 정관으로 정하는 바에 따라 총회에서 투표로 선출하는바(중소기업협동조합법§123①본문), 회장은 총회에서 정회원의 대표자 중에서 회장후보경선조정위원회(이하 "조정위원회"라 한다)를 거쳐 무기명투표로 선출한다. 다만, 후보자가 1명인 경우에는 무기명투표, 거수투표, 기립투표 등의 방법 중 총회에서 결정하여 선출한다.[173]

불러와 학내분규가 발생하였고(「전북중앙」 2021. 11. 11.자 기사), 경북대학교는 2020. 5. 정규직 교수들에게만 투표권을 주고 강사들에게는 이를 주지 않아 반발을 불렀다(「KBS」 2020. 5. 19.자 보도).

171) 대학의 총장 직선제는 1987년 6월 민주항쟁 이후 대학의 자율화·민주화라는 명분 아래 빠르게 확산되었다가 선거과정에 있어서 인맥·학연에 따른 파벌 형성, 인기 영합적 공약에 의한 대학 운영의 파행, 불법 선거운동 등 선거과열로 인한 부작용, 교육 및 연구 분위기의 심각한 훼손 등 부작용이 심각함에 따라 대부분의 대학이 총장 간선제로 전환되었으나, 2017년 5월 문재인 정부 출범 이후 다시 대부분의 대학이 총장 직선제를 채택하는 방향으로 나아가고 있다(김창수 외 5명, 「총장선출제도에 대한 연구」, 교육과학기술부 지정 고등교육정책연구소, 4－24쪽 ; 「한겨레신문」 2019. 3. 13.자 기사). 6월 민주항쟁 이후에는 교수 중심의 직선제가 중심이었다면, 2017년 5월 이후에는 대학 구성원 중심의 직선제로 선거권이 대학 관련 구성원 전반으로 확대되었다는 점에서 과거와 차이가 있다(강원근, 「한국의 대학총장 선출제도, 언제 정착될까?」, 교수신문 2018. 7. 16.자).

172) 대학의 장 후보자 선출은 대학의 구성원인 교원, 직원 및 학생의 합의된 방식과 절차에 따라 선출하므로, 그 합의 방식과 절차가 대학마다 다르다. 따라서 이 책에서는 대학의 장 후보자 선출과 관련하여서는 필요한 경우 이외에는 더 이상 기술하지 아니한다.

173) 「중소기업중앙회 정관(정관 제2023－001호, 2023. 5. 4. 일부개정)」 제51조(임원) ②, 「중소기업중앙회 임원선거규정(2018. 8. 21. 개정)」 제3조(회장의 선출)

나. 중앙회 회장의 선출을 위한 기관

(1) 조정위원회

(가) 조정위원회의 구성

회장 후보자의 합리적이고 공정한 조정을 위하여 중앙회에 조정위원회를 둔다.[174] 조정위원회는 20명 이내의 위원을 두며, 위원은 지역, 업종, 중소기업에 대한 전문성 등을 고려하여 이사회의 의결을 거쳐 선출하는바,[175] 위원은 다음 각 분야의 자가 포함되도록 한다.[176]

1. 지역, 업종을 감안한 정회원의 대표자
2. 학계
3. 법조계
4. 그 밖에 중소기업에 대한 학식과 경험이 풍부한 자

조정위원회는 선거공고일까지 구성하고 위원의 임기는 선출일부터 1년으로 하고,[177] 위원장 1인과 부위원장 1인을 두되 위원 중에서 호선한다.[178] 조정위원회에 간사 1인을 두되 중앙회 부서장급 직원 중에서 위원장이 위촉하며, 간사는 위원장을 보좌하여 조정위원회의 사무를 처리한다.[179]

(나) 조정위원회의 기능 및 운영

조정위원회는 후보자자격심사 및 후보자등록 사실통지, 후보자 기호결정 등이 종료된 후 선거일 전일까지 회장후보자 추천을 위한 조정기능을 수행한다.[180]

---

174) 「중소기업중앙회 정관(정관 제2023-001호, 2023. 5. 4. 일부개정)」 제51조의2(회장후보경선조정위원회의 구성 및 운영) ①

175) 「중소기업중앙회 정관(정관 제2023-001호, 2023. 5. 4. 일부개정)」 제51조의2(회장후보경선조정위원회의 구성 및 운영) ②

176) 「중소기업중앙회 임원선거규정(2018. 8. 21. 개정)」 제3조의2(회장후보경선조정위원회 구성 및 운영) ①

177) 「중소기업중앙회 임원선거규정(2018. 8. 21. 개정)」 제3조의2(회장후보경선조정위원회 구성 및 운영) ②

178) 「중소기업중앙회 임원선거규정(2018. 8. 21. 개정)」 제3조의2(회장후보경선조정위원회 구성 및 운영) ③

179) 「중소기업중앙회 임원선거규정(2018. 8. 21. 개정)」 제3조의2(회장후보경선조정위원회 구성 및 운영) ⑧

180) 「중소기업중앙회 정관(정관 제2023-001호, 2023. 5. 4. 일부개정)」 제51조의2(회장후보경선조정위원회의 구성 및 운영) ③본문, 「중소기업중앙회 임원선거규정(2018. 8. 21. 개정)」 제3조의2(회장후보경선조정위원회 구성 및 운영) ⑥본문

조정위원회는 위원장이 소집하고 위원 전원의 만장일치로 조정이 성립한다.[181] 다만, 위원 전원의 만장일치로 조정이 성립하지 아니한 때(후보자가 조정결과에 불복하는 경우를 포함한다)에는 회장후보자 모두를 추천하여야 한다.[182]

조정위원회는 업무수행을 위하여 필요하다고 인정하는 때에는 회장 후보자를 참석하게 하여 의견을 들을 수 있다.[183] 조정 이외의 사항은 재적위원 과반수의 출석으로 개의하고 출석위원 과반수 찬성으로 의결한다.[184]

조정이 성립한 경우에는 즉시 중앙회 선거관리위원회에 의사록을 첨부하여 서면통지하고, 중앙회 선거관리위원회는 조정사실을 선거인에게 즉시 통지하여야 한다.[185]

(2) 총회

(가) 총회의 설치

중앙회에는 정회원으로 구성된 총회를 둔다(중소기업협동조합법§125, §43①, ②). 정기총회는 사업연도마다 정관으로 정하는 시기에 한번 개최하고(중소기업협동조합법§125, §43③), 임시총회는 정관으로 정하는 바에 따라 필요하다고 인정되는 때에 소집할 수 있다(중소기업협동조합법§125, §43④).

(나) 총회의 소집

총회는 회장이 소집한다(중소기업협동조합법§125, §45①). 회장이 궐위되거나 부득이한 사유로 총회를 소집할 수 없으면 정관으로 정하는 순위의 이사가 소집한다(중소기업협동조합법§125, §45⑤).

정회원이 총 정회원 4분의 1 이상의 동의를 받아 소집의 목적과 이유를 적은 서면으로 총회의 소집을 청구하면 회장은 청구가 있은 날부터 2주일 이내에 임시총회를 소집하여야 하고(중소기업협동조합법§125, §45②), 정회원이 총회의 소집을 청구하였으

---

181) 「중소기업중앙회 임원선거규정(2018. 8. 21. 개정)」 제3조의2(회장후보경선조정위원회 구성 및 운영) ⑤본문

182) 「중소기업중앙회 정관(정관 제2023-001호, 2023. 5. 4. 일부개정)」 제51조의2(회장후보경선조정위원회의 구성 및 운영) ③단서, 「중소기업중앙회 임원선거규정(2018. 8. 21. 개정)」 제3조의2(회장후보경선조정위원회 구성 및 운영) ⑥단서

183) 「중소기업중앙회 임원선거규정(2018. 8. 21. 개정)」 제3조의2(회장후보경선조정위원회 구성 및 운영) ⑨

184) 「중소기업중앙회 임원선거규정(2018. 8. 21. 개정)」 제3조의2(회장후보경선조정위원회 구성 및 운영) ⑤단서

185) 「중소기업중앙회 임원선거규정(2018. 8. 21. 개정)」 제3조의2(회장후보경선조정위원회 구성 및 운영) ⑦

나 총회를 소집할 자가 없거나 그 청구가 있은 날부터 2주일 이내에 회장이 총회를 소집하지 아니한 때에는 감사가 7일 이내에 소집하여야 한다. 이 경우 감사가 의장의 직무를 수행한다(중소기업협동조합법§125, §45③). 감사가 위 기한 이내에 총회를 소집하지 아니하거나 소집할 수 없으면 총회의 소집을 청구한 정회원의 대표가 소집한다. 이 경우 정회원의 대표가 의장의 직무를 수행한다(중소기업협동조합법§125, §45④).

(다) 총회의 의결사항

임원의 선출과 해임에 관한 사항은 총회의 의결을 거쳐야 한다(중소기업협동조합법§125, §47①8.).

(라) 총회의 개의와 의결

총회의 의장은 회장이 된다. 다만, 회장이 사고가 있을 때에는 총회에서 선임된 자가 의장의 직무를 대행한다(중소기업협동조합법§125, §48②).

총회의 의사(議事)는 「중소기업협동조합법」이나 정관 또는 규약에 다른 규정이 없으면 총 정회원 과분수의 출석과 출석 정회원 과반수의 찬성으로 의결한다(중소기업협동조합법§125, §48①).

다. 중앙회 회장의 임기

회장의 임기는 4년으로 하며 1회에 한정하여 연임할 수 있다. 이 경우 회장은 정회원 대표자 자격을 갖춘 것으로 본다(중소기업협동조합법§123②).

2. 「도시정비법」에 따른 조합설립추진위원회의 추진위원장 선출방법

가. 「도시정비법」에 따른 조합설립추진위원회의 추진위원장 선출방법

조합설립추진위원회의 추진위원장은 주민총회에서 선출한다.[186] 추진위원장 임기 중 궐위된 경우의 보궐선임도 주민총회의 의결에 의한다. 이 경우 보궐선임된 추진위원장의 임기는 전임자의 잔임기간으로 한다.[187]

---

186) 「정비사업 조합설립추진위원회 운영규정(안)(국토교통부고시 제2018－102호)」 제15조(위원의 선임 및 변경) ②

187) 「정비사업 조합설립추진위원회 운영규정(안)(국토교통부고시 제2018－102호)」 제15조(위원의 선임 및 변경) ⑤

나. 추진위원장 선출을 위한 기관(주민총회)

(1) 주민총회의 구성

토지등소유자[188] 전원으로 주민총회를 구성한다.[189]

(2) 주민총회의 소집

주민총회는 추진위원장이 필요하다고 인정하는 경우에 개최한다. 다만, 다음 각 호의 어느 하나에 해당하는 때에는 위원장은 해당 일부터 2월 이내에 주민총회를 개최하여야 한다.[190]

1. 토지등소유자 5분의 1 이상이 주민총회의 목적사항을 제시하여 청구하는 때
2. 추진위원 3분의 2 이상으로부터 개최요구가 있는 때

위원장이 2개월 이내에 정당한 이유 없이 주민총회를 소집하지 아니하는 때에는 감사가 지체 없이 주민총회를 소집하여야 하며, 감사가 소집하지 아니하는 때에는 소집을 청구한 자의 대표가 시장·군수등의 승인을 얻어 이를 소집한다.[191]

주민총회를 소집하는 경우에는 회의개최 14일 전부터 회의목적·안건·일시 및 장소 등을 게시판에 게시하여야 하며, 토지등소유자에게는 회의개최 10일 전까지 등기우편으로 이를 발송·통지하여야 한다. 이 경우 등기우편이 반송된 경우에는 지체 없이 1회에 한하여 추가 발송한다.[192] 주민총회는 통지한 안건에 대하여만 의결할 수 있다.[193]

(3) 주민총회의 의결사항

추진위원회 승인 이후 추진위원장의 선임·변경·보궐선임·연임에 관한 사항은 주민총회의 의결을 거쳐 결정한다.[194]

---

188) 주민총회의 구성원인 토지등소유자의 자격 등에 대하여는 「위탁선거의 선거권자」에서 상술한다.
189) 「정비사업 조합설립추진위원회 운영규정(안)(국토교통부고시 제2018－102호)」 제20조(주민총회) ①
190) 「정비사업 조합설립추진위원회 운영규정(안)(국토교통부고시 제2018－102호)」 제20조(주민총회) ②
191) 「정비사업 조합설립추진위원회 운영규정(안)(국토교통부고시 제2018－102호)」 제20조(주민총회) ③
192) 「정비사업 조합설립추진위원회 운영규정(안)(국토교통부고시 제2018－102호)」 제20조(주민총회) ⑤
193) 「정비사업 조합설립추진위원회 운영규정(안)(국토교통부고시 제2018－102호)」 제20조(주민총회) ⑥

(4) 주민총회의 개의와 의결

주민총회는 「도시정비법」 및 「정비사업조합설립추진위원회 운영규정(안)」에 특별히 정한 경우를 제외하고 추진위원회 구성에 동의한 토지등소유자 과반수의 출석으로 개의하고 출석한 토지등소유자(동의하지 않은 토지등소유자를 포함한다)의 과반수의 찬성으로 의결한다.[195]

토지등소유자는 서면 또는 대리인을 통하여 의결권을 행사할 수 있다. 이 경우 서면에 의한 의결권 행사는 출석으로 본다.[196] 토지등소유자가 출석을 서면으로 하는 때에는 안건내용에 대한 의사를 표시하여 주민총회 전일까지 추진위원회에 도착되도록 하여야 하고,[197] 출석을 대리인으로 하고자 하는 경우에는 위임장 및 대리인 관계를 증명하는 서류를 추진위원회에 제출하여야 한다.[198]

주민총회 소집결과 정족수에 미달되는 때에는 재소집하여야 하며, 재소집의 경우에도 정족수에 미달되는 때에는 추진위원회 회의로 주민총회를 갈음할 수 있다.[199]

다. 추진위원장의 임기

추진위원장의 임기는 선임된 날부터 2년까지로 하고, 위원장의 연임은 주민총회의 의결에 의한다.[200]

임기가 만료된 위원장은 그 후임자가 선임될 때까지 그 직무를 수행하고, 추진위원회에서는 임기가 만료된 위원장의 후임자를 임기만료 전 2개월 이내에 선임하여야 하며 위 기한 내 추진위원회에서 후임자를 선임하지 않을 경우 토지등소유자 5분의 1 이상이 시장·군수등의 승인을 얻어 주민총회를 소집하여 위원장을 선임할 수

194) 「정비사업 조합설립추진위원회 운영규정(안)(국토교통부고시 제2018－102호)」 제21조(주민총회의 의결사항)
195) 「정비사업 조합설립추진위원회 운영규정(안)(국토교통부고시 제2018－102호)」 제22조(주민총회의 의결방법) ①
196) 「정비사업 조합설립추진위원회 운영규정(안)(국토교통부고시 제2018－102호)」 제22조(주민총회의 의결방법) ②
197) 「정비사업 조합설립추진위원회 운영규정(안)(국토교통부고시 제2018－102호)」 제22조(주민총회의 의결방법) ③
198) 「정비사업 조합설립추진위원회 운영규정(안)(국토교통부고시 제2018－102호)」 제22조(주민총회의 의결방법) ④
199) 「정비사업 조합설립추진위원회 운영규정(안)(국토교통부고시 제2018－102호)」 제22조(주민총회의 의결방법) ⑤
200) 「정비사업 조합설립추진위원회 운영규정(안)(국토교통부고시 제2018－102호)」 제15조(위원의 선임 및 변경) ③

있다.[201)]

3. 「도시정비법」에 따른 조합의 조합장 선출방법[202)]

가. 「도시정비법」에 따른 조합의 조합장 선출방법

정비사업조합의 조합장 선출방법은 정관으로 정하는 바(도시정비법§41⑤본문),[203)] 조합장은 총회에서 조합원 과반수의 출석과 출석조합원 과반수의 동의를 얻어 선임한다.[204)]

나. 조합의 조합장 선출을 위한 기관(총회)

(1) 총회의 설치

조합에는 조합원[205)]으로 구성되는 총회를 둔다(도시정비법§44①).

(2) 총회의 의결사항

조합 임원의 선임 및 해임에 관한 사항은 총회의 의결을 거쳐야 한다(도시정비법§45①7.).

(3) 총회의 소집

총회는 조합장이 직권으로 소집하거나 조합원 5분의 1 이상(정관의 기재사항 중 「도시정비법」 제40조(정관의 기재사항 등) 제1항 제6호[206)]에 따른 조합임원의 권리 · 의무 · 보수

---

201) 「정비사업 조합설립추진위원회 운영규정(안)(국토교통부고시 제2018－102호)」 제15조(위원의 선임 및 변경) ④, 제20조(주민총회) ⑤, ⑥

202) 정비사업조합의 조합장 선출에 관하여는 재건축정비사업조합의 조합장 선출을 위주로 기술한다.

203) 「도시정비법」 제40조(정관의 기재사항 등) 제2항은 "시 · 도지사는 제1항 각 호의 사항(정관의 기재사항)이 포함된 표준정관을 작성하여 보급할 수 있다."고 규정하고 있는 바, 이에 따라 각 시 · 도에서는 정비사업조합의 표준정관을 작성하여 고시하고 있다. 본서에서는 2020. 12. 9. 부산광역시 고시 제2020－489호로 고시된 「부산광역시 재개발정비사업조합 표준정관(안)」과 「부산광역시 재건축정비사업조합 표준정관(안)」 중 「부산광역시 재건축정비사업조합 표준정관(안)」을 기초로 하여 정비사업조합의 조합장 선출과 관련된 사항을 기술한다.

204) 「부산광역시 재건축정비사업조합 표준정관(안)(부산광역시 고시 제2020－489호)」 제13조(임원) ②

205) 조합의 구성원인 조합원의 자격 등에 대하여는 「위탁선거의 선거권자」에서 상술한다.

206) 「도시정비법」 제40조(정관의 기재사항) ① 조합의 정관에는 다음 각 호의 사항이 포함되어야 한다.
6. 조합임원의 권리 · 의무 · 보수 · 선임방법 · 변경 및 해임

·선임방법·변경 및 해임에 관한 사항을 변경하기 위한 총회의 경우는 10분의 1 이상으로 한다) 또는 대의원 3분의 2 이상의 요구로 조합장이 소집한다(도시정비법§44②). 조합임원의 사임, 해임 또는 임기만료 후 6개월 이상 조합임원이 선임되지 아니한 경우에는 시장·군수등이 조합임원 선출을 위한 총회를 소집할 수 있다(도시정비법§44③).

총회를 소집하려는 자는 총회가 개최되기 7일 전까지 회의 목적·안건·일시 및 장소와 「도시정비법」 제45조(총회의 의결) 제5항에 따른 서면의결권의 행사기간 및 장소 등 서면의결권 행사에 필요한 사항을 정하여 조합원에게 통지하여야 한다(도시정비법§44④).

(4) 총회의 의결

총회의 의결은 「도시정비법」 또는 정관에 다른 규정이 없으면 조합원 과반수의 출석과 출석 조합원의 과반수 찬성으로 한다(도시정비법§45③).

조합원은 서면으로 의결권을 행사하거나 다음 각 호의 어느 하나에 해당하는 경우에는 대리인을 통하여 의결권을 행사할 수 있다. 서면으로 의결권을 행사하는 경우에는 정족수를 산정할 때에 출석한 것으로 본다(도시정비법§45⑤). 조합은 서면의결권을 행사하는 자가 본인인지를 확인하여야 한다(도시정비법§45⑥).

1. 조합원이 권한을 행사할 수 없어 배우자, 직계존비속 또는 형제자매 중에서 성년자를 대리인으로 정하여 위임장을 제출하는 경우
2. 해외에 거주하는 조합원이 대리인을 지정하는 경우
3. 법인인 토지등소유자가 대리인을 지정하는 경우. 이 경우 법인의 대리인은 조합임원 또는 대의원으로 선임될 수 있다.

총회의 의결은 조합원의 100분의 10 이상이 직접 출석(대리인을 통하여 의결권을 행사하는 경우 직접 출석한 것으로 본다)하여야 한다. 다만, 창립총회, 사업시행계획서의 작성 및 변경, 관리처분계획의 수립 및 변경을 의결하는 총회 등 대통령령[207])으로 정하는 총회의 경우에는 조합원의 100분의 20 이상이 직접 출석하여야 한다(도시정비법

---

207) 「도시정비법 시행령」 제42조(총회의 의결) ② 법 제45조(총회의 의결) 제7항 단서에서 "창립총회, 사업시행계획서의 작성 및 변경, 관리처분계획의 수립 및 변경을 의결하는 총회 등 대통령령으로 정하는 총회"란 다음 각 호의 어느 하나에 해당하는 총회를 말한다.
1. 창립총회
2. 사업시행계획서의 작성 및 변경을 위하여 개최하는 총회
3. 관리처분계획의 수립 및 변경을 위하여 개최하는 총회
4. 정비사업비의 사용 및 변경을 위하여 개최하는 총회

§45⑦).

「재난 및 안전관리 기본법」 제3조(정의) 제1호[208]에 따른 재난의 발생 등 대통령령[209]으로 정하는 사유가 발생하여 시장·군수등이 조합원의 직접 출석이 어렵다고 인정하는 경우에는 전자적 방법(「전자문서 및 전자거래 기본법」 제2조(정의) 제2호[210]에 따른 정보처리시스템을 사용하거나 그 밖의 정보통신기술을 이용하는 방법을 말한다)으로 의결권을 행사할 수 있다. 이 경우 정족수를 산정할 때에는 직접 출석한 것으로 본다(도시정비법§45⑧).

다. 조합장의 임기

조합장의 임기는 3년 이하의 범위에서 정관으로 정하되, 연임할 수 있다(도시정비법§41④).

---

208) 「재난 및 안전관리 기본법」 제3조(정의) 이 법에서 사용하는 용어의 뜻은 다음과 같다.
 1. "재난"이란 국민의 생명·신체·재산과 국가에 피해를 주거나 줄 수 있는 것으로서 다음 각 목의 것을 말한다.
  가. 자연재난 : 태풍, 홍수, 호우(豪雨), 강풍, 풍랑, 해일(海溢), 대설, 한파, 낙뢰, 가뭄, 폭염, 지진, 황사(黃砂), 조류(藻類)대발생, 조수(潮水), 화산활동, 「우주개발진흥법」에 따른 자연우주물체의 추락·충돌, 그 밖에 이에 준하는 자연현상으로 인하여 발생하는 재해
  나. 사회재난 : 화재·붕괴·폭발·교통사고(항공사고 및 해상사고를 포함한다)·화생방사고·환경오염사고·다중운집인파사고 등으로 인하여 발생하는 대통령령으로 정하는 규모 이상의 피해와 국가핵심기반의 마비, 「감염병의 예방 및 관리에 관한 법률」에 따른 감염병 또는 「가축전염병예방법」에 따른 가축전염병의 확산, 「미세먼지 저감 및 관리에 관한 특별법」에 따른 미세먼지, 「우주개발진흥법」에 따른 인공우주물체의 추락·충돌 등으로 인한 피해

209) 「도시정비법 시행령」 제42조(총회의 의결) ③ 법 제45조(총회의 의결) 제8항 전단에서 "「재난 및 안전관리 기본법」 제3조(정의) 제1호에 따른 재난의 발생 등 대통령령으로 정하는 사유"란 다음 각 호의 사유를 말한다.
 1. 「재난 및 안전관리 기본법」 제3조(정의) 제1호에 따른 재난의 발생
 2. 「감염병의 예방 및 관리에 관한 법률」 제49조(감염병의 예방 조치) 제1항 제2호에 따른 집합 제한 또는 금지 조치

210) 「전자문서 및 전자거래 기본법」 제2조(정의) 이 법에서 사용하는 용어의 뜻은 다음과 같다.
 2. "정보처리시스템"이란 전자문서의 작성·변환, 송신·수신 또는 저장을 위하여 이용되는 정보처리능력을 가진 전자적 장치 또는 체계를 말한다.

제3장 위탁선거의 선거권자

〈위탁선거의 선거권에 대한 해당 법령 및 정관 등의 적용〉

위탁선거법에서는 임원 등의 선출을 위한 선거의 관리를 선거관리위원회에 위탁하는 공공단체등인 위탁단체 구성원들의 선거권을 규정하지는 아니하고 있다. 위탁선거에서 선거권에 관하여는 해당 법령이나 정관등에 따른다(위탁선거법§12).

제1절 의무위탁선거의 선거권자

1. 농업협동조합의 조합장 선거의 선거권자[1)]

가. 조합원[2)]

지역농협의 조합원은 출자액의 많고 적음에 관계없이 평등한 선거권을 가진다. 이 경우 선거권은 조합장의 임기만료일(보궐선거등의 경우 그 선거의 실시사유가 확정된 날) 전 180일까지 해당 조합의 조합원으로 가입한 자만 행사할 수 있다(농업협동조합법 §26). 선거인은 다른 사람으로 하여금 선거권을 대리하여 행사하게 할 수 없다.[3)]

---

1) 농업협동조합의 조합장은 조합원이 총회 또는 총회 외에서 투표로 직접 선출하거나 대의원회가 선출하므로(농업협동조합법§45⑤1., 2.) 농업협동조합의 조합장 선거에 있어 선거권자는 조합원 또는 대의원인 바, 대의원회가 선출하는 조합장의 선거권자인 대의원의 자격 등에 대하여는 「농업협동조합법」에 따른 조합의 조합장 선출 방법에서 상술하였으므로, 이하에서는 조합원에 대해서만 기술한다.

2) 지역농협의 조합원에 관한 규정은 지역축협과 품목별조합에도 준용되므로(조합원의 자격에 관한 규정은 제외), 이하에서는 지역농협의 조합원을 위주로 기술한다.

3) 「지역농업협동조합정관례(농림축산식품부 고시 제2024-74호, 2024. 10. 8. 일부 개정)」 제63조(선거권) ②

나. 조합원의 자격

(1) 지역농협의 조합원의 자격

조합원은 지역농협의 구역에 주소, 거소나 사업장이 있는 농업인이어야 하고,[4] 둘 이상의 지역농협에 가입할 수 없다(농업협동조합법§19①). 「농어업경영체 육성 및 지원에 관한 법률」[5] 제16조(영농조합법인 및 영어조합법인의 설립)[6] 및 제19조(농업회사법인

---

4) 대법원은, 전남낙농업협동조합의 조합장선거무효확인사건에서, 구「농업협동조합법(2009. 4. 1. 법률 제9620호로 개정되기 전의 것)」 제19조(조합원의 자격) 제1항 또는 전남낙농업협동조합의 정관 제9조 제1항 제1호가 조합원의 자격으로 '조합의 구역 안에 주소, 거소나 사업장이 있는 자로서 착유우 5두 이상 사육하는 농업인'이라고 규정하고 있을 뿐이므로 동일 가구 내의 여러 사람일지라도 이 요건을 구비하는 한 모두가 조합원이 되고, 각자가 별도로 축사를 운영하여야만 하는 것은 아니라고 판시하였다(2010. 9. 30. 선고 2009다91880 판결).

5) 농·어업법인 제도는 1990년 협업적·기업적 농·어업경영을 통해 영세 농·어업의 구조적 한계를 극복하고 시장개방에 대응하기 위하여 도입되었으며 법인 수, 총매출액, 종사자 수 증가 등 양적 성장을 지속하고 있다. 그러나 최근 일부 농업법인이 개발이익 예상 농지를 구입하고 이를 수십 명에게 쪼개서 파는 등 농지 소유 권한을 악용하여 부당이익을 얻는 사례가 발생하고 있다. 농업인만이 소유할 수 있는 농지를 농업법인이 소유할 수 있도록 한 이유는 비농업인 자본 출자 등을 통해 농업 효율성 향상과 규모화를 달성하기 위한 것이므로 농지 소유가 가능한 지위를 악용하여 부동산업을 영위하는 것을 근절할 필요가 있어 「농어업경영체 육성 및 지원에 관한 법률」은 2021. 8. 17. 법률 제18400호로 일부 개정되어 2022. 8. 18.부터 시행되었다.

6) 「농어업경영체 육성 및 지원에 관한 법률」 제16조(영농조합법인 및 영어조합법인의 설립신고 등) ① 협업적 농업경영을 통하여 생산성을 높이고 농산물의 출하·유통·가공·수출 및 농어촌 관광휴양사업 등을 공동으로 하려는 농업인 또는 「농업·농촌 및 식품산업 기본법」 제3조(정의) 제4호에 따른 농업 관련 생산자단체(이하 "농업생산자단체"라 한다)는 5인 이상을 조합원으로 하여 영농조합법인(營農組合法人)을 설립할 수 있다.
② 협업적 수산업경영을 통하여 생산성을 높이고 수산물의 출하·유통·가공·수출 및 농어촌관광휴양사업 등을 공동으로 하려는 어업인 또는 「수산업·어촌 발전 기본법」 제3조(정의) 제5호에 따른 어업 관련 생산자단체(이하 "어업생산자단체"라 한다)는 5인 이상을 조합원으로 하여 영어조합법인(營漁組合法人)을 설립할 수 있다.
③ 영농조합법인 및 영어조합법인을 설립하려는 자는 대통령령으로 정하는 바에 따라 주된 사무소의 소재지를 관할하는 시장(특별자치도의 경우에는 특별자치도지사를, 특별자치시의 경우 특별자치시장을 말한다. 이하 같다)·군수·구청장(자치구의 구청장을 말한다. 이하 같다)에게 신고하여야 한다. 신고한 사항 중 대통령령으로 정하는 중요한 사항이 변경되는 경우 또는 해산하는 경우에도 같은 방법으로 변경신고 또는 해산신고를 하여야 한다.
④ 시장·군수·구청장은 제3항에 따른 설립신고, 변경신고 또는 해산신고를 받은 날부터 20일 이내에 설립신고수리, 변경신고수리 또는 해산신고수리 여부를 신고인에게 통지하여야 한다.
⑤ 시장·군수·구청장은 제4항에서 정한 기간 내에 설립신고수리, 변경신고수리 또는 해산신고수리 여부나 민원 처리 관련 법령에 따른 처리기간의 연장을 신고인에게 통지하지 아니하면 그 기간(민원 처리 관련 법령에 따라 처리기간이 연장 또는 재연장된 경우에는 해당 처리기간을 말한다)이 끝난 날의 다음 날에 설립신고수리, 변경신고수리 또는 해산신고수리를 한 것으로 본다.

및 어업회사법인의 설립 등)[7]에 따른 영농조합법인과 농업회사법인으로서 그 주된 사

⑥ 시장·군수·구청장은 제3항에 따라 영농조합법인 및 영어조합법인의 설립신고를 받은 때에는 농림축산식품부장관 또는 해양수산부장관에게 그 사실을 통보하여야 한다.

⑦ 영농조합법인 및 영어조합법인의 출자, 정관 기재사항 및 해산 등에 필요한 사항과 제3항부터 제6항까지에서 규정한 사항 외에 영농조합법인 및 영어조합법인의 설립신고, 변경신고, 해산신고, 신고의 반려 또는 보완 등에 필요한 사항은 대통령령으로 정한다.

⑧ 영농조합법인 및 영어조합법인에 관하여 이 법에서 규정한 사항 외에는 「민법」 중 조합에 관한 규정을 준용한다.

7) 「농어업경영체 육성 및 지원에 관한 법률」 제19조(농업회사법인 및 어업회사법인의 설립 등)

① 농업의 경영이나 농산물의 유통·가공·판매를 기업적으로 하려는 자나 농업인의 농작업을 대행하거나 농어촌 관광휴양사업을 하려는 자는 대통령령으로 정하는 바에 따라 농업회사법인(農業會社法人)을 설립할 수 있다.

② 농업회사법인을 설립할 수 있는 자는 농업인과 농업생산자단체로 하되, 농업인이나 농업생산자단체가 아닌 자도 대통령령으로 정하는 비율 또는 금액의 범위에서 농업회사법인에 출자할 수 있다.

③ 수산업의 경영이나 수산물의 유통·가공·판매를 기업적으로 하려는 자나 농어촌 관광휴양사업을 하려는 자는 대통령령으로 정하는 바에 따라 어업회사법인(漁業會社法人)을 설립할 수 있다.

④ 어업회사법인을 설립할 수 있는 자는 어업인과 어업생산자단체로 하되, 어업인이나 어업생산자단체가 아닌 자도 대통령령으로 정하는 비율 또는 금액의 범위에서 어업회사법인에 출자할 수 있다.

⑤ 농업회사법인 및 어업회사법인을 설립하려는 자는 대통령령으로 정하는 바에 따라 주된 사무소를 관할하는 시장·군수·구청장에게 신고하여야 한다. 신고한 사항 중 대통령령으로 정하는 중요한 사항이 변경되는 경우 또는 해산하는 경우에도 같은 방법으로 변경신고 또는 해산신고를 하여야 한다.

⑥ 시장·군수·구청장은 제5항에 따른 설립신고, 변경신고 또는 해산신고를 받은 날부터 20일 이내에 설립신고수리, 변경신고수리, 해산신고수리 여부를 신고인에게 통지하여야 한다.

⑦ 시장·군수·구청장이 제6항에서 정한 기간 내에 설립신고수리, 변경신고수리 또는 해산신고수리 여부나 민원 처리 관련 법령에 따른 처리기간의 연장을 신고인에게 통지하지 아니하면 그 기간(민원 처리 관련 법령에 따라 처리기간이 연장 또는 재연장된 경우에는 해당 처리기간을 말한다)이 끝난 날의 다음 날에 설립신고수리, 변경신고수리 또는 해산신고수리를 한 것으로 본다.

⑧ 시장·군수·구청장은 제5항에 따라 농업회사법인 및 어업회사법인의 설립신고를 받은 때에는 농림축산식품부장관 또는 해양수산부장관에게 그 사실을 통보하여야 한다.

⑨ 농업회사법인 및 어업회사법인의 출자, 정관기재사항 및 해산 등에 필요한 사항과 제5항부터 제8항까지에서 규정한 사항 외에 농업회사법인 및 어업회사법인의 설립신고, 변경신고, 해산신고, 신고의 반려 또는 보완 등에 필요한 사항은 대통령령으로 정한다.

⑩ 농업회사법인의 농업생산자단체 조합원이나 준조합원 가입에 관하여는 제17조(영농조합법인 및 영어조합법인의 조합원 등) 제4항을 준용하고 어업회사법인의 어업생산자단체 조합원이나 준조합원 가입에 관하여는 제17조(영농조합법인 및 영어조합법인의 조합원 등) 제5항과 제6항을 준용한다.

⑪ 농업회사법인 및 어업회사법인에 관하여는 이 법에서 규정한 사항 외에는 「상법」 중 회사에 관한 규정을 준용한다.

무소를 지역농협의 구역에 두고 농업을 경영하는 법인은 지역농협의 조합원이 될 수 있고(농업협동조합법§19②), 특별시 또는 광역시의 자치구를 구역의 전부 또는 일부로 하는 품목조합도 해당 자치구를 구역으로 하는 지역농협의 조합원이 될 수 있다(농업협동조합법§19③).

지역농협의 조합원의 자격요건인 농업인의 범위는 다음 각 호와 같다(농업협동조합법§19④, 농업협동조합법 시행령§4①).

1. 1천제곱미터 이상의 농지를 경영하거나 경작하는 자
2. 1년 중 90일 이상 농업에 종사하는 자
3. 누에씨 0.5상자[2만립(粒) 기준상자]분 이상의 누에를 사육하는 자
4. 「지역농협 조합원의 가축사육기준」[8] 이상의 가축을 사육하는 자와 그 밖에 「축산법」 제2조(정의) 제1호[9]에 따른 가축으로서 농림축산식품부장관이 정하여 고시하는 기준[10] 이상을 사육하는 자

---

8) 「농업협동조합법 시행령」 별표 1 <지역농업협동조합 조합원의 가축사육기준>

구분	가축의 종류	사육기준
대가축	소, 말, 노새, 당나귀	2마리
중가축	돼지(젖 먹는 새끼돼지는 제외한다), 염소, 면양, 사슴, 개	5마리(개의 경우는 20마리)
소가축	토끼	50마리
가금	닭, 오리, 칠면조, 거위	100마리
기타	꿀벌	10군

9) 「축산법」 제2조(정의) 이 법에서 사용하는 용어의 뜻은 다음과 같다.
1. "가축"이란 사육하는 소·말·면양·염소[유산양(乳山羊 : 젖을 생산하기 위해 사육하는 염소)을 포함한다. 이하 같다.]·돼지·사슴·닭·오리·거위·칠면조·메추리·타조·꿩, 그 밖에 대통령령으로 정하는 동물(動物) 등을 말한다.

10) 「농림축산식품부고시 제2020-57호(2020. 7. 14. 일부 개정·시행)」 <조합원 자격에 필요한 가축의 사육기준>

구분	가축의 종류		사육기준(마리 이상)
지역농협	오소리		3
	타조		3
	메추리		300
	꿩		30
	곤충	흰점박이꽃무지	1,000
		장수풍뎅이	500
		갈색거저리	60,000
		넓적사슴벌레	500
		톱사슴벌레	500
지역축협	노새		2
	당나귀		2
	거위		200

5. 농지에서 330제곱미터 이상의 시설을 설치하고 원예작물을 재배하는 자
6. 660제곱미터 이상의 농지에서 채소·과수 또는 화훼를 재배하는 자

'1,000㎡ 이상의 농지를 경영하는 자'의 의미는 '자신의 계산과 책임으로 1,000㎡ 이상의 농지를 보존, 관리 또는 운영하는 자'를 의미한다. '농지를 경영하는 것'은 '농지를 경작하는 것' 또는 '원예작물, 채소, 과수 또는 화훼를 재배하는 것'과 구별되므로, '원예작물, 채소, 과수 또는 화훼가 재배되지 않는 상태인 농지를 경영하는 것'도 '농지를 경영하는 것'에 해당한다. '원예작물, 채소, 과수 또는 화훼가 재배되지 않는 상태'로 농지의 생산성을 유지하거나 증가시키는 방법으로, 휴경(농사를 짓지 아니하고 얼마 동안 농지를 묵히는 것), 객토(토질을 개량하기 위하여 다른 곳에서 흙을 파다가 논밭에 옮기는 일), '유지(웅덩이), 배수시설, 수로, 농로, 제방, 간이퇴비장, 농막·간이저온창고 및 간이액비저장조 등 농지의 보전이나 이용에 필요한 시설을 농지에 설치하는 것' 등이 있다.[11]

지역농협의 이사회는 위 자격요건에도 불구하고, 다음 각 호의 어느 하나에 해당하는 경우 조합원의 자격요건인 농업인으로 인정할 수 있다. 이 경우 그 인정기간은 다음 각 호의 사유가 발생한 날부터 1년을 초과할 수 없다(농업협동조합법 시행령§4②).

1. 위 자격요건 중 제1호 또는 제3호부터 제6호까지의 규정에 따른 농지 또는 농업·축산업 경영에 사용되는 토지·건물 등의 수용이나 일시적인 매매로 인하여 위 제1호 또는 제3호부터 제6호까지의 요건을 갖추지 못하게 된 경우
2. 위 자격요건 중 제3호 또는 제4호에 따른 누에나 가축의 일시적인 매매 또는 「가축전염병 예방법」 제20조(살처분명령)[12]에 따른 가축의 살처분으로 위 제3호 또는 제4호

	칠면조		200
	꿩		1,000
	오소리		20
	타조		20
	곤충	흰점박이꽃무지	1,000
		장수풍뎅이	500
		갈색거저리	60,000
		넓적사슴벌레	500
		톱사슴벌레	500

11) 대구고등법원 2021. 5. 21. 선고 2020나22439 판결(대부분의 농지를 부직포로 덮어두거나 아무런 농작물도 재배하지 않은 상태로 관리하고 있었더라도, 언제든지 농작물을 경작할 수 있을 정도로 이를 보존, 관리하고 있었다면 농지를 경영하는 자에 해당한다고 한 사례)

12) 「가축전염병 예방법」 제20조(살처분 명령) ① 시장·군수·구청장은 농림축산식품부령으로 정하는 제1종 가축전염병이 퍼지는 것을 막기 위하여 필요하다고 인정하면 농림축산식품부령으로

의 요건을 갖추지 못하게 된 경우

3. 그 밖에 천재지변 등 불가피한 사유로 위 각 자격요건을 일시적으로 충족하지 못하게 된 경우

지역농협의 조합원의 자격요건인 농업인에 해당하는지를 확인하는 방법 · 기준 등에 관하여 필요한 사항은 ＜조합원의 자격요건인 농업인의 확인 방법 및 기준＞[13]에 따른다(농업협동조합법 시행령§4③).

(2) 지역축협의 조합원의 자격

지역축협의 조합원은 당해 지역축협의 구역에 주소나 거소 또는 사업장이 있는 자로서 축산업을 경영하는 농업인이어야 한다. 조합원은 둘 이상의 지역축협에 가입할 수 없다(농업협동조합법§105①).

지역축협의 조합원의 자격요건인 축산업을 경영하는 농업인의 범위는 다음 각 호와 같다(농업협동조합법§105②, 농업협동조합법 시행령§10①).

1. 「지역축산업협동조합 조합원의 가축사육기준」[14] 이상의 가축을 사육하는 사람

정하는 바에 따라 가축전염병에 걸렸거나 걸렸다고 믿을 만한 역학조사 · 정밀검사 결과나 임상증상이 있는 가축의 소유자에게 그 가축의 살처분(殺處分)을 명하여야 한다. 다만, 우역, 우폐역, 구제역, 돼지열병, 아프리카돼지열병 또는 고병원성 조류인플루엔자에 걸렸거나 걸렸다고 믿을 만한 역학조사 · 정밀검사 결과나 임상증상이 있는 가축 또는 가축전염병 특정매개체의 경우(가축전염병 특정매개체는 역학조사 결과 가축전염병 특정매개체와 가축이 직접 접촉하였거나 접촉하였다고 의심되는 경우 등 농림축산식품부령으로 정하는 경우에 한정한다)에는 그 가축 또는 가축전염병 특정매개체가 있거나 있었던 장소를 중심으로 그 가축전염병이 퍼지거나 퍼질 것으로 우려되는 지역에 있는 가축의 소유자에게 지체 없이 살처분을 명할 수 있다.

② 시장 · 군수 · 구청장은 다음 각 호의 어느 하나에 해당하는 경우에는 가축방역관에게 지체 없이 해당 가축을 살처분하게 하여야 한다. 다만, 병성감정이 필요한 경우에는 농림축산식품부령으로 정하는 기간의 범위에서 살처분을 유예하고 농림축산식품부령으로 정하는 장소에 격리할 수 있다.

1. 가축의 소유자가 제1항에 따른 명령을 이행하지 아니하는 경우
2. 가축의 소유자를 알지 못하거나 소유자가 있는 곳을 알지 못하여 제1항의 명령을 할 수 없는 경우
3. 가축전염병이 퍼지는 것을 막기 위하여 긴급히 살처분하여야 하는 경우로서 농림축산식품부령으로 정하는 경우

③ 시장 · 군수 · 구청장은 광견병 예방주사를 맞지 아니한 개, 고양이 등이 건물 밖에서 배회하는 것을 발견하였을 때에는 농림축산식품부령으로 정하는 바에 따라 소유자의 부담으로 억류하거나 살처분 또는 그 밖에 필요한 조치를 할 수 있다.

13) 「농림축산식품부고시 제2023－7호(2023. 2. 9. 일부개정 · 시행)」

14) 「농업협동조합법 시행령」 별표 3. ＜지역축산업협동조합 조합원의 가축사육기준＞

2. 그 밖에 「축산법」 제2조(정의) 제1호에 따른 가축으로서 농림축산식품부장관이 정하여 고시하는 「조합원 자격에 필요한 가축의 사육기준」[15] 이상을 사육하는 사람

지역축협의 이사회는 위 자격요건에도 불구하고, 다음 각 호의 어느 하나에 해당하는 경우 조합원의 자격요건인 축산업을 경영하는 농업인으로 인정할 수 있다. 이 경우 그 인정기간은 다음 각 호의 사유가 발생한 날부터 1년을 초과할 수 없다(농업협동조합법 시행령§10②).

1. 위 자격요건 중 제1호 또는 제2호에 따른 축산업 경영에 사용되는 토지·건물 등의 수용이나 일시적인 매매로 제1호 또는 제2호의 요건을 갖추지 못하게 된 경우
2. 위 자격요건 중 제1호 또는 제2호에 따른 가축의 일시적인 매매 또는 「가축전염병 예방법」 제20조(살처분 명령)에 따른 가축의 살처분으로 위 제1호 또는 제2호의 요건을 갖추지 못하게 된 경우
3. 그 밖에 천재지변 등 불가피한 사유로 위 제1호 또는 제2호의 요건을 일시적으로 충족하지 못하게 된 경우

지역축협의 조합원의 자격요건인 농업인에 해당하는지를 확인하는 방법·기준 등에 관하여 필요한 사항은 「조합원의 자격요건인 농업인의 확인 방법 및 기준」[16]에 따른다(농업협동조합법 시행령§10③).

(3) 품목조합의 조합원의 자격

품목조합의 조합원은 그 구역에 주소나 거소 또는 사업장이 있는 농업인으로서 정관으로 정하는 자격을 갖춘 자로 한다(농업협동조합법§110①). 조합원은 같은 품종이나 업종을 대상으로 하는 둘 이상의 품목조합에 가입할 수 없다. 다만 연작에 따른 피해로 인하여 사업장을 품목조합의 구역 외로 이전하는 경우에는 그러하지 아니하다(농업협동조합법§110②).

가축의 종류	사육기준	가축의 종류	사육기준
소	2마리	산란계	500마리
착유우	1마리	오리	200마리
돼지	10마리	꿀벌	10군
양	20마리	염소	20마리
사슴	5마리	개	20마리
토끼	100마리	메추리	1,000마리
육계	1,000마리	말	2마리

15) 「농림축산식품부고시 제2020-57호(2020. 7. 14. 일부 개정·시행)」
16) 「농림축산식품부고시 제2023-7호(2023. 2. 9. 일부개정·시행)」

다. 조합원의 자격요건인 농업인의 확인 방법 및 기준

(1) 농업인의 확인 방법 및 기준

지역농업협동조합 및 지역축산업협동조합(이하 "지역조합"이라 한다)의 이사회는 지역조합의 조합원이 「농업협동조합법 시행령」 제4조(지역농업협동조합의 조합원의 자격) 제1항 및 제10조(지역축산업협동조합의 조합원의 자격) 제1항[17]에 따른 농업인의 범위에 해당하는지 여부를 <농업인 확인을 위한 서류>[18]에 따라 확인하여야 한다.[19]

17) 「농업협동조합법 시행령」 제10조(지역축산업협동조합의 조합원의 자격) ① 법 제105조(조합원의 자격) 제2항에 따른 지역축산업협동조합의 조합원의 자격요건인 축산업을 경영하는 농업인의 범위는 다음 각 호와 같다.
1. 별표 3에 따른 기준 이상의 가축을 사육하는 사람
2. 그 밖에 「축산법」 제2조(정의) 제1호에 따른 가축으로서 농림축산식품부장관이 정하여 고시하는 기준 이상을 사육하는 사람

18) 「조합원의 자격요건인 농업인의 확인 방법 및 기준(2023. 2. 9. 일부개정 · 시행 농림축산식품부 고시 제2023-7호)」 별표 1 <농업인 확인을 위한 서류>

구분		확인서류
1. 영 제4조(농업협동조합의 조합원의 자격) 제1항 제1호의 농업인	농지 1,000㎡이상을 직접 경작하거나 경영하는 자	다음 중 어느 하나의 서류 1) 「농어업경영체 육성 및 지원에 관한 법률 시행규칙」 제3조(농업경영정보의 등록)에 따른 농업경영체등록(변경등록) 확인서 2) 「농지법」 제20조(대리경작자의 지정 등)에 따른 대리경작자지정통지서 3) 「농지법」 제24조(임대차 · 사용대차 계약 방법과 확인)에 따른 농지의 임대차계약서 또는 사용대차계약서 4) 「농지법」 제50조(농지대장의 열람 또는 등본 등의 교부)에 따른 농지대장등본 또는 자경증명서 5) 「인삼산업법 시행규칙」 제3조(경작신고 등)에 따른 인삼경작확인서 6) 기타 농지를 직접 경작 또는 경영을 확인할 수 있는 서류
2. 영 제4조 제1항 제2호의 농업인	가. 영 제4조 제1항 제1호부터 제6호까지(제2호를 제외한다)의 농업인의 자격기준 중 어느 하나에 해당되는 농업인(이하 "농업경영주"라 한다)의 가족원으로 농업경영에 참여하고 있는 자	다음의 모든 서류 1) 농업경영주의 가족원으로 등록된 주민등록등본 또는 초본 2) 별표 제1호 및 제3호부터 제7호까지 중 어느 하나에 해당하는 농업경영주의 농업인 입증서류 3) 다음 중 어느 하나에 해당하는 서류 가) 국민연금가입증명서(지역가입자, 임의가입자, 지역임의계속가입자) 나) 국민건강보험증 사본(지역가입자) 다) 「농어업경영체 육성 및 지원에 관한 법률 시행규칙」 제3조(농업경영정보의 등록)에 따른 농업경영체등록(변경등록) 확인서
	나. 농업경영주와 1년 중 90일 이상 농업경영이나	다음의 모든 서류 1) 고용계약서

	농지경작활동의 고용인으로 종사한다는 고용계약을 체결한 자	2) 별표 제1호 및 제3호부터 제7호까지 중 어느 하나에 해당하는 농업경영주의 농업인 입증서류
3. 영 제4조 제1항 제3호의 농업인	잠종 0.5상자(2만립 기준 상자)분 이상의 누에를 사육하는 자	다음 중 어느 하나의 서류 1) 「농업업경영체 육성 및 지원에 관한 법률 시행규칙」 제3조(농업경영정보의 등록)에 따른 농업경영체등록(변경등록) 확인서 2) 기타 누에 사육 규모를 확인할 수 있는 서류
4. 영 제4조 제1항 제4호의 농업인	영 별표 1에 따른 기준 또는 「축산법」 제2조(정의) 제1호에 따른 가축으로서 농림축산식품부장관이 정하여 고시하는 기준 이상의 가축을 사육하는 자	다음 중 어느 하나의 서류 1) 「농어업경영체 육성 및 지원에 관한 법률 시행규칙」 제3조(농업경영정보의 등록)에 따른 농업경영체등록(변경등록) 확인서 2) 기타 가축 사육 규모를 확인할 수 있는 서류
5. 영 제4조 제1항 제5호의 농업인	농지에서 330㎡이상의 유리온실, 비닐하우스, 플라스틱하우스, 작물재배시설 등 농업 생산에 필요한 시설을 설치하고 원예작물을 재배하는 자	다음 중 어느 하나의 서류 1) 「농어업경영체 육성 및 지원에 관한 법률 시행규칙」 제3조(농업경영정보의 등록)에 따른 농업경영체등록(변경등록) 확인서 2) 다음 중 모두에 해당하는 서류 가) 「농지법」 제24조(임대차·사용대차 계약방법과 확인)에 따른 농지의 임대차계약서 또는 사용대차계약서, 「농지법」 제50조(농지대장의 열람 또는 등본 등의 교부)에 따른 농지대장 또는 자경증명서, 「부동산등기법」 제19조(등기사항의 열람과 증명)에 따른 등기사항증명서, 「공간정보의 구축 및 관리 등에 관한 법률 시행규칙」 제74조(지적공부 및 부동산종합공부의 열람·발급 등)에 따른 지적공부·부동산종합공부 등 농지를 확인할 수 있는 서류(세대원 소유농지를 경작하는 경우 「주민등록법」 제29조(열람 또는 등·초본의 교부)에 따른 주민등록등·초본) 나) 건물등기부등본, 건축물대장등본 등 농업생산시설을 확인할 수 있는 서류 다) 재배하는 작물이 원예작물임을 확인할 수 있는 서류 3) 다음 중 모두에 해당하는 서류 가) 「인삼산업법 시행규칙」 제3조(경작신고 등)에 따른 인삼경작확인서 나) 건물등기부등본, 건축물대장등본 등 농업생산시설을 확인할 수 있는 서류 4) 기타 농지에서 330㎡이상의 농업시설을 설치하고 원예작물의 재배를 확인할 수 있는 서류
6. 영 제4조 제1항 제6호의 농업인	660㎡이상의 농지에서 채소, 과수 또는 화훼를 재배하는 자	다음 중 어느 하나의 서류 1) 「농어업경영체 육성 및 지원에 관한 법률 시행규칙」 제3조(농업경영정보의 등록)에 따른 농업경영체등록(변경등록) 확인서 2) 다음 중 모두에 해당하는 서류 가) 「농지법」 제24조(임대차·사용대차 계약방법과 확인)에 따른 농지의 임대차계약서 또는 사용대차계약서, 「농지법」 제50조(농지대장의 열람 또는 등본의 교부)에 따른 농지대장 또는 자경증명서, 「부동산등기법」 제19조(등기사항의 열람과 증명)에 따른 등기사

(2) 현지실태조사

지역조합의 이사회는 농업인의 범위에 해당하는지 여부를 확인하는 과정에서 다음 각 호의 어느 하나에 해당하는 경우에는 현지실태조사를 실시하여 지역조합의 조합원이 농업인의 범위에 해당하는지 여부를 확인하여야 한다. 이 경우 현지실태조사서를 작성하여야 한다.[20]

1. <농업인 확인을 위한 서류>를 제출받기 어렵거나 서류를 통해 확인이 어려운 경우
2. 농업인의 범위에 해당하지 않는다고 의심할만한 상당한 이유가 있는 경우

(3) 농업인의 인정

지역조합의 이사회는 조합원을 「농업협동조합법 시행령」 제4조(지역농업협동조합의 조합원의 자격) 제2항 또는 제10조(지역축산업협동조합의 조합원의 자격) 제2항[21]에 따라

		항증명서, 「공간정보의 구축 및 관리 등에 관한 법률 시행규칙」 제74조(지적공부 및 부동산종합공부의 열람·발급 등)에 따른 지적공부·부동산종합공부 등 농지를 확인할 수 있는 서류(세대원 소유농지를 경작하는 경우 「주민등록법」 제29조(열람 또는 등·초본의 교부)에 따른 주민등록등·초본) 나) 재배하는 작물이 채소, 과수 또는 화훼임을 확인할 수 있는 서류 3) 기타 660㎡이상의 농지에서 채소, 과수 또는 화훼의 재배를 확인할 수 있는 서류
7. 영 제10조(지역축산업협동조합의 조합원의 자격) 제1항 제1호 및 제2호의 농업인	영 별표 3에 따른 기준 또는 「축산법」 제2조(정의) 제1호에 따른 가축으로서 농림축산식품부장관이 정하여 고시하는 기준 이상의 가축을 사육하는 자	다음 중 어느 하나의 서류 1) 「농어업경영체 육성 및 지원에 관한 법률 시행규칙」 제3조(농업경영정보의 등록)에 따른 농업경영체등록(변경등록) 확인서 2) 기타 가축 사육 규모를 확인할 수 있는 서류

19) 「조합원의 자격요건인 농업인의 확인 방법 및 기준(2023. 2. 9. 일부개정·시행 농림축산식품부 고시 제2023－7호)」 제2조(농업인 확인 방법 및 기준)

20) 「조합원의 자격요건인 농업인의 확인 방법 및 기준(2023. 2. 9. 일부개정·시행 농림축산식품부 고시 제2023－7호)」 제3조(현지실태조사)

21) 「농업협동조합법 시행령」 제10조(지역축산업협동조합의 조합원의 자격) ② 지역축산업협동조합의 이사회는 제1항에도 불구하고 제1항 각 호의 사람이 다음 각 호의 어느 하나에 해당하는 경우 조합원의 자격요건인 축산업을 경영하는 농업인으로 인정할 수 있다. 이 경우 그 인정기간은 다음 각 호의 사유가 발생한 날부터 1년을 초과할 수 없다.
1. 제1항 제1호 또는 제2호에 따른 축산업 경영에 사용되는 토지·건물 등의 수용이나 일시적인 매매로 제1항 제1호 또는 제2호의 요건을 갖추지 못하게 된 경우
2. 제1항 제1호 또는 제2호에 따른 가축의 일시적인 매매 또는 「가축전염병 예방법」 제20조(살처분 명령)에 따른 가축의 살처분으로 제1항 제1호 또는 제2호의 요건을 갖추지 못하게 된 경우
3. 그 밖에 천재지변 등 불가피한 사유로 제1항 제1호 또는 제2호의 요건을 일시적으로 충족하

농업인으로 인정하는 경우에는 <농업인의 자격 인정 기산일 및 확인 서류>[22]에 따른 서류와 조합원이 영농을 계속할 의사가 있음을 확인하여야 하고,[23] 그에 따라 농업인으로 인정된 자에 대해서는 농업인 자격 인정기간이 만료되기 전에 농업인의 범위에 해당하는지 여부를 다시 확인하여야 한다.[24]

라. 조합원의 가입

(1) 가입

지역농협은 정당한 사유 없이 조합원 자격을 갖추고 있는 자의 가입을 거절하거나

지 못하게 된 경우

22) 「조합원의 자격요건인 농업인의 확인 방법 및 기준(2023. 2. 9. 일부개정 · 시행 농림축산식품부 고시 제2023-7호)」 별표 2 <농업인의 자격 인정 기산일 및 확인 서류>

구분	인정 기산일	확인 서류
1. 농지 또는 농업·축산업경영에 사용되는 토지·건물 등 시설물의 수용 및 일시적인 매매	당해 토지 및 건물 등 시설물의 수용일 또는 매매일	다음 중 어느 하나의 서류 1) 매매계약서 2) 등기부등본 3) 수용재결서 4) 기타 매매나 수용사실을 확인할 수 있는 서류
2. 가축의 일시적인 매매	가축의 매매일	다음 중 어느 하나의 서류 1) 매매계약서 2) 기타 매매를 확인할 수 있는 서류
3. 가축의 「가축전염병 예방법」 제20조(살처분명령)에 따른 가축의 살처분	가축의 살처분 명령일	다음 중 어느 하나의 서류 1) 「가축전염병 예방법 시행규칙」 제23조(살처분명령 등)에 따른 살처분 명령서 2) 기타 가축의 살처분을 확인할 수 있는 서류
4. 축산업 경영에 사용되는 토지·건물 등 시설물의 수용 및 일시적인 매매	당해 토지 및 건물 등 시설물의 수용일 또는 매매일	다음 중 어느 하나의 서류 1) 매매계약서 2) 등기부등본 3) 수용재결서 4) 기타 매매나 수용사실을 확인할 수 있는 서류
5. 그 밖에 천재지변 등 불가피한 사유로 「농업협동조합법 시행령」 제4조(지역농업협동조합의 조합원의 자격) 제1항 및 제10조(지역축산업협동조합의 조합원의 자격) 제1항에 따른 농업인의 범위를 충족하지 못하는 경우	실질적인 사유 발생일	해당 사유를 입증할 수 있는 서류

23) 「조합원의 자격요건인 농업인의 확인 방법 및 기준(2023. 2. 9. 일부개정 · 시행 농림축산식품부 고시 제2023-7호)」 제4조(농업인의 인정) ①

24) 「조합원의 자격요건인 농업인의 확인 방법 및 기준(2023. 2. 9. 일부개정 · 시행 농림축산식품부 고시 제2023-7호)」 제4조(농업인의 인정) ②

다른 조합원 보다 불리한 가입 조건을 달 수 없다. 다만, 지역농협에서 제명된 후 2년이 지나지 아니한 자에 대하여는 가입을 거절할 수 있다(농업협동조합법§28①).

갑(甲) 지역농협에서 근무하는 직원 을(乙)이 농지를 매수하고 조합원 가입신청을 한 데 대하여 이사회에서 그 자격심사를 함에 있어 '실제 경작 여부가 불분명하고 을이 농지를 제대로 관리하고 있지 않은 것으로 파악되므로 자경여부가 확인될 때까지 가입결정을 보류한다.'는 내용으로 의결하여 을의 가입신청에 대한 심사를 보류하였으나, 을은 갑 조합의 구역 내에서 주소가 있고, 면적 1,134㎡의 농지를 실제로 경작하는 자로서 「농업협동조합법」 및 「농업협동조합법 시행령」에서 정한 조합원의 자격요건을 구비하였다고 인정되고 달리 을의 조합원 가입을 거절할만한 사유가 없음에도, 갑 조합이 을의 실제 경작여부를 문제삼으면서도 이를 적극적으로 확인하지 아니한 채 계속하여 그 가입심사를 보류하고 있는 것은 실질적으로 정당한 사유 없이 조합원 자격을 갖추고 있는 을의 가입을 거절하거나 을에게 다른 조합원보다 불리한 가입조건을 요구하는 때에 해당한다.[25)]

조합원은 해당 지역농협에 가입한 지 1년 6개월 이내에는 같은 구역에 설립된 다른 지역농협에 가입할 수 없다(농업협동조합법§28②).

지역농협은 조합원의 수를 제한할 수 없다(농업협동조합법§28④).

(2) 출자

새로 조합원이 되려는 자는 정관으로 정하는 바에 따라 출자하여야 한다(농업협동조합법§28③).[26)] 조합원은 정관으로 정하는 좌수 이상을 출자하여야 하며, 출자 1좌의

---

25) 전주지방법원 2010. 4. 21. 선고 2009가합7273 판결

26) 「지역농업협동조합정관례(농림축산식품부 고시 제2024-74호, 2024. 10. 8. 일부 개정)」 제18조(출자) ① 출좌 1좌의 금액은 5천원으로 한다.
② 조합원은 20좌 이상의 출자를 한다. 다만, 제9조(조합원) 제1항 제2호의 법인조합원은 100좌 이상을 출자한다.
(비고) 1. 출자좌수는 20좌 이상 200좌 이내(법인조합원은 100좌 이상 1천좌 이내)에서 조합의 실정에 따라 정함
(비고) 2. 본항의 출자좌수를 변경하는 경우에는 다음과 같은 경과조치규정을 부칙에 두어야 함
제○조(납입출자 미달 조합원에 관한 경과조치) ① 이 정관 시행일 현재 제18조(출자) 제2항의 개정 규정에 따른 납입출자를 보유하고 있지 아니한 자는 이 정관 시행일부터 1년 이내에 미달하는 출자금을 납입하여야 한다.
② 제1항에 따른 출자금의 납입에 관하여는 제19조(출자금 납입방법)를 준용한다.
(비고) 3. 제9조(조합원) 제1항에 제3호를 규정한 경우에는 본 항의 단서를 다음과 같이 규정함
다만, 제9조(조합원) 제1항 제2호 및 제3호의 법인조합원은 100좌 이상을 출자한다.

금액은 균일하게 정하여야 하고 그 금액은 정관으로 정하고, 출자액은 질권의 목적이 될 수 없고, 조합원은 출자의 납입 시 지역농협에 대한 채권과 상계할 수 없다(농업협동조합법§21).

지역농협은 정관으로 정하는 바에 따라 잉여금 배당에서 우선적 지위를 가지는 우선출자를 발행할 수 있으나, 우선출자에 대하여는 조합원의 의결권과 선거권이 인정되지 않는다(농업협동조합법§21의2, §147③).

마. 조합원의 승계, 지분의 양도 · 양수

(1) 승계

사망으로 인하여 탈퇴하게 된 조합원의 상속인(공동상속인 경우에는 공동상속인이 선정한 1명의 상속인을 말한다)이 조합원의 자격이 있는 경우에는 피상속인의 출자를 승계하여 조합원이 될 수 있고(농업협동조합법§28⑤), 지역농협은 출자를 승계한 상속인에 대하여 가입을 거절하거나 다른 조합원보다 불리한 가입 조건을 달 수 없다(농업협동조합법§28⑥, ①).

(2) 지분의 양도 · 양수

조합원은 지역농협의 승인을 받아 그 지분을 양도할 수 있고(농업협동조합법§23①), 조합원이 아닌 자가 지분을 양수하려면 가입신청, 자격심사 등 가입의 예에 따르며(농업협동조합법§23②), 지분양수인은 그 지분에 관하여 양도인의 권리의무를 승계한다(농업협동조합법§23③).

조합의 지분은 공유할 수 없다(농업협동조합법§23④).

바. 조합원의 탈퇴

조합원이 지역농협을 탈퇴하면 조합원의 자격이 상실된다. 조합원은 지역농협에 탈퇴의사를 알리고 탈퇴할 수 있다(농업협동조합법§29①).

조합원이 다음 각 호의 어느 하나에 해당하면 당연히 탈퇴된다(농업협동조합법§29②).

1. 조합원의 자격이 없는 경우

---

③ 조합원 1인의 출자는 1만좌를 초과하지 못한다. 다만, 조합 총출자자수의 100분의 10 이내에서는 그러하지 아니하다.

2. 사망한 경우
3. 파산한 경우
4. 성년후견개시의 심판을 받은 경우
5. 조합원인 법인이 해산한 경우

지역농협의 이사회는 조합원의 전부 또는 일부를 대상으로 탈퇴사유에 해당하는지 여부를 확인하여야 한다(농업협동조합법§29③). 그러나 조합원이 탈퇴사유에 해당하면 그 자체로 조합원의 자격을 당연히 상실하고, 이사회의 확인은 사무처리의 편의와 일관성을 위한 것일 뿐 그 확인이 없다고 하여 조합원의 자격이 그대로 유지되는 것은 아니다.[27] '조합원의 자격이 없는 때에는 당연히 탈퇴되고, 이사회는 그에 해당하는지를 확인하여야 한다.'는 의미는 법령에 정한 조합원으로서의 자격요건을 충족하지 못하는 경우 다른 절차 없이도 마땅히 조합에서 탈퇴되는 효력이 발생하는 것을 말하고, 이사회의 확인은 탈퇴사유에 해당하는지 여부를 명확하게 알아보거나 인정하는 조합내부의 절차를 뜻한다.[28]

「농업협동조합법」은 지역농협의 조합원의 자격심사 및 가입승낙을 이사회의 의결사항으로 정하고 있고(농업협동조합법§43③1.), 조합의 이사회는 조합원 전부 또는 일부를 대상으로 당연탈퇴 사유가 있는지를 확인하여야 하는 것으로 정하고 있는 점(농업협동조합법§29③), 특히 이사회의 자격심사 및 가입승낙을 거쳐 가입한 조합원은 가입 당시 조합원의 자격이 있는 것으로 보아야 하고, 특별한 사정이 없는 한 그러한 자격은 유지되고 있다고 보아야 할 것인 점[29] 등에 비추어 보면, 어느 조합원이 「농업협동조합법」 및 조합 정관에서 정하고 있는 '조합원 자격이 없는 경우'에 해당한다는 점에 대하여는 이를 주장하는 자(조합)에게 그 입증책임이 있다.[30]

조합의 이사회는 조합원의 전부 또는 일부를 대상으로 조합원 자격 등을 확인하여야 하는데, 이때 일시적으로 조합원 자격에 관한 요건을 충족하지 못한 경우에 해당 조합원은 이사회의 확인절차에서 계속적인 영농의사표시 및 그에 관한 자료 등을 제출함으로써 농업인으로 인정받는 때에는 조합원의 자격을 유지할 수 있다. 이사회의 동의를 얻어 가입한 조합원은 가입 당시 조합원의 자격이 있는 것으로 보아야 하고 또한 특별한 사정이 없는 이상에는 그러한 자격은 계속하여 유지되고 있다고 보아야

27) 2010. 9. 30. 선고 2009다91880 판결
28) 2018. 1. 25. 선고 2016헌바315 결정
29) 2005. 5. 13. 선고 2004다18385 판결
30) 대구고등법원 2012. 10. 10. 선고 2011나6756 판결

한다.[31)]

대법원은 조합원이 밭을 매수하고 단감, 대봉 300주를 식재하여 조합원으로 가입하였으나 재배한 단감을 판매하여 소득이나 이윤을 얻었음을 인정할 증거가 없어 농업인이라는 조합원의 자격을 갖추지 못하여 당연히 탈퇴 되었다고 본 원심에 관하여, 원심은 「농업협동조합법」에서 규정하고 있지 않은 '소득이나 이윤을 얻을 목적으로 계속적·반복적으로 단감을 재배할 것'의 요건을 갖추지 못하였다는 이유로 농업인이 아니라고 판단한 것으로 '농업인'의 의미에 관한 법리를 오해한 것이라고 보아 원심을 파기하였다(대법원 2023. 8. 31. 선고 2023도2715 판결).

사. 조합원의 제명

지역농협은 조합원이 다음 각 호의 어느 하나에 해당하면 총회의 의결을 거쳐 제명할 수 있다(농업협동조합법§30①).

1. 1년 이상 지역농협의 사업을 이용하지 아니한 경우

1의2. 정관에서 정하는 정당한 사유 없이 2년 이상 「농업협동조합법」 제57조(사업) 제1항 제2호[32)]의 경제사업을 이용하지 아니한 경우

2. 출자 및 경비의 납입, 그 밖의 지역농협에 대한 의무를 이행하지 아니한 경우

3. 정관으로 금지한 행위를 한 경우

지역농협은 조합원이 위 제명사유 중 어느 하나에 해당하면 총회 개최 10일 전까

---

31) 2005. 5. 13. 선고 2004다18385 판결, 광주고등법원 2009. 10. 23. 선고 2009나2773 판결, 청주지방법원 2014. 3. 20. 선고 2013가합25283 판결

32) 「농업협동조합법」 제57조(사업) ① 지역농협은 그 목적을 달성하기 위하여 다음 각 호의 사업의 전부 또는 일부를 수행한다.

2. 경제사업

가. 조합원이 생산하는 농산물의 제조·가공·판매·수출 등의 사업

나. 조합원이 생산한 농산물의 유통조절 및 비축사업

다. 조합원의 사업과 생활에 필요한 물자의 구입·제조·가공·공급 등의 사업

라. 조합원의 사업이나 생활에 필요한 공동이용시설의 운영 및 기자재의 임대사업

마. 조합원의 노동력이나 농촌의 부존자원(賦存資源)을 활용한 가공사업·관광사업 등 농외소득(農外所得) 증대사업

바. 농지의 매매·임대차·교환의 중개

사. 위탁영농사업

아. 농업 노동력의 알선 및 제공

자. 농촌형 주택보급 등 농촌주택사업

차. 보관사업

카. 조합원과 출자법인의 경제사업의 조성, 지원 및 지도

지 그 조합원에게 제명의 사유를 알리고 총회에서 의견을 진술할 기회를 주어야 한다(농업협동조합법§30②).

지역농협의 조합원을 제명할 만한 사유가 전혀 없는데도 오로지 조합원을 조합에서 몰아내려는 의도 하에 고의로 어떤 명목상의 제명사유를 만들거나 내세워 제명의결을 한 경우나 제명의 이유로 된 어느 사실이 「농업협동조합법」과 지역농협의 정관이 정한 제명사유에 해당하지 아니하거나 제명사유로 삼을 수 없는 것임이 객관적으로 명백하고 또 조금만 주의를 기울이면 이와 같은 사정을 쉽게 알아볼 수 있는데도 그것을 이유로 조합원 제명의결에 나아간 경우 등 조합원에 대한 제명의결이 사회상규에 반하는 위법한 행위라고 인정될 수 있는 정도에 이른 경우에는 지역농협의 당해 조합원에 대한 제명은 불법행위를 구성한다.[33] 축산업협동조합의 총회에서 조합원을 제명한다는 결의를 한 경우에 그 조합원은 「농업협동조합법」 제33조(의결 취소의 청구 등)에 의하여 농림축산식품부장관에게 그 결의의 취소를 구할 수 있다고 하더라도 그와 별도로 법원에 그 결의무효확인을 소구할 수 있다.[34]

2. 농업협동조합중앙회의 회장 선거의 선거권자

가. 중앙회의 회원

농업협동조합중앙회(이하 "중앙회"라 한다)의 회장 선출을 위한 선거의 선거권자는 중앙회의 회원이다. 중앙회는 지역조합, 품목조합 및 품목조합연합회를 회원으로 한다(농업협동조합법§115①). 선거권 행사는 다른 사람으로 하여금 대리하여 행사하게 할 수 없다.[35]

나. 회원의 가입

중앙회는 농림축산식품부장관의 인가를 받아 설립된 조합 또는 품목조합연합회가 회원가입신청을 하면 그 신청일로부터 60일 이내에 가입을 승낙하여야 한다. 다만, 다음 각 호의 어느 하나에 해당할 때에는 승낙을 하지 아니할 수 있다(농업협동조합법§115②).

33) 2016. 3. 10. 선고 2013다90754 판결
34) 1981. 3. 24. 선고 80다2052 판결
35) 「농업협동조합중앙회정관(개정 2022. 12. 29. 농림축산식품부장관 인가)」 제67조(선거권 행사)

1. 「농업협동조합의 구조개선에 관한 법률」 제2조(정의) 제3호[36]에 따른 부실조합 및 같은 조 제4호[37]에 따른 부실우려조합의 기준에 해당하는 조합
2. 조합 또는 품목조합연합회가 「농업협동조합법」 제123조(총회의 의결사항) 제2호에 따라 제명된 후 2년이 지나지 않은 경우
3. 그 밖에 「농업협동조합법 시행령」 제11조의3(중앙회의 회원가입 거절기준)[38]에 해당되어 중앙회 및 그 회원의 발전을 해칠 만한 현저한 이유가 있는 조합. 이 경우 농림축산식품부장관의 동의를 받아야 한다.

중앙회는 정당한 사유 없이 회원의 자격을 갖추고 있는 자의 가입을 거절하거나 다른 회원보다 불리한 가입 조건을 달 수 없다(농업협동조합법§161, §28①본문).

중앙회는 회원 수(數)를 제한할 수 없다(농업협동조합법§161, §28④).

다. 회원의 출자

회원은 정관으로 정하는 좌수 이상의 출자를 하여야 한다(농업협동조합법§117①). 출좌 1좌의 금액은 정관으로 정한다(농업협동조합법§117②).[39] 새로 회원이 되려는 자는

---

36) 「농업협동조합 구조개선에 관한 법률」 제2조(정의) 이 법에서 사용하는 용어의 뜻은 다음과 같다.
   3. "부실조합"이란 다음 각 목의 어느 하나에 해당하는 조합을 말한다.
      가. 경영상태를 실사한 결과 부채가 자산을 초과하거나 거액의 금융사고 또는 부실채권의 발생으로 정상적인 경영이 어려울 것이 명백한 조합으로서 기금관리위원회의 심의를 거쳐 농림축산식품부장관이 결정한 조합. 이 경우 부채와 자신의 평가 및 산정은 농림축산식품부장관이 정하는 기준에 따른다.
      나. 제8호에 따른 예금등채권의 지급이나 중앙회로부터의 차입금 상환이 정지상태에 있는 조합
      다. 중앙회로부터의 자금지원 또는 차입이 없이는 예금등채권의 지급이나 차입금의 상환이 어려운 조합으로서 기금관리위원회의 심의를 거쳐 농림축산식품부장관이 결정한 조합

37) 「농업협동조합 구조개선에 관한 법률」 제2조(정의)
   4. "부실우려조합"이란 재무구조가 취약하여 부실조합이 될 가능성이 높은 조합으로서 기금관리위원회의 심의를 거쳐 농림축산식품부장관이 결정한 조합을 말한다.

38) 「농업협동조합법 시행령」 제11조의3(중앙회의 회원가입 거절기준) 법 제115조 제2항 제3호 전단에서 "대통령령으로 정하는 기준"이란 다음 각 호의 기준을 말한다.
   1. 중앙회와 호환이 가능한 최소한의 전산설비를 갖추지 아니한 경우
   2. 제명을 회피할 목적으로 탈퇴한 지 2년이 지나지 아니한 조합이라고 중앙회 이사회가 결정하는 경우
   3. 설립 후 농업협동조합 관련 법령, 농업협동조합 관련 법령에 따른 행정명령 또는 정관에 위반되는 행위를 함으로써 중앙회(중앙회의 자회사 및 손자회사를 포함한다) 및 그 회원에 대하여 재산상 피해를 입히거나 명예를 훼손한 사실이 있고 그 위반사실을 해소한 지 2년이 지나지 아니한 조합이라고 중앙회 이사회가 결정하는 경우

39) 「농업협동조합중앙회정관(개정 2022. 12. 29. 농림축산식품부장관 인가)」 제19조(출자) ① 회원

정관으로 정하는 바에 따라 출자하여야 한다(농업협동조합법§161, §28③). 회원의 출자액은 질권(質權)의 목적이 될 수 없고(농업협동조합법§161, §21④), 회원은 출자의 납입 시 중앙회에 대한 채권과 상계(相計)할 수 없다(농업협동조합법§161, §21⑤).

라. 지분의 양도 · 양수

회원은 중앙회의 승인 없이 그 지분을 양도할 수 없고(농업협동조합법§161, §23①), 회원이 아닌 자가 지분을 양수하려면 가입신청, 자격심사 등 가입의 예에 따른다(농업협동조합법§161, §23②). 지분양수인은 그 지분에 관하여 양도인의 권리의무를 승계한다(농업협동조합법§161, §23③). 회원의 지분은 공유할 수 없다(농업협동조합법§161, §23④).

마. 회원의 탈퇴

회원은 중앙회에 탈퇴 의사를 알리고 탈퇴할 수 있다(농업협동조합법§161, §29①). 회원이 해산하거나 파산하면 그 회원은 당연히 탈퇴된다(농업협동조합법§118).

바. 회원의 제명

중앙회는 회원이 다음 각 호의 어느 하나에 해당하면 총회의 의결을 거쳐 제명할 수 있다(농업협동조합법§161, §30①).

1. 1년 이상 중앙회의 사업을 이용하지 아니한 경우
2. 출자 및 경비의 납입, 그 밖의 회원에 대한 의무를 이행하지 아니한 경우
3. 정관으로 금지한 행위를 한 경우

중앙회는 회원이 위 제명 사유 중 어느 하나에 해당하면 총회 개회 10일 전까지 그 회원에게 제명의 사유를 알리고 총회에서 의견을 진술할 기회를 주어야 한다(농업협동조합법§161, §30②).

은 총 출자좌수의 100분의 10 이내에서 1,000좌 이상을 출자하여야 한다.
② 출자 1좌의 금액은 1만원으로 한다.

3. 수산업협동조합의 조합장 선거의 선거권자[40)]

가. 조합원[41)]

지구별수협의 조합원은 출자금의 많고 적음에 관계없이 평등한 의결권 및 선거권을 가진다. 이 경우 선거권은 조합장의 임기만료일(보궐선거 등의 경우에는 그 선거실시 사유가 확정된 날) 전 180일까지 해당 조합의 조합원으로 가입한 자만 행사할 수 있다(수산업협동조합법§27).

나. 조합원의 자격

(1) 지구별수협의 조합원의 자격

조합원은 지구별수협의 구역에 주소·거소 또는 사업장이 있는 어업인이어야 한다. 다만, 사업장 외의 지역에 주소 또는 거소만이 있는 어업인이 그 외의 사업장 소재지를 구역으로 하는 지구별수협의 조합원이 되는 경우에는 주소 또는 거소를 구역으로 하는 지구별수협의 조합원이 될 수 없다(수산업협동조합법§20①). 「농어업경영체 육성 및 지원에 관한 법률」 제16조(영농조합법인 및 영어조합법인의 설립신고 등)와 제19조(농업회사법인 및 어업회사법인의 설립신고 등)에 따른 영어조합법인과 어업회사법인으로서 그 주된 사무소를 지구별수협의 구역에 두고 어업을 경영하는 법인은 지구별수협의 조합원이 될 수 있다(수산업협동조합법§20②).

지구별수협의 조합원의 자격요건인 어업인의 범위는 1년 중 60일 이상 조합의 정관에서 정하는 어업을 경영하거나 이에 종사하는 사람을 말한다(수산업협동조합법 시행령§14).[42)]

---

40) 수산업협동조합의 조합장은 조합원이 총회 또는 총회 외에서 투표로 직접 선출하거나 대원회가 선출하므로(수산업협동조합법§46③1., 2.) 수산업협동조합의 조합장 선거에 있어 선거권자는 조합원 또는 대의원인 바, 대의원회가 선출하는 조합장의 선거권자인 대의원의 자격 등에 대하여는 「수산업협동조합법」에 따른 조합의 조합장 선출 방법에서 상술하였으므로, 이하에서는 조합원에 대해서만 기술한다.

41) 지구별수협의 조합원에 관한 규정은 업종별수협과 수산물가공수협에도 준용되므로(조합원의 자격에 관한 규정은 제외), 이하에서는 지구별수협의 조합원을 위주로 기술한다.

42) 「지구별수산업협동조합정관(예)(2021. 1. 18. 일부개정·시행 해양수산부고시 제2021-10호)」 제12조(조합원의 자격) ① 조합원은 이 조합의 구역에 주소나 거소 또는 사업장이 있는 어업인으로서 1년 중 60일 이상 「수산업법」, 「내수면어업법」 및 「양식산업발전법」에서 정한 다음 각 호의 어느 하나에 해당하는 어업을 경영하거나 이에 종사하는 자라야 한다. 다만, 주소 또는 거소는 이 조합의 구역에 두고 사업장은 이 조합의 구역 외에 둔 어업인이 해당 사업장 소재지를

(2) 업종별수협의 조합원의 자격

업종별수협의 조합원은 그 구역에 주소·거소 또는 사업장이 있는 자로서 대통령령으로 정하는 종류의 어업[43]을 경영하는 어업인이어야 한다(수산업협동조합법§106

구역으로 하는 다른 조합의 조합원이 되는 경우 그 어업인은 이 조합의 조합원이 될 수 없다.
1. 「○○법」에 따른 ○○어업
2. 「○○법」에 따른 ○○어업
3. 「○○법」에 따른 ○○어업
(비고) 각 호에는 어업의 종류를 기재하되, 「수산업법」에 따른 면허어업, 「내수면어업법」에 따른 면허어업, 「양식산업발전법」에 따른 면허어업 등으로 기재한다.
② 「농어업경영체 육성 및 지원에 관한 법률」 제16조(영농조합법인 및 영어조합법인의 설립신고 등)와 제19조(농업회사법인 및 어업회사법인의 설립신고 등)에 따른 영어조합법인과 어업회사법인으로서 그 주된 사무소를 이 조합의 구역에 두고 어업을 경영하는 법인은 이 조합의 조합원이 될 수 있다.
③ 제1항에서 어업경영이란 「수산업법」, 「내수면어업법」 및 「양식산업발전법」에서 정하는 면허어업·허가어업 또는 신고어업을 경영하거나, 이 조합 또는 어촌계가 취득한 어업권·양식권에 대하여 「수산업법」 제37조(어촌계 등의 어장관리) 및 제38조(어장관리규약)(「내수면어업법」에 따라 준용되는 경우를 포함한다), 「양식산업발전법」 제38조(양식업권의 행사) 및 제40조(양식장관리규약)에 따라 행사계약을 체결한 후 그 어업권·양식업권에 관한 수면의 전부 또는 일부를 전용하여 행사하는 형태로 어업을 경영하는 것을 말한다.

43) 「수산업협동조합법 시행령」 제22조(업종별수협의 조합원 자격) 법 제106조(조합원의 자격) 제1항에서 "대통령령으로 정하는 종류의 어업"이란 다음 각 호의 어업을 말한다.
1. 정치망어업
2. 외끌이대형저인망어업
3. 쌍끌이대형저인망어업
4. 동해구외끌이중형저인망어업
5. 서남해구외끌이중형저인망어업
6. 서남해구쌍끌이중형저인망어업
7. 대형트롤어업
8. 동해구중형트롤어업
9. 대형선망어업
10. 근해자망어업
11. 근해안강망어업(어선의 규모가 30톤 이상인 어업으로 한정한다)
12. 근해장어통발어업
13. 근해통발어업
14. 기선권현망어업
15. 잠수기어업
16. 다음 각 목의 어느 하나에 해당하는 양식방법으로 어류 등(패류 외의 수산동물을 말하며, 이하 이 호에서 "어류등"이라 한다)을 양식하거나 어류등의 종자를 생산하는 어업
가. 가두리식
나. 축제식(築堤式)
다. 수조식(水槽式)

①). 업종별수협의 조합원 자격을 가진 자 중 단일 어업을 경영하는 자는 해당 업종별수협에만 가입할 수 있다(수산업협동조합법§106②). 그러나 「수산업협동조합법」 제106조(조합원의 자격) 제2항 소정의 '단일 어업을 경영하는 자는 해당 업종별수협에만 가입할 수 있다'는 법문이 지구별수협의 조합원 자격을 제한하는 규정으로는 볼 수 없다.[44]

라. 연승식(延繩式), 뗏목식
마. 살포식(撒布式), 투석식(投石式), 침하식(沈下式)

17. 다음 각 목의 어느 하나에 해당하는 양식방법으로 패류를 양식하거나 패류의 종자를 생산하는 어업
가. 간이식 · 연승식 · 뗏목식
나. 살포식 · 투석식 · 침하식
다. 가두리식

18. 다음 각 목의 어느 하나에 해당하는 양식방법으로 해조류를 양식하거나 해조류의 종자를 생산하는 어업
가. 건홍식 · 연승식
나. 투석식

19. 내수면에서 뱀장어 등 수산동식물을 포획 · 채위하거나 양식 · 종자생산하는 어업

44) 광주지방법원 목포지원 2009. 8. 11. 선고 2009가합650 판결(「수산업협동조합법」 제106조(조합원의 자격) 제2항(이하 '이 사건 법률조항'이라 한다)은 "업종별수협의 조합원의 자격을 가진 자 중 단일어업을 경영하는 자는 해당 업종별수협에만 가입할 수 있다."고 규정하고 있는바, 다음과 같은 사정, 즉 ① 「수산업협동조합법」 제2장에서 지구별수협에 관하여, 제3장에서 업종별수협에 관하여 별도로 규정하고 있고, 이 사건 법률조항은 업종별수협의 조합원 자격을 규정하고 있는 제106조(조합원의 자격)에 규정되어 있는데, 지구별수협의 조합원 자격을 정하고 있는 제20조(조합원의 자격) 또는 제2장의 다른 어느 규정에도 이 사건 법률조항을 준용하는 취지의 규정은 없는 점, ② 「수산업협동조합법」 제106조(조합원의 자격) 제1항은 업종별수협의 조합원으로 가입할 수 있는 어업인의 종류를 대통령령으로 위임하고 있고, 위 법률의 위임을 받은 「수산업협동조합법 시행령」 제22조(업종별수협의 조합원자격)는 업종별수협의 조합원 자격이 있는 어업의 종류를 근해자망어업 등 13개 종류의 어업을 나열하고 있으며, 한편, 이 사건 법률조항은 업종별수협의 조합원의 자격을 가진 자 중 '단일어업'을 경영하는 자는 '해당 업종별'수협에만 가입할 수 있다고 규정하고 있으므로, 위 조항의 문리 해석상 '단일어업'은 「수산업협동조합법 시행령」 제22조(업종별수협의 조합원자격) 각 호가 규정하고 있는 13개 종류의 어업 중 하나로 '해당 업종'은 위 시행령 소정의 13개 업종 중 1개로 해석함이 상당한 점, ③ 이와 달리 이 사건 법률조항을 업종별수협이 아닌 지구별수협의 조합원 자격을 제한하는 규정으로 본다면, 업종별수협의 조합원의 자격을 가진 자 중 단일어업을 경영하는 자는 지구별수협의 조합원으로 가입할 수 없는 반면, 복수어업을 경영하는 자는 지구별수협의 조합원으로 가입할 수 있다는 해석이 가능하게 되고, 이러한 해석은 상대적으로 경제적 지위가 우월한 복수어업 경영자에게만 지구별수협의 조합원 가입자격을 부여하게 되는 부당한 결과를 초래하여 조합원의 경제적 · 사회적 · 문화적 지위향상을 증대한다는 업종별수협의 설치 목적(제104조)에 정면으로 배치되는 점, ④ 오히려 이 사건 법률조항은 「수산업협동조합법 시행령」 제22조(업종별수협의 조합원자격) 각 호 소정의 특정한 단일업종의 어업을 경영하는 어업인은 해당 업종별수협에만 가입할 수 있

(3) 수산물가공수협의 조합원의 자격

수산물가공수협의 조합원은 그 구역에 주소·거소 또는 사업장이 있는 자로서 대통령령으로 정하는 종류[45]의 수산물가공업을 경영하는 자이다(수산업협동조합법§111).

다. 조합원의 가입

(1) 가입

지구별수협은 정당한 사유 없이 조합원 자격을 갖추고 있는 자의 가입을 거절하거나 다른 조합원보다 불리한 가입 조건을 달 수 없다(수산업협동조합법§29①). 새로 조합원이 되려는 자는 정관으로 정하는 바에 따라 출자하여야 한다(수산업협동조합법§29

고 다른 업종의 업종별수협에의 가입은 제한되는 것으로 해석하는 것이 각 업종별수협의 균형 있는 발전을 도모하고자 하는 입법목적에 부합하고, 나아가 업종별수협의 조합원의 자격을 가진 자 중 '단일어업'을 경영하는 자에 대하여 위와 같이 해당 업종이 아닌 다른 업종별수협에의 가입을 제한하는 이외에 지구별수협에의 가입까지 금지할 만한 합리적인 이유도 없는 점, ⑤ 앞서 본바와 같이 「수산업협동조합법」 제2장의 지구별수협에 관한 제반 규정은 물론, 「지구별수산업협동조합정관(예)(2008. 7. 31. 농림수산식품부고시 제51호)」에도 '업종별수협의 자격을 가진 자 중 단일어업을 경영하는 자'에 대하여 지구별수협에의 가입을 제한한다는 취지의 규정은 없는 바, 만일 이 사건 법률조항을 피고의 주장과 같이 해석한다면, 위 법률 및 고시의 해당 조항, 각 지구별수협의 정관 조항을 신뢰하고 지구별수협에 조합원으로 가입하여 출자의무를 이행하는 등 조합원 활동을 하여 온 많은 어민들이 예상치 못하게 조합원 자격을 박탈당하는 피해를 입게 되는 점 등을 종합하면, 이 사건 법률조항 소정의 '해당 업종별수협에만 가입할 수 있다.'는 법문이 지구별수협의 조합원 자격을 제한하는 규정으로 볼 수 없다. 따라서 원고들이 근해자망어업에 종사하고 있어서 「수산업협동조합법」 제106조(조합원의 자격) 제1항, 제2항, 같은 법 시행령 제22조(업종별수협의 조합원자격) 제8호에 의하여 '업종별수협의 자격을 가진 자 중 단일어업을 경영하는 자'에 해당한다는 이유로 이 사건 법률조항에 따라 원고들은 업종별수협의 조합원이 될 수 있을 뿐, 지구별수협인 피고의 조합원 자격은 없다는 이유로 원고들의 조합원 자격을 상실시키는 내용의 피고 조합의 이사회 결의는 치유될 수 없는 내용상의 중대한 하자가 있어 무효라 할 것이다.)

45) 「수산업협동조합법 시행령」 제23조(수산물가공수협의 조합원 자격) 법 제111조(조합원의 자격)에서 "대통령령으로 정하는 종류의 수산물가공업을 경영하는 자"란 다음 각 호의 어느 하나에 해당하는 자를 말한다.

1. 수산물냉동·냉장업을 경영하는 자(해당 사업장에서 수산물과 농산물·축산물 또는 임산물을 함께 냉동·냉장하는 경우를 포함한다)
2. 수산물통조림가공업을 경영하는 자(해당 사업장에서 수산물과 농산물·축산물 또는 임산물을 원료로 하거나 함께 혼합하여 통조림 가공을 하는 경우를 포함한다)
3. 수산물건제품가공업을 경영하는 자(해당 사업장의 공장 면적이 330제곱미터 이상으로 등록되어 있는 경우만 해당한다)
4. 해조류가공업을 경영하는 자(해당 사업장의 공장 면적이 200제곱미터 이상으로 등록되어 있는 경우만 해당한다)

②). 지구별수협은 조합원의 수를 제한할 수 없다(수산업협동조합법§29③).

(2) 출자

조합원은 정관으로 정하는 계좌 수 이상을 출자하여야 한다(수산업협동조합법§22①). 출자 1계좌의 금액은 균일하게 정하여야 하고(수산업협동조합법§22②), 출자 1계좌의 금액 및 조합원 1인의 출자계좌 수의 한도는 정관으로 정한다(수산업협동조합법§22③).[46] 조합원의 출자금은 질권의 목적이 될 수 없고(수산업협동조합법§22④), 조합원은 지구별수협에 대한 채권과 출자금 납입을 상계할 수 없다(수산업협동조합법§22⑤).

라. 조합원의 승계, 지분의 양도 · 양수

(1) 상속에 따른 가입

사망으로 인하여 탈퇴하게 된 조합원의 상속인(공동상속인 경우에는 공동상속인이 선정한 1명의 상속인을 말한다)이 조합원 자격이 있는 경우에는 피상속인의 출자를 승계하여 조합원이 될 수 있고(수산업협동조합법§30①), 지구별수협은 정당한 사유 없이 출자를 승계한 상속인의 가입을 거절하거나 다른 조합원보다 불리한 가입조건을 달 수 없다(수산업협동조합법§30②, §29①).

(2) 지분의 양도 · 양수

조합원은 이사회의 승인 없이 그 지분을 양도할 수 없다(수산업협동조합법§24①). 조합원이 아닌 자가 지분을 양수할 때에는 「수산업협동조합법」 또는 정관[47]에서 정하

---

46) 「지구별수산업협동조합정관(예)(2021. 1. 18. 일부개정 · 시행 해양수산부고시 제2021－10호)」 제19조(출자) ① 조합원은 20계좌 이상을 출자하여야 한다.
(비고) 제1항의 "20계좌"는 조합의 실정에 따라 제1항의 계좌 수(20계좌)보다 하향하거나 상향하여 달리 정할 수 있되, 이 경우 아라비아 숫자로 명확히 정하여야 한다.
② 출자 1계좌의 금액은 10,000원으로 한다.
③ 조합원 1인이 가질 수 있는 출자계좌 수의 최고한도는 평균출자계좌 수의 ○○배 이내로 한다.

47) 「지구별수산업협동조합정관(예)(2021. 1. 18. 일부개정 · 시행 해양수산부고시 제2021－10호)」 제14조(가입) ① 이 조합의 조합원으로 가입하고자 하는 자는 별표의 가입신청서에 다음 각 호의 어느 하나에 해당하는 서류를 첨부하여 제출하여야 하며, 법인인 경우에는 등기부등본, 정관 및 이 조합 가입의 의사결정이 있었음을 확증하는 서면을 함께 제출하여야 한다. 다만, 가입신청자가 어업면허를 취득한 경우 이 조합은 「전자정부법」 제36조(행정정보의 효율적 관리 및 이용) 제1항에 따른 행정정보의 공동이용을 통하여 어업면허증을 확인하여야 하며, 가입신청자가 확인에 동의하지 아니하거나 그 밖에 부득이한 사유가 있는 때에는 어업면허증 사본을 첨부하도록 하여야 한다.
1. 삭제

고 있는 가입신청, 자격심사 등 조합원 가입에 관한 규정에 따르고(수산업협동조합법§24②), 지분의 양수인은 그 지분에 관하여 양도인의 권리·의무를 승계한다(수산업협동조합법§24③). 조합원의 지분은 공유할 수 없다(수산업협동조합법§24④).

마. 조합원의 탈퇴

조합원은 지구별수협에 탈퇴 의사를 서면으로 통지하고 지구별수협을 탈퇴할 수 있고(수산업협동조합법§31①), 다음 각 호의 어느 하나에 해당하면 당연히 탈퇴한다(수산업협동조합법§31②).

1. 조합원의 자격이 없는 경우
2. 사망한 경우
3. 파산한 경우
4. 성년후견개시의 심판을 받은 경우
5. 조합원인 법인이 해산한 경우

지구별수협은 조합원의 전부 또는 일부를 대상으로 위 당연탈퇴사유 중 어느 하나에 해당하는지를 확인하여야 한다. 이 경우 당연탈퇴사유 중 조합원의 자격이 없는 경우에 해당하는지는 이사회의 의결로 결정한다(수산업협동조합법§31③). 지구별수협은 당연탈퇴사유 중 조합원의 자격이 없는 경우에 해당하는 사유에 따라 조합원에 대하여 당연탈퇴의 결정이 이루어진 경우에는 그 사실을 지체 없이 해당 조합원에게 통보하여야 한다(수산업협동조합법§31④).

이사회의 동의를 얻어 가입한 조합원은 가입 당시 조합원의 자격이 있는 것으로 보아야 하고 또한 특별한 사정이 없는 이상에는 그러한 자격은 계속하여 유지되고 있다고 보아야 할 것인 점 등 제반 사정에 비추어 볼 때, 지구별수협이 조합원 자격

---

2. 어업허가증 사본
3. 어업신고증명서 사본
4. 어업종사사증명서
5. 등기 또는 등록사항을 증명하는 서류

② 이 조합은 제1항의 신청서를 접수하였을 때에는 이사회에 부의하여 조합원의 자격유무를 심사하고, 가입을 승낙할 때에는 서면으로 이를 가입신청자에게 통지한다.

③ 가입신청자는 출자금을 납입함으로써 조합원이 되며, 이 경우 조합은 지체 없이 조합원명부에 기재하여야 한다.

④ 제1항 제4호에 따른 어업종사자증명서는 가입신청자의 주소를 구역으로 하는 어촌계장이 발급한 것을 말한다. 다만, 주소를 구역으로 하는 어촌계가 없거나 그 밖에 부득이한 사유가 있는 때에는 이 조합에서 직접 조사하여 조합장이 발급할 수 있다.

의 상실을 결정함에 있어서 당해 조합원이 '장래에 향하여 어업을 경영할 것이 사회통념상 또는 객관적으로 명백한 경우'라는 자격요건을 상실하였다는 점에 대하여는 이를 주장하는 조합에게 증명책임이 있다.[48] '업종별수협의 조합원의 자격을 가진 자 중 단일어업을 경영하는 자는 해당 업종별수협에만 가입할 수 있다.'고 정한 「수산업협동조합법」 제106조(조합원의 자격) 제2항은 지구별수협의 조합원 자격을 제한하는 규정이라고 볼 수 없어 그 조항에 근거하여 조합원의 자격을 상실시킨 지구별수협의 결의는 무효이다.[49]

바. 조합원의 제명

지구별수협은 조합원이 다음 각 호의 어느 하나에 해당하면 총회의 의결을 거쳐 제명할 수 있다(수산업협동조합법§32①).

1. 1년 이상 지구별수협의 사업을 이용하지 아니한 경우
2. 출자 및 경비의 납입과 그 밖의 지구별수협에 대한 의무를 이행하지 아니한 경우
3. 정관에서 금지된 행위를 하는 경우

지구별수협은 조합원이 위 제명사유 중 어느 하나에 해당하면 총회 개회 10일 전에 그 조합원에게 제명의 사유를 알리고 총회에서 의견을 진술할 기회를 주어야 한다(수산업협동조합법§32②).

「수산업협동조합법」 제37조(총회의 의결사항 등) 제1항 제3호[50], 제40조(총회의 개의와 의결)[51], 제41조(의결권의 제한 등) 제2항[52]의 규정에 의하면, 조합과 구성원의 이

---

48) 2005. 5. 13. 선고 2004다18385 판결(지구별수협이 조합원 자격의 상실을 의결하는 이사회 결의를 함에 있어서 당해 조합원에게 필요한 자료를 제출하거나 변명의 기회를 부여하지 아니하고, 그 소집통지도 이사회 개최 당일 오전에야 하는 잘못을 하였지만, 위 조합의 정관에 조합원 제명과 달리 조합원 자격심사에서는 당사자에게 변명의 기회를 주도록 하는 규정이 없는 점, 위 이사회 결의 당시 위 조합원의 자격과 관련한 수협중앙회의 관련 자료가 제출되어 있었던 점, 위 이사회에 이사와 감사 전원이 출석하였고 소집통지 절차에 대하여 아무런 이의가 없었던 점 등 제반 사정에 비추어 보면, 위와 같은 절차의 하자만으로는 위 이사회의 결의가 당연무효라고 보기 어렵다고 한 사례)

49) 2010. 4. 29. 선고 2009다101862 판결

50) 「수산업협동조합법」 제37조(총회의 의결사항 등) ① 다음 각 호의 사항은 총회의 의결을 거쳐야 한다.
 3. 조합원의 제명

51) 「수산업협동조합법」 제40조(총회의 개의와 의결) 총회는 이 법에 다른 규정이 있는 경우를 제외하고는 구성원 과반수의 출석으로 개의하고 출석구성원 과반수의 찬성으로 의결한다. 다만, 제37조(총회의 의결사항 등) 제1항 제1호부터 제3호까지 및 제11호의 사항은 구성원 과반수의 출

익이 상반되는 의사에 관하여 당해 구성원의 의결참가를 배제하도록 하는 취지는, 조합 구성원의 개인적 이해와 조합의 이해가 서로 상반되는 사항에 관한 의결에 있어서 그 공정성을 담보하는 데에 있다 할 것이고, 따라서 당해 구성원은 총회에 출석하여 변명할 기회를 보장받아야 할 것이므로 당해 구성원은 개의정족수에 포함된다. 「수산업협동조합법」 제41조(의결권의 제한 등) 제2항 소정의 '조합과 총회 구성원의 이해가 상반되는 의사(議事)'라 함은 그러한 의결로 인하여 당해 구성원이 이익을 얻고 이에 반하여 조합이 손실을 입는 경제적 이익상반에 관한 의사(議事)뿐만 아니라, 조합의 그 구성원에 대한 통제의 일환으로 행하여지는 제명과 같은 제재처분도 조합원 지위의 득실, 변경에 관한 것으로서 조합과 그 구성원 사이에 이익이 상반되는 의사(議事)에 해당된다고 할 것이므로 조합이 그 구성원을 제명하는 의결을 하는 경우 당해 구성원은 개의에 필요한 출석 구성원의 수에는 포함되나 그 의결정족수의 계산에 있어서는 제외된다. 조합이 구성원 2명 이상을 제명하는 경우에는 그 의결에 있어서 2명 이상의 구성원 전부를 동시에 배제할 수 없고, 각 구성원에 따라 개별적으로 의결하되 그 구성원에 대해서만 의결에서 배제된다고 봄이 상당하다. 그렇게 해석하지 않는다면 소수의 구성원만으로도 다수의 구성원에 대한 제명의결이 가능하게 되는 등의 불합리한 결과가 초래될 수 있기 때문이다.[53]

4. 수산업협동조합중앙회의 회장 선거의 선거권자

가. 중앙회의 회원

수산업협동조합중앙회(이하 "중앙회"라 한다)의 회장의 선출을 위한 선거의 선거권자는 중앙회의 회원이다. 중앙회는 조합(수산업협동조합법§2 4.)인 지구별수협, 업종별수협 및 수산물가공수협을 회원으로 한다(수산업협동조합법§118).

나. 회원의 출자

회원은 정관으로 정하는 계좌 수 이상의 출자를 하여야 한다(수산업협동조합법§120①). 출좌 1계좌의 금액은 정관으로 정한다(수산업협동조합법§120②).[54] 회원의 출자금

석과 출석구성원 3분의 2 이상의 찬성으로 의결한다.

52) 「수산업협동조합법」 제41조(의결권의 제한 등) ② 지구별수협과 총회 구성원의 이해가 상반되는 의사를 의결할 때에는 해당 구성원은 그 의결에 참여할 수 없다.

53) 서울행정법원 1998. 5. 1. 선고 98구1863 판결

은 질권(質權)의 목적이 될 수 없고(수산업협동조합법§168, §22④), 회원은 중앙회에 대한 채권과 출자금의 납입을 상계(相計)할 수 없다(수산업협동조합법§168, §22⑤).

다. 지분의 양도 · 양수

회원은 중앙회 이사회의 승인 없이 그 지분을 양도할 수 없고(수산업협동조합법§168, §24①), 회원이 아닌 자가 지분을 양수할 때에는 「수산업협동조합법」 또는 정관에서 정하고 있는 가입신청, 자격심사 등 회원의 가입의 예에 관한 규정에 따른다(수산업협동조합법§168, §24②). 지분양수인은 그 지분에 관하여 양도인의 권리 · 의무를 승계한다(수산업협동조합법§168, §24③). 회원의 지분은 공유할 수 없다(수산업협동조합법§168, §24④).

라. 회원의 탈퇴

회원은 중앙회에 탈퇴 의사를 서면으로 통지하고 중앙회를 탈퇴할 수 있다(수산업협동조합법§168, §31①).

회원이 해산하거나 파산한 경우에는 당연히 탈퇴한다(수산업협동조합법§121).

마. 회원의 제명

중앙회는 회원이 다음 각 호의 어느 하나에 해당하면 총회의 의결을 거쳐 제명할 수 있다(수산업협동조합법§168, §32①).

1. 1년 이상 중앙회의 사업을 이용하지 아니한 경우
2. 출자 및 경비의 납입과 그 밖의 중앙회에 대한 의무를 이행하지 아니한 경우
3. 정관으로 금지한 행위를 한 경우

중앙회는 회원이 위 제명 사유 중 어느 하나에 해당하면 총회 개회 10일 전에 그

---

54) 「수산업협동조합중앙회정관(일부개정 2024. 4. 9.)」 제21조(출자) ① 회원은 출자계좌 1,000계좌 이상을 가져야 한다. 다만, 회원 1인이 가질 출자계좌 수의 최고한도는 총 출자계좌 수의 100분의 10 이내로 한다.
② 출자 1계좌의 금액은 1만원으로 한다.
③ 본회는 제6조(사업)의 사업을 원활히 수행하기 위하여 자기자본의 확충이 필요한 경우에는 출자의 목적, 규모와 방법, 납입시기 등에 대하여 총회의 의결을 받아 회원으로 하여금 특별증자를 하게 할 수 있다.
④ 제3항에 따라 총회의 의결을 얻은 때에는 회장은 지체 없이 회원에게 이를 통지하여야 하며, 통지를 받은 회원은 납입 기한 내에 해당 금액을 납입하여야 한다.

회원에게 제명의 사유를 알리고 총회에서 의견을 진술할 기회를 주어야 한다(수산업협동조합법§168, §32②).

5. 산림조합의 조합장 선거의 선거권자

가. 조합원

조합의 조합원은 출자액의 다소(多少)에 관계없이 평등한 선거권을 가진다. 이 경우 선거권은 조합장의 임기만료일(보궐선거 등의 경우에는 그 선거실시사유가 확정된 날) 전 180일까지 해당 조합의 조합원으로 가입한 자만 행사할 수 있다(산림조합법§24). 선거권은 다른 사람으로 하여금 대리하여 행사하게 할 수 없다.[55] 조합원이 법인인 경우 그 법인의 선거권은 법인의 대표자가 행사한다. 다만, 부득이한 사유로 대표자가 선거권을 행사할 수 없는 경우에는 해당 법인의 임원(감사를 제외한다. 이하 같다)이 그 법인의 선거권을 행사하고,[56] 이 경우 임원은 해당 법인의 임원임을 증명하는 서면과 해당 법인에서 선거권 행사자로 정한 사실을 증명하는 서면을 조합에 제출하여야 한다.[57]

나. 조합원의 자격

(1) 지역조합

지역조합은 다음 각 호의 어느 하나에 해당하는 자를 조합원으로 한다. 다만, 조합원은 둘 이상의 지역조합의 조합원이 될 수 없다(산림조합법§18①).

1. 해당 구역에 주소 또는 산림이 있는 산림소유자
2. 해당 구역에 주소 또는 사업장이 있는 임업인

조합원이 될 수 있는 산림소유자의 최소 산림면적에 대해서는 300제곱미터부터 1천제곱미터까지의 범위에서 정관으로 정한다(산림조합법§18③).[58]

---

55) 「산림조합정관(예) 부속서임원선거규약(개정 2023. 10. 6. 산림청장 인가)」 제3조(선거권) ②
56) 「산림조합정관(예) 부속서임원선거규약(개정 2023. 10. 6. 산림청장 인가)」 제3조(선거권) ③
57) 「산림조합정관(예) 부속서임원선거규약(개정 2023. 10. 6. 산림청장 인가)」 제3조(선거권) ④
58) 「산림조합정관(예)(개정 2023. 10. 6. 산림청장 인가)」 제13조(조합원의 자격 등)

＜지역조합의 경우＞

제13조(조합원의 자격 등) ① 본조합의 조합원은 본조합의 구역에 주소 또는 산림이 있는 산림소유자(법인을 포함한다)와 본조합의 구역에 주소 또는 사업장이 있는 다음 각 호의 어느 하나에 해당하는 자로 한다.

"산림소유자"란 정당한 권원에 의하여 산림을 소유하는 자를 말하고(산림조합법§2 7.), "임업인"이란 임업에 종사하는 자로서 대통령령[59]으로 정하는 자를 말한다(산림조합법§2 10.).

(2) 전문조합

전문조합은 그 구역에 주소나 사업장이 있는 임업인으로서 정관으로 정하는 자격[60]을 갖춘 자를 조합원으로 한다. 다만, 조합원은 같은 품목 또는 업종을 대상으로

---

1. 3헥타르 이상의 산림에서 임업을 경영하는 자
2. 1년 중 90일 이상 임업에 종사하는 자
3. 임업경영을 통한 임산물의 연간 판매액이 120만원 이상인 자
4. 「산림자원의 조성 및 관리에 관한 법률」 제16조(종묘생산업자의 등록) 제1항 및 같은 법 시행령 제12조(종묘생산업자의 등록 등) 제1항 제1호에 따라 등록된 산림용 종묘생산업자
5. 3백제곱미터 이상의 포지를 확보하고 조경수 또는 분재소재를 생산하거나 산채 등 산림부산물을 재배하는 자
6. 대추나무·호두나무 1천제곱미터, 밤나무 5천제곱미터, 잣나무 1만제곱미터 이상을 제배하는 자
7. 연간 표고자목 20세제곱미터 이상을 재배하는 자

② 본조합의 조합원은 다른 지역조합의 조합원으로 가입할 수 없다.
③ 제1항에 따른 산림소유자는 ○○○제곱미터 이상의 산림을 소유한 자로 한다.
(비고) 조합원이 될 수 있는 산림소유자의 최소 산림면적은 300제곱미터부터 1천제곱미터까지의 범위에서 정한다.

59) 「산림조합법 시행령」 제2조(임업인의 범위) 「산림조합법」(이하 "법"이라 한다) 제2조(정의) 제10호에서 "대통령령으로 정하는 자"란 다음 각 호의 어느 하나에 해당하는 자를 말한다.
1. 3헥타르 이상의 산림에서 임업을 경영하는 자
2. 1년 중 90일 이상 임업에 종사하는 자
3. 임업경영을 통한 임산물의 연간 판매액이 120만원 이상인 자
4. 「산림자원의 조성 및 관리에 관한 법률」 제16조(종묘생산업자의 등록) 제1항 및 같은 법 시행령 제12조(종묘생산업자의 등록 등) 제1항 제1호에 따라 등록된 산림용 종묘생산업자
5. 3백제곱미터 이상의 포지(圃地 : 묘목을 생산 및 관리하여 배출하는 곳)를 확보하고 조경수 또는 분재소재를 생산하거나 산채 등 산림부산물을 재배하는 자
6. 대추나무 1천제곱미터 이상을 재배하는 자
7. 호두나무 1천제곱미터 이상을 재배하는 자
8. 밤나무 5천제곱미터 이상을 재배하는 자
9. 잣나무 1만제곱미터 이상을 재배하는 자
10. 연간 표고자목 20세제곱미터 이상을 재배하는 자

60) 「산림조합정관(예)(개정 2023. 10. 6. 산림청장 인가)」 제13조(조합원의 자격 등)
<전문조합의 경우>
제13조(조합원의 자격 등) ① 본조합의 조합원은 본조합의 구역 안에 주소 또는 사업장이 있는 다음 재배(경영)기준 이상을 재배(경영)하는 자로 한다.
※ 전문조합은 업종(품목)에 따라 아래의 재배(경영)기준 이상의 자를 조합정관에서 자율적으로

하는 둘 이상의 전문조합에 가입할 수 없다(산림조합법§18②).

다. 조합원의 가입

(1) 가입

조합원의 자격이 있는 자는 누구든지 자유로이 조합에 가입할 수 있으며, 조합은 정당한 사유 없이 조합원 가입을 거절하거나 그 가입에 관하여 다른 조합원보다 불리한 조건을 붙일 수 없다(산림조합법§26①). 조합의 가입에 필요한 사항은 정관으로 정한다(산림조합법§26③).[61]

정할 수 있으며, 그 밖에 산림청장이 인정하는 품목이나 업종의 임업과 경영기준에 해당하는 자

1. 종묘 생산업 : 「산림자원의 조성 및 관리에 관한 법률」 제16조(종묘생산업자의 등록) 제1항 및 같은 법 시행령 제12조(종묘생산업자의 등록 등) 제1항 제1호에 따라 등록된 산림용 종묘생산업자
2. 조경목 생산업 : 1천제곱미터 이상의 포지를 확보하고 조경수 또는 분재소재를 1년 이상 재배한 경력이 있거나, 분재 점포 1백제곱미터 이상을 확보하고 1년 이상 분재를 생산 및 판매한 경력이 있는 자
3. 밤 생산업 : 밤나무 식재면적 1만제곱미터 이상을 재배하는 자
4. 대추 생산업 : 대추나무 식재면적 3천제곱미터 이상을 재배하는 자
5. 호두 생산업 : 호두나무 식재면적 3천제곱미터 이상을 재배하는 자
6. 잣 생산업 : 잣나무 식재면적 3만제곱미터 이상을 재배하는 자
7. 표고 생산업 : 연간 표고자목 50세제곱미터 이상을 재배하는 자
8. 감 생산업 : 감나무 식재면적 3천제곱미터 이상을 재배하는 자

② 본조합의 조합원은 동일 품목 또는 업종을 대상으로 하는 다른 전문조합의 조합원으로 가입할 수 없다.

61) 「산림조합정관(예)(개정 2023. 10. 6. 산림청장 인가)」 제15조(조합원의 가입) ① 본조합에 조합원으로 가입하고자 하는 자는 다음 사항을 적은 가입신청서를 본조합에 제출하여야 한다.

1. 주소 · 성명 · 주민등록번호(법인인 경우에는 소재지 · 명칭 · 법인등록번호와 대표자의 주소 · 성명 · 주민등록번호)
2. 산림소유명세 또는 조합원이 될 자격에 해당하는 사항
3. 인수하고자 하는 출자계좌의 수
4. 다른 조합에의 가입 유무
5. 「산림조합법」 제20조(조합원의 출자 및 책임) 제7항의 사업성실이용 준수 서약

② 본조합은 제1항에 따른 신청서를 접수하였을 때에는 이사회에 부의하여 조합원 자격 유무를 심사하고, 가입을 승낙할 때에는 가입신청자에게 서면으로 통지하여 출자납입을 하게 한 후 조합원명부에 적어야 한다.

③ 가입신청자는 제2항에 따른 출자를 납입함으로써 조합원이 된다.

④ 본조합은 정당한 이유 없이 조합원이 될 자격을 가진 자에 대하여 가입을 거절하거나 다른 조합원보다 불리한 가입조건을 붙일 수 없다.

⑤ 본조합은 조합원수를 제한할 수 없다.

(2) 출자

조합원은 정관으로 정하는 좌수 이상을 출자하여야 하고(산림조합법§20①), 출자 1좌의 금액은 균일하게 정하여야 한다(산림조합법§20②). 출좌 1좌의 금액은 정관으로 정한다(산림조합법§20③).[62] 조합원의 출자액은 질권의 목적이 될 수 없으며(산림조합법§20④), 조합원은 출자액의 납입에 있어서 조합에 대한 채권과 상계할 수 없다(산림조합법§20⑤).

라. 조합원의 승계, 지분의 양도 · 양수

(1) 상속에 의한 가입

상속에 의하여 조합원에 가입을 하고자 할 때에는 상속인이 상속시작일부터 90일 이내에 상속을 증명하는 서류를 첨부하여 조합에 신고함으로써 그 상속시작일부터 조합원이 된다.[63] 조합원의 사망으로 인한 상속의 경우에 공동상속인 중 1명이 다른 공동상속인을 대표하여 조합에 신고함으로써 피상속인의 출자를 승계한다.[64] 상속인이 조합원의 자격이 없는 경우에는 조합원의 탈퇴의 예에 따라 처리한다.[65]

(2) 지분의 양도 · 양수

조합원은 조합의 승인 없이 그 지분을 양도할 수 없다(산림조합법§22①). 조합원이 아닌 자가 지분을 양수하려면 가입신청, 자격심사 등 가입의 예에 따르고(산림조합법§22②), 지분양수인은 그 지분에 관하여 양도인의 권리 · 의무를 승계한다(산림조합법§22③). 조합원의 지분은 공유할 수 없다(산림조합법§22④).

마. 조합원의 탈퇴

조합원의 자격이 있는 자는 누구든지 자유로이 탈퇴할 수 있다(산림조합법§26①). 조합원은 다음 각 호의 어느 하나에 해당될 때에는 당연히 탈퇴된다(산림조합법§26②).

---

62) 「산림조합정관(예)(개정 2023. 10. 6. 산림청장 인가)」 제23조(출자) ① 출자 1계좌의 금액은 5천원으로 한다.
② 조합원은 20계좌 이상의 출자를 하여야 한다. 다만, 제13조(조합원의 자격 등) 제1항의 법인 조합원은 100계좌 이상을 출자하여야 한다.
③ 1명의 출자는 1만 계좌를 초과하지 못한다. 다만, 조합 총출자계좌 수의 100분의 10 이내에서는 그러하지 아니하다.

63) 「산림조합정관(예)(개정 2023. 10. 6. 산림청장 인가)」 제16조(상속에 의한 가입) ①

64) 「산림조합정관(예)(개정 2023. 10. 6. 산림청장 인가)」 제16조(상속에 의한 가입) ②

65) 「산림조합정관(예)(개정 2023. 10. 6. 산림청장 인가)」 제16조(상속에 의한 가입) ③

1. 조합원의 자격이 없을 때
2. 사망하였을 때
3. 파산하였을 때
4. 피성년후견인이 되었을 때
5. 조합원인 법인이 해산하였을 때

조합원의 탈퇴에 필요한 사항은 정관으로 정한다(산림조합법§26③).[66)]

바. 조합원의 제명

조합은 다음 각 호의 어느 하나에 해당하는 조합원을 총회의 의결을 받아 제명할 수 있다(산림조합법§27①).

1. 1년 이상 조합의 사업을 이용하지 아니한 조합원
2. 출자 및 경비의 납입이나 그 밖에 조합에 대한 의무를 이행하지 아니한 조합원
3. 그 밖에 정관에 따라 금지된 행위를 한 조합원

조합은 총회가 열리기 10일 전에 그 조합원에게 제명의 사유를 알리고 총회에서 의견을 진술할 기회를 주어야 한다(산림조합법§27②).

6. 산림조합중앙회의 회장 선거의 선거권자

가. 중앙회의 회원

중앙회의 회장 선출을 위한 선거의 선거권자는 중앙회의 회원이다. 중앙회는 지역조합과 전문조합을 회원으로 한다. 다만, 지역조합의 경우는 조합원 중 산림소유자의

---

66) 「산림조합정관(예)(개정 2023. 10. 6. 산림청장 인가)」 제18조(탈퇴) ① 조합원은 본조합에 탈퇴의사를 통지하고 탈퇴할 수 있다.
② 조합원은 다음 각 호의 어느 하나에 해당될 때에는 당연히 탈퇴된다.
1. 조합원의 자격이 없을 때
2. 사망하였을 때
3. 파산하였을 때
4. 피성년후견인이 되었을 때
5. 제명되었을 때
6. 조합원인 법인이 해산하였을 때
③ 제2항 제1호에 따른 자격유무는 이사회의 의결에 따른다.
④ 본조합의 이사회는 매년 1회 이상 조합원의 전부 또는 일부를 대상으로 제2항 각 호의 규정에 해당하는지를 확인하여야 한다.

비율 또는 조합원 소유 산림의 면적비율이 중앙회의 정관으로 정하는 기준 이상이어야 한다(산림조합법§89①).[67]

회원은 출자액의 다소에 관계없이 평등한 선거권을 가진다. 선거권은 회장의 임기만료일(보궐선거 등의 경우에는 그 선거의 실시 사유가 확정된 날) 전 180일까지 중앙회의 회원으로 가입한 자만 행사할 수 있다(산림조합법§122, §24). 선거권의 행사는 다른 사람으로 하여금 대리하여 행사하게 할 수 없다.[68]

나. 회원의 가입

회원의 자격이 있는 자는 누구든지 자유로이 중앙회에 가입할 수 있으며, 중앙회는 정당한 사유 없이 회원가입을 거절하거나 그 가입에 관하여 다른 회원보다 불리한 조건을 붙일 수 없다(산림조합법§122, §26①). 중앙회는 조합이 회원가입신청을 하였을 때에는 다음 각 호의 어느 하나에 해당하는 경우를 제외하고는 그 신청일로부터 60일 이내에 가입을 승낙하여야 한다(산림조합법§89③).

1. 「산림조합의 구조개선에 관한 법률」에 따른 부실조합 또는 부실우려조합의 기준에 해당하는 조합
2. 제명된 후 2년이 지나지 아니한 조합
3. 그 밖에 대통령령[69]으로 정하는 기준에 해당되어 중앙회 및 그 회원의 발전을 저해할 만한 현저한 이유가 있는 조합. 이 경우 산림청장의 동의를 받아야 한다.

다. 회원의 출자

회원은 정관으로 정하는 바에 따라 출자하여야 한다(산림조합법§90①). 출좌 1계좌

---

67) 「산림조합중앙회정관(개정 2024. 2. 19. 산림청장 인가)」 제14조(회원의 자격) 본회는 「산림조합법」 제14조(설립인가 등)에 따라 설립된 지역산림조합(이하 "지역조합"이라 한다)과 전문산림조합(이하 "전문조합"이라 한다)을 회원으로 한다. 다만, 지역조합의 경우 조합원 중 산림소유자의 비율이 50% 이상이거나 해당구역 사유림 면적 중 조합원 소유 산림의 면적비율이 40% 이상이어야 한다.

68) 「산림조합중앙회정관부속서 임원선거규약(전부개정 2023. 10. 6. 산림청장 인가)」 제7조(선거권) ③

69) 「산림조합법 시행령」 제11조의12(회원가입 제한기준) 법 제89조(회원 등) 제3항 제3호에서 "대통령령으로 정하는 기준"이란 「산림조합의 구조개선에 관한 법률」에 따른 부실조합 또는 부실우려조합이 해산 또는 분할의 방법에 의하여 조합을 재설립하는 경우를 말한다. 다만, 재설립한 조합이 부실 우려가 없는 것이 명백한 경우로서 중앙회의 이사회에서 회원 가입을 의결하는 경우는 제외한다.

의 금액은 정관으로 정한다(산림조합법§90②).[70] 회원의 출자액은 질권의 목적이 될 수 없고(산림조합법§122, §20④), 회원은 출자액의 납입에 있어서 중앙회에 대한 채권과 상계할 수 없다(산림조합법§122, §20⑤).

라. 지분의 양도 · 양수

회원은 중앙회의 승인 없이 그 지분을 양도할 수 없고(산림조합법§122, §22①), 회원이 아닌 자가 지분을 양수하려면 가입신청, 자격심사 등 가입의 예에 따른다(산림조합법§122, §22②). 지분양수인은 그 지분에 관하여 양도인의 권리 · 의무를 승계한다(산림조합법§122, §22③). 회원의 지분은 공유할 수 없다(산림조합법§122, §22④).

마. 회원의 탈퇴

회원은 누구든지 자유로이 중앙회를 탈퇴할 수 있다(산림조합법§122, §26①). 회원이 해산하거나 파산하였을 때에는 당연히 탈퇴된다(산림조합법§91①).

회원의 탈퇴에 필요한 사항은 정관으로 정한다(산림조합법§122, §26③).[71]

바. 회원의 제명

회장은 회원인 지역조합이 「산림조합법」 제89조(회원 등) 제1항 단서에 따라 정관으로 정하는 기준에 미치지 못하였을 때에는 해당 조합에 대하여 상당한 기간을 정하여 시정을 요구하여야 하며, 그 기간 이내에 이행하지 아니하면 총회의 의결을 받아 제명할 수 있다(산림조합법§91②). 이 경우 중앙회는 총회가 열리기 10일 전에 그 회원에게 제명의 사유를 알리고 총회에서 의견을 진술할 기회를 주어야 한다(산림조합법§91②, §27②)

중앙회는 다음 각 호의 어느 하나에 해당하는 회원을 총회의 의결을 받아 제명할

---

70) 「산림조합중앙회정관(개정 2024. 2. 19. 산림청장 인가)」 제25조(출자) ① 본회의 회원은 그 구성원의 출자자본금의 100분의 5 이상에 해당하는 금액을 출자하여야 한다.
② 회원 1인이 가질 출자계좌 수의 최고한도는 총 출자계좌 수의 100분의 10 이내로 한다.
③ 회원은 회원 간의 상호지원을 목적으로 본회에 특별출자를 할 수 있다.

71) 「산림조합중앙회정관(개정 2024. 2. 19. 산림청장 인가)」 제20조(탈퇴) ① 본회의 회원은 탈퇴를 의결한 총회의 의사록 사본을 첨부한 서면으로 본회에 탈퇴의사를 통지하고 탈퇴할 수 있다.
② 회원이 다음 각 호의 어느 하나에 해당될 때에는 당연히 탈퇴된다.
1. 해산
2. 파산

수 있다(산림조합법§122, §27①).

1. 1년 이상 중앙회의 사업을 이용하지 아니한 회원
2. 출자 및 경비의 납입과 그 밖의 중앙회에 대한 의무를 이행하지 아니한 회원
3. 그 밖에 정관에 따라 금지한 행위를 한 경우

7. 새마을금고 이사장 선거의 선거권자[72)]

가. 회원

금고의 회원은 출자좌수에 관계없이 평등한 선거권을 가진다. 다만, 정관이 정하는 바에 따라 미성년자 또는 해당 금고의 회원 자격을 유지한 기간이 6개월 미만인 회원에 대하여만 선거권을 제한할 수 있다(새마을금고법§9⑤).[73)] 선거권은 타인으로 하여금 대리하여 행사하게 할 수 없다.[74)]

나. 회원의 자격

금고의 회원은 그 금고의 정관으로 정하는 업무구역에 주소나 거소가 있는 자 또는 생업에 종사하는 자로서 출자 1좌 이상을 현금으로 납입한 자로 한다(새마을금고법 §9①).[75)] 한 금고의 회원수는 100명 이상으로 한다(새마을금고법§9②).

---

72) 새마을금고의 이사장은 회원의 무기명 비밀투표로 직접 선출하나, 자산이 일정 규모 이하인 금고 등 대통령령으로 정하는 금고의 이사장은 회원의 투표로 직접 선출하는 방법, 총회에서 선출하는 방법 또는 대의원회에서 선출하는 방법 중 정관으로 정하는 방법을 택하여 선출할 수 있으므로(새마을금고법§18⑤), 새마을금고의 이사장 선거에 있어 선거권자는 회원 또는 대의원인 바, 대의원회가 선출하는 이사장의 선거권자인 대의원의 자격 등에 대하여는 「새마을금고법」에 따른 금고의 이사장 선출 방법에서 상술하였으므로, 이하에서는 회원에 대해서만 기술한다.

73) 「새마을금고 임원선거규약(예)(일부개정 2024. 7. 10.)」 제5조(선거권) ① 회원은 선거권이 있다. 다만, 선거공고일 전일 현재 미성년자(「민법」 제4조(성년)에 따라 성년이 아닌 자를 말한다)와 회원 자격을 유지한 기간이 6개월 미만인 회원은 선거권이 없다.

74) 「새마을금고 임원선거규약(예)(일부개정 2024. 7. 10.)」 제5조(선거권) ③

75) 「새마을금고정관(예)(일부개정 2024. 7. 10.)」 제8조(회원) 하단 참조
<제1례> 지역금고
금고의 회원은 본 금고의 업무구역 안에 주소나 거소가 있는 자 또는 생업에 종사하는 자(법인·단체에 소속된 자를 포함한다) 중에서 회원으로 가입한 자로 한다.
<제2례> 지역금고 중 단체금고(제1례 지역금고 제외)
금고의 회원은 ○○(단체명·시장·상가명)에 소속된 자와 그의 배우자 및 직계혈족인 자 중에서 회원으로 가입한 자로 한다.
<제3례> 직장금고

다. 회원의 가입

(1) 가입

금고는 정당한 사유 없이 회원이 될 수 있는 자격을 가진 자의 가입을 거절할 수 없으며, 가입에 관하여 필요한 사항은 정관으로 정한다(새마을금고법§9③).[76]

금고의 회원은 ○○ (공공기관명, 법인·조합 등의 직장명)에 소속된 자와 그의 배우자 및 직계혈족인 자 또는 ○○과 협력관계에 있는 법인·단체에 소속된 자 중에서 회원으로 가입한 자로 한다.

76) 「새마을금고정관(예)(일부개정 2024. 7. 10.)」 제9조(회원가입) ① 금고의 회원으로 가입하고자 하는 자는 다음 각 호의 사항을 기재한 회원가입신청서를 금고에 제출하여야 한다.

1. 주소 또는 거소, 성명 및 주민등록번호
2. 회원가입시에 출자하고자 하는 출자좌수

② 금고가 회원가입신청서를 접수한 때에는 이를 심사하여 제8조(회원)의 규정에 의한 회원자격에 적합하다고 판단될 때에는 제1항 제2호의 규정에 의한 출자좌수에 상응한 출자금을 납입하게 하고 지체 없이 회원명부에 회원으로 등재하여야 한다.

③ 제2항에 따라 회원자격 유무를 심사하는 경우 회원가입신청서에 기재된 주소나 거소 또는 생업 종사여부를 확인할 수 있는 서류를 징구하여야 한다.

④ 회원가입을 신청한 자는 출자금을 납입함으로써 금고의 회원이 된다.

> ※ 제1항의 출자 1좌의 금액을 변경하는 경우에는 다음과 같은 경과조치규정을 부칙에 두어야 한다.
>
> 부칙
>
> 제○조(시행일) 이 정관은 년월일부터 시행한다.
>
> 제○조(납입출자 미달 회원에 관한 경과조치) ① 이 정관 시행일 현재 제15조(출자금과 납입방법)의 개정 규정에 의한 납입출자를 보유하고 있지 아니한 자는 이 정관 시행일부터 1년 이내에 미달하는 출자금을 납입하면 회원자격을 계속 유지하는 것으로 한다.
> ② 이 정관 시행일로부터 1년 이내에 선거일이 공고된 경우에는 제1항에도 불구하고 선거인명부확정일 전일까지 미달하는 출자금을 납입하면 선거권을 보유한 것으로 본다.
>
> 제○조(임원의 피선거권에 관한 경과조치) ① 이 정관 시행일 현재 재임 중인 임원은 제39조(임원의 결격사유) 제1항 제2호에 따른 자격을 갖춘 것으로 본다.
> ② 이 정관 시행일부터 2년 이내에 선거일이 공고된 경우에는 선거공고일 현재 종전의 규정에 따라 필요로 하는 납입출자를 보유하고 있는 자는 선거공고일 전날까지 미달하는 출자금을 납입하면 제39조(임원의 결격사유) 제1항 제2호에 따른 출자좌수를 보유한 것으로 본다.
>
> 제○조(대의원의 피선거권에 관한 경과조치) ① 이 정관 시행일 현재 재임 중인 대의원은 대의원선거규약예 제5조(피선거권) 제2항 제3호에 따른 자격을 갖춘 것으로 본다.
> ② 이 정관 시행일부터 1년 이내에 선거일이 공고된 경우에는 선거공고일과 현재 종전의 규정에 따라 필요로 하는 납입출자를 보유하고 있는 자는 선거공고일 전날까지 미달하는 출자금을 납입하면 대의원선거규약예 제5조(피선거권) 제2항 제3호에 따른 출자좌수를 보유한 것으로 본다.

(2) 출자

출자 1좌의 금액은 정관으로 정하며, 한 회원이 가질 수 있는 출자좌수의 최고한도는 총출자좌수의 100분의 15를 초과할 수 없다(새마을금고법§9④).[77)]

라. 출자금의 양도 · 양수

회원은 이사장의 승인을 받아 그 출자금을 다른 회원에게 양도할 수 있다. 이 경우 양수인은 양도인의 출자금에 관한 재산상의 권리와 의무를 승계한다(새마을금고법§9⑨).

마. 회원의 탈퇴

회원은 언제라도 정관으로 정하는 바에 따라 금고에서 탈퇴할 수 있다(새마을금고법§10①). 회원이 다음 각 호의 어느 하나에 해당하는 경우에는 당연히 금고에서 탈퇴한 것으로 본다(새마을금고법§10②).

1. 사망한 경우(법인은 해산한 경우)
2. 파산선고를 받은 경우
3. 피성년후견인이 된 경우
4. 회원의 자격을 잃은 경우

회원의 자격상실에 관한 사항은 정관으로 정한다(새마을금고법§10③).[78)]

---

77) 「새마을금고정관(예)(일부개정 2024. 7. 10.)」 제15조(출자금액과 납입방법) ① 금고의 출자 1좌의 금액은 ○○○원으로 한다.
② 회원은 출자 1좌 이상을 가져야 하며, 출자금은 현금으로 납입하여야 한다. 다만, 회원의 편의를 위해 회원가입시 납입하는 출자금 외의 출자금은 이를 분할하여 납입하게 할 수 있다.

78) 「새마을금고정관(예)(일부개정 2024. 7. 10.)」 제12조(탈퇴) ① 회원은 언제라도 서면으로 탈퇴의 뜻을 통고하고 탈퇴할 수 있다.
② 「새마을금고법」 제10조(탈퇴 등) 제3항의 자격상실의 요건은 다음 각 호의 어느 하나와 같다.
1. 제5조(업무구역)의 규정에 의한 업무구역에 속하지 아니한 때
2. 출자좌수가 1좌 미만이 될 때
③ 금고는 회원의 전부 또는 일부를 대상으로 「새마을금고법」 제10조(탈퇴 등) 제2항 각 호의 어느 하나에 해당하는지를 확인하여야 한다. 이 경우 회원 전부를 대상으로 하는 확인은 매년 1회 이상 실시하여야 한다.
④ 금고는 회원이 자격을 상실한 경우 해당 회원에게 그 사실을 통지하고, 이사회에 그 현황을 보고하여야 한다.

바. 회원의 제명

회원이 다음 각 호의 어느 하나에 해당하는 경우에는 총회의 의결로 제명할 수 있다(새마을금고법§10의2①).

1. 1년 이상의 장기간에 걸쳐 대출금 상환을 지체한 경우
2. 금고의 사업집행을 고의로 방해한 사실이 입증된 경우
3. 2년 이상 계속하여 금고의 사업을 이용하지 아니한 경우
4. 고의 또는 중대한 과실로 금고에 직접적인 재산상의 손해를 끼친 경우

금고는 회원을 제명하려면 총회 개최일 10일전까지 그 회원에게 제명의 사유를 알리고 총회에서 의견을 진술할 기회를 주어야 한다(새마을금고법§10의2②).

총회의 의결로 제명된 자에 대하여 해당 금고는 제명된 날로부터 2년간 회원가입을 제한할 수 있다(새마을금고법§10의2③).

「새마을금고법」 제28조(사업의 종류 등) 제1항[79]은 새마을금고의 사업으로 '신용사업, 문화 복지후생사업, 회원에 대한 교육사업, 지역사회 개발사업, 회원을 위한 공제사업, 중앙회가 위탁하는 사업, 국가나 공공단체가 위탁하거나 다른 법령으로 금고의 사업으로 정하는 사업, 의료지원사업, 제1호부터 제8호까지의 사업과 관련되는 부대

---

79) 「새마을금고법」 제28조(사업의 종류 등) ① 금고는 제1조의 목적을 달성하기 위하여 다음 각 호의 사업의 전부 또는 일부를 행한다.
1. 신용사업
   가. 회원으로부터 예탁금과 적금 수납
   나. 회원을 대상으로 한 자금의 대출
   다. 내국환과 「외국환거래법」에 따른 환전업무
   라. 국가, 공공단체 및 금융기관의 업무 대리
   마. 회원을 위한 보호예수
   바. 어음할인
   사. 상품권의 판매대행
2. 문화 복지 후생사업
3. 회원에 대한 교육사업
4. 지역사회 개발사업
5. 회원을 위한 공제사업
6. 중앙회가 위탁하는 사업
7. 국가나 공공단체가 위탁하거나 다른 법령으로 금고의 사업으로 정하는 사업
8. 의료지원사업
9. 제1호부터 제8호까지의 사업과 관련되는 부대사업
10. 그 밖에 목적 달성에 필요한 사업으로서 행정안전부장관의 승인을 받은 사업

사업, 그 밖에 목적달성에 필요한 사업으로서 주무부장관의 승인을 받은 사업'을 열거하고 있다. 위와 같이 새마을금고가 영위하는 사업의 성격과 내용에 비추어 회원의 제명사유인 '금고의 사업집행을 고의로 방해한 행위'에는 「새마을금고법」 제28조(사업의 종류 등) 제1항 각 호에서 정한 사업 자체를 고의로 방해한 행위 뿐 아니라 그와 같은 사업집행의 토대가 되거나 그와 필요불가결하게 연결되는 고유 업무를 고의로 방해함으로써 설립 목적을 저해하고 사업에 중대한 지장을 초래하는 경우까지 포함된다.[80]

8. 새마을금고중앙회 회장 선거의 선거권자

가. 중앙회의 회원

중앙회의 회장은 중앙회의 회원인 금고(새마을금고법§56①)의 무기명 비밀투표로 직접 선출하므로(새마을금고법§64의2①), 중앙회의 회장 선거의 선거권자는 금고이다. 금고는 출자좌수에 관계없이 평등한 선거권을 가진다(새마을금고법§56⑦, §9⑤본문).

나. 회원의 출자

금고는 1좌 이상 출자하여야 하며 반드시 현금으로 납입하여야 한다(새마을금고법§56②). 출자 1좌의 금액은 정관으로 정하며 금고의 책임은 그 납입출자액을 한도로 하고(새마을금고법§56③),[81] 한 금고가 가질 수 있는 출자좌수의 최고한도는 총출자좌수의 100분의 15를 초과할 수 없다(새마을금고법§56⑦, §9④).

다. 출자금의 양도 · 양수

금고는 새마을금고중앙회의 회장의 승인을 받아 그의 출자금을 다른 금고에게 양도할 수 있고, 이 경우 양수인은 양도인의 출자금에 관한 재산상의 권리와 의무를 승계한다(새마을금고법§56⑦, §9⑨).

---

80) 수원지방법원 여주지원 2019. 10. 23. 선고 2019가합127 판결

81) 「새마을금고중앙회정관(일부개정 2020. 6. 2.)」 제12조(출자금) ① 「새마을금고법」 제56조(회원의 출자 등) 제3항의 규정에 의한 출자 1좌의 금액은 10,000원으로 한다.
② 금고는 1좌 이상 출자하여야 하며, 출자금은 현금으로 납입하여야 한다.

라. 회원의 탈퇴

금고가 해산하거나 파산한 경우에는 당연히 새마을금고중앙회에서 탈퇴한 것으로 본다(새마을금고법§56⑥).

9. 신용협동조합의 이사장 선거의 선거권자

가. 조합원

신용협동조합(이하 "조합"이라 한다)의 이사장은 총회에서 선출하는 바(신용협동조합법§27②), 총회의 구성원인 조합원(신용협동조합법§23②)이 조합의 이사장 선거의 선거권자이다.

(1) 선거권의 제한

조합원은 출자좌수에 관계없이 평등한 선거권을 가진다. 다만, 정관이 정하는 바에 따라 미성년자 또는 조합원 자격을 유지한 기간이 6개월 미만인 조합원의 선거권을 제한할 수 있다(신용협동조합법§19①).[82]

(2) 선거권 행사의 대리

조합원은 대리인으로 하여금 선거권을 행사하게 할 수 있다. 다만, 지역 또는 단체를 공동유대[83]로 하는 조합의 조합원은 대리인으로 하여금 선거권을 행사하게 할 수 없다(신용협동조합법§19②). 조합원 1인이 대리할 수 있는 조합원의 수는 정관에서 정하고(신용협동조합법§19③), 대리인은 대리권을 증명하는 서면을 조합에 제출하여야 한다(신용협동조합법§19④).

---

82) 「신용협동조합표준정관(2021. 10. 20. 개정)」 제14조(의결권·선거권) ① 조합원은 출자좌수에 관계없이 평등한 의결권과 선거권을 가진다. 다만 다음 각 호의 1에 해당하는 자는 총회의 성원에 계산하지 않고 의결권과 선거권을 가지지 아니한다.
 1. 「민법」상 미성년자
 2. 출자 1좌 미만이 된 조합원
 3. 제15조(탈퇴) 제4항의 규정에 의한 조합원
 4. 조합원 자격을 유지한 기간이 3월 미만인 조합원
 ② 총회에 참석하여 의결권 및 선거권을 행사할 수 있는 조합원은 제9조(가입)에 의하여 가입된 조합원으로서 총회개최 공고일 전일을 기준으로 제1항 각 호의 1에 해당하지 아니한 자로 한다.

83) "공동유대"란 조합의 설립과 구성원의 자격을 결정하는 단위를 말한다(중소기업협동조합법§2 3.).

나. 조합원의 자격

조합원은 조합의 공동유대에 소속된 자로서 제1회 출자금을 납입한 자로 한다(신용협동조합법§11①). 위 조합원의 자격은 다음 각 호와 같다(신용협동조합법 시행령§13①).

1. 지역조합의 경우 : 정관이 정하는 공동유대안에 주소나 거소가 있는 자(단체 및 법인을 포함한다) 및 공동유대안에서 생업에 종사하는 자
2. 직장조합 및 단체조합의 경우 : 정관이 정하는 직장·단체 등에 소속된 자(단체 및 법인을 포함한다)

그럼에도 불구하고 조합은 조합의 설립 목적 및 효율적인 운영을 저해하지 아니하는 범위에서 해당 공동유대에 소속되지 아니한 자 중 다음 각 호의 어느 하나에 해당하는 자를 조합원에 포함시킬 수 있다(신용협동조합법§11②).

1. 직장을 퇴직한 날부터 1년이 지나지 아니한 자
2. 그 밖에 대통령령[84]으로 정하는 자

1조합의 조합원의 수는 100인 이상이어야 한다(신용협동조합법§11③).

다. 조합원의 출자

조합원은 출자 1좌 이상을 가져야 한다(신용협동조합법§14①). 출자 1좌의 금액은 정관에서 정하고(신용협동조합법§14②), 조합원 1인의 출자좌수는 총출자좌수의 100분의 10을 초과할 수 없다(신용협동조합법§14③). 조합에 납입할 출자금은 현금으로 납입하여야 하며, 조합에 대한 채권과 상계할 수 없고(신용협동조합법§14⑤), 조합의 출자금은 질권의 목적이 될 수 없다(신용협동조합법§14⑥).

---

84) 「신용협동조합법 시행령」 제13조(조합원의 자격) ② 법 제11조(조합원의 자격) 제2항에서 "대통령령으로 정하는 자"라 함은 다음 각 호의 어느 하나에 해당하는 자를 말한다.
1. 조합원의 가족(배우자 및 세대를 같이하는 직계존·비속을 말한다. 이하 같다)
1의2. 법 제55조(합병과 분할)에 따른 조합의 합병 또는 분할, 법 제86조의4(계약이전의 결정)에 따른 계약이전, 조합의 공동유대의 범위조정 또는 종류전환으로 인하여 조합의 공동유대에 해당하지 아니하게 된 자
2. 단체 사무소의 직원 및 그 가족
3. 조합의 직원 및 그 가족
4. 조합이 소속한 당해 직장(당해 직장안의 단체를 포함한다)
5. 같은 직종단체를 공동유대로 하는 조합의 경우에는 조합원이 그 직종과 관련하여 운영하는 사업체의 종업원

라. 출자금의 양도 · 양수

조합원의 출자금은 정관에서 정하는 바에 따라 다른 조합원에게 양도할 수 있고(신용협동조합법§15①), 출자금의 양수인은 양도인의 권리와 의무를 승계한다(신용협동조합법§15②).

마. 조합원의 탈퇴

조합원은 정관에서 정하는 바에 따라 조합에 탈퇴의 의사를 미리 알리고 탈퇴할 수 있다(신용협동조합법§16①).

조합원이 다음 각 호의 어느 하나에 해당하게 된 경우에는 탈퇴한 것으로 본다(신용협동조합법§16②).

1. 조합원으로서의 자격이 상실된 경우
2. 사망한 경우
3. 파산한 경우
4. 피성년후견인이 된 경우
5. 조합원인 법인이 해산한 경우

조합원이 당연탈퇴사유에 해당하는 경우에도 ① 조합으로부터 대출금이 있거나, ② 조합에 기한이 도래하지 않은 예탁금 또는 적금이 있는 경우에는 당해 계약관계가 종료할 때까지 조합원으로 본다.[85]

조합원으로서의 자격상실에 관한 사항은 정관으로 정한다(신용협동조합법§16③).[86]

바. 조합원의 제명

조합원이 다음 각 호의 어느 하나에 해당하는 경우에는 총회의 결의로 제명할 수 있다(신용협동조합법§18①).

---

85) 「신용협동조합표준정관(2021. 10. 20. 개정)」 제15조(탈퇴) ④

86) 「신용협동조합표준정관(2021. 10. 20. 개정)」 제15조(탈퇴) ③ 제2항 제1호의 규정에 의한 자격상실은 다음 각 호로 하며, 이사회 결의에 의하여 자격상실의 효력이 발생한다. 이 경우 제7조(통지 또는 최고방법) 제1항에 정한 방법에 따라 자격상실 사실을 통지하여야 한다.

1. 제8조(조합원)에 정한 공동유대에 속하지 아니한 때
2. 3년 이상 제4조(사업의 종류) 제1항 제1호 가목·나목 또는 바목에 규정한 신용사업을 이용하지 아니한 때

1. 출자금의 납입이나 그 밖에 조합에 대한 의무를 이행하지 아니한 경우
2. 「신용협동조합법」 또는 「신용협동조합법」에 따른 명령이나 정관을 위반한 경우
3. 2년 이상 「신용협동조합법」 제39조(사업의 종류) 제1항 제1호 가목·나목 또는 바목의 사업[87]을 이용하지 아니한 경우
4. 출자가 1좌 미만이 된 후 6개월이 지난 경우

조합은 조합원을 제명하려면 총회 개최일 10일전까지 그 조합원에게 제명의 사유를 알리고, 총회에서 의견을 진술할 기회를 주어야 한다(신용협동조합법§18②). 위 의견진술의 기회를 주지 아니하고 한 총회의 제명에 관한 결의는 해당 조합원에게 대항할 수 없다(신용협동조합법§18③).

10. 신용협동조합중앙회의 회장 선거의 선거권자

가. 중앙회의 회원(조합)

중앙회의 회장은 총회에서 선출하는 바(신용협동조합법§71의2①), 총회의 구성원인 회원 조합의 이사장과 중앙회의 회장이 중앙회 회장 선거의 선거권자이다.[88] 회장이 「신용협동조합법」 제72조(임원의 직무와 임기 등) 제6항[89]에 따라 직무를 수행할 수 없거나 회원 조합의 이사장이 「신용협동조합법」 제27조(임원) 제5항[90]에 따라 직무

87) 「신용협동조합법」 제39조(사업의 종류) ① 조합은 그 목적을 달성하기 위하여 다음 각 호의 사업을 한다.
  1. 신용사업
    가. 조합원으로부터의 예탁금·적금의 수납
    나. 조합원에 대한 대출
    다. 내국환
    라. 국가·공공단체·중앙회 및 금융기관의 업무 대리
    마. 조합원을 위한 유가증권·귀금속 및 중요 물품의 보관 등 보호예수 업무
    바. 어음할인
    사. 「전자금융거래법」에서 정하는 직불전자지급수단의 발행·관리 및 대금의 결제(제78조(사업의 종류 등) 제1항 제5호 사목에 따른 중앙회의 업무를 공동으로 수행하는 경우로 한정한다)
    아. 「전자금융거래법」에서 정하는 선불전자지급수단의 발행·관리·판매 및 대금의 결제(제78조(사업의 종류 등) 제1항 제5호 아목에 따른 중앙회의 업무를 공동으로 수행하는 경우로 한정한다)

88) 「신용협동조합중앙회정관부속서 임원선거규약(2021. 10. 5. 개정)」 제3조(선거권) ①

89) 「신용협동조합법」 제72조(임원의 직무와 임기 등) ⑥ 중앙회장이 부득이한 사유로 직무를 수행할 수 없을 때에는 정관에서 정하는 임원의 순으로 그 직무를 대행한다.

90) 「신용협동조합법」 제27조(임원) ⑤ 이사장이 부득이한 사유로 직무를 수행할 수 없을 때에는

를 수행할 수 없을 때에는 그 직무대행자가 중앙회 회장 선거의 선거권을 갖는다.[91]

회원 조합은 출자좌수에 관계없이 평등한 선거권을 가진다(신용협동조합법§68④, §19①본문).

나. 회원의 자격(출자)

조합은 1좌 이상 출자하여야 하고(신용협동조합법§63②), 출자 1좌의 금액 및 납입기준은 정관에서 정하며, 조합의 책임은 그 납입출자액을 한도로 한다(신용협동조합법§63③). 중앙회에 납입할 출자금은 현금으로 납입하여야 하며, 중앙회에 대한 채권과 상계할 수 없다(신용협동조합법§63④).

다. 출자금의 양도 · 양수

중앙회에 대한 조합의 출자지분은 중앙회장의 승인을 받아 다른 조합에 양도할 수 있다. 이 경우 양수한 조합은 양도한 조합의 권리와 의무를 승계한다(신용협동조합법§63⑤). 중앙회는 조합이 해산하는 경우에는 해산하는 조합의 출자지분을 다른 조합에 양도하게 할 수 있다(신용협동조합법§63⑥).

11. 대한체육회의 회장 선거의 선거권자

가. 회장선출기구의 구성원

대한체육회의 회장은 회장선출기구에서 선출하는 바,[92] 회장선출기구의 구성원이 대한체육회의 회장 선거의 선거권자이다. 회장선출기구의 구성원은 ① 대의원, ② 인정단체를 제외한 회원종목단체와 지방체육회를 구성하는 사람 중 선거운영위원회의 추첨에 의하여 선정된 사람, ③ 시 · 군 · 구체육회의 임원 및 대의원(이하 “임원등”이라 한다) 중에서 해당 시 · 군 · 구 체육회가 추천한 1명이다.

한편, 위 각 호에 따른 단체의 장은 사고 또는 회장선거 이외의 선거의 출마로 인하여 직무대행자를 지정한 경우에도 선거인이 된다. 다만, 단체장이 궐위되어 직무대행자를 지정한 경우에는 직무대행자가 선거인이 된다.[93]

부이사장, 정관에서 정하는 이사의 순서로 그 직무를 대행한다.

91) 「신용협동조합중앙회정관부속서 임원선거규약(2021. 10. 5. 개정)」 제3조(선거권) ③

92) 「대한체육회정관(2024. 1. 3. 문화체육관광부 허가)」 제24조(회장의 선출) ①

93) 「대한체육회 회장선거관리규정(개정 2024. 7. 20.)」 제8조(선거인) ③

(1) 대의원

대한체육회의 대의원은 ①「대한체육회정관」 제7조(회원단체) 제3항 제1호[94]에 따른 정회원단체[95]의 장, ② 대한민국 국적의 국제올림픽위원회 위원 및 ③「대한체육회정관」 제42조(선수위원회)에 따른 선수위원회에서 선출된 선수대표 2명이다.[96] 다만, 정회원단체 중 올림픽종목인 회원종목단체는 해당 단체의 장과 그 단체가 지명한 부회장 1명이 대의원이 된다.[97]

(2) 인정단체를 제외한 회원종목단체와 지방체육회를 구성하는 사람 중 선거운영위원회의 추첨에 의하여 선정된 사람

회원단체 중 특정 종목의 활동과 사업을 목적으로 설립된 단체가 회원종목단체이고,[98] 회원종목단체에는 정회원단체, 준회원단체,[99] 인정단체[100]가 있는 바,[101] 인정단체를 제외한 회원종목단체의 임원등, 선수, 지도자, 심판, 선수관리담당자 중에서 각 단체별 예비선거인 중 선거운영위원회의 추첨에 의하여 선정된 사람이 선거인이 된다.[102]

지방체육회 중 회원시·도체육회는 그 임원등, 선수, 지도자 중에서[103], 시·군·구체육회(회원시·도체육회의 회원단체만 해당한다. 이하 같다.)는 그 임원등 중에서[104]

---

94)「대한체육회정관(2024. 1. 3. 문화체육관광부 허가)」 제7조(회원단체) ③ 제1항의 회원단체의 구분은 다음과 같다.
  1. "정회원단체"는 체육회 이사회의 의결을 거쳐 대의원총회(이하 "총회"라 한다) 의결로 회원가입을 확정한 단체를 말한다.

95) 2024. 7. 5. 기준 대한체육회의 정회원단체는 대한배드민턴협회 등 64개이다(대한체육회 회원종목단체 현황 24. 7. 5. 기준).

96)「대한체육회정관(2024. 1. 3. 문화체육관광부 허가)」 제14조(총회의 구성) ①

97)「대한체육회정관(2024. 1. 3. 문화체육관광부 허가)」 제14조(총회의 구성) ②

98)「대한체육회정관(2024. 1. 3. 문화체육관광부 허가)」 제7조(회원단체) ② 1.

99)「대한체육회정관(2024. 1. 3. 문화체육관광부 허가)」 제7조(회원단체) ③ 제1항의 회원단체의 구분은 다음과 같다.
  2. "준회원단체"는 체육회 이사회의 의결을 거쳐 회원 가입을 확정한 단체를 말한다.

100)「대한체육회정관(2024. 1. 3. 문화체육관광부 허가)」 제7조(회원단체) ③ 제1항의 회원단체의 구분은 다음과 같다.
  3. "인정단체"는 체육회 이사회의 의결로 해당 단체가 대표성을 한시적으로 인정받을 뿐 권리와 의무사항을 적용받지 않는 단체를 말한다.

101) 2024. 7. 5. 기준 대한체육회의 회원종목단체에는 정회원단체 64개, 준회원단체 4개, 인정단체 15개가 있다(대한체육회 회원종목단체 현황 24. 7. 5. 기준).

102)「대한체육회 회장선거관리규정(개정 2024. 7. 20.)」 제8조(선거인) ① 3

103)「대한체육회 회장선거관리규정(개정 2024. 7. 20.)」 제8조(선거인) ① 3

104)「대한체육회 회장선거관리규정(개정 2024. 7. 20.)」 제8조(선거인) ① 4

각 단체별 예비선거인 중 선거운영위원회의 추첨에 의하여 선정된 사람이 선거인이 된다.

(3) 시 · 군 · 구체육회의 임원등 중에서 해당 시 · 군 · 구 체육회가 추천한 1명

회원시 · 도체육회의 회원단체인 시 · 군 · 구체육회의 임원등 중에서 각 단체가 추천한 1명이 선거인이 된다.[105)]

나. 선거인의 요건

선거인은 선거일 기준 다음 각 호의 요건을 갖추어야 한다.[106)]

1. 만 18세 이상이어야 함
2. 선거인이 선수, 지도자, 심판, 선수관리담당자인 경우 대한체육회 경기인등록규정에 따른 등록시스템(이하 “등록시스템”이라 한다)에 등록이 되어 있어야 함
3. 단체의 임원인 경우 재임하고 있어야 함

후보자, 대한체육회의 상임 임원 및 직원, 선거운영위원회의 위원은 선거인이 될 수 없다.[107)]

다. 선거인 수 배정기준

(1) 선거인 수 배정기준

선거운영위원회는 다음 각 호에 따라 각 추천단체에 선거인 수를 배정한다.[108)]

1. 정회원단체(회원종목단체 및 회원시 · 도체육회) : 각 단체 당 4명
2. 준회원단체(회원종목단체 및 회원시 · 도체육회) : 각 단체 당 2명
3. 삭제
4. 시 · 군 · 구체육회 : 각 단체 당 2명

(2) 선거인 수의 추가배정기준

(가) 정회원단체의 추가배정

선거운영위원회는 정회원단체에 다음 각 호에 따라 선거인 수를 추가로 배정한다.[109)]

---

105) 「대한체육회 회장선거관리규정(개정 2024. 7. 20.)」 제8조(선거인) ① 4
106) 「대한체육회 회장선거관리규정(개정 2024. 7. 20.)」 제8조(선거인) ②
107) 「대한체육회 회장선거관리규정(개정 2024. 7. 20.)」 제8조(선거인) ④
108) 「대한체육회 회장선거관리규정(개정 2024. 7. 20.)」 제10조(선거인 수 배정 기준) ①
109) 「대한체육회 회장선거관리규정(개정 2024. 7. 20.)」 제10조(선거인 수 배정 기준) ②

1. 올림픽대회, 아시아경기대회, 전국체육대회 또는 전국생활체육대축전 등에 채택된 종목을 관장하는 다음 각 목의 정회원종목단체(단, 종목의 채택 여부는 회장선거일 직후 개최되는 대회를 기준으로 하되, 임기만료일 전 70일까지 종목의 채택 여부가 결정되지 않은 경우는 그 직전 대회를 기준으로 함)
   가. 올림픽대회 종목의 정회원종목단체 : 각 단체 당 6명
   나. 아시아경기대회 종목의 정회원종목단체 : 각 단체 당 3명(가목에 해당하는 단체는 제외)
   다. 전국체육대회 및 전국생활체육대축전 종목의 정회원종목단체 : 각 단체 당 1명(가목 및 나목에 해당하는 단체는 제외)
2. 체육회 등록시스템에 전문체육목적으로 18세 이하부, 대학부 및 일반부 전문선수로 등록한 사람의 수를 기준으로 한 다음 각 목의 정회원종목단체
   가. 상위 3분의 1에 해당하는 정회원종목단체 : 각 단체 당 2명
   나. 상위 3분의 2에 해당하는 정회원종목단체 : 각 단체 당 1명(가목에 해당하는 단체는 제외)
3. 체육회 등록시스템에 육성목적으로 12세 이하부, 15세 이하부 선수로 등록한 사람의 수를 기준으로 한 다음 각 목의 정회원종목단체
   가. 상위 3분의 1에 해당하는 정회원종목단체 : 각 단체 당 2명
   나. 상위 3분의 2에 해당하는 정회원종목단체 : 각 단체 당 1명(가목에 해당하는 단체는 제외)
4. 체육회 등록시스템에 18세 이하부, 대학부 및 일반부 지도자로 등록한 사람(단, 제6호의 생활체육목적 선수로 등록한 사람은 제외한다)의 수를 기준으로 상위 2분의 1에 해당하는 정회원종목단체 : 각 단체 당 1명
5. 체육회 등록시스템에 12세 이하부, 15세 이하부 지도자로 등록한 사람(단, 제6호의 생활체육목적 선수로 등록한 사람은 제외한다)의 수를 기준으로 상위 2분의 1에 해당하는 정회원종목단체 : 각 단체 당 1명
6. 체육회 등록시스템에 생활체육목적으로 18세 이하부, 대학부, 일반부 선수로 등록한 사람의 수를 기준으로 한 다음 각 목의 정회원종목단체
   가. 상위 3분의 1에 해당하는 정회원종목단체 : 각 단체 당 4명
   나. 상위 3분의 2에 해당하는 정회원종목단체 : 각 단체 당 2명(가목에 해당하는 단체는 제외)
   다. 가목 및 나목 외의 정회원종목단체 : 각 단체 당 1명
7. 학교스포츠클럽에 등록한 학생 수를 기준으로 한 다음 각 목의 정회원종목단체
   가. 상위 3분의 1에 해당하는 정회원종목단체 : 각 단체 당 4명
   나. 상위 3분의 2에 해당하는 정회원종목단체 : 각 단체 당 2명(가목에 해당하는 단체

는 제외)

다. 가목 및 나목 외의 정회원종목단체 : 각 단체 당 1명

8. 체육회 등록시스템에 심판으로 등록한 사람(단, 제6호의 생활체육목적 선수로 등록한 사람은 제외한다)의 수를 기준으로 상위 2분의 1에 해당하는 정회원종목단체 : 각 단체 당 1명
9. 체육회 등록시스템에 선수관리담당자로 등록한 사람(단, 제6호의 생활체육목적 선수로 등록한 사람은 제외한다)의 수를 기준으로 상위 2분의 1에 해당하는 정회원종목단체 : 각 단체 당 1명

(나) 정회원시·도체육회의 추가배정

선거운영위원회는 정회원시·도체육회에 다음 각 호에 따라 선거인 수를 추가로 배정한다.110)

1. 소재지 시·도의 인구수를 기준으로 한 다음 각 목의 정회원시·도체육회
   가. 상위 3분의 1에 해당하는 정회원시·도체육회 : 각 단체 당 3명
   나. 상위 3분의 2에 해당하는 정회원시·도체육회 : 각 단체 당 2명(가목에 해당하는 단체는 제외)
   다. 가목 및 나목 외의 정회원시·도체육회 : 각 단체 당 1명
2. 체육회 등록시스템에 소재지 시·도로 등록한 18세 이하부, 대학부 및 일반부 운동부 수(생활체육목적 운동부를 제외한다)를 기준으로 한 다음 각 목의 정회원시·도체육회
   가. 상위 3분의 1에 해당하는 정회원시·도체육회 : 각 단체 당 6명
   나. 상위 3분의 2에 해당하는 정회원시·도체육회 : 각 단체 당 4명(가목에 해당하는 단체는 제외)
   다. 가목 및 나목 외의 정회원시·도체육회 : 각 단체 당 2명
3. 체육회 등록시스템에 소재지로 시·도로 등록한 12세 이하부, 15세 이하부 운동부 수(생활체육목적 운동부를 제외한다)를 기준으로 한 다음 각 목의 정회원시·도체육회
   가. 상위 3분의 1에 해당하는 정회원시·도체육회 : 각 단체 당 6명
   나. 상위 3분의 2에 해당하는 정회원시·도체육회 : 각 단체 당 4명(가목에 해당하는 단체는 제외)
   다. 가목 및 나목 외의 정회원시·도체육회 : 각 단체 당 2명
4. 소재지 시·도의 체육예산이 시·도 전체 예산에서 차지하는 비율을 기준으로 한 다음 각 목의 정회원시·도체육회
   가. 상위 3분의 1에 해당하는 정회원시·도체육회 : 각 단체 당 3명

---

110) 「대한체육회 회장선거관리규정(개정 2024. 7. 20.)」 제10조(선거인 수 배정 기준) ③

나. 상위 3분의 2에 해당하는 정회원시·도체육회 : 각 단체 당 2명(가목에 해당하는 단체는 제외)

다. 가목 및 나목 외의 정회원시·도체육회 : 각 단체 당 1명

(다) 올림픽종목 정회원단체 추가배정

선거인 수 배정기준과 정회원단체 및 시·도체육회의 추가배정기준에도 불구하고 올림픽종목 회원종목단체를 대표하는 선거인이 전체 선거인의 과반수가 되지 못할 경우, 선거운영위원회는 그 기준을 충족할 때까지 올림픽대회 종목 정회원종목단체에 선거인 수를 추가 배정한다. 이 경우 '올림픽종목 회원종목단체를 대표하는 선거인'은 회장선출기구의 구성원인 대의원 중 올림픽종목을 대표하는 대의원을 포함한 것으로 본다.[111)]

(라) 체육회 관리단체의 배정

선거운영위원회는 체육회 관리단체에 대하여는 선거인 수 배정기준과 정회원단체 및 시·도체육회의 추가배정기준에 따라 산정한 단체별 선거인 수에서 임원등 직군의 선거인 수를 제외한 수를 해당 단체 선거인 수로 배정한다. 이 경우 임원등 직군의 선거인 수는 단체별 선거인 수의 100분의 30으로 본다.[112)] 체육회 관리단체란 정상적인 조직운영이 어렵다고 판단되어 대한체육회가 이사회의 의결을 거쳐 지정한 단체이다.[113)]

---

111) 「대한체육회 회장선거관리규정(개정 2024. 7. 20.)」 제10조(선거인 수 배정 기준) ⑤

112) 「대한체육회 회장선거관리규정(개정 2024. 7. 20.)」 제10조(선거인 수 배정 기준) ⑥

113) 「대한체육회정관(2024. 1. 3. 문화체육관광부 허가)」 제12조(관리단체의 지정) ① 체육회는 회원단체가 다음 각 호의 어느 하나에 해당하는 사유로 정상적인 조직운영이 어렵다고 판단될 때 이사회의 의결을 거쳐 회원단체를 관리단체로 지정할 수 있다. 체육회가 회원종목단체를 관리단체로 지정하고자 하는 때에는 미리 해당 단체가 소속된 국제경기연맹에 이를 알리고 협의하여야 하며, 회원시·도체육회를 관리단체로 지정하고자 하는 때에는 미리 해당 단체의 설립을 인가한 지방자치단체의 장에게 이를 알리고 협의하여야 한다.

1. 제10조(회원단체의 권리와 의무) 제2항 및 제4항의 의무를 현저히 해태한 때
2. 60일 이상 회원단체장의 궐위 또는 사고
3. 국제체육기구와 관련한 각종 분쟁
4. 회원단체와 관련한 각종 분쟁
5. 재정악화 등 기타 사유로 정상적인 사업수행 불가

② 체육회가 관리단체를 지정하려는 경우 회원단체 또는 그 대표자에게 소명의 기회를 부여하여야 한다.

③ 관리단체 중 정회원단체는 총회 개최 시 재적대의원 수에는 포함되나 출석대의원 수에는 포함되지 않으며, 의결권도 행사할 수 없다.

④ 이 정관에 규정한 것 이외에 관리단체 지정 및 운영에 관해서는 별도로 정한다.

(마) 등록 선수 수 등의 기준일

선거인 수에 대한 정회원종목단체 및 정회원시·도체육회의 추가배정기준에서 등록 선수 수, 등록 지도자 수, 등록 심판 수, 등록 선수관리담당자 수, 등록 운동부 수는 회장 임기만료일 전 90일을 기준으로 하며, 학교스포츠클럽 등록학생 수와 시·도별 인구수, 체육예산이 전체 예산 중 차지하는 비율은 회장 임기만료일 전 90일을 기준으로 가장 최근의 자료를 활용한다.114)

(3) 각 단체의 직군과 대표분야별 배정기준

선거운영위원회는 선거인 수 배정기준과 추가배정기준까지에 따라 단체별 선거인 수를 배정한 후 다음 각 호의 기준에 따라 각 단체의 직군(임원등, 선수, 지도자, 심판, 선수관리담당자로 구분한다. 이하 같다)별 선거인 수를 배정한다.

1. 각 단체의 직군별 비율은 각각 배정된 선거인 수의 100분의 10 이상, 100분의 40 이하로 하며, 각 직군 선거인 수의 합은 단체에 배정된 선거인 수와 같다.
2. 삭제
3. 각 직군별 추첨 가능한 예비선거인 수의 부족 등으로 불가피하게 제1호의 비율을 충족하지 못하는 단체에 대하여는 선거운영위원회의 결정으로 배분 비율을 다르게 정할 수 있다.
4. 제1호부터 제3호까지에도 불구하고, 선거운영위원회는 준회원단체에 대하여 직군별로 균형있게 배분되도록 배분 기준을 정하여야 한다.

라. 임원등 명단 제출

회원단체등은 예비선거인 추첨을 위하여 회장 임기 만료일 전 90일 기준 단체별 임원등의 명단을 회장 임기만료일 전 80일까지 선거운영위원회에 제출하여야 한다.115) 회원단체등이 토요일 또는 공휴일에도 불구하고 제1항에 따른 기한까지 임원등의 명단을 제출하지 않는 경우, 해당 단체의 임원등에 대한 선거인을 배정하지 아니한다.116)

마. 시·군·구체육회 선거인 추천

선거운영위원회는 회장 임기만료일 전 80일 까지 「대한체육회 선거관리규정」 제8

114) 「대한체육회 회장선거관리규정(개정 2024. 7. 20.)」 제10조(선거인 수 배정 기준) ④
115) 「대한체육회 회장선거관리규정(개정 2024. 7. 20.)」 제9조(임원등 명단 제출) ①
116) 「대한체육회 회장선거관리규정(개정 2024. 7. 20.)」 제9조(임원등 명단 제출) ②

조(선거인) 제1항 제4호의 선거인의 구성을 위하여 제9조(임원등 명단 제출)에 따라 임원등의 명단을 제출한 시·군·구체육회에 해당 임원등 중 선거인 1명(이하 "지정선거인"이라 한다)을 회장 임기만료일 전 65일까지 추천하도록 요청하여야 한다.117) 시·군·구체육회는 이사회의 의결을 거쳐 지정선거인을 위원회가 정한 기한까지 추천하여야 한다.118) 시·군·구체육회가 토요일 또는 공휴일에도 불구하고 위원회가 정한 기한까지 지정선거인을 추천하지 않는 경우, 해당 단체의 지정선거인을 배정하지 아니한다.119) 시·군·구체육회가 이사회의 의결을 거쳐 지정선거인을 위원회에 추천한 이후에는 선거인을 교체할 수 없다.120)

바. 예비선거인 추첨

선거운영위원회는 「대한체육회 선거관리규정」 제10조(선거인 수 배정 기준)에 따른 각 단체별 배정 선거인 수를 기준으로 10배수 범위 안에서 추첨할 배수를 결정하여야 한다. 이때 각 단체에 동일한 배수를 적용하되, 추첨 가능한 예비선거인 수가 배정된 수에 미치지 못하는 단체에 대해서는 배수를 달리 정할 수 있다.121) 선거운영위원회는 「대한체육회 선거관리규정」 제49조(전산시스템의 구축 및 운영)에 따른 체육회 선거관리 전산시스템 등을 활용한 무작위 추첨을 통해 각 단체별로 배정한 수만큼 예비선거인을 추첨하여야 한다.122) 무작위 추첨을 통해 예비선거인을 추첨할 때에는 다음 각 호를 따른다.123)

1. 회장 임기만료일 전 90일을 기준으로 재임 중인 임원등과 등록시스템에 등록된 선수, 지도자, 심판, 선수관리담당자를 대상으로 추첨한다.
2. 다음 각 목의 선거인을 제외하고 추첨한다.
   가. 「대한체육회 정관」 제14조(총회의 구성) 제1항 및 제2항에 따른 선거인

117) 「대한체육회 회장선거관리규정(개정 2024. 7. 20.)」 제9조의2(시·군·구체육회 선거인 추천의 요청) ①
118) 「대한체육회 회장선거관리규정(개정 2024. 7. 20.)」 제9조의2(시·군·구체육회 선거인 추천의 요청) ②
119) 「대한체육회 회장선거관리규정(개정 2024. 7. 20.)」 제9조의2(시·군·구체육회 선거인 추천의 요청) ③
120) 「대한체육회 회장선거관리규정(개정 2024. 7. 20.)」 제9조의2(시·군·구체육회 선거인 추천의 요청) ④
121) 「대한체육회 회장선거관리규정(개정 2024. 7. 20.)」 제11조(예비선거인 추첨) ①
122) 「대한체육회 회장선거관리규정(개정 2024. 7. 20.)」 제11조(예비선거인 추첨) ②
123) 「대한체육회 회장선거관리규정(개정 2024. 7. 20.)」 제11조(예비선거인 추첨) ③

나. 「대한체육회 선거관리규정」 제9조의2(시·군·구체육회 선거인 추천의 요청)에 따른 시·군·구체육회 지정선거인

3. 동일한 사람이 2개 이상의 직군 또는 단체에 등록된 경우, 중복으로 추첨되지 않도록 한다.

각 단체별로 추첨된 예비선거인 중, 임원등은 개인정보의 수집과 이용 및 제공에 관한 동의서를 제출하여야 하며, 이를 제출하지 않은 사람은 예비선거인 추첨 명단에서 제외하여야 한다.[124]

사. 예비선거인 명부의 작성

선거운영위원회는 추첨하여 선정된 예비선거인 명단을 토대로 중복여부 및 선거인 자격 유무를 확인하여 예비선거인 명부를 작성하여야 한다.[125]

아. 선거인명부의 작성

선거운영위원회는 2일의 범위 내에서 예비선거인 중에 전산시스템에서 무작위 추첨하여 선거인명부를 작성하여야 하고,[126] 선거인을 개인정보의 수집과 이용 및 제공 동의 절차를 받아 선거인명부에 등재하여야 한다.[127]

선거인명부에 등재된 선거인은 다른 선거인으로 교체할 수 없다.[128]

12. 지방체육회 회장 선거의 선거권자

가. 대의원확대기구의 구성원

지방체육회 회장은 대의원확대기구에서 선출하는 바,[129] 대의원확대기구의 구성원이 지방체육회의 회장 선거의 선거권자이다. 대의원확대기구의 구성원은 ① 정회원단체의 장인 대의원과 ② 지방체육회의 정회원단체 대의원 중 추첨에 의하여 선정된 사람이다. 한편, 위 ②항의 대의원이 단체의 장인 경우 사고 또는 회장 선거 이외의 선거의 출마로 인하여 직무대행자를 지정한 경우에도 선거인이 된다. 다만, 단체장이

124) 「대한체육회 회장선거관리규정(개정 2024. 7. 20.)」 제11조(예비선거인 추첨) ④, ⑤
125) 「대한체육회 회장선거관리규정(개정 2024. 7. 20.)」 제12조(예비선거인명부의 작성)
126) 「대한체육회 회장선거관리규정(개정 2024. 7. 20.)」 제13조(선거인명부의 작성) ①
127) 「대한체육회 회장선거관리규정(개정 2024. 7. 20.)」 제13조(선거인명부의 작성) ②
128) 「대한체육회 회장선거관리규정(개정 2024. 7. 20.)」 제13조(선거인명부의 작성) ③
129) 「대전광역시체육회정관(대전광역시 승인 2024. 3. 19.)」 제24조(회장의 선출) ①

궐위되어 직무대행자를 지정한 경우에는 직무대행자가 선거인이 된다.[130)]

나. 선거인의 요건

선거인은 선거일 현재 다음 각 호의 요건을 모두 충족한 사람이다.[131)]

1. 만 18세 이상이어야 함
2. 정회원단체의 장인 대의원이거나 지방체육회 정회원단체의 대의원인 사람

관리단체로 지정된 지방체육회의 정회원단체 및 정회원단체의 회원단체 중 관리단체로 지정된 회원단체의 대의원은 선거권을 가질 수 없고,[132)] 후보자, 지방체육회의 상임 임원 및 직원, 선거운영위원회의 위원은 선거인이 될 수 없다.[133)]

다. 선거인 수의 결정 및 배정

(1) 선거인 수의 결정기준

선거운영위원회는 다음 각 호의 인구 수 기준에 따라 선거인 수를 결정하여야 한다.[134)]

1. 인구 100만명 미만인 시 · 도 : 선거인 수 최소 200명 이상
2. 인구 100만명 이상 200만명 미만인 시 · 도 : 선거인 수 최소 300명 이상
3. 인구 200만명 이상 500만명 미만인 시 · 도 : 선거인 수 최소 400명 이상
4. 인구 500만명 이상인 시 · 도 : 선거인 수 최소 500명 이상

(2) 선거인 수 배정기준

선거인 수의 결정기준에 따라 선거인 수를 배정할 경우에는 다음 각 호에 따른다.[135)]

1. 정회원단체의 장인 대의원은 선거인이 된다.
2. 선거인 수의 결정기준에 따라 각 시 · 도종목단체(정회원) 및 시 · 군 · 구체육회에 1명 이상의 선거인수를 배정한다.
3. 지방체육회에 선수로 등록한 사람(초 · 중 · 고 · 대학 · 일반선수를 말하며, 체육동호인

130) 「대전광역시체육회 회장선거관리규정(개정 2024. 2. 7.)」 제9조(선거인) ④
131) 「대전광역시체육회 회장선거관리규정(개정 2024. 2. 7.)」 제9조(선거인) ②
132) 「대전광역시체육회 회장선거관리규정(개정 2024. 2. 7.)」 제9조(선거인) ③
133) 「대전광역시체육회 회장선거관리규정(개정 2024. 2. 7.)」 제9조(선거인) ⑤
134) 「대전광역시체육회 회장선거관리규정(개정 2024. 2. 7.)」 제10조(선거인수의 결정 및 배정) ①
135) 「대전광역시체육회 회장선거관리규정(개정 2024. 2. 7.)」 제10조(선거인수의 결정 및 배정) ②

선수로 등록한 사람은 제외한다)의 수를 기준으로 상위 2분의 1에 해당하는 지방체육회 회원종목단체(정회원)에 각 1명의 선거인 수를 추가로 배정한다(소수점 이하를 뺀 정수).

4. 소재지 시·군·구의 인구수를 기준으로 상위 2분의 1에 해당하는 구체육회에 각 1명의 선거인 수를 추가로 배정한다(소수점 이하를 뺀 정수).

선거인 수의 배정 시, 지방체육회 종목단체(정회원)에 배정하는 전체 선거인 수는 구체육회에 배정하는 전체 선거인 수의 2배를 넘을 수 없다. 또한 구체육회에 배정하는 전체 선거인 수도 지방체육회 종목단체(정회원)에 배정하는 전체 선거인 수의 2배를 넘을 수 없다.[136)]

(3) 선거인 수 결정 및 배정 기준의 예외

지방체육회가 다음 각 호의 어느 하나에 해당하여 선거인 수 결정 및 배정 기준을 충족할 수 없는 경우에는 대한체육회의 승인을 받아 예외를 인정받을 수 있다.[137)]

1. 전체 대의원 수가 선거인 구성기준 수보다 적을 경우
2. 선거권자 전체를 선거인으로 하는 경우

(4) 인구수 및 등록선수 수의 기준일

선거인 수 결정 및 배정 기준의 인구수는 통계청 및 행정안전부가 제공하는 자료로 하고, 선거인 전 60일을 기준으로 가장 최근의 자료를 활용한다. 선거인 수 배정 기준의 등록선수 수는 선거인 전 60일을 기준으로 대한체육회의 선수등록시스템 자료를 활용한다.[138)]

라. 예비선거인의 추천

(1) 추천의 요청

선거운영위원회는 선거일 전 25일까지 지방체육회의 정회원단체(회원종목단체 및 회원구체육회)에 선거인 수 결정 및 배정 기준에 따른 각 단체별 선거인수를 통보하고, 선거일 전 19일까지 대의원 명단과 각 대의원의 '개인정보수집이용동의서'를 제출하도록 요청하여야 한다.[139)]

---

136) 「대전광역시체육회 회장선거관리규정(개정 2024. 2. 7.)」 제10조(선거인수의 결정 및 배정) ③
137) 「대전광역시체육회 회장선거관리규정(개정 2024. 2. 7.)」 제10조(선거인수의 결정 및 배정) ④
138) 「대전광역시체육회 회장선거관리규정(개정 2024. 2. 7.)」 제10조(선거인수의 결정 및 배정) ⑤
139) 「대전광역시체육회 회장선거관리규정(개정 2024. 2. 7.)」 제11조(선거인 후보자의 추천) ①

(2) 예비선거인의 추천

지방체육회의 정회원단체는 지방체육회가 정하는 서식[140]에 따라 각 단체별로 선거일 전 19일까지 대의원 명단과 각 대의원의 '개인정보수집이용동의서'를 공문으로 선거운영위원회에 제출하여야 한다.[141]

정회원단체는 위 '개인정보수집이용동의서'를 제출하지 않은 사람에 대해서는 선거인 후보자 추천 명단에서 제외하여야 한다.[142]

마. 예비선거인명부의 작성

선거운영위원회는 지방체육회의 정회원단체로부터 추천받은 선거인 후보자에 대하여 중복여부 및 선거인 자격 유무를 확인하여 선거인 예비선거인명부를 작성하여야 한다.[143] 선거운영위원회는 동일인이 두 개 이상의 단체에 의하여 추천된 경우 해당 예비선거인의 의사에 따라 어느 단체의 선거인 후보자가 되는지를 결정하며, 동일인을 추천한 다른 단체에는 재추천을 요청하지 않는다. 다만, 선거인명부 작성일 전일까지 당사자의 의사확인이 안 되는 경우에는 선거운영위원회가 이를 결정한다.[144] 선거인 자격이 없는 사람이 선거인 후보자로 추천된 경우에는 재추천 요청 없이 배제하여야 한다.[145]

바. 선거인명부의 작성

선거운영위원회는 선거일 전 15일부터 3일간 추천받은 예비선거인 중에서 체육회의 정회원단체에 배정되었던 선거인 수를 기준으로 무작위 추첨하여 선거인명부를 작성하여야 하며,[146] 등재된 선거인에게 등재 사실과 그 열람절차 등을 통지하여야 한다.[147] 선거인명부는 선거인명부 열람기간 종료일 다음날에 확정하여야 한다.[148]

선거인명부에 등재된 선거인은 다른 선거인으로 교체할 수 없다.[149]

---

140) 「대전광역시체육회 회장선거관리규정(개정 2024. 2. 7.)」 별지 제4호 서식(선거인 후보자 추천 명단)
141) 「대전광역시체육회 회장선거관리규정(개정 2024. 2. 7.)」 제11조(선거인 후보자의 추천) ②
142) 「대전광역시체육회 회장선거관리규정(개정 2024. 2. 7.)」 제11조(선거인 후보자의 추천) ③
143) 「대전광역시체육회 회장선거관리규정(개정 2024. 2. 7.)」 제12조(선거인 후보자 명부의 작성) ①
144) 「대전광역시체육회 회장선거관리규정(개정 2024. 2. 7.)」 제12조(선거인 후보자 명부의 작성) ②
145) 「대전광역시체육회 회장선거관리규정(개정 2024. 2. 7.)」 제12조(선거인 후보자 명부의 작성) ③
146) 「대전광역시체육회 회장선거관리규정(개정 2024. 2. 7.)」 제13조(선거인명부의 작성) ①
147) 「대전광역시체육회 회장선거관리규정(개정 2024. 2. 7.)」 제13조(선거인명부의 작성) ③
148) 「대전광역시체육회 회장선거관리규정(개정 2024. 2. 7.)」 제14조(선거인명부의 열람 등) ③

13. 대한장애인체육회의 회장 선거의 선거권자

가. 회장선출기구의 구성원

대한장애인체육회의 회장은 회장선출기구에서 선출하는 바,[150] 회장선출기구의 구성원은 ① 정가맹단체[151]의 장, ② 시 · 도장애인체육회장, ③ 대한민국 국적을 지닌 IPC(국제패럴림픽위원회 : International Paralympic Committee) 집행위원 및 IPC 선수위원, ④ 선수대표 8명(대한장애인체육회 선수위원장 1명은 당연직, 선수위원회에서 선출된 위원 7명), ⑤ 지도자대표 4명(지도자협의회의 장 1명은 당연직, 지도자협의회에서 선출된 위원 3명), ⑥ 심판대표 4명(대한장애인체육회 심판위원장 1명은 당연직, 심판위원회에서 선출된 위원 3명), ⑦ 학계대표 2명(한국체육학회장, 한국특수체육학회장)인바, 이들이 대한장애인체육회의 회장 선거의 선거권자이다.

나. 선거인의 요건

선거인은 다음 각 호의 요건을 갖추어야 한다.[152]

1. 만 18세 이상(매년 정기 등록일 기준)
2. 선거인이 선수, 지도자, 심판인 경우 장애인체육회의 등록시스템에 등록이 되어 있어야 함

다. 선거인의 추천

(1) 선거인 추천 요청

대한장애인체육회는 회장 임기만료일 전 80일까지 정가맹단체, 시 · 도장애인체육회, 선수위원회, 지도자협의회, 심판위원회, 한국체육학회 및 한국특수체육학회에 선거인 수를 통보하고, 회장 임기만료일 전 50일까지 선거인을 추천하도록 한다. 다만, 대한민국 국적을 지닌 IPC 집행위원 및 IPC 선수위원은 선거일만 통보한다.[153]

---

149) 「대전광역시체육회 회장선거관리규정(개정 2024. 2. 7.)」 제13조(선거인명부의 작성) ②
150) 「대한장애인체육회정관(2024. 3. 12. 문화체육관광부 승인)」 제22조(회장의 선출) ①
151) "정가맹단체"는 가맹단체로서의 권리 및 의무사항을 이행할 것에 동의하여 대한장애인체육회 이사회를 거쳐 대의원총회 의결로써 가맹을 확정한 단체를 말한다(「대한장애인체육회정관(2024. 3. 12. 문화체육관광부 승인)」 제5조(조직가맹)①1.).
152) 「대한장애인체육회 회장선거관리규정(개정 2024. 8. 13.)」 제4조(선거인) ②
153) 「대한장애인체육회 회장선거관리규정(개정 2024. 8. 13.)」 제5조(선거인 추천의 요청) ①

(2) 선거인의 추천

선거인 추천은 「대한장애인체육회 회장선거관리규정」이 정하는 서식[154]으로 작성하고, 정보이용 동의서 및 선거인명부 유출 시 법적조치를 감수하는 내용의 서약서를 작성하여 함께 제출하여야 한다.[155]

라. 선거인명부의 작성

선거운영위원회는 선거인 추천 단체로부터 제출받은 선거인 추천 명단을 토대로 중복여부 및 자격 유무를 검토하여 선거인명부를 작성하여야 하고,[156] 선거인 자격이 없는 사람이 선거인으로 추천된 경우에는 재추천 요청 없이 배제하여야 한다.[157]

제2절 임의위탁선거의 선거권자

1. 중소기업중앙회의 회장 선거의 선거권자

가. 정회원

중소기업중앙회의 회장은 총회에서 선출하는바,[158] 총회의 구성원인 정회원(중소기업협동조합법§125, §43②)이 중소기업중앙회의 회장 선거의 선거권자이다. 중소기업중앙회의 정회원이 될 자격은 ① 연합회,[159] ② 전국조합,[160] ③ 지방조합,[161] ④ 사업조합,[162] ⑤ 중소기업관련단체,[163] ⑥ 「협동조합기본법」 제71조(설립신고 등) 제

154) 「대한장애인체육회 회장선거관리규정(개정 2024. 8. 13.)」 별지 제1호 서식(선거인 추천 명단)
155) 「대한장애인체육회 회장선거관리규정(개정 2024. 8. 13.)」 제5조(선거인 추천의 요청) ②
156) 「대한장애인체육회 회장선거관리규정(개정 2024. 8. 13.)」 제6조(선거인명부의 작성) ①
157) 「대한장애인체육회 회장선거관리규정(개정 2024. 8. 13.)」 제6조(선거인명부의 작성) ①
158) 「중소기업중앙회 임원선거규정(2018. 8. 21. 개정)」 제3조(회장의 선출)
159) "연합회"는 협동조합연합회를 말한다(중소기업협동조합법§3①3.).
160) "전국조합"은 조합의 업무구역(조합원 또는 회원의 자격을 가진 자의 지역 소재 범위를 말한다. 이하 같다)이 전국인 조합을 말한다(중소기업협동조합법§6①1.).
161) "지방조합"은 조합의 업무구역이 특별시·광역시·특별자치시·도 또는 특별자치도(이하 "시·도"라 한다)인 조합이다. 다만, 업종의 특성과 업체의 분포 및 조합 운영의 특성을 고려하여 하나의 시·도를 업무 구역으로 하는 것이 적당하지 아니하다고 인정되면 둘 이상의 시·도를 업무 구역으로 할 수 있고, 업종이 도매업이나 소매업이면 업체의 분포 등을 고려하여 하나의 시·도의 일정 지역을 업무 구역으로 할 수 있다(중소기업협동조합법§6①2.).
162) "사업조합"은 사업협동조합을 말한다(중소기업협동조합법§3①2.).

1항[164]에 따라 설립된 협동조합연합회가 가지고 있다(중소기업협동조합법§99②).

정회원은 각각 한 개의 선거권을 가진다(중소기업협동조합법§100①). 다만, 선거권은 중소기업중앙회 회장의 임기종료일(보궐선거 등에서는 그 선거의 실시사유가 확정된 날) 6개월 전부터 그 선거일까지 계속해서 중소기업중앙회의 정회원인 자만 행사할 수 있다(중소기업협동조합법§102, §19①).

정회원은 선거권을 출석하여 행사하고(중소기업협동조합법§102, §19④본문), 선거권은 대리하여 행사하게 할 수 없다.[165]

나. 선거권의 제한 및 일시정지

(1) 선거권의 제한

「중소기업협동조합법」 제88조(회원의 자격)[166]에 따라 연합회의 회원이 될 자격을 가진 자가 중소기업중앙회에서 선거권이 있는 3개 이상의 연합회에 가입하면 정관으로 정하는 바에 따라 그 자의 선거권을 제한할 수 있다(중소기업협동조합법§100②).[167] 중소기업관련단체인 정회원 모두가 가지는 선거권은 중소기업중앙회 선거권 총수의 100분의 20을 초과할 수 없다(중소기업협동조합법§100③). 「중소기업협동조합법」 제132조(휴면조합)[168] 제1항에 따라 관보에 게재된 휴면조합은 같은 조 제2항에 따른

---

163) "중소기업관련단체"란 구성원의 과반수가 중소기업자로서 「민법」이나 그 밖의 법률에 따라 설립된 비영리법인을 말한다(중소기업협동조합법§2 2.).

164) 「협동조합기본법」 제71조(설립신고 등) ① 협동조합연합회(이하 "연합회"라 한다)를 설립하려는 경우에는 회원자격을 가진 셋 이상의 협동조합이 발기인이 되어 정관을 작성하고 창립총회의 의결을 거친 후 기획재정부장관에게 신고하여야 한다. 신고한 사항을 변경하려는 경우에도 또한 같다.

165) 「중소기업중앙회 임원선거규정(2018. 8. 21. 개정)」 제2조의2(선거인 및 피선거권) ①

166) 「중소기업협동조합법」 제88조(회원의 자격) ① 업종의 명칭을 붙인 연합회의 경우 그 연합회의 업무 구역의 일부를 업무 구역으로 하는 같은 업종의 조합과 사업조합은 연합회의 정관으로 정하는 바에 따라 연합회의 회원이 될 자격을 가진다.
② 행정구역의 명칭을 붙인 연합회의 경우 그 연합회의 업무 구역의 전부 또는 일부를 업무 구역으로 하는 조합과 사업조합은 연합회의 정관으로 정하는 바에 따라 연합회의 회원이 될 자격을 가진다.

167) 「중소기업중앙회정관(정관 제2023-001호, 2023. 5. 4. 일부개정)」이나 「중소기업중앙회 임원선거규정(2018. 8. 21. 개정)」에는 선거권을 제한하는 규정을 두지 않고 있다.

168) 「중소기업협동조합법」 제132조(휴면조합) ① 주무관청은 직권 또는 신고에 따라 중앙회, 연합회, 조합, 사업조합의 활동 사항을 조사하여 대통령령으로 정하는 요건에 해당되어 실제 활동하지 아니한다고 인정되면 휴면조합으로 지정하고 그 회장 또는 이사장에게 휴면조합임을 알리고 이를 관보에 게재하여야 한다.
② 주무관청은 제1항에 따른 관보 게재 후 1년 안에 활동 재개 신청이 없거나, 활동 재개 신청

활동재개가 인정될 때까지 중소기업중앙회에서 선거권을 행사하지 못한다(중소기업협동조합법§100④).

(2) 선거권의 일시정지

중소기업중앙회는 정회원 또는 정회원의 대표자가 다음 각 호의 어느 하나에 해당하는 의무 등을 이행하지 아니하면 그 납입이 있을 때까지 선거권의 행사를 일시 정지한다. 이 경우 2주일 전까지 그 사실을 통지하여야 한다.[169]

1. 「중소기업중앙회정관」 제13조(경비 및 사용료와 수수료 등 분담의무)[170]에 따른 경비 중 회비를 2회 이상 납입하지 아니하였을 때
2. 중소기업중앙회로부터 지원(융자추천)받은 자금(공제사업기금, 공동사업자금 또는 협동조합기능활성화자금)과 「중소기업중앙회정관」 제13조(경비 및 사용료와 수수료 등 분담의무)에 따른 사용료의 연체채무액이 1천만원을 초과하였을 때

다. 정회원의 대표자 및 직무대행자

정회원은 단체로 구성되어 있으므로 정회원의 대표자 또는 정회원의 대표자의 직무대행자가 정회원의 선거권을 행사한다.[171]

정회원의 대표자가 사망, 사임 또는 해임, 임원의 결격사유로 인하여 궐위되거나 구금 또는 60일 이상의 장기입원 등 직무를 수행할 수 없는 사유로 다음 각 호의 어느 하나에 해당하는 자가 직무를 대행하는 경우 그 직무대행자를 선거인으로 한다.[172]

1. 「중소기업협동조합법」 제58조(상근이사의 직무)[173] 규정에 따른 상근이사

을 접수한 날부터 1년이 지난 후에도 활동 재개가 없다고 인정되는 중앙회, 연합회, 조합, 사업조합에 대하여는 제133조(행정명령) 제2항에 따라 해산을 명하여야 한다. 이 경우 제133조(행정명령) 제3항은 적용하지 아니한다.

169) 「중소기업중앙회정관(정관 제2023-001호, 2023. 5. 4. 일부개정)」 제14조(정회원의 권리의 제한) ①

170) 「중소기업중앙회정관(정관 제2023-001호, 2023. 5. 4. 일부개정)」 제13조(경비 및 사용료와 수수료 등 분담의무) ① 본회는 사업운영을 위하여 필요한 경비 및 사용료와 수수료를 징수할 수 있다.
② 「중소기업협동조합법」 제132조(휴면조합) 제1항에 따라 정회원이 휴면조합으로 관보에 게재된 경우에는 관보게재일이 속하는 월의 다음달부터 활동재개가 인정될 때까지 회비의 납부를 면제한다.
③ 제1항의 경비 및 사용료와 수수료의 금액 및 징수방법에 관한 사항은 규약으로 정한다.

171) 「중소기업중앙회 임원선거규정(2018. 8. 21. 개정)」 제2조의2(선거인 및 피선거권) ①

172) 「중소기업중앙회 임원선거규정(2018. 8. 21. 개정)」 제2조의2(선거인 및 피선거권) ②

173) 「중소기업협동조합법」 제58조(상근이사의 직무) 상근 이사는 이사장을 보좌하여 조합의 업무

2. 「민법」 제52조의2(직무집행정지 등 가처분의 등기)[174]에 따른 직무대행자 또는 동법 제63조(임시이사의 선임)[175]에 따라 법원에서 선임된 임시이사
3. 중소기업 관련단체의 경우 관련법령 또는 내부규정에 따른 직무대행자
4. 「협동조합기본법」에 따른 협동조합연합회의 경우 관련법령 또는 내부규정에 의한 직무대행자

직무대행사실은 입증자료에 의거 선거일 전일까지 중소기업중앙회에 보고하여야 하며, 보고되지 아니하면 선거인으로서의 권리를 주장할 수 없다.[176]

2. 정비사업조합설립추진위원회의 추진위원장 선거의 선거권자

가. 토지등소유자

조합설립추진위원회의 추진위원장은 토지등소유자로 구성된 주민총회에서 선출하는바,[177] 조합설립추진위원회 추진위원장 선거의 선거권자는 주민총회의 구성원인 토지등소유자이다.[178]

나. 토지등소유자의 의의

"토지등소유자"란 다음 각 호의 어느 하나에 해당하는 자를 말한다. 다만, 「도시정비법」 제27조(재개발사업·재건축사업의 지정개발자) 제1항[179]에 따라 「자본시장과 금융투

를 집행하고 이사장이 궐위되거나 부득이한 사유로 직무를 수행할 수 없으면 이사장의 직무(총회 소집 및 그 의장의 직무를 제외한다. 이하 같다)를 대행한다.

174) 「민법」 제52조의2(직무집행정지 등 가처분의 등기) 이사의 직무집행을 정지하거나 직무대행자를 선임하는 가처분을 하거나 그 가처분을 변경·취소하는 경우에는 주사무소와 분사무소가 있는 곳의 등기소에서 이를 등기하여야 한다.

175) 「민법」 제63조(임시이사의 선임) 이사가 없거나 결원이 있는 경우에 이로 인하여 손해가 생길 염려 있는 때에는 법원은 이해관계인이나 검사의 청구에 의하여 임시이사를 선임하여야 한다.

176) 「중소기업중앙회 임원선거규정(2018. 8. 21. 개정)」 제2조의2(선거인 및 피선거권) ③

177) 「정비사업 조합설립추진위원회 운영규정(안)(국토교통부고시 제2018－102호)」 제15조(위원의 선임 및 변경) ②

178) 「정비사업 조합설립추진위원회 운영규정(안)(국토교통부고시 제2018－102호)」 제13조(토지등소유자의 권리·의무) ① 2.

179) 「도시정비법」 제27조(재개발사업·재건축사업의 지정개발자) ① 시장·군수등은 재개발사업 및 재건축사업이 다음 각 호의 어느 하나에 해당하는 때에는 토지등소유자, 「사회기반시설에 대한 민간투자법」 제2조(정의) 제12호에 따른 민관합동법인 또는 신탁업자로서 대통령령으로 정하는 요건을 갖춘 자(이하 "지정개발자"라 한다)를 사업시행자로 지정하여 정비사업을 시행하게 할 수 있다.

자업에 관한 법률」 제8조(금융투자업자) 제7항[180]에 따른 신탁업자(이하 "신탁업자"라 한다)가 사업시행자로 지정된 경우 토지등소유자가 정비사업을 목적으로 신탁업자에게 신탁한 토지 또는 건축물에 대하여는 위탁자를 토지등소유자로 본다(도시정비법§2 9.).

1. 주거환경개선사업 및 재개발사업의 경우에는 정비구역[181]에 위치한 토지 또는 건축물이 소유자 또는 그 지상권자
2. 재건축사업의 경우에는 정비구역에 위치한 건축물 및 그 부속토지의 소유자

무허가건축물의 소유자는 원칙적으로 토지등소유자로 볼 수 없다.[182]

다. 토지등소유자의 산정방법

(1) 공유자

(가) 산정방법

주거환경개선사업, 재개발사업의 경우에는 1필지의 토지 또는 하나의 건축물을 여럿이서 공유하는 경우에는 해당 토지 또는 건축물의 토지등소유자의 4분의 3 이상의 동의를 받아 이를 대표하는 1인을 토지등 소유자로 산정한다(도시정비법 시행령 §33①1.가.).

재건축사업의 경우에는 소유권 또는 구분소유권을 여럿이서 공유하는 경우에는 그

---

1. 천재지변, 「재난 및 안전관리기본법」 제27조(특정관리대상지역의 지정 및 관리 등) 또는 「시설물의 안전 및 유지관리에 관한 특별법」 제23조(긴급안전조치)에 따른 사용제한·사용금지, 그 밖의 불필요한 사유로 긴급하게 정비사업을 시행할 필요가 있다고 인정하는 때
2. 제16조(정비계획의 결정 및 정비구역의 지정·고시) 제2항 전단에 따라 고시된 정비계획에서 정한 정비사업시행 예정일부터 2년 이내에 사업시행계획인가를 신청하지 아니하거나 사업시행계획인가를 신청한 내용이 위법 또는 부당하다고 인정하는 때(재건축사업의 경우는 제외한다)
3. 제35조(조합설립인가 등)에 따른 재개발사업 및 재건축사업의 조합설립을 위한 동의요건 이상에 해당하는 자가 신탁업자를 사업시행자로 지정하는 것에 동의하는 때

180) 「자본시장과 금융투자업에 관한 법률」 제8조(금융투자업자) ⑦ 이 법에서 "신탁업자"란 금융투자업자 중 신탁업을 영위하는 자를 말한다.

181) "정비구역"이란 정비사업을 계획적으로 시행하기 위하여 「도시정비법」 제16조(정비계획의 결정 및 정비구역의 지정·고시)에 따라 지정·고시된 지역을 말한다(도시정비법§2 1.).

182) 서울행정법원 2008. 4. 4. 선고 2006구합27915 판결(무허가건축물의 소유자는 원칙적으로 「도시 및 주거환경정비법」 제2조(용어의 정의) 제9호 (가)목에 의하여 조합원의 자격이 인정되는 '토지등소유자'로 볼 수 없어 이들을 제외하면 위 법 제13조(조합의 설립 및 추진위원회의 구성) 제2항에 규정된 '토지등소유자의 과반수의 동의'라는 승인요건을 갖추지 못하였음에도, 이들이 주축이 되어 구성한 주택재개발정비사업조합설립추진위원회를 승인한 처분은 법규의 중요한 부분을 위반한 것으로서 그 하자가 중대하고 객관적으로 명백하여 당연무효라고 한 사례)

여럿을 대표하는 1인을 토지등소유자로 산정한다(도시정비법 시행령§33①2.가.).

소유권을 수인이 공동 소유하는 경우에는 그 수인은 대표자 1인을 대표소유자로 지정하고 대표소유자선임동의서를 작성하여 추진위원회에 신고하여야 한다. 이 경우 소유자로서의 법률행위는 그 대표소유자가 행한다.[183][184]

(나) 공유의 유형에 따른 산정방법

1) 토지의 공유자 중 일부가 지상 건축물을 단독 소유하는 경우

주택재개발사업에서 정비구역 내 토지·건축물의 소유자, 공유자가 서로 다른 경우에는 원칙적으로 각 부동산별로 1인이 토지등소유자로 산정되어야 하므로, 토지의 공유자 중 일부가 지상 건축을 단독 소유하는 경우 토지와 건축물은 각각 1인이 토지등소유자로 산정되어야 한다.[185]

2) 토지의 필지별 또는 토지·건물의 소유자, 공유자가 서로 다를 경우

토지의 필지별 또는 토지·건물의 소유자, 공유자가 서로 다를 경우에는 각 부동산별로 1인이 토지등소유자로 산정되어야 한다.[186]

3) 동일한 공유자가 서로 다른 필지의 토지 또는 토지·건물을 공동소유하고 있는 경우

동일한 공유자가 서로 다른 필지의 토지 또는 토지·건물을 공동소유하고 있을 때에는 부동산의 수와 관계없이 그 공유자들 중 1인만이 토지등소유자로 산정된다.[187]

4) 동일한 공유자가 서로 다른 필지의 토지 또는 토지·건물을 각자 소유하고 있는 경우

㉠부동산은 A가 단독으로 소유하고, ㉡부동산은 B가 단독으로 소유하며, ㉢부동산은 A, B가 공유하는 경우와 같이 어느 공유부동산의 각 공유자들이 그 공유부동산 외에 각자 단독으로 소유하는 부동산이 있어 공유부동산에 관하여 토지등소유자가 인정되는지 여부와 관계없이 각자 토지등소유자의 지위가 인정되는 경우에, 위 공유부동산에 관하여 토지등소유자를 별도로 인정하지 않는다고 하더라도 위 각 부동산

183) 「정비사업 조합설립추진위원회 운영규정(안)(국토교통부고시 제2018-102호)」 제13조(토지등소유자의 권리·의무) ⑤

184) 조합의 경우에도 대표자 1인을 대표조합원으로 지정하고 대표조합원선임동의서를 작성하여 조합에 신고하여야 하며, 조합원으로서의 법률행위는 그 대표조합원이 행한다(부산광역시 주택재건축정비사업조합 표준정관(부산광역시 고시 제2020-489호)§9④).

185) 2015. 3. 20. 선고 2012두23242 판결

186) 2010. 1. 14. 선고 2009두15852 판결

187) 2010. 1. 14. 선고 2009두15852 판결

에 관련된 소유자 내지 공유자들 중 토지등소유자의 지위가 인정되지 아니하는 불이익을 입는 사람이 없는 점 등에 비추어 그러한 경우에는 2인의 토지등소유자만 인정된다.[188]

(2) 다가구주택의 구분소유자

다가구주택[189]은 단독주택의 일종이다(건축법§2②1., 건축법 시행령§3의5). 따라서 다가구주택은 다세대주택[190] 등 공동주택으로 건축물대장의 전환이 있지 않는 한 가구별 지분 또는 구분소유권등기를 마쳤다고 하더라도 다가구주택의 구분소유자 등은 「도시정비법 시행령」 제33조(토지등소유자의 동의자 수 산정 방법 등) 제1항 제1호 가목의 "하나의 건축물을 여럿이서 공유하는 때"에 해당한다고 봄이 상당하다.[191] 따라서 다가구주택의 구분소유자들도 공유자들로서 그들을 대표하는 1인만을 토지등소유자로 산정한다.

(3) 지상권이 설정된 토지

주거환경개선사업, 재개발사업에 있어 토지에 지상권이 설정되어 있는 경우 토지의 소유자와 해당 토지의 지상권자를 대표하는 1인을 토지등소유자로 산정한다(도시

---

188) 서울고등법원 2010. 12. 16. 선고 2010누18378 판결

189) 「건축법 시행령」 [별표 1] <용도별 건축물의 종류(제3조의5(용도별 건축물의 종류) 관련)>

1. 단독주택[단독주택의 형태를 갖춘 가정어린이집·공동생활가정·지역아동센터·공동육아나눔터(「아이돌봄 지원법」 제19조(공동육아나눔터)에 따른 공동육아나눔터를 말한다)·작은도서관(「도서관법」 제4조(도서관의 구분) 제2항 제1호 가목에 따른 작은도서관을 말하며, 해당 주택의 1층에 설치한 경우만 해당한다. 이하 같다) 및 노인복지시설(노인복지주택은 제외한다)을 포함한다]

다. 다가구주택 : 다음의 요건을 모두 갖춘 주택으로서 공동주택에 해당하지 아니하는 것을 말한다.

1) 주택으로 쓰는 층수(지하층은 제외한다)가 3개 층 이하일 것. 다만, 1층의 전부 또는 일부를 필로티 구조로 하여 주차장으로 사용하고 나머지 부분을 주택(주거 목적으로 한정한다) 외의 용도로 쓰는 경우에는 해당 층을 주택의 층수에서 제외한다.

2) 1개 동의 주택으로 쓰이는 바닥면적의 합계가 660제곱미터 이하일 것

3) 19세대(대지 내 동별 세대수를 합한 세대를 말한다) 이하가 거주할 수 있을 것

190) 「건축법 시행령」 [별표 1] <용도별 건축물의 종류(제3조의5(용도별 건축물의 종류) 관련)>

2. 공동주택[공동주택의 형태를 갖춘 가정어린이집·공동생활가정·지역아동센터·공동육아나눔터·작은도서관·노인복지시설(노인복지주택은 제외한다) 및 「주택법 시행령」 제10조(도시형 생활주택) 제1항 제1호에 따른 소형 주택을 포함한다]

다. 다세대주택 : 주택으로 쓰는 1개 동의 바닥면적 합계가 660제곱미터 이하이고, 층수가 4개 층 이하인 주택(2개 이상의 동을 지하주차장으로 연결하는 경우에는 각각의 동으로 본다)

191) 맹신균, 『도시 및 주거환경정비법 해설(제4판)』, 법률&출판, 217－218쪽

정비법 시행령§33①1.나.).

「도시정비법」 제2조(정의) 제9호 (가)목, 「도시정비법 시행령」 제33조(토지등소유자의 동의자 수 산정 방법 등) 제1항 제1호 (나)목이 주택재개발사업의 토지등소유자에 지성권자를 포함시키고 토지에 지상권이 설정되어 있는 경우 토지 소유자와 지상권자를 대표하는 1인을 토지등소유자로 산정하도록 규정한 취지는 지상권이 설정된 토지의 경우 지상권자에게 동의 여부에 관한 대표자 선정에 참여할 권한을 부여함으로써 자신의 이해관계를 보호할 수 있도록 하기 위한 것이므로, 거기에서 더 나아가 토지등소유자 수의 산정에서까지 지상권자를 토지 공유자와 동일하게 볼 필요는 없는 점, 「도시정비법 시행령」 제33조(토지등소유자의 동의자 수 산정 방법 등) 제1항 제1호 (다)목은 1인이 다수 필지의 토지 또는 다수의 건축물을 소유하고 있는 경우에는 필지나 건축물의 수에 관계 없이 토지등소유자를 1인으로 산정한다고만 규정하고 있고, 토지에 관하여 지상권이 설정된 경우 이와 달리 취급하는 등의 예외규정을 두고 있지 아니하므로, 1인이 토지와 지상 건축물을 소유하고 있는 경우에는 토지에 관하여 지상권이 설정되었는지 여부에 관계없이 토지 및 지상 건축물에 관하여 토지등소유자를 1인으로 산정하는 것이 위 조항의 취지에 부합하는 점 등을 고려할 때, 특별한 사정이 없는 한 동일인 소유인 토지와 지상 건축물 중 토지에 관하여 지상권이 설정되어 있다고 하더라도 토지등소유자 수를 산정할 때에는 지상권자를 토지의 공유자와 동일하게 취급할 수 없고, 해당 토지와 지상 건축물에 관하여 1인의 토지등소유자가 있는 것으로 산정하는 것이 타당하다.[192]

(4) 다수 필지 소유자

주거환경개선사업, 재개발사업의 경우 1인이 다수 필지의 토지 또는 다수의 건축물을 소유하고 있는 경우에는 필지나 건축물의 수에 관계없이 토지등소유자를 1인으로 산정한다. 다만, 재개발사업으로서 「도시정비법」 제25조(재개발사업 · 재건축사업의 시행자) 제1항 제2호[193]에 따라 토지등소유자가 재개발사업을 시행하는 경우 토지등소유자가 정비구역 지정 후에 정비사업을 목적으로 취득한 토지 또는 건축물에 대해

---

192) 2015. 3. 20. 선고 2012두23242 판결

193) 「도시정비법」 제25조(재개발사업 · 재건축사업의 시행자) ① 재개발사업은 다음 각 호의 어느 하나에 해당하는 방법으로 시행할 수 있다.

2. 토지등소유자가 20인 미만인 경우에는 토지등소유자가 시행하거나 토지등소유자가 토지등소유자의 과반수의 동의를 받아 시장 · 군수등, 토지주택공사등, 건설업자, 등록사업자 또는 대통령령으로 정하는 요건을 갖춘 자와 공동으로 시행하는 방법

서는 정비구역 지정 당시의 토지 또는 건축물의 소유자를 토지등소유자의 수에 포함하여 산정하되, 이 경우 동의 여부는 이를 취득한 토지등소유자에 따른다(도시정비법 시행령§33①1.다.).

재건축사업의 경우에는 1인이 둘 이상의 소유권 또는 구분소유권을 소유하고 있는 경우에는 소유권 또는 구분소유권의 수에 관계없이 토지등소유자를 1인으로 산정한다(도시정비법 시행령§33①2.나.).[194)]

(5) 둘 이상의 토지 등의 소유자가 동일한 경우

주거환경개선사업, 재개발사업의 경우 둘 이상의 토지 또는 건축물을 소유한 공유자가 동일한 경우에는 그 공유자 여럿을 대표하는 1인을 토지등소유자로 산정한다(도시정비법 시행령§33①1.라.).

재건축사업의 경우 둘 이상의 소유권 또는 구분소유권을 소유한 공유자가 동일한 경우에는 그 공유자 여럿을 대표하는 1인을 토지등소유자로 한다(도시정비법 시행령§33①2.다.).

(6) 소재불명자

토지등기사항증명서 · 건물등기사항증명서 · 토지대장 또는 건축물관리대장에 소유자로 등재될 당시 주민등록번호의 기록이 없고 기록된 주소가 현재 주소와 다른 경

194) 1인이 다수 필지의 토지나 다수의 건축물 및 그 부속토지를 소유하고 있는 경우 주택재건축사업의 조합설립에 관한 동의자 수 산정방법과 관련하여 법원은 "구「도시정비법(2007. 12. 21. 법률 제8785호로 개정되기 전의 것, 이하 '구「도시정비법」'이라 한다)」이 '구분 소유자', '토지 또는 건축물 소유자'의 동의율 외에 전체 토지 면적을 기준으로 한 일정 비율 이상의 구분소유자 또는 토지소유자의 동의를 별도로 요구함으로써 재건축조합 설립의 동의 요건에 관하여 인적 측면과 더불어 재산적 측면을 함께 고려하고 있고, 구「도시정비법」 제16조(조합의 설립인가 등) 제3항은 주택재건축사업의 조합설립 동의 요건으로 토지 또는 건축물의 '소유권'이 아니라, 토지 또는 건축물의 '소유자'를 기준으로 그 5분의 4 이상을 규정하고 있음에 비추어 보면, 주택재건축사업의 조합설립에 관한 구「도시정비법」 제16조(조합의 설립인가 등) 제3항의 동의자 수를 산정할 때에 1인이 다수 필지의 토지나 다수의 건축물 및 그 부속토지를 소유하고 있다 하더라도 필지나 건축물의 수에 관계없이 토지 또는 건축물의 소유자를 1인으로 산정하는 것이 타당하다. 비록 구「도시정비법 시행령(2008. 12. 17. 대통령령 제21171호로 개정되기 전의 것)」이 주택재개발사업 또는 도시환경정비사업의 조합설립동의에 관하여 '1인이 다수 필지의 토지 또는 다수의 건축물을 소유하고 있는 경우에는 필지나 건축물의 수에 관계없이 토지등소유자를 1인으로 산정'하도록 규정하고 있는 것[제28조(사업시행인가) 제1항 제1호 (다)목]과 달리 주택재건축사업의 경우에는 이와 같은 규정을 두지 않았다고 하여 이를 달리 볼 것은 아니다."라고 판시하였다(2013. 11. 14. 선고 2011두5759 판결).

우로서 소재가 확인되지 아니한 자는 토지등소유자의 수 또는 공유자 수에서 제외한다(도시정비법 시행령§33①4.). 이는 주택재건축사업에서 조합설립추진위원회 내지 조합설립인가 등의 동의 여부에 관한 의사 확인이 어려운 토지 또는 건축물의 소유자를 배제하여 사업 진행을 원활하게 하려는 취지이다.[195)]

(7) 국 · 공유지

국 · 공유지에 대해서는 그 재산관리청 각각을 토지등소유자로 산정한다(도시정비법 시행령§33①5.).

라. 토지등소유자의 선거권의 대리행사

토지등소유자의 권한은 평등하며, 선거권을 포함한 권한의 대리행사는 원칙적으로 인정하지 아니하되, 다음 각 호에 해당하는 경우에는 권한을 대리할 수 있다. 이 경우 토지등소유자의 자격은 변동되지 아니한다.[196)]

1. 토지등소유자가 권한을 행사할 수 없어 배우자 · 직계존비속 · 형제자매 중에서 성년자를 대리인으로 정하여 위임장을 제출하는 경우
2. 해외거주자가 대리인을 지정한 경우
3. 법인인 토지등소유자가 대리인을 지정한 경우(이 경우 법인의 대리인은 추진위원회의 위원으로 선임될 수 있다)

마. 토지등소유자의 선거권의 승계

양도 · 상속 · 증여 및 판결 등으로 토지등소유자가 된 자는 종전의 토지등소유자가

---

195) 법원은 조합설립인가처분 이전에 사망한 토지 또는 건축물 소유자를 소재가 확인되지 않는다는 이유로 토지등소유자의 수에서 제외하기 위한 요건에 대하여 "소재가 확인되지 아니한다는 이유만으로 토지등소유자의 수에서 제외되는 토지 또는 건축물의 소유자는 자신의 의사가 전혀 반영되지 아니한 채 소유물이 처분되는 결과에 이를 수 있다는 점을 고려할 때 「도시정비법」 제33조(토지등소유자의 동의자 수 산정 방법 등) 제1항 제4호의 적용에 신중을 기해야 한다. 조합설립인가처분 이전에 이미 사망한 토지 또는 건축물 소유자를 소재가 확인되지 않는다는 이유로 토지등소유자의 수에서 제외하기 위해서는 위 토지 또는 건축물 소유자의 상속인의 존재 및 소재를 확인하기 위한 가능하고도 충분한 노력을 다하였음에도 그러한 사실을 확인할 수 없음이 분명한 경우이어야 하고, 위 시행령 조항에서 정한 관련 공부에 위 토지 또는 건축물 소유자의 주민등록번호가 기재되어 있더라도 달리 볼 이유가 없다."고 판시하였다(2014. 5. 29. 선고 2012두11041 판결).

196) 「정비사업 조합설립추진위원회 운영규정(안)(국토교통부고시 제2018－102호)」 제13조(토지등소유자의 권리 · 의무) ②

행하였거나 추진위원회가 종전의 권리자에게 행한 처분 및 권리 · 의무 등을 포괄 승계하므로,[197] 양도 · 상속 · 증여 및 판결 등으로 토지등소유자가 된 자는 종전의 토지등소유자의 선거권도 승계한다.

추진위원회의 구성 또는 조합의 설립에 동의한 자로부터 토지 또는 건축물을 취득한 자는 추진위원회의 구성 또는 조합의 설립에 동의한 것으로 본다(도시정비법 시행령§33①3.).

3. 정비사업조합의 조합장 선거의 선거권자

가. 조합원

조합의 조합장은 총회에서 선출하는 바(도시정비법§45①7.),[198] 총회의 구성원인 조합원(도시정비법§44①)이 조합장 선거의 선거권자이다.

나. 조합원의 자격

「도시정비법」 제25조(재개발사업 · 재건축사업의 시행자)에 따른 정비사업의 조합원(사업시행자가 신탁업자인 경우에는 위탁자를 말한다)은 토지등소유자(재건축사업의 경우에는 재건축사업에 동의한 자만 해당한다)로 하되, 다음 각 호의 어느 하나에 해당하는 때에는 그 여러 명을 대표하는 1명을 조합원으로 본다. 다만, 「지방자치분권 및 지역균형발전에 관한 특별법」 제25조(공공기관의 지방이전 및 혁신도시 활성화)[199]에 따른 공

197) 「정비사업 조합설립추진위원회 운영규정(안)(국토교통부고시 제2018－102호)」 제11조(권리 · 의무의 승계)

198) 「부산광역시 재건축정비사업조합 표준정관(안)(부산광역시 고시 제2020－489호)」 제13조(임원) ②

199) 「지방자치분권 및 지역균형발전에 관한 특별법」 제25조(공공기관의 지방이전 및 혁신도시 활성화) ① 정부는 수도권에 있는 공공기관 중 대통령령으로 정하는 기관(이하 이조에서 "이전대상공공기관"이라 한다)을 단계적으로 지방으로 이전하기 위한 공공기관지방이전 및 혁신도시 활성화를 위한 시책(이하 "혁신도시시책"이라 한다)을 추진하여야 한다.
② 정부는 혁신도시시책을 추진할 때에는 다음 각 호의 사항을 고려하여야 한다.
1. 지방자치단체의 유치계획 및 지원에 관한 사항
2. 이전대상공공기관별 지방이전계획에 관한 사항
3. 혁신도시 활성화 및 인근 지역과의 상생발전에 관한 사항
4. 그 밖에 국가균형발전을 위하여 필요한 사항
③ 관계 중앙행정기관의 장, 지방자치단체의 장 및 이전대상공공기관의 장은 혁신도시시책에 따라 공공기관별 지방이전계획의 수립 등 공공기관의 이전에 필요한 조치 및 혁신도시 활성화

공기관지방이전 및 혁신도시 활성화를 위한 시책 등에 따라 이전하는 공공기관이 소유한 토지 또는 건축물을 양수한 경우 양수한 자(공유의 경우 대표자 1명을 말한다)를 조합원으로 본다(도시정비법§39①).

1. 토지 또는 건축물의 소유권과 지상권이 여러 명의 공유에 속하는 때
2. 여러 명의 토지등소유자가 1세대에 속하는 때. 이 경우 동일한 세대별 주민등록표 상에 등재되어 있지 아니한 배우자 및 미혼인 19세 미만의 직계비속은 1세대로 보며, 1세대로 구성된 여러 명의 토지등소유자가 조합설립인가 후 세대를 분리하여 동일한 세대에 속하지 아니하는 때에도 이혼 및 19세 이상 자녀의 분가(세대별 주민등록을 달리하고, 실거주자를 분가한 경우로 한정한다)를 제외하고는 1세대로 본다.
3. 조합설립인가(조합설립인가 전에 「도시정비법」 제27조(재개발사업 · 재건축사업의 지정개발자) 제1항 제3호에 따라 신탁업자를 사업시행자로 지정한 경우에는 사업시행자의 지정을 말한다) 후 1명의 토지등소유자로부터 토지 또는 건축물의 소유권이나 지상권을 양수하여 여러 명이 소유하게 된 때[200]

다. 조합원 자격의 제한

「주택법」 제63조(투기과열지구의 지정 및 해제) 제1항[201]에 따른 투기과열지구(이하 "투기과열지구"라 한다)로 지정된 지역에서 재건축사업을 시행하는 경우에는 조합설립인가 후, 재개발사업을 시행하는 경우에는 「도시정비법」 제74조(관리처분계획의 인가 등)[202]에 따른 관리처분계획의 인가 후 해당 정비사업의 건축물 또는 토지를 양수(매

에 필요한 조치를 시행하여야 한다.

④ 국가와 지방자치단체는 공공기관이 지방으로 이전하는 경우 이전하는 공공기관 및 그 종사자에 대하여 재정적 · 행정적 지원 및 생활환경의 개선 등에 관한 지원을 할 수 있다.

200) 헌법재판소는 '조합설립인가 후 토지 또는 건축물의 소유권이나 지상권 양도가 있는 경우 수인을 대표하는 1인을 조합원으로 본다고 규정한 구「도시정비법(2009. 2. 6. 법률 제9444호로 개정된 것)」 제19조(조합원의 자격 등) 제1항 제3호는 대표 조합원 외 토지등 양수인을 분양대상에서 제외하는 규정이라고 볼 수 없어 청구인들의 재산권 등 기본권이 위 규정에 의하여 침해될 가능성이나 위험성이 없다.'고 판시하였다(2012. 7. 26. 선고 2011헌마169 결정).

201) 「주택법」 제63조(투기과열지구의 지정 및 해제) ① 국토교통부장관 또는 시 · 도지사는 주택가격의 안정을 위하여 필요한 경우에는 주거정책심의위원회(시 · 도지사의 경우에는 「주거기본법」 제9조(시 · 도 주거정책심의위원회)에 따른 시 · 도주거정책심의위원회를 말한다. 이하 이 조에서 같다)의 심의를 거쳐 일정한 지역을 투기과열지구로 지정하거나 이를 해제할 수 있다. 이 경우 투기과열지구의 지정은 그 지정 목적을 달성할 수 있는 최소한의 범위에서 시 · 군 · 구 또는 읍 · 면 · 동의 지역 단위로 지정하되, 택지개발지구(「택지개발촉진법」 제2조(용어의 정의) 제3호에 따른 택지개발지구를 말한다) 등 해당 지역 여건을 고려하여 지정 단위를 조정할 수 있다.

202) 「도시정비법」 제74조(관리처분계획의 인가 등) ① 사업시행자는 제72조(분양공고 및 분양신청)에 따른 분양신청기간이 종료된 때에는 분양신청의 현황을 기초로 다음 각 호의 사항이 포

함된 관리처분계획을 수립하여 시장·군수 등의 인가를 받아야 하며, 관리처분계획을 변경·중지 또는 폐지하려는 경우에도 또한 같다. 다만, 대통령령으로 정하는 경미한 사항을 변경하려는 경우에는 시장·군수 등에게 신고하여야 한다.

1. 분양설계
2. 분양대상자의 주소 및 성명
3. 분양대상자별 분양예정인 대지 또는 건축물의 추산액(임대관리 위탁주택에 관한 내용을 포함한다)
4. 다음 각 목에 해당하는 보류지 등의 명세와 추산액 및 처분방법. 다만, 나목의 경우에는 제30조(임대사업자의 선정) 제1항에 따라 선정된 임대사업자의 성명 및 주소(법인인 경우에는 법인의 명칭 및 소재지와 대표자의 성명 및 주소)를 포함한다.
   가. 일반 분양분
   나. 공공지원민간임대주택
   다. 임대주택
   라. 그 밖에 부대시설·복리시설 등
5. 분양대상자별 종전의 토지 또는 건축물 명세 및 사업시행계획인가 고시가 있은 날을 기준으로 한 가격(사업시행계획인가 전에 제81조(건축물 등의 사용·수익의 중지 및 철거 등) 제3항에 따라 철거된 건축물은 시장·군수등에게 허가를 받은 날을 기준으로 한 가격)
6. 정비사업비의 추산액(재건축사업의 경우에는 「재건축초과이익 환수에 관한 법률」에 따른 재건축부담금에 관한 사항을 포함한다) 및 그에 따른 조합원 분담규모 및 분담시기
7. 분양대상자의 종전 토지 또는 건축물에 관한 소유권 외의 권리명세
8. 세입자별 손실보상을 위한 권리명세 및 그 평가액
9. 그 밖에 정비사업과 관련한 권리 등에 관하여 대통령령으로 정하는 사항

② 시장·군수등은 제1항 각 호 외의 부분 단서에 따른 신고를 받은 날부터 20일 이내에 신고수리 여부를 신고인에게 통지하여야 한다.

③ 시장·군수등이 제2항에서 정한 기간 내에 신고수리 여부 또는 민원 처리 관련 법령에 따른 처리기간의 연장을 신고인에게 통지하지 아니하면 그 기간(민원 처리 관련 법령에 따라 처리기간이 연장 또는 재연장된 경우에는 해당 처리기간을 말한다)이 끝난 날의 다음 날에 신고를 수리한 것으로 본다.

④ 정비사업에서 제1항 제3호·제5호 및 제8호에 따라 재산 또는 권리를 평가할 때에는 다음 각 호의 방법에 따른다.

1. 「감정평가 및 감정평가사에 관한 법률」에 따른 감정평가업자 중 다음 각 목의 구분에 따른 감정평가업자가 평가한 금액을 산술평균하여 산정한다. 다만, 관리처분계획을 변경·중지 또는 폐지하려는 경우 분양예정 대상인 대지 또는 건축물의 추산액과 종전의 토지 또는 건축물의 가격은 사업시행자 및 토지등소유자 전원이 합의하여 산정할 수 있다.
   가. 주거환경개선사업 또는 재개발사업 : 시장·군수등이 선정·계약한 2인 이상의 감정평가법인등
   나. 재건축사업 : 시장·군수등이 선정·계약한 1인 이상의 감정평가법인등과 조합총회의 의결로 선정·계약한 1인 이상의 감정평가법인등
2. 시장·군수등은 제1호에 따라 감정평가법인등을 선정·계약하는 경우 감정평가법인등의 업무수행능력, 소속 감정평가사의 수, 감정평가 실적, 법규 준수 여부, 평가계획의 적정성 등을 고려하여 객관적이고 투명한 절차에 따라 선정하여야 한다. 이 경우 감정평가업자의 선정·절차 및 방법 등에 필요한 사항은 시·도조례로 정한다.

매·증여, 그 밖의 권리의 변동을 수반하는 모든 행위를 포함하되, 상속·이혼으로 인한 양도·양수의 경우는 제외한다)한 자는 조합원이 될 수 없다. 다만, 양도인이 다음 각 호의 어느 하나에 해당하는 경우 그 양도인으로부터 그 건축물 또는 토지를 양수한 자는 그러하지 아니하다(도시정비법§39②).

1. 세대원(세대주가 포함된 세대의 구성원을 말한다)의 근무상 또는 생업상의 사정이나 질병치료(「의료법」 제3조(의료기관)[203]에 따른 의료기관의 장이 1년 이상 치료나 요양이 필요하다고 인정하는 경우로 한정한다)·취학·결혼으로 세대원 모두 해당 사업

---

3. 사업시행자는 제1호에 따라 감정평가를 하려는 경우 시장·군수등에게 감정평가법인등의 선정·계약을 요청하고 감정평가에 필요한 비용을 미리 예치하여야 한다. 시장·군수등은 감정평가가 끝난 경우 예치된 금액에서 감정평가비용을 직접 지불한 후 나머지 비용을 사업시행자와 정산하여야 한다.

⑤ 조합은 제45조(총회의 의결) 제1항 제10호의 사항을 의결하기 위한 총회의 개최일부터 1개월 전에 제1항 제3호부터 제6호까지의 규정에 해당하는 사항을 각 조합원에게 문서로 통지하여야 한다.

⑥ 제1항에 따른 관리처분계획의 내용, 관리처분의 방법 등에 필요한 사항은 대통령령으로 정한다.

⑦ 제1항 각 호의 관리처분계획의 내용과 제4항부터 제6항까지의 규정은 시장·군수등이 직접 수립하는 관리처분계획에 준용한다.

203) 「의료법」 제3조(의료기관) ① 이 법에서 "의료기관"이란 의료인이 공중 또는 특정 다수인을 위하여 의료·조산의 업(이하 "의료업"이라 한다)을 하는 곳을 말한다.

② 의료기관은 다음 각 호와 같이 구분한다.

1. 의원급 의료기관 : 의사, 치과의사 또는 한의사가 주로 외래환자를 대상으로 각각 그 의료행위를 하는 의료기관으로서 그 종류는 다음 각 목과 같다.
   가. 의원
   나. 치과의원
   다. 한의원
2. 조산원 : 조산사가 조산과 임산부 및 신생아를 대상으로 보건활동과 교육·상담을 하는 의료기관을 말한다.
3. 병원급 의료기관 : 의사, 치과의사 또는 한의사가 주로 입원환자를 대상으로 의료행위를 하는 의료기관으로서 그 종류는 다음 각 목과 같다.
   가. 병원
   나. 치과병원
   다. 한방병원
   라. 요양병원(「장애인복지법」 제58조(장애인복지시설) 제1항 제4호에 따른 의료재활시설로서 제3조의2(병원등)의 요건을 갖춘 의료기관을 포함한다. 이하 같다)
   마. 정신병원
   바. 종합병원

③ 보건복지부장관은 보건의료정책에 필요하다고 인정하는 경우에는 제2항 제1호부터 제3호까지의 규정에 따른 의료기관의 종류별 표준업무를 정하여 고시할 수 있다.

구역에 위치하지 아니한 특별시·광역시·특별자치시·특별자치도·시 또는 군으로 이전하는 경우

2. 상속으로 취득한 주택으로 세대원 모두 이전하는 경우
3. 세대원 모두 해외로 이주하거나 세대원 모두 2년 이상 해외에 체류하려는 경우
4. 1세대(위 조합원의 자격 중 제2호에 따라 1세대에 속하는 때를 말한다) 1주택자로서 양도하는 주택에 대한 소유기간 및 거주기간이 대통령령[204]으로 정하는 기간 이상인 경우
5. 「도시정비법」 제80조(지분형주택 등의 공급)에 따른 지분형주택을 공급받기 위하여 건축물 또는 토지를 토지주택공사등과 공유하려는 경우
6. 공공임대주택, 「공공주택 특별법」에 따른 공공분양주택의 공급 및 대통령령[205]으로 정하는 사업을 목적으로 건축물 또는 토지를 양수하려는 공공재개발사업 시행자에게 양도하려는 경우
7. 그 밖에 불가피한 사정으로 양도하는 경우로서 대통령령[206]으로 정하는 경우

---

204) 「도시정비법 시행령」 제37조(조합원) ① 법 제39조(조합원의 자격 등) 제2항 제4호에서 "대통령령으로 정하는 기간"이란 다음 각 호의 구분에 따른 기간을 말한다. 이 경우 소유자가 피상속인으로부터 주택을 상속받아 소유권을 취득한 경우에는 피상속인의 주택의 소유기간 및 거주기간을 합산한다.
1. 소유기간 : 10년
2. 거주기간(「주민등록법」 제7조(주민등록표 등의 작성)에 따른 주민등록표를 기준으로 하며, 소유자가 거주하지 아니하고 소유자의 배우자나 직계존비속이 해당 주택에 거주한 경우에는 그 기간을 합산한다) : 5년

205) 「도시정비법 시행령」 제37조(조합원) ② 법 제39조(조합원의 자격 등) 제2항 제6호에서 "대통령령으로 정하는 사업"이란 공공재개발사업 시행자가 상가를 임대하는 사업을 말한다.

206) 「도시정비법 시행령」 제37조(조합원) ③ 법 제39조(조합원의 자격 등) 제2항 제7호에서 "대통령령으로 정하는 경우"란 다음 각 호의 어느 하나에 해당하는 경우를 말한다.
1. 조합설립인가일로부터 3년 이상 사업시행인가 신청이 없는 재건축사업의 건축물을 3년 이상 계속하여 소유하고 있는 자(소유기간을 산정할 때 소유자가 피상속인으로부터 상속받아 소유권을 취득한 경우에는 피상속인의 소유기간을 합산한다. 이하 제2호 및 제3호에서 같다)가 사업시행인가 신청 전에 양도하는 경우
2. 사업시행계획인가일로부터 3년 이내에 착공하지 못한 재건축사업의 토지 또는 건축물을 3년 이상 계속하여 소유하고 있는 자가 착공 전에 양도하는 경우
3. 착공일로부터 3년 이상 준공되지 아니한 재개발사업·재건축사업의 토지를 3년 이상 계속하여 소유하고 있는 경우
4. 법률 제7056호 「도시및주거환경정비법」 일부개정법률 부칙 제2항에 따른 토지등소유자로부터 상속·이혼으로 인하여 토지 또는 건축물을 소유한 자
5. 국가·지방자치단체 및 금융기관(「주택법 시행령」 제71조(입주자의 동의 없이 저당권설정 등을 할 수 있는 경우 등) 제1호 각목의 금융기관을 말한다)에 대한 채무를 이행하지 못하여 재개발사업·재건축사업의 토지 또는 건축물이 경매 또는 공매되는 경우
6. 「주택법」 제63조(투기과열지구의 지정 및 해제) 제1항에 따른 투기과열지구로 지정되기 전

라. 조합원의 임의탈퇴

조합원은 원칙적으로 조합을 임의로 탈퇴할 수 없다. 법원은 "구「주택건설촉진법」[207]에 의하여 설립된 재건축조합은 민법상 비법인사단에 해당한다 할 것이나, 원고 조합과 같은 재건축조합의 조합원은 부득이한 사유가 없는 한 조합의 사업목적이 달성되어 조합이 해산될 때까지 조합 목적 달성에 협력할 의무가 있는 바, 이 경우 재건축조합에 가입하여 기존의 주택을 철거하고 그 대지 위에 주택을 건설하기로 한 조합원이 임의 탈퇴한다면 재건축사업의 시행이 불가능하거나 현저히 곤란하게 되고, 구「주택건설촉진법 시행령(1994. 7. 30. 대통령령 제14349호로 개정되기 전의 것)」 제34조의3(공동사업주체의 사업시행) 제2호, 제42조(주택조합의 설립등) 제5항 본문, 제42조(주택조합의 설립등) 제7항 및 그 재건축조합의 조합규약 규정들이 모두 조합원의 임의탈퇴가 허용되지 않음을 당연한 전제로 하고 있으므로, 이와 같은 점들에 비추어 보면 재건축조합은 조합의 본질상 부득이한 사유가 없는 한 조합원의 임의 탈퇴를 허용하지 않는 것이라고 봄이 상당하고, 이와 같이 본다하여 사단의 본질에 반하는 것은 아니다."라고 판시하여,[208] 조합원의 임의탈퇴를 원칙적으로 부정하고 있다.

에 건축물 또는 토지를 양도하기 위한 계약(계약금 지급 내역 등으로 계약일을 확인할 수 있는 경우로 한정한다)을 체결하고, 투기과열지구로 지정된 날로부터 60일 이내에 「부동산 거래신고 등에 관한 법률」 제3조(부동산 거래의 신고)에 따라 부동산 거래의 신고를 한 경우

207) 구「주택건설촉진법」은 2003. 5. 29. 법률 제6916호 「주택법」으로 전부개정되었다.

208) 1997. 5. 30. 선고 96다23887 판결

제4장 위탁선거의 피선거권자[1)]

〈위탁선거의 피선거권에 대한 해당 법령 및 정관등의 적용〉

위탁선거법에서는 임원 등의 선출을 위한 선거의 관리를 선거관리위원회에 위탁하는 공공단체등인 위탁단체 임원 등의 피선거권을 규정하지 아니하고 있다. 위탁선거에서 피선거권(입후보자격 등 그 명칭에 관계없이 임원 등이 될 수 있는 자격을 말한다. 이하 같다)에 관하여는 해당 법령이나 정관 등에 따른다(위탁선거법§12).

제1절 의무위탁선거의 피선거권자

1. 농업협동조합의 조합장 선거의 피선거권자[2)]

가. 조합원

조합장은 조합원 중에서 선출하므로(농업협동조합법§45⑤), 조합의 조합장 선거의 피선거권자는 조합원이다. 조합원이 법인인 경우에는 그 대표자가 피선거권자이다.[3)]

나. 피선거권의 결격사유[4)]

(1) 임원의 결격사유[5)]

다음 각 호의 어느 하나에 해당하는 사람은 지역농협의 조합장이 될 수 없다(농업협동조합법§49①).

1) 위탁선거의 피선거권자에 대하여는 조합, 금고 및 중앙회 등의 조합장, 이사장 및 중앙회장 선거의 피선거권에 대하여 기술한다.
2) 지역농협의 피선거권에 관한 사항은 지역축협과 품목별조합에도 준용되므로, 이하에서는 지역농협의 피선거권자에 대하여 기술한다.
3) 2001. 1. 16. 선고 2000다45020 판결
4) 헌법재판소는, 농업협동조합·축산업협동조합의 조합장이 금고 이상의 형을 선고받고 그 형이 확정되지 아니한 경우에도 이사가 그 직무를 대행하도록 규정한 구「농업협동조합법(2009. 6. 9.

1. 대한민국 국민이 아닌 사람
2. 미성년자 · 피성년후견인 또는 피한정후견인
3. 파산선고를 받고 복권되지 아니한 사람
4. 법원의 판결이나 다른 법률에 따라 자격이 상실되거나 정지된 사람
5. 금고 이상의 실형을 선고받고 그 집행이 끝나거나(집행이 끝난 것으로 보는 경우를 포함) 집행이 면제된 날로부터 3년이 지나지 아니한 사람
6. 「농업협동조합법」 제164조 제1항(위법행위에 대한 행정처분)[6]이나 「신용협동조합법」 제84조(임직원에 대한 행정처분)[7]에 규정된 개선(改選) 또는 징계면직의 처분을 받

법률 제9761호로 개정된 것)」 제46조(임원의 직무) 제4항 제3호에 대하여, '이 사건 법률조항의 입법목적을 달성하기 위하여 직무정지라는 불이익을 가한다고 하더라도 그 사유는 형이 확정될 때까지 기다릴 수 없을 정도로 조합장 직무의 원활한 운영에 대한 "구체적인" 위험을 야기할 것이 명백히 예상되는 범죄 등으로 한정되어야 한다. 그런데 이 사건 법률조항은 조합장이 범한 범죄가 조합장에 선출되는 과정에서 또는 선출된 이후 직무와 관련하여 발생하였는지 여부, 고의범인지 과실범인지 여부, 범죄의 유형과 죄질이 조합장의 직무를 수행할 수 없을 정도로 공공의 신뢰를 중차대하게 훼손하는지 여부 등을 고려하지 아니하고, 단순히 금고 이상의 형을 선고받은 모든 범죄로 그 적용대상을 무한정 확대함으로써 기본권의 최소 침해성 원칙을 위반하였다.'고 판시하면서 위헌결정을 하였다(2013. 8. 29. 선고 2010헌마562 · 574, 2013헌마469(병합) 결정). 이후 2014. 12. 31. 법률 제12950호로 「농업협동조합법」이 개정되면서 제46조(임원의 직무) 제4항 제3호는 삭제되었다.

5) 조합장도 임원이므로(농업협동조합법§45①), 임원의 결격사유(농업협동조합법§49①)는 조합장에도 당연히 적용된다.

6) 「농업협동조합법」 제164조(위법행위에 대한 행정처분) ① 농림축산식품부장관은 조합등이나 중앙회의 업무와 회계가 법령, 법령에 따른 행정처분 또는 정관에 위반된다고 인정하면 그 조합등이나 중앙회에 대하여 기간을 정하여 그 시정을 명하고 관련 임직원에게 다음 각 호의 조치를 하게 할 수 있다.
   1. 임원에 대하여는 개선, 직무의 정지 또는 변상
   2. 직원에 대하여는 징계면직, 정직, 감봉 또는 변상
   3. 임직원에 대한 주의 · 경고

7) 「신용협동조합법」 제84조(임직원에 대한 행정처분) ① 금융위원회는 조합 또는 중앙회의 임직원이 이 법 또는 이 법에 따른 명령 · 정관 · 규정에서 정한 절차 · 의무를 이행하지 아니한 경우에는 조합 또는 중앙회로 하여금 관련 임직원에 대하여 다음 각 호의 조치를 하게 할 수 있다.
   1. 임원에 대하여는 개선, 직무의 정지 또는 변상
   2. 직원에 대하여는 징계면직, 정직, 감봉 또는 변상
   3. 임직원에 대한 주의 · 경고

   ② 제1항 및 제89조(중앙회의 지도 · 감독) 제7항 제1호에 따라 조합 또는 중앙회가 임직원의 개선, 징계면직의 조치를 요구받은 경우 해당 임직원은 그날부터 그 조치가 확정되는 날까지 직무가 정지된다.

   ③ 금융위원회는 조합 또는 중앙회의 업무를 집행할 임원이 없는 경우에는 임시임원을 선임할 수 있다.

   ④ 제3항에 따라 임시임원이 선임되었을 때에는 조합 또는 중앙회는 자체 없이 이를 등기하여

은 날로부터 5년이 지나지 아니한 사람

7. 형의 집행유예선고를 받고 그 유예기간 중에 있는 사람
8. 「농업협동조합법」 제172조(벌칙) 또는 위탁선거법 제58조(매수 및 이해유도죄) · 제59조(기부행위의 금지 · 제한 등 위반죄) · 제61조(허위사실공표죄)부터 제66조(각종 제한규정위반죄)까지의 규정된 죄를 범하여 벌금 100만원 이상의 형을 선고받고 4년이 지나지 아니한 사람
9. 「농업협동조합법」에 따른 임원 선거에서 당선되었으나 「농업협동조합법」 제173조(선거 범죄로 인한 당선 무효 등) 제1항 제1호[8] 또는 위탁선거법 제70조(위탁선거범죄로 인한 당선무효) 제1호에 따라 당선이 무효로 된 사람으로서 그 무효가 확정된 날로부터 5년이 지나지 아니한 사람
10. 선거일 공고일 현재 해당 지역농협의 정관으로 정하는 출자좌수 이상의 납입 출자분을 2년 이상 계속 보유하고 있지 아니한 사람(다만, 설립이나 합병 후 2년이 지나지 아니한 지역농협의 경우에는 그러하지 아니하다)[9)10)]

야 한다. 다만, 조합 또는 중앙회가 그 등기를 해태하는 경우에는 금융위원회는 조합 또는 중앙회의 주된 사무소를 관할하는 등기소에 그 등기를 촉탁할 수 있다.

8) 「농업협동조합법」 제173조(선거범죄로 인한 당선무효 등) ① 조합이나 중앙회의 임원 선거와 관련하여 다음 각 호의 어느 하나에 해당하는 경우에는 해당 선거의 당선을 무효로 한다.
   1. 당선인이 해당 선거에서 제172조(벌칙)에 해당하는 죄를 범하여 징역형 또는 100만원 이상의 벌금형을 선고받은 때

9) 「지역농업협동조합정관례(농림축산식품부고시 제2024-74호, 2024. 10. 8. 일부개정)」 제56조(임원의 결격사유) ① 다음 각 호의 어느 하나에 해당하는 사람은 조합의 임원이 될 수 없다. 다만, 제10호와 제12호는 조합원인 임원에게만 적용된다.
   10. 선거일공고일 현재 조합에 대하여 50좌 이상의 납입출자분을 2년 이상 보유하고 있지 아니한 사람

(비고) 1. 출자좌수는 50좌 이상 1천좌 이내에서 조합의 실정에 따라 제18조(출자) 제2항의 출자좌수 이상으로 정한다.

(비고) 2. 본 호의 출자좌수를 변경하는 경우에는 다음과 같은 경과조치규정을 부칙에 두어야 한다.

제○조(임원의 피선거권에 관한 경과조치) ① 이 정관 시행일 현재 재직 중인 임원은 제56조(임원의 결격사유) 제1항 제10호에 따른 자격을 갖춘 것으로 본다.

② 이 정관 시행일부터 2년 이내에 선거일이 공고된 경우에는 선거일공고일 현재 종전의 규정에 따라 필요로 하는 납입출자를 보유하고 있는 자는 선거일공고일 전일까지 미달하는 출자를 일시에 납입하면 제56조(임원의 결격사유) 제1항 제10호에 따른 출자좌수를 보유한 것으로 본다.

정관개정일 현재 종전의 정관에서 제56조(임원의 결격사유) 제1항 제10호의 출자좌수의 변경에 관련된 경과조치를 부칙에 규정하고 있는 조합으로서 그 시한이 남아있는 경우에는 그 부칙규정에 의거 임원의 피선거권에 관한 경과조치를 적용한다.

(비고) 3. 설립 또는 합병조합의 경우에는 다음과 같은 경과조치규정을 부칙에 두어야 한다.

제○조(임원의 피선거권에 관한 경과조치) ① 제56조(임원의 결격사유) 제1항 제10호는 조합이 설립등기(합병조합의 경우는 "합병등기")를 완료한 날부터 2년간은 적용하지 아니한다.

11. 선거일 공고일 현재 해당 지역농협, 중앙회 또는 다음 각 목의 어느 하나에 해당하는 금융기관에 대하여 정관으로 정하는 금액과 기간을 초과하여 채무 상환을 연체하고 있는 사람[11)]
   가. 「은행법」에 따라 설립된 은행
   나. 「한국산업은행법」에 따른 한국산업은행
   다. 「중소기업은행법」에 따른 중소기업은행
   라. 그 밖에 대통령령[12)]으로 정하는 금융기관

---

② 제56조(임원의 결격사유) 제1항 제12호는 조합이 설립등기(합병조합의 경우는 "합병등기")를 완료한 날부터 1년(이용실적 산정기간을 2년으로 하는 경우는 "2년")간은 적용하지 아니한다.

10) 헌법재판소는 구「농업협동조합법(1994. 12. 22. 법률 제4819호로 개정되고, 1999. 9. 7. 법률 제6018호 「농업협동조합법」 부칙 제2조에 의하여 2000. 7. 1. 폐지된 것)」 제50조(임원의 결격사유) 제1항 제11호가 조합 임원의 결격사유의 하나로 선거일 공고일 현재 당해 조합의 조합원 신분을 2년 이상 계속 보유하고 있지 않은 자는 조합의 임원이 될 수 없다고 규정한 것이 평등의 원칙에 위배되는지 여부에 대하여, '조합은 본질적으로 농업인들 간의 자조적인 인적 결합체이므로, 조합의 임원직을 담당하려면 경영능력 외에 구성원들 간의 인화와 협동을 도모할 수 있는 인적 신뢰가 필요하고, 임원의 직무는 중요하며 그 직무를 수행함에 있어 고의 또는 중대한 과실로 타인에게 손해를 가한 경우에는 연대하여 손해배상책임을 지게 되므로, 임원에게는 조합의 업무와 운영 전반에 관하여 상당한 정도의 이해와 경험이 필수적으로 요구된다. 그러므로 입법자로서는 일정기간 동안 조합원 신분의 보유를 임원 피선거권의 요건으로 규정할 수 있고, 그로 인하여 위 요건을 구비한 조합원과 이를 구비하지 못한 조합원 사이에 임원의 피선거권에 있어서 차별이 있다하더라도 거기에는 충분한 합리적 근거가 있다고 할 것이다. 나아가 임원 피선거권의 요건으로서 조합원 신분의 보유기간을 정함에 있어서는 입법자에게 조합 및 임원의 현황과 경제현실 등 제반사정을 참작하여 상당하다고 판단되는 기간을 정할 재량권이 부여되어 있다고 할 것인데, 이 사건 법률조항에서 정한 2년이라는 기간은 조합원의 임원 피선거권을 형해화할 정도로 장기간이라고 볼 수 없으므로 이를 정한 입법자의 결단은 존중되어야 할 것이고, 조합원 신분 보유기간 2년을 기준으로 임원의 피선거권 부여 여부를 달리 하는 것은 합리적인 차별이라고 할 것이다.'라고 판시하였다(2000. 6. 1. 선고 98헌마386 결정).

11) 「지역농업협동조합정관례(농림축산식품부고시 제2024-74호, 2024. 10. 8. 일부개정)」 제56조(임원의 결격사유) ① 다음 각 호의 어느 하나에 해당하는 사람은 조합의 임원이 될 수 없다. 다만, 제10호와 제12호는 조합원인 임원에게만 적용된다.
   11. 선거일공고일 현재 우리조합, 중앙회 또는 법 제49조(임원의 결격사유) 제1항 제11호 각 목의 금융기관에 대하여 5백만원 이상의 채무(보증채무를 제외한다)를 6월 이상 초과하여 연체한 사람

12) 「농업협동조합법 시행령」 제5조의2(연체 여부 확인대상 금융기관의 범위) 법 제49조(임원의 결격사유) 제1항 제11호 라목(법 제107조, 제112조 및 제161조에서 준용하는 경우를 포함한다)에서 "대통령령으로 정하는 금융기관"이란 다음 각 호의 어느 하나에 해당하는 금융기관을 말한다.
   1. 조합, 농협은행, 농협생명보험 및 농협손해보험
   2. 「기술보증기금법」에 따른 기술보증기금
   3. 「농림수산업자 신용보증법」에 따른 농림수산업자 신용보증기금
   4. 「보험업법」에 따른 보험회사
   5. 「산림조합법」에 따른 조합과 그 중앙회

12. 선거일 공고일 현재 「농업협동조합법」 제57조(사업) 제1항의 사업 중 대통령령[13]으로 정하는 사업에 대하여 해당 지역 농협의 정관으로 정하는 일정 규모 이상의 사업 이용실적이 없는 사람[14]

---

6. 「상호저축은행법」에 따른 상호저축은행과 그 중앙회
7. 「새마을금고법」에 따른 새마을금고와 그 중앙회
8. 「수산업협동조합법」에 따른 조합과 그 중앙회 및 수협은행
9. 「신용보증기금법」에 따른 신용보증기금
10. 「신용협동조합법」에 따른 신용협동조합과 그 중앙회
11. 「여신전문금융업법」에 따른 여신전문금융회사
12. 「벤처투자 촉진에 관한 법률」 제2조(정의) 제10호 및 제11호에 따른 벤처투자회사 및 벤처투자조합
13. 「중소기업협동조합법」에 따른 중소기업협동조합
14. 「지역신용보증재단법」에 다른 신용보증재단과 그 중앙회
15. 「한국수출입은행법」에 따른 한국수출입은행
16. 「한국주택금융공사법」에 다른 한국주택금융공사

13) 「농업협동조합법 시행령」 제5조의3(임원이 이용하여야 하는 사업) ① 법 제49조(임원의 결격사유) 제1항 제12호(법 제107조 제1항 및 제112조 제1항에서 준용하는 경우를 포함한다)에서 "대통령령으로 정하는 사업"이란 다음 각 호의 사업을 말한다.
1. 법 제57조(사업) 제1항 제2호 가목(법 제107조 제1항에서 준용하는 경우 제106조(사업) 제2호 가목을 말하며, 법 제112조 제1항에서 준용하는 경우 법 제111조(사업) 제2호 가목을 말한다. 이하 이 조에서 같다)의 사업. 이 경우 해당 조합이 출자한 법 제112조의2(목적)에 따른 조합공동사업법인의 사업 중 법 제112조의8(사업) 제1호에 따른 상품의 공동판매사업을 포함할 수 있다.
2. 그 밖에 조합의 정관으로 정하는 사업

14) 「지역농업협동조합정관례(농림축산식품부고시 제2024－74호, 2024. 10. 8. 일부개정)」 제56조(임원의 결격사유) ① 다음 각 호의 어느 하나에 해당하는 사람은 조합의 임원이 될 수 없다. 다만, 제10호와 제12호는 조합원인 임원에게만 적용된다.
12. ※ 정관개정일 현재 직전 회계연도 기준 제5조(사업의 종류) 제1항 제2호 가목의 사업을 이용하는 조합원이 전체 조합원의 100분의 50 이상인 경우에는 반드시 <제2례>를 선택함

<제1례>

선거일공고일 현재 우리 조합의 사업이용실적(선거일공고일 현재의 1년 전부터 선거일공고일 현재의 전일까지의 기간 동안 이용한 금액)이 다음 각 목의 기준금액 중 어느 하나에 해당하지 아니한 사람

가. 제5조(사업의 종류) 제1항 제2호 가목 및 나목의 경제사업(우리 조합이 출자한 법 제112조의2(목적)에 따른 조합공동사업법인의 사업 중 법 제112조의8(사업) 제1호에 따른 상품의 공동판매 사업을 포함한다)을 이용한 금액 :. ( )만원 이상
나. 제5조(사업의 종류) 제1항 제3호 가목의 신용사업에 따른 예금·적금의 평균잔액 : ( )만원 이상
다. 제5조(사업의 종류) 제1항 제3호 나목의 신용사업에 따른 대출금의 평균잔액 : ( )만원 이상
라. 제5조(사업의 종류) 제1항 제4호의 금융기관보험대리점사업 이용에 따른 수입수수료 : ( ) 만원 이상

(비고) 1. 사업이용실적 산정기간을 2년으로 하고자 하는 경우 제12호 중 "1년"을 "2년"으로 변

경하여야 함

(비고) 2. 제12호 각 목 중 가목은 반드시 포함시키고, 나목부터 라목까지는 조합의 실정에 따라 일부 또는 전부를 선택하거나, 선택하지 아니할 수 있음. 이 경우 나목부터 라목까지 중 2가지 이상을 선택할 때에는 제12호 본문 중 "다음 각 목의 기준금액 중 어느 하나에 해당하지 아니한 사람"을 "가목의 기준금액에 해당하지 아니하거나 가목을 제외한 각 목의 기준금액의 모두에 해당하지 아니한 사람"으로 하여야 함

(비고) 3. 제12호의 ( )의 금액은 정관개정일 현재 제139조(결산보고서 제출 및 승인) 제2항에 따라 결산보고서의 승인을 받은 최근 1회계연도(이용실적 산정기간을 2년으로 하는 경우는 "2회계연도")의 전체 조합원(각 회계연도말 조합원수 기준)의 경제사업 평균이용금액의 100분의 40(특별시 또는 광역시의 자치구를 구역의 전부 또는 일부로 하는 조합은 100분의 20) 이상 평균이용금액 이내, 예금·적금·대출금의 평균잔액 및 평균보험수입수수료의 100분의 20(특별시 또는 광역시의 자치구를 구역의 전부 또는 일부로 하는 조합은 100분의 30) 이상 평균잔액 및 평균보험수입수수료 이내에서 각각 조합의 실정에 따라 정함

(비고) 4. 제12호의 ( )의 금액을 변경하거나 <제2례>를 선택하여 제12호를 변경하는 경우에는 다음과 같은 경과조치규정을 부칙에 두어야 함

제○조(결격사유에 관한 경과조치) 제56조(임원의 결격사유) 제1항 제12호의 개정규정은 의결 후 1년이 경과한 날부터 시행한다.

(비고) 5. 제1항에 규정된 사유 외에는 조합에서 추가로 결격사유를 규정할 수 없음

<제2례>

선거일공고일 현재 우리 조합의 사업이용실적(선거일공고일 현재의 1년 전부터 선거일공고일 현재의 전일까지의 기간 동안 이용한 금액)이 다음 각 목의 기준금액 중 어느 하나에 해당하지 아니한 사람

가. 제5조(사업의 종류) 제1항 제2호 가목의 경제사업(우리 조합이 출자한 법 제112조의2(목적)에 따른 조합공동사업법인의 사업 중 법 제112조의8(사업) 제1호에 따른 상품의 공동판매 사업을 포함한다)을 이용한 금액 : ( )만원 이상

나. 제5조(사업의 종류) 제1항 제2호 나목의 경제사업을 이용한 금액 : ( )만원 이상

다. 제5조(사업의 종류) 제1항 제3호 가목의 신용사업 이용에 따른 예금·적금의 평균잔액 : ( )만원 이상

라. 제5조(사업의 종류) 제1항 제3호 나목의 신용사업 이용에 따른 대출금의 평균잔액 : ( )만원 이상

마. 제5조(사업의 종류) 제1항 제4호의 금융기관보험대리점사업 이용에 따른 수입수수료 : ( )만원 이상

(비고) 1. 사업이용실적 산정기간을 2년으로 하고자 하는 경우 제12호 중 "1년"을 "2년"으로 변경하여야 함

(비고) 2. 제12호 각 목 중 가목 및 나목은 반드시 포함시키고, 다목부터 마목까지는 조합의 실정에 따라 일부 또는 전부를 선택하거나, 선택하지 아니할 수 있음. 이 경우 다목부터 마목까지 중 2가지 이상을 선택할 때에는 제12호 본문 중 "다음 각 목의 기준금액 중 어느 하나에 해당하지 아니한 사람"을 "가목 또는 나목의 기준금액에 해당하지 아니하거나 가목 및 나목을 제외한 각 목의 기준금액의 모두에 해당하지 아니한 사람"으로 하여야 함

(비고) 3. 제12호의 ( )의 금액은 정관개정일 현재 제139조(결산보고서 제출 및 승인) 제2항에 따라 결산보고서의 승인을 받은 최근 1회계연도(이용실적 산정기간을 2년으로 하는 경우는 "2회계연도")의 전체 조합원(각 회계연도말 조합원수 기준)의 판매사업 평균이용금액의 100분의

(2) 지역농협과 경쟁관계에 있는 사업을 경영하는 사람의 피선거권 제한

지역농협의 사업과 실질적으로 경쟁관계에 있는 사업을 경영하거나 이에 종사하는 사람은 지역농협의 조합장이 될 수 없다(농업협동조합법§52④). 실질적인 경쟁관계에 있는 사업의 범위는 대통령령[15]으로 정한다(농업협동조합법§52⑤).

---

10 이상 평균이용금액의 100분의 50 이내, 구매사업 평균이용금액의 100분의 40(특별시 또는 광역시의 자치구를 구역의 전부 또는 일부로 하는 조합은 100분의 20) 이상 평균이용금액 이내, 예금·적금·대출금의 평균잔액 및 평균보험수입수수료의 100분의 20(특별시 또는 광역시의 자치구를 구역의 전부 또는 일부로 하는 조합은 100분의 30) 이상 평균잔액 및 평균보험수입수수료 이내에서 각각 조합의 실정에 따라 정함

(비고) 4. 제12호의 ( )의 금액을 변경하거나 <제1례>를 선택하여 제12호를 변경하는 경우에는 다음과 같은 경과조치규정을 부칙에 두어야 함

제○조(결격사유에 관한 경과조치) 제56조(임원의 결격사유) 제1항 제12호의 개정규정은 의결 후 1년이 경과한 날부터 시행한다.

(비고) 5. <제2례>를 선택하여 제12호를 변경하는 경우 제56조(임원의 결격사유) 제1항 제12호의 사업이용실적 기준금액에도 불구하고 정관 시행일부터 1년간 제12호 가목의 기준금액을 (비고) 3.에 따른 기준금액 미만으로 적용하고자 할 때에는 다음과 같은 경과조치를 부칙에 두어야 함

제○조(임원결격사유 중 사업이용실적에 관한 적용례) 이 정관 시행일부터 1년까지는 제56조(임원의 결격사유) 제1항 제12호 가목의 기준금액에도 불구하고 다음과 같이 한다.

가. 제5조(사업의 종류) 제1항 제2호 가목의 경제사업(우리 조합이 출자한 법 제112조의2(목적)에 따른 조합공동사업법인의 사업 중 법 제112조의8(사업) 제1호에 따른 상품의 공동판매사업을 포함한다)을 이용한 금액 : ( )만원 이상

(비고) 6. 제1항에 규정된 사유 외에는 조합에서 추가로 결격사유를 규정할 수 없음

15) 「농업협동조합법 시행령」 제5조의4(실질적인 경쟁관계에 있는 사업의 범위) ① 법 제52조(임직원의 겸직 금지 등) 제5항(법 제107조(준용규정), 제112조(준용규정), 제112조의11(준용규정) 및 제161조(준용규정)에서 준용하는 경우를 포함한다)에 따른 실질적인 경쟁관계에 있는 사업의 범위는 별표 2의 사업으로 하되, 해당 조합, 법 제112조의3(법인격 및 명칭)에 따른 조합공동사업법인 및 중앙회가 수행하고 있는 사업에 해당하는 경우로 한정한다.

② 제1항에도 불구하고 조합·조합공동사업법인 및 중앙회가 사업을 위하여 출자한 법인이 수행하고 있는 사업은 실질적인 경쟁관계에 있는 사업으로 보지 아니한다.

[별표 2] <실질적인 경쟁관계에 있는 사업의 범위(제5조의4 제1항 관련)>

1. 「금융위원회의 설치 등에 관한 법률」에 따른 검사대상기관이 수행하는 사업
2. 「수산업협동조합법」에 따른 지구별수산업협동조합·업종별수산업협동조합 및 수산물가공수산업협동조합이 수행하는 사업
3. 「산림조합법」에 따른 지역산림조합, 품목별·업종별산림조합 및 산림조합중앙회가 수행하는 사업
4. 「새마을금고법」에 따른 금고 및 새마을금고연합회(현 새마을금고중앙회)가 수행하는 사업
5. 「우체국 예금·보험에 관한 법률」에 따른 체신관서가 수행하는 사업
6. 「보험업법」에 따른 보험대리점·보험설계사 및 보험중개사가 수행하는 사업
7. 「대부업의 등록 및 금융이용자 보호에 관한 법률」에 따른 대부업, 대부중개업 및 그 협회가 수행하는 사업

농업협동조합의 목적사업이라 하더라도 조합이 완전히 폐업한 사업이나 사업장소를 마련하는 등 구체적인 준비에 착수조차 하지 않은 사업, 즉 추상적 이해충돌의 가능성만 있는 경우에는 조합이 이를 실제로 행하거나 행할 것이 확실한 사업이라고 보기 어려워 조합의 임직원이 그 목적사업과 동종의 사업을 경영한다 하더라도 이는 구「농업협동조합법(1998. 12. 28. 법률 제5591호로 개정되기 전의 것)」 제53조(경업자의 임원등의 취직금지)[16] 소정의 실질적으로 경쟁관계에 있는 사업을 경영하는 것으로 볼 수 없다.[17]

다. 「지역농업협동조합정관례」에서 정하고 있는 피선거권의 결격사유

다음 각 호의 어느 하나에 해당하는 사람은 피선거권이 없다.[18]

1. 「지역농업협동조합정관례(농림축산식품부고시 제2024－74호, 2024. 10. 8. 일부개정)」 제56조(임원의 결격사유) 제1항[19]의 결격사유에 해당하는 사람. 다만, 제56조(임원의 결격사유) 제1항 제10호부터 제12호까지를 제외한 결격사유의 기준일은 임기개시일로 한다.
2. 조합장임기만료일 현재 우리조합 · 다른조합 · 연합회 · 중앙회 · 농협경제지주회사 · 농협금융지주회사 · 농협은행 · 농협생명보험 · 농협손해보험의 직원 · 상임이사 · 상임감사(중앙회의 경우 상임감사위원장을 말한다), 우리조합 자회사(공동사업법인을 포함한

---

8. 「비료관리법」에 따른 비료업
9. 「농약관리법」에 따른 농약판매업
10. 「조세특례제한법」에 따라 부가가치세 영세율이 적용되는 농업용 · 축산업용 기자재를 농업인에게 직접 공급하는 자가 수행하는 사업
11. 「석유 및 석유대체연료 사업법」에 따른 석유판매업
12. 「사료관리법」에 따른 사료의 제조업 및 판매업
13. 「종자산업법」에 따른 종자업
14. 「양곡관리법」에 따른 양곡매매업 및 양곡가공업
15. 「축산물위생관리법」에 따라 영업의 허가를 받은 자 또는 신고한 자가 수행하는 사업
16. 「인삼산업법」에 따른 인삼류제조업
17. 「장사 등에 관한 법률」에 따른 장례식장영업
18. 그 밖에 이사회가 조합, 조합공동사업법인 및 중앙회가 수행하는 사업과 실질적인 경쟁관계에 있다고 인정하는 자가 수행하는 사업

16) 현행 「농업협동조합법」 제52조(임직원의 겸직금지 등) 제4항
17) 2000. 12. 22. 선고 2000다51889 판결
18) 「지역농업협동조합정관례(농림축산식품부고시 제2024－74호, 2024. 10. 8. 일부개정)」 제69조(피선거권) ①
19) 「지역농업협동조합정관례(농림축산식품부고시 제2024－74호, 2024. 10. 8. 일부개정)」 제56조(임원의 결격사유) 제1항은 「농업협동조합법」 제49조(임원의 결격사유) 제1항과 그 내용이 같다.

다)의 상근임직원, 다른 조합의 조합장, 연합회의 회장, 중앙회의 회장 또는 공무원(선거에 따라 취임하는 공무원을 제외한다)의 직을 사직한 지 90일이 경과하지 아니한 자. 다만, 조합장이 임기만료의 사유로 궐위된 때와 「지역농업협동조합정관례」 제65조(선거일) 제4항[20] 단서에 따라 선거를 실시하는 때에는 후보자등록전일까지 사직하지 아니한 사람

3. 후보자등록일전일까지 우리조합의 비상임이사·비상임감사 또는 자회사의 비상근임원의 직을 사직하지 아니한 사람
4. 후보자등록일전일까지 「농업협동조합법」 제52조(임원의 겸직 금지 등) 제4항에서 정한 경업관계를 해소하지 아니한 사람

위 제2호 및 제3호의 적용에 있어서는 조합 또는 그 소속기관의 장에게 사직원이 접수된 때에 사직한 것으로 본다.[21]

2. 농업협동조합중앙회의 회장 선거의 피선거권자

가. 피선거권자

중앙회의 회장은 회원인 조합의 조합원이어야 하므로(농업협동조합법§130①전문), 회원 조합의 조합원이 중앙회 회장 선거의 피선거권자이다.

나. 피선거권의 결격사유

중앙회 회장의 결격사유는 지역농협의 임원의 결격사유에 관한 규정(농업협동조합법§49)이 준용된다. 다만 「농업협동조합법」 제49조(임원의 결격사유) 제1항 각 호 외의

20) 「지역농업협동조합정관례(농림축산식품부고시 제2024-74호, 2024. 10. 8. 일부개정)」 제65조(선거일) ④ 제1항 및 제2항에 따른 선거의 경우 다음 각 호의 어느 하나에 해당하는 때에는 이사회의 의결에 따라 당해 선거를 실시하지 아니할 수 있다. 다만, 다음 각 호에 해당되지 아니하게 된 때에는 지체 없이 이사회 의결로 선거일을 지정하여 30일 이내에 당해 선거를 실시하여야 한다.

1. 제150조(합병)에 따른 합병의결이 있는 때
2. 다음 각 목의 어느 하나에 해당되어 농림축산식품부장관 또는 중앙회장이 선거를 실시하지 아니하도록 권고한 때
   가. 「농업협동조합법」 또는 「농업협동조합의 구조개선에 관한 법률」에 따라 합병권고·요구 또는 명령을 받은 경우
   나. 거액의 금융사고, 천재지변 등으로 선거를 실시하기 곤란한 경우

21) 「지역농업협동조합정관례(농림축산식품부고시 제2024-74호, 2024. 10. 8. 일부개정)」 제69조(피선거권) ②

부분 단서와 제10호(납입출자분 2년 이상 미보유)와 제12호(사업 이용실적 미보유)는 적용되지 않는다(농업협동조합법§161, §49).

「농업협동조합중앙회정관(개정 2022. 12. 29. 농림축산식품부장관 인가)」 제60조(임원의 결격사유) 제1항은 중앙회에 준용되는 지역농협에 관한 임원의 결격사유인 「농업협동조합법」 제49조(임원의 결격사유) 제1항 각 호 중 제1호부터 제9호까지는 이를 준용하여 같은 내용으로 규정하고 있고, 제10호와 제11호의 결격사유를 아래와 같이 규정하고 있다.[22)]

10. 선거일공고일 현재 본회 또는 법 제49조(임원의 결격사유) 제1항 제11호 각 목의 금융기관에 대하여 5백만원 이상의 채무(보증채무를 제외한다)를 6개월을 초과하여 연체한 자
11. 총회 또는 대의원회에서 해임의결된 자로서 해임의결일부터 4년이 경과되지 아니한 자

다. 「농업협동조합중앙회정관」에서 정하고 있는 피선거권의 결격사유

다음 각 호의 1에 해당하는 자는 회장이 될 수 없다.[23)]

1. 「농업협동조합중앙회정관(개정 2022. 12. 29. 농림축산식품부장관 인가)」 제60조(임원의 결격사유) 제1항 제1호 내지 제11호에 해당하는 자
2. 회장임기만료일 현재 본회 또는 회원의 상임인 임원(조합장은 제외한다) · 직원, 본회 또는 회원의 자회사(농협경제지주회사 및 농협금융지주회사의 자회사를 포함한다) 및 본회 또는 회원의 출연으로 운영되는 관계법인의 상근 임직원, 조합감사위원장과 공무원(선거에 의하여 취임하는 공무원은 제외한다)의 직을 사직한 지 90일을 경과하지 아니한 자. 다만, 회장이 임기만료 외의 사유로 궐위된 때에는 후보자등록일 전일까지 사직하지 아니한 자
3. 후보자등록일 전일까지 본회의 비상임임원 · 조합감사위원 및 본회의 자회사의 비상근 임원의 직을 사직하지 아니한 자
4. 후보자등록일 전일까지 「농업협동조합법」 제161조(준용규정)에서 준용하는 「농업협동조합법」 제52조(임원의 겸직 금지 등) 제4항 및 제5항[24)]에서 정한 경업관계를 해소하지 아니한 자

---

22) 「농업협동조합중앙회정관(개정 2022. 12. 29. 농림축산식품부장관 인가)」 제60조(임원의 결격사유) ①
23) 「농업협동조합중앙회정관(개정 2022. 12. 29. 농림축산식품부장관 인가)」 제74조(피선거권) ②
24) 「농업협동조합법」 제52조(임직원의 겸직 금지 등) ④ 지역농협의 사업과 실질적으로 경쟁관계에 있는 사업을 경영하거나 이에 종사하는 사람은 지역농협의 임직원 및 대의원이 될 수 없다. ⑤ 제4항에 따른 실질적인 경쟁관계에 있는 사업의 범위는 대통령령으로 정한다.

3. 수산업협동조합의 조합장 선거의 피선거권자[25)]

가. 피선거권자

조합장은 조합원 중에서 선출하므로(수산업협동조합법§46③), 조합의 조합장 선거의 피선거권은 조합원에게만 있다.

나. 피선거권의 결격사유

다음 각 호의 어느 하나에 해당하는 사람은 지구별수협의 조합장이 될 수 없다(수산업협동조합법§51①).[26)]

1. 대한민국 국민이 아닌 사람
2. 미성년자·피성년후견인·피한정후견인
3. 파산선고를 받고 복권되지 아니한 사람
4. 법원의 판결이나 다른 법률에 따라 자격이 상실되거나 정지된 사람
5. 금고 이상의 실형을 선고받고 그 집행이 끝나거나(집행이 끝난 것으로 보는 경우를 포함) 집행이 면제된 날로부터 3년이 지나지 아니한 사람
6. 「수산업협동조합법」 제146조(회원에 대한 감사 등) 제3항 제1호,[27)] 제170조(법령 위반에 대한 조치) 제2항 제1호[28)] 또는 「신용협동조합법」 제84조(임직원에 대한 행정처분)[29)]에 규정된 개선 또는 징계면직의 처분을 받은 날로부터 5년이 지나지 아니한

---

25) 지구별수협의 조합장 선거의 피선거권에 관한 규정은 업종별수협 및 수산물가공수협에도 준용되므로 이하에서는 지구별수협의 조합장 선거의 피선거권에 대하여 기술한다.

26) 조합장도 임원이므로(수산업협동조합법§46①), 임원의 결격사유(수산업협동조합법§51①)는 조합장에도 당연히 적용된다.

27) 「수산업협동조합법」 제146조(회원에 대한 감사 등) ③ 회장은 제1항과 제2항에 따른 감사 결과를 해당 회원의 조합장과 감사에게 알려야 하며 감사 결과에 따라 해당 회원에게 시정 또는 업무의 정지, 관련 임직원에 대한 다음 각 호의 조치를 할 것을 요구할 수 있다.
1. 임원에 대하여는 개선, 직무의 정지, 견책 또는 변상

28) 「수산업협동조합법」 제170조(법령 위반에 대한 조치) ② 해양수산부장관은 조합등과 중앙회의 업무 또는 회계가 법령, 법령에 따른 처분 또는 정관에 위반된다고 인정할 때에는 그 조합등 또는 중앙회에 대하여 기간을 정하여 시정을 명하고 해당 임직원에 대하여 다음 각 호의 조치를 하게 할 수 있다.
1. 임원에 대하여는 개선, 직무정지, 견책 또는 경고

29) 「신용협동조합법」 제84조(임직원에 대한 행정처분) ① 금융위원회는 조합 또는 중앙회의 임직원이 이 법 또는 이 법에 따른 명령·정관·규정에서 정한 절차·의무를 이행하지 아니한 경우에는 조합 또는 중앙회로 하여금 관련 임직원에 대하여 다음 각 호의 조치를 하게 할 수 있다.
1. 임원에 대해서는 개선, 직무의 정지 또는 견책
2. 직원에 대해서는 징계면직, 정직, 감봉 또는 견책

사람

7. 금고 이상의 형의 집행유예를 선고받고 그 유예기간 중에 있는 사람
8. 삭제

8의2. 「형법」 제303조(업무상 위력 등에 의한 간음) 또는 「성폭력범죄의 처벌 등에 관한 특례법」 제10조(업무상 위력 등에 의한 추행)에 규정된 죄를 저지른 사람으로서 300만원 이상의 벌금형을 선고받고 그 형이 확정된 후 2년이 지나지 아니한 사람

9. 「수산업협동조합법」 제178조(벌칙) 제1항부터 제4항까지 또는 위탁선거법 제58조(매수 및 이해유도죄) · 제59조(기부행위의 금지 · 제한 등 위반죄) · 제61조(허위사실공표죄)부터 제66조(각종 제한규정위반죄)까지 규정된 죄를 지어 징역 또는 100만원 이상의 벌금형을 선고받고 4년이 지나지 아니한 사람

10. 「수산업협동조합법」에 따른 임원 선거에서 당선되었으나 제179조(선거범죄로 인한 당선무효 등) 제1항 제1호[30] 또는 위탁선거법 제70조(위탁선거범죄로 인한 당선무효) 제1호에 따라 당선이 무효가 된 사람으로서 그 무효가 확정된 날로부터 4년이 지나지 아니한 사람

11. 「수산업협동조합법」에 따른 선거일 공고일 현재 해당 지구별수협의 조합원 신분을 2년 이상 계속 보유하고 있지 아니하거나 정관으로 정하는 출자좌수 이상의 납입출자금을 2년 이상 계속 보유하고 있지 아니한 사람(다만, 설립 또는 합병 후 2년이 지나지 아니한 지구별수협의 경우에는 선거일 공고일 현재 조합원 신분을 보유하고 있지 아니하거나 정관으로 정하는 출자좌수 이상의 납입출자금을 보유하고 있지 아니한 사람을 말한다)

12. 「수산업협동조합법」에 따른 선거일 공고일 현재 해당 지구별수협, 중앙회, 수협은행 또는 「은행법」에 따라 설립된 은행 · 「한국산업은행법」에 따른 한국산업은행 · 「중소기업은행법」에 따른 중소기업은행 · 그 밖에 대통령령[31]으로 정하는 금융기관 중 어

---

3. 임직원에 대한 주의 · 경고

② 제1항 및 제89조 제7항 제1호에 따라 조합 또는 중앙회가 임직원의 개선, 징계면직의 조치를 요구받은 경우 해당 임직원은 그날부터 그 조치가 확정되는 날까지 직무가 정지된다.

③ 금융위원회는 조합 또는 중앙회의 업무를 집행할 임원이 없는 경우에는 임시임원을 선임할 수 있다.

④ 제3항에 따라 임시임원이 선임되었을 때에는 조합 또는 중앙회는 지체 없이 이를 등기하여야 한다. 다만, 조합 또는 중앙회가 그 등기를 해태하는 경우에는 금융위원회는 조합 또는 중앙회의 주된 사무소를 관할하는 등기소에 그 등기를 촉탁할 수 있다.

30) 「수산업협동조합법」 제179조(선거범죄로 인한 당선무효 등) ① 조합이나 중앙회의 임원 선거와 관련하여 다음 각 호의 어느 하나에 해당하는 경우에는 해당 선거의 당선을 무효로 한다.

1. 당선인이 그 선거에서 제178조(벌칙)에 따라 징역형 또는 100만원 이상의 벌금형을 선고받은 경우

31) 「수산업협동조합법 시행령」 제15조의3(연체 대상 금융기관의 범위) 법 제51조 제1항 제12호 라

느 하나에 해당하는 금융기관에 대하여 정관으로 정하는 금액과 기간을 초과하여 채무상환을 연체하고 있는 사람

13. 선거일 공고일 현재 해당 지구별수협의 정관으로 정하는 일정규모 이상의 사업 이용실적이 없는 사람

다. 「수산업협동조합정관부속서 임원선거규정(예)」에서 정하고 있는 피선거권의 결격사유

「수산업협동조합정관부속서 임원선거규정(예)(해양수산부고시 제2022－168호, 2022. 10. 25. 일부개정)」은 조합장의 피선거권에 대하여 「수산업협동조합법」 제51조(임원의 결격사유) 제1항 각 호에서 규정한 결격사유와 같은 내용의 「지구별수산업협동조합정관(예)(해양수산부고시 제2021－10호, 2021. 1. 18. 일부개정)」의 임원결격사유[32]에 해당하는 사람은 피선거권이 없다고 규정하고 있다.[33]

조합원이 법인인 경우에는 법인의 대표자에게 피선거권을 인정하는 바, 이 경우 피선거권의 결격사유를 판단함에 있어서는 「지구별수산업협동조합정관(예)」의 임원결격사유별로 자연인인 법인의 대표자에게만 해당하는 사항인지, 법인에게만 해당하는 사

목(법 제108조, 제113조 및 제168조에서 준용하는 경우를 포함한다)에서 "대통령령으로 정하는 금융기관"이란 다음 각 호의 어느 하나에 해당하는 금융기관을 말한다.

1. 「한국수출입은행법」에 따른 한국수출입은행
2. 「한국주택금융공사법」에 따른 한국주택금융공사
3. 「상호저축은행법」에 따른 상호저축은행과 그 중앙회
4. 「농업협동조합법」에 따른 조합과 그 중앙회 및 농협은행
5. 조합
6. 「산림조합법」에 따른 조합과 그 중앙회
7. 「신용협동조합법」에 따른 신용협동조합과 그 중앙회
8. 「새마을금고법」에 따른 새마을금고와 그 중앙회
9. 「보험업법」에 따른 보험회사
10. 「여신전문금융업법」에 따른 여신전문금융회사
11. 「기술보증기금법」에 따른 기술보증기금
12. 「신용보증기금법」에 따른 신용보증기금
13. 「중소기업창업 지원법」에 따른 중소기업창업투자회사 및 중소기업창업투자조합
14. 「중소기업협동조합법」에 따른 중소기업협동조합
15. 「지역신용보증재단법」에 따른 신용보증재단과 그 중앙회

32) 「지구별수산업협동조합정관(예)(해양수산부고시 제2021－10호, 2021. 1. 18. 일부개정)」 제55조(임원의 결격사유) ①

33) 「수산업협동조합정관부속서 임원선거규정(예)(해양수산부고시 제2022－168호, 2022. 10. 25. 일부개정)」 제6조(피선거권) ②

항인지와 법인과 자연인인 법인의 대표자 모두에 관한 사항인지 여부를 판단한다.[34)]

4. 수산업협동조합중앙회의 회장 선거의 피선거권자

가. 피선거권자

중앙회의 회장은 회원인 조합의 조합원이어야 하므로(수산업협동조합법§134①), 중앙회의 회장 선거의 피선거권자는 회원조합의 조합원이다.

나. 피선거권의 결격사유

중앙회 회장 선거의 피선거권자의 결격사유는 「수산업협동조합법」 제51조(임원의 결격사유) 제1항 각 호의 지구별수협의 임원의 결격사유에 관한 규정이 준용된다. 다만, 위 임원의 결격사유 중 회원 조합의 조합원신분유지에 관한 사항(수산업협동조합법§51①11.[35)])과 회원 조합의 사업이용실적에 관한 사항(수산업협동조합법§51①13.[36)])은 적용되지 않는다(수산업협동조합법§168, §51①).

다. 「수협중앙회정관부속서 임원선거규정」에서 정하고 있는 피선거권의 결격사유

다음 각 호의 어느 하나에 해당하는 사람은 회장이 될 수 없다.[37)]

1. 「수산업협동조합중앙회정관(일부개정 2024. 4. 9.)」 제73조(임원의 결격사유) 제1항의 결격사유[38)]에 해당하는 사람

---

34) 「수산업협동조합정관부속서 임원선거규정(예)(해양수산부고시 제2022－168호, 2022. 10. 25. 일부개정)」 제6조(피선거권) ③

35) 「수산업협동조합법」 제51조(임원의 결격사유) ① 다음 각 호의 어느 하나에 해당하는 사람은 지구별수협의 임원이 될 수 없다. 다만, 제11호와 제13호는 조합원인 임원에게만 적용한다.
    11. 이 법에 따른 선거일 공고일 현재 조합원 신분을 보유하고 있지 아니하거나 정관으로 정하는 출자계좌 수 이상의 납입출자금을 2년 이상 보유하고 있지 아니한 사람. 다만, 설립 또는 합병 후 2년이 지나지 아니한 지구별수협의 경우에는 선거일 공고일 현재 조합원 신분을 보유하고 있지 아니하거나 정관으로 정하는 출자계좌 수 이상의 납입출자금을 보유하고 있지 아니한 사람을 말한다.

36) 「수산업협동조합법」 제51조(임원의 결격사유) ① 다음 각 호의 어느 하나에 해당하는 사람은 지구별수협의 임원이 될 수 없다. 다만, 제11호와 제13호는 조합원인 임원에게만 적용한다.
    13. 선거일 공고일 현재 해당 지구별수협의 정관으로 정하는 일정규모 이상의 사업 이용 실적이 없는 사람

37) 「수협중앙회정관부속서 임원선거규정(일부개정 2021. 12. 20.)」 제5조(회장 선거의 피선거권) ②

2. 회장 임기 만료일 현재 수협중앙회의 지도경제사업대표이사(이하 "대표이사"라 한다) · 감사위원장 · 상임이사 · 조합감사위원장 · 직원, 수협중앙회의 자회사(「상법」 제342조의2(자회사에 의한 모회사 주식의 취득)[39]에 따른 자회사를 말한다. 이하 같다) 및 수협중앙회의 출연으로 운영되는 관계 법인의 상근 임직원, 공무원(선거에 의하여 취임하는 공무원을 제외한다)의 직을 사직한지 60일을 경과하지 아니한 사람. 다만, 회장이 임기만료 외의 사유로 궐위된 때에는 후보자 등록일(후보자 등록기간 중 본인이 후보자로 등록한 날을 말한다. 이하 같다) 전일까지 그 직을 사직하지 아니한 사람
3. 후보자 등록일 전일까지 수협중앙회의 비상임임원(회장을 제외한다) · 조합감사위원(조합감사위원장은 제외한다), 회원조합장 및 수협중앙회의 자회사의 비상임임원의 직을 사직하지 아니한 사람
4. 후보자 등록일 전일까지 「수산업협동조합법」 제168조(준용규정)에 따라 준용되는 제55조(임직원의 겸직금지 등) 제4항[40]에서 정한 실질적 경업관계를 해소하지 아니한 사람

5. 산림조합의 조합장 선거의 피선거권자

가. 피선거권자

조합의 조합장은 조합원 중에서 선출하므로(산림조합법§35④), 조합의 조합장 선거의 피선거권은 조합원에게만 있다.

나. 피선거권의 결격사유

다음 각 호의 어느 하나에 해당하는 사람은 조합의 조합장이 될 수 없다.(산림조합

38) 「수산업협동조합법」 제51조(임원의 결격사유) 제1항의 결격사유와 그 내용이 유사하다.
39) 「상법」 제342조의2(자회사에 의한 모회사주식의 취득) ① 다른 회사의 발행주식의 총수의 100분의 50을 초과하는 주식을 가진 회사(이하 "모회사"라 한다)의 주식은 다음의 경우를 제외하고는 그 다른 회사(이하 "자회사"라 한다)가 이를 취득할 수 있다.
1. 주식의 포괄적 교환, 주식의 포괄적 이전, 회사의 합병 또는 다른 회사의 영업전부의 양수로 인한 때
2. 회사의 권리를 실행함에 있어 그 목적을 달성하기 위하여 필요한 때
② 제1항 각 호의 경우 자회사는 그 주식을 취득한 날로부터 6월 이내에 모회사의 주식을 처분하여야 한다.
③ 다른 회사의 발행주식의 총수의 100분의 50을 초과하는 주식을 모회사 및 자회사 또는 자회사가 가지고 있는 경우 그 다른 회사는 이 법의 적용에 있어 그 모회사의 자회사로 본다.
40) 「수산업협동조합법」 제55조(임직원의 겸직금지 등) ④ 지구별수협의 사업과 실질적인 경쟁관계에 있는 사업을 경영하거나 이에 종사하는 사람은 지구별수협의 임직원 및 대의원이 될 수 없다.

법§39①).[41)]

1. 대한민국 국민이 아닌 사람
2. 미성년자·피성년후견인 또는 피한정후견인
3. 파산선고를 받고 복권되지 아니한 사람
4. 법원의 판결이나 다른 법률에 따라 자격이 상실되거나 정지된 사람
5. 금고 이상의 형을 선고받고 그 집행이 끝나거나(집행이 끝난 것으로 보는 경우를 포함한다) 집행이 면제된 날로부터 3년이 지나지 아니한 사람

5의2. 「형법」 제303조(업무상위력 등에 의한 간음) 또는 「성폭력범죄의 처벌 등에 관한 특례법」 제10조(업무상위력 등에 의한 추행)에 규정된 죄를 저지른 사람으로서 300만원 이상의 벌금형을 선고받고 그 형이 확정된 후 2년이 지나지 아니한 사람

6. 「산림조합법」 제125조(위법행위에 대한 행정처분) 제1항[42)] 또는 「신용협동조합법」 제84조(임직원에 대한 행정처분) 제1항에 따른 개선 또는 징계면직의 처분을 받은 날로부터 5년이 지나지 아니한 사람
7. 금고 이상의 형의 집행유예를 선고받고 그 유예기간 중에 있는 사람
8. 삭제
9. 「산림조합법」 제132조(벌칙) 또는 위탁선거법 제58조(매수 및 이해유도죄)·제59조(기부행위의 금지·제한 등 위반죄)·제61조(허위사실공표죄)부터 제66조(각종 제한규정위반죄)까지 규정된 죄를 범하여 100만원 이상의 형을 선고받고 4년이 지나지 아니한 사람
10. 「산림조합법」에 따른 임원선거에서 당선되었으나 제133조(선거범죄로 인한 당선무효 등) 제1항 제1호 또는 위탁선거법 제70조(위탁선거범죄로 인한 당선무효) 제1호에 해당하게 되어 당선이 무효가 된 사람으로서 그 무효가 확정된 날로부터 5년이 지나지 아니한 사람
11. 선거일 공고일 현재 해당 조합의 정관으로 정하는 출자좌수 이상의 납입출자를 2년 이상 계속 보유하고 있지 아니한 사람(다만, 설립 또는 합병 후 2년이 지나지 아니한 조합의 경우에는 그러하지 아니하다)

---

41) 조합의 조합장은 임원이므로(산림조합법§35①), 임원의 결격사유(산림조합법§39①)는 조합의 조합장에도 당연히 적용된다.

42) 「산림조합법」 제125조(위법행위에 대한 행정처분) ① 산림청장 또는 시·도지사는 조합등 또는 중앙회의 업무와 회계가 법령, 법령에 따른 행정처분 또는 정관을 위반한다고 인정할 때에는 그 조합 또는 중앙회에 대하여 기간을 정하여 시정을 명하고 관련 임직원에 대하여 다음 각 호의 조치를 할 것을 요구할 수 있다.
 1. 임원에 대하여는 개선 또는 직무의 정지
 2. 직원에 대하여는 징계면직, 정직 또는 감봉

12. 선거일 공고일 현재 해당 조합, 중앙회 또는 다음 각 목의 어느 하나에 해당하는 금융기관에 대하여 정관으로 정하는 금액과 기간을 초과하여 채무상환을 연체하고 있는 사람
    가. 「은행법」에 따라 설립된 은행
    나. 「한국산업은행법」에 따른 한국산업은행
    다. 「중소기업은행법」에 따른 중소기업은행
    라. 그 밖에 대통령령으로 정하는 금융기관[43]
13. 선거일 공고일 현재 해당 조합의 정관으로 정하는 일정규모 이상의 사업 이용 실적이 없는 사람에 해당하는 사람은 조합의 조합장이 될 수 없다.

다. 「산림조합정관(예)부속서 임원선거규약」에서 정하고 있는 피선거권의 결격사유

다음 각 호의 어느 하나에 해당하는 사람은 조합의 조합장후보자가 될 수 없다.[44]

1. 선거공고일 현재 「산림조합정관(예)」 제64조(임원의 결격사유) 제1항[45]의 결격사유에 해당하는 사람

---

43) 「산림조합법 시행령」 제8조의2(금융기관의 범위) 법 제39조(임원의 결격사유) 제1항 제12호 라목(법 제122조(준용규정)에서 준용하는 경우를 포함한다)에서 "대통령령으로 정하는 금융기관"이란 다음 각 호의 어느 하나에 해당하는 금융기관을 말한다.
    1. 조합
    2. 「기술보증기금법」에 따른 기술보증기금
    3. 「농림수산업자 신용보증법」에 따른 농림수산업자 신용보증기금
    4. 「농업협동조합법」에 따른 조합, 중앙회 및 농협은행
    5. 「보험업법」에 따른 보험회사
    6. 「상호저축은행법」에 따른 상호저축은행 및 상호저축은행중앙회
    7. 「새마을금고법」에 따른 새마을금고 및 중앙회
    8. 「수산업협동조합법」에 따른 조합, 중앙회 및 수협은행
    9. 「신용보증기금법」에 따른 신용보증기금
    10. 「신용협동조합법」에 따른 신용협동조합 및 신용협동조합중앙회
    11. 「여신전문금융업법」에 따른 여신전문금융회사
    12. 「벤처투자촉진에 관한 법률」 제2조(정의) 제10호 및 제11호에 따른 중소기업창업투자회사 및 벤처투자조합
    13. 「중소기업협동조합법」에 따른 중소기업협동조합
    14. 「지역신용보증재단법」에 따른 신용보증재단 및 신용보증재단중앙회
    15. 「한국수출입은행법」에 따른 한국수출입은행
    16. 「한국주택금융공사법」에 따른 한국주택금융공사

44) 「산림조합정관(예)부속서 임원선거규정(개정 2023. 10. 6. 산림청장 인가)」 제8조(피선거권) ①

45) 「산림조합법」 제39조(임원의 결격사유) 제1항과 그 내용이 같다.

2. 임기만료로 인한 조합장의 선출을 위하여 선거를 실시하는 때에는 조합장 임기만료일 현재 조합의 상임이사·직원·자회사의 상근직원이나 다른 조합(「산림조합법」에 따라 설립된 조합)의 조합장·상임임원·직원 또는 중앙회의 상임임원·직원 또는 공무원(선거에 따라 취임하는 공무원은 제외한다)의 직을 사직한 지 90일이 경과하지 아니한 사람. 다만, 조합장이 임기만료의 사유로 궐위된 때와 「산림조합정관(예)부속서 임원선거규약」 제4조(선거일) 제2항 제5호의 단서[46]에 따라 선거를 실시하는 경우에는 후보자등록일 전일까지 사직하지 아니한 사람
3. 조합장 후보자등록신청 전일까지 조합의 비상임이사, 비상임감사 및 조합의 자회사의 비상근임원의 직을 사직하지 아니한 사람
4. 다음 각 목의 기간까지 「산림조합정관(예)부속서 임원선거규약」 별표 1 <실질적인 경쟁관계에 있는 사업의 범위>[47]에서 정한 경업관계를 해소하지 아니한 사람
   가. 임기만료에 따른 선거 : 임기만료일로부터 90일 전일
   나. 재선거, 보궐선거, 조합의 설립·분할 또는 합병으로 인한 선거 : 선거일공고일

---

46) 「산림조합정관(예)부속서 임원선거규정(개정 2023. 10. 6. 산림청장 인가)」 제4조(선거일) ② 제1항에 해당되지 아니하는 임원의 선거일은 이사회에서 정하되 다음 각 호에 따른다.
5. 제1호 및 제2호에 따른 선거의 경우 총회 또는 조합원 투표에 따른 합병의결이 있거나, 감독기관의 합병권고가 있는 때에는 이사회의 의결에 따라 해당 선거를 실시하지 아니할 수 있다. 다만, 합병을 하지 아니하기로 확정된 때에는 그 확정일로부터 30일 이내에 해당 선거를 실시하여야 한다.

47) 「산림조합정관(예)부속서 임원선거규정(개정 2023. 10. 6. 산림청장 인가)」 별표 1 <실질적인 경쟁관계에 있는 사업의 범위>
1. 「금융위원회의 설치 등에 관한 법률」에 따른 검사대상기관이 수행하는 사업
2. 「농업협동조합법」에 따른 조합, 조합공동사업법인 및 중앙회가 수행하는 사업
3. 「수산업협동조합법」에 따른 조합, 조합공동사업법인 및 중앙회가 수행하는 사업
4. 「새마을금고법」에 따른 금고 및 중앙회가 수행하는 사업
5. 「우체국 예금·보험에 관한 법률」에 따른 체신관서가 수행하는 사업
6. 「보험업법」에 따른 보험회사·보험대리점·보험중개사 및 보험설계사가 수행하는 사업
7. 「대부업의 등록 및 금융이용자 보호에 관한 법률」에 따른 대부업, 대부중개업과 대부업 및 대부중개업협회가 수행하는 사업
8. 「산림자원의 조성 및 관리에 관한 법률」에 따른 산림사업법인이 수행하는 사업
9. 「건설산업기본법」 및 같은 법 시행령에 따른 조경공사업과 조경식재공사업
10. 「목재의 지속가능한 이용에 관한 법률」에 따른 목재생산업
11. 「엔지니어링산업진흥법」에 따른 엔지니어링사업자가 수행하는 산림분야사업
12. 「기술사법」에 따른 기술사사무소가 수행하는 산림분야 사업
13. 「조세특례제한법」에 따라 부가가치세 영세율이 적용되는 임업용 기자재를 임업인에게 직접 공급하는 자가 수행하는 사업
14. 「장사 등에 관한 법률」에 따른 장례식장영업
15. 그 밖에 이사회가 조합, 조합공동사업법인 및 중앙회가 수행하는 사업과 실질적인 경쟁관계에 있다고 인정한 자가 수행하는 사업

전일

위 제2호 및 제3호의 적용에 있어서는 조합 또는 그 소속기관의 장에게 사직원이 접수된 때에 사직한 것으로 본다.[48)]

6. 산림조합중앙회의 회장 선거의 피선거권자

가. 피선거권자

중앙회의 회장은 회원인 조합의 조합원이어야 하므로(산림조합법§104①), 중앙회의 회장 선거의 피선거권자는 회원조합의 조합원이다.

나. 피선거권의 결격사유

중앙회 회장 선거의 피선거권자의 결격사유는 「산림조합법」 제39조(임원의 결격사유) 제1항 각 호의 조합 임원의 결격사유에 관한 규정이 준용된다. 다만, 위 임원의 결격사유 중 회원 조합의 사업이용실적에 관한 사항(산림조합법§39①13.)[49)]은 적용되지 않는다(산림조합법§122, §39①).

다. 「산림조합중앙회정관부속서 임원선거규정」에서 정하고 있는 피선거권의 결격사유

다음 각 호의 어느 하나에 해당하는 사람은 중앙회의 회장이 될 수 없다.[50)]

1. 선거공고일 현재 「산림조합중앙회정관(개정 2024. 2. 19. 산림청장 인가)」 제66조(임원의 결격사유) 제1항[51)]의 결격사유에 해당하는 사람
2. 회장 임기 만료일 현재 산림조합중앙회의 사업대표이사·감사위원장·조합감사위원장 및 직원, 회원조합의 상근임원(조합장을 제외한다) 및 직원, 산림조합중앙회의 자회사(「상법」 제342조의2(자회사에 의한 모회사 주식의 취득)에 따른 자회사를 말한다.

---

48) 「산림조합정관(예)부속서 임원선거규정(개정 2023. 10. 6. 산림청장 인가)」 제8조(피선거권) ②

49) 「산림조합법」 제39조(임원의 결격사유) ① 다음 각 호의 어느 하나에 해당하는 사람은 조합의 임원이 될 수 없다. 다만, 제11호와 제13호는 조합원인 임원에게만 적용한다.
   13. 선거일 공고일 현재 해당 조합의 정관으로 정하는 일정규모 이상의 사업 이용 실적이 없는 사람

50) 「산림조합중앙회정관부속서 임원선거규약(전부개정 2023. 10. 6. 산림청장 인가)」 제8조(회장 선거의 피선거권) 제2항

51) 「산림조합법」 제39조(임원의 결격사유) 제1항과 그 내용이 같다.

이하 같다)의 상근임직원 또는 공무원(선거에 따라 취임하는 공무원은 제외한다)의 직을 사직한지 90일을 지나지 아니한 사람. 다만, 회장이 임기만료 외의 사유로 궐위된 때에는 후보자등록신청 전날까지 사직하지 아니한 사람

3. 후보자등록신청 전날까지 산림조합중앙회의 비상임임원(회장을 제외한다), 조합감사위원, 회원조합장 및 산림조합중앙회의 자회사 비상임임원의 직을 사직하지 아니한 사람
4. 후보자등록신청 전날까지 「산림조합법」 제122조(준용규정)에서 준용되는 제41조(임직원의 겸직금지 등) 제4항 및 제5항[52]에서 정한 실질적 경업관계를 해소하지 아니한 사람

7. 새마을금고의 이사장 선거의 피선거권자

가. 피선거권자

금고의 이사장은 회원 중에서 선출하므로(새마을금고법§18⑤), 금고의 이사장 선거의 피선거권자는 금고의 회원이다.

나. 피선거권의 결격사유

다음 각 호의 어느 하나에 해당하는 사람은 금고의 임원이 될 수 없다(새마을금고법§21①).[53]

1. 미성년자 · 피성년후견인 또는 피한정후견인
2. 파산선고를 받고 복권되지 아니한 사람
3. 「새마을금고법」 제85조(벌칙) 제1항, 「형법」 제355조(횡령, 배임)부터 제337조(배임수증재)까지의 죄(금고나 중앙회의 사업과 관련된 죄만 해당한다)를 범하여 금고 이상의 실형을 선고받고 그 집행이 끝나거나(집행이 끝난 것으로 보는 경우를 포함한다) 집행이 면제된 날로부터 5년이 지나지 아니한 사람
4. 제3호의 죄를 범하여 금고 이상의 형의 집행유예를 선고받고 그 집행유예 기간이 끝난 날부터 3년이 지나지 아니한 사람
5. 제3호의 죄를 범하여 금고 이상의 형의 선고유예를 받고 그 선고유예 기간이 끝난

---

52) 「산림조합법」 제41조(임직원의 겸직금지 등) ④ 조합의 사업과 실질적인 경쟁관계에 있는 사업을 경영하거나 이에 종사하는 사람은 조합의 임직원 및 대의원이 될 수 없다.
⑤ 제4항에 따른 실질적인 경쟁관계에 있는 사업의 범위는 대통령령으로 정한다.

53) 금고의 이사장은 임원이므로(새마을금고법§18①), 임원의 결격사유(새마을금고법§21①)는 금고의 이사장에도 당연히 적용된다.

날부터 3년이 지나지 아니한 사람

6. 제3호의 죄를 범하여 벌금형을 선고받고 3년이 지나지 아니한 사람[54)]

---

54) 헌법재판소는 구「새마을금고법(2001. 7. 24. 법률 제6493호로 개정되고 2005. 8. 4. 법률 제7658호로 개정되기 전의 것)」 제20조(임원의 결격사유) 제1항 제8호(현행「새마을금고법」 제20조(임원의 결격사유) 제1항 제6호) · 제2항 중「형법」 제356조(업무상의 횡령과 배임)의 업무상배임과 관련된 부분에 대하여, '이 사건 법률조항은 공공성이 강한 특수법인으로서 주된 업무가 금융업인 새마을금고의 경우, 그 경영을 책임지는 임원은 고도의 윤리의식과 준법의식을 가질 필요가 있고 임원의 불법행위로 인한 손해는 회원에게 막대한 피해를 줄 뿐만 아니라 그 피해가 다수의 회원에게 직접적으로 연결되는 점을 감안하여 새마을금고의 건실한 준법운영을 도모하기 위해 금고의 임원이 될 수 있는 자의 자격을 법률로써 엄격히 제한하고자 하는 것으로 입법목적은 정당하다. 금고 또는 연합회(현 중앙회)의 사업과 관련하여 업무상배임죄를 범하여 벌금형을 선고받은 자는 그렇지 않은 자에 비하여 새마을금고 업무의 수행과 관련하여 준법의식이 낮을 가능성이 높으므로 이들을 일정기간 새마을금고의 임원으로부터 배제한다는 것은 그만큼 준법의식이 높은 자들로써 금고의 경영진을 구성하는 셈이 되며, 또 현직 새마을금고 임원이 그러한 사유에 해당하게 되면 임원직에서 당연 퇴임되므로 그만큼 관련법령을 준수하여 금고를 경영할 가능성이 많다고 할 것인바, 이 사건 법률조항은 그 방법상으로도 적정하다 할 것이다. 한편, 새마을금고 임원의 결격사유를 어떻게 정하는가 하는 문제는 새마을금고의 업무특성, 경영실태 및 국민경제에 미치는 영향력 등 제반 사정을 고려하여 임원에게 필요하다고 판단되는 준법의식 내지 윤리성의 정도에 따라 정하여야 할 것으로서 여기에는 입법자의 광범위한 재량이 허용된다. 그런데 새마을금고 임원이 그 지위를 불법적으로 이용하여 이익을 추구하게 되면 그로 인한 피해는 다수의 회원에게 집단적으로 미치고 그 피해액수도 일반적인 재산범죄의 경우와는 비교가 되지 않을 정도로 클 가능성이 많은바, 새마을금고의 임원에 대하여는 강한 윤리성 내지 준법의식이 요청된다 할 것이고 특히 금고 또는 연합회(현 중앙회)의 사업과 관련한 업무상배임죄는 새마을금고의 경영에 직접적인 영향을 미친다는 점에서 이러한 죄를 범한 자에 대하여는 한층 더 엄격하게 임원자격을 제한할 필요가 있다. 또한 이 사건 법률조항은 그 대상 범죄를 금고 또는 연합회(현 중앙회)의 사업과 관련한 업무상배임죄로 한정하고 있고 벌금형을 선고받은 때로부터 3년이 경과한 후에는 이러한 자격 제한을 해소시키고 있으므로 피해최소성의 원칙에 반하지 않는다. 이 사건 법률조항이 달성하려고 하는 공익적 요청은 새마을금고의 준법경영을 도모하고 이를 통한 새마을금고 운영의 공정성과 회원의 보호를 기하려는 데에 있고, 이 사건 법률조항에 의한 기본권제한의 내용은 금고 또는 연합회(현 중앙회)의 사업과 관련하여 업무상배임죄를 범한 전력이 있는 자로 하여금 일정기간 새마을금고의 임원이라는 직업을 선택할 수 없도록 하고 현직 임원의 경우 그 직에서 당연 퇴임되도록 하는 것인바, 새마을금고가 지역금융시장에서 차지하는 비중과 위와 같은 임원의 불법행위로 인한 피해가 회원에게 직접적, 집단적으로 미치는 점 등을 고려하여 볼 때 이 사건 법률조항이 추구하는 공공복리는 제한되는 사익에 비해 중대하고도 절실하다고 볼 수밖에 없으므로 법익의 균형은 유지되고 있다. 따라서 이 사건 법률조항은 과잉금지의 원칙에 위반하여 청구인의 직업선택의 자유를 침해하지 아니한다.「헌법」 제11조 제1항에서 규정하고 있는 평등의 원칙은 일체의 차별적 대우를 부정하는 절대적 평등을 의미하는 것이 아니라 입법과 법의 적용에 있어서 합리적인 근거가 없는 차별을 하여서는 안 된다는 상대적 평등을 뜻하므로 합리적 근거가 있는 차별 또는 불평등은 평등의 원칙에 반하는 것이 아니다. 위에서 살펴본 바와 같이 새마을금고의 임원이 될 수 있는 자격에 대하여는 법률로써 이를 엄격히 제하할 필요가 있고, 이에 관하여는 입법자에게 광범위한 입법형성의 자유가 부여되어 있다. 따라서 일정한 처벌전력을 기준으로 새마을금고 임원의 결격사유를 정함에 있어서 당해 처벌전력이 새마

7. 삭제
8. 「새마을금고법」 제85조(벌칙) 제3항의 또는 위탁선거법 제58조(매수 및 이해유도죄), 제59조(기부행위의 금지 · 제한 등 위반죄), 제61조(허위사실 공표죄)부터 제66조(각종 제한규정 위반죄)까지에 규정된 죄를 범하여 100만원 이상의 벌금형을 선고받고 그 형이 확정된 후 3년이 지나지 아니한 사람
9. 제3호의 죄 외의 죄로 금고 이상의 실형를 선고받고 그 집행이 끝나거나 집행이 면제된 날로부터 3년이 지나지 아니한 사람
10. 제3호의 죄 외의 죄로 금고 이상의 형의 집행유예를 선고받고 그 집행유예기간 중에 있는 사람
11. 제3호의 죄 외의 죄로 금고 이상의 형의 선고유예를 받고 그 선고유예기간 중에 있는 사람
11의2. 금고의 임직원으로 재임 또는 재직 중 다른 임직원에게 「형법」 제257조(상해, 존속상해) 제1항, 제260조(폭행, 존속폭행) 제1항, 제261조(특수폭행)(제260조 제2항의 죄를 범한 경우는 제외한다), 제262조(폭행치사상)(제260조 제2항의 죄를 범한 경우는 제외하며, 제257조의 예에 따르는 경우로 한정한다) 또는 제324조(강요)의 죄를 범하여 300만원 이상의 벌금형을 선고받고 그 형이 확정된 후 3년이 지나지 아니한 사람
11의3. 금고의 임직원으로 재임 또는 재직 중 다른 임직원에게 「형법」 제303조(업무상위력 등에 의한 간음) 제1항 또는 「성폭력범죄의 처벌 등에 관한 특례법」 제10조(업무상위력 등에 의한 추행) 제1항의 죄를 범하여 100만원 이상의 벌금형을 선고받고 그 형이 확정된 후 3년이 지나지 아니한 사람
12. 「새마을금고법」 또는 대통령령[55]으로 정하는 금융 관련 법령(이하 "금융관계법령"

을금고의 준법경영에 어떠한 영향을 미칠 것으로 예상되는가에 따라 다른 법률에서와는 그 취급을 달리할 수 있다. 일반적으로 금고 또는 연합회(현 중앙회)의 사업과 관련하여 업무상배임죄를 범한 자는 새마을금고를 운영함에 있어서 준수하여야 할 기본적인 규범을 위반한 자라 할 수 있으므로 이러한 처벌전력은 새마을금고의 준법경영에 직접적으로 부정적인 영향을 미칠 가능성이 크다. 따라서 이러한 자에 대해서는 한층 더 엄격하게 새마을금고 임원자격을 제한할 필요가 있다고 할 것인바, 이 사건 법률조항이 금고 또는 연합회(현 중앙회)의 사업과 관련하여 업무상배임죄를 범하여 벌금형을 선고받은 자를 다른 법률들에서와 달리 임원의 결격 및 당연퇴직 사유로 규정하고 있다고 하더라도 여기에는 합리적 근거가 있다고 할 것이므로 이 사건 법률조항은 청구인의 평등권을 침해하지 아니한다.'고 판시하였다(2005. 12. 22. 선고 2005헌마263 결정). ; 2010. 10. 28. 선고 2008헌마612 결정도 같은 취지

55) 「새마을금고법 시행령」 제10조의2(금융관계법령의 범위 등) 법 제121조 제1항 제12호에서 "대통령령으로 정하는 금융 관련 법령"이란 다음 각 호의 법률을 말한다.
1. 「금융산업의 구조개선에 관한 법률」
2. 「금융실명거래 및 비밀보장에 관한 법률」

이라 한다)에 따라 징계면직 또는 해임된 사람으로서 징계면직 또는 해임된 날로부터 5년이 지나지 아니한 사람

12의2. 「새마을금고법」 또는 금융관계법령에 따라 직무정지(업무의 집행정지를 포함한다. 이하 이 항에서 같다) 또는 정직의 제재조치를 받은 사람으로서 제재조치 종료일로부터 4년이 지나지 아니한 사람

13. 「새마을금고법」또는 금융관계법령에 따라 재직 또는 재직 중이었더라면 징계면직 또는 해임요구의 조치를 받았을 것으로 통보된 퇴임직원이나 임원으로서 그 통보가 있은 날로부터 5년(통보가 있은 날로부터 5년이 퇴직 또는 퇴임한 날로부터 7년을 초과하는 경우에는 퇴직 또는 퇴임한 날로부터 7년으로 한다)이 지나지 아니한 사람

13의2. 「새마을금고법」또는 금융관계법령에 따라 재임 또는 재직 중이었더라면 직무정지 또는 정직의 제재조치를 받았을 것으로 통보된 퇴임 임원이나 퇴직한 직원으로서 그 통보가 있은 날부터 4년(통보가 있은 날부터 4년이 퇴임 또는 퇴직한 날부터 6년을 초과하는 경우에는 퇴임 또는 퇴직한 날부터 6년으로 한다)이 지나지 아니한 사람

14. 법원의 판결이나 다른 법률에 따라 자격을 잃거나 정지된 사람

15. 공공기관 또는 다른 법인이나 회사에서 징계면직된 사람으로서 징계면직된 날부터

---

3. 「금융위원회의 설치 등에 관한 법률」
4. 「금융지주회사법」
5. 「농업협동조합법」
6. 「대부업 등의 등록 및 금융이용자 보호에 관한 법률」
7. 「보험업법」
8. 「산림조합법」
9. 「상호저축은행법」
10. 「수산업협동조합법」
11. 「신용정보의 이용 및 보호에 관한 법률」
12. 「신용협동조합법」
13. 「여신전문금융업법」
14. 「외국환 거래법」
15. 「은행법」
16. 「자본시장과 금융투자업에 관한 법률」
17. 「전자금융거래법」
18. 「중소기업은행법」
19. 「특정 금융거래정보의 보고 및 이용 등에 관한 법률」
20. 「한국산업은행법」
21. 「한국수출입은행법」
22. 「한국은행법」
23. 「한국주택금융공사법」
24. 「온라인투자연계금융업 및 이용자 보호에 관한 법률」
25. 「금융소비자 보호에 관한 법률」

2년이 지나지 아니한 사람

16. 회원으로서 임원 선임 선거일 공고일 현재의 정관으로 정하는 출자좌수이상을 2년 이상 계속 보유하고 있지 아니한 사람(다만, 설립이나 합병 후 2년이 지나지 아니한 금고의 경우에는 그러하지 아니하다)
17. 임원 선임 선거일 공고일 현재 해당 금고에 대하여 정관으로 정하는 금액이나 기간을 초과하는 채무를 연체한 사람
18. 그 밖에 정관으로 정하는 자격 제한 사유에 해당하는 사람

다. 「새마을금고 임원선거규약(예)」에서 정하고 있는 피선거권의 결격사유

금고의 회원은 금고의 이사장 선거의 피선거권이 있다. 다만, 「새마을금고정관(예)(일부개정 2024. 7. 10.)」 제39조(임원의 결격사유) 제1항[56] 각 호의 어느 하나에 해당하

---

56) 「새마을금고정관(예)(일부개정 2024. 7. 10.)」 제39조(임원의 결격사유) ① 다음 각 호의 어느 하나에 해당하는 자는 금고의 임원이 될 수 없다. 다만, 제2호, 제4호, 제8호부터 제10호까지의 규정은 「새마을금고법」 제18조(임원의 선임 등) 제3항에 의한 상근이사의 경우에는 이를 적용하지 아니한다.

1. 「새마을금고법」 제21조(임원의 결격사유) 제1항 제1호부터 제6호까지, 같은 항 제8호부터 제11호까지, 같은 항 제11호의2 · 제11호의3 · 제12호 · 제12호의2 · 제13호 · 제13호의2 · 제14호 및 제15호에 해당하는 자

1의2. 대한민국 국민이 아닌 자

2. 임원선거공고일 현재 금고의 회원으로서 금고에 100좌 이상의 납입출자금을 2년 이상 계속 보유하고 있지 아니한 자. 다만, 본 호를 적용하는 데에 제15조(출자금액과 납입방법) 제1항의 출자 1좌 금액이 10만원 이하인 경우에는 제15조(출자금액과 납입방법) 제1항의 금액으로 적용하고, 제15조(출자금액과 납입방법) 제1항의 출자 1좌의 금액이 10만원을 초과하는 경우에는 10만원으로 적용하며, 설립이나 합병 후 2년이 지나지 아니한 금고의 경우에는 본 호를 적용하지 아니한다.
3. 임원선거공고일 현재 금고 또는 그 밖에 「신용정보의 이용 및 보호에 관한 법률」 제2조(정의) 제7호의 규정에 의한 신용정보제공 · 이용자에게 1백만원 이상의 채무(원리금을 포함하되 보증채무를 제외함)를 3월을 초과하여 연체하고 있는 자

3의2. 임원선거공고일 현재 「신용정보의 이용 및 보호에 관한 법률」 제2조(정의) 제1호의 규정에 따른 국세 또는 지방세 체납관련 공공정보에 등록된 자 또는 어음 · 수표 부도 관련 부도정보에 등록된 자

4. 임원선거공고일 현재 금고의 사업이용실적(가목부터 다목까지의 경우는 선거공고일 1년 전부터 선거공고일 전날까지의 기간 동안 이용한 금액으로 산정하고, 라목의 경우는 선거공고일 전날까지 공제청약이 승낙된 계약으로 산정한다)이 다음 각 목의 사항 중 2가지 이상에 해당하지 아니한 사람. 다만, 직장금고 및 설립이나 합병 후 1년이 지나지 아니한 금고의 경우에는 본 호를 적용하지 아니한다.
   가. 제48조(사업의 종류) 제1항 제1호 가목의 신용사업 이용에 따른 입출금이자유로운예금 평잔 : (　) 이상
   나. 제48조(사업의 종류) 제1항 제1호 가목의 신용사업 이용에 따른 저축성예금(거치식예금

는 사람은 금고의 이사장이 될 수 없다.[57)]

피선거권 규정의 적용에 있어 「새마을금고정관(예)」 제39조(임원의 결격사유) 제1항 제1호(「새마을금고법」 제21조(임원의 결격사유) 제1항의 결격사유에 관한 사항) 및 제1호의 2(금고의 회원으로서 납입출자금 보유에 관한 사항), 제5호(임원의 선거운동제한의 위반에 관한 사항) 및 제5호의2(위탁선거범죄로 인한 당선무효에 관한 사항)의 피선거권 자격기준 기산일은 임원선거공고일 현재로 한다.[58)]

8. 새마을금고중앙회의 회장 선거의 피선거권자

가. 피선거권자

중앙회의 회장은 금고의 회원이어야 하므로(새마을금고법§64의2①), 중앙회의 회장 선거의 피선거권자는 금고의 회원이다.

과 적립식예금의 합계) 평잔 : ( ) 이상

다. 제48조(사업의 종류) 제1항 제1호 나목의 신용사업 이용에 따른 대출금 평잔 : ( ) 이상

라. 제48조(사업의 종류) 제1항 제5호의 공제사업 이용에 따른 공제유효계약 건후 : ( ) 이상

5. 임원선거에서 당선된 자가 「새마을금고법」 제22조(임원의 선거운동제한) 제2항부터 제4항까지를 위반하여 당선이 무효로 되거나 취소된 후 그 확정된 날부터 4년이 경과하지 아니한 자

5의2. 위탁선거법 제70조(위탁선거범죄로 인한 당선무효)에 따라 당선이 무효로 된 사람으로서 그 무효가 확정된 날부터 4년이 지나지 아니한 자

6. 삭제

6의2. 삭제

7. 후보자등록개시일(제40조의2(예비후보자)에 따른 예비후보자등록을 한 경우에는 예비후보자등록일을 말한다) 전날까지 본 금고의 직원 및 다른 금고의 대의원이나 임·직원의 직을 사임하지 아니한 자

8. 후보자등록개시일(제40조의2(예비후보자)에 따른 예비후보자등록을 한 경우에는 예비후보자등록일을 말한다) 전날까지 본 금고의 임원의 직을 사임하지 아니한 자. 다만, 임원이 그 직을 가지고 동일한 직에 입후보하는 경우에는 이를 적용하지 아니한다.

9. 후보자등록일 전날까지 공무원(선거에 의하여 취임하는 공무원은 제외한다)의 직을 사직하지 아니한 자. 다만, 공무원으로 구성된 금고의 경우에는 이를 적용하지 아니한다.

10. 후보자등록개시일 전날까지 「새마을금고법」 제24조(경업자의 임직원 취임 금지) 제1항에 따른 경업관계를 해소하지 아니한 자

11. 임원선거공고일 현재 본 금고에 재임 또는 재직중인 임직원의의 배우자, 직계존비속과 그 배우자, 배우자의 직계존비속

57) 「새마을금고 임원선거규약(예)(일부개정 2024. 7. 10.)」 제6조(피선거권) ②

58) 「새마을금고 임원선거규약(예)(일부개정 2024. 7. 10.)」 제6조(피선거권) ③

나. 피선거권의 결격사유

중앙회 회장 선거의 피선거권자의 결격사유는 「새마을금고법」 제21조(임원의 결격사유) 제1항 각 호의 금고 임원의 결격사유에 관한 규정이 준용된다. 다만, 위 임원의 결격사유 중 출자좌수보유에 관한 사항(새마을금고법§21①16.) 및 채무연체에 관한 사항(새마을금고법§21①17.)은 적용되지 않는다(새마을금고법§64의2⑥, §21①).

다. 「새마을금고중앙회정관 임원선거규정」에서 정하고 있는 피선거권의 결격사유

다음 각 호의 어느 하나에 해당하는 사람은 중앙회 회장이 될 수 없다. 다만, 재임중임 회장이 그 직에 입후보하는 경우에는 제2호를 적용하지 아니한다.[59]

1. 임원 선거일 현재 「새마을금고중앙회정관(일부개정 2020. 6. 2.)」 제47조(임원의 자격제한) 제1항[60]의 결격사유에 해당하는 사람
2. 후보자 등록일 전날까지 중앙회 임원의 직을 사임하지 아니한 사람
3. 후보자 등록일 전날까지 공무원(선거에 의하여 취임하는 공무원은 제외한다)의 직을 사직하지 아니한 사람

9. 신용협동조합의 이사장 선거의 피선거권자

가. 피선거권자

이사장은 조합원이어야 하므로(신용협동조합법§27②), 조합의 이사장 선거의 피선거권자는 조합의 조합원이다.

나. 피선거권의 결격사유

다음 각 호의 어느 하나에 해당하는 사람은 조합의 이사장이 될 수 없다(신용협동조합법§28①).

1. 피성년후견인, 피한정후견인 및 파산선고를 받고 복권되지 아니한 사람

---

59) 「새마을금고중앙회 임원선거규약(일부개정 2020. 5. 22.)」 제6조(피선거권의 제한) ②

60) 「새마을금고법」 제64조의2(임원의 선출과 임기 등) 제6항에서 규정한 임원의 결격사유와 그 내용이 같다.

2. 금고 이상의 실형을 선고받고 그 집행이 끝나거나(집행이 끝난 것으로 보는 경우를 포함한다) 집행이 면제된 날부터 3년이 지나지 아니한 사람
3. 형의 집행유예를 선고받고 그 유예기간 중에 있는 사람
4. 금고 이상의 형의 선고유예를 받고 그 선고유예기간 중에 있는 사람
5. 「신용협동조합법」 또는 대통령령[61]으로 정하는 금융 관련 법령(이하 "금융관계법령"이라 한다)을 위반하여 벌금 이상의 형을 선고받고 그 집행이 끝나거나(집행이 끝난 것으로 보는 경우를 포함한다) 집행이 면제된 날부터 5년이 지나지 아니한 사람[62]

---

61) 「신용협동조합법 시행령」 제15조(금융관계법령의 범위등) ① 법 제28조(임원 등의 자격 제한) 제1항 제5호에서 "대통령령으로 정하는 금융관련법령"이란 다음 각 호의 법률을 말한다.
1. 「금융산업의 구조개선에 관한 법률」
2. 「은행법」
3. 「장기신용은행법」
4. 「자본시장과 금융투자업에 관한 법률」
5. 「금융소비자 보호에 관한 법률」
6. 삭제
7. 삭제
8. 삭제
9. 「보험업법」
10. 「상호저축은행법」
11. 「여신전문금융업법」
12. 「신용정보의 이용 및 보호에 관한 법률」
13. 삭제
14. 「농업협동조합법」
15. 「수산업협동조합법」
16. 「산림조합법」
17. 「새마을금고법」
18. 「한국주택금융공사법」

62) 헌법재판소는 「신용협동조합법」 제28조(임원 등의 자격제한) 제1항 제5호와 관련하여, '신용협동조합은 다른 협동조합에 비하여 다수의 일반 국민을 대상으로 금융업을 하는 금융기관 유사의 지위에 있다는 특성이 강하게 나타나므로, 임원에 대한 높은 수준의 윤리·준법의식을 제고하고 선거제도의 청렴성과 공정성을 확보하기 위해서는 선거와 관련된 위반행위에 대하여 엄격한 제재 규정을 둘 필요가 있다. 또한 선거범죄로 형사처벌을 받은 임원에게 어느 정도의 신분상 불이익을 가할 것인가는 입법자가 결정할 문제로 비록 벌금형의 하한을 100만원 이상으로 정하지 않았다 하여 입법재량을 현저히 일탈하였다고 볼 수 없으며, 벌금형의 하한이 규정되어 있지 아니하여 법관이 형을 선고할 때 임원직 수행의 적합성을 판단 요소로 함께 고려할 수 없다는 문제가 발생하기는 하나, 선거로 선출된 임원의 직무 수행 계속 여부를 평가하는 것이 법원의 기본적 역할이라 할 수 없으므로, 심판대상조항은 청구인의 직업선택의 자유를 침해하지 아니한다. 농업협동조합, 수산업협동조합 등 다른 협동조합들의 경우 100만원 이상의 벌금형을 임원의 당연퇴임사유로 규정하고 있기는 하지만, 이러한 협동조합들은 일정한 직업군에 속한 조합원들의 지위향상 등을 목적으로 하는 반면 신용협동조합은 보다 금융기관과 유사한 지위에

6. 법원의 판결 또는 다른 법률에 따라 자격이 상실되거나 정지된 사람
6의2. 「신용협동조합법」 제11조(조합원의 자격) 제2항 제1호에 따른 조합원
7. 「신용협동조합법」 또는 금융관계법령에 따라 해임(「신용협동조합법」 제84조(임직원에 대한 행정처분) 제1항 제1호에 따른 임원에 대한 개선(改選)을 포함한다)되거나 징계면직된 사람으로서 해임되거나 징계면직된 후 5년이 지나지 아니한 사람
8. 「신용협동조합법」 또는 금융관계법령에 따라 영업의 허가·인가 또는 등록이 취소된 법인 또는 회사의 임직원이었던 사람(그 취소 사유의 발생에 직접적 책임이 있거나 이에 상응하는 책임이 있는 사람으로서 대통령령[63]으로 정하는 사람만 해당한다)으로서 그 법인이나 회사에 대한 취소 처분이 있었던 날부터 5년이 지나지 아니한 사람
9. 「신용협동조합법」 또는 금융관계법령에 따라 대통령령[64]으로 정하는 정직·업무집행정지 이상의 제재조치를 받은 사람으로서 대통령령으로 정하는 기간이 지나지 아니한 사람
10. 「신용협동조합법」 또는 금융관계법령에 따라 재임 중이었거나 재직 중이었더라면 해임요구 또는 징계면직의 조치를 받았을 것으로 통보된 퇴임한 임원 또는 퇴직한 직원으로서 그 통보가 있었던 날부터 5년(통보가 있었던 날부터 5년이 퇴임 또는 퇴

있으므로 이들을 다르게 취급하는 것은 합리적인 이유가 있다. 이처럼 각 협동조합은 그 목적이나 조직, 업무 등이 전혀 달라 조합의 특성에 따라 충분히 다르게 규율될 수 있는 것이다. 따라서 심판대상조항이 벌금형의 하한을 정하지 않고 있다 하여 이를 불합리한 차별이라고 보기 어려우므로, 심판대상조항은 청구인의 평등권을 침해하지 아니한다.'고 판시하였다(2018. 7. 26. 선고 2017헌마452 결정).

63) 「신용협동조합법 시행령」 제15조(금융관계법령의 범위등) ② 법 제28조(임원 등의 자격 제한) 제1항 제8호에서 "대통령령으로 정하는 사람"이란 허가·인가 또는 등록의 취소의 원인이 되는 사유가 발생한 당시의 임·직원(「금융산업의 구조개선에 관한 법률」 제14조(행정처분)의 규정에 의하여 허가·인가 등이 취소된 법인 또는 회사의 경우에는 동법 제10조(적기시정조치)의 규정에 의한 적기시정조치의 원인이 되는 사유발생 당시의 임·직원)으로서 다음 각 호의 1에 해당하는 자를 말한다.
1. 감사 또는 감사위원회의 위원
2. 허가·인가 또는 등록의 취소의 원인이 되는 사유의 발생과 관련하여 위법·부당한 행위로 법 또는 제1항의 규정에 의한 금융관련법령에 의하여 주의·경고·문책·직무정지·해임요구 기타의 조치를 받은 임원
3. 허가·인가 또는 등록의 취소의 원인이 되는 사유의 발생과 관련하여 위법·부당한 행위로 법 또는 제1항의 규정에 의한 금융관련법령에 의하여 직무정지요구 이상에 해당하는 조치를 받은 직원
4. 제2호 또는 제3호의 규정에 의한 제재대상자로서 그 제재를 받기 전에 사임 또는 사직한 자

64) 「신용협동조합법 시행령」 제15조(금융관계법령의 범위등) ③ 법 제28조(임원 등의 자격 제한) 제1항 제9호에서 "대통령령으로 정하는 정직·업무집행정지 이상의 제재조치"란 직무의 정지, 정직 또는 업무집행정지를 말하며, 같은 호에서 "대통령령으로 정하는 기간"이란 제재조치의 종료일로부터 4년을 말한다.

직한 날부터 7년을 초과한 경우에는 퇴임 또는 퇴직한 날부터 7년으로 한다)이 지나지 아니한 사람

11. 「신용협동조합법」 또는 금융관계법령에 따라 재직 중이었더라면 대통령령[65]으로 정하는 정직·업무집행정지 이상의 제재조치를 요구받았을 것으로 통보된 퇴임한 임원 또는 퇴직한 직원으로서 그 통보가 있었던 날부터 대통령령으로 정하는 기간(통보가 있었던 날부터 대통령령으로 정하는 기간이 퇴임 또는 퇴직한 날부터 6년을 초과한 경우에는 퇴임 또는 퇴직한 날부터 6년으로 한다)이 지나지 아니한 사람
12. 그 밖에 정관에서 정한 자격 제한 사유에 해당하는 사람

다. 「신용협동조합정관부속서 임원선거규약」에서 정하고 있는 피선거권의 결격사유

조합원 중 다음 각 호의 어느 하나에 해당하는 자는 피선거권을 가지지 아니한다.[66]

1. 선거공고일 전일 현재 미성년자

1의2. 대한민국 국민이 아닌 자

2. 선거공고일 전일 현재 조합의 조합원으로 가입한지 3년이 경과하지 아니한 자
3. 선거공고일 전일 현재 조합에 대한 채무(보증채무를 제외한다)를 3월을 초과하여 이행하지 아니한 자
4. 지역·단체조합의 경우 선거공고일 전일 현재 조합원으로서 조합에 300좌 이상(이사장 입후보자는 500좌 이상)의 납입출자금을 2년 이상 계속 보유하고 있지 아니한 자. 다만 「신용협동조합법 시행령」 제12조(공동유대의 범위 등) 제1항 제3호 가목[67]에

---

65) 「신용협동조합법 시행령」 제15조(금융관계법령의 범위등) ④ 법 제28조(임원 등의 자격 제한) 제1항 제11호에서 "대통령령으로 정하는 정직·업무집행정지 이상의 제재조치"란 직무의 정지, 정직 또는 업무집행정지를 말하며, 같은 호에서 "대통령령으로 정하는 기간"이란 각각 4년을 말한다.

66) 「신용협동조합표준정관부속서 임원선거규약(2021. 12. 15. 개정)」 제8조(피선거권의 제한) ①

67) 「신용협동조합법 시행령」 제12조(공동유대의 범위 등) ① 법 제9조(공동유대와 사무소) 제1항에 따른 조합의 종류별 공동유대의 범위는 다음 각 호와 같다.

1. 지역조합 : 같은 시·군 또는 구에 속하는 읍·면·동. 다만, 생활권 또는 경제권이 밀접하고 행정구역이 인접하고 있어 공동유대의 범위 안에 있다고 인정되는 경우로서 공동유대의 범위별로 재무건전성 등의 요건을 충족하여 금융위원회가 승인한 경우에는 같은 시·군 또는 구에 속하지 아니하는 읍·면·동을 포함할 수 있다.
2. 직장조합 : 같은 직장. 이 경우 당해 직장의 지점·자회사·계열회사 및 산하기관을 포함할 수 있다.
3. 단체조합 : 다음 각 목의 단체 또는 법인
   가. 교회·사찰 등의 종교단체
   나. 시장상인단체

따른 단체조합의 경우 100좌 이상(상임이사장 입후보자는 300좌 이상)의 납입출자금을 2년 이상 계속 보유하고 있지 아니한 자(1좌의 금액은 1만원으로 하며, 1좌 금액이 다른 경우에는 1만원으로 환산하여 계산)

4의2. 지역·단체조합(「신용협동조합법 시행령」 제12조(공동유대의 범위 등) 제1항 제3호 가목에 따른 단체조합은 제외한다)의 경우 조합의 신용사업 이용실적(선거공고일 전일의 2년 전부터 선거공고일 전일 현재까지의 기간 동안 이용한 금액)이 다음 각 목의 모두에 해당하는 자

가. 「신용협동조합 표준정관(2021. 10. 20. 개정)」 제4조(사업의 종류) 제1항 제1호[68] 가목의 예탁금 및 적금의 합산 평균잔액 300만원 미만

나. 「신용협동조합 표준정관(2021. 10. 20. 개정)」 제4조(사업의 종류) 제1항 제1호 나목의 대출 합산 평균잔액 300만원 미만

4의3. 「신용협동조합법 시행령」 제12조(공동유대의 범위 등) 제1항 제3호 가목에 따른 단체조합에서 지역조합으로 공동유대의 종류 전환 후 3년이 경과하지 아니한 조합의 경우 선거공고일 전일 현재 조합원으로서 조합에 100좌 이상(상임이사장 입후보자는 300좌 이상)의 납입출자금을 2년 이상 계속 보유하고 있지 아니한 자(1좌의 금액은 1만원으로 하며, 1좌의 금액이 다른 경우에는 1만원으로 환산하여 계산)

5. 재임 중인 임원 및 임원후보자로 입후보한 자의 직계존비속 및 배우자, 4촌 이내 혈족 또는 3촌 이내 인척관계에 있는 자

6. 선거공고일 전일 현재 이 조합의 직원 또는 다른 조합의 임·직원 직을 사임하지 아니

다. 구성원 간에 상호 밀접한 협력관계가 있는 사단법인

라. 국가로부터 공인된 자격 또는 면허 등을 취득한 자로 구성된 직종단체로서 법령에 의하여 인가를 받은 단체

68) 「신용협동조합표준정관(2021. 10. 20. 개정)」 제4조(사업의 종류) ① 조합은 다음 각 호의 사업을 행한다.

1. 신용사업

가. 조합원으로부터의 예탁금 및 적금의 수납

나. 조합원에 대한 대출

다. 내국환

라. 국가·공공단체·중앙회 및 금융기관의 업무 대리

마. 조합원을 위한 유가증권·귀금속 및 중요물품의 보관 등 보호예수업무

바. 어음할인

사. 「전자금융거래법」에서 정하는 직불전자지급수단의 발행·관리 및 대금의 결제(이 경우 「신용협동조합법」 제78조(사업의 종류 등) 제1항 제5호 사목의 규정에 따른 중앙회의 업무를 공동으로 영위하는 경우에 한한다)

아. 「전자금융거래법」에서 정하는 선불전자지급수단의 발행·관리·판매 및 대금의 결제(이 경우 「신용협동조합법」 제78조(사업의 종류 등) 제1항 제5호 아목의 규정에 따른 중앙회의 업무를 공동으로 영위하는 경우에 한한다)

한 자. 다만, 본 조합의 직원이었던 자가 이사장으로 출마하고자 하는 경우에는 선거일 직전 사업연도 종료일 1월전까지 본 조합 직원의 직을 사직하지 아니한 자

6의2. 이사장과 임기가 상이한 상임임원이 이사장으로 출마하고자 하는 경우에는 선거공고일 전일 현재 상임임원직을 사임하지 아니한 자

7. 이사장에 대한 보궐선거의 경우 선거공고일 전일 현재 이 조합의 임·직원 직을 사임하지 아니한 자

7의2. 이사장에 대한 보궐선거의 경우 임기개시일 현재 이사장 2차 연임 임기 만료 후 4년이 경과하지 아니한 자

8. 선거공고일 전일 현재 신용정보관리규약에 의한 연체정보, 금융질서문란정보 또는 공공정보(보증채무는 제외한다)에 등재된 자

9. 선거공고일 전일 현재 직원으로 재직 중인 자의 직계존비속 및 배우자, 4촌 이내 혈족 또는 3촌 이내 인척관계에 있는 자

10. 제3호에 의거 즉시 면직된 날부터 1년이 경과하지 않은 자

11. 임원선거에서 당선되었으나 귀책사유로 당선이 무효가 되거나 취소된 자로서 그 무효나 취소가 확정된 날부터 5년이 경과하지 않은 자

12. 후보자등록일 전일까지 「신용협동조합 표준정관(2021. 10. 20. 개정)」 제58조(겸직금지) 제2항[69]에 따른 겸직금지를 해소하지 아니한 자

위 피선거권제한에도 불구하고 피선거권제한의 일부 적용 배제는 다음 각 호의 구분에 따른다.[70]

---

69) 「신용협동조합표준정관(2021. 10. 20. 개정)」 제58조(겸직금지) ② 다음 각 호의 1에 정한 기관에 종사하는 임·직원은 조합의 임·직원이 될 수 없다. 다만, 당해 법인이 설립한 직장조합의 경우에는 그러하지 아니하다.

1. 「농업협동조합법」에 의하여 설립된 지역농업협동조합과 지역축산업협동조합, 품목별·업종별협동조합 및 농업협동조합중앙회
2. 「수산업협동조합법」에 의하여 설립된 지구별수산업협동조합, 업종별수산업협동조합, 수산물가공수산업협동조합 및 수산업협동조합중앙회
3. 삭제
4. 「산림조합법」에 의하여 설립된 지역산림조합, 품목별·업종별산림조합 및 산림조합중앙회
5. 삭제
6. 「새마을금고법」에 의하여 설립된 새마을금고와 그 중앙회
7. 「금융위원회의 설치 등에 관한 법률」 제38조(검사대상기관)에 따른 검사대상기관(같은 법 제38조(검사대상기관) 제5호는 제외한다)
8. 「보험업법」에 의한 보험사업자·보험모집인·보험대리인 및 보험중개인
9. 파이낸스, 투자금융, 투자개발 등의 사설금융회사
10. 대부업 종사자
11. 우체국예금, 보험에 관한 법률에 따른 체신관서

1. 직장조합의 조합원에 대하여는 위 피선거권제한의 제2호의 규정을 적용하지 아니한다.
2. 「신용협동조합법 시행령」 제12조(공동유대의 범위 등) 제1항 제3호 가목에 따른 단체조합에서 지역조합으로 공동유대 종류 전환 후 3년이 경과하지 아니한 조합의 조합원에 대하여는 위 피선거권제한의 제4호 · 제4의2호의 규정을 적용하지 아니한다.
3. 다음 각 목의 자에 대하여는 위 피선거권제한의 제2호 · 제4호 · 제4의2호의 규정을 적용하지 아니한다.
   가. 상임임원 및 전문임원 후보자
   나. 설립 후 3년이 경과하지 아니한 조합의 조합원
   다. 직장조합에서 지역조합으로 공동유대 종류 전환 후 3년이 경과하지 아니한 조합의 조합원

10. 신용협동조합중앙회의 회장 선거의 피선거권자

가. 피선거권자

중앙회의 회장은 조합의 조합원이어야 하는 바(신용협동조합법§71의2②), 중앙회의 회장 선거의 피선거권자는 중앙회의 회원인 조합의 조합원이다.

나. 피선거권의 결격사유

중앙회 회장 선거의 피선거권자의 결격사유는 「신용협동조합법」 제28조(임원 등의 자격 제한) 제1항 각 호의 조합 임원의 결격사유에 관한 규정이 준용된다(신용협동조합법§71의2⑦).

다. 「신용협동조합중앙회정관부속서 임원선거규약」에서 정하고 있는 피선거권의 결격사유

다음 각 호의 1에 해당하는 자는 피선거권이 없다.[71]

1. 삭제
2. 후보자등록개시일 현재 회원의 조합원 자격을 3년 이상 계속 유지하고 있지 아니한 자. 다만, 설립(합병 또는 분할의 경우를 포함한다)후 3년을 경과하지 아니한 회원의 경우를 제외한다.

---

70) 「신용협동조합표준정관부속서 임원선거규약(2021. 12. 15. 개정)」 제8조(피선거권의 제한) ②
71) 「신용협동조합중앙회정관부속서 임원선거규약(2021. 10. 5. 개정)」 제17조(피선거권의 제한)

3. 후보자등록개시일 현재 과년도 중앙회비를 체납한 회원의 조합원
4. 후보자등록개시일 현재 중앙회에 대한 출자의무를 이행하지 아니하였거나 중앙회에 대한 채무를 3월 이상 연체하고 있는 회원의 조합원
5. 후보자등록개시일 현재 회원에 대한 채무를 3월 이상 연체하고 있는 자
6. 후보자등록개시일 현재 신용정보관리규약에 의한 연체정보 및 금융질서문란정보에 등재된 자. 다만, 공공기록정보는 제외한다.
7. 삭제
8. 후보자등록개시일 현재 중앙회 임원의 직을 사임하지 아니한 자(상임임원 선거에 한한다). 다만, 당해 선거로 선출된 임원의 임기 개시 전에 임기가 만료되는 임원은 제외한다.

11. 대한체육회의 회장 선거의 피선거권자

가. 피선거권자

(1) 후보자의 자격

선거일 현재 「대한체육회정관」 제30조(임원의 결격사유) 제1항에 따른 결격사유에 해당하지 아니하는 사람은 대학체육회 회장 선거의 후보자자격이 있다.[72] 후보자가 되고자 하는 대한체육회 또는 추천단체의 상임임원 및 직원은 회장의 임기만료일 전 90일까지 그 직을 그만두어야 한다. 다만, 재선거 및 보궐선거의 경우에는 그 실시사유가 확정된 날부터 10일 이내에 그 직을 그만두어야 한다.[73]

(2) 후보자 등록의사 표명

후보자가 되고자 하는 대한체육회 또는 회원단체등[74]의 비상임임원은 회장의 임기만료일 전 90일까지 「대한체육회 회장선거관리규정」이 정하는 서식[75]에 따른 후보자등록의사표명서를 대한체육회에 제출하여야 한다. 다만, 재선거 및 보궐선거의 경우에는 그 실시사유가 확정된 날부터 10일 이내에 제출하여야 한다.[76]

---

72) 「대한체육회 회장선거관리규정(개정 2024. 7. 20.)」 제15조(후보자의 자격) ①
73) 「대한체육회 회장선거관리규정(개정 2024. 7. 20.)」 제15조(후보자의 자격) ⑦
74) 회원종목단체, 회원시 · 도체육회, 회원시 · 도체육회의 회원인 시 · 군 · 구체육회를 말한다(대한체육회 회장선거관리규정§3① 2).
75) 「대한체육회 회장선거관리규정(개정 2024. 7. 20.)」 별지 제3호 서식(대한체육회장 선거 후보자 등록의사 표명서)
76) 「대한체육회 회장선거관리규정(개정 2024. 7. 20.)」 제15조(후보자의 자격) ②

나. 피선거권의 결격사유[77)]

다음 각 호의 어느 하나에 해당하는 사람은 대한체육회의 회장이 될 수 없다.[78)]

1. 대한민국 국민이 아닌 사람
2. 「국가공무원법」 제33조(결격사유) 각 호[79)]의 어느 하나에 해당하는 사람
3. 「국민체육진흥법」 제2조(정의) 제9호 가목부터 다목까지의 체육단체[80)] 및 시도 · 시

---

77) 대한체육회의 회장은 임원이므로(대한체육회정관§23②), 임원의 결격사유(대한체육회정관§30①)는 당연히 대한체육회의 회장에게 적용된다.

78) 「대한체육회정관(2024. 1. 3. 문화체육관광부 허가)」 제30조(임원의 결격사유) ①

79) 「국가공무원법」 제33조(결격사유) 다음 각 호의 어느 하나에 해당하는 자는 공무원으로 임용될 수 없다.
1. 피성년후견인
2. 파산선고를 받고 복권되지 아니한 자
3. 금고 이상의 실형을 선고받고 그 집행이 종료되거나 집행을 받지 아니하기로 확정된 후 5년이 지나지 아니한 자
4. 금고 이상의 형을 선고받고 그 집행유예 기간이 끝난 날부터 2년이 지나지 아니한 자
5. 금고 이상의 형의 선고유예를 받은 경우에 그 선고유예기간 중에 있는 자
6. 법원의 판결 또는 다른 법률에 따라 자격이 상실되거나 정지된 자
6의2. 공무원으로 재직기간 중 직무와 관련하여 「형법」 제355조(횡령, 배임) 및 제356조(업무상 횡령과 배임)에 규정된 죄를 범한 자로서 300만원 이상의 벌금형을 선고받고 그 형이 확정된 후 2년이 지나지 아니한 자
6의3. 다음 각 목의 어느 하나에 해당하는 죄를 범한 사람으로서 100만원 이상의 벌금형을 선고받고 그 형이 확정된 후 3년이 지나지 아니한 사람
가. 「성폭력범죄의 처벌 등에 관한 특례법」 제2조(정의)에 따른 성폭력범죄
나. 정보통신망 이용촉진 및 정보보호 등에 관한 법률」 제74조(벌칙) 제1항 제2호 및 제3호에 규정된 죄
다. 「스토킹범죄의 처벌 등에 관한 법률」 제2조(정의) 제2호에 따른 스토킹범죄
6의4. 미성년자에 대한 다음 각 목의 어느 하나에 해당하는 죄를 저질러 파면 · 해임되거나 형 또는 치료감호를 선고받아 그 형 또는 치료감호가 확정된 사람(집행유예를 선고받은 후 그 집행유예기간이 경과한 사람을 포함한다)
가. 「성폭력범죄의 처벌 등에 관한 특례법」 제2조(정의)에 따른 성폭력범죄
나. 「아동 · 청소년의 성보호에 관한 법률」 제2조(정의) 제2호에 따른 아동 · 청소년대상 성범죄
7. 징계로 파면처분을 받은 때부터 5년이 지나지 아니한 자
8. 징계로 해임처분을 받은 때부터 3년이 지나지 아니한 자

80) 「국민체육진흥법」 제2조(정의) 이 법에서 사용하는 용어의 뜻은 다음과 같다.
9. "체육단체"란 체육에 관한 활동이나 사업을 목적으로 설립된 다음 각 목의 어느 하나에 해당하는 법인이나 단체를 말한다.
가. 제5장에 따른 대한체육회, 시 · 도체육회 및 시 · 군 · 구체육회(이하 "지방체육회"라 한다), 대한장애인체육회, 시 · 도장애인체육회 및 시 · 군 · 구장애인체육회(이하 "지방장애인체육회"라 한다), 한국도핑방지위원회, 서울올림픽기념국민체육진흥공단

군구 종목단체에서 재직기간 중 직무와 관련하여 「형법」 제355조(횡령, 배임) 및 제356조(업무상횡령과 배임)에 규정된 죄를 범한 사람으로서 300만원 이상의 벌금형 또는 그 이상의 형을 선고받고 그 형이 확정된 사람

4. 「국민체육진흥법」 제2조(정의) 제9호 가목부터 다목까지의 체육단체 및 시도 · 시군구 종목단체가 주최 · 주관하는 경기의 결과에 영향을 미치는 승부조작에 가담하여 「형법」 제314조(업무방해) 및 「국민체육진흥법」 제47조(벌칙) 및 제48조(벌칙)에 규정된 죄를 범한 사람으로서 벌금형 이상을 선고받고 그 형이 확정된 사람(형이 실효된 사람을 포함한다)

4의2. 다음 각 목의 어느 하나에 해당하는 죄를 저지른 사람으로서 금고 이상의 실형 또는 치료감호를 선고받고 그 집행이 끝나거나(집행이 끝난 것으로 보는 경우를 포함한다) 집행이 면제된 날 또는 금고 이상의 형의 집행유예를 선고받은 날부터 20년이 지나지 아니하거나 벌금형이 확정된 날부터 10년이 지나지 아니한 사람(형이 실효된 사람을 포함한다)

가. 「성폭력범죄의 처벌 등에 관한 특례법」 제2조(정의)에 따른 성폭력범죄

나. 「아동 · 청소년의 성보호에 관한 법률」 제2조(정의) 제2호에 따른 아동 · 청소년 대상 성범죄

4의3. 선수를 대상으로 「형법」 제2편 제25장 상해와 폭행의 죄를 저지른 사람으로서 금고 이상의 실형을 선고받고 그 집행이 끝나거나(집행이 끝난 것으로 보는 경우를 포함한다) 집행이 면제된 날 또는 금고 이상의 형의 집행유예를 선고받은 날부터 10년이 지나지 아니한 사람(형이 실효된 사람을 포함한다)

5. 「국민체육진흥법」 제2조(정의) 제9호 가목부터 다목까지의 체육단체 및 시도 · 시군구 종목단체에서 다음 각 목에 따른 사람

가. 폭력 및 성폭력 등 성 관련 비위로 자격정지 이상의 징계처분을 받은 사람

나. 승부조작, 편파판정, 횡령 · 배임으로 자격정지 1년 이상의 징계처분을 받은 사람

다. 가목과 나목에 해당하는 사람을 제외하고 자격정지 이상의 징계처분을 받고 그 기간이 종료되지 아니한 사람

6. 국회의원, 지방자치단체장, 지방의회의원

7. 체육회 이사회가 회원단체(회원종목단체, 회원시 · 도체육회)를 관리단체로 지정할 당시 해당 회원단체의 임원이었던 사람으로서 지정일로부터 5년이 지나지 아니한 사람(지정일로부터 6개월 전까지 임원이었던 사람 포함)

나. 제11호에 따른 경기단체

다. 「태권도 진흥 및 태권도공원 조성 등에 관한 법률」 제19조(국기원)에 따른 국기원 및 같은 법 제20조(태권도진흥재단)에 따른 태권도진흥재단

12. 지방체육회의 회장 선거의 피선거권자

가. 피선거권자

(1) 후보자의 자격

선거일 현재 「지방체육회 정관」[81]제30조(임원의 결격사유) 제1항에 따른 결격사유에 해당하지 아니하는 사람은 지방체육회 회장선거의 후보자자격이 있다.[82]

후보자가 되고자 하는 지방체육회 또는 체육단체[83]의 상임임원 및 직원은 선거일 전 30일까지 그 직을 그만두어야 한다. 다만, 재선거 및 보궐선거의 경우에는 그 실시사유가 확정된 날부터 7일 이내에 그 직을 그만두어야 한다.[84]

(2) 후보자 등록의사 표명

체육단체의 회장을 포함한 비상임 임원이 후보자로 등록하고자 하는 경우 회장의 임기만료일 전 30일까지 후보자 등록의사를 지방체육회 사무처에 「지방체육회 회장선거관리규정」이 정하는 서식[85]으로 제출하여야 한다. 다만, 재선거 및 보궐선거의 경우에는 그 실시사유가 확정된 날부터 7일 이내에 제출하여야 한다.[86]

나. 피선거권의 결격사유

선거일 현재 다음 각 호의 어느 하나에 해당하는 사람은 지방체육회의 회장 선거의 후보자가 될 수 없다.[87]

1. 지방체육회 정관 제30조(임원의 결격사유) 제1항[88]에 해당하는 사람

---

81) 「대전광역시체육회정관(대전광역시 승인 2024. 3. 19.)」
82) 「대전광역시체육회 회장선거관리규정(개정 2024. 2. 7.)」 제16조(후보자의 자격) ①
83) "체육단체"란 대한체육회, 대한체육회의 회원단체, 시·도체육회의 회원단체 및 그 회원단체를 말한다(대전광역시체육회 회장선거관리규정(개정 2024. 2. 7.)§16②).
84) 「대전광역시체육회 회장선거관리규정(개정 2024. 2. 7.)」 제16조(후보자의 자격) ⑦
85) 「대전광역시체육회 회장선거관리규정(개정 2024. 2. 7.)」 별지 제6호 서식(○○체육회장 선거 후보자 등록의사 표명서)
86) 「대전광역시체육회 회장선거관리규정(개정 2024. 2. 7.)」 제16조(후보자의 자격) ②
87) 「대전광역시체육회 회장선거관리규정(개정 2024. 2. 7.)」 제16조(후보자의 자격) ①
88) 「대전광역시체육회정관(대전광역시 승인 2024. 3. 19.)」 제30조(임원의 결격사유) ① 다음 각 호의 어느 하나에 해당하는 사람은 체육회의 임원이 될 수 없다.
   1. 대한민국 국민이 아닌 사람
   2. 「국가공무원법」 제33조(결격사유) 각 호의 어느 하나에 해당하는 사람
   3. 「국민체육진흥법」 제2조(정의) 제9호 가목부터 다목까지의 체육단체 및 시·도 및 시·군·

2. 「국민체육진흥법」 제43조의2(체육단체의 장의 겸직금지)[89]에 해당하는 지방자치단체장, 지방의회 의원
3. 국회의원

13. 대한장애인체육회의 회장 선거의 피선거권자

가. 피선거권자

대한장애인체육회의 회장후보자는 학식과 덕망, 경험이 풍부한 자로서 국내장애인체육진흥과 패럴림픽운동에 크게 기여하였거나 기여할 수 있는 자이어야 하는바,[90] 선거일 현재 「대한장애인체육회정관」 제25조(임원의 결격사유) 제1항 및 제2항에 따

구 종목단체에서 재직기간 중 직무와 관련하여 「형법」 제355조(횡령, 배임) 및 제356조(업무상횡령과 배임)에 규정된 죄를 범한 사람으로서 300만원 이상의 벌금형 이상을 선고받고 그 형이 확정된 사람

4. 「국민체육진흥법」 제2조(정의) 제9호 가목부터 다목까지의 체육단체 및 시·도 및 시·군·구 종목단체가 주최·주관하는 경기의 결과에 영향을 미치는 승부조작에 가담하여 「형법」 제314조(업무방해) 및 「국민체육진흥법」 제47조(벌칙)부터 제48조(벌칙)에 규정된 죄를 범한 사람으로서 벌금형 이상을 선고받고 그 형이 확정된 사람

4의2. 다음 각 목의 어느 하나에 해당하는 죄를 저지른 사람으로서 금고 이상의 실형 또는 치료감호를 선고받고 그 집행이 끝나거나(집행이 끝난 것으로 보는 경우를 포함한다) 집행이 면제된 날 또는 금고 이상의 형의 집행유예를 선고받은 날부터 20년이 지나지 아니하거나 벌금형이 확정된 날부터 10년이 지나지 아니한 사람(형이 실효된 사람을 포함한다)
가. 「성폭력범죄의 처벌 등에 관한 특례법」 제2조(정의)에 따른 성폭력범죄
나. 「아동·청소년의 성보호에 관한 법률」 제2조(정의) 제2호에 따른 아동·청소년대상 성범죄

4의3. 선수를 대상으로 「형법」 제2편 제25장 상해와 폭행의 죄를 저지른 사람으로서 금고 이상의 실형을 선고받고 그 집행이 끝나거나(집행이 끝난 것으로 보는 경우를 포함한다) 집행이 면제된 날 또는 금고 이상의 형의 집행유예를 선고받은 날부터 10년이 지나지 아니한 사람(형이 실효된 사람을 포함한다)

5. 「국민체육진흥법」 제2조(정의) 제9호 가목부터 다목까지의 체육단체 및 시·도 및 시·군·구 종목단체에서 재직 중 다음 각 목 어느 하나에 해당되는 사람
가. 폭력 및 성폭력 등 성 관련 비위로 자격정지 이상의 징계처분을 받은 사람
나. 승부조작, 편파판정, 횡령·배임으로 자격정지 1년 이상의 징계처분을 받은 사람
다. 자격정지 이상의 징계처분을 받고 그 기간이 종료되지 아니한 사람

6. 대한체육회 이사회가 체육회를 관리단체로 지정할 당시 체육회의 임원으로 지정일로부터 5년이 지나지 아니한 사람(지정일로부터 6개월 전까지 임원이었던 사람 포함)

89) 「국민체육진흥법」 제43조의2(체육단체의 장의 겸직금지) 제2조(정의) 제9호 가목부터 바목까지에 해당하는 체육단체(대한장애인체육회는 제외한다)의 장은 지방자치단체의 장 또는 지방의회의원의 직을 겸할 수 없다.

90) 「대한장애인체육회정관(2024. 3. 12. 문화체육관광부 승인)」 제22조(회장의 선출) ③

른 결격사유에 해당하지 아니하는 사람은 대한장애인체육회의 회장 선거의 후보자 자격이 있다.[91)]

회장을 포함한 임원이 후보자로 등록하고자 하는 경우 회장의 임기 만료일 전 70일까지 후보자 등록의사 표명서를 장애인체육회에 제출하여야 하며, 제출과 동시에 직무는 정지된다. 다만, 보궐선거에 후보자로 등록하는 경우 그 실시사유가 확정된 날로부터 10일 이내에 제출하여야 한다.[92)] 가맹단체(시·도 및 시·군·구 가맹단체 포함) 및 시·도장애인체육회(시·군·구장애인체육회 포함)의 회장 및 임원이 후보자로 등록하고자 하는 경우에도 마찬가지이다.[93)]

나. 피선거권의 결격사유

대한민국 국적을 갖지 아니한 자는 회장이 될 수 없고,[94)] 다음 각 호의 어느 하나에 해당하는 자는 임원이 될 수 없다.[95)]

1. 「국가공무원법」 제33조(결격사유) 각 호의 어느 하나에 해당하는 사람
2. 「국민체육진흥법」 제2조(정의) 제9호 가목부터 다목까지의 체육단체 및 시도·시군구 종목단체에서 재직기간 중 직무와 관련하여 「형법」 제355조(횡령, 배임) 및 제356조(업무상횡령과 배임)에 규정된 죄를 범한 사람으로서 300만원 이상의 벌금형을 선고받고 그 형이 확정된 사람
3. 「국민체육진흥법」 제2조(정의) 제9호 가목부터 다목까지의 체육단체 및 시도·시군구 종목단체가 주최·주관하는 경기의 결과에 영향을 미치는 승부조작에 가담하여 「형법」 제314조(업무방해) 및 「국민체육진흥법」 제47조(벌칙) 및 제48조(벌칙)에 규정된 죄를 범한 사람으로서 벌금형 이상을 선고받고 그 형이 확정된 사람(형이 실효된 사람을 포함한다)

3의2. 다음 각 목의 어느 하나에 해당하는 죄를 저지른 사람으로서 금고 이상의 실형 또는 치료감호를 선고받고 그 집행이 끝나거나(집행이 끝난 것으로 보는 경우를 포함한다) 집행이 면제된 날 또는 금고 이상의 형의 집행유예를 선고받은 날부터 20년이 지나지 아니하거나 벌금형이 확정된 날부터 10년이 지나지 아니한 사람(형이 실효된 사람을 포함한다)

가. 「성폭력범죄의 처벌 등에 관한 특례법」 제2조(정의)에 따른 성폭력범죄

91) 「대한장애인체육회 회장선거관리규정(개정 2024. 8. 13.)」 제8조(후보자의 자격) ①
92) 「대한장애인체육회정관(2024. 3. 12. 문화체육관광부 승인)」 제22조(회장의 선출) ⑥
93) 「대한장애인체육회 회장선거관리규정(개정 2024. 8. 13.)」 제8조(후보자의 자격) ④
94) 「대한장애인체육회정관(2024. 3. 12. 문화체육관광부 승인)」 제25조(임원의 결격사유) ①
95) 「대한장애인체육회정관(2024. 3. 12. 문화체육관광부 승인)」 제25조(임원의 결격사유) ②

나. 「아동·청소년의 성보호에 관한 법률」 제2조(정의) 제2호에 따른 아동·청소년대상 성범죄

3의3. 선수를 대상으로 「형법」 제2편 제25장 상해와 폭행의 죄를 저지른 사람으로서 금고 이상의 실형을 선고받고 그 집행이 끝나거나(집행이 끝난 것으로 보는 경우를 포함한다) 집행이 면제된 날 또는 금고 이상의 형의 집행유예를 선고받은 날부터 10년이 지나지 아니한 사람(형이 실효된 사람을 포함한다)

4. 「국민체육진흥법」 제2조(정의) 제9호 가목부터 다목까지의 체육단체 및 시도·시군구 종목단체에서 다음 각 목에 따른 사람

가. 폭력 및 성폭력 등 성 관련 비위로 자격정지 이상의 징계처분을 받은 사람

나. 승부조작, 편파판정, 횡령·배임으로 자격정지 1년 이상의 징계처분을 받은 사람

다. 가목과 나목에 해당하는 사람을 제외하고 자격정지 이상의 징계처분을 받고 그 기간이 종료되지 아니한 사람

제2절 임의위탁선거의 피선거권자

1. 중소기업중앙회의 회장 선거의 피선거권자

가. 피선거권자

중소기업중앙회의 회장은 정회원의 대표자 중에서 정관으로 정하는 바에 따라 총회에서 투표로 선출하므로(중소기업협동조합법§123①), 중앙회의 회장 선거의 피선거권자는 정회원의 대표자이다.

나. 피선거권의 결격사유

다음 각 호의 어느 하나에 해당하는 자는 중앙회의 임원이 될 수 없다(중소기업협동조합법§125, §51①).[96]

1. 피성년후견인 및 파산선고를 받고 복권되지 아니한 자
2. 법률 또는 법원의 판결에 따라 자격이 상실되거나 정지된 자
3. 금고 이상의 실형을 선고받고 그 집행이 끝나거나(집행이 끝난 것으로 보는 경우를

96) 중소기업중앙회의 회장은 임원이므로(중소기업협동조합법§122), 중소기업중앙회에 준용되는 임원의 결격사유(중소기업협동조합법§51①)는 중소기업중앙회의 회장에게도 적용된다.

포함) 집행이 면제된 날로부터 3년이 지나지 아니한 자
4. 금고 이상의 형의 집행유예를 선고받고 유예기간 중에 있는 자
5. 중앙회의 업무와 관련하여 「중소기업협동조합법」에 따라 100만원 이상의 벌금형의 선고를 받고 2년이 지나지 아니한 자
6. 「중소기업협동조합법」에 따른 임원선거에서 당선되었으나 귀책사유로 인하여 당선이 무효로 된 자로서 그 무효가 확정된 날로부터 2년이 지나지 아니한 자
7. 「형법」 제303조(업무상위력에 의한 간음) 또는 「성폭력범죄의 처벌 등에 관한 특례법」 제10조(업무상위력 등에 의한 추행)에 규정된 죄를 범한 사람으로서 300만원 이상의 벌금형을 선고받고 그 형이 확정된 후 2년이 지나지 아니한 사람

다. 「중소기업중앙회 임원선거규정」에서 정하고 있는 피선거권의 결격사유

다음 각 호의 어느 하나에 해당하는 자는 중앙회의 임원으로 선출될 수 없다.[97)]

1. 「중소기업중앙회정관」 제47조(의결권과 선거권) 제2항 내지 제6항[98)]에 따라 선거권이 제한된 정회원의 대표자 또는 직무대행자
2. 「중소기업중앙회정관」 제55조(임원자격의 제한) 제1항[99)]의 사유에 해당하는 정회원

---

97) 「중소기업중앙회 임원선거규정(2018. 8. 21. 개정)」 제2조의2(선거인 및 피선거권) ④

98) 「중소기업중앙회정관(정관 제2023－001호, 2023. 5. 4. 일부개정)」 제47조(의결권과 선거권) ① 본회의 정회원은 각각 1개의 의결권과 선거권을 가진다.
② 제1항에도 불구하고 정회원의 선거권(피선거권 포함)은 정회원으로 가입한 후 6개월이 경과하여야 행사할 수 있다. 이 경우 6개월의 기산일은 임원의 임기종료일(보궐선거 등에 있어서는 그 선거의 실시사유가 확정된 날)을 기준으로 한다.
③ 연합회의 회원이 될 자격을 가지는 자가 본회의 의결권 또는 선거권이 있는 연합회에 3개 이상 가입하면 임원선거규정으로 정하는 바에 따라 그 자의 의결권 또는 선거권을 제한할 수 있다.
④ 중소기업관련단체인 정회원 모두가 가지는 의결권 또는 선거권은 본회 전체 정회원의 의결권 또는 선거권 총수의 100분의 20을 초과할 수 없다.
⑤ 「중소기업협동조합법」 제132조(휴면조합) 제1항에 따라 관보에 게재된 휴면조합·단체는 「중소기업협동조합법」 제132조(휴면조합) 제2항에 따른 활동재개가 인정될 때까지 본회에서 의결권 또는 선거권을 행사하지 못하며, 활동재개를 신청하여 활동재개가 인정된 경우에는 제2항을 준용한다.
⑥ 제14조(정회원의 권리의 제한) 제1항 제1호에 따라 의결권·선거권이 정지된 자 중 13회차 이상 회비를 미납한 자는 회비를 납입하여 그 정지사유가 해소된 경우에도 불구하고 제2항을 준용한다.

99) 「중소기업중앙회정관(정관 제2023－001호, 2023. 5. 4. 일부개정)」 제55조(임원자격의 제한) ① 다음 각 호의 어느 하나에 해당하는 자는 본회의 임원이 될 수 없다. 다만, 제2호의 경우에는 2주일 전까지 그 사실을 통지하여야 한다.
1. 「중소기업협동조합법」 제51조(임원의 결격사유) 제1항에 해당하는 자

의 대표자 또는 직무대행자
3. 제1호 및 제2호에 해당하는 정회원의 대표자가 당해 이사회의 의결을 거쳐 추천한 자

2. 정비사업조합설립추진위원회의 추진위원장 선거의 피선거권자

가. 피선거권자

(1) 조합설립추진위원회의 설립에 동의한 자

조합설립추진위원회의 추진위원장은 조합설립추진위원회의 설립에 동의한 자 중에서 선출하므로,[100] 조합설립추진위원회의 설립에 동의한 자가 추진위원장 선거의 피선거권자이다. 추진위원장에 입후보하고자 하는 자는 피선출일 이전까지 설립동의서를 제출하여야 한다.[101]

(2) 추진위원장의 자격

추진위원장은 다음 각 호의 어느 하나에 해당하는 자이어야 한다.[102]

1. 피선출일 현재 사업시행구역 안에서 3년 이내에 1년 이상 거주하고 있는 자(다만, 거주의 목적이 아닌 상가 등의 건축물에서 영업 등을 하고 있는 경우 영업 등은 거주로 본다)
2. 피선출일 현재 사업시행구역 안에서 5년 이상 토지 또는 건축물(재건축사업의 경우 토지 및 건축물을 말한다)을 소유한 자

나. 피선거권의 결격사유

다음 각 호의 어느 하나에 해당하는 자는 추진위원장이 될 수 없다(도시정비법§33⑤, §43①).

1. 미성년자·피성년후견인 또는 피한정후견인
2. 파산선고를 받고 복권되지 아니한 자
3. 금고 이상의 실형을 선고받고 그 집행이 종료(종료된 것으로 보는 경우를 포함한다)되

---

2. 제14조(정회원의 권리의 제한) 제1항에 해당하는 자

100) 「정비사업 조합설립추진위원회 운영규정(안)(국토교통부고시 제2018－102호)」 제15조(위원의 선임 및 변경) ②

101) 서울북부지방법원 2010. 7. 30.자 2010카합866 결정

102) 「정비사업 조합설립추진위원회 운영규정(안)(국토교통부고시 제2018－102호)」 제15조(위원의 선임 및 변경) ②

거나 집행이 면제된 날부터 2년이 지나지 아니한 자

4. 금고 이상의 형의 집행유예를 받고 그 유예기간 중에 있는 자
5. 「도시정비법」을 위반하여 벌금 100만원 이상의 형을 선고받고 10년이 지나지 아니한 자[103)]
6. 「도시정비법」 제35조(조합설립인가등)에 따른 조합설립 인가권자에 해당하는 지방자치단체의 장, 지방의회의원 또는 그 배우자 · 직계존속 · 직계비속

다. 「정비사업 조합설립추진위원회 운영규정(안)」에서 정하고 있는 피선거권의 결격사유

「정비사업 조합설립추진위원회 운영규정(안)(국토교통부고시 제2018－102호)」은 「도시정비법」 제33조(추진위원회의 조직) 제5항에서 준용하는 「도시정비법」 제43조(조합임원 등의 결격사유 및 해임) 제1항 각 호와 같은 내용의 추진위원의 결격사유를 규정

---

103) 헌법재판소는 「도시정비법」을 위반하여 벌금 100만원 이상의 형을 선고받고 5년이 지나지 아니한 자를 조합임원의 결격사유로 규정한 구「도시정비법(2009. 2. 6. 법률 제9444호로 개정된 것)」 제23조(조합임원의 결격사유 및 해임) 제1항 제5호와 관련하여, '심판대상조항은 주택재개발정비사업조합의 임원이 될 수 있는 자격을 엄격하게 제한하여 조합임원에게 요구되는 윤리성을 강화하고, 주택재개발사업의 시행과정 등에서 발생할 수 있는 이권개입이나 부조리를 차단함으로써, 조합원들의 재산권을 보호하고, 주택재개발사업의 공공성을 확보하고자 하는 것으로서 입법목적이 정당하고, 「도시정비법」 위반죄를 저지른 자들을 상당기간 조합임원이 될 수 없도록 하는 것은 입법목적을 달성하기 위한 적절한 수단이다. 「도시정비법」 제84조의2(벌칙) 내지 제86조(벌칙)는 주택재개발사업이 시행되는 일련의 과정에서 나타날 수 있는 불법행위 등에 대하여 처벌하는 조항들로서 다른 법령 위반행위에 비하여 사업의 원활한 진행을 가로막거나 사업시행 자체를 불투명하게 할 가능성마저 있는 것이고, 「도시정비법」 위반행위를 한 사람은 구체적인 위반 내용이나 사안의 경중을 불문하고 조합원이나 시공사 등 이해관계인의 신뢰를 얻기 어려우므로 조합의 운영이나 사업 시행에 부정적인 영향을 끼칠 위험성이 매우 크다. 따라서 「도시정비법」 위반행위로 벌금 100만원 이상의 형을 선고받은 자의 임원자격을 일률적으로 제한할 필요성이 인정된다. 특히 심판대상조항이 규정하는 100만원 이상의 벌금형은 법정형이 아닌 선고형이므로 이러한 결격사유의 설정이 지나친 제한이라고 할 수 없고, 심판대상조항에 따라 청구인이 입게 되는 불이익은 그 추구하는 공익에 비하여 현저히 크다고 볼 수 없다. 따라서 심판대상조항은 과잉금지원칙을 위반하여 청구인의 직업선택의 자유를 침해하지 아니한다. 심판대상조항은 조합임원의 결격사유를 정함에 있어 「도시정비법」 이외의 법령을 위반한 경우와 「도시정비법」을 위반한 경우를 달리 정하고 있다. 그런데 모든 「도시정비법」 위반행위는 조합원들의 재산권, 주택재개발사업의 원활한 진행에 중대한 영향을 끼치고, 사업시행과 관련된 범죄사실로 처벌을 받은 전력은 그 사실이 아무리 경미하다고 할지라도 조합원 및 사업시행 과정에 관여되는 자들의 신뢰를 훼손하게 된다는 점에서 다른 법령 위반행위와 현저히 다르므로, 입법자가 양 집단을 달리 취급하고 있다 하더라도 이를 불합리한 차별이라고 보기 어렵다. 따라서 심판대상조항은 청구인의 평등권을 침해하지 아니한다.'고 판시하였다(2013. 7. 25. 선고 2012헌마72 결정).

하고 있을 뿐 아니라, 이에 더하여 "「도시정비법」 또는 관련 법률에 의한 징계에 의하여 면직의 처분을 받은 날로부터 2년이 경과되지 아니한 자"도 추진위원의 결격사유로 규정하고 있다.[104)]

3. 정비사업조합의 조합장 선거의 피선거권자

가. 피선거권자

조합의 조합장은 다음 각 호의 어느 하나의 요건을 갖추어야 하는 바(도시정비법§41①전문), 이들 요건을 갖추고 있는 자가 조합의 조합장 선거의 피선거권자이다.

1. 정비구역에 위치한 건축물 또는 토지를 5년 이상 소유할 것
2. 정비구역에서 거주하고 있는 자로서 선임일 직전 3년 동안 정비구역에서 1년 이상 거주할 것

이 경우 조합장은 선임일로부터 관리처분계획인가를 받을 때까지는 해당 정비구역에서 거주(영업을 하는 자의 경우 영업을 말한다)하여야 한다(도시정비법§41①후문).

나. 피선거권의 결격사유

다음 각 호의 어느 하나에 해당하는 자는 조합임원이 될 수 없다(도시정비법§43①).[105)]

1. 미성년자 · 피성년후견인 또는 피한정후견인
2. 파산선고를 받고 복권되지 아니한 자
3. 금고 이상의 실형을 선고받고 그 집행이 종료(종료된 것으로 보는 경우를 포함한다)되거나 집행이 면제된 날로부터 2년이 경과되지 아니한 자
4. 금고 이상의 형의 집행유예를 받고 그 유예기간 중에 있는 자
5. 「도시정비법」을 위반하여 벌금100만원 이상의 형을 선고받고 10년이 지나지 아니한 자
6. 「도시정비법」 제35조(조합설립인가등)에 따른 조합설립 인가권자에 해당하는 지방자치단체의 장, 지방의회의원 또는 그 배우자 · 직계존속 · 직계비속

---

104) 「정비사업 조합설립추진위원회 운영규정(안)(국토교통부고시 제2018－102호)」 제16조(위원의 결격사유 및 자격상실 등) ①

105) 조합의 조합장은 조합의 임원이므로(도시정비법§41①), 임원의 결격사유(도시정비법§43①)는 당연히 조합의 조합장에도 적용된다.

다. 「정비사업조합 선거관리규정(안)」에서 정하고 있는 피선거권의 결격사유

다음 각 호의 1에 해당하는 경우에는 피선거권이 없다.[106)]

1. 미성년자 · 피성년후견인 또는 피한정후견인
2. 파산선고를 받고 복권되지 아니한 자
3. 금고 이상의 실형을 선고받고 그 집행이 종료(종료된 것으로 보는 경우를 포함한다) 되거나 집행이 면제된 날로부터 2년이 경과되지 아니한 자
4. 금고 이상의 형의 집행유예를 받고 그 유예기간 중에 있는 자
5. 「도시정비법」 또는 관련 법률에 의한 징계에 의하여 면직의 처분을 받은 날부터 2년이 경과되지 아니한 자
6. 「도시정비법」을 위반하여 벌금 100만원 이상의 형을 선고받고 10년이 지나지 아니한 자
7. 같은 목적의 사업을 시행하는 다른 조합 · 추진위원회 · 청산인 또는 당해 사업과 관련한 시공자 · 설계자 · 정비사업전문관리업자 등에 해당하는 법인 또는 단체의 임원 · 위원 · 직원으로 소속된 자. 이 경우 피선거권을 얻기 위하여 현직에서 사퇴하여야 하는 시점은 후보자 등록 전까지로 함

---

106) 「○○정비사업조합(조합설립추진위원회) 선거관리규정(안)(서울특별시 고시 제2017－243호)」 제6조(피선거권 등) ②

제5장 위탁선거의 선거인, 선거인명부, 선거일 및 선거기간

제1절 위탁선거의 선거인

1. 선거인의 의미

선거인이란 해당 위탁선거의 선거권이 있는 자로서 선거인명부에 올라있는 자를 말한다(위탁선거법§3 5.).[1)]

2. 선거인 개념의 확장

위탁선거법은 제58조(매수 및 이해유도죄)[2)]의 매수 및 이해유도죄 있어서의 선거인과 관련하여 '선거인명부를 작성하기 전에는 그 선거인명부에 오를 자격이 있는 자'를 선거인에 포함함으로써 선거인의 개념을 확장하고 있다(위탁선거법§58 1.).

---

1) 「지역농업협동조합정관례(농림축산식품부고시 제2024-74호, 2024. 10. 8. 일부개정)」 제62조(선거인) ①, 「지역축산업협동조합정관례(농림축산식품부고시 제2024-73호, 2014. 10. 8. 일부개정)」 제62조(선거인) ①, 「품목별·업종별협동조합정관례(농림축산식품부고시 제2024-72호, 2024. 10. 8. 일부 개정)」 제62조(선거인) ①, 「수협중앙회정관부속서 임원선거규정(일부개정 2021. 12. 20.)」 제3조(정의) 1., 「산림조합정관(예)부속서 임원선거규약(개정 2023. 10. 6. 산림청장 인가)」 제2조(선거인), 「새마을금고 임원선거규약(예)(일부개정 2024. 7. 10.)」 제2조(정의) 4., 「신용협동조합표준정관부속서 임원선거규약(2021. 12. 15. 개정)」 제2조(선거인)도 같은 내용을 규정하고 있다.

2) 「위탁선거법」 제58조(매수 및 이해유도죄) 선거운동을 목적으로 다음 각 호의 어느 하나에 해당하는 행위를 한 자는 3년 이하의 징역 또는 3천만원 이하의 벌금에 처한다.
   1. 선거인[선거인명부를 작성하기 전에는 그 선거인명부에 오를 자격이 있는 자(해당 위탁단체에 가입되어 해당 법령이나 정관등에 따라 위탁선거의 선거권이 있는 자 및 해당 위탁단체에 가입신청을 한 자를 말한다)를 포함한다. 이하 이 조에서 같다]이나 그 가족 또는 선거인이나 그 가족이 설립·운영하고 있는 기관·단체·시설에 대하여 금전·물품·향응이나 그 밖의 재산상 이익이나 공사(公私)의 직을 제공하거나 그 제공의 의사를 표시하거나 그 제공을 약속한 자

대법원은 「공직선거법」 제230조(매수 및 이해유도죄) 제1항 제1호[3]에서 정하고 「공직선거법」 제16장 「벌칙」에 모두 적용되는 선거인의 개념 중 "선거인명부에 오를 자격이 있는 자"의 의미에 대하여, '선거인명부 작성기준일 이전이라 할지라도 상대방의 주민등록현황, 연령 등 제반 사정을 기초로 다가올 선거일을 기준으로 판단할 때 위와 같은 선거인으로 될 수 있는 자이면 "선거인명부에 오를 자격이 있는 자"로 봄이 상당하다.'고 판시하였고,[4] 이러한 견해는 위탁선거법에 있어서도 적용된다고 봄이 상당하다.

제2절 위탁선거의 선거인명부[5]

1. 선거인명부의 작성 · 확정

가. 선거인명부작성기간[6] 및 선거인명부확정일

위탁단체는 관할위원회와 협의하여 선거인명부작성기간과 선거인명부확정일을 정하고, 선거인명부를 작성 및 확정하여야 한다. 다만, 조합장선거 및 이사장선거의 경우에는 선거일 전 19일부터 5일 이내에 선거인명부를 작성하여야 하며, 그 선거인명부는 선거일 전 10일에 확정된다(위탁선거법§15①). 선거인명부작성기간의 기간 계산은 초일을 산입한다.[7]

---

3) 「공직선거법」 제230조(매수 및 이해유도죄) ① 다음 각 호의 1에 해당하는 자는 5년 이하의 징역 또는 1천만원 이하의 벌금에 처한다.
  1. 투표를 하게 하거나 하지 아니하게 하거나 당선되거나 되게 하거나 되지 못하게 할 목적으로 선거인(선거인명부작성전에는 그 선거인명부에 오를 자격이 있는 자를 포함한다. 이하 이 장에서 같다) 또는 다른 정당이나 후보자(예비후보자를 포함한다)의 선거사무장 · 선거연락소장 · 선거사무원 · 회계책임자 · 연설원[제79조(공개장소에서의 연설 · 대담) 제1항의 규정에 의하여 연설 · 대담하는 자와 제81조(단체의 후보자 등 초청 대담 · 토론회) 제1항 · 제82조(언론기관의 후보자등 초청 대담 · 토론회) 제1항 또는 제82조의2(선거방송토론위원회 주관 대담 · 토론회) 제1항 · 제2항에 따라 대담 · 토론을 하는 자를 포함한다. 이하 이 장에서 같다] 또는 참관인(투표참관인 · 사전투표참관인과 개표참관인을 말한다. 이하 이 장에서 같다) · 선장 · 입회인에게 금전 · 물품 · 차마 · 향응 기타 재산상의 이익이나 공사의 직을 제공하거나 그 제공의 의사를 표시하거나 그 제공을 약속한 자
4) 2005. 8. 19. 선고 2005도2245 판결, 2011. 6. 24. 선고 2011도3824 판결
5) 중앙선거관리위원회는 2019. 4. 현행 위탁선거법의 선거인명부 작성 방법 등과 관련하여, 조합원명부를 기초로 작성되는 선거인명부 정보의 부정확성으로 본인여부 확인 및 선거공보 발송

나. 선거인명부의 작성

(1) 작성

위탁단체가 선거인명부를 작성하는 경우에는 그 회원명부(그 명칭에 관계없이 위탁단체가 해당 법령이나 정관 등에 따라 작성한 구성원의 명부를 말한다)에 따라 엄정히 조사·작성하여야 한다(위탁선거규칙§7①). 선거인명부는 위탁선거규칙이 정하는 서식[8]에 따라 작성하여야 한다(위탁선거규칙§7②).

(2) 분철

둘 이상의 투표소를 설치하는 경우에는 투표소별로 분철하여 선거인명부를 작성·확정하여야 한다(위탁선거법§15②후문). 하나의 투표소의 선거권자의 수가 1천명을 넘는 때에는 그 선거인명부를 선거인수가 서로 엇비슷하게 분철할 수 있다(위탁선거규칙§7④).

오류, 무자격자 등재로 인한 선거일 후 소송제기 등의 문제를 해결하고, 투표안내문(선거공보 동봉) 발송기한이 선거인명부 확정일(선거일 전 10일) 후 2일까지여서 동시조합장선거에서 다수 조합을 관리하는 선거관리위원회는 투표안내문 출력 일정이 촉박한 현실을 고려하고, 선거일 통합선거인명부 사용에 따라 선거인명부 등본의 필요성이 없게 된 현실을 참작하고, 위탁단체가 선거인명부 열람기간을 정하도록 하고 있어 조합별 선거인명부열람기간·시간이 상이하여 조합간 형평성 문제를 해결하고, 총회 선출 조합장선거의 경우 통합선거인명부를 작성할 필요성이 적은 점을 고려하여 이를 해결하고자, '① 동시조합장선거에서 선거인명부 작성 시 조합이 지방자치단체의 주민등록전산정보자료를 이용할 수 있는 근거를 마련하고, ② 공직선거와 같이 조합장선거의 명부작성 기준일은 선거일 전 22일, 명부확정일은 선거일 전 12일로 하고, 다수 조합을 관리하는 선거관리위원회의 업무부담 경감을 고려해 투표 안내문 발송기한도 선거인명부확정일 후 2일까지에서 3일까지로 연장하고, ③ 동시조합장선거에서 선거인명부 등본 제출을 폐지하고 전산자료복사본만 제출하도록 하고, ④ 선거인명부 열람기간을 「공직선거법」에 준하여 선거인명부작성기간 만료일의 다음날부터 3일간(오전 9시 – 오후 6시) 실시하도록 하고, ⑤ 총회에서 선출하는 조합장선거의 경우에는 통합선거인명부 작성을 하지 않도록 하는' 내용의 위탁선거법 개정의견을 국회에 제출하였다(중앙선거관리위원회, 「공공단체등 위탁선거에 관한 법률 개정의견」, 2019. 4., 26–27쪽).

6) 중앙선거관리위원회는 2019. 4. 위탁단체의 선거인명부 작성과 관련하여, 위탁단체의 선거인명부에 대한 중요성 인식부족과 관행적 선거인명부 작성(무자격 조합원 정리 미실시) 등으로 선거인명부를 부실하게 작성하는 조합이 다수 발생하고 있어, 안정적인 선거관리 등을 위해 선거인명부작성개시일 전에 회원명부를 의무적으로 정비할 필요가 있다고 보아, '위탁단체가 선거인명부작성개시일전 30일까지 회원명부를 일제히 정비할 것을 의무화'하는 내용의 위탁선거법 개정의견을 국회에 제출하였다(중앙선거관리위원회, 「공공단체등 위탁선거에 관한 법률 개정의견」, 2019. 4., 25쪽).

7) 1994. 7. 8. 중앙선관위 질의회답

8) 「위탁선거규칙」 별지 제2호 서식(선거인명부)

(3) 동시조합장선거 또는 동시이사장선거의 통합선거인명부

동시조합장선거 또는 동시이사장선거를 실시하는 경우 위탁단체는 위탁선거규칙으로 정하는 구역단위[9]로 선거인명부를 작성·확정하여야 하며, 중앙선거관리위원회는 확정된 선거인명부의 전산자료복사본을 이용하여 구·시·군별로 하나의 선거인명부(이하 "통합선거인명부"라 한다)를 작성하여 투표소에서 사용하게 할 수 있다(위탁선거법§15③, 위탁선거규칙§7⑤).

2. 선거인명부의 송부

위탁단체는 선거인명부를 작성한 때에는 즉시 그 등본(전산자료복사본을 포함) 1통을, 선거인명부가 확정된 때에는 지체 없이 확정된 선거인명부 등본 1통을 각각 관할위원회에 송부하여야 한다(위탁선거법§15②전문). 위탁단체가 선거인명부 등본을 관할위원회에 송부할 때에는 그 작성상황 또는 확정상황을 위탁선거규칙이 정하는 서식[10]을 작성하여 함께 보내야 한다(위탁선거규칙§7③).

관할위원회는 투표용지와 투효함을 투표관리관에게 인계할 때에 확정된 선거인명부를 함께 인계하여야 한다(위탁선거규칙§7⑥).

3. 선거인명부의 수정

위탁단체는 선거인명부 확정 후 오기 또는 선거권이 없는 자나 사망한 사람이 있는 것을 발견한 경우에는 선거일 전일까지 관할위원회에 위탁선거규칙이 정하는 서식[11]에 따라 그 사실을 통보하고, 이를 통보받은 관할위원회는 선거인명부의 비고칸

---

9) 「위탁선거규칙」 제7조(선거인명부의 작성·확정) ⑤ 동시조합장선거 또는 동시이사장선거를 실시하는 경우 위탁단체는 관할구역의 구(자치구가 아닌 구를 포함한다)·시(구가 설치되지 않은 시를 말한다)·군(이하 이 항에서"구·시·군"이라 한다) 또는 관할위원회의 관할구역 단위로 선거인명부를 작성·확정해야 하며, 중앙선거관리위원회는 법 제15조(선거인명부의 작성 등) 제3항에 따라 각 위탁단체로부터 제출받은 확정된 선거인명부의 전산자료 복사본을 이용하여 구·시·군 또는 관할위원회의 관할구역별로 하나의 선거인명부(이하 "통합선거인명부"라 한다)를 작성해야 한다.

10) 「위탁선거규칙」 별지 제3호 서식(선거인명부 작성상황 통보서), 별지 제4호 서식(선거인명부 확정상황 통보서)

11) 「위탁선거규칙」 별지 제5호 서식(확정된 선거인명부의 오기사항 등의 통지서)

에 그 사실을 적어야 한다(위탁선거규칙§8①). 관할위원회는 선거인명부를 투표관리관에게 인계한 후에 위 오기 등의 통보를 받은 경우에는 지체 없이 이를 투표관리관에게 통지하여야 하며, 투표관리관은 그 사실을 선거인명부의 비고칸에 적어야 한다(위탁선거규칙§8②).

4. 선거인명부의 열람 · 이의신청

가. 열람

위탁단체는 선거인명부를 작성한때에는 선거인명부 작성기간만료일의 다음 날로부터 3일간 선거인명부를 열람할 수 있도록 하여야 한다. 이 경우 선거인명부의 열람은 공휴일에도 불구하고 매일 오전 9시부터 오후 6시까지 할 수 있다(위탁선거법§16①).[12)]

---

12) 지역농협의 조합장 선거의 선거인명부열람기간은 "선거인명부작성기간만료일의 다음날부터 3일간"(지역농업협동조합정관례(농림축산식품부고시 제2024－74호, 2024. 10. 8. 일부개정)§72④), 농협중앙회의 회장 선거의 선거인명부열람기간은 "선거일전일까지"(농업협동조합중앙회 임원선거관리준칙(2015. 4. 6. 개정)§3③), 지구별수협의 조합장 선거의 선거인명부열람기간은 "선거인명부 작성기간 만료일의 다음날부터 선거인명부확정일 전일까지"(수산업협동조합정관부속서 임원선거규정(예)(해양수산부고시 제2022－168호, 2022. 10. 25. 일부개정)§17①), 수협중앙회의 회장 선거의 선거인명부열람기간은 "선거인명부 작성기간 만료일 다음날부터 선거인명부 확정일 전일까지"(수협중앙회정관부속서 임원선거규정(일부개정 2021. 12. 20.)§14③), 산림조합의 조합장 선거의 선거인명부열람기간은 "선거인명부 작성기간 만료일의 다음날부터 선거인명부확정일 전일까지의 기간 중에 정하는 기간"(산림조합정관(예)부속서 임원선거규약(개정 2023. 10. 6. 산림청장 인가)§12①), 산림조합중앙회의 회장 선거의 선거인명부열람기간은 "선거인명부 작성기간 만료일의 다음날부터 선거인명부확정일 전일까지"(산림조합중앙회정관부속서 임원선거규약(전부개정 2023. 10. 6. 산림청장 인가)§17③), 새마을금고의 이사장 선거의 선거인명부열람기간은 "선거인명부 작성기간 만료일의 다음날부터 3일간"(새마을금고 임원선거규약(예)(일부개정 2024. 7. 10.)§16①), 새마을금고중앙회의 회장 선거의 선거인명부열람기간은 "선거인명부 작성기간 만료일 다음날부터 선거인명부 확정일 전일까지의 기간(토요일 및 공휴일을 제외한다)"(새마을금고중앙회 임원선거규약(일부개정 2020. 5. 22.)§5의2③), 대한체육회 회장 선거의 선거인명부열람기간은 "선거인명부를 작성한 다음날부터 3일간"(대한체육회 회장선거관리규정(개정 2024. 7. 20.)§14②), 지방체육회 회장 선거의 선거인명부열람기간은 "선거인명부작성기간 만료일의 다음날부터 2일간"(대전광역시체육회 회장선거관리규정(개정 2024. 2. 7.)§14②), 대한장애인체육회 회장 선거의 선거인명부열람기간은 "3일"(대한장애인체육회 회장선거관리규정(개정 2024. 8. 13.)§7②), 중소기업중앙회의 회장 선거의 선거인명부열람기간은 "선거인명부가 최종 확정될 때까지"(중소기업중앙회 임원선거규정(2018. 8. 21. 개정)§4③), 정비사업조합의 조합장 및 추진위원장 선거의 선거인명부열람기간은 "3일 이상"(ㅇㅇ정비사업조합(조합설립추진위원회) 선거관리규정(안)(서울특별시 고시 제2017－243호)§21①), 신용협동조합의 이사장

나. 이의신청

선거권자는 누구든지 선거인명부에 누락 또는 오기가 있거나 자격이 없는 선거인이 올라 있다고 인정되면 열람기간 내에 구술 또는 서면으로 해당 위탁단체에 이의를 신청할 수 있다(위탁선거법§16②). 위탁단체는 이의신청이 있는 경우에는 이의신청을 받은 날의 다음 날까지 이를 심사·결정하되, 그 신청이 이유가 있다고 결정한 때에는 즉시 선거인명부를 정정하고 관할위원회·신청인·관계인에게 통지하여야 하며, 이유 없다고 결정한 때에는 그 사유를 신청인에게 통지하여야 한다(위탁선거법§16③).

5. 선거인명부의 교부

후보자는 해당 법령이나 정관 등에서 정하는 바에 따라 선거인명부 사본의 교부를 신청할 수 있다(위탁선거법§17).

「수산업협동조합정관부속서 임원선거규정(예)」는 후보자의 선거인명부 사본의 교부신청에 대하여 아래와 같이 규정하고 있다.[13)]

선거의 선거인명부열람기간은 "선거공고일부터 선거일 전일까지"(신용협동조합표준정관부속서 임원선거규약(2021. 12. 15. 개정)§15①), 신용협동조합중앙회의 회장 선거의 선거인명부열람기간은 "선거인명부 작성기간 만료일 다음날부터 선거인명부확정일 전일까지"(신용협동조합중앙회정관부속서 임원선거규약(2021. 10. 5. 개정)§14)이다.

13) 「수협중앙회정관부속서 임원선거관리규정(일부개정 2021. 2. 3.)」 제14조(선거인명부 작성 등) ④, 「산림조합정관(예)부속서 임원선거규약(개정 2023. 10. 6. 산림청장 인가)」 제12조(명부 열람 및 이의신청과 결정) ④,⑤, 「산림조합중앙회정관부속서 임원선거규약(전부개정 2023. 10. 6. 산림청장 인가)」 제17조(선거인명부 작성 등) ⑤,⑥, 「새마을금고 임원선거규약(예)(일부개정 2024. 7. 10.)」 제16조(선거인명부의 비치 및 열람) ②, 「대한체육회 회장선거관리규정(개정 2024. 7. 20.)」 제14조(선거인명부의 열람 등) ⑤－⑨, 「대전광역시체육회 회장선거관리규정(개정 2024. 2. 7.)」 제14조(선거인명부의 열람 등) ④－⑦, 「대한장애인체육회 회장선거관리규정(개정 2024. 8. 13.)」 제7조(선거인 명부의 열람) ④,⑤, 「○○정비사업조합(조합설립추진위원회) 선거관리규정(서울특별시 고시 제2017－243호, 개정 2017. 7. 6.」 제22조(선거인명부 확정) ③도 「수산업협동조합정관부속서 임원선거규정(예)(해양수산부고시 제2022－168호, 2022. 10. 25. 일부개정)」 제18조(선거인명부 사본의 교부)의 규정내용과 유사한 내용으로 선거인명부의 교부에 대하여 규정하고 있다.

한편, 「신용협동조합표준정관부속서 임원선거규약(2021. 12. 15. 개정)」 제16조 제1항은 "선거인명부는 교부할 수 없다."고 규정하여 선거인명부의 교부를 금지하고 있고, 「신용협동조합중앙회정관부속서 임원선거규약(2021. 10. 5. 개정)」은 선거인명부의 교부에 관하여 아무런 규정을 두지 않고 있다.

후보자는 선거운동기간 중 조합에 선거인명부 사본의 교부를 신청할 수 있다. 이 경우 교부신청은 서면으로 한다.[14] 후보자가 선거인명부 사본의 교부를 신청한 경우 선거관리위원회는 작성된 선거인명부 사본이나 전산자료복사본을 후보자별로 1통씩 신청인에게 교부하여야 한다. 이 경우 비용은 조합이 부담한다.[15] 후보자는 교부받은 선거인명부 사본 또는 전산자료복사본을 다른 사람에게 양도·대여하거나 선거 이외의 목적에 사용하여서는 아니 된다.[16]

제3절 위탁선거의 선거일 및 선거기간

1. 위탁선거의 선거일

가. 동시조합장선거 및 동시이사장선거의 선거일 법정

동시조합장선거 및 동시이사장선거의 선거일은 그 임기가 만료되는 해당 연도 3월 중 첫 번째 수요일로 한다(위탁선거법§14①). 즉, 「농업협동조합법」, 「수산업협동조합법」, 「산림조합법」 및 「새마을금고법」에 따라 관할위원회에 위탁하여 동시에 실시하는 임기만료에 따른 조합장선거 및 이사장선거는 그 임기가 만료되는 해당 연도 3월 중 첫 번째 수요일에 실시된다.

새마을금고 이사장 선거는 법률 제18492호로 개정되어 2022. 4. 20. 시행된 「새마을금고법」에 따라 동시에 실시하게 되었는바, 당시 규정은 이사장의 임기가 2025. 3. 20.에 만료되어 최초로 실시되는 동시이사장선거는 2025. 3. 12.에 하고, 이후 임기만료에 따른 동시금고이사장선거는 임기가 만료되는 해당 연도 3월의 두 번째 수요일에 실시하도록 되어 있었다(법률 제18492호로 개정된 새마을금고법 부칙§3③). 그러나 현행 위탁선거법에서 동시조합장선거 및 동시이사장선거일이 임기가 만료되는 해당 연도 3월 중 첫 번째 수요일로 변경된 것에 발맞추어, 법률 제20648호로 개정되어

---

14) 「수산업협동조합정관부속서 임원선거규정(예)(해양수산부고시 제2022-168호, 2022. 10. 25. 일부개정)」 제18조(선거인명부 사본의 교부) ①
15) 「수산업협동조합정관부속서 임원선거규정(예)(해양수산부고시 제2022-168호, 2022. 10. 25. 일부개정)」 제18조(선거인명부 사본의 교부) ②
16) 「수산업협동조합정관부속서 임원선거규정(예)(해양수산부고시 제2022-168호, 2022. 10. 25. 일부개정)」 제18조(선거인명부 사본의 교부) ③

2025. 1. 7. 시행된 「새마을금고법」은 이사장의 임기가 2025. 3. 20.에 만료되어 최초로 실시되는 동시이사장선거를 2025. 3. 5.에 하고, 이후 임기만료에 따른 동시금고이사장선거는 임기가 만료되는 해당 연도 3월의 첫 번째 수요일에 실시하도록 하였다.

나. 동시조합장선거 및 동시이사장선거 외의 위탁선거의 선거일

동시조합장선거 및 동시이사장선거 외의 위탁선거의 선거일은 관할위원회가 해당 위탁단체와 협의하여 정하는 날로 한다(위탁선거법§14②). 관할위원회는 그 관할구역에서 공직선거등이 실시되는 때에는 해당 공직선거등의 선거일 또는 투표일 전 30일부터 선거일 또는 투표일 후 20일까지의 기간에 속한 날은 위탁선거의 선거일로 정할 수 없다. 다만, 임기만료에 따른 지방자치단체의 의회의원 및 장의 선거가 실시되는 때에는 그 선거일 전 60일부터 선거일 후 20일까지의 기간에 속한 날은 위탁선거의 선거일로 정할 수 없다(위탁선거법§14③).

관할위원회는 선거일을 정한 후에 공직선거등의 실시사유가 발생하여 선거사무일정이 중첩되는 때에는 해당 위탁단체와 다시 협의하여 위탁선거의 선거일을 새로 정할 수 있다. 이 경우 임의위탁선거는 그 위탁관리결정을 취소할 수 있다(위탁선거법§14④). 선거일을 새로 정한 경우 해당 정관등에 따른 선거일로 정할 수 있는 기간이 공직선거등의 선거사무일정과 중첩되는 때에는 그 정관등에도 불구하고 위탁선거의 선거일을 따로 정할 수 있다(위탁선거법§14⑤).

다. 위탁선거의 동시실시

관할위원회는 선거일을 같은 날로 정할 수 있는 둘 이상의 선거관리를 위탁받기로 결정한 때에는 해당 위탁단체와 협의하여 이들 위탁선거를 동시에 실시할 수 있다(위탁선거법§54).

2. 위탁선거일의 공고

관할위원회는 선거인명부작성개시일 전일까지 선거일을 공고하여야 한다(위탁선거법§14⑥전문). 관할위원회는 선거일공고를 다음 각 호에서 정한 날까지 하여야 한다(위탁선거규칙§6의2).

1. 위탁선거법 제24조(선거운동의 주체 · 기간 · 방법) 제3항 제3호[17]에 따른 중앙회장 선거 : 위탁선거법 제24조의2(예비후보자) 제1항에 따른 예비후보자등록신청개시일 전 10일(보궐선거등의 경우에는 위탁선거법 제8조(선거관리의 위탁신청) 각 호 외의 부분 단서에 따라 위탁신청을 한 날부터 5일)까지
2. 제1호 외의 위탁선거 : 위탁선거는 선거인명부작성개시일 전일까지

즉, 「농업협동조합법」, 「수산업협동조합법」, 「산림조합법」 및 「새마을금고법」에 따른 중앙회장선거의 경우에는 예비후보자등록신청개시일 전 10일(보궐선거등의 경우에는 위탁신청을 한 날부터 5일)까지 선거일공고를 하고, 그 외의 위탁선거의 경우에는 선거인명부작성개시일 전일까지 선거일공고를 하여야 한다.

이 경우 동시조합장선거에서는 선거인명부작성개시일 전일에 선거일을 공고한 것으로 본다(위탁선거법§14⑥후문). 동시조합장선거의 경우에는 선거일이 법정되어 있으므로 이를 공고할 필요가 없기 때문이다.

3. 위탁선거의 선거기간

가. 의의

"선거기간"이란 후보자등록마감일의 다음날부터 선거일까지를 말한다(위탁선거법§13②).

나. 각 선거별 선거기간

각 선거별 선거기간은 다음과 같다(위탁선거법§13①).

1. 「농업협동조합법」, 「수산업협동조합법」 및 「산림조합법」에 따른 조합장선거(이하

17) 「위탁선거법」 제24조(선거운동의 주체 · 기간 · 방법) ③ 선거별 선거운동방법은 다음 각 호와 같다.
3. 「농업협동조합법」, 「수산업협동조합법」, 「산림조합법」 및 「새마을금고법」에 따른 중앙회장 선거, 「농업협동조합법」 제45조(임원의 정수 및 선출) 제5항 제2호 및 「수산업협동조합법」 제46조(임원의 정수 및 선출) 제3항 제2호 및 「산림조합법」 제35조(임원의 정수 및 선출) 제4항 제2호에 따라 대의원회에서 선출하는 조합장선거 및 「새마을금고법」 제18조(임원의 선임 등) 제5항 단서에 따라 대의원회에서 선출하는 이사장선거 : 제25조(선거공보) · 제28조(전화를 이용한 선거운동) · 제29조(정보통신망을 이용한 선거운동) · 제30조(명함을 이용한 선거운동) 및 제30조의2(선거일 후보자 소개 및 소견발표)부터 제30조의4(공개행사에서의 정책 발표)에 따른 방법(제30조(명함을 이용한 선거운동)에 따른 방법은 중앙회장선거에 한정한다)

"조합장선거"라 한다)와 「새마을금고법」에 따른 이사장선거(이하 "이사장선거"라 한다) : 14일

2. 제1호에 따른 선거 외의 위탁선거 : 관할위원회가 해당 위탁단체와 협의하여 정하는 기간

즉, 조합장선거 및 이사장선거의 선거기간은 후보자등록마감일의 다음날부터 선거일까지 14일이고, 그 외의 위탁선거의 선거기간은 관할위원회가 해당 위탁단체와 협의하여 정하는 기간이다. 선거운동기간은 원칙적으로 "선거기간개시일(후보자등록마감일의 다음날)부터 선거일 전일까지"이므로(위탁선거법§24②본문), 선거기간과 선거운동기간과의 차이는 선거일이 포함되는지 여부에 있다.

제6장 위탁선거의 후보자

제1절 위탁선거의 예비후보자

1. 위탁선거법의 예비후보자제도

가. 위탁선거의 예비후보자

예비후보자란 후보자가 되고자 하는 자로서 관할위원회에 예비후보자로 등록한 자이다. 예비후보자제도는 선거일 전 특정일부터 관할위원회에 예비후보자로 등록을 하면 일정 범위 내에서 선거운동을 할 수 있도록 하는 제도이다.

헌법재판소는 예비후보자제도를 두지 않고 있었던 구「위탁선거법(2015. 12. 24. 법률 제136195호로 개정되고 2017. 12. 26. 법률 제15327호로 개정되기 전의 것)」 제24조(선거운동의 주체 · 기간 · 방법) 제2항 중 중앙회장선거와 관련하여, 「중앙회장선거에서 선거일 전일까지의 구체적인 선거운동기간은 중앙선관위가 농협중앙회와 협의하는 바에 따라 달라질 수 있으므로, 중앙회장선거에서 선거일 전일까지의 선거운동기간의 장단에 따른 문제는 기간조정에 의한 것이라 할 수 없다. 기간조항에 의하면, '선거일과 결선투표일 사이', '결선투표일 당일'의 선거운동은 제한되지만, 중앙회장선거의 경우 선거인이 소수이고 선거인들의 선거에 대한 관심이 매우 높은 상황이며, 중앙선관위가 농협중앙회와 협의하는 바에 따라 본선거일 전 비교적 장기간 동안 선거운동을 할 수도 있는바, 선거인의 입장에서 본선거 전 선거운동기간동안 본선거에서 투표할 후보자뿐 아니라 결선투표 시 차선책으로 투표할 후보자에 대한 정보도 충분히 제공받을 수 있다. 기간조항은 예비후보자제도라는 예외를 두고 있지 않지만, 농협중앙회장의 경우에는 중임이 불가능하기 때문에, 현역 회장과 신인 후보자 간에 선거운동기회의 불균형이 생길 여지가 없다는 점, 선거인이 소수라는 점을 고려했을 때 반드시 예비후보자제도를 도입할 필요성이 크다고 할 수 없다.」고 판시한 바가 있다.[1]

1) 2019. 7. 25. 선고 2018헌바85 결정

이에 2017. 12. 26. 법률 제15327호로 개정된 위탁선거법은 예비후보자에 관한 조항인 제24조의2(예비후보자)를 신설하여 「농업협동조합법」 및 「수산업협동조합법」에 따른 중앙회장선거에 먼저 예비후보자제도를 도입하였고, 2024. 1. 30. 법률 제20179호로 개정된 현행 위탁선거법은 이를 「농업협동조합법」, 「수산업협동조합법」, 「산림조합법」에 따른 조합장선거 및 중앙회장선거, 「새마을금고법」에 따른 이사장선거 및 중앙회장선거에도 예비후보자제도를 두도록 확대하였다(위탁선거법24의2①).

나. 위탁선거의 예비후보자제도의 적용범위

위탁선거의 예비후보자제도에 관한 규정(위탁선거법§24의2)은 위탁선거법 제24조(선거운동의 주체 · 기간 · 방법) 제3항 제1호부터 제3호까지에 따른 선거인 「농업협동조합법」, 「수산업협동조합법」, 「산림조합법」에 따른 조합장선거 및 중앙회장선거, 「새마을금고법」에 따른 이사장선거 및 중앙회장선거에 적용된다(위탁선거법§24③ 3., §24의2①).

2. 예비후보자등록

가. 예비후보자등록신청

중앙회장선거의 예비후보자가 되려는 사람은 선거기간개시일 전 30일부터 관할위원회에 예비후보자등록을 위탁선거규칙이 정하는 서식[2]에 따라 서면으로 신청하여야 한다(위탁선거법§24의2①, 위탁선거규칙§11의2①). 예비후보자등록신청은 일반직 국가공무원의 정상근무일의 오전 9시부터 오후 6시까지 하여야 한다. 다만, 예비후보자등록신청 개시일에는 토요일 또는 공휴일에도 불구하고 오전 9시부터 오후 6시까지 할 수 있다(위탁선거규칙§11의2⑦). 다만, 보궐선거등의 경우 예비후보자등록신청 기간을 충족하지 못한다고 판단할 때에는 위탁선거법 제14조(선거일) 제2항에 따른 선거일을 정한 날부터 예비후보자등록신청을 할 수 있다(위탁선거규칙§11의2③).

나. 예비후보자등록신청 시 제출서류

예비후보자등록을 신청하는 사람은 해당 법령이나 정관 등에 따른 피선거권에 관한 증명서류를 제출하여야 한다(위탁선거법§24의2②). 위탁단체는 피선거권에 관한 증

2) 「위탁선거규칙」 별지 제6호 서식((예비후보자) · (후보자) 등록신청서)

명서류의 목록을 예비후보자등록신청개시일 전 30일까지 관할위원회에 제출하여야 한다. 다만, 보궐선거등의 경우에는 위탁선거법 제8조(선거관리의 위탁신청) 각호 외의 부분 단서에 따라 위탁신청을 할 때 그 신청서와 함께 제출하여야 한다(위탁선거규칙 §11의2②전문).

예비후보자가 되려는 사람은 해당 예비후보자등록신청서에 위탁선거규칙이 정하는 서식[3]에 따른 인영을 첨부하여 관할위원회에 제출하여야 한다(위탁선거규칙§10전문).

다. 예비후보자등록신청의 수리

예비후보자등록신청을 받은 관할위원회는 이를 지체 없이 수리하여야 한다(위탁선거법§24의2③).

라. 피선거권에 관한 조사 및 조회

관할위원회는 피선거권을 확인할 필요가 있다고 인정되는 예비후보자에 대하여 관계 기관의 장에게 필요한 사항을 조회할 수 있다. 이 경우 관계기관의 장은 지체 없이 해당 사항을 조사하여 회보하여야 한다(위탁선거법§24의2④). 관할위원회는 피선거권(해당 법령이나 정관 등에서 정하는 범죄경력을 포함한다)의 확인을 위하여 필요한 사항을 위탁선거규칙이 정하는 서식[4]에 따라 관계 기관의 장(피선거권과 관련된 범죄경력의 경우 해당 위탁단체의 주된 사무소 소재지를 관할하는 검찰청의 장)에게 조회할 수 있다(위탁선거규칙§11의2④).

마. 예비후보자등록 무효 및 사퇴

(1) 예비후보자등록 무효

예비후보자등록 후에 피선거권이 없는 것이 발견된 때에는 그 예비후보자의 등록은 무효로 한다(위탁선거법§24의2⑤).

(2) 예비후보자의 사퇴

예비후보자가 사퇴하려는 경우에는 자신이 직접 관할위원회에 가서 위탁선거규칙이 정하는 서식[5]에 따라 서면으로 신고하여야 한다(위탁선거법§24의2⑥, 위탁선거규칙

3) 「위탁선거규칙」 별지 제8호 서식(인영신고서)
4) 「위탁선거규칙」 별지 제7의2호 서식((피선거권)·(범죄경력) (조사)·(조회) 회보서)
5) 「위탁선거규칙」 별지 제9호 서식((예비후보자)·(후보자) 사퇴신고서)

§11의2⑤).

바. 공고

관할위원회는 예비후보자가 등록·사퇴·사망하거나 등록이 무효로 된 때에는 지체 없이 그 사실을 공고하여야 한다(위탁선거규칙§11의2⑥).

3. 예비후보자등의 선거운동

가. 예비후보자등의 선거운동방법

구 위탁선거법(2024. 1. 30. 법률 제20179호로 개정되기 전의 것)은 예비후보자의 선거운동 주체를 예비후보자에 한정하고 있었으나, 현행 위탁선거법은 예비후보자 외에 예비후보자가 그의 배우자, 직계존비속 또는 해당 위탁단체의 임직원이 아닌 조합원·회원 중 지정하는 1명(이하 "예비후보자등"이라 한다)도 선거운동 주체에 포함하였다. 예비후보자등은 다음 각 호의 어느 하나에 해당하는 방법으로 선거운동을 할 수 있다(위탁선거법§24의2⑦).[6)]

1. 위탁선거법 제28조(전화를 이용한 선거운동) 및 제29조(정보통신망을 이용한 선거운동)에 따른 방법
2. 위탁선거법 제30조(명함을 이용한 선거운동)에 따른 방법(위탁단체가 사전에 공개한 행사장에서 하는 경우에 한정하며, 제24조(선거운동의 주체·기간·방법) 제3항 제3호에 해당하는 선거의 경우에는 중앙회장 선거에 한정한다)
3. 위탁선거법 제30조의4(공개행사에서의 정책 발표)에 따른 방법(예비후보자가 하는 경우에 한정한다)

즉, 예비후보자등은 선거운동기간이 아니어도 예비후보자로 등록한 때부터는 전화를 이용하여 송화자·수화자 간 직접 통화하는 방법 또는 문자(문자 외의 음성·화상·동영상 등은 제외한다)메시지를 전송하는 방법으로 선거운동을 하거나(위탁선거법§28본문), 해당 위탁단체가 개설·운영하는 인터넷 홈페이지의 게시판·대화방 등에 글이나 동영상 등을 게시하는 방법 또는 전자우편(컴퓨터 이용자끼리 네트워크를 통하여 문자

---

6) 예비후보자의 선거운동방법인 '전화를 이용한 선거운동', '정보통신망을 이용한 선거운동' , '명함을 이용한 선거운동' 및 '공개행사에서의 정책 발표' 및 예비후보자의 활동보조인의 선거운동방법에 대하여는 [위탁선거의 선거운동방법]에서 상술한다.

·음성·화상 또는 동영상 등의 정보를 주고받는 통신시스템을 말한다)을 전송하는 방법으로 선거운동을 하거나(위탁선거법§29①), 길이 9센티미터 너비 5센티미터 이내의 선거운동을 위한 명함을 선거인에게 직접 주거나 지지를 호소하는 방법으로 선거운동을 할 수 있으며(위탁선거법§30), 예비후보자는 해당 위탁단체가 개최하는 공개행사에 방문하여 자신의 정책을 발표하는 방법으로 선거운동을 할 수 있다(위탁선거법§30의4).

예비후보자등이 전화를 이용하여 송화자·수화자 간 직접 통화하는 방법 또는 문자(문자 외의 음성·화상·동영상 등은 제외한다)메시지를 전송하는 방법으로 선거운동을 하는 경우에는 오후 10시부터 다음날 오전 7시까지는 할 수 없다(위탁선거법§28단서). 또한 후보자가 명함을 이용한 선거운동을 함에 있어서는 다수인이 왕래하거나 집합하는 공개된 장소에서 하면 되지만(위탁선거법§30), 예비후보자등이 명함을 이용한 선거운동을 함에 있어서는 해당 위탁단체가 사전에 공개한 행사장에서 하여야 한다(위탁선거법§24의2⑦2.). 공개행사에 방문하여 정책을 발표하는 것은 예비후보자 본인만 가능하다(위탁선거법§24의2⑦3.).

나. 벌칙 등

(1) 벌칙

위탁선거법 제24조의2(예비후보자) 제7항을 위반하여 선거운동을 한 자, 즉 예비후보자등이 할 수 있는 선거운동방법을 위반하여 선거운동을 한 자는 2년 이하의 징역 또는 2천만원 이하의 벌금에 처한다(위탁선거법§66②1의2.).

(2) 벌칙의 적용범위

위탁선거법 제24조의2(예비후보자) 제7항의 예비후보자등이 할 수 있는 선거운동방법을 위반하여 선거운동을 하는 자를 처벌하는 처벌규정인 위탁선거법 제66조(각종 제한규정 위반죄) 제2항 1의2호는 「농업협동조합법」, 「수산업협동조합법」 및 「산림조합법」에 따른 조합 및 중앙회와 「새마을금고법」에 따른 금고 및 중앙회가 위탁하는 선거 외의 위탁선거에는 적용되지 아니한다(위탁선거법§57).

제2절 위탁선거의 후보자가 되려는 사람

1. 제도적 취지

위탁선거의 '후보자가 되려는 사람'은 위탁선거의 후보자가 되려고 하는 자로서 후보자로 되기 이전에 출마를 하려고 하는 단계에 있는 사람을 말한다. 위탁선거법에서 후보자 외에 '후보자가 되려는 사람'을 별도로 규정하고 있는 이유는 이들에 대하여도 위탁선거법상 선거운동 등에서 후보자에 버금가는 제한을 가하여 선거의 공정성을 기하고자 하기 때문이다.[7)]

위탁선거법 제31조(지위를 이용한 선거운동금지 등) 제3호, 제35조(기부행위제한), 제58조(매수 및 이해유도죄) 제2호, 제59조(기부행위의 금지·제한 등 위반죄), 제61조(허위사실공표죄), 제62조(후보자 등 비방죄)에서는 특정 선거운동행위 및 그 제한에 대하여 '후보자가 되려는 사람'을 후보자와 동등하게 취급하고 있다.

2. '후보자가 되려는 사람'의 의미

위탁선거법상 '후보자가 되려는 사람'은 「공직선거법」상 '후보자가 되고자 하는 자 또는 후보자가 되려는 사람'의 의미와 같다.

'후보자가 되려는 사람'이란 당해 위탁선거에 출마할 예정인 자로서 선거권자로부터 후보자추천을 받기 위한 활동을 벌이는 등 입후보 의사가 확정적으로 외부에 표출된 사람뿐만 아니라 그 신분·접촉대상·언행 등에 비추어 당해 위탁선거에 입후보할 의사를 가진 것으로 객관적으로 인식할 수 있는 정도에 이른 사람을 의미한다.[8)] 입후보할 것을 예정하면 족하고 확정적 결의까지 요구되는 것은 아니다.[9)]

---

7) 졸저, 『선거법강의 제2판』, 박영사, 120쪽

8) 2005. 12. 22. 선고 2004도7116 판결, 2005. 1. 13. 선고 2004도7360 판결, 2007. 4. 26. 선고 2007도736 판결, 2007. 6. 29. 선고 2007도3211 판결, 2013. 11. 14. 선고 2013도2190 판결, 청주지방법원 2020. 9. 24. 선고 2019노1773 판결(이 사건 조합의 조직, 지역, 규모, 형태, 활동 등이 그리 크지 않아 조합장 후보예상자를 추정하기 어렵지 않다는 특수한 사정에 앞서 피고인의 접촉대상, 언행, 행위 등을 종합해 보면, 피고인이 적어도 이 사건 당시에는 이 사건 선거에 입후보할 의사를 가진 것을 객관적으로 확인할 수 있을 정도에 이르렀다고 봄이 타당하여, 피고인이 이 사건 기부행위 당시 '후보자가 되려는 사람'에 해당한다고 한 사례)

9) 1975. 7. 22. 선고 75도1659 판결, 1996. 9. 10. 선고 96도976 판결 등

헌법재판소는, 「공직선거법」 제113조(후보자 등의 기부행위제한)[10]의 '후보자가 되고자 하는 자'와 관련하여, ''후보자가 되고자 하는 자'에 해당 여부는 당사자의 주관적 의사에만 좌우되는 것이 아니고, 그 신분·접촉대상·언행 등에 비추어 선거에 입후보할 의사를 가진 것을 객관적으로 인식할 수 있는 여부와 같이 후보자의 의사를 인정할 수 있는 객관적 징표에 의하여 결정되는 것이다. '후보자가 되고자 하는 자'에 해당하는 여부의 판단을 당해 선거만 기준으로 할 것인지, 아니면 장래 선거도 포함할 것인지, 여러 선거가 겹치는 경우 어느 것을 기준으로 하여 판단할 것인지 여부도 문제되는 당해 선거를 기준으로 하여 기부행위 당시 후보자 의사를 인정할 수 있는 객관적 징표를 고려하여 판단하면 될 것이므로 '후보자가 되고자 하는 자' 부분이 명확성의 원칙에 위배된다고 단정하기 어렵다.'고 판시하였다.[11] 이러한 헌법재판소의 견해는 위탁선거법에서의 '후보자가 되려는 사람'의 경우에도 적용된다고 봄이 상당하다.

---

10) 「공직선거법」 제113조(후보자 등의 기부행위제한) ① 국회의원·지방의회의원·지방자치단체의 장·정당의 대표자·후보자(후보자가 되고자 하는 자를 포함한다)와 그 배우자는 당해 선거구안에 있는 자나 기관·단체·시설 또는 당해 선거구의 밖에 있더라도 그 선거구민과 연고가 있는 자나 기관·단체·시설에 기부행위(결혼식에서의 주례행위를 포함한다)를 할 수 없다.
② 누구든지 제1항의 행위를 약속·지시·권유·알선 또는 요구할 수 없다.

11) 2009. 4. 30. 선고 2007헌바29·86(병합) 전원재판부 결정(위 다수의견에 대하여 김종대 등 4명의 재판관은 「'후보자가 되고자 하는 자' 부분이 당해 선거에서 후보자가 되고자 하는 자로 한정하는 것인지, 당해 선거의 후보자에 한정하고 있지 않은 것인지 모호하다. 만일 당해 선거의 후보자, 즉 기부행위 시부터 가장 근접한 선거의 후보자를 의미한다면, 그 선거가 국회의원선거, 지방의회선거, 지방자치단체의 장 선거 중 가장 근접한 선거 하나만을 말하는지, 아니면 각 선거별로 가장 근접한 선거를 말하는지가 명확하지 않다. 더구나 당해 선거의 후보자로 한정하지 않는다면, 차차기 선거를 포함한 장래의 각종 선거가 이에 포함됨으로써, 공직선거법이 규제하는 기부행위를 한 자는 영원히 선거 후보자가 될 수 없다는 모순에 도달하게 된다. 이처럼 공직선거는 그 종류가 다양할 뿐 아니라 반복적·지속적으로 이루어지기 때문에, 아무런 제한 없이 단순히 '후보자가 되고자 하는 자'라고 규정한 것은, 수범자인 일반 국민으로 하여금 금지 또는 처벌하고자 하는 행위의 시기적·종류적 범위를 예측하기 어렵게 하고, 법집행기관의 자의적 해석·집행의 가능성을 열어 놓음으로써, 헌법상 명확성의 원칙에 위배된다고 할 것이다.」고 반대의견을 피력하였다.)

제3절 위탁선거의 후보자

1. 후보자등록

가. 후보자등록신청

(1) 후보자등록신청기간

후보자가 되려는 사람은 선거기간개시일 전 2일부터 2일 동안 관할위원회에 서면으로 후보자등록을 신청하여야 한다. 이 경우 후보자등록신청서의 접수는 공휴일에도 불구하고 매일 오전 9시부터 오후 6시까지로 한다(위탁선거법§18①).

(2) 후보자등록신청 시 제출서류

후보자등록을 신청하는 사람은 다음 각 호의 서류를 제출하여야 한다(위탁선거법 §18②).

1. 후보자등록신청서
2. 해당 법령이나 정관등에 따른 피선거권에 관한 증명서류
3. 기탁금(해당 법령이나 정관등에서 기탁금을 납부하도록 한 경우에 한정한다)
4. 그 밖에 해당법령이나 정관등에 따른 후보자등록신청에 필요한 서류 등

위탁단체는 위 제2호 및 제4호에 해당하는 서류 등의 목록을 후보자등록신청개시일 전 30일까지 관할위원회에 제출하여야 한다. 다만, 보궐선거등의 경우에는 위탁선거법 제8조(선거관리의 위탁신청) 각호 외의 부분 단서에 따라 위탁신청을 할 때 그 신청서와 함께 제출하여야 한다(위탁선거규칙§11의2②전문).

나. 후보자등록신청서

후보자등록신청서는 위탁선거규칙이 정하는 서식[12]에 따른다(위탁선거규칙§9①).

후보자가 되려는 사람은 해당 후보자등록신청서에 위탁선거규칙이 정하는 서식[13]에 따른 각각의 인영을 첨부하여 관할위원회에 제출하여야 한다. 이 경우 후보자등록신청 시 후보자의 인영을 제출하지 아니한 때에는 제출된 해당 예비후보자의 인영을 후보자의 인영으로 한다(위탁선거규칙§10).

---

12) 위탁선거규칙 별지 제6호 서식((예비후보자)·(후보자) 등록신청서)
13) 위탁선거규칙 별지 제8호 서식(인영신고서)

다. 후보자등록신청 시 피선거권에 관한 증명서류 등 구비서류[14)]

(1) 지역농협의 피선거권에 관한 증명서류 등 구비서류

지역농협 조합장선거의 후보자등록신청 시 구비서류로는 ① 조합장이 발급하는 '출자금원장 사본', ② 채권보유사무소의 소장이 발급하는 '연체채무유무 확인서', ③ 해당 기관장이 발급하는 '최종학력증명서(해당자에 한함)', ④ 해당 기관장이 발급하는 '퇴직증명서(해당자에 한함)', ⑤ 조합장이 발급하는 '사업이용실적 충족유무 확인서', ⑥ 조합장이 발급하는 '비경업관계사실 확인서', ⑦ 해당 기관장이 발급하는 '주민등록초본 또는 가족관계증명서', ⑧ 해당 기관장이 발급하는 '범죄경력조회회보서(실효된 형 포함)', ⑨ 본인이 작성하는 '공명선거실천 서약서'이다.[15)]

(2) 농협중앙회의 피선거권에 관한 증명서류 등 구비서류

농협중앙회 회장선거의 후보자등록신청 시 구비서류로는 ① 해당기관장이 발급하는 '퇴직증명서(해당자에 한함)', ② 회원 조합장이 발급하는 '추천서',[16)] ③ 중앙회 회장이 발급하는 '채무의 연체유무확인서', ④ 본인이 작성하는 '선거공보원고'이다.[17)]

(3) 수산업협동조합의 피선거권에 관한 증명서류 등 구비서류

수산업협동조합 조합장 선거의 후보자등록신청 시 구비서류로는 ① 해당 기관장이 발급하는 '가족관계증명서', ② 소속 조합장이 발급하는 '조합원 가입 및 출자금 확인서', ③ 소속 조합장이 발급하는 '연체채무유무 확인서', ④ 소속 조합장이 발급하는 '사업이용실적 충족유무 확인서', ⑤ 소속 조합장이 발급하는 '비경업 사실 확인서',

---

14) 후보자등록신청 시 구비서류 중 "후보자등록신청서"는 당연히 제출하여야 하므로 아래에서는 "후보자등록신청서"를 제외한 나머지 구비서류만을 열거한다.

15) 「지역농업협동조합정관례(농림축산식품부고시 제2024－74호, 2024. 10. 8. 일부개정)」 <별표> 구비서류 일람표

16) 농협중앙회의 회장선거에 후보자로 등록을 하고자 하는 자는 관할위원회가 검인하여 교부하는 소정의 추천서에 조합장 50인 이상 100인 이하의 자필 기명날인 또는 서명을 받아 등록신청서에 이를 첨부하여야 하고, 조합장의 추천은 3개도(서울특별시 및 광역시를 포함한다) 이상에 걸쳐 받아야 하며, 조합장은 후보자 1인을 추천할 수 있고, 2인 이상을 추천한 때에는 먼저 등록신청한 후보자에 대한 추천만 유효하고, 추천을 받고자 하는 자는 검인되지 아니한 추천서에 의하여 추천을 받거나 추천 조합장수의 상한수를 넘어 추천을 받아서는 아니 된다(농업협동조합중앙회정관(개정 2022. 12. 29. 농림축산식품부장관 인가)§77).

17) 「농업협동조합중앙회정관(개정 2022. 12. 29. 농림축산식품부장관 인가)」 <별표> 구비서류 일람표

⑥ 해당 기관장이 발급하는 '기탁금 무통장 입금표(기탁금을 정관등으로 정한 경우)' 이다.[18)]

(4) 수협중앙회의 피선거권에 관한 증명서류 등 구비서류

수협중앙회 회장선거의 후보자등록신청 시 구비서류로는 ① 본인이 작성하는 '이력서', ② 본인이 작성하는 '비경업사실확인서', ③ 본인이 작성하는 '채무의 연체유무 확인서', ④ 추천자가 작성하는 '추천서',[19)] ⑤ 해당 기관장이 작성하는 '퇴직증명서(해당자에 한함)', ⑥ 소속 조합장이 작성하는 '회원의 조합원 원장 사본'이다.[20)]

(5) 산림조합의 피선거권에 관한 증명서류 등 구비서류

산림조합 조합장 선거의 후보자등록신청 시 구비서류로는 ① 본인이 작성하는 '이력서', ② 읍·면·동장이 발급하는 '가족관계증명서', ③ 조합감사가 발급하는 '비경업사실확인서', ④ 당해 기관장이 발급하는 '퇴직증명서(해당자에 한함)', ⑤ 조합장이 발급하는 '출자증권사본', ⑥ 조합장이 발급하는 '채무연체유무확인서', ⑦ 조합장이 발급하는 '사업이용실적확인서'이다.[21)]

(6) 산림조합중앙회의 피선거권에 관한 증명서류 등 구비서류

산림조합중앙회 회장선거의 후보자등록신청 시 구비서류로는 ① 본인이 발급받는 '가족관계증명서', ② 회원조합장이 발급하는 '조합원 가입 및 출자금확인서', ③ 본인이 작성하는 '연체채무유무 확인서', ④ 감사위원회가 발급하는 '비경업사실 확인서'

---

18) 「수산업협동조합정관부속서 임원선거규정(예)(해양수산부고시 제2022－168호, 2022. 10. 25., 일부개정)」 <별표 1의2> 후보자등록신청 구비서류중 '필수' 항목

19) 수협중앙회의 회장선거에 후보자등록을 하고자 하는 사람은 관할위원회가 교부하는 소정양식의 추천서에 회원조합장 5명 이상 7명 이하의 기명날인(무인은 허용하지 아니한다) 또는 서명을 받아 후보자등록신청서에 첨부하여야 하고, 회원조합장이 특정인을 후보자로 추천한 때에는 다른 사람은 추천할 수 없으며, 그 추천의 취소 또는 변경은 등록에 영향을 미치지 아니하고, 2명 이상을 추천한 때에는 먼저 등록 신청한 후보자에 대한 추천만을 유효로 하고, 소정양식의 추천서에 추천을 받지 아니하거나 추천 회원조합장의 수를 초과하여 추천을 받아서는 아니 된다(수협중앙회정관부속서 임원선거규정(일부개정 2021. 12. 20.)§15②－④).

20) 「수협중앙회정관부속서 임원선거규정(일부개정 2021. 12. 20.)」 <별표 1> 후보자등록신청 구비서류

21) 「산림조합정관(예)부속서 임원선거규약(개정 2023. 10. 6. 산림청장 인가)」 <별표 2> 구비서류 일람표
후보자가 "비경업사실확인서"의 발급을 신청하였으나, 감사가 정당한 사유 없이 이를 발급하지 아니하거나 감사가 조합장이 되고자 할 때 또는 기타 부득이한 사유로 등록마감일까지 발급이 불가능한 경우에는 본인의 각서(소정양식) 제출로 "비경업사실확인서"를 대신할 수 있음

또는 본인이 작성하는 '비경업사실확인각서', ⑤ 추천자가 작성하는 '추천서'[22])이다.[23])

(7) 새마을금고의 피선거권에 관한 증명서류 등 구비서류

금고의 이사장선거의 후보자등록신청 시 구비서류로는 ① 해당 기관장이 발급하는 '가족관계증명서', ② 이사장이 발급하는 '회원가입 및 출자금 확인서', ③ 이사장이 발급하는 '연체채무유무 확인서', ④ 해당 기관장이 발급하는 '퇴직증명서' 또는 '사직원 접수증', ⑤ 본인이 작성하는 '결격사유 부존재 확인서(비경업사실확인서 포함)', ⑥ 이사장이 발급하는 '금고거래이용실적 충족유무 확인서', ⑦ 해당 기관이 발급하는 '기탁금 납입영수증'이다.[24])

(8) 새마을금고중앙회의 피선거권에 관한 증명서류 등 구비서류

새마을금고중앙회 회장선거의 후보자등록신청 시 구비서류로는 ① 본인이 작성하는 '이력서(사진첨부)', ② 행정기관장이 발급하는 '주민등록등본', ③ 학교장이 발급하는 '최종학력증명서(이력서 및 선거공보에 학력을 기재한 경우에 한함)', ④ 본인이 작성하는 '선거공보(경력사항을 기재한 경우 경력증명서를 첨부하여야 함)', ⑤ 금고이사장이 발급하는 '금고회원확인서', ⑥ 금고이사장이 발급하는 '중앙회장 후보 추천서'[25])이다.[26])

---

22) 산림조합중앙회 회장선거의 후보자등록을 하고자 하는 사람은 관할위원회가 검인하여 교부하는 소정의 추천서에 조합장 7명 이상 14명 이하의 자필 기명날인 또는 서명을 받아 등록신청서에 첨부하여야 하고, 조합장은 후보자 1명을 추천할 수 있고, 2명 이상을 추천한 때에는 먼저 등록신청한 후보자에 대한 추천만을 유효로 하고, 추천을 받고자 하는 사람은 추천서에 따른 추천을 받지 아니하거나 추천 조합장 수의 상한 수를 넘어 추천을 받아서는 아니 된다(산림조합중앙회 정관부속서 임원선거규약(전부개정 2023. 10. 6. 산림청장 인가)§18③－⑤

23) 「산림조합중앙회정관부속서 임원선거규약(전부개정 2023. 10. 6. 산림청장 인가)」 <별표> 구비서류 일람표 중 '필수' 항목

24) 「새마을금고 임원선거규약(예)(일부개정 2024. 7. 10.)」 <별표 1> 후보자등록 구비서류 일람 중 '필수서류' 항목

25) 새마을금고중앙회 회장선거의 후보자가 되고자 하는 사람은 관할위원회가 검인하여 교부하는 중앙회장 후보 추천서에 중앙회 대의원을 제외한 금고 이사장(이하 "금고 이사장"이라 한다) 50명 이상 70명 이하의 기명날인 또는 서명을 받아 등록신청서에 이를 첨부하여야 하고, 금고 이사장의 추천은 지역본부 7개 이상(1개 지역 본부당 3명 이상 10명 이하)에 걸쳐 받아야 하고, 추천일 현재 금고 이사장이 추천한 경우에만 유효한 추천으로 보며, 검인되지 아니한 추천서에 의하여 추천을 받거나 추천 금고 이사장의 상한 수를 넘어 추천을 받아서는 아니 되고, 관할위원회는 추천서를 선거공고일 다음날부터 3일 간 교부하며, 그 교부 매수는 70매로 하고, 교부한 추천서가 오손·훼손되는 등 부득이한 사유가 있는 경우에는 그 매수만큼 추가로 교부할 수 있다(새마을금고중앙회 임원선거규약(일부개정 2020. 5. 22.)§13②－⑥

26) 「새마을금고중앙회 임원선거규약(일부개정 2020. 5. 22.)」 <별표 1> 구비서류 일람표

(9) 신용협동조합의 피선거권에 관한 증명서류 등 구비서류

신용협동조합 이사장선거의 후보자등록신청 시 구비서류로는 ① 입후보 추천서,[27)28)] ② 확인서, ③ 확약서, ④ 최종학력증명서, ⑤ 경력증명서, ⑥ 경력 및 학력조회 동의서, ⑦ 개인신용정보의 제공·활용동의서이다.[29)]

(10) 신용협동조합중앙회의 피선거권에 관한 증명서류 등 구비서류

신용협동조합중앙회 회장선거의 후보자등록신청 시 구비서류로는 ① 입후보추천서,[30)] ② 확인서, ③ 이력서, ④ 주민등록등본, ⑤ 반명함판사진 2매, ⑥ 개인신용정보동의서이다.[31)]

(11) 대한체육회의 피선거권에 관한 증명서류 등 구비서류

대한체육회 회장선거의 후보자등록신청 시 구비서류로는 ① 피선거권에 관한 증명

---

27) 신용협동조합 이사장선거의 후보자는 30인 이상 50인 이하의 선거인의 추천을 받아야 하고, 추천 선거인수의 상한선을 초과하여 추천받을 수 없고, 상한선을 초과하여 추천을 받은 때에는 초과된 부분은 무효로 하고, 선거인은 후보자에 대한 추천을 취소 또는 변경할 수 없다(신용협동조합표준정관부속서 임원선거규약(2021. 12. 15. 개정)§19①, ③-⑤).

28) 2015. 12. 23. 선고 2014다14320 판결(신용협동조합은 조합원들이 자신들의 이익을 옹호하기 위하여 자주적으로 결성한 임의단체로서 그 내부 운영에 있어서 조합 정관 및 다수결에 의한 자치가 보장되므로, 신용협동조합이 자체적으로 마련한 임원선거규약은 일종의 자치적 법규범으로서 「신용협동조합법」 및 조합 정관과 더불어 국가 법질서 내에서 법적 효력을 가진다 할 것이다. 임원선거규약의 별지 추천서 양식에서는 추천인으로 하여금 '인(서명)', 즉 날인 또는 서명을 하도록 정하고 있는데, 이러한 추천서 양식의 내용은 신용협동조합의 자치적 법규범인 임원선거규약의 일부에 포함된다 할 것이고, 임원선거규약이 추천서에 추천인의 날인 또는 서명을 요구하는 것은 부정한 방법에 의한 추천서 작성을 방지하여 추천의 진정성과 투명성을 확보하고 궁극적으로 선거의 신뢰성과 공정성을 도모하기 위한 것인 점을 고려하면, 신용협동조합의 임원선거규약이 추천인의 자필을 요구하거나 추천인 본인임을 확인할 수 있는 서류를 첨부하여야 한다는 등 별도의 규정을 두고 있지 않다 하더라도, 추천인은 원칙적으로 추천서 양식에서 정한 바와 같이 추천서에 직접 날인 또는 무인을 하거나 서명을 하여야 하고, 다만 추천인의 인정을 날인하는 경우에는 추천인의 허락 아래 후보자 또는 제3자가 그 날인을 대행할 수 있다 할 것이나, 서명은 본인 고유의 필체로 자신의 이름을 직접 기재하는 것을 뜻하므로 추천인의 서명을 후보자 또는 제3자가 대행하는 것까지 허용되는 것은 아니라고 봄이 타당하다.)

29) 「신용협동조합표준정관부속서 임원선거규약(2021. 12. 15. 개정)」 제20조(등록기간) ②

30) 신용협동조합중앙회 회장선거의 후보자는 회원 대표 20인 이상 30인 이하의 서명날인에 의한 추천을 받아야하고, 검인되지 아니한 입후보추천서에 의하여 추천을 받거나 추천 회원대표수의 상한수를 초과하여 추천을 받을 수 없고, 입후보추천서의 교부는 30매로 하며, 교부한 입후보추천서가 오손·훼손되는 등 부득이한 사유가 있는 경우에는 그 매수만큼 추가로 교부할 수 있다(신용협동조합중앙회정관부속서 임원선거규약(2021. 10. 5. 개정)§18①-④). 회원대표는 추천을 중복하여 할 수 있다(신용협동조합중앙회정관부속서 임원선거규약(2021. 10. 5. 개정)§21①).

31) 「신용협동조합중앙회정관부속서 임원선거규약(2021. 10. 5. 개정)」 제19조(등록신청서류) ①

서류인 i) 가족관계증명서(주민등록번호 포함), ii) 피성년후견인, 피한정후견인 등기사항 부존재 증명서, iii) 체육단체에 소속된 경력이 있는 후보자의 경우, 소속한 경력이 있는 체육단체(「대한체육회정관」 제30조(임원의 결격사유) 제1항의 단체에 한함)가 발행한 후보자의 '징계사실 유무에 관한 확인서', iv) 「대한체육회정관」 제24조의2(회장 선출절차 등) 제1항[32] 및 「대한체육회 회장선거관리규정」 제15조(후보자의 자격) 제2항[33]의 '후보자 등록의사' 또는 「대한체육회정관」 제24조의2(회장 선출절차 등) 제6항[34] 및 「대한체육회 회장선거관리규정」 제15조(후보자의 자격) 제7항[35]의 '사직을 증명할 수 있는 서류(체육회 및 추천단체의 임직원 또는 임직원이었던 경우에 한함)', ② 체육단체에 소속된 경력이 없는 후보자의 경우, '체육단체 소속 경력 부존재확인서', ③ 회장 결격사유의 부존재 확인을 위한 '본인서약서', ④ 「대한체육회 회장선거관리규정」 제16조(기탁금)에 따른 기탁금 또는 기탁금 납입을 증명할 수 있는 서류이다.[36]

(12) 지방체육회의 피선거권에 관한 증명서류 등 구비서류

지방체육회 회장선거의 후보자등록신청 시 구비서류로는 ① 피선거권에 관한 증명서류인 i) 가족관계증명서(주민등록번호 포함), ii) 피성년후견인, 피한정후견인 등기사항 부존재 증명서, iii) 「지방체육회정관」 제30조(임원의 결격사유) 제1항의 단체에 소속된 경력이 있는 후보자의 경우, 소속한 경력이 있는 단체가 발행한 후보자의 '징계사실 유무에 관한 확인서', iv) 「지방체육회정관」 제24조(회장의 선출) 제6항[37] 및

---

32) 「대한체육회정관(2024. 1. 3. 문화체육관광부 허가)」 제24조의2(회장 선출절차 등) ① 회장을 포함한 비상임 임원이 후보자로 등록하고자 하는 경우 회장의 임기 만료일 전 90일까지 후보자 등록의사를 사무처에 서면으로 제출하여야 한다. 다만, 재선거 및 보궐선거의 경우에는 그 실시사유가 확정된 날부터 10일 이내에 제출하여야 한다.

33) 「대한체육회 회장선거관리규정(개정 2024. 7. 20.)」 제15조(후보자의 자격) ② 후보자가 되고자 하는 체육회 또는 추천단체의 비상임임원은 회장의 임기만료일 전 90일까지 별지 제3호 서식에 따른 후보자 등록의사 표명서를 체육회에 제출하여야 한다. 다만, 재선거 및 보궐선거의 경우에는 그 실시사유가 확정된 날부터 10일 이내에 제출하여야 한다.

34) 「대한체육회정관(2024. 1. 3. 문화체육관광부 허가)」 제24조의2(회장 선출절차 등) ⑥ 상임임원 및 직원이 후보자로 등록하고자 하는 경우 회장의 임기만료일 전 90일까지 그 직을 그만두어야 한다. 다만, 재선거 및 보궐선거의 경우에는 그 실시사유가 확정된 날부터 10일 이내에 그 직을 그만두어야 한다.

35) 「대한체육회 회장선거관리규정(개정 2024. 7. 20.)」 제15조(후보자의 자격) ⑦ 후보자가 되고자 하는 체육회 또는 추천단체의 상임임원 및 직원은 회장의 임기만료일 전 90일까지 그 직을 그만두어야 한다. 다만, 재선거 및 보궐선거의 경우에는 그 실시사유가 확정된 날부터 10일 이내에 그 직을 그만두어야 한다.

36) 「대한체육회 회장선거관리규정(개정 2024. 7. 20.)」 제17조(후보자등록) ②

37) 「대전광역시체육회정관(대전광역시 승인 2024. 3. 19.)」 제24조(회장의 선출) ⑥ 회장을 포함한

「지방체육회 회장선거관리규정」 제16조(후보자의 자격) 제2항[38]의 '후보자 등록의사' 또는 「지방체육회정관」 제24조(회장의 선출) 제7항[39] 및 「지방체육회 회장선거관리규정」 제16조(후보자의 자격) 제7항[40]의 '사직을 증명할 수 있는 서류(체육단체의 임직원 또는 임직원이었던 경우에 한함)', ② 체육단체에 소속된 경력이 없는 후보자의 경우, '체육단체 소속 경력 부존재확인서', ③ 임원결격사유의 부존재 확인을 위한 '본인서약서', ④ 「지방체육회 회장선거관리규정」 제17조(기탁금)에 따른 기탁금 또는 기탁금 납입을 증명할 수 있는 서류이다.[41]

(13) 대한장애인체육회의 피선거권에 관한 증명서류 등 구비서류

대한장애인체육회 회장선거의 후보자등록신청 시 구비서류로는 ① 피선거권에 관한 증명서류인 i) 가족관계증명서, ii) 피성년후견인 등기사항 부존재 증명서, iii) 체육단체에 소속된 경력이 있는 후보자의 경우, 소속한 경력이 있는 체육단체(「대한장애인체육회 정관」 제25조(임원의 결격사유) 제2항의 단체에 한함. 이하 이 조에서 같다.)가 발행한 후보자의 징계사실 유무에 관한 확인서, iv) 범죄경력 조회 회보서, ② 「대한장애인체육회 회장선거관리규정」 제9조(기탁금)에 따른 기탁금 또는 기탁금 납입을 증명할 수 있는 서류, ③ 「대한장애인체육회 정관」 제22조(회장의 선출) 제6항 및 「대한장애인체육회 회장선거관리규정」 제8조(후보자의 자격) 제3항 및 제4항[42]의 후보자 등

비상임 임원 및 직원이 후보자로 등록하고자 하는 경우 회장의 임기 만료일 전 30일까지 후보자등록의사를 사무처에 서면으로 제출하여야 한다. 다만, 재선거 및 보궐선거의 경우에는 그 실시사유가 확정된 날부터 7일 이내에 제출하여야 한다.

38) 「대전광역시체육회 회장선거관리규정(개정 2024. 2. 7.)」 제16조(후보자의 자격) ② 체육단체("체육단체"란 대한체육회, 대한체육회의 회원단체, 회원시·도체육회의 회원단체 및 그 회원단체를 말한다. 이하 같다)의 회장을 포함한 비상임 임원이 후보자로 등록하고자 하는 경우 회장의 임기만료일 전 30일까지 후보자 등록의사를 체육회의 사무처에 서면(별지 제4호 서식)으로 제출하여야 한다. 다만, 재선거 및 보궐선거의 경우에는 그 실시사유가 확정된 날부터 7일 이내에 제출하여야 한다.

39) 「대전광역시체육회정관(대전광역시 승인 2024. 3. 19.)」 제24조(회장의 선출) ⑦ 상임임원 및 직원이 후보자로 등록하고자 하는 경우 회장의 임기만료일 전 30일까지 그 직을 그만두어야 한다. 다만, 재선거 및 보궐선거의 경우에는 그 실시사유가 확정된 날부터 7일 이내에 그 직을 그만두어야 한다.

40) 「대전광역시체육회 회장선거관리규정(개정 2024. 2. 7.)」 제16조(후보자의 자격) ⑦ 후보자가 되고자 하는 체육회 또는 체육단체의 상임임원 및 직원은 회장의 임기만료일 전 30일까지 그 직을 그만두어야 한다. 다만, 재선거 및 보궐선거의 경우에는 그 실시사유가 확정된 날부터 7일 이내에 그 직을 그만두어야 한다.

41) 「대전광역시체육회 회장선거관리규정(개정 2024. 2. 7.)」 제18조(후보자등록) ②

42) 「대한장애인체육회 회정선거관리규정(개정 2024. 8. 13.)」 제8조(후보자의 자격) ③ 정관 제22

록의사를 증명할 수 있는 서류, ④ 기타 후보자가 결격사유에 해당하지 않음을 확인하는 확인서이다.[43]

(14) 중소기업중앙회의 피선거권에 관한 증명서류 등 구비서류

중소기업중앙회 회장선거의 후보자등록신청 시 구비서류로는 ① 이력서, ② 최종학력 증명서, ③ 명함판사진 2매(최근 3개월내 촬영), ④ 서약서, ⑤ 해당 정회원과 후보자 업체의 법인등기부등본 각 1부(발급일자는 선거공고일부터 후보자등록마감일 이내임), ⑥ 선거사무대리위임장, ⑦ 사업자등록증명원(관할세무서에서 발급하며 발급기준일자는 선거공고일부터 후보자등록마감일 이내임)이다.[44]

(15) 정비사업조합(조합설립추진위원회)의 피선거권에 관한 증명서류 등 구비서류

「도시정비법」에 따른 정비사업조합(조합설립추진위원회) 조합장(추진위원장)선거의 후보자등록신청 시 구비서류로는 ① 추천서,[45] ② 주민등록증, 여권 등 신분증명서 사본, ③ 가족관계증명서, ④ 반명함판사진 2매, ⑤ 주민등록등·초본 각 1부(거주 목적이 아닌 상가소유자의 경우 영업 등을 하고 있음을 증명하는 서류), ⑥ 토지 및 건축물등기부등본 등 조합원임을 증명하는 서류, ⑦ 학력 및 경력을 증명하는 서류, ⑧ 범죄사실조회 동의서 및 선거관련 정보제공동의서 각 1부, ⑨ 선거관리규정 준수와 「도시정비법」 제43조(조합임원 등의 결격사유 및 해임) 및 「ㅇㅇ정비사업조합(조합설립추진위원회) 선거관리규정」 제6조(피선거권 등) 제2항에 따른 결격사유가 없음을 확약하는 서약서이다.[46]

조(회장의 선출) 제6항에 따라 회장을 포함한 임원이 후보자로 등록하고자 하는 경우 회장 임기만료일 전 70일까지 별지 제10호 서식에 따른 후보자 등록의사 표명서를 장애인체육회에 제출하여야 하며, 제출과 동시에 직무는 정지된다. 다만, 재선거 및 보궐선거의 경우에는 그 실시사유가 확정된 날부터 10일 이내에 제출하여야 한다.

④ 가맹단체(시도 및 시군구 가맹단체 포함) 및 시도장애인체육회(시군구장애인체육회 포함)의 회장 및 임원이 후보자로 등록하고자 하는 경우 제3항을 준용한다.

43) 「대한장애인체육회 회장선거관리규정(개정 2024. 8. 13.)」 제10조(후보자등록) ①

44) 「중소기업중앙회 임원선거규정(2018. 8. 21. 개정)」 제15조(후보자등록서류)

45) 정비사업조합의 조합장(조합설립추진위원장)선거에 입후보하고자 하는 자는 일정 수 이상의 선거인의 추천을 받아야 한다(ㅇㅇ정비사업조합(조합설립추진위원회) 선거관리규정(안)(서울특별시 고시 제2017-243호)§24)

46) 「ㅇㅇ정비사업조합(조합설립추진위원회) 선거관리규정(안)(서울특별시 고시 제2017-243호)」 제25조(후보자등록 공고 등) ②

라. 조사 및 조회

관할위원회는 후보자등록마감 후에 후보자의 피선거권에 관한 조사를 하여야 하며, 그 조사를 의뢰받은 기관 또는 단체는 지체 없이 그 사실을 확인하여 해당 관할위원회에 회보하여야 한다(위탁선거법§18⑤).

후보자가 되려는 사람은 선거기간개시일 전 60일부터 본인의 범죄경력(해당 법령이나 정관등에서 정하는 범죄경력을 말한다. 이하 같다)을 국가경찰관서의 장에게 조회할 수 있으며, 그 요청을 받은 국가경찰관서의 장은 지체 없이 그 범죄경력을 회보하여야 한다. 이 경우 회보받은 범죄경력은 후보자등록시 함께 제출하여야 한다(위탁선거법§18④). 관할위원회는 제출된 범죄경력에 대하여 그 확인이 필요하다고 인정되는 경우에는 후보자등록마감 후 지체 없이 해당 위탁단체의 주된 사무소 소재지를 관할하는 검찰청의 장에게 후보자의 범죄경력을 조회할 수 있고, 해당 검찰청의 장은 그 범죄경력의 진위여부를 지체 없이 관할위원회에 회보하여야 한다(위탁선거법§18⑥). 피선거권에 관한 조사 및 범죄경력에 관한 기록 조회는 위탁선거규칙이 정하는 서식[47]에 따른다(위탁선거규칙§9⑤).

마. 후보자등록신청의 수리

관할위원회가 후보자등록신청을 접수한 때에는 즉시 이를 수리한다. 다만, 위탁선거법 제18조(후보자등록) 제2항 제1호부터 제3호까지의 규정에 따른 서류, 즉 ① 후보자등록신청서, ② 피선거권에 관한 증명서류, ③ 기탁금 등을 갖추지 아니한 등록신청은 수리하지 아니한다(위탁선거법§18③).

후보자등록신청이 수리되어 등록이 되면 그때부터 후보자의 신분을 취득한다. 후보자로 등록한 사람은 선거기간 개시일 전일까지 예비후보자를 겸하는 것으로 본다(위탁선거법§24의2⑧).

2. 기탁금

가. 기탁금의 납부방법

기탁금의 납부는 관할위원회가 기탁금의 예치를 위하여 개설한 금융기관(우체국을

---

47) 위탁선거규칙 별지 제7호의2 서식((피선거권)·(범죄경력)·(조사)·(조회) 회보서)

포함한다)의 예금계좌에 후보자등록을 신청하는 사람의 명의로 입금하고 해당 금융기관이 발행한 입금표를 제출하는 것으로 한다. 다만, 부득이한 사유가 있는 경우에는 현금(금융기관이 발행한 자기앞수표를 포함한다)으로 납부할 수 있다(위탁선거규칙§9③). 기탁금의 반환 및 귀속에 관하여는 해당 법령이나 정관등에 따른다(위탁선거규칙§9④).

나. 기탁금의 액수[48]

(1) 지역농협의 기탁금

지역농협 조합장선거의 후보자등록을 신청하는 자는 등록신청 시 500만원 이상 1천만원 이내에서 조합의 실정에 따라 정하는 기탁금을 관할위원회에 납부하여야 한다.[49]

---

48) 헌법재판소는, 대구교육대학교 총장임용후보자선거에서 후보자가 되려는 사람은 1,000만원의 기탁금을 납부하도록 규정한 「대구교육대학교 총장임용후보자 선정규정」 제23조 제1항 제2호 및 제24조 제1항(이하 '이 사건 기탁금납부조항'이라 한다)과 관련하여, '이 사건 기탁금납부조항은 후보자 난립에 따른 선거의 과열을 방지하고 후보자의 성실성을 확보하기 위한 것이다. 대구교육대학교는 총장임용후보자선거에서 과거 간선제를 채택하였을 때 어떤 홍보수단도 활용할 수 없도록 하였던 것과 달리 직선제를 채택하면서 다양한 방법의 선거운동을 허용하고 있으므로, 선거가 과열되거나 혼탁해질 위험성이 증대되었다. 기탁금 제도를 두는 대신에 피선거권자의 자격요건을 강화하면 공무담임권이 오히려 더 제한될 소지가 있고, 추천인 요건을 강화하는 경우 사전선거운동이 과열될 수 있으며, 선거운동방법의 제한 및 이에 관한 제재를 강화하면 선거운동이 위축될 염려도 있다. 이 사건 기탁금납부조항이 규정하는 1,000만원이라는 기탁금액이 후보자가 되려는 사람이 납부할 수 없을 정도로 과다하다거나 입후보 의사를 단념케 할 정도로 과다하다고 할 수도 없다. 따라서 이 사건 기탁금납부조항은 청구인의 공무담임권을 침해하지 아니한다.'고 판시하였다(2021. 12. 23. 선고 2019헌마825 결정 : 다수의견에 대하여 재판관 유남석, 이선애, 이은애는 '대구대학교는 총장임용후보자선거에서 이미 후보자의 자격요건을 엄격하게 규정하고 있으므로, 후보자의 무분별한 난립이라고 단언할 수 있는 경우가 얼마나 될지 의문이다. 대구교육대학교는 선거운동의 방법 역시 구체적으로 제한하고 있으며, 결선투표제를 운영하고 있다. 직선제 선거가 선거 과열의 위험성이 클 수 있다고는 하나, 이는 제도의 구체적인 설계와 집행에 따라 달라질 수 있는 부분이다. 대구교육대학교는 기존의 선거관리규정을 충실하게 집행하거나 규제를 강화함으로써, 선거의 과열을 방지하고 대학 운영의 안정을 추구하는 한편, 후보자의 성실성을 확보할 수 있다. 이 사건 기탁금납부조항은 기탁금액의 측면에서도 기본권의 제한이 과도해서, 성실성을 갖춘 사람이 1,000만원 이라는 기탁금으로 인하여 출마를 포기하게 될 가능성을 배제할 수 없다. 이 사건 기탁금납부조항은 성실성을 갖추었으나 재력이 부족한 후보자의 출마를 억제하고, 후보자들의 인적 구성과 선거에서 이뤄지는 논의의 폭을 협소하게 함으로써, 후보자의 공무담임권을 크게 제한할 뿐만 아니라 대학의 발전에도 부정적인 영향을 미칠 수 있다. 따라서 이 사건 기탁금납부조항은 과잉금지원칙에 위반되어 청구인의 공무담임권을 침해한다.'고 반대의견을 제시하였다).

49) 「지역농업협동조합정관례(농림축산식품부고시 제2024－74호, 2024. 10. 8. 일부개정)」 제76조의2(기탁금) ①

(2) 농협중앙회의 기탁금

농협중앙회의 정관이나 임원선거관리준칙에는 기탁금에 관한 규정이 없다.

(3) 수산업협동조합의 기탁금

수협 조합장선거의 후보자등록을 신청하는 사람은 등록신청 시 500만원 이상 1천만원 이내에서 조합의 실정에 따라 정하는 기탁금을 납부하여야 한다.[50)]

(4) 수협중앙회의 기탁금

수협중앙회의 정관이나 임원선거규정에는 기탁금에 관한 규정이 없다.

(5) 산림조합의 기탁금

산림조합 조합장선거의 후보자등록을 신청하는 사람은 등록신청 시 500만원 이상 1천만원 이내에서 조합의 실정에 따라 정한 기탁금을 관할위원회에 납부하여야 한다.[51)]

(6) 산림조합중앙회의 기탁금

산림조합중앙회의 정관이나 임원선거규정에는 기탁금에 관한 규정이 없다.

(7) 새마을금고의 기탁금

금고의 이사장선거의 후보자등록을 신청하는 자는 등록신청 시 700만원 이상 1천만원 이내에서 금고의 실정에 따라 정한 기탁금을 납부하여야 한다. 다만, 직장금고의 경우에는 그러하지 아니하다.[52)]

(8) 새마을금고중앙회의 기탁금

새마을금고중앙회의 정관이나 임원선거규약에는 기탁금에 관한 규정이 없다.

(9) 신용협동조합의 기탁금

신용협동조합 이사장선거의 후보자등록을 신청하는 자는 1,000만원 이내에서 정하는 금액을 기탁하여야 한다.[53)]

---

50) 「수산업협동조합정관부속서 임원선거규정(예)(해양수산부고시 제2022－168호, 2022. 10. 25. 일부개정)」 제21조의2(기탁금) ①

51) 「산림조합정관(예)부속서 임원선거규약(개정 2023. 10. 6. 산림청장 인가)」 제14조의2(기탁금) ①

52) 「새마을금고 임원선거규약(예)(일부개정 2024. 7. 10.)」 제22조(기탁금 등) ①

53) 「신용협동조합표준정관부속서 임원선거규약(2021. 12. 15. 개정)」 제20조의2(기탁금) ①

(10) 신용협동조합중앙회의 기탁금

신용협동조합중앙회 회장선거의 후보자등록을 신청하는 자는 5천만원의 기탁금을 납부하여야 한다.[54]

(11) 대한체육회의 기탁금

대한체육회 회장선거의 후보자등록을 신청하는 사람은 등록신청 시 7천만원의 기탁금을 납부하여야 한다.[55]

(12) 지방체육회의 기탁금

지방체육회 회장선거의 후보자등록을 신청하는 사람은 등록신청 시에 2천만원의 기탁금을 납부하여야 한다.[56]

(13) 대한장애인체육회의 기탁금

대한장애인체육회 회장선거의 후보자등록을 신청하는 자는 등록신청 시에 후보자 1명마다 2천만원의 기탁금을 납부하여야 한다.[57]

(14) 중소기업중앙회의 기탁금

중소기업중앙회 회장선거의 후보자등록을 신청하는 자는 2억원의 기탁금을 납부하여야 한다.[58]

(15) 정비사업조합(조합설립추진위원회)의 기탁금

「○○정비사업조합(조합설립추진위원회) 선거관리규정(안)」에는 기탁금에 관한 규정이 없다.

다. 기탁금의 반환 및 귀속[60]

(1) 지역농협의 기탁금의 반환 및 귀속

관할위원회는 다음 각 호의 금액을 선거일 후 30일 이내에 기탁자에게 반환하고, 반환하지 아니한 기탁금은 조합에 귀속한다. 이 경우 기탁금 반환은 1차 투표 결과에

54) 「신용협동조합중앙회정관부속서 임원선거규약(2021. 10. 5. 개정)」 제18조의2(기탁금) ①
55) 「대한체육회 회장선거관리규정(개정 2024. 7. 20.)」 제16조(기탁금) ①
56) 「대전광역시체육회 회장선거관리규정(개정 2024. 2. 7.)」 제17조(기탁금) ①
57) 「대한장애인체육회 회장선거관리규정(개정 2024. 8. 13.)」 제9조(기탁금) ①
58) 「중소기업중앙회 임원선거규정(2018. 8. 21. 개정)」 제16조(회장 입후보자 기탁금) ①

따른다.[61)]

1. 후보자가 당선되거나 사망한 경우와 유효투표총수의 100분의 15 이상을 득표한 경우에는 기탁금 전액
2. 후보자가 유효투표총수의 100분의 10 이상 100분의 15 미만을 득표한 경우에는 기탁금의 100분의 50에 해당하는 금액

관할위원회는 반환하지 아니하는 기탁금을 선거일 후 30일 이내에 조합에 반환한다.[61)]

(2) 농협중앙회의 기탁금의 반환 및 귀속

농협중앙회의 정관이나 임원선거관리준칙에는 기탁금에 관한 규정이 없다.

(3) 수산업협동조합의 기탁금의 반환 및 귀속

조합은 다음 각 호의 금액을 선거일 후 30일 이내에 기탁자에게 반환하여야 하고,

---

59) 헌법재판소는 대구교육대학교 총장임용후보자선거 후보자가 제1차 투표에서 최종 환산득표율의 100분의 15 이상을 득표한 경우에만 기탁금의 반액을 반환하도록 하고 반환하지 않는 기탁금은 대학 발전기금에 귀속되도록 규정한 「대구교육대학교 총장임용후보자 선정규정」 제24조 제2항(이하 '이 사건 기탁금귀속조항'이라 한다)과 관련하여, '이 사건 기탁금귀속조항에 따르면, 낙선하였지만 선거를 완주하여 성실성을 충분히 검증받은 후보자는 물론, 최다 득표를 하여 총장임용후보자로 선정된 사람조차도 기탁금의 반액은 반환받지 못하게 된다. 이는 난립후보라고 할 수 없는 성실한 후보자들을 상대로도 기탁금의 발전기금귀속을 일률적으로 강요함으로써 대학의 재정을 확충하는 것과 다름없다. 기탁금 반환 조건을 현재보다 완화하더라도 충분히 후보자의 난립을 방지하고 후보자의 성실성을 확보할 수 있음에도, 이 사건 기탁금귀속조항은 후보자의 성실성이나 노력 여하를 막론하고 기탁금의 절반은 반드시 대학 발전기금에 귀속되도록 하고 나머지 금액의 반환 조건조차 지나치게 까다롭게 규정하고 있다. 그러므로 이 사건 기탁금귀속조항은 과잉금지원칙에 위반되어 청구인의 재산권을 침해한다.'고 판시하였다(2021. 12. 23. 선고 2019헌마825 결정 ; 다수의견에 대하여 재판관 이종석, 이영진은 '학문의 자유 보장을 위하여 대학에 부여된 기본권인 대학의 자율성은 대학의 운영과 관련된 전반적 사항에 모두 미치고, 대학 총장은 대학 운영에 관하여 중추적인 역할을 담당하므로, 대학은 총장임용후보자를 대학의 구체적인 실정에 맞게 자율적으로 선정할 수 있어야 한다. 이 사건 기탁금귀속조항은 총장임용후보자의 선정방법을 해당 대학에 위임한 「교육공무원법」 등에 따라 대구교육대학교가 이 사건 기탁금귀속조항과 함께 자율적으로 제·개정한 것이므로, 그 내용이 현저히 불합리하지 않는 한 가급적 존중되어야 한다. 반환되지 않은 기탁금은 교직원의 학술연구와 학생들의 면학풍토 조성 및 대학 발전을 위한 재원으로 사용되는데, 이는 총장이 담당해야 하는 역할과 상당 부분 중첩된다. 그렇다면 이 사건 기탁금귀속조항은 청구인의 재산권을 침해하지 아니한다.'고 반대의견을 제시하였다.)

60) 「지역농업협동조합정관례(농림축산식품부고시 제2024-74호, 2024. 10. 8. 일부개정)」 제76조의2(기탁금) ②

61) 「지역농업협동조합정관례(농림축산식품부고시 제2024-74호, 2024. 10. 8. 일부개정)」 제76조의2(기탁금) ③

반환하지 아니하는 기탁금은 조합에 귀속한다.[62)]

1. 후보자가 당선 또는 사망한 경우 기탁금 전액
2. 후보자가 유효투표총수(1차 투표 결과에 따른다. 이하 같다)의 100분의 15 이상을 득표한 경우 기탁금 전액
3. 후보자가 1명인 경우로서 그 후보자가 당선인으로 결정된 경우 기탁금 전액
4. 후보자가 유효투표총수의 100분의 10 이상 100분의 15 미만을 득표한 경우 기탁금의 100분의 50에 해당하는 금액

(4) 수협중앙회의 기탁금의 반환 및 귀속

수협중앙회의 정관이나 임원선거규정에는 기탁금에 관한 규정이 없다.

(5) 산림조합의 기탁금의 반환 및 귀속

관할위원회는 1차 투표 결과에 따라 다음 각 호의 금액을 선거일 후 30일 이내에 기탁자에 반환한다.[63)]

1. 후보자가 당선되거나 사망한 경우 기탁금 전액
2. 후보자가 유효투표총수의 100분의 15 이상을 득표한 경우 기탁금 전액
3. 후보자가 유효투표총수의 100분의 10 이상 100분의 15 미만을 득표한 경우 기탁금의 100분의 50에 해당하는 금액

관할위원회는 반환하지 아니한 기탁금을 선거일 후 30일 이내에 조합에 반환·귀속한다.[64)]

(6) 산림조합중앙회의 기탁금의 반환 및 귀속

산림조합중앙회의 정관이나 임원선거규정에는 기탁금에 관한 규정이 없다.

(7) 새마을금고의 기탁금의 반환 및 귀속

관할위원회는 다음 각 호의 구분에 따른 금액을 선거일 후 30일 이내에 기탁자에게 반환하고, 반환하지 않은 기탁금은 금고에 귀속한다. 이 경우 기탁금 반환은 1차 투표 결과에 따른다.[65)]

---

62) 「수산업협동조합정관부속서 임원선거규정(예)(해양수산부고시 제2022-168호, 2022. 10. 25. 일부개정)」 제21조의2(기탁금) ②
63) 「산림조합정관(예)부속서 임원선거규약(개정 2023. 10. 6. 산림청장 인가)」 제14조의2(기탁금) ②
64) 「산림조합정관(예)부속서 임원선거규약(개정 2023. 10. 6. 산림청장 인가)」 제14조의2(기탁금) ③

1. 후보자가 당선되거나 사망한 경우와 유효투표총수의 100분의 15 이상을 득표한 경우에는 기탁금 전액
2. 후보자가 유효투표총수의 100분의 10 이상 100분의 15 미만을 득표한 경우에는 기탁금의 100분의 50에 해당하는 금액
3. 예비후보자가 사망한 경우 「새마을금고 임원선거규약(예)」 제23조의2(예비후보자) 제2항에 따라 납부한 기탁금 전액

(8) 새마을금고중앙회의 기탁금의 반환 및 귀속

새마을금고중앙회의 정관이나 임원선거규약에는 기탁금에 관한 규정이 없다.

(9) 신용협동조합의 기탁금의 반환 및 귀속

신용협동조합 이사장 선거의 기탁금은 다음 각 호의 구분에 따른 금액을 선거일 후 30일 이내에 기탁자가 신고하는 금융기관의 계좌로 반환하고, 반환하지 아니하는 기탁금은 조합에 귀속한다. 이 경우 기탁금의 반환은 1차 투표 결과에 따른다.[66)]

1. 기탁금의 100% 반환
   가. 임원후보자의 당선 또는 사망
   나. 선거공보 발송전 입후보 사퇴
   다. 유효투표총수의 100분의 30 이상을 득표한 경우
   라. 임원별 후보자와 선출하고자 하는 임원별 정수가 같은 경우
2. 기탁금 50% 반환 : 유효투표총수의 100분의 15 이상 100분의 30 미만 득표

(10) 신용협동조합중앙회의 기탁금의 반환 및 귀속

신용협동조합중앙회 회장선거의 기탁금은 다음 각 호의 구분에 따른 금액을 선거일 후 30일 이내에 기탁자에게 반환하고, 반환하지 아니하는 기탁금은 신용협동조합중앙회에 귀속한다. 이 경우 기탁금 반환은 1차 투표의 결과에 따른다.[67)]

1. 후보자가 당선되거나 사망한 경우와 유효투표총수의 100분의 15 이상을 득표한 경우에는 기탁금 전액
2. 후보자가 유효투표총수의 100분의 10 이상 100분의 15 미만을 득표한 경우에는 기탁금의 100분의 50에 해당하는 금액

---

65) 「새마을금고 임원선거규약(예)(일부개정 2024. 7. 10.)」 제22조(기탁금 등) ④
66) 「신용협동조합표준정관부속서 임원선거규약(2021. 12. 15. 개정)」 제20조의2(기탁금) ②
67) 「신용협동조합중앙회정관부속서 임원선거규약(2021. 10. 5. 개정)」 제18조의2(기탁금 등) ③

(11) 대한체육회의 기탁금의 반환 및 귀속

대한체육회는 다음 각 호의 경우에 한해 선거일 후 30일 이내에 후보자의 기탁금 전액을 반환하고, 반환하지 않은 기탁금은 대한체육회에 귀속한다.[68)]

1. 당선인이 된 경우
2. 후보자가 유효투표 총수의 100분의 20 이상을 득표한 경우
3. 후보자가 사망한 경우

(12) 지방체육회의 기탁금의 반환 및 귀속

지방체육회는 다음 각 호의 경우에 한해 선거일 후 30일 이내에 후보자의 기탁금 전액을 반환하고, 반환하지 않은 기탁금은 지방체육회에 귀속한다.[69)]

1. 당선인이 된 경우
2. 후보자가 유효투표 총수의 100분의 20 이상을 득표한 경우
3. 후보자가 사망한 경우

(13) 대한장애인체육회의 기탁금의 반환 및 귀속

유효투표총수의 100분의 15 이상을 득표하였거나 사망한 후보자의 기탁금은 선거일 후 30일 이내에 전액을 반환하고, 유효투표총수의 100분의 15 미만을 득표한 후보자의 기탁금은 장애인체육회에 귀속한다. 단, 위탁선거법 제19조(등록무효) 및 제20조(후보자사퇴의 신고)에 따라 등록무효 또는 사퇴한 후보자에 대해서는 기탁금을 반환하지 아니한다.[70)] 한편, 유효투표총수의 100분의 15 미만을 득표하였음에도 당선된 당선인의 기탁금은 반환한다.[71)]

(14) 중소기업중앙회의 기탁금의 반환 및 귀속

후보자별로 납부된 기탁금에서 「중소기업중앙회정관」 제53조의3(선거운동제한 위반사실 신고자에 대한 포상금 지급 및 신고자 보호) 제2항[72)]에 따라 지급한 포상금을 공제

---

68) 「대한체육회 회장선거관리규정(개정 2024. 7. 20.)」 제39조(기탁금의 처리)
69) 「대전광역시체육회 회장선거관리규정(개정 2024. 2. 7.)」 제37조(기탁금의 처리)
70) 「대한장애인체육회 회장선거관리규정(개정 2024. 8. 13.)」 제20조(기탁금의 처리) ①
71) 「대한장애인체육회 회장선거관리규정(개정 2024. 8. 13.)」 제20조(기탁금의 처리) ②
72) 「중소기업중앙회정관(정관 제2023－001호, 2023. 5. 4. 일부개정)」 제53조의3(선거운동제한 위반사실 신고자에 대한 포상금 지급 및 신고자 보호) ② 포상금 비용은 포상금 지급사유가 확정된 때 제51조의3(회장 후보자 기탁금)에 따른 기탁금 중 “선거운동제한행위를 위반한 입후보자(입후보예정자를 포함한다)가 납부한 기탁금”에서 지급하되 그 제한행위를 위반한 자가 입후보하지 않은 때에는 본회가 지급한다. 다만, 포상금비용을 본회가 지급하고 그 위반한 자가 입후

한 잔여 기탁금을 다음 각 호의 구분에 따라 선거일 후 25일 이내에 기탁자의 금융기관 예금계좌에 무통장입금하여 반환하고 공제명세서를 해당 기탁자에게 송부한다. 다만 「중소기업중앙회 임원선거규정」 제28조(회장 당선인 결정) 제1항[73]의 규정에 따른 재투표를 실시하는 경우에는 1차 투표 결과를 기준으로 산정하여 반환한다.[74]

1. 후보자가 당선되거나 사망한 경우와 유효투표총수의 100분의 50 이상을 득표한 경우, 「중소기업중앙회정관」 제51의2(회장후보경선조정위원회의 구성 및 운영)[75]에 따라 후보자가 1인으로 조정되어 후보자등록이 취소된 경우에는 잔여 기탁금 전액
2. 후보자가 유효투표 총수의 100분의 20 이상 100분의 50 미만을 득표한 경우에는 잔여 기탁금의 100분의 50에 해당하는 금액
3. 후보자가 후보자등록을 취소한 경우와 유효투표총수의 100분의 20 미만을 득표한 경우에는 잔여 기탁금 전액을 중앙회에 귀속

반환되지 아니한 기탁금 잔액은 선거일 후 30일 이내에 중앙회에 귀속한다.[76]

(15) 정비사업조합(조합설립추진위원회)의 기탁금의 반환 및 귀속

「○○정비사업조합(조합설립추진위원회) 선거관리규정(안)」에는 기탁금에 관한 규정이 없다.

보하는 경우, 본회가 부담한 포상금 비용을 기탁금과 별도로 위원회가 통보한 계좌로 납부하여야 한다.

73) 「중소기업중앙회 임원선거규정(2018. 8. 21. 개정)」 제28조(회장 당선인 결정) ① 선거인 과반수의 투표와 투표자 과반수의 득표를 한 자를 회장당선인으로 하되, 1차 투표결과 당선인이 없으면 최다득표자와 차순위득표자에 대하여, 동일한 득표수의 최다수득표자에 대하여, 최다수득표자와 동일한 득표수의 차순위득표자에 대하여 당선인이 결정될 때까지 재투표를 실시한다.

74) 「중소기업중앙회 임원선거규정(2018. 8. 21. 개정)」 제16조(회장 입후보자 기탁금) ②

75) 「중소기업중앙회정관(정관 제2023-001호, 2023. 5. 4. 일부개정)」 제51조의2(회장후보경선조정위원회의 구성 및 운영) ① 회장 후보자의 합리적이고 공정한 조정을 위하여 본회에 회장후보경선조정위원회(이하 "조정위원회"라 한다)를 둔다.

② 조정위원회는 20명 이내의 위원을 두며, 위원은 지역, 업종, 중소기업에 대한 전문성 등을 고려하여 이사회 의결을 거쳐 선출한다.

③ 조정위원회는 회장 후보자 추천을 위한 조정기능을 수행한다. 다만, 위원 전원의 만장일치로 조정이 성립되지 아니한 때(후보자가 조정결과에 불복하는 경우를 포함한다)에는 회장 후보자 모두를 추천하여야 한다.

④ 조정위원회의 기능 및 운영 등에 관하여 필요한 세부사항은 임원선거규정으로 정한다.

76) 「중소기업중앙회 임원선거규정(2018. 8. 21. 개정)」 제16조(회장 입후보자 기탁금) ③

3. 후보자등록의 무효 및 후보자사퇴

가. 후보자등록의 무효

(1) 후보자등록 무효사유

관할위원회는 후보자등록 후에 다음 각 호의 어느 하나에 해당하는 사유가 있는 때에는 그 후보자의 등록은 무효로 한다(위탁선거법§19①).

1. 후보자의 피선거권이 없는 것이 발견된 때
2. 위탁선거법 제18조(후보자등록) 제2항 제1호부터 제3호까지의 규정에 따른 서류 등을 제출하지 아니한 것이 발견된 때
3. 위탁선거법 제25조(선거공보) 제2항을 위반하여 범죄경력을 게재하지 아니한 선거공보를 제출하거나 범죄경력에 관한 서류를 별도로 제출하지 아니한 것이 발견된 때

'후보자의 피선거권이 없는 것이 발견된 때'란 후보자가 피선거권이 없는 경우뿐만 아니라 사망한 경우도 포함한다. '피선거권이 없는 것의 판단기준시점'은 '선거일'이다. 이는 후보자등록신청시에는 피선거권이 없었으나 선거일에는 피선거권이 회복될 것이 확실한 경우(피선거권 상실기간이 후보자등록신청시에는 도과하지 않았으나 선거일에는 도과하는 것이 역수상 명백한 경우)에는 후보자등록을 거부할 수 없기 때문이다.

위탁선거법 제18조(후보자등록) 제2항 제1호부터 제3호까지의 규정에 따른 서류, 즉 ① 후보자등록신청서, ② 피선거권에 관한 증명서류, ③ 기탁금 납입을 증명하는 서류를 제출하지 아니한 것이 발견된 때에도 후보자등록은 무효로 한다.

후보자는 위탁선거법 제25조(선거공보) 제1항에 따라 선거공보를 제출하는 경우 선거공보에 범죄경력을 게재하여야 하고, 선거공보를 제출하지 아니하는 경우에는 범죄경력에 관한 서류를 별도로 작성하여 선거공보의 제출마감일까지 관할위원회에 제출하여야 하는 바, 이를 위반한 것이 발견된 때에도 후보자등록은 무효로 한다.

후보자등록무효사유가 발견되거나 그 사유가 발생하는 때의 기준시점, 즉 후보자등록무효사유의 기준시점은 '후보자등록 후부터 당선인결정 전까지'로 보아야 한다. 당선인이 결정되면 등록무효사유는 당선무효사유가 되기 때문이다.

(2) 등록무효사유 통지

관할위원회가 후보자의 등록을 무효로 한 때에는 지체 없이 그 후보자와 해당 위탁단체에 등록무효의 사유를 명시하여 그 사실을 알려야 한다(위탁선거법§19②).

나. 후보자사퇴의 신고

후보자가 사퇴하려는 경우에는 자신이 직접 관할위원회에 가서 위탁선거규칙이 정하는 서식[77]에 따라 서면으로 신고하여야 한다(위탁선거법§20, 위탁선거규칙§11). 후보자 본인이 직접 관할위원회에 사퇴신고를 하도록 하고 있는 이유는 후보자 자신의 자유의사에 의한 사퇴임을 명백히 함과 동시에 선거과정에서의 분규를 방지하고자 하는데 있다.

다. 공고

관할위원회는 후보자가 등록·사퇴·사망하거나 등록이 무효로 된 때에는 지체 없이 그 사실을 공고하여야 한다(위탁선거법§21).

77) 위탁선거규칙 별지 제9호 서식((예비후보자)·(후보자) 사퇴신고서)

제7장

위탁선거의 선거운동

제1절 총설

1. 위탁선거법 「제7장 선거운동」의 적용제외

가. 적용제외

위탁선거법 「제7장 선거운동」은 선거운동의 주체·기간·방법 및 제한 등을 규정하고 있다. 위탁선거법 「제7장 선거운동」의 적용과 관련하여, 위탁선거법 제22조(적용제외)는 "위탁선거법 제3조(정의) 제1호 가목[1)]에 해당하는 공공단체등이 위탁하는 선거 외의 위탁선거는 위탁선거법 「제7장 선거운동」을 적용하지 아니한다. 다만, 제3조(정의) 제1호 다목[2)]에 따라 공공단체 등이 임원 등의 선출을 위한 선거의 관리를 위탁하여야 하는 선거(「교육공무원법」 제24조의3(대학의 장 후보자 추천을 위한 선거사무의 위탁)에 따른 대학의 장 후보자 추천 선거는 제외한다)에는 위탁선거법 제31조(지위를 이용한 선거운동금지 등)부터 제34조(기부행위제한기간)까지, 제35조(기부행위제한) 제1항부터 제4항까지, 제37조(선거일 후 답례금지)를 적용한다."고 규정하여 위탁선거별로 「제7장 선거운동」의 적용범위를 달리 규정하고 있다.

위탁선거법 「제7장 선거운동」은 제22조(적용제외), 제23조(선거운동의 정의) 및 '선

---

1) 「위탁선거법」 제3조(정의) 이 법에서 사용하는 용어의 뜻은 다음과 같다.
   1. "공공단체등"이란 다음 각 목의 어느 하나에 해당하는 단체를 말한다.
      가. 「농업협동조합법」, 「수산업협동조합법」 및 「산림조합법」에 따른 조합 및 중앙회와 「새마을금고법」에 따른 금고 및 중앙회
2) 「위탁선거법」 제3조(정의) 이 법에서 사용하는 용어의 뜻은 다음과 같다.
   1. "공공단체등"이란 다음 각 목의 어느 하나에 해당하는 단체를 말한다.
      다. 그 밖의 법령에 따라 임원 등의 선출을 위한 선거의 관리를 선거관리위원회에 위탁하여야 하거나 위탁할 수 있는 단체[「공직선거법」 제57조의4(당내경선사무의 위탁)에 따른 당내경선 또는 「정당법」 제48조의2(당대표경선사무의 위탁)에 따른 당대표경선을 위탁하는 정당을 제외한다]

거운동의 주체 등'에 관한 규정인 제24조(선거운동의 주체 · 기간 · 방법), 제24조의2(예비후보자), 제24조의3(활동보조인)과 '선거운동방법'에 관한 규정인 제25조(선거공보), 제26조(선거벽보), 제27조(어깨띠 · 윗옷 · 소품), 제28조(전화를 이용한 선거운동), 제29조(정보통신망을 이용한 선거운동), 제30조(명함을 이용한 선거운동), 제30조의2(선거일 후보자 소개 및 소견발표), 제30조의3(선거운동을 위한 휴대전화 가상번호의 제공), 제30조의4(공개행사에서의 정책 발표), '선거운동의 제한'에 관한 규정들인 제31조(지위를 이용한 선거운동금지 등), 제32조(기부행위의 정의), 제33조(기부행위로 보지 아니하는 행위), 제34조(기부행위제한기간), 제35조(기부행위제한), 제36조(조합장 등의 축의 · 부의금품 제공제한), 제37조(선거일 후 답례금지), 제38조(호별방문 등의 제한)로 이루어져 있다.

나. 조합장선거, 이사장선거 및 중앙회장선거에의 위탁선거법 「제7장 선거운동」 적용범위

「농업협동조합법」, 「수산업협동조합법」 및 「산림조합법」에 따른 조합 및 중앙회와 「새마을금고법」에 따른 금고 및 중앙회는 의무위탁선거의 공공단체등인 바(위탁선거법§4 1., §3 1.가.), 이들 공공단체등이 위탁하는 선거인 「농업협동조합법」, 「수산업협동조합법」 및 「산림조합법」에 따른 조합장선거(이하 "조합장선거"라 한다), 「새마을금고법」에 따른 이사장선거, 이들 각 법률에 따른 중앙회장선거(이하 "중앙회장선거"라 한다)에는 위탁선거법 「제7장 선거운동」의 규정이 모두 적용된다.

즉, 조합장선거, 이사장선거 및 중앙회장선거에는 위탁선거법 「제7장 선거운동」에 관한 규정인 제22조(적용제외)부터 제38조(호별방문 등의 제한)까지의 규정이 모두 적용된다.

다. 조합장선거, 이사장선거 및 중앙회장선거를 제외한 의무위탁선거에의 위탁선거법 「제7장 선거운동」의 적용범위

조합장선거, 이사장선거 및 중앙회장선거를 제외하고 "그 밖의 법령에 따라 임원 등의 선출을 위한 선거의 관리를 선거관리위원회에 위탁하여야 하는 단체"는 의무위탁선거의 공공단체등인 바(위탁선거법§4 1., §3 1.다.), 위 공공단체등에는 「신용협동조합법」에 따른 총자산이 1천억 원 이상인 지역조합, 「국민체육진흥법」에 따른 대한체육회와 지방체육회 및 대한장애인체육회 등이 있다.

이들 공공단체등이 선거관리위원회에 위탁하여야 하는 선거(「교육공무원법」 제24조의3(대학의 장 후보자 추천을 위한 선거사무의 위탁)에 따른 대학의 장 후보자 추천선거는 제외한다)인 「신용협동조합법」에 따른 총자산이 1천억 원 이상인 지역조합의 이사장선거 및 중앙회장선거, 「국민체육진흥법」에 따른 대한체육회와 지방체육회 및 대한장애인체육회의 회장선거에는 위탁선거법 「제7장 선거운동」에 관한 규정 중 제31조(지위를 이용한 선거운동금지 등), 제32조(기부행위의 정의), 제33조(기부행위로 보지 아니하는 행위), 제34조(기부행위제한기간), 제35조(기부행위제한) 제1항부터 제4항, 제37조(선거일 후 답례금지)만 적용된다.

즉, 「신용협동조합법」에 따른 총자산이 1천억 원 이상인 지역조합의 이사장선거 및 중앙회장선거, 「국민체육진흥법」에 따른 대한체육회와 지방체육회 및 대한장애인체육회의 회장선거에는 위탁선거법 「제7장 선거운동」에 관한 규정 중 '선거운동방법'에 관한 규정들인 제23조(선거운동의 정의)부터 제30조의4(공개행사에서의 정책 발표)는 적용되지 아니하고, '선거운동의 제한'에 관한 규정들인 제31조(지위를 이용한 선거운동금지 등)부터 제35조(기부행위제한) 제1항부터 제4항까지, 제37조(선거일 후 답례금지)만 적용되고, 위탁선거법 제36조(조합장 등의 축의·부의금품 제공제한)는 적용되지 아니한다.[3)]

라. 임의위탁선거에의 위탁선거법 「제7장 선거운동」의 적용제외

「중소기업협동조합법」에 따른 중소기업중앙회, 「도시정비법」에 따른 조합과 조합설립추진위원회(위탁선거법§3 1.나.) 및 "그 밖의 법령에 따라 임원 등의 선출을 위한 선거의 관리를 선거관리위원회에 위탁할 수 있는 단체[「공직선거법」 제57조의4(당내경선사무의 위탁)에 따른 당내경선 또는 「정당법」 제48조의2(당대표경선사무의 위탁)에 따른 당대표경선을 위탁하는 정당을 제외한다](위탁선거법§3 1.다.)"인 「신용협동조합법」에 따른 총자산이 1천억 원 미만인 지역조합과 "그 밖에 이에 준하는 단체로서 임원 등의 선출을 위한 선거의 관리를 선거관리위원회에 위탁하려는 단체(위탁선거법§3 1.라.)"는 모두 임의위탁선거의 공공단체등인바, 이들 공공단체등이 선거관리위원회에 위탁할 수 있는 선거인 「중소기업협동조합법」에 따른 중소기업중앙회장선거, 「도시정비법」에 따른 조합장선거와 추진위원장선거, 「신용협동조합법」에 따른 조합 중 총

---

3) 그러나 「신용협동조합법」에 따른 총자산이 1천억 원 이상인 지역조합의 이사장선거 및 중앙회장선거도 그 선거의 성격상 조합장선거 및 이사장선거, 중앙회장선거와 다르지 아니하므로 위탁선거법 제36조(조합장 등의 축의·부의금품 제공제한)를 적용함이 상당하다.

자산이 1천억 원 미만인 지역조합의 이사장선거에는 위탁선거법 「제7장 선거운동」의 규정이 모두 적용되지 않는다. 따라서 임의위탁선거의 선거운동과 관해서는 위 각 공공단체등에 관한 해당 법률인 「중소기업협동조합법」[4], 「신용협동조합법」[5] 등이 적용된다.[6]

〈위탁선거법 「제7장 선거운동」의 적용범위〉

구분		위탁선거법 「제7장 선거운동」의 적용범위
의무 위탁 선거	<조합장선거, 이사장선거 및 중앙회장선거> 「농업협동조합법」, 「수산업협동조합법」 및 「산림조합법」에 따른 조합 및 중앙회와 「새마을금고법」에 따른 금고 및 중앙회가 위탁하는 선거 [위탁선거법 제3조(정의) 제1호 가목에 해당하는 공공단체등이 위탁하는 선거]	위탁선거법 「제7장 선거운동」 전부 제22조(적용제외) 제23조(선거운동의 정의) 제24조(선거운동의 주체 · 기간 · 방법) 제24조의2(예비후보자) 제24조의3(활동보조인) 제25조(선거공보) 제26조(선거벽보) 제27조(어깨띠 · 윗옷 · 소품) 제28조(전화를 이용한 선거운동) 제29조(정보통신망을 이용한 선거운동) 제30조(명함을 이용한 선거운동) 제30조의2(선거일 후보자 소개 및 소견발표) 제30조의3(선거운동을 위한 휴대전화 가상번호의 제공) 제30조의4(공개행사에서의 정책 발표) 제31조(지위를 이용한 선거운동금지 등) 제32조(기부행위의 정의) 제33조(기부행위로 보지 아니하는 행위) 제34조(기부행위제한기간) 제35조(기부행위제한) 제36조(조합장 등의 축의 · 부의금품 제공제한) 제37조(선거일 후 답례금지) 제38조(호별방문 등의 제한)

---

4) 「중소기업협동조합법」 제53조(선거운동의 제한)
5) 「신용협동조합법」 제27조의2(임원의 선거운동 제한)
6) 「도시정비법」에는 선거운동에 관한 규정이 없다.

	<조합장선거, 이사장선거 및 중앙회 장선거 외의 의무위탁선거> “그 밖의 법령에 따라 임원 등의 선출을 위한 선거의 관리를 선거관리위원회에 위탁하여야 하는 단체”가 위탁하는 선거 [위탁선거법 제3조(정의) 제1호 다목에 따라 공공단체등이 임원 등의 선출을 위한 선거의 관리를 위탁하여야 하는 선거(「교육공무원법」 제24조의3(대학의 장 후보자 추천을 위한 선거사무의 위탁)에 따른 대학의 장 후보자 추천 선거는 제외)]	위탁선거법 「제7장 선거운동」 중 일부 제31조(지위를 이용한 선거운동금지 등) 제32조(기부행위의 정의) 제33조(기부행위로 보지 아니하는 행위) 제34조(기부행위제한기간) 제35조(기부행위제한) 제1항부터 제4항 제37조(선거일 후 답례금지)
임의 위탁 선거	○ 「중소기업협동조합법」에 따른 중소기업중앙회, 「도시정비법」에 따른 조합과 조합설립추진위원회, 그에 준하는 단체로서 임원 등의 선출을 위한 선거의 관리를 선거관리위원회에 위탁하려는 단체가 위탁하는 선거 [위탁선거법 제3조(정의) 제1호 나목 및 라목에 해당하는 공공단체등이 위탁하는 선거] ○ 그 밖의 법령에 따라 임원 등의 선출을 위한 선거의 관리를 선거관리위원회에 위탁할 수 있는 단체가 위탁할 수 있는 선거 [위탁선거법 제3조(정의) 제1호 다목에 해당하는 공공단체등이 위탁할 수 있는 선거]	위탁선거법 「제7장 선거운동」 전부 적용제외

2. 위탁선거의 선거운동

가. 선거운동의 정의

위탁선거법에서 '선거운동'이란 당선되거나 되게 하거나 되지 못하게 하기 위한 행위를 말한다. 다만, 다음 각 호의 어느 하나에 해당하는 행위는 선거운동으로 보지 아니한다(위탁선거법§23).[7)]

1. 선거에 관한 단순한 의견개진 및 의사표시
2. 입후보와 선거운동을 위한 준비행위

위탁선거법에서의 선거운동은 「공직선거법」에서의 선거운동의 의미와 다를 바가 없다. 「공직선거법」상 선거운동의 의미에 대하여, 대법원은 ''선거운동'이란 특정선거에서 특정 후보자의 당선 내지 득표나 낙선을 위하여 필요하고도 유리한 모든 행위로서 당선 또는 낙선을 도모한다는 목적의사가 객관적으로 인정될 수 있는 능동적·계획적인 행위를 말한다.'고 하면서,[8)] '특정선거에서 특정인의 당선 또는 낙선을 도모하는 목적의사의 판단주체를 행위자의 입장에서가 아니라 선거인의 관점에서 판단하여야 하고, 문제된 행위가 선거가 실시되기 오래전에 행해져서 시간적으로 멀리 떨어진 행위는 단순히 선거와의 관련성을 추측할 수 있다는 것만으로는 당해 선거에서 당락을 도모하는 의사가 표시된 것으로 인정할 수 없어 선거운동에 해당하지 아니하

---

7) 헌법재판소는, 위탁선거법 제23조(선거운동의 정의)와 관련하여, '위탁선거법상 선거운동이라 함은 위탁선거법 제3조(정의)에서 규정한 위탁선거에서 특정 후보자의 당선 내지 이를 위한 득표에 필요한 모든 행위 또는 특정 후보자의 낙선에 필요한 모든 행위 중 당선 또는 낙선을 위한 것이라는 목적의사가 객관적으로 인정될 수 있는 능동적, 계획적 행위를 말하는 것으로 풀이할 수 있다. 위탁선거법 제23조(선거운동의 정의) 제2호의 "입후보와 선거운동을 위한 준비행위"에서 "입후보"는 위탁선거에 후보자로 나서는 것을 의미하고, "선거운동을 위한 준비행위"라 함은 비록 선거를 위한 행위이기는 하나 특정 후보자의 당선을 목적으로 표를 얻기 위한 행위가 아니라 단순히 장래의 선거운동을 위한 내부적·절차적 준비행위를 가리키는 것으로, 선거운동에 해당하지 아니하는 것을 의미한다. 선거운동과 선거운동에 이르지 않는 "입후보와 선거운동을 위한 준비행위"를 위와 같이 풀이할 수 있으므로, 건전한 상식과 통상적인 법감정을 가진 사람이면 누구나 그러한 표지를 갖춘 "선거운동"과 "입후보와 선거운동을 위한 준비행위"를 구분할 수 있고, 법집행자의 자의를 허용할 소지를 제거할 수 있다. 그러므로 심판대상조항의 "선거운동" 부분은 헌법 제12조 제1항이 요구하는 죄형법정주의의 명확성원칙에 위배된다고 할 수 없다.'고 판시하였다(2019. 7. 25. 선고 2018헌바85 결정).

8) 2005. 9. 9. 선고 2005도2014 판결, 2005. 10. 14. 선고 2005도301 판결, 2006. 8. 25. 선고 2005도5105 판결, 2007. 10. 11. 선고 2007도3468 판결, 2010. 6. 24. 선고 2010도3935 판결, 2010. 12. 9. 선고 2010도10451 판결, 2011. 8. 18. 선고 2011도3985 판결, 2015. 12. 23. 선고 2013도15113 판결 등

고, 문제된 행위가 특정한 선거를 목표로 하여 선거에서 특정인의 당선 또는 낙선을 도모하는 목적의사가 표시되는 것으로 인정되지 않는 한 선거운동이 아니다.'고 판시하였다.[9][10] 이러한 법원의 견해는 위탁선거의 선거운동에도 그대로 적용된다고 봄이 상당하다.

결국, 위탁선거법에서의 선거운동이란 위탁선거법 제3조(정의)에서 규정한 위탁선거에서의 당선 또는 낙선을 위하여 필요하고도 유리한 모든 행위로서 당선 또는 낙선을 도모한다는 목적의사가 객관적으로 인정될 수 있는 능동적·계획적인 행위를 말하고, 단순히 장래의 선거운동을 위한 내부적·절차적인 준비행위에 해당하는 선거운동의 준비행위나 통상적인 활동은 여기에 해당하지 아니하는 것이나, 구체적으로 어떠한 행위가 선거운동에 해당하는지를 판단할 때에는 단순히 행위의 명목뿐만 아니라 행위의 태양, 즉 행위가 행하여지는 시기·장소·방법 등을 종합적으로 관찰하여 그것이 특정 후보자의 당선 또는 낙선을 도모하는 목적의지를 수반하는 행위인지를 선거인의 관점에서 객관적으로 판단하여야 한다.[11]

나. 선거운동의 개념

(1) 선거의 특정

선거운동은 특정 선거에서 행하여지는 행위이다. 특정 선거란 그 행위가 선거운동이 되기 위해서는 그 대상이 되는 선거가 특정되어 있어야 한다는 의미이다. 선거운동은 대상인 선거가 특정되는 것이 중요한 개념표지이므로, 문제된 행위가 특정 선거를 위한 것임이 인정되어야만 선거운동에 해당되는데, 행위 당시의 상황에서 특정 선거의 실시에 대한 예측이나 확정 여부, 행위의 시기와 특정 선거일 간의 시간적 간격, 행위의 내용과 당시의 상황, 행위자와 후보자의 관계 등 여러 가지 객관적 사정을 종합하여 선거인의 관점에서 문제된 행위가 특정 선거를 대상으로 하였는지를 합리적으로 판단하여야 한다. 문제된 행위가 특정 선거를 위한 것이라고 인정하려면, 단순히 어떤 선거에 나설 것이라는 예측할 수 있는 정도로는 부족하고, 특정 선거를 전제로 선거에서 당락을 도모하는 행위임을 선거인이 명백히 인식할 수 있는 객관적

---

9) 2016. 8. 26. 선고 2015도11812 전원합의체 판결

10) 졸저, 『선거법강의 제2판』, 박영사, 202－206쪽

11) 2017. 3. 22. 선고 2016도16314 판결, 2016. 8. 26. 선고 2015도11812 전원합의체 판결, 서울중앙지방법원 2017. 12. 22. 선고 2016고합681, 2016고합752(병합), 2016고합753(병합), 2016고합754(병합) 판결, 제주지방법원 2015. 11. 25. 선고 2015고단845 판결

사정이 있어야 한다.[12)] 문제된 행위가 각종의 여러 선거 중 어떤 선거를 대상으로 하는 것인지 여부에 대하여는 위 기준에 따라 선거인의 관점에서 판단하여야 한다.[13)]

(2) 후보자의 특정

위탁선거법 제23조(선거운동의 정의)의 선거운동의 정의는 특정한 또는 적어도 특정될 수 있는 후보자의 당선이나 낙선을 위한 행위여야 한다는 것을 전제로 하고 있다. 특정 후보자란 후보자등록을 마친 후보자만을 가리키는 것이 아니다. 장래에 입후보할 것이 예정된 사람도 포함한다. 입후보할 것을 예정하면 족하지 입후보할 확정적 결의까지 요구되는 것은 아니다.[14)] 후보자가 한 사람에 한정되는 것이 아니고 여러 사람인 경우에도 특정 후보자가 된다.[15)]

(3) 당선 또는 낙선의 목적

선거운동은 당선을 목적으로 하는 당선운동과 낙선을 목적으로 하는 낙선운동으로 나눌 수 있고, 또 낙선운동은 당선을 목적으로 하여 운동하는 후보자가 경쟁후보자의 낙선을 위하여 수행하는 낙선운동(후보자의 낙선운동)과 당선의 목적 없이 오로지 특정 후보자의 낙선만을 목적으로 하여 후보자측 이외의 제3자가 벌이는 낙선운동(제3자의 낙선운동)으로 분류할 수 있다. 제3자의 낙선운동도 선거운동임에는 틀림없다. 그러나 위탁선거에서는 후보자만이 선거운동을 할 수 있으므로(위탁선거법§24①), 당선 또는 낙선의 목적이 있는지 여부를 불문하고 제3자는 선거운동을 할 수 없다.

위탁선거법 제23조(선거운동의 정의)에서 규정하고 있는 '당선되게 할 목적'은 금전·물품·향응, 그 밖의 재산상의 이익이나 공사의 직을 제공받은 당해 선거인 등의 투표행위에 직접 영향을 미치는 행위나 재산상 이익 등을 제공받은 선거인 등으로 하여금 타인의 투표의사에 영향을 미치는 행위 또는 특정 후보자의 당락에 영향을 미치는 행위를 하게 만들 목적을 의미한다.[16)]

당선 또는 낙선의 목적이 있는지 여부는 선거관련 국가기관이나 법률전문가의 관점에서 사후적·회고적인 방법이 아니라 일반인, 특히 선거인의 관점에서 행위 당시의 구체적인 상황에 기초하여 판단하여야 한다. 위와 같은 목적의사가 있었다고 추단

12) 2016. 8. 26. 선고 2015도11812 전원합의체 판결, 2018. 11. 29. 선고 2017도2972 판결
13) 졸저, 『선거법강의 제2판』, 박영사, 206쪽
14) 1975. 7. 22. 선고 75도1659 판결, 1996. 9. 10. 선고 96도976 판결
15) 졸저, 『선거법강의 제2판』, 박영사, 207쪽
16) 2017. 3. 22. 선고 2016도16314 판결

하려면, 단순히 선거와의 관련성을 추측할 수 있다거나 선거에 관한 사항을 동기로 하였다는 사정만으로는 부족하고 특정 선거에서의 당락을 도모하는 행위임을 선거인이 명백히 인식할 만한 객관적인 사정에 근거하여야 한다.[17] 그러한 목적의사를 가지고 하는 행위인지는 단순히 행위의 목적뿐만 아니라 행위의 태양, 즉 행위가 행하여지는 시기·장소·방법 등을 종합적으로 관찰하여 판단하여야 한다.[18][19] 여기서 그 행위의 능동성 및 계획성은 목적의지를 인식하는 중요한 기준으로 작용한다.[20] 행위를 한 시기가 선거일에 가까우면 가까울수록 명시적인 표현 없이도 다른 객관적인 사정을 통하여 당해 선거에서의 당선 또는 낙선을 도모하려는 의사가 있다고 인정할 수 있으나, 선거가 실시되기 오래전에 행해져서 시간적으로 멀리 떨어진 행위라면 단순히 선거와의 관련성을 추측할 수 있다는 것만으로 당해 선거에서의 당락을 도모하는 의사가 표시된 것으로 인정될 수는 없다.[21]

선거일에 조합에 설치된 투표소 입구에서 사람들을 향하여 오른손을 들고 '기호 2번에 투표해 달라'는 의미로 엄지와 검지 손가락을 펴 'V'자를 2회 만들어 보이고, 같은 날 같은 장소에서 조합원과 악수를 하며 엄지와 검지 손가락을 펴 'V'자를 2회 만들어 보이는 등의 행위는 선거운동에 해당한다.[22]

(4) 상대방의 특정

선거운동은 기부행위와는 달리 그 상대방이 제한되어 있지 않으므로, 그 선거운동의 상대방이 당선 또는 낙선을 도모하는 특정 후보자의 조합원이거나 회원 등 선거인이 아니어도 된다.

다. 선거운동이 아닌 행위

(1) 선거에 관한 단순한 의견개진 및 의사표시

선거에 관한 단순한 의견개진 및 의사표시는 특정후보자에 대한 지지·추천이나 반대에 관한 구체성이 결여된 표현을 단순하게 사용하거나 선거운동에 이르지 않을

17) 2018. 7. 12. 선고 2014도3923 판결
18) 2012. 11. 29. 선고 2010도9007 판결
19) 2018. 11. 29. 선고 2017도2972 판결
20) 2004. 5. 14. 선고 2004헌나1 전원재판부 결정
21) 2016. 8. 26. 선고 2015도11812 전원합의체 판결, 2017. 10. 31. 선고 2016도20658 판결, 2017. 10. 31. 선고 2016도19447 판결
22) 대전지방법원 홍성지원 2023. 8. 22. 선고 2023고합36 판결

정도로 특정 후보자에 대하여 지지·추천이나 반대의 의견 또는 의사를 표시하는 것으로, 특정 후보자를 위한 득표를 목적으로 한다는 주관적 요소의 개입이 없는 선거에 관련한 의견이나 의사를 밝히는 것이다.[23] 어떤 행위가 특정 후보자를 지지 혹은 반대하는 행위에 해당하는지 여부를 판단함에 있어서는 단순히 행위자가 행위의 명목으로 내세우는 사유뿐만 아니라 그 행위의 태양, 즉 그 행위가 행하여진 시기·장소·동기·방법·행위의 구체적인 내용 등을 종합적으로 관찰하여 선거인의 관점에서 특정 후보자를 지지 혹은 반대하기 위한 목적의지를 수반하는 행위인지 여부를 판단하여야 한다.[24][25]

(2) 입후보와 선거운동을 위한 준비행위

(가) 입후보 준비행위

입후보 준비행위는 후보자의 당선 또는 낙선을 위하여 선거인에게 작용하는 행위가 아니고 후보자 또는 그 지지자의 내부행위 및 입후보를 위한 절차적 행위에 불과하므로 선거운동으로 보지 않는다. 입후보에 필요한 서류를 준비하는 행위, 기탁금이나 기타 자금을 마련하는 행위, 회원조합장 등을 만나 입후보에 필요한 추천을 부탁하며 추천을 받는 행위, 공무원의 경우 입후보를 위하여 사직하는 행위 등은 입후보 준비에 해당한다.

(나) 선거운동 준비행위

선거운동 준비행위는 선거를 위한 행위이기는 하나 특정 후보자의 당선을 목적으로 투표를 얻기 위한 행위가 아니라 장래의 선거운동을 위한 내부적·절차적 행위에 불과하므로 선거운동으로 보지 않는다.[26] 어떠한 행위가 선거운동의 준비행위에 해당하는지 여부를 판단하기 위해서는 단순히 그 행위의 명목뿐만 아니라 그 행위의 태양, 즉 그 행위가 행하여지는 시기·장소·방법 등을 종합적으로 관찰하여 그것이 특정후보자의 당선 또는 낙선을 도모하는 목적의지를 수반하는 행위인지 여부를 판단하여야 한다.[27]

조합장선거 출마에 대비해 대의원들로부터 추천서를 받기 위한 행위가 위탁선거

---

23) 1992. 4. 28. 선고 92도344 판결
24) 2006. 3. 24. 선고 2005도2209 판결
25) 졸저, 『선거법강의 제2판』, 박영사, 213－215쪽
26) 2005. 10. 27. 선고 2004헌바41 전원재판부 결정
27) 2005. 2. 18. 선고 2004도6795 판결

법 제23조(선거운동의 정의) 제2호의 '입후보와 선거운동을 위한 준비행위'에 포함될 수 있는 내부적·절차적 준비행위의 정도를 넘어서는 능동적·계획적인 행위에까지 이른 경우에는 선거운동과 관련된 위탁선거법상의 각종 처벌조항의 적용을 면할 수 없다.[28]

(3) 의례적 행위, 직무 또는 업무상 행위 등

선거운동으로 보지 아니하는 행위와 관련하여, 「공직선거법」은 "설날·추석 등 명절 및 석가탄신일·기독탄신일 등에 하는 의례적인 인사말을 문자메시지로 전송하는 행위"도 선거운동으로 보지 아니하고 있는 바(공직선거법§58①6.), 이는 당연히 위탁선거법에서도 적용되어야 한다고 본다. 또한 "직무 또는 업무상 행위" 및 "의례적·사교적 행위"도 당연히 선거운동에 해당하지 않는다고 보아야 한다. 이것들은 사회생활의 지위에 기하여 계속적·반복적으로 행하는 행위이거나 사회생활이나 사회적 교류 등에 필요하거나 요구되어지는 행위이기 때문이다.

2019. 3. 13. 실시된 전국동시조합장 선거를 앞두고 2019. 1. 31. 조합원 11,589명(전체 조합원 대비 93%)에게 설 연하장을 발송한 것은 선거운동에 해당한다.[29] 선거운동기간이 아닌 때 본인의 직함과 성명을 표시하고 본인의 사진과 이력 등을 삽입하여 그 존재와 지위를 드러내는 내용으로 조합원 1,305명에게 퇴직인사장 및 연하장을 우편으로 발송한 것은 선거운동에 해당한다.[30] 조합장을 퇴직하면서 조합장선거일까지는 약 3개월이 남은 시점에 조합장선거에 관하여는 아무런 언급 없이 신년인사와 퇴직의 소회 및 감사인사를 전하는 내용의 문자메시지를 조합원뿐만 아니라 조합원이 아닌 친구, 가족, 동문, 산악회 회원 등 다른 사람들에게도 구별 없이 보낸 행위는 선거운동에 해당하지 아니한다.[31]

---

28) 서울고등법원 2019. 9. 24. 선고 2018노193 판결(피고인 I가 피고인 A의 당선을 위해 피고인 A를 돕는다는 의사로 추천서를 받는 날과는 다른 날에 대의원을 찾아가 피고인 A에 대한 지지를 부탁하는 발언을 하였다면, 이는 설령 그것이 추천서를 받기 위한 사전 작업이었다고 하더라도 '입후보와 선거운동을 위한 준비행위'에 포함될 수 있는 내부적·절차적인 준비행위의 정도를 넘어서는 능동적·계획적인 행위라고 평가할 수 있다(추천서를 받기 위한 사전 작업 명목으로 위와 같은 지지 부탁을 허용한다면, 선거운동기간과 방법을 정한 위탁선거법상 규정의 입법목적을 달성할 수 없게 된다)고 한 사례)
29) 대구지방법원 상주지원 2020. 2. 11. 선고 2019고정 891 판결
30) 인천지방법원 부천지원 2023. 12. 21. 선고 2023고단2295 판결
31) 청주지방법원 2016. 11. 10. 선고 2016노490 판결

라. 선거운동의 정의에 관한 규정의 적용범위

위탁선거법의 선거운동의 정의에 관한 규정(위탁선거법§23)은 의무위탁선거 중 조합장선거, 이사장선거 및 중앙회장선거에만 적용된다(위탁선거법§22). 조합장선거, 이사장선거 및 중앙회장선거를 제외한 나머지 의무위탁선거인 「신용협동조합법」에 따른 총자산이 1천억 원 이상인 지역조합의 이사장선거 및 중앙회장선거, 「국민체육진흥법」에 따른 대한체육회와 지방체육회 및 대한장애인체육회의 회장선거와 임의위탁선거에는 적용되지 아니한다. 따라서 조합장선거, 이사장선거 및 중앙회장선거를 제외한 의무위탁선거 및 임의위탁선거는 해당 위탁단체에 관한 법률 및 정관등에 정해진 선거운동에 관한 규정이 적용된다.

당선되거나 당선되지 못하게 하기 위한 행위라는 선거운동의 정의는 그것이 공직선거이거나 위탁선거를 불문하고 공통된 것이므로,[32] 위탁선거법의 선거운동의 정의에 관한 규정이 조합장선거, 이사장선거 및 중앙회장선거에만 적용된다는 것은 불합리하다. 위탁선거법의 선거운동의 정의에 관한 규정은 모든 위탁선거에 적용하도록 위탁선거법을 개정함이 마땅하다.

---

32) 「산림조합중앙회정관부속서 임원선거규약(전부개정 2023. 10. 6. 산림청장 인가)」 제3조(정의) 제2호의 '선거운동'에 관한 정의, 「새마을금고 임원선거규약(예)(일부개정 2024. 7. 10.)」 제2조(정의) 제5호의 '선거운동'에 관한 정의, 「새마을금고중앙회정관(금융위원회인가 2021. 10. 5. 개정)」 제46조(선거운동) 제1항의 '선거운동'에 관한 정의, 「대한체육회 회장선거관리규정(개정 2024. 7. 20.)」 제18조(선거운동의 정의)의 '선거운동'에 관한 정의, 「대전광역시체육회 회장선거관리규정(개정 2024. 2. 7.)」 제19조(선거운동의 정의)의 '선거운동'에 관한 정의, 「대한장애인체육회 회장선거관리규정(개정 2024. 8. 13.)」 제12조(선거운동의 정의)의 '선거운동'에 관한 정의, 「중소기업중앙회 임원선거규정(2018. 8. 21. 개정)」 제13조(선거운동 및 선거운동제한) 제1항의 '선거운동'에 관한 정의, 「ㅇㅇ정비사업조합(조합설립추진위원회) 선거관리규정(안)(서울특별시 고시 제2017－243호)」 제28조(선거운동 등) 제1항의 '선거운동'에 관한 정의, 「신용협동조합표준정관부속서 임원선거규약(2021. 12. 15. 개정)」 제25조(선거운동의 제한 등) 제1항의 '선거운동'에 관한 정의, 「신용협동조합중앙회정관부속서 임원선거규약(2021. 10. 5. 개정)」 제7조(선거운동의 제한) 제1항의 '선거운동'에 관한 정의도 공직선거 및 위탁선거의 '선거운동'에 관한 정의와 같다.

제2절 위탁선거의 선거운동의 주체

1. 선거운동의 주체

가. 후보자등

(1) 의의

후보자와 후보자가 그의 배우자, 직계존비속 또는 해당 위탁단체의 임직원이 아닌 조합원·회원 중 지정하는 1명(이하 "후보자등"이라 한다)이 위탁선거법 제25조(선거공보)부터 제30조의4(공개행사에서의 정책 발표)[33]까지의 규정에 따라 선거운동을 하는 경우를 제외하고는 누구든지 어떠한 방법으로도 선거운동을 할 수 없다(위탁선거법§24①). 따라서 위탁선거에서는 후보자등만이 선거운동을 할 수 있다.[34]

구 위탁선거법(2024. 1. 30. 법률 제20179호로 개정되기 전의 것)은 위탁선거법에 따른 선거운동의 주체를 후보자 본인만으로 한정하고 있었으며, 이에 대하여 헌법재판소가 합헌 판단을 내린 바 있다.[35] 그러나 선거운동 주체의 제한에 따라 위탁선거법 위

---

33) 위탁선거법 제30조의4(공개행사에서의 정책발표)에 따른 선거운동은 후보자 본인만이 가능하다(위탁선거법§24①).

34) 중앙선거관리위원회는 2019. 4. 현행 위탁선거법이 선거운동의 주체를 후보자에게만 한정하는 것과 관련하여, 위탁선거의 선거인은 공공단체의 구성원(주민)이므로 제한된 방법의 선거운동을 허용하여 선거과정에의 참여를 확대하고자, '선거인도 선거운동기간 중에 전화·문자메시지, 인터넷 홈페이지·전자우편, 말(言, 개별적인지지 호소)을 이용한 선거운동을 할 수 있도록 하고, 다만, 해당 조합의 임직원은 지위를 이용한 선거운동뿐만 아니라 일반적인 선거운동도 제한하되, (예비)후보자가 된 경우에는 예외로 한다.'는 내용의 위탁선거법 개정의견과 선거운동기간 중 선거인의 선거운동을 제한적으로 허용하는 경우 '전화·문자메시지, 인터넷 홈페이지·전자우편 등으로 선거운동을 하게 하고 그 대가를 제공하거나 그 제공의 의사를 표시하거나 그 제공을 약속하는 행위를 처벌하는 규정을 신설'하는 내용의 위탁선거법 개정의견을 국회에 제출하였다(중앙선거관리위원회, 「공공단체등 위탁선거에 관한 법률 개정의견」, 2019. 4., 11쪽, 18쪽).

35) 헌법재판소는, 후보자가 아닌 자의 선거운동을 전면 금지하고 이를 위반하면 형사처벌하는 위탁선거법 제24조(선거운동의 주체·기간·방법) 제1항, 제66조(각종제한규정위반죄) 제1호와 관련하여, '심판대상조항들은 조합장선거의 과열과 혼탁을 방지하여 선거의 공정성을 담보하기 위한 것이다. 조합장선거의 구조, 선거문화, 위탁선거법의 제정배경 등에 비추어 볼 때, 가족이나 선거사무원 등 후보자가 아닌 사람에게 선거운동을 허용하게 되면 선거가 과열되어 상호비방 등에 의한 혼탁선거가 더욱 가중될 우려가 있고, 선거 결과가 정책대결이 아닌 친소관계에 의해 좌우될 가능성도 커지며, 선거인의 올바른 후보자 선택에 혼란을 안겨줄 위험성마저 배제하기 어렵다. 조합원들의 조합장선거에 대한 높은 관심도에 비추어 보더라도 후보자가 아닌 사람에게 선거운동을 허용해 줄 필요성은 크지 않다. 위탁선거법상 허용되는 선거운동기간 및 선거운동방법을 종합하여 보면, 후보자 혼자 선거운동기간 동안 조합원들을 상대로 선거운동을 하는 것이

반행위가 증가한다는 지적이 꾸준히 제기되어 왔고,[36] 중앙선거관리위원회도 선거운동의 주체를 후보자에게만 한정하는 것은 지나친 규제일 뿐 아니라 현실성이 떨어지므로 적어도 후보자의 배우자에게는 선거운동을 허용해야 한다는 개정 의견을 제시하였다.[37] 이에 2024. 1. 30. 법률 제20179호로 개정된 현행 위탁선거법은 후보자 외에 후보자가 그의 배우자, 직계존비속 또는 해당 위탁단체의 임직원이 아닌 조합원·회원 중 지정하는 1명도 선거운동을 할 수 있도록 하였다.

(2) 활동보조인

위탁선거규칙으로 정하는 장애인 예비후보자 · 후보자는 그의 활동을 보조하기 위하여 배우자, 직계존비속 또는 해당 위탁단체의 임직원이 아닌 조합원 · 회원 중에서 1명의 활동보조인(이하 "활동보조인"이라 한다)을 둘 수 있다(위탁선거법§24의3①). 위탁선거법 제24조(선거운동의 주체 · 기간 · 방법)에도 불구하고 예비후보자 · 후보자와 함께 다니는 활동보조인은 다음 각 호에 따라 선거운동을 할 수 있다. 이 경우 활동보조인은 관할위원회가 교부하는 표지를 패용하여야 한다.

1. 예비후보자의 활동보조인 : 제24조의2(예비후보자) 제7항 제2호에 해당하는 방법
2. 후보자의 활동보조인 : 선거운동기간 중 제27조(어깨띠 · 윗옷 · 소품){제24조(선거운동의 주체 · 기간 · 방법) 제3항 제3호에 해당하는 선거의 경우에는 제외한다} 및 제30조(명함을 이용한 선거운동){제24조(선거운동의 주체 · 기간 · 방법) 제3항 제3호에 해당하는 선거의 경우에는 중앙회장선거에 한정한다}에 해당하는 방법

구 위탁선거법(2024. 1. 30. 법률 제20179호로 개정되기 전의 것)은 장애인 예비후보자

물리적으로 불가능하다고 보이지도 않는다. 심판대상조항들이 달성하고자 하는 조합장선거의 공정성 확보라는 공익은 조합장선거의 후보자가 가족이나 선거사무원 등을 통하여 충분한 선거운동을 할 수 없게 되는 불이익보다 훨씬 크다. 따라서 심판대상조항들은 조합장선거의 후보자 및 선거인인 조합원의 결사의 자유 등 기본권을 침해하지 아니한다.'고 판시하였다(2017. 6. 29. 선고 2016헌가1 결정, 2018. 12. 27. 선고 2017헌바248 결정, 2019. 7. 25. 선고 2018헌바85 결정 ; 제주지방법원 2016. 5. 26. 선고 2015노622 판결)

36) 한상철은 '선거운동주체의 제한에 따라 위탁선거법위반행위가 증가하므로 선거운동주체에 후보자 외에 그 배우자와 직계존비속까지 확대하여야 한다.'고 주장한다(한상철, 「위탁선거범죄 방지를 위한 정책적 함의－전국 동시조합장선거를 중심으로－」, 교정복지연구 ＜제59권 1호＞, 2019. 04., 95쪽).

37) 중앙선거관리위원회는 2019. 4. 현행 위탁선거법이 선거운동의 주체를 후보자에 한하는 것과 관련하여, 후보자의 배우자까지 선거운동을 할 수 없도록 하는 것은 지나친 규제일 뿐만 아니라 현실성이 떨어지므로, '후보자의 배우자(배우자가 없는 경우 직계존비속 중 1인)도 선거운동을 할 수 있도록' 하는 내용의 위탁선거법 개정의견을 국회에 제출하였다(중앙선거관리위원회, 「공공단체등 위탁선거에 관한 법률 개정의견」, 2019. 4. 10쪽).

· 후보자를 위한 활동보조인제도를 두지 않아 장애인 예비후보자 · 후보자가 선거운동과정에서 겪는 실질적 불평등의 문제가 제기되어온 바, 2024. 1. 30. 법률 제20179호로 개정된 현행 위탁선거법은 활동보조인 제도를 신설하였다.

(3) 선거운동주체의 판단기준

어떤 행위가 선거운동에 해당하는지 여부는 선거 관련 국가기관이나 법률전문가의 관점에서 사후적 · 회고적인 방법이 아니라 일반인, 특히 선거인의 관점에서 행위 당시의 구체적인 상황에 기초하여 판단하여야 하므로, 개별적 행위들의 유기적 관계를 치밀하게 분석하거나 법률적 의미와 효과에 치중하기 보다는 문제된 행위를 경험한 선거인이 행위 당시의 상황에서 그 행위가 특정 선거에 있어서 특정 후보자의 당선 또는 낙선을 도모한다는 목적의사가 있음을 알 수 있는지를 살펴보아야 한다.[38] 이러한 기준은 '선거운동의 주체'가 누구인지를 가리는 데도 적용될 수 있다. 즉, 어떠한 선거운동을 한 주체가 '후보자인지' 아니면 '후보자가 아닌 자인지'를 판단할 때에도 선거인이 행위 당시의 상황에서 그 행위자를 누구로 인식했는지가 기준이 되어야 한다. 제3자가 나서서 선거운동을 하고 그것이 선거인에게 인식될 수 있는 상태가 되어 선거가 과열 · 혼탁해지는 것을 방지하려는 위탁선거법 제24조(선거운동의 주체 · 기간 · 방법) 제1항의 취지 역시 선거인의 관점에서 실현되는 것이 바람직하기 때문이다.[39]

(4) 후보자의 지배하에 행위의 성질상 후보자가 아닌 다른 사람이 후보자 대신 행할 수 있는 유형의 선거운동 행위

위탁선거에 있어 선거운동의 주체는 후보자에 한한다는 구 위탁선거법(2024. 1. 30. 법률 제20179호로 개정되기 전의 것) 제24조(선거운동의 주체 · 기간 · 방법) 제1항이 합헌이라는 헌법재판소의 결정[40]은 구 위탁선거법(2024. 1. 30. 법률 제20179호로 개정되기 전의 것) 제24조(선거운동의 주체 · 기간 · 방법) 제1항이 조합장과 조합의 단체 내 기관 구성에 관한 결사의 자유 및 후보자를 포함하여 선거운동을 하고자 하는 사람의 표현의 자유를 제한하고는 있으나, 그 입법목적의 정당성, 수단의 적합성, 피해의 최소성, 법익의 균형성 등을 충족하여 기본권 침해에는 이르지 아니하므로 헌법에 위반되지 아니한다는 취지이지 구 위탁선거법(2024. 1. 30. 법률 제20179호로 개정되기 전의 것) 제

38) 2016. 8. 26. 선고 2015도11812 전원합의체 판결
39) 서울고등법원 2019. 9. 24. 선고 2018노193 판결
40) 2017. 6. 29. 선고 2016헌가1 결정, 2018. 12. 27. 선고 2017헌바248 결정, 2019. 7. 25. 선고 2018헌바85 결정

24조(선거운동의 주체 · 기간 · 방법) 제1항에서 규정한 '후보자가 아닌 자의 선거운동'의 의미에 관한 문언적 해석의 가부 내지 그 한계를 설정하고 있지는 아니하다. 오히려 헌법재판소의 위 결정으로부터 구 위탁선거법(2024. 1. 30. 법률 제20179호로 개정되기 전의 것) 제24조(선거운동의 주체 · 기간 · 방법) 제1항이 특히 조합장선거에서 후보자를 포함하여 선거운동을 하고자 하는 사람의 표현의 자유를 제한하고 있음이 선언된 만큼, 실정법을 해석 · 적용하여 구체적 사건을 심판하는 법원으로서는 표현의 자유를 보장하는 근본정신에 비추어 구 위탁선거법(2024. 1. 30. 법률 제20179호로 개정되기 전의 것) 제24조(선거운동의 주체 · 기간 · 방법) 제1항에서 규정한 '후보자가 아닌 자의 선거운동'의 의미를 명확히 하고, 어떤 행위가 그에 해당하는지를 면밀히 검토하여 처벌범위가 부당하게 확대되지 않도록 하여야 한다. 이와 같은 법리 등을 고려한다면, 선거인의 관점에서 그 행위를 한 자가 후보자가 아닌 자임을 인식할 수 있었다고 볼 만한 특별한 사정이 없는 한, '후보자의 지배하에 행위의 성질상 후보자가 아닌 다른 사람이 후보자 대신 행할 수 있는 유형의 선거운동행위'를 후보자가 아닌 자가 대신하는 경우에는 '후보자가 아닌 자의 선거운동'에 해당하지 않는다.[41]

위탁선거법이 허용하고 있는 선거운동은 그 방법상 크게 '행위자가 중요한 선거운동'과 '행위의 결과 내지는 그 내용이 중요한 선거운동'으로 나눌 수 있다. 후보자가 '어깨띠나 윗옷(上衣)을 착용하거나 소품을 이용하여 선거운동을 하는 행위(위탁선거법§27)', '전화를 이용하여 송화자 · 수화자간 직접 통화하는 행위(위탁선거법§28 1.)', '다수인이 왕래하거나 집합하는 공개된 장소에서 선거운동을 위한 명함을 선거인에게 직접 주거나 지지를 호소하는 행위(위탁선거법§30)' 등과 같은 선거운동의 경우에는 선거인이 선거운동의 행위자를 1 : 1로 인식하게 되므로 행위의 주체가 중요한 선거운동에 해당한다. 따라서 이러한 유형의 선거운동은 후보자가 직접 행하여야 하고, 다른 사람이 대신할 수 없는 성질을 가진다고 보아야 한다. 반면, 후보자가 '선거공보 1종을 작성하여 관할위원회에 제출하는 행위(위탁선거법§25①)', '선거벽보 1종을 작성하여 관할위원회에 제출하는 행위(위탁선거법§26①)', '문자메시지를 전송하는 행위(위탁선거법§28 2.)', '해당 위탁단체가 개설 · 운영하는 인터넷 홈페이지의 게시판 · 대화방 등에 글이나 동영상 등을 게시하는 행위(위탁선거법§29①1.)', '전자우편을 전송하는 행위(위탁선거법§29①2.)' 등과 같은 선거운동의 경우에는 선거인은 선거운동의 결과 내지는 그 내용만을 인식하게 될 뿐이고 특별한 사정이 없다면 후보자를 선거운동의

41) 서울고등법원 2019. 9. 24. 선고 2018노193 판결

주체로 인식한다. 따라서 이러한 유형의 선거운동에서는 실제행위자가 누구인지가 선거인에게 중요한 의미를 지니지 않으므로 후보자가 아닌 다른 사람이 대신할 수 있는 성질을 가진다고 보아야 한다. 한편, 위탁선거법 제23조(선거운동의 정의) 제2호는 '입후보와 선거운동을 위한 준비행위'를 선거운동으로 보고 있지 않으므로, 이에 의하면 후보자를 돕고자 하는 제3자가 내부적·절차적인 선거운동의 준비행위에 관여하는 것은 허용된다고 해석된다(위탁선거법이 후보자의 정책개발, 공약과 선거전략의 수립, 선거공보, 선거벽보, 홍보문안과 홍보영상의 구상과 작성 등 선거운동의 준비행위를 모두 후보자 혼자서 할 것을 예정한 것으로 보이지 않고, 이는 현실적으로 기대가능하지도 않다). 이처럼 제3자가 후보자의 '선거운동 준비행위'를 도와주는 과정에서 후보자가 아닌 다른 사람이 대신 행할 수 있는 성격의 어떤 사실행위를 대신한 경우, 이는 그 사실행위를 후보자가 직접 행한 경우와 실질적인 차이가 없다. 나아가 후보자의 선거운동은 위와 같은 준비행위를 거쳐 최종적으로 외부에 표출되어 실행되는 일련의 과정으로 볼 수 있으므로, 이때도 제3자가 후보자의 지배하에 후보자 아닌 다른 사람이 후보자 대신 행할 수 있는 유형의 선거운동을 하였다면, 그러한 행위는 실질적·전체적으로 후보자의 선거운동에 흡수되어 후보자의 행위와 동일한 것으로 평가함이 타당하다. 이와 달리 선거과정에서 후보자 아닌 자의 행위에 언제나 독자적인 법률적 의미를 부여하는 경우에는 다음과 같은 불합리함이 나타난다. 먼저 선거운동기간에 후보자 아닌 자가 후보자의 지배에 의해 후보자가 아닌 자가 대신할 수 있는 선거운동을 한 경우, 후보자는 자신이 스스로 했더라면 허용되는 선거운동에 대해 '후보자 아닌 자의 선거운동'에 가담한 것이 된다. 앞서 본 바와 같이 위탁선거법이 허용하는 모든 선거운동을 반드시 후보자가 직접 행해야 한다고 해석할 수 없는 이상 이는 부당한 결론이다. 다음으로, 위탁선거법이 허용하지 않는 방법의 선거운동을 후보자와 후보자가 아닌 자가 공모하여 행한 경우에는 '후보자의 선거운동방법 위반'에 의한 위탁선거법위반죄와 '후보자가 아닌 자의 선거운동방법 위반'에 의한 위탁선거법위반죄의 공동정범이 모두 성립하게 되는데, 선거인의 관점에서 선거운동의 주체를 파악한다면 '해당 행위가 선거인의 입장에서 후보자의 선거운동으로 볼 수 있는 지 여부'가 양립 불가능한 관계에 놓이게 되어 모순되는 결과가 발생한다.[42] 결국 위탁선거

42) 서울중앙지방법원 2017. 12. 22. 선고 2016고합681, 2016고합752(병합), 2016고합753(병합), 2016고합754(병합) 판결, 서울고등법원 2019. 9. 24. 선고 2018노193 판결(우편에 의한 신문 발송 행위는 후보자 대신 다른 사람이 행할 수 있는 유형의 행위라 할 것이므로, 피고인 A의 관여·지배하에 피고인 H가 피고인 A를 대신하여 신문을 발송한 행위는 위탁선거법 제24조(선거

에서 선거운동에 관한 개개의 모든 행위를 후보자 자신이 직접 실행하는 것은 현실적으로 불가능하므로 후보자가 제3자로 하여금 자신을 보조하여 사실행위를 하게 하는 정도에 불과하는 등 제3자의 행위가 후보자 자신이 직접 실행하는 것과 다름없는 것으로 볼 수 있는 경우에는 후보자의 선거운동으로 보아 허용된다고 할 것이지만, 그렇지 않은 경우에는 위탁선거법 제24조(선거운동의 주체·기간·방법) 제1항이 금지하는 '후보자 아닌 자의 선거운동'에 해당한다고 봄이 타당하다.[43)]

나. 선거운동주체에 관한 규정의 적용범위

선거운동주체가 후보자에 한한다는 위탁선거법 제24조(선거운동의 주체·기간·방법) 제1항은 의무위탁선거 중 조합장선거, 이사장선거 및 중앙회장선거에만 적용된다(위탁선거법§22). 조합장선거, 이사장선거 및 중앙회장선거를 제외한 나머지 의무위탁선거인 「신용협동조합법」에 따른 총자산이 1천억 원 이상인 지역조합의 이사장선거 및 중앙회장선거, 「국민체육진흥법」에 따른 대한체육회와 지방체육회 및 대한장애인체육회의 회장선거와 임의위탁선거에는 적용되지 아니한다. 따라서 조합장선거, 이사장선거 및 중앙회장선거를 제외한 의무위탁선거 및 임의위탁선거는 해당 위탁단체에 관한 법률 및 정관등에 정해진 선거운동주체 관한 규정이 적용된다.

다. 벌칙 등

(1) 벌칙

위탁선거법 제24조(선거운동의 주체·기간·방법) 제1항을 위반하여 후보자등이 아닌 자가 선거운동을 하는 경우 2년 이하의 징역 또는 2천만원 이하의 벌금에 처한다(위탁선거법§66②1.).

위탁선거법 제66조(각종 제한규정 위반죄) 제2항 제1호 및 제24조(선거운동의 주체·기간·방법)의 규정형식과 내용 등에 비추어 보면, 후보자등이 아닌 자의 선거운동행위를 처벌하는 것 외에 형법총칙의 공범규정을 적용하여 후보자등을 후보자등이 아닌 자의 선거운동행위에 대한 공범으로 처벌하는 것이 죄형법정주의의 원칙에 반한다고 보이지는 않는다. 한편 대향범 관계에 있는 자 사이에서는 각자 상대방의 범행

운동의 주체·기간·방법) 제1항이 금지하는 '후보자 아닌 자의 선거운동'에 해당한다고 할 수 없고, 달리 선거인들이 피고인 H가 피고인 A 대신 이를 행한다는 사실을 인식할 수 없었다고 볼 만한 사정을 인정할 아무런 증명이 없다고 무죄를 선고한 사례)

43) 2021. 4. 29. 선고 2019도14338 판결

에 대하여 형법 총칙의 공범규정이 적용되지 아니한다고 할 것이나,[44] 위탁선거법상 후보자등이 아닌 자의 선거운동행위와 후보자등이 아닌 자의 선거운동행위에 가담한 후보자등의 행위는 서로 대향범의 관계에 있지 아니하다.[45]

(2) 벌칙의 적용범위

위탁선거법 제24조(선거운동의 주체 · 기간 · 방법) 제1항을 위반하여 후보자등이 아닌 자가 선거운동을 하는 경우를 처벌하는 처벌규정인 위탁선거법 제66조(각종 제한규정 위반죄) 제2항 제1호는 조합장선거, 이사장선거 및 중앙회장선거에만 적용된다(위탁선거법§57). 조합장선거, 이사장선거 및 중앙회장선거를 제외한 나머지 의무위탁선거인 「신용협동조합법」에 따른 총자산이 1천억 원 이상인 지역조합의 이사장선거 및 중앙회장선거, 「국민체육진흥법」에 따른 대한체육회와 지방체육회 및 대한장애인체육회의 회장선거와 임의위탁선거에는 적용되지 아니한다.

2. 선거운동주체의 제한

가. 위탁단체 임직원의 지위이용 선거운동금지

(1) 의의

위탁단체의 임직원은 지위를 이용하여 선거운동을 하는 행위를 할 수 없다(위탁선거법§31 1.). 위탁단체의 임직원이 그 지위를 이용해서 선거운동을 하는 것을 금지하는 이유는 이른바 공적지위에 있는 자의 선거개입 여지를 철저히 차단하고, 직무와 밀접한 관련이 있는 권한행사를 통하여 선거인에게 이익 또는 불이익을 미칠 수 있는 입장에 있음을 이용하여 선거운동을 하는 경우 일반인이 선거운동을 하는 경우보다 선거의 공정을 크게 저해한다는 점에서 이를 가중처벌하기 위한 것이다.[46]

(2) 적용범위

'위탁단체 임직원의 지위이용 선거운동금지'는 의무위탁선거에만 적용되고, 임의위탁선거에는 적용되지 아니한다(위탁선거법§22).

---

44) 2015. 2. 12. 선고 2012도4842 판결
45) 제주지방법원 2016. 5. 26. 선고 2015노622 판결
46) 졸저, 『선거법강의 제2판』, 박영사, 349쪽

(3) 행위

위탁단체 임직원의 지위를 이용하여 선거운동을 하는 행위는 금지된다.

"위탁단체 임직원의 지위를 이용하여"라는 개념은 위탁단체 임직원이 개인의 자격으로서가 아니라 위탁단체 임직원의 지위와 결부되어 선거운동을 하는 행위를 뜻한다. 위탁단체 임직원의 지위에 있기 때문에 특히 선거운동을 효과적으로 할 수 있는 영향력 또는 편익을 이용하는 것을 의미하고, 구체적으로는 그 지위에 수반되는 신분상의 지휘감독권, 직무권한, 담당사무 등과 관련하여 위탁단체 임직원이 직무를 수행하는 사무소 내부 또는 외부의 사람에게 작용하는 것도 포함된다.[47] 위탁단체 임직원이 그 직무를 집행함에 즈음하여 선거운동을 한 경우는 물론, 위탁단체 임직원이 그 신분상 또는 직무상의 지휘감독권이 미치는 사람에게 선거운동을 하였거나 외견상 그 직무에 관련한 행위에 편승하여 선거운동을 함으로써 선거인에게 영향력을 줄 수 있는 경우도 포함하고,[48] 위탁단체 임직원이 그 소속 직원을 대상으로 한 선거운동은 그 지위를 이용하여 하는 선거운동으로 간주된다.[49] 조합이사가 조합장 후보자가 되고자 하는 자의 조합장 재직 시 발생한 문제들에 대한 특별감사보고서를 조합원들에게 송부하면서 특별감사보고서와는 별도로 조합의 명의의 "조합소식"이라는 문서를 별도로 제작하여 조합장이 되고자 하는 자를 비방하는 내용을 기재하여 조합원들에게 발송한 것은 조합의 임직원의 지위를 이용하여 선거운동을 한 경우에 해당한다.[50]

한편, 「공직선거법」은 '공무원 지위 이용 선거운동 금지' 규정을 적용함에 있어 현실적으로 공무원이 선거운동을 함에 있어 그 지위를 이용하였는지 여부가 명확하지 않은 경우가 많은 점을 고려하여, 공무원이 그 소속직원이나 「공직선거법」 제53조(공무원 등의 입후보) 제1항[51] 제4호부터 제6호까지에 규정된 기관 등의 임직원 또는 「공

---

47) 2018. 4. 19. 선고 2017도14322 전원합의체 판결, 2013. 11. 28. 선고 2010도12244 판결, 2011. 5. 13. 선고 2011도2996 판결

48) 2004. 4. 27. 선고 2003도6653 판결, 1969. 7. 22. 선고 69도195 판결

49) 2006. 12. 21. 선고 2006도7814 판결

50) 수원지방법원 2008. 11. 19. 선고 2008노2605 판결

51) 「공직선거법」 제53조(공무원 등의 입후보) ① 다음 각 호의 어느 하나에 해당하는 사람으로서 후보자가 되려는 사람은 선거일 전 90일까지 그 직을 그만두어야 한다. 다만, 대통령선거와 국회의원선거에 있어서 국회의원이 그 직을 가지고 입후보하는 경우와 지방의회의원선거와 지방자치단체의 장의 선거에 있어서 당해 지방자치단체의 의회의원이나 장이 그 직을 가지고 입후보하는 경우에는 그러하지 아니하다.

1. 「국가공무원법」 제2조(공무원의 구분)에 규정된 국가공무원과 「지방공무원법」 제2조(공무원

직자윤리법」 제17조(퇴직공직자의 취업제한)[52]에 따른 취업심사대상기관의 임 · 직원을

의 구분)에 규정된 지방공무원. 다만, 「정당법」 제22조(발기인 및 당원의 자격) 제1항 제1호 단서의 규정에 의하여 정당의 당원이 될 수 있는 공무원(정무직공무원을 제외한다)은 그러하지 아니하다.
2. 각급선거관리위원회위원 또는 교육위원회의 교육위원
3. 다른 법령의 규정에 의하여 공무원의 신분을 가진 자
4. 「공공기관의 운영에 관한 법률」 제4조(공공기관) 제1항 제3호에 해당하는 기관 중 정부가 100분의 50 이상의 지분을 가지고 있는 기관(한국은행을 포함한다)의 상근 임원
5. 「농업협동조합법」 · 「수산업협동조합법」 · 「산림조합법」 · 「엽연초생산협동조합법」에 의하여 설립된 조합의 상근 임원과 이들 조합의 중앙회장
6. 「지방공기업법」 제2조(적용범위)에 규정된 지방공사와 지방공단의 상근 임원
7. 「정당법」 제22조(발기인 및 당원의 자격) 제1항 제2호의 규정에 의하여 정당의 당원이 될 수 없는 사립학교교원
8. 「신문 등의 진흥에 관한 법률」 제2조(정의)에 따른 신문 및 인터넷신문, 「잡지 등 정기간행물의 진흥에 관한 법률」 제2조(정의)에 따른 정기간행물, 「방송법」 제2조(용어의 정의)에 따른 방송사업을 발행 · 경영하는 자와 이에 상시 고용되어 편집 · 제작 · 취재 · 집필 · 보도의 업무에 종사하는 자로서 중앙선거관리위원회규칙으로 정하는 언론인
9. 특별법에 의하여 설립된 국민운동단체로서 국가 또는 지방자치단체의 출연 또는 보조를 받는 단체(바르게살기운동협의회 · 새마을운동협의회 · 한국자유총연맹을 말하며, 시 · 도조직 및 구 · 시 · 군조직을 포함한다)의 대표자

52) 「공직자윤리법」 제17조(퇴직공직자의 취업제한) ① 제3조(등록의무자) 제1항 제1호부터 제12호까지의 어느 하나에 해당하는 공직자와 부당한 영향력 행사 가능성 및 공정한 직무수행을 저해할 가능성 등을 고려하여 국회규칙, 대법원규칙, 중앙선거관리위원회규칙 또는 대통령령으로 정하는 공무원과 공직유관단체의 직원(이하 이 장에서 "취업심사대상자"라 한다)은 퇴직일로부터 3년간 다음 각 호의 어느 하나에 해당하는 기관(이하 "취업심사대상기관"이라 한다)에 취업할 수 없다. 다만, 관할 공직자윤리위원회로부터 취업심사대상자가 퇴직 전 5년 동안 소속하였던 부서 또는 기관의 업무와 취업심사대상기관 간에 밀접한 관련성이 없다는 확인을 받거나 취업승인을 받은 때에는 취업할 수 있다.
1. 자본금과 연간 외형거래액(「부가가치세법」 제29조(과세표준)에 따른 공급가액을 말한다. 이하 같다)이 일정 규모 이상인 영리를 목적으로 하는 사기업체
2. 제1호에 따른 사기업체의 공동이익과 상호협력 등을 위하여 설립된 법인 · 단체
3. 연간 외형거래액이 일정 규모 이상인 「변호사법」 제40조(법무법인의 설립)에 따른 법무법인, 같은 법 제58조의2(설립)에 따른 법무법인(유한), 같은 법 제58조의18(설립)에 따른 법무조합, 같은 법 제89조의6(법무법인 등에서의 퇴직공직자 활동내역 등 제출) 제3항에 따른 법률사무소(이하 "법무법인등"이라 한다)
4. 연간 외형거래액이 일정 규모 이상인 「공인회계사법」 제23조(설립) 제1항에 따른 회계법인
5. 연간 외형거래액이 일정 규모 이상인 「세무사법」 제16조의3(설립) 제1항에 따른 세무법인
6. 연간 외형거래액이 일정 규모 이상인 「외국법자문사법」 제2조(정의) 제4호에 따른 외국법자문법률사무소 및 제9호에 따른 합작법무법인
7. 「공공기관의 운영에 관한 법률」 제5조(공공기관의 구분) 제3항 제1호 가목에 따른 시장형 공기업
8. 안전 감독 업무, 인 · 허가 규제 업무 또는 조달 업무 등 대통령령으로 정하는 업무를 수행하

는 공직유관단체
9. 「초·중등교육법」 제2조(학교의 종류) 각 호 및 「고등교육법」 제2조(학교의 종류) 각 호에 따른 학교를 설립·경영하는 학교법인과 학교법인이 설립·경영하는 사립학교. 다만, 취업심사대상자가 대통령령으로 정하는 교원으로 취업하는 경우 해당 학교법인 또는 학교는 제외한다.
10. 「의료법」 제3조의3(종합병원)에 따른 종합병원과 종합병원을 개설한 다음 각 목의 어느 하나에 해당하는 법인
가. 「의료법」 제33조(개설 등) 제2항 제3호에 따른 의료법인
나. 「의료법」 제33조(개설 등) 제2항 제4호에 따른 비영리법인
11. 기본재산이 일정 규모 이상인 다음 각 목의 어느 하나에 해당하는 법인
가. 「사회복지사업법」 제2조(정의) 제3호에 따른 사회복지법인
나. 「사회복지사업법」 제2조(정의) 제4호에 따른 사회복지시설을 운영하는 가목 외의 비영리법인
12. 다음 각 목의 어느 하나에 해당하는 사기업체 또는 법인·단체로서 대통령령으로 정하는 기준에 해당하는 사기업체 또는 법인·단체
가. 방위산업분야의 사기업체 또는 법인·단체
나. 식품 등 국민안전에 관련된 인증·검사 등의 업무를 수행하는 사기업체 또는 법인·단체

② 제1항 단서의 밀접한 관련성의 범위는 취업심사대상자가 퇴직 전 5년 동안 소속하였던 부서의 업무가 다음 각 호의 어느 하나에 해당하는 업무인 경우를 말한다.
1. 직접 또는 간접으로 보조금·장려금·조성금 등을 배정·지급하는 등 재정보조를 제공하는 업무
2. 인가·허가·면허·특허·승인 등에 직접 관계되는 업무
3. 생산방식·규격·경리 등에 대한 검사·감사에 직접 관계되는 업무
4. 조세의 조사·부과·징수에 직접 관계되는 업무
5. 공사, 용역 또는 물품구입의 계약·검사·검수에 직접 관계되는 업무
6. 법령에 근거하여 직접 감독하는 업무
7. 취업심사대상기관이 당사자이거나 직접적인 이해관계를 가지는 사건의 수사 및 심리·심판과 관계되는 업무
8. 그 밖에 국회규칙, 대법원규칙, 헌법재판소규칙, 중앙선거관리위원회규칙 또는 대통령령으로 정하는 업무

③ 제2항에도 불구하고 다음 각 호의 어느 하나에 해당하는 취업심사대상자(이하 "기관업무기준취업심사대상자"라 한다)에 대하여는 퇴직 전 5년간 소속하였던 기관의 업무가 제2항 각 호의 어느 하나에 해당하는 경우에 밀접한 관련성이 있는 것으로 본다.
1. 제10조(등록재산의 공개) 제1항 각 호에 따른 공개대상자
2. 고위공무원단에 속하는 공무원 중 제1호에 따른 공개대상자 외의 공무원
3. 2급 이상의 공무원
4. 공직유관단체의 임원
5. 그 밖에 국회규칙, 대법원규칙, 중앙선거관리위원회규칙 또는 대통령령으로 정하는 특정분야의 공무원과 공직유관단체의 직원

④ 제1항의 취업 여부를 판단하는 경우에 「상법」에 따른 사외이사나 고문 또는 자문위원 등 직위나 직책 여부 또는 계약의 형식에 관계없이 취업심사대상기관의 업무를 처리하거나 취업심사대상기관에 조언·자문하는 등의 지원을 하고 주기적으로 또는 기간을 정하여 그 대가로서 임금

대상으로 한 선거운동은 그 지위를 이용하여 하는 선거운동으로 간주하고 있다(법§85 ②후문). 위탁선거법에 명문의 규정이 없는 이상, 위 「공직선거법」상의 공무원의 지위 이용 선거운동 간주 규정을 위탁선거에는 준용할 수 없지만, 위탁선거법을 개정하여 최소한 "위탁단체의 임직원이 그 소속직원을 대상으로 한 선거운동은 그 지위를 이용하여 하는 선거운동으로 본다."는 규정을 둠이 마땅하다.

(4) 벌칙 등

(가) 벌칙 및 죄수

위탁선거법 제31조(지위를 이용한 선거운동금지 등) 제1호를 위반하여 위탁단체 임직

·봉급 등을 받는 경우에는 이를 취업한 것으로 본다.

⑤ 취업심사대상자가 퇴직 전 5년 동안 처리하였거나 의사결정 과정에 참여한 제2항 각 호의 업무와 관련하여 다음 각 호의 어느 하나에 해당하는 경우 그 취업심사대상자가 소속하였던 부서의 업무는 해당 법무법인등, 회계법인, 외국법자문법률사무소 또는 합작법무법인의 업무와 제1항 단서에 따른 밀접한 관련성이 있는 것으로 본다.

1. 법무법인등이 사건을 수임(「변호사법」 제31조(수임제한) 제4항 각 호에 해당하는 수임을 포함한다)한 경우
2. 회계법인이 「공인회계사법」 제2조(직무범위) 각 호에 따라 업무를 수행하는 경우
3. 세무법인이 「세무사법」 제2조(세무사의 직무)에 각 호에 따라 업무를 수행하는 경우
4. 외국법자문법률사무소가 「외국법자문사법」 제24조(업무범위) 각 호에 따라 업무를 수행하는 경우
5. 합작법무법인이 「외국법자문사법」 제35조의19(업무범위)에 따라 업무를 수행하는 경우

⑥ 공직자윤리위원회는 제2항 및 제3항의 밀접한 관련성 여부를 판단하는 경우에 퇴직공직자의 자유 및 권리 등 사익과 퇴직공직자의 부당한 영향력 행사방지를 통한 공익 간의 균형을 유지하여야 하며, 제3항 및 제5항에 따라 업무관련성이 있는 것으로 보는 퇴직공직자에 대하여 제1항 각 호 외의 부분 단서에 따라 취업 승인 여부를 심사·결정하는 경우에 해당 업무 처리 등의 건수, 업무의 빈도 및 비중 등을 고려하여 해당 취업심사대상자의 권리가 불합리하게 제한되지 아니하도록 하여야 한다.

⑦ 제1항부터 제3항까지의 규정에도 불구하고 제10조(등록재산의 공개) 제1항 각 호에 따른 공개대상자가 아닌 취업심사대상자 중 「변호사법」 제4조(변호사의 자격)에 따른 변호사는 법무법인등과 합작법무법인에, 「공인회계사법」 제3조(자격)에 따른 공인회계사는 회계법인에, 「세무사법」 제3조(세무사의 자격)에 따른 세무사는 세무법인에 각각 취업할 수 있다.

⑧ 제1항의 경우 부서 또는 기관의 범위, 취업심사대상기관의 규모 및 범위 등에 관하여는 국회규칙, 대법원규칙, 헌법재판소규칙, 중앙선거관리위원회규칙 또는 대통령령으로 정한다.

⑨ 제1항부터 제3항까지의 규정에도 불구하고 취업심사대상자가 다음 각 호의 업무를 수행하기 위하여 취업하는 경우 제1항 단서에 따른 밀접한 관련성이 없는 것으로 본다.

1. 「비상대비에 관한 법률」에 따른 비상대비업무
2. 「예비군법」에 따른 예비군부대의 지휘관업무
3. 그 밖에 단순 집행적 업무로서 업무 관련성이 없다고 관할 공직자윤리위원회가 고시하는 업무

원이 지위를 이용하여 선거운동행위를 한 경우에는 2년 이하의 징역 또는 2천만원 이하의 벌금에 처한다(위탁선거법§66②8.).

농업협동조합 조합장으로서 차기 조합장 선거 후보자인 피고인 갑(甲)과 조합 이사인 피고인 을(乙)이 신규조합원들을 상대로 피고인 갑의 재직 중 사업실적과 향후 계획을 홍보하는 특강을 실시한 후 위 조합원들에게 점심을 제공한 경우는 '임직원의 지위 이용 선거운동'금지 위반죄와 이익제공행위위반죄의 실체적 경합관계에 있다.[53)]

(나) 벌칙의 적용범위

위탁선거법 제31조(지위를 이용한 선거운동금지 등) 제1호를 위반하여 위탁단체의 임직원이 지위를 이용하여 선거운동행위를 한 경우에 처벌하는 처벌규정인 위탁선거법 제66조(각종 제한규정 위반죄) 제2항 제8호는 의무위탁선거(「교육공무원법」 제24조의3(대학의 장 후보자 추천을 위한 선거사무의 위탁)에 따른 대학의 장 후보자 추천 선거는 제외한다)에만 적용되고, 임의위탁선거에는 적용되지 아니한다(위탁선거법§57).

나. 위탁단체 임직원의 지위이용 선거운동기획 참여 및 실시관여 금지

(1) 의의

위탁단체의 임직원은 지위를 이용하여 선거운동의 기획에 참여하거나 그 기획의 실시에 관여하는 행위를 할 수 없다(위탁선거법§31 2.).[54)] 이는 위탁단체의 임직원에 대하여 선거운동에까지는 이르지 아니하지만 선거에 영향을 미치는 행위를 하지 못하도록 규제함으로써 공적 지위에 있는 자의 선거개입의 여지를 불식시켜 선거의 공정성을 확보하기 위하는데 그 목적이 있다.

---

53) 2011. 6. 24. 선고 2010도9737 판결

54) 헌법재판소는, 농협 임직원이 조합장 선거에서 선거운동의 기획에 참여하거나 그 기획의 실시에 관여하는 행위를 금지하는 구「농업협동조합법(2005. 7. 21. 법률 제7605호로 개정된 것)」 제50조(선거운동의 제한) 제5항 제2호(현행 「농업협동조합법」 제50조(선거운동의 제한) 제11항 제2호)과 관련하여, '공직선거법이 "선거준비행위"를 "선거운동"과 구별하고 있는 반면, 「농업협동조합법」은 선거기획행위를 선거운동의 개념에 포함시켜 처벌하고 있어서, 두 법률 사이에 "선거운동"의 개념 내지 범위가 일치하지 않는다. 그러나 이 사건 법률조항의 문언상, 선거기획행위가 "선거운동"의 개념에 포함되는지 여부에 관계없이, 조합의 임직원이 조합장 선거에서 선거기획행위를 하는 것이 금지되고 만일 이를 위반하였을 경우 형사처벌된다는 점이 명백하므로, 수범자가 처벌받는 행위를 예측할 수 없거나 수사 및 재판기관에 의하여 자의적으로 해석·적용될 우려가 있다고 볼 수 없다. 이 사건 법률조항은 죄형법정주의의 명확성원칙에 위배되지 않는다.' 고 판시하였다(2011. 4. 28. 선고 2010헌바339 결정).

(2) 행위

위탁단체 임직원의 지위를 이용하여 선거운동의 기획에 참여하거나 그 기획의 실시에 관여하는 행위는 금지된다.

'지위를 이용하여'라는 개념은 위탁단체의 임직원이 개인의 자격으로서가 아니라 위탁단체의 임직원이라는 지위와 결부되어 선거운동의 기획에 참여하거나 그 기획의 실시에 관여하는 행위를 뜻하는 것으로, 위탁단체의 임직원의 지위에 있기 때문에 특히 선거운동의 기획행위를 효과적으로 할 수 있는 영향력 또는 편익을 이용하는 것을 의미하고, 구체적으로는 그 지위에 수반되는 신분상의 지휘감독권, 직무권한, 담당사무 등과 관련하여 그 직무를 행하는 사무소 내부 또는 외부의 사람에게 작용하는 것도 포함된다.[55]

'기획'이란 일을 계획하는 것을 의미하고, '참여'란 참가하여 관계함을 뜻하며, '관여'란 관계하여 참여함이 그 사전적 의미이다.[56] 따라서 '선거운동의 기획에 참여하거나 그 기획의 실시에 관여하는 행위'는 당선되게 하거나 되지 못하게 하기 위한 선거운동에는 이르지 아니한 것으로서 선거운동의 효율적 수행을 위한 일체의 계획 수립에 참여하는 행위[57] 또는 그 계획을 직접 실시하거나 실시에 관하여 지시·지도하는 행위를 말하는 것으로 해석하여야 하고,[58] 반드시 구체적인 선거운동을 염두에 두고 선거운동을 할 목적으로 그에 대한 기획에 참여하는 행위만을 의미하는 것으로 볼 수는 없다.[59] 위탁단체의 임직원이 선거운동의 기획에 참여하거나 그 기획의 실시에 관여하는 행위가 선거운동의 준비행위에 불과하더라도 위탁선거법 제31조(지위를 이용한 선거운동금지 등) 제2호에 의하여 금지된다.[60]

그러나 위탁단체의 임직원이 선거운동의 기획에 참여하였다고 하기 위해서는 그러한 선거운동방안의 제시 등으로 후보자의 선거운동계획 수립에 직접적·간접적으로 관여하였음이 증명되어야 하고, 단지 위탁단체의 임직원이 개인적으로 후보자를 위

55) 2011. 5. 13. 선고 2011도2996 판결
56) 2008. 5. 29. 선고 2006헌마1096 전원재판부 결정, 2005. 6. 30. 선고 2004헌바33 전원재판부 결정
57) 2011. 5. 13. 선고 2011도2996 판결
58) 2007. 3. 29. 선고 2006도9392 판결, 2005. 6. 30. 선고 2004헌바33 전원재판부 결정
59) 2011. 6. 24. 선고 2010도9737 판결, 2011. 2. 24. 선고 2010도16650 판결, 2007. 10. 25. 선고 2007도4069 판결, 서울중앙지방법원 2017. 12. 22. 선고 2016고합681, 2016고합752(병합), 2016고합753(병합), 2016고합754(병합) 판결
60) 2005. 6. 30. 선고 2004헌바33 전원재판부 결정

한 선거운동에 관한 의견을 표명하였다는 사정만으로 선거운동의 효율적 수행을 위한 일체의 계획 수립에 참여하였다고 단정할 수 없다.[61]

위탁단체의 임직원이 그 지위를 이용하여야 하므로, 위탁단체의 임직원이 그 지위를 이용함이 없이 개인으로서 배우자나 친지 등의 선거운동의 기획행위를 도와주는 경우에는 허용된다.[62] 또한 위탁선거의 후보자인 위탁단체의 임직원이 자신을 위한 선거운동의 기획에 다른 임직원이 참여하는 행위를 단순히 묵인하였다거나 소극적으로 이익을 누린 사실만으로는 위탁선거법 제31조(지위를 이용한 선거운동금지 등) 제2호의 위반행위에 해당하지 않는다.[63]

(3) 벌칙 등

(가) 벌칙 및 죄수

위탁선거법 제31조(지위를 이용한 선거운동금지 등) 제2호를 위반하여 위탁단체 임직원이 지위를 이용하여 선거운동의 기획에 참여하거나 그 기획의 실시에 관여하는 행위를 한 경우에는 2년 이하의 징역 또는 2천만원 이하의 벌금에 처한다(위탁선거법§66②8.).

(나) 벌칙의 적용범위

위탁선거법 제31조(지위를 이용한 선거운동금지 등) 제2호를 위반하여 위탁단체의 임직원이 지위를 이용하여 선거운동의 기획에 참여하거나 그 기획의 실시에 관여하는 행위를 한 경우에 처벌하는 처벌규정인 위탁선거법 제66조(각종 제한규정 위반죄) 제2항 제8호는 의무위탁선거(「교육공무원법」 제24조의3(대학의 장 후보자 추천을 위한 선거사무의 위탁)에 따른 대학의 장 후보자 추천 선거는 제외한다)에만 적용되고, 임의위탁선거에는 적용되지 아니한다(위탁선거법§57).

다. 지지도 조사 · 발표행위 금지

(1) 의의

위탁단체의 임직원은 후보자(후보자가 되려는 사람을 포함한다)에 대한 선거권자의 지지도를 조사하거나 이를 발표하는 행위를 할 수 없다(위탁선거법§31 3.)

이는 선거권자의 지지도에 관한 정보 자체가 선거권자의 의사결정에 미치는 영향이 매우 큰 점을 고려하여 위탁단체의 임직원으로 하여금 선거권자의 지지도에 관한

61) 2013. 11. 28. 선고 2010도12244 판결, 2017. 8. 24. 선고 2015도11434 판결
62) 2008. 5. 29. 선고 2006헌마1096 전원재판부 결정
63) 2007. 11. 25. 선고 2007도3061 전원합의체 판결

정보를 생성하거나 전달하는 행위를 일률적으로 금지하여 공적 지위에 있는 자의 선거 개입 여지를 철저히 불식시키고자 하는데 그 취지가 있다.64)

(2) 행위

위탁단체의 임직원이 후보자(후보자가 되려는 사람을 포함한다)에 대한 선거권자의 지지도를 조사하거나 발표하는 행위는 금지된다.

'후보자가 되려는 사람'이란 당해 위탁선거에 출마할 예정인 자로서 선거권자로부터 후보자추천을 받기 위한 활동을 벌이는 등 입후보 의사가 확정적으로 외부에 표출된 사람뿐만 아니라 그 신분·접촉대상·언행 등에 비추어 당해 위탁선거에 입후보할 의사를 가진 것으로 객관적으로 인식할 수 있는 정도에 이른 자를 의미하고,65) 입후보할 것을 예정하면 족하고 확정적 결의까지 요구되는 것은 아니다.66)

'발표'는 전송·게시 이외의 방법으로 불특정 다수인에게 널리 알린다는 의미로 좁게 해석하여서는 아니 되고, 「공직선거법」상 '공표'와 마찬가지로 그 수단이나 방법의 여하를 불문하고 불특정 또는 다수인에게 사실을 알리는 것으로 해석해야 한다.67) '발표'의 사전적 의미는 '일의 결과나 어떤 사실 따위를 세상에 널리 드러내어 알림'이기 때문에 그 의미 속에 발표되는 내용이 새로운 정보이어야 한다는 요소가 포함되어 있다고 보기는 어렵다. 따라서 이미 언론에 보도된 지지도라 하더라도 이를 여러 사람에게 메시지를 알리는 것도 포함된다.

조합의 비상임이사로 재직 중인 자가 선거인 명부 파일을 작성하고 선거대책본부 구성원들에게 전송하여 각 담당구역의 조합원들에게 후보자에 대한 지지여부를 '○, ×, ◇'로 표시하여 보고하라는 취지로 지시한 것은 본 죄의 지지도조사에 해당한다.68)

(3) 벌칙 등

(가) 벌칙

위탁선거법 제31조(지위를 이용한 선거운동금지 등) 제3호를 위반하여 위탁단체 임직

---

64) 대구고등법원 2019. 5. 2. 선고 2019노157 판결
65) 2005. 12. 22. 선고 2004도7116 판결, 2005. 1. 13. 선고 2004도7360 판결, 2007. 4. 26. 선고 2007도736 판결, 2007. 6. 29. 선고 2007도3211 판결, 2013. 11. 14. 선고 2013도2190 판결 등
66) 1975. 7. 22. 선고 75도1659 판결, 1996. 9. 10. 선고 96도976 판결 등
67) 대구고등법원 2019. 5. 2. 선고 2019노157 판결
68) 광주지방법원 순천지원 2023. 8. 24. 선고 2023고단1154 판결

원이 후보자(후보자가 되려는 사람을 포함한다)에 대한 선거권자의 지지도를 조사하거나 이를 발표하는 행위를 한 경우에는 2년 이하의 징역 또는 2천만원 이하의 벌금에 처한다(위탁선거법§66②8.).

(나) 벌칙의 적용범위

위탁선거법 제31조(지위를 이용한 선거운동금지 등) 제3호를 위반하여 위탁단체의 임직원이 후보자(후보자가 되려는 사람을 포함한다)에 대한 선거권자의 지지도를 조사하거나 이를 발표하는 행위를 한 경우에 처벌하는 처벌규정인 위탁선거법 제66조(각종 제한규정 위반죄) 제2항 제8호는 의무위탁선거(「교육공무원법」 제24조의3(대학의 장 후보자 추천을 위한 선거사무의 위탁)에 따른 대학의 장 후보자 추천 선거는 제외한다)에만 적용되고, 임의위탁선거에는 적용되지 아니한다(위탁선거법§57).

제3절 위탁선거의 선거운동기간

1. 적용제외

위탁선거법의 선거운동기간에 관한 규정인 위탁선거법 제24조(선거운동의 주체·기간·방법) 제2항은 조합장선거(「농업협동조합법」, 「수산업협동조합법」 및 「산림조합법」에 따른 조합장선거), 「새마을금고법」에 따른 이사장선거 및 중앙회장선거(「농업협동조합법」, 「수산업협동조합법」, 「산림조합법」 및 「새마을금고법」에 따른 중앙회장선거)에만 적용된다(위탁선거법§22본문, §3 1.가.). 따라서 위탁선거법의 선거운동기간은 조합장선거, 이사장선거 및 중앙회장선거를 제외한 나머지 위탁선거에는 위탁선거법의 선거운동기간이 적용되지 아니하고 그 위탁단체의 해당 법률에서 정한 선거운동기간이 적용된다.

2. 선거운동기간

가. 의의

선거운동기간은 선거운동을 할 수 있는 기간으로 원칙적으로 후보자등록마감일의 다음 날부터 선거일 전일까지에 한정하여 할 수 있다(위탁선거법§24②본문). 다만, 다음 각 호의 어느 하나에 해당하는 경우에는 그러하지 아니하다(위탁선거법§24②단서).

1. 위탁선거법 제24조(선거운동의 주체 · 기간 · 방법) 제3항 제3호에 따른 중앙회장선거의 후보자가 선거일 또는 결선투표일에 위탁선거법 제28조(전화를 이용한 선거운동) 제2호에 따른 문자메시지를 전송하는 방법으로 선거운동을 하는 경우
2. 위탁선거법 제30조의2(선거일 후보자 소개 및 소견발표)에 따라 선거일 또는 결선투표일에 자신의 소견을 발표하는 경우

즉, 원칙적으로 선거운동기간은 선거기간중 선거일을 제외한 기간이므로 선거기간 14일 중 1일을 제외한 13일이다.

헌법재판소는 위탁선거법 제24조(선거운동의 주체 · 기간 · 방법) 제2항의 선거운동기간과 관련하여, '위탁선거법 제24조(선거운동의 주체 · 기간 · 방법) 제2항은 조합장선거의 과열과 혼탁을 방지하여 선거의 공정성을 담보하기 위한 것이다. 조합장선거에 대한 조합원들의 높은 관심도, 비교적 좁은 선거운동의 지역적 범위, 다양한 매체를 활용한 선거운동방법의 허용, 교통인프라 구축 및 다양한 교통수단의 존재 등을 종합하여 보면, 조합장선거의 선거운동기간 13일이 후보자 혼자서 조합원들에게 자신을 알리는데 충분하지 않은 기간이라거나 선거인인 조합원이 각 후보자의 인물, 정책, 신념 등을 파악하기에 부족한 기간이라고 단정할 수 없다. 예비후보자 제도의 도입과 같은 사전선거운동을 허용하게 되면, 현시점에서는 선거운동의 장기화에 따른 선거의 과열 · 혼탁 등의 심각한 부작용을 초래할 우려가 있다. 따라서 심판대상조항이 달성하고자 하는 조합장선거의 공정성 확보라는 공익은 조합장선거의 후보자가 예비후보자제도나 합동연설회 또는 공개토론회의 개최 등을 통하여 충분한 선거운동을 할 수 없게 되는 불이익보다 훨씬 크다. 따라서 심판대상조항은 후보자 및 선거인인 조합원의 결사의 자유 등을 침해하지 아니한다.'고 판시하였다.[69]

선거운동기간 개시 전날 후보자 기호를 문자메시지로 전송한 행위는 사전선거운동에 해당한다.[70] 조합장 선거에 출마를 결심한 피고인이 적법한 선거운동기간을 2달

69) 2017. 7. 27. 선고 2016헌바372 결정(다수의견에 대하여 재판관 이진성은 '13일이라는 선거운동기간은 후보자 혼자 조합원을 대상으로 선거운동을 하기에는 물리적으로 부족한 기간이며, 특히 선거운동기간 전에도 간접적으로 선거운동을 할 수 있는 현직 조합장과 달리 신인 후보자는 자신의 공약사항이나 정책에 대해 제대로 알리는 것이 더욱 어렵다. 현직 조합장과 나머지 후보자 간의 기회의 불균형성을 극복하는 것이야말로 선거운동의 공정성 확보를 위한 핵심적 요소라 할 것이므로, 예비후보자제도를 도입하거나 일정한 범위 내에서 제한된 사전선거운동을 허용하는 방안 등을 마련하여 신인 후보자의 기본권 침해를 최소화하려는 노력을 하였어야 마땅하다.'고 반대의견을 밝혔다)
70) 대전지방법원 2020. 12. 10. 선고 2019노3487 판결

여 앞둔 시점에서 자신을 지지하지 않을 것으로 보이는 조합원들을 제외한 나머지 조합원들에게 3차례에 걸쳐서 연하장 등을 보내거나 조합원들을 상대로 지지를 호소하는 행위를 한 것은 사전선거운동에 해당한다.[71)]

나. 결선투표일의 성격

결선투표는 1차 투표인 본선거와 별개의 선거가 아니고 본선거의 연장이라는 성질을 가지고 있으며,[72)] 농협중앙회장 선거와 같이 결선투표를 예정하고 있는 경우 위탁선거법상의 '선거'는 결선투표를 종료함으로써 대표자나 임원의 선출절차가 종료된 때에 비로소 종료된다고 보아야 한다.[73)] 위탁선거법은 '선거일'과 '결선투표일'을 구분하여 결선투표에 관하여는 위탁선거법 제52조(결선투표 등), 제53조(총회 등에서 선출하는 조합장선거의 특례), 제78조(선거관리경비)에서 따로 규정을 두고 있으나, 위 규정들은 결선투표일과 결선투표시간의 지정, 결선투표 시 사용하는 선거인명부의 확정(당초 위탁선거에 사용한 선거인명부로 대체), 결선투표 시 사용된 선거관리경비의 별도 산출 등에 관한 것으로서 결선투표의 원활한 진행을 위해 필요한 절차적 규정일 뿐, 위 규정들이 결선투표일에는 위탁선거법상 제한을 전혀 받지 아니하고 누구든지 어떠한 방법으로도 선거운동을 할 수 있다는 근거가 될 수 없다. 위탁선거법은 결선투표에 관하여도 선거운동기간이나 선거운동방법 등에 있어서 본선거의 연장으로서 본선거와 동일한 규율을 전제하고 있는 것으로 보아야 한다. 이는 위탁선거법 제24조(선거운동의 주체·기간·방법) 제2항 단서와 각 호에서 결선투표일에 후보자가 문자메시지를 전송하는 방법의 선거운동을 하는 경우나 자신의 소견을 발표하는 경우를 '예외적으로' 허용하였다는 점에서도 분명하다.[74)]

3. 선거운동기간의 예외

가. 중앙회장선거 후보자의 문자메시지 전송

중앙회장선거의 후보자는 선거일 또는 결선투표일에 문자(문자 외에 음성·화상·동영상 등은 제외한다)메시지를 전송하는 방법[75)]으로 선거운동을 할 수 있다(위탁선거법

71) 대구지방법원 2020. 11. 17. 선고 2020노646 판결
72) 2019. 7. 25. 선고 2018헌바85 결정
73) 2021. 4. 29. 선고 2019도14338 판결
74) 2019. 9. 24. 선고 2018노193 판결

§24②1.).

나. 조합장선거, 이사장선거 및 중앙회장선거 후보자의 소견발표

「농업협동조합법」 제45조(임원의 정수 및 선출) 제5항 제1호 및 제2호,[76)]「수산업협동조합법」 제46조(임원의 정수 및 선출) 제3항 제1호 및 제2호,[77)] 「산림조합법」 제35조(임원의 정수 및 선출) 제4항 제1호 및 제2호[78)], 「새마을금고법」 제18조(임원의 선임 등) 제8항 제1호 및 제2호[79)]에 따라 총회나 대의원회에서 선출하는 조합장선거, 이사장선거 및 중앙회장선거에서 후보자는 선거일 또는 결선투표일(중앙회장선거에 한정한다)의 투표가 개시되기 전에 투표소 또는 총회나 대의원회가 개최되는 장소에서 자신의 소견을 발표하는 방법[80)]으로 선거운동을 할 수 있다(위탁선거법§24②2.).

4. 벌칙 등

가. 벌칙(선거운동기간위반죄) 및 죄수 등

위탁선거법 제24조(선거운동의 주체·기간·방법)을 위반하여 선거운동기간이 아닌

---

75) 문자메시지의 전송방법에 의한 선거운동에 대하여는 [위탁선거의 선거운동방법]에서 상술한다.

76) 「농업협동조합법」 제45조(임원의 정수 및 선출) ⑤ 조합장은 조합원 중에서 정관으로 정하는 바에 따라 다음 각 호의 어느 하나의 방법으로 선출한다.
  1. 조합원이 총회 또는 총회 외에서 투표로 직접 선출
  2. 대의원회가 선출

77) 「수산업협동조합법」 제46조(임원의 정수 및 선출) ③ 조합장은 조합원(법인인 경우에는 그 대표자를 말한다) 중에서 정관으로 정하는 바에 따라 다음 각 호의 어느 하나의 방법으로 선출한다.
  1. 조합원이 총회 또는 총회 외에서 투표로 직접 선출
  2. 대의원회의 선출

78) 「산림조합법」 제35조(임원의 정수 및 선출) ④ 조합장은 조합원 중에서 정관으로 정하는 바에 따라 다음 각 호의 어느 하나의 방법으로 선출한다.
  1. 조합원이 총회 또는 총회 외에서 직접투표로 선출
  2. 대의원회의 선출

79) 「새마을금고법」 제18조(임원의 선임 등) ⑧ 이사장의 선출 방법에 다른 당선인의 결정은 다음 각 호에 따른다.
  1. 회원의 투표로 직접 선출하는 경우에는 최다득표자를 당선인으로 결정
  2. 총회에서 선출하거나 대의원에서 선출하는 경우에는 과반수득표자를 당선인으로 결정. 다만, 과반수득표자가 없는 경우에는 1위와 2위의 다수득표자만을 후보자로 하여 다시 투표를 실시하여 최다득표자를 당선인으로 결정한다.

80) 선거일 또는 결선투표일에 소견을 발표하는 방법의 선거운동에 대하여는 [위탁선거의 선거운동방법]에서 상술한다.

때에 선거운동을 한 자는 2년 이하의 징역 또는 2천만원 이하의 벌금에 처한다(위탁선거법§66②1.).[81)82)]

위탁선거법 제24조(선거운동의 주체·기간·방법) 제1항은 후보자등이 아닌 자의 선거운동과 위탁선거법이 규정하는 방법 외의 선거운동을 금지하고 있고, 제2항은 선거운동을 할 수 있는 기간을 후보자등록마감일의 다음날부터 선거일 전일까지로 한정하고 있으며, 위탁선거법 제66조(각종 제한규정 위반죄) 제2항 제1호는 위 각 규정을 위반하여 선거운동을 한 자를 처벌하도록 규정하고 있다. 위탁선거법 제24조(선거운동의 주체·기간·방법) 제2항은 선거운동기간에 대해 규정하는 외에 그 적용대상을 특별히 한정하고 있지 않으며, 위탁선거법 제66조(각종 제한규정 위반죄) 제2항 제1호 역시 선거운동기간위반죄의 주체를 제한하지 않고 있으므로, 위 각 규정의 조문체계와 해석상 위탁선거법에 따른 선거운동기간 준수의무는 후보자등에게 국한되는 것이 아니라 후보자등이 아닌 자에게도 부과되는 의무라 할 것이다. 따라서 후보자등이 아닌 자가 선거운동기간을 위반하여 선거운동을 하는 경우에는 후보자등이 아닌 자의 선

81) 대법원은 「농업협동조합법」 제50조(선거운동의 제한) 제4항의 선거운동방법 중 정관에 정한 것을 기간제한 없이 할 수 있는지 여부 및 정관에서 정한 선거운동방법에 '기간제한'을 두었더라도 그 위반행위를 「농업협동조합법」 위반죄로 처벌할 수 있는지 여부에 대하여, '「농업협동조합법」 제50조(선거운동의 제한) 제4항은 "누구든지 임원선거와 관련하여 다음 각 호의 방법 중 정관이 정하는 행위 외의 선거운동을 할 수 없다. 1. 선전벽보의 부착, 2. 선거공보의 배부, 3. 소형인쇄물의 배부, 4. 합동연설회 또는 공개토론회의 개최, 5. 전화·컴퓨터통신을 이용한 지지호소"라고 규정하고, 같은 법 제172조(벌칙) 제2항 제2호는 위 규정을 위반하여 선거운동을 한 자를 처벌하도록 규정하고 있으나, 그러한 행위의 금지기간에 관하여는 별도의 규정을 두지 않고 있는바, 같은 법 제50조(선거운동의 제한) 제4항의 선거운동방법 중 정관이 정하는 행위는 기간제한 없이 할 수 있다고 해석하여야 하므로, 정관에서 위 선거운동방법을 행할 수 있는 기간에 관한 제한을 별도로 규정하고 있더라도, 같은 법 제50조(선거운동의 제한) 제4항의 선거운동방법 중 정관에서 정하는 행위를 위 기간 전에 행하였다고 하여, 이를 같은 법 제50조(선거운동의 제한) 제4항 위반죄로 처벌하는 것은 확정해석이나 유추해석을 금지하는 죄형법정주의의 원칙상 허용되지 아니한다.'고 판시하였다(2007. 9. 20. 선고 2007도1475 판결).

82) 헌법재판소는 임원의 선거운동기간 및 선거운동에 필요한 사항을 정관에서 정할 수 있도록 규정한 「신용협동조합법(2015. 1. 20. 법률 제13067호로 개정된 것)」 제27조의2(임원의 선거운동제한) 제2항 내지 제4항(이하 '이 사건 법률조항'이라 한다)과 관련하여 '이 사건 법률조항은 구체적으로 허용되는 선거운동의 기간 및 방법을 시행령이나 시행규칙이 아닌 정관에 맡기고 있어 정관으로 정하기만 하면 임원 선거운동의 기간 및 방법에 관한 추가적인 규제를 설정할 수 있도록 열어 두고 있다. 이는 범죄와 형벌은 입법부가 제정한 형식적 의미의 법률로 정하여야 한다는 죄형법정주의를 위반한 것이므로 헌법에 위반된다.'고 판시하였다(2020. 6. 25. 선고 2018헌바278 결정). 이후 2020. 12. 29. 법률 제17803호로 「신용협동조합법」 제27조의2(선거운동의 제한) 제3항과 제4항을 현재와 같이 개정하였다.

거운동으로 인한 위탁선거법위반죄와 선거운동기간 외의 선거운동으로 인한 위탁선거법위반죄가 모두 성립하고, 양 죄는 상상적 경합관계에 있다.[83]

위탁선거법 제66조(각종 제한규정 위반죄) 제2항 제1호, 제24조(선거운동의 주체 · 기간 · 방법) 제2항에서 처벌대상으로 규정하고 있는 행위인 사전선거운동과 관련하여, 후보자가 선거인에게 개별적으로 방문하거나 전화한 행위가 일상적 · 의례적 · 사교적인 행위인지 아니면 당선을 도모하기 위하여 하는 것이라는 목적의사가 객관적으로 인정되는 선거운동인지 여부를 판단함에 있어서 그 행위자와 상대방의 사회적 지위, 그들 사이의 관계, 행위의 동기, 방법, 내용과 태양 등 여러 사정을 종합하여 사회통념에 비추어 판단하여야 하므로, 공소사실이 피고인의 방어권 행사에 지장을 초래하지 않을 정도로 특정되었다고 하기 위해서는 적어도 각 행위의 일시와 장소가 심판대상을 한정할 수 있을 정도로 특정되어야 한다.[84]

나. 벌칙의 적용범위

위탁선거법 제24조(선거운동의 주체 · 기간 · 방법)을 위반하여 선거운동기간이 아닌 때에 선거운동을 한 자를 처벌하는 규정인 위탁선거법 제66조(각종 제한규정 위반죄) 제2항 제1호는 조합장선거, 이사장선거 및 중앙회장선거에만 적용된다(위탁선거법 §57). 조합장선거, 이사장선거 및 중앙회장선거를 제외한 나머지 의무위탁선거인 「신용협동조합법」에 따른 총자산이 1천억 원 이상인 지역조합의 이사장선거 및 중앙회장선거, 「국민체육진흥법」에 따른 대한체육회와 지방체육회 및 대한장애인체육회의 회장선거, 「교육공무원법」 제24조의3(대학의 장 후보자 추천을 위한 선거사무의 위탁)에 따른 대학의 장 후보자 추천 선거와 임의위탁선거에는 적용되지 아니한다.

---

83) 서울고등법원 2019. 9. 24. 선고 2018노193 판결

84) 서울중앙지방법원 2017. 12. 22. 선고 2016고합681, 2016고합752(병합), 2016고합753(병합), 2016고합754(병합) 판결(공소사실에 범행일시가 '선거운동기간 전 일자 불상경', 범행장소가 '불상의 장소'라고만 기재되어 있을 뿐인 경우, 위와 같은 개괄적인 기재만으로는 특히 각 행위가 선거운동인지 여부와 관련하여 피고인의 방어권 행사에 지장을 초래할 위험성이 크고 심판대상이 한정되었다고 보기도 어려워, 이러한 공소사실의 기재는 특정한 구체적 사실의 기재에 해당한다고 볼 수 없어 「형사소송법」 제254조(공소제기의 방식과 공소장) 제4항에 정해진 요건을 갖추었다고 볼 수 없다고 하여 공소기각을 한 사례)

5. 조합장선거, 이사장선거 및 중앙회장선거 이외의 위탁선거의 선거운동기간

가. 선거운동기간

(1) 「신용협동조합법」에 따른 조합의 이사장선거 및 중앙회의 회장선거

「신용협동조합법」에 따른 조합의 이사장선거 및 중앙회의 회장선거의 선거운동기간은 '후보자등록마감일의 다음날부터 선거일 전일까지(선거일의 후보자 소견발표 허용)'이다(신용협동조합법§27의2③, §72⑧).[85]

(2) 「국민체육진흥법」에 따른 대한체육회의 회장선거

「국민체육진흥법」에는 선거운동기간에 관한 규정이 없다. 다만, 「대한체육회 회장선거관리규정」은 선거운동기간을 '후보자등록마감일의 다음날부터 선거일 전일까지(선거일의 후보자 소견발표 허용)'로 규정하고 있다.[86]

(3) 「국민체육진흥법」에 따른 지방체육회의 회장선거

「국민체육진흥법」에는 선거운동기간에 관한 규정이 없다. 다만, 「지방체육회 회장선거관리규정」은 선거운동기간을 '후보자등록마감일의 다음날부터 선거일 전일까지(선거일의 후보자 소견발표 허용)'로 규정하고 있다.[87]

(4) 「국민체육진흥법」에 따른 대한장애인체육회의 회장선거

「국민체육진흥법」에는 선거운동기간에 관한 규정이 없다. 다만, 「대한장애인체육회 회장선거관리규정」은 선거운동기간을 '후보자등록마감일의 다음날부터 선거일 전일까지(선거일의 후보자 소견발표 허용)'로 규정하고 있다.[88]

(5) 「중소기업협동조합법」에 따른 중소기업중앙회의 회장선거

중소기업중앙회의 회장선거의 선거운동기간은 '후보자등록마감일의 다음날부터 선거일 전일까지'이다(중소기업협동조합법§125, §53①).[89] 다만, 「중소기업중앙회 임원선

---

85) 「신용협동조합표준정관부속서 임원선거규약(2021. 12. 15. 개정)」 제28조(선거운동기간) 및 「신용협동조합중앙회정관부속서 임원선거규약(2021. 10. 5. 개정)」 제7조의2(사전선거운동의 금지)의 규정내용도 같다.
86) 「대한체육회 회장선거관리규정(개정 2024. 7. 20.)」 제19조(선거운동기간)
87) 「대전광역시체육회 회장선거관리규정(개정 2024. 2. 7.)」 제20조(선거운동기간)
88) 「대한장애인체육회 회장선거관리규정(개정 2024. 8. 13.)」 제14조(선거운동기간)
89) 헌법재판소는, 「중소기업협동조합법」 제53조(선거운동의 제한) 제1항과 관련하여, '선거운동의

거규정」은 선거운동기간을 '선거일 전일까지를 포함하여 20일로 하되, 후보자등록증을 교부받은 때부터 선거일 전일까지'로 정하고 있다.[90]

(6) 「도시정비법」에 따른 조합설립추진위원회의 추진위원장선거 및 조합의 조합장선거

「도시정비법」에는 조합설립추진위원회의 추진위원장선거 및 조합의 조합장선거에 있어서 선거운동기간에 관한 규정이 없다. 다만, 「○○정비사업조합(조합설립추진위원회 선거관리규정(안)」은 선거운동기간을 '후보자 확정공고 다음날부터 선거일 전일까지(총회에서 합동연설회를 개최하는 경우 후보자 연설 허용)'로 정하고 있다.[91]

나. 벌칙(선거운동기간위반죄)

(1) 「신용협동조합법」에 따른 조합의 이사장선거 및 중앙회의 회장선거

「신용협동조합법」 제27조의2(임원의 선거운동제한) 제3항 본문은 "제2항에 따른 선거운동은 후보자등록마감일의 다음날부터 선거일까지만 할 수 있다."고 규정하고 있고, 「신용협동조합법」 제27조의2(임원의 선거운동제한) 제2항[92]은 선거운동의 방법을

의미, 심판대상조항의 입법취지, 관련 법률의 규정 등에 비추어, 심판대상조항에서의 '선거운동'은 '특정 후보자의 당선 내지 득표나 낙선을 위하여 필요하고도 유리한 모든 행위로서 당선 또는 낙선을 도모한다는 목적의사가 객관적으로 인정될 수 있는 능동적·계획적인 행위를 말하는 것'으로 풀이할 수 있다. 심판대상조항은 '선거운동기간'의 의미에 관하여 "후보자등록마감일의 다음날부터 선거일 전일까지"라고 명확하게 규정하고 있고, 다의적인 해석가능성이 있다고 볼 수 없다. 나아가, 심판대상조항의 입법목적이나 입법취지, 입법연혁, 관련법률의 규정 등을 종합하여 보면, 건전한 상식과 통상적인 법감정을 가진 사람이라면 선거운동이 금지되는 선거운동기간이 언제인지 합리적으로 파악할 수 있으며, 아울러 법집행기관의 자의적인 법해석이나 법집행의 가능성도 배제되어 있다. 그러므로 심판대상조항은 죄형법정주의의 명확성원칙에 위반되지 아니한다.'고 판시하였다(2021. 7. 15. 선고 2020헌가9 결정).

90) 「중소기업중앙회 임원선거규정(2018. 8. 21. 개정)」 제13조(선거운동 및 선거운동제한) ⑤

91) 「○○정비사업조합(조합설립추진위원회) 선거관리규정(안)(서울특별시 고시 제2017-243호, 개정 2017. 7. 6.)」 제28조(선거운동 등) ⑥

92) 「신용협동조합법」 제27조의2(임원의 선거운동제한) ② 누구든지 임원선거와 관련하여 다음 각 호의 방법 외의 선거운동을 할 수 없다. 다만, 선거에 관한 단순한 의견개진, 의사표시, 입후보와 선거운동을 위한 준비행위 또는 통상적인 업무행위는 선거운동으로 보지 아니한다.

1. 선거벽보의 부착
2. 선거공보의 배부
3. 합동연설회 또는 공개토론회의 개최
4. 전화(문자메시지를 포함한다) 또는 컴퓨터통신(전자우편을 포함한다)을 이용한 지지 호소
5. 도로·시장 등 금융위원회가 정하여 고시하는 다수인이 왕래하거나 집합하는 공개된 장소에서의 지지 호소 및 명함 배부

규정하면서 그 선거운동의 주체에 제한을 두지 아니하고 있다.

선거운동기간을 위반하여 선거운동을 한 자는 1년 이하의 징역 또는 1천만원 이하의 벌금에 처한다(신용협동조합법§99③).

(2) 「국민체육진흥법」에 따른 대한체육회, 지방체육회 및 장애인체육회의 회장선거

「국민체육진흥법」에는 선거운동기간에 관한 규정이 없고, 이와 관련된 벌칙규정도 없다.

(3) 「중소기업협동조합법」에 따른 중소기업중앙회의 회장선거

「중소기업협동조합법」 제53조(선거운동의 제한) 제1항은 "누구든지 후보자등록마감일의 다음날부터 선거일 전일까지의 선거운동기간 외에 선거운동을 할 수 없다."고 규정하고 있고, 이를 위반한 자는 1년 이하의 징역 또는 1천만원 이하의 벌금에 처한다(중소기업협동조합법§137②, §125). 선거운동기간위반행위의 주체에 제한이 없다.

(4) 「도시정비법」에 따른 조합설립추진위원회의 추진위원장선거 및 조합의 조합장선거

「도시정비법」에는 선거운동기간에 관한 규정이 없고, 이와 관련된 벌칙규정도 없다.

제4절 위탁선거의 선거운동방법

1. 조합장선거, 이사장선거 및 중앙회장선거에서의 선거운동방법 구분

가. 의의

위탁선거법 「제7장 선거운동」의 규정 중 제24조(선거운동의 주체 · 기간 · 방법) 제2항은 조합장선거(「농업협동조합법」, 「수산업협동조합법」 및 「산림조합법」에 따른 조합장선거), 「새마을금고법」에 따른 이사장선거 및 중앙회장선거(「농업협동조합법」, 「수산업협동조합법」, 「산림조합법」 및 「새마을금고법」에 따른 중앙회장선거)에만 적용되는바(위탁선거법 §22본문, §3 1.가.), 위탁선거법 제24조(선거운동의 주체 · 기간 · 방법) 제3항은 조합장선거, 이사장선거 및 중앙회장선거에 있어 조합장 등의 선출방법에 따라 후보자가 할 수 있는 선거운동방법을 달리 정하고 있다.

선거별 선거운동방법은 다음 각 호와 같다(위탁선거법§24③).

1. 「농업협동조합법」 제45조(임원의 정수 및 선출) 제5항 제1호[93], 「수산업협동조합법」 제46조(임원의 정수 및 선출) 제3항 제1호[94] 및 「산림조합법」 제35조(임원의 정수 및 선출) 제4항 제1호[95]에 따른 선출방법 중 총회 외에서 선출하는 조합장선거와 「새마을금고법」 제18조(임원의 선임 등) 제5항[96]에 따라 회원의 투표로 직접 선출하는 이사장선거 : 위탁선거법 제25조(선거공보)부터 제30조(명함을 이용한 선거운동)까지, 제30조의3(선거운동을 위한 휴대전화 가상번호의 제공) 및 제30조의4(공개행사에서의 정책 발표)의 규정에 따른 방법
2. 「농업협동조합법」 제45조(임원의 정수 및 선출) 제5항 제1호, 「수산업협동조합법」 제46조(임원의 정수 및 선출) 제3항 제1호 및 「산림조합법」 제35조(임원의 정수 및 선출) 제3항 제1호에 따른 선출방법 중 총회에서 선출하는 조합장선거와 「새마을금고법」 제18조(임원의 선임 등) 제5항 단서에 따라 총회에서 선출하는 이사장선거 : 위탁선거법 제25조(선거공보)부터 제30조의4(공개행사에서의 정책 발표)까지의 규정에 따른 방법
3. 「농업협동조합법」, 「수산업협동조합법」, 「산림조합법」 및 「새마을금고법」에 따른 중앙회장선거, 「농업협동조합법」 제45조(임원의 정수 및 선출) 제5항 제2호, 「수산업협동조합법」 제46조(임원의 정수 및 선출) 제3항 제2호 및 「산림조합법」 제35조 제4항 제2호에 따라 대의원회에서 선출하는 조합장선거 및 「새마을금고법」 제18조 제5항 단서에 따라 대의원회에서 선출하는 이사장선거 : 위탁선거법 제25조(선거공보) · 제

93) 「농업협동조합법」 제45조(임원의 정수 및 선출) ⑤ 조합장은 조합원 중에서 정관으로 정하는 바에 따라 다음 각 호의 어느 하나의 방법으로 선출한다.
 1. 조합원이 총회 또는 총회 외에서 투표로 직접 선출
 2. 대의원회가 선출
 3. 이사회가 이사 중에서 선출

94) 「수산업협동조합법」 제46조(임원의 정수 및 선출) ③ 조합장은 조합원(법인인 경우에는 그 대표자를 말한다) 중에서 정관으로 정하는 바에 따라 다음 각 호의 어느 하나의 방법으로 선출한다.
 1. 조합원이 총회 또는 총회 외에서 투표로 직접 선출
 2. 대의원회의 선출
 3. 이사회가 이사회 구성원 중에서 선출

95) 「산림조합법(2020. 3. 24. 법률 제17096호로 개정된 것)」 제35조(임원의 정수 및 선출) ④ 조합장은 조합원 중에서 정관으로 정하는 바에 따라 다음 각 호의 어느 하나의 방법으로 선출한다.
 1. 조합원이 총회 또는 총회 외에서 직접투표로 선출
 2. 대의원회에서 선출

96) 「새마을금고법」 제18조(임원의 선임 등) ⑤ 이사장은 회원 중에서 회원의 무기명 비밀투표로 직접 선출한다. 다만, 자산이 일정 규모 이하인 금고 등 대통령령으로 정하는 금고의 이사장은 회원의 투표로 직접 선출하는 방법, 총회에서 선출하는 방법 또는 대의원회에서 선출하는 방법 중 정관으로 정하는 방법을 택하여 선출할 수 있다.

28조(전화를 이용한 선거운동) · 제29조(정보통신망을 이용한 선거운동) · 제30조(명함을 이용한 선거운동) 및 제30조의2(선거일 후보자 소개 및 소견발표)부터 제30조의4(공개행사에서의 정책 발표)에 따른 방법(제30조(명함을 이용한 선거운동)에 따른 방법은 중앙회장선거에 한정한다)

〈조합장선거, 이사장선거 및 중앙회장선거에서의 조합장 등의 선출방법에 따른 선거운동방법〉

구분	선거운동방법
총회 외에서 선출하는 조합장선거 및 이사장선거	제25조(선거공보) 제26조(선거벽보) 제27조(어깨띠 · 윗옷 · 소품) 제28조(전화를 이용한 선거운동) 제29조(정보통신망을 이용한 선거운동) 제30조(명함을 이용한 선거운동) 제30조의3(선거운동을 위한 휴대전화 가상번호의 제공) 제30조의4(공개행사에서의 정책 발표)
총회에서 선출하는 조합장선거 및 이사장선거	제25조(선거공보) 제26조(선거벽보) 제27조(어깨띠 · 윗옷 · 소품) 제28조(전화를 이용한 선거운동) 제29조(정보통신망을 이용한 선거운동) 제30조(명함을 이용한 선거운동) 제30조의2(선거일 후보자 소개 및 소견발표) 제30조의3(선거운동을 위한 휴대전화 가상번호의 제공) 제30조의4(공개행사에서의 정책 발표)
중앙회장선거, 「농업협동조합법」, 「수산업협동조합법」, 「산림조합법」에 따라 대의원회에서 선출하는 조합장선거 및 「새마을금고법」에 따라 대의원회에서 선출하는 이사장선거	제25조(선거공보) 제28조(전화를 이용한 선거운동) 제29조(정보통신망을 이용한 선거운동) 제30조(명함을 이용한 선거운동) 제30조의2(선거일 후보자 소개 및 소견발표) 제30조의3(선거운동을 위한 휴대전화 가상번호의 제공) 제30조의4(공개행사에서의 정책 발표) ※ 제30조(명함을 이용한 선거운동)에 따른 방법은 중앙회장선거에 한정한다.

나. 분설

(1) 총회 외에서 선출하는 조합장선거 및 이사장선거의 선거운동방법

조합장선거 중 총회 외에서 선출하는 조합장선거에는 위탁선거법의 선거운동방법 중 제25조(선거공보), 제26조(선거벽보), 제27조(어깨띠·윗옷·소품), 제28조(전화를 이용한 선거운동), 제29조(정보통신망을 이용한 선거운동), 제30조(명함을 이용한 선거운동), 제30조의3(선거운동을 위한 휴대전화 가상번호의 제공), 제30조의4(공개행사에서의 정책 발표)에 따른 선거운동을 할 수 있다.

총회 외에서 조합장을 선출하므로 위탁선거법 제30조의2(선거일 후보자 소개 및 소견발표)에 따른 선거운동은 할 수 없다.

(2) 총회에서 선출하는 조합장선거 및 이사장선거의 선거운동방법

조합장선거 중 총회에서 선출하는 조합장선거에는 위탁선거법의 선거운동방법 중 제25조(선거공보), 제26조(선거벽보), 제27조(어깨띠·윗옷·소품), 제28조(전화를 이용한 선거운동), 제29조(정보통신망을 이용한 선거운동), 제30조(명함을 이용한 선거운동), 제30조의2(선거일 후보자 소개 및 소견발표), 제30조의3(선거운동을 위한 휴대전화 가상번호의 제공), 제30조의4(공개행사에서의 정책 발표)에 따른 선거운동을 할 수 있다.

총회 외에서 선출하는 조합장선거와 달리 위탁선거법 제30조의2(선거일 후보자 소개 및 소견발표)에 따른 선거운동을 할 수 있다.

(3) 중앙회장선거,[97] 대의원회에서 선출하는 조합장선거 및 이사장선거의 선거운동방법

중앙회장선거와 「농업협동조합법」, 「수산업협동조합법」, 「산림조합법」에 따라 대

---

97) 헌법재판소는, 중앙회장선거와 관련하여 법이 정하는 선거운동방법만을 허용하고 있는 위탁선거법 제24조(선거운동의 주체·기간·방법) 제1항 등과 관련하여, '위탁선거법은 중앙회장선거의 후보자에게 선거공보(제25조), 전화·문자메시지(제28조), 정보통신망(제29조), 선거일 소견 발표(제30조의2)를 통한 선거운동을 허용하고 있고, 중앙회장선거는 소수의 선거인에 의한 간선제를 채택하고 있으므로 위와 같은 선거운동방법이 후보자나 선거인 입장에서 후보자에 대한 정보를 알리고 취득함에 있어 지나치게 부족한 선거운동방법이라 할 수 없다. 여타 선거에서처럼 다양하고 빈번한 선거운동방법을 허용하는 경우, 소수의 선거인들을 상대로 지나치게 과열된 선거운동이 행해질 우려가 크다. 그러므로 심판대상조항은 농협중앙회 및 회원조합의 단체의 기관구성에 관한 결사의 자유, 중앙회장선거에서 선거운동을 하고자 하는 사람의 표현의 자유를 침해하지 아니한다.'고 판시하였다(2019. 7. 25. 선고 2018헌바85 결정).

의원회에서 선출하는 조합장선거 및 「새마을금고법」에 따라 대의원회에서 선출하는 이사장선거에는 위탁선거법의 선거운동방법 중 제25조(선거공보), 제28조(전화를 이용한 선거운동), 제29조(정보통신망을 이용한 선거운동), 제30조(명함을 이용한 선거운동), 제30조의2(선거일 후보자 소개 및 소견발표), 제30조의3(선거운동을 위한 휴대전화 가상번호의 제공), 제30조의4(공개행사에서의 정책 발표)에 따른 선거운동을 할 수 있다.

위탁선거법 제26조(선거벽보), 제27조(어깨띠 · 윗옷 · 소품)에 따른 선거운동은 할 수 없고, 위탁선거법 제30조(명함을 이용한 선거운동)에 따른 선거운동은 중앙회장선거에서만 할 수 있다.

다. 벌칙 등

(1) 벌칙

위탁선거법 제24조(선거운동의 주체 · 기간 · 방법)를 위반하여 제25조(선거공보)부터 제30조의2(선거일 후보자 소개 및 소견발표)까지의 규정에 따른 선거운동방법 외의 방법으로 선거운동을 한 자는 2년 이하의 징역 또는 2천만원 이하의 벌금에 처한다(위탁선거법§66②1.).[98)][99)][100)]

98) 헌법재판소는 농업협동조합의 임원선거에 있어 정관이 정하는 행위 외의 선거운동을 한 경우 이를 형사처벌하도록 하는 구「농업협동조합법(2004. 12. 31. 법률 제7273호로 개정된 것) 제172조(벌칙) 제2항 제2호 중 '제50조(선거운동의 제한) 제4항'과 관련하여, '이 사건 법률조항은 조합원에 한하지 않고 모든 국민을 수범자로 하는 형벌조항이며, 또 금지되고 허용되는 선거운동이 무엇인지 여부가 형사처벌의 구성요건에 관련되는 주요사항임에도 불구하고, 그에 대한 결정을 입법자인 국회가 스스로 정하지 않고 「헌법」이 위임입법의 형식으로 예정하고 있지도 않은 특수법인의 정관에 위임하는 것은 사실상 그 정관 작성권자에게 처벌법규의 내용을 형성할 권한을 준 것이나 다름없으므로, 정관에 구성요건을 위임하고 있는 이 사건 법률조항은 범죄와 형벌에 관하여는 입법부가 제정한 형식적 의미의 법률로써 정하여야 한다는 죄형법정주의원칙에 비추어 허용되기 어렵다.'고 판시하였다(2010. 7. 29. 선고 2008헌바106 결정).

99) 헌법재판소는 임원선거와 관련하여 법률에서 정하고 있는 방법 외의 방법으로 선거운동을 할 수 없도록 하고 이를 위반한 경우 형사처벌하도록 정하고 있는 「새마을금고법(2011. 3. 8. 법률 제10437호로 개정된 것)」 제22조(임원의 선거운동제한) 제3항 제1호 및 제2호, 「새마을금고법(2014. 6. 11. 법률 제12749호로 개정된 것)」 제22조(임원의 선거운동제한) 제3항 제3호 및 제85조(벌칙) 제3항 중 제22조(임원의 선거운동제한) 제3항과 관련하여, '새마을금고 임원 선거의 과열과 혼탁을 방지함으로써 선거의 공정성을 담보하고자 하는 심판대상조항의 입법목적은 정당하고, 임원 선거와 관련하여 법정된 선거운동방법만을 허용하되 허용되지 아니하는 방법으로 선거운동을 하는 경우 형사처벌하는 것은 이러한 입법목적을 달성하기 위한 적절한 수단이다. 새마을금고 임원 선거는 선거인들이 비교적 소수이고, 선거인들 간의 연대 및 지역적 폐쇄성이 강하여 선거과정에서 공정성을 확보하는데 많은 어려움이 있는데 비해 불법적인 형태의 적발이 어렵다는 특수성을 가지므로, 「공직선거법」에 의해 시행되는 선거에 비해 선거운동의 방법을 제

(2) 벌칙의 적용범위

위탁선거법 제24조(선거운동의 주체 · 기간 · 방법)를 위반하여 제25조(선거공보)부터 제30조의4(공개행사에서의 정책 발표)까지의 규정에 따른 선거운동방법 외의 방법으로 선거운동을 한 자를 처벌하는 규정인 위탁선거법 제66조(각종 제한규정 위반죄) 제2항 제1호는 조합장선거, 이사장선거 및 중앙회장선거에만 적용된다(위탁선거법§57). 조합장선거, 이사장선거 및 중앙회장선거를 제외한 나머지 의무위탁선거인 「신용협동

한할 필요성이 인정된다. 특히 호별방문을 통한 개별적인 지지호소를 허용하게 되면, 선거가 과열되어 상호비방 등에 의한 혼탁선거가 이루어질 우려가 있고, 선거 결과가 친소관계에 의해 좌우될 가능성은 높아지는 반면 이러한 행위에 대한 단속이나 적발은 더욱 어려워지게 된다. 또한, 허용되는 선거운동 방법을 통해서도 후보자들은 선거인들에게 자신을 충분히 알릴 수 있고, 선거인들 역시 후보자들의 경력이나 공약 등에 관하여 파악할 수 있는 기회를 가질 수 있으므로, 심판대상조항은 침해의 최소성 요건을 갖추었다. 공공성을 가진 특수법인으로 유사금융기관으로서의 지위를 가지는 새마을금고의 임원 선거에서 공정성을 확보하는 것은 임원의 윤리성을 담보하고 궁극적으로는 새마을금고의 투명한 경영을 도모하고자 하는 것으로, 이러한 공익이 이로 인하여 제한되는 사익에 비해 훨씬 크다고 할 것이므로, 심판대상조항은 법익의 균형성도 갖추었다. 따라서 심판대상조항은 청구인의 결사의 자유 및 표현의 자유를 침해하지 아니한다.'고 판시하였다(2018. 2. 22. 선고 2016헌바364 결정).

100) 헌법재판소는 임원선거와 관련하여 누구든지 '정관으로 정하는' 선전벽보의 부착, 선거공보와 인쇄물의 배부 및 합동연설회 또는 공개토론회 개최 외의 행위를 한 경우 이를 처벌하도록 규정한 구「중소기업협동조합법(2008. 6. 13. 법률 제9120호로 개정되고, 2015. 2. 3. 법률 제13159호로 개정되기 전의 것)」 제137조(벌칙) 제2항 중 제125조(준용규정)에서 준용하는 제53조(선거운동의 제한) 제5항에 관한 부분(이하 '이 사건 선거운동제한조항'이라 한다)과 관련하여, '이 사건 선거운동제한조항은 중앙회 회원에 한하지 않고 모든 국민을 수범자로 하며, 단순한 중앙회 내부 규율 위반에 대한 회원 간의 벌칙이나 제재를 넘는 형벌부과를 목적으로 하는 형벌조항이다. 그럼에도 불구하고 이 사건 선거운동제한조항은 처벌되는 범죄구성요건의 가장 중요한 부분인 금지되고 허용되는 선거운동이 무엇인지, 즉 금지의 실질을 법률에서 직접 규정하지 아니하고 중앙회의 정관으로 정하도록 위임하고 있다. 따라서 이 사건 선거운동제한조항은 범죄와 형벌에 관하여는 입법부가 제정한 형식적 의미의 법률로써 정하여야 한다는 죄형법정주의에 위배된다. 또한 이 사건 선거운동제한조항의 구성요건에 해당하는 "정관으로 정하는" 부분이 수식하는 범위가 불명확하여 그 의미가 여러 가지로 해석될 가능성이 있어 위 규정만으로는 선거운동이 어느 범위에서 금지되는지에 관하여 구체적으로 알 수 없을 뿐만 아니라, 임원 선거의 과열방지 및 선거의 공정성 확보라는 심판대상조항의 입법목적이나 입법취지, 입법연혁, 관련 법규범의 체계적 구조 등을 모두 종합하여도 이 사건 선거운동제한조항의 의미를 합리적으로 파악할 수 있는 해석기준을 얻기 어렵다. 나아가 이 사건 선거운동제한조항은 중앙회의 정회원뿐만 아니라 정관 내용에 대한 인식 또는 숙지를 기대하기 곤란한 일반 국민까지 그 수범자에 포함시키고 있는데, 이 사건 선거운동제한조항만으로는 수범자인 일반 국민이 허용되거나 금지되는 선거운동이 구체적으로 무엇인지를 예측하기 어렵다. 결국 이 사건 선거운동제한조항은 죄형법정주의의 명확성원칙에 위배된다.'고 판시하였다(2016. 11. 24. 선고 2015헌가29 결정).

조합법」에 따른 총자산이 1천억 원 이상인 지역조합의 이사장선거 및 중앙회장선거, 「국민체육진흥법」에 따른 대한체육회와 지방체육회 및 대한장애인체육회의 회장선거, 「교육공무원법」 제24조의3(대학의 장 후보자 추천을 위한 선거사무의 위탁)에 따른 대학의 장 후보자 추천 선거와 임의위탁선거에는 적용되지 아니한다.

2. 선거공보

가. 의의 및 적용범위

(1) 의의

선거공보는 후보자의 사진 · 성명 · 기호 · 경력 · 정책 · 범죄경력 그 밖의 홍보에 필요한 사항을 게재하는 선거운동홍보물로서 책자형으로 작성되어 선거인에게 발송하는 것이다.

(2) 적용범위

선거공보에 의한 선거운동은 '총회 외에서 선출하는 조합장선거 및 이사장선거', '총회에서 선출하는 조합장선거 및 이사장선거', '중앙회장선거'와 '「농업협동조합법」, 「수산업협동조합법」 및 「산림조합법」에 따라 대의원회에서 선출하는 조합장선거' 및 '「새마을금고법」에 따라 대의원회에서 선출하는 이사장선거'에 모두 적용되는 선거운동방법이다(위탁선거법§24③).

나. 선거공보의 작성

(1) 종류 및 규격 · 면수

후보자는 선거운동을 위하여 선거공보 1종을 작성할 수 있다(위탁선거법§25①). 선거공보의 규격 · 면수 및 앞면에 적어야 할 사항은 다음 각 호에 따른다(위탁선거규칙 §12①).

1. 규격 : 길이 27센티미터 너비 19센티미터 이내
2. 면수 : 8면 이내
3. 앞면에 적어야 할 사항 : 선거명, 후보자의 기호 및 성명
4. 둘째 면에 적어야 할 사항 : 위탁선거법 제18조(후보자등록) 제4항에 따라 회보받은 범죄경력. 이 경우 작성은 위탁선거규칙이 정하는 서식[101]에 따른다.

(2) 수량

선거공보의 작성수량 · 제출수량은 예상 선거인수에 그 100분의 10을 더한 수로 한다. 이 경우 작성 · 제출할 수량의 단수가 10미만인 때에는 10매로 한다(위탁선거규칙 §12②).

위탁단체는 후보자등록신청개시일 전 10일까지 위탁선거규칙이 정하는 서식[102]에 따라 예상 선거인수를 관할위원회에 통보하여야 하고(위탁선거규칙§12③), 관할위원회는 후보자등록신청개시일 전 5일까지 선거공보의 작성수량 · 제출수량 및 제출장소를 공고하여야 한다(위탁선거규칙§12④).

다. 선거공보의 제출

후보자는 선거인명부확정일 전일까지 관할위원회에 선거공보를 제출하여야 한다(위탁선거법§25①). 후보자가 선거공보를 제출하는 경우에는 위탁선거규칙으로 정하는 바에 따라 선거공보에 범죄경력을 게재하여야 하고, 선거공보를 제출하지 아니하는 경우에는 범죄경력에 관한 서류를 별도로 작성하여 선거공보의 제출마감일까지 관할위원회에 제출하여야 한다(위탁선거법§25②). 후보자의 선거공보 및 범죄경력에 관한 서류의 제출은 위탁선거규칙이 정하는 서식[103]에 따른다(위탁선거규칙§12⑤).

후보자가 선거공보 제출수량의 전부 또는 일부를 제출하지 않은 때에는 제출해야 할 수량에서 기존에 제출한 선거공보의 수량을 뺀 수만큼 범죄경력에 관한 서류를 제출해야 한다. 이 경우 범죄경력에 관한 서류는 선거공보의 규격 범위에서 위탁선거규칙이 정하는 서식[104]에 따라 작성해야 하며, 그 소명자료를 함께 게재할 수 있다(위탁선거규칙§12⑥).

제출된 선거공보는 정정 또는 철회할 수 없다. 다만, 오기나 위탁선거법에 위반되는 내용이 기재되었을 경우에는 제출마감일까지 해당 후보자가 정정할 수 있다(위탁선거법§25⑤). 후보자가 선거공보를 정정하려는 때에는 위탁선거규칙이 정하는 서식[105]에 따라 관할위원회에 요청하여야 한다(위탁선거규칙§12⑧).

---

101) 위탁선거규칙 별지 제11호의2 서식 (범죄경력에 관한 서류)
102) 위탁선거규칙 별지 제10호 서식((예상선거인수) · (선거벽보 첩부수량 등) 통보서)
103) 위탁선거규칙 별지 제11호 서식((선거공보) · (선거벽보) · (범죄경력에 관한 서류)제출서)
104) 위탁선거규칙 별지 제11호의2 서식(범죄경력에 관한 서류)
105) 위탁선거규칙 별지 제12호 서식((선거공보) · (범죄경력에 관한 서류) · (선거벽보)정정요청서)

라. 선거공보의 발송

관할위원회는 제출된 선거공보 또는 범죄경력에 관한 서류를 선거인명부확정일 후 3일까지 투표안내문과 동봉하여 선거인에게 발송하여야 한다(위탁선거법§25③). 후보자가 선거인명부확정일 전일까지 선거공보 또는 범죄경력에 관한 서류를 제출하지 아니하거나 규격을 넘는 선거공보를 제출한 때에는 그 선거공보는 발송하지 아니한다(위탁선거법§25④).

후보자가 제출한 선거공보의 수량이 선거인수에 미달하는 경우에는 선거인명부등재순에 따라 제출매수에 달하는 순위까지 발송하며, 후순위자에게는 범죄경력에 관한 서류를 발송해야 한다(위탁선거규칙§12⑦).

마. 이의신청 및 공고

후보자 및 선거인은 선거공보의 내용 중 경력·학력·학위·상벌·범죄경력에 관하여 거짓으로 게재되어 있음을 이유로 이의제기를 하는 때에는 관할위원회에 위탁선거규칙이 정하는 서식[106]에 따라 서면으로 하여야 한다(위탁선거법§25⑥, 위탁선거규칙§12⑧).

이의제기를 받은 관할위원회는 후보자와 이의제기자에게 그 증명서류의 제출을 요구할 수 있으며, 관할위원회로부터 증명서류의 제출을 요구받은 후보자와 이의제기자는 그 요구를 받은 날부터 3일 이내에 관련 증명서류를 제출하여야 한다(위탁선거법§25⑥, 위탁선거규칙§12⑨).

후보자나 이의제기자로부터 그 증명서류의 제출이 없거나, 거짓 사실임이 판명된 때에는 그 사실을 공고하여야 한다(위탁선거법§25⑤). 관할위원회는 허위게재사실을 공고한 때에는 그 공고문 사본 1매를 선거일에 투표소의 입구에 첩부하여야 한다(위탁선거법§25⑦).

이의제기는 선거공보의 제출·접수 또는 발송의 계속진행에 영향을 주지 아니한다(위탁선거규칙§12⑩).

---

106) 위탁선거규칙 별지 제13호 서식((선거공보)·(범죄경력에 관한 서류)·(선거벽보)의 내용 중 경력 등에 관한 이의제기서)

바. 벌칙 등

(1) 벌칙

위탁선거법 제25조(선거공보)에 따른 선거공보의 종수·수량·면수 또는 배부방법을 위반하여 선거운동을 한 자는 2년 이하의 징역 또는 2천만원 이하의 벌금에 처한다(위탁선거법§66②2.).

(2) 벌칙의 적용범위

위탁선거법 제25조(선거공보)에 따른 선거공보의 종수·수량·면수 또는 배부방법을 위반하여 선거운동을 한 자를 처벌하는 규정인 위탁선거법 제66조(각종 제한규정 위반죄) 제2항 제2호는 조합장선거, 이사장선거 및 중앙회장선거에만 적용된다(위탁선거법§57). 조합장선거, 이사장선거 및 중앙회장선거를 제외한 나머지 의무위탁선거인 「신용협동조합법」에 따른 총자산이 1천억 원 이상인 지역조합의 이사장선거 및 중앙회장선거, 「국민체육진흥법」에 따른 대한체육회와 지방체육회 및 대한장애인체육회의 회장선거, 「교육공무원법」 제24조의3(대학의 장 후보자 추천을 위한 선거사무의 위탁)에 따른 대학의 장 후보자 추천 선거와 임의위탁선거에는 적용되지 아니한다.

3. 선거벽보

가. 의의 및 적용범위

(1) 의의

선거벽보는 후보자의 사진·성명·기호·경력·정책 그 밖의 홍보에 필요한 사항을 게재하는 대표적인 선거운동홍보물이다.

(2) 적용범위

선거벽보는 '총회 외에서 선출하는 조합장선거', '총회에서 선출하는 조합장선거'에서만 적용되는 선거운동방법이다. '중앙회장선거'와 '「농업협동조합법」 및 「수산업협동조합법」에 따라 대의원회에서 선출하는 조합장선거'에서는 선거벽보를 이용한 선거운동을 할 수 없다(위탁선거법§24③).

나. 선거벽보의 작성

(1) 종류 및 규격

후보자는 선거운동을 위하여 선거벽보 1종을 작성할 수 있다(위탁선거법§26①). 선거벽보는 길이 53센티미터 너비 38센티미터로 하되, 길이를 상하로 하여 종이로 작성한다(위탁선거규칙§13①).

(2) 수량

후보자가 제출할 선거벽보의 수량은 해당 위탁단체로부터 통보받은 첩부수량에 그 100분의 10을 더한 수로 하고, 후보자가 보완첩부를 위하여 보관할 수량은 해당 위탁단체로부터 통보받은 첩부수량의 100분의 30에 해당하는 수로 한다. 이 경우 후보자가 작성할 수 있는 총수량의 단수가 10미만인 때에는 10매로 한다(위탁선거규칙§13②).

위탁단체는 후보자등록신청개시일 전 10일까지 위탁선거규칙이 정하는 서식[107]에 따라 선거벽보의 첩부수량 및 첩부장소를 관할위원회에 통보하여야 하고(위탁선거규칙§13⑤, §12③), 관할위원회는 후보자등록신청개시일 전 5일까지 선거벽보의 작성수량·제출수량·첩부수량을 공고하여야 한다(위탁선거규칙§13⑤, §12④).

다. 선거벽보의 제출

후보자는 선거인명부확정일 전일까지 관할위원회에 선거벽보를 제출하여야 한다(위탁선거법§26①). 후보자의 선거벽보 제출은 위탁선거규칙이 정하는 서식[108]에 따른다(위탁선거규칙§13⑤, §12⑤).

제출된 선거벽보는 정정 또는 철회할 수 없다. 다만, 오기나 위탁선거법에 위반되는 내용이 기재되었을 경우에는 제출마감일까지 해당 후보자가 정정할 수 있다(위탁선거법§26③, §25⑤). 후보자가 선거벽보를 정정하려는 때에는 위탁선거규칙이 정하는 서식[109]에 따라 관할위원회에 요청하여야 한다(위탁선거규칙§13⑤, §12⑧).

---

107) 위탁선거규칙 별지 제10호 서식((예상 선거인수)·(선거벽보 첩부수량 등)통보서)
108) 위탁선거규칙 별지 제11호 서식((선거공보)·(선거벽보)·(범죄경력에 관한 서류)제출서)
109) 위탁선거규칙 별지 제12호 서식((선거공보)·(범죄경력에 관한 서류)·(선거벽보)정정요청서)

라. 선거벽보의 첩부

관할위원회는 제출된 선거벽보를 제출마감일 후 2일까지 해당 위탁단체의 주된 사무소와 지사무소의 건물 또는 게시판 및 위탁단체와 협의한 장소에 첩부하여야 한다(위탁선거법§26②). 후보자가 선거인명부확정일 전일까지 선거벽보를 제출하지 아니하거나 규격을 넘거나 미달하는 선거벽보를 제출한 때에는 그 선거벽보는 첩부하지 아니한다(위탁선거법§26③, §25④).

후보자가 제출한 선거벽보의 수량이 첩부수량에 미달하는 경우 관할위원회는 통보받은 첩부장소 중에서 선거벽보를 첩부하지 아니할 장소를 지정한다(위탁선거규칙§13③). 후보자는 관할위원회가 첩부한 선거벽보가 오손되거나 훼손되어 보완첩부하려는 때에는 공고된 수량의 범위에서 그 선거벽보 위에 덧붙여야 한다(위탁선거규칙§13④).

마. 이의신청 및 공고

후보자 및 선거인은 선거벽보의 내용 중 경력·학력·학위·상벌에 관하여 거짓으로 게재되어 있음을 이유로 이의제기를 하는 때에는 관할위원회에 위탁선거규칙이 정하는 서식[110]에 따라 서면으로 하여야 한다(위탁선거법§26③, §25⑥, 위탁선거규칙§13⑤, §12⑧).

이의제기를 받은 관할위원회는 후보자와 이의제기자에게 그 증명서류의 제출을 요구할 수 있으며, 관할위원회로부터 증명서류의 제출을 요구받은 후보자와 이의제기자는 그 요구를 받은 날부터 3일 이내에 관련 증명서류를 제출하여야 한다(위탁선거법§26③, §25⑤, 위탁선거규칙§13⑤, §12⑨).

후보자나 이의제기자로부터 그 증명서류의 제출이 없거나, 거짓 사실임이 판명된 때에는 그 사실을 공고하여야 한다(위탁선거법§26③, §25⑥). 관할위원회는 허위게재사실을 공고한 때에는 그 공고문 사본 1매를 선거일에 투표소의 입구에 첩부하여야 한다(위탁선거법§26③, §25⑦).

이의제기는 선거벽보의 제출·접수 또는 첩부의 계속진행에 영향을 주지 아니한다(위탁선거규칙§13⑤, §12⑩).

---

110) 위탁선거규칙 별지 제13호 서식((선거공보)·(선거벽보)의 내용 중 경력 등에 관한 이의제기서)

바. 벌칙 등

(1) 벌칙

위탁선거법 제26조(선거벽보)에 따른 선거벽보의 종수·수량 또는 첩부방법을 위반하여 선거운동을 한 자는 2년 이하의 징역 또는 2천만원 이하의 벌금에 처한다(위탁선거법§66②3.).

(2) 벌칙의 적용범위

위탁선거법 제26조(선거벽보)에 따른 선거벽보의 종수·수량 또는 첩부방법을 위반하여 선거운동을 한 자를 처벌하는 규정인 위탁선거법 제66조(각종 제한규정 위반죄) 제2항 제3호는 조합장선거, 이사장선거 및 중앙회장선거에만 적용된다(위탁선거법§57). 조합장선거, 이사장선거 및 중앙회장선거를 제외한 나머지 의무위탁선거인 「신용협동조합법」에 따른 총자산이 1천억 원 이상인 지역조합의 이사장선거 및 중앙회장선거, 「국민체육진흥법」에 따른 대한체육회와 지방체육회 및 대한장애인체육회의 회장선거, 「교육공무원법」 제24조의3(대학의 장 후보자 추천을 위한 선거사무의 위탁)에 따른 대학의 장 후보자 추천 선거와 임의위탁선거에는 적용되지 아니한다.

4. 어깨띠·윗옷·소품

가. 의의 및 적용범위

(1) 의의

후보자등은 선거운동기간 중 어깨띠나 윗옷(上衣)을 착용하거나 소품을 이용하여 선거운동을 할 수 있다(위탁선거법§27).

(2) 적용범위

어깨띠·윗옷·소품은 '총회 외에서 선출하는 조합장선거 및 이사장선거', '총회에서 선출하는 조합장선거 및 이사장선거'에서만 적용되는 선거운동방법이다. '중앙회장선거'와 '「농업협동조합법」, 「수산업협동조합법」 및 「산림조합법」에 따라 대의원회에서 선출하는 조합장선거', '「새마을금고법」에 따라 대의원회에서 선출하는 이사장선거'에서는 어깨띠·윗옷·소품을 이용한 선거운동을 할 수 없다(위탁선거법§24③).

나. 어깨띠 · 윗옷 · 소품의 규격 등

위탁선거법은 선거운동에 사용하는 어깨띠 · 윗옷 · 소품의 규격 및 금액 등에 대하여는 아무런 규정을 두지 않고 있다. 「공직선거법」과 「공직선거관리규칙」은 선거운동에 사용하는 어깨띠 · 윗옷 및 마스코트, 표찰 · 수기 그 밖의 소품에 대하여 규격 등을 정하고 있는 바(공직선거법§68, 공직선거관리규칙§33),[111] 이와 같은 규정을 위탁선거법에도 둠이 상당하다.

다. 벌칙 등

(1) 벌칙

위탁선거법 제27조(어깨띠 · 윗옷 · 소품)를 위반하여 선거운동을 한 자는 2년 이하의 징역 또는 2천만원 이하의 벌금에 처한다(위탁선거법§66②4.).

(2) 벌칙의 적용범위

위탁선거법 제27조(어깨띠 · 윗옷 · 소품)를 위반하여 선거운동을 한 자를 처벌하는 규정인 위탁선거법 제66조(각종 제한규정 위반죄) 제2항 제4호는 조합장선거, 이사장선거 및 중앙회장선거에만 적용된다(위탁선거법§57). 조합장선거, 이사장선거 및 중앙회장선거를 제외한 나머지 의무위탁선거인 「신용협동조합법」에 따른 총자산이 1천억 원 이상인 지역조합의 이사장선거 및 중앙회장선거, 「국민체육진흥법」에 따른 대한체육회와 지방체육회 및 대한장애인체육회의 회장선거, 「교육공무원법」 제24조의3(대학의 장 후보자 추천을 위한 선거사무의 위탁)에 따른 대학의 장 후보자 추천 선거와 임의위탁선거에는 적용되지 아니한다.

---

111) 「공직선거관리규칙」 제33조(어깨띠 등 소품) 법 제68조 제1항에 따른 어깨띠 등 소품의 규격 또는 금액은 다음 각 호에 따른다.
1. 어깨띠 : 제26조의2(예비후보자의 선거운동) 제8항 제1호의 규격(길이 240㎝ 너비 20㎝ 이내)
2. 윗옷 : 법 제135조(선거사무관계자에 대한 수당과 실비보상) 제2항 제5호에 따른 선거사무원 수당의 기준금액(6만원) 이내
3. 마스코트, 표찰 · 수기 그 밖의 소품 : 옷에 붙이거나 사람이 입거나 한 손으로 지닐 수 있는 정도의 크기

5. 전화를 이용한 선거운동

가. 의의 및 적용범위

(1) 의의

후보자등은 선거운동기간 중 전화를 이용하여 송화자·수화자 간 직접 통화에 의한 방법 또는 문자(문자 외의 음성·화상·동영상 등은 제외한다)메시지를 전송하는 방법으로 선거운동을 할 수 있다. 다만 오후 10시부터 다음 날 오전 7시까지는 그러하지 아니하다(위탁선거법§28).112)

(2) 적용범위

전화를 이용한 선거운동은 '총회 외에서 선출하는 조합장선거 및 이사장선거', '총회에서 선출하는 조합장선거 및 이사장선거' 및 '중앙회장선거'와 '대의원회에서 선출하는 조합장선거 및 이사장선거'에서 모두 할 수 있는 선거운동방법이다(위탁선거법 §24③).

나. 전화를 이용한 선거운동

후보자등은 선거운동기간 중에 전화를 이용하여 송·수화자간 직접 통화하는 방식

---

112) 헌법재판소는 전화(문자메시지를 포함한다)·컴퓨터통신(전자우편을 포함한다)을 이용한 지지호소의 선거운동방법을 금지하고 이를 위반한 자를 처벌하는 구「농업협동조합법(2013. 3. 23. 법률 제11690호로 개정되고, 2014. 6. 11. 법률 제12755호로 개정되기 전의 것)」 제50조(선거운동의 제한) 제4항 및 구「농업협동조합법(2014. 6. 11. 법률 제12755호로 개정된 것)」 제50조(선거운동의 제한) 제4항과 관련하여, '이 사건 법률조항은 지역농협 이사 선거가 과열되는 과정에서 후보자들의 경제력 차이에 따른 불균형한 선거운동 및 흑색선전전을 통한 부당한 경쟁이 이루어짐으로써 선거의 공정이 해쳐지는 것을 방지하기 위하여 선거공보의 배부를 통한 선거운동만을 허용하고 전화·컴퓨터통신을 이용한 지지호소의 선거운동을 금지하며 이를 위반하여 선거운동을 한 자를 처벌하는 바, 입법목적의 정당성 및 수단의 적합성이 인정된다. 그러나 전화·컴퓨터통신은 누구나 손쉽고 저렴하게 이용할 수 있는 매체인 점, 「농업협동조합법」에서 흑색선전 등을 처벌하는 조항을 두고 있는 점을 고려하면 입법목적 달성을 위하여 위 매체를 이용한 지지호소까지 금지할 필요성은 인정되지 아니한다. 이 사건 법률조항들이 달성하려는 공익이 결사의 자유 및 표현의 자유 제한을 정당화할 정도로 크다고 보기 어려우므로, 법익의 균형성도 인정되지 아니한다. 따라서 이 사건 법률조항들은 과잉금지원칙을 위반하여 결사의 자유, 표현의 자유를 침해하여 「헌법」에 위반된다.'고 판시하였다(2016. 11. 24. 선고 2015헌바62 결정).

위 헌법재판소의 결정이 있은 후, 「농업협동조합법」은 2017. 10. 31. 법률 제14984호로 개정되어 전화·컴퓨터통신을 이용한 지지호소의 선거운동을 허용하였다(농업협동조합법§50④).

으로 선거운동을 할 수 있다. 선거운동기간 중 모바일 인터넷전화(mVoIP)를 이용하여 1 대 1 또는 다수의 송·수화자가 직접 통화하는 방식으로 선거운동을 하는 것은 가능하고, 선거운동기간 중 송·수화자가 스피커폰을 이용하여 직접 통화하는 것은 제한되지 아니하나, 통화에 직접 참여하지 않는 사람들에게 선거운동의 통화 내용을 들려주기 위하여 스피커폰을 이용하거나 별도의 확성장치를 이용하는 것은 허용되지 아니한다.[113] 전화를 이용한 선거운동은 오후 10시부터 다음날 오전 7시까지는 할 수 없다.[114]

다. 문자메시지를 이용한 선거운동

후보자등은 선거운동기간 중에 문자메시지를 전송하는 방법으로 선거운동을 할 수 있다. 문자메시지에 의한 선거운동에는 문자 외에 음성·화상·동영상 등을 전송하는 방법으로 선거운동을 하는 것은 금지된다.[115] 문자메시지를 이용한 선거운동은 오후 10시부터 다음날 오전 7까지는 할 수 없다.

구「공직선거법(2016. 11. 30. 법률 제14184호로 개정된 것)」 제59조(선거운동기간) 제2호는 문자메시지에 관하여 '문자 외의 음성·화상·동영상 등은 제외한다'라고 규정하였으나, 2017. 2. 8. 개정을 통해 위와 같은 제한규정을 삭제하여 문자메시지에 음성·화상·동영상 등을 첨부할 수 있게 해 오고 있으나, 위탁선거법은 이러한 개정이 이루어지지 않아 선거인의 알 권리 및 후보자의 선거운동의 자유를 제한하고 있는바, 개정됨이 상당하다.[116]

---

113) 2019. 10. 30. 중앙선관위 질의회답

114) 「공직선거법」은 '전화를 이용한 선거운동은 오후 11시부터 다음날 오전 6시까지 할 수 없다.'고 규정하고 있다(공직선거법§109②). 위탁선거법이 「공직선거법」과 달리 전화를 이용한 선거운동 시간을 2시간 짧게 정할 뚜렷한 이유가 있다고 보기 어려우므로, 위탁선거법에서의 전화를 이용한 선거운동 시간도 「공직선거법」의 경우와 같이 정하는 것이 바람직해 보인다.

115) 중앙선거관리위원회는 2019. 4. 현행 위탁선거법은 후보자가 선거운동을 위해 문자메시지를 이용하는 경우 '문자 외의 음성·화상·동영상 등'은 전송할 수 없다고 규정하고 있으나, 문자메시지 전송 시 음성·화상·동영상 등을 전송하는 것은 널리 행해지고 있는 보편적인 통신행위이며 공직선거에서도 허용된 선거운동방법이므로, '후보자가 선거운동을 위해 문자메시지를 이용하는 경우 문자뿐만 아니라 음성·화상·동영상 등도 전송할 수 있도록' 하는 내용의 위탁선거법 개정의견을 국회에 제출하였다(중앙선거관리위원회, 「공공단체등 위탁선거에 관한 법률 개정의견」 2019. 4., 12쪽).

116) 현재 문자 외에 음성·화상·동영상 등을 전송하는 방법으로 선거운동을 하는 것을 금지하고 있는 위탁선거법 제28조 제2호가 ① 비례의 원칙에 위반하여 선거운동의 자유를 침해하고 있으며, ② 공직선거에서 허용되는 선거운동방법을 위탁선거에는 허용하지 않아 평등원칙에도 위

문자메시지를 전송하는 방법으로 하는 선거운동은 후보자등만이 할 수 있다. 다만, 후보자가 컴퓨터 등을 활용한 자동 동보통신의 방법으로 문자메시지를 전송하는 일련의 사실행위를 다른 사람에게 대신하게 한 경우, 그 일련의 사실행위를 자신의 지배하에 두어 자신이 직접 실행하는 것과 동일시 할 수 있는 경우에는 이를 다른 사람으로 하여금 대신하게 하더라도 후보자 자신의 선거운동으로 평가할 수 있다.[117]

「공직선거법」에는 문자메시지를 전송하는 방법으로 선거운동을 하는 경우에 "자동 동보통신의 방법(동시 수신대상자가 20명을 초과하거나 그 대상자가 20명 이하인 경우에도 프로그램을 이용하여 수신자를 자동으로 선택하여 전송하는 방식을 말한다)"에 의한 선거운동에 대하여는 그 선거운동의 주체(후보자 및 예비후보자)와 횟수(8회)와 방법(자동 동보통신 방법에 의한 문자메시지 전송에 사용할 전화번호는 전송일 전일까지 관할 선거구선거관리위원회에 신고한 1개의 전화번호만을 사용)을 제한하고 있으나(공직선거법§59 2., 공직선거관리규칙§25의10), 위탁선거에 있어서는 자동 동보통신의 방법에 의한 선거운동에 대하여 그 횟수와 방법에 대하여는 제한을 두지 않고 있다. 따라서 위탁선거의 후보자는 선거운동기간 중 문자메시지에 의한 선거운동을 그 횟수나 방법에 제한 없이 할 수 있다.

라. 선거운동을 위한 휴대전화 가상번호의 제공

(1) 휴대전화 가상번호의 제공 요청

후보자는 위탁선거법 제28조(전화를 이용한 선거운동)에 따른 선거운동을 하기 위하여 해당 위탁단체에 그 구성원의 이동전화번호가 노출되지 아니하도록 생성한 번호(이하 "휴대전화 가상번호"라 한다)를 이동통신 사업자로부터 제공받아 후보자에게 제공하여 줄 것을 요청할 수 있다(위탁선거법§30의3①). 위탁단체는 휴대전화 가상번호 제

반된다는 내용의 위헌법률심판이 진행 중(헌법재판소 2024헌가7 사건)이다.

117) 2011. 3. 24. 선고 2010도15940 판결(제5회 전국동시지방선거 구청장 예비후보자의 선거사무장인 피고인이 예비후보자에 대한 지지를 부탁하는 내용의 문자메시지를 선거구민에게 자동동보통신의 방법으로 전송하여 '탈법방법에 의한 문서 등의 배부'로 인한 공직선거법위반으로 기소된 사안에서, 피고인이 예비후보자의 선거사무실에서 그의 지시를 받아 그가 지켜보는 가운데 컴퓨터를 조작하여 예비후보자의 아이디로 문자발송서비스에 접속한 후 같은 법에서 허용하는 발송 횟수 내에서 위 문자메시지를 발송하였고, 위 사이트는 예비후보자의 명의로 가입되어 있으며, 발송비용은 예비후보자의 선거비용에서 지출되었고, 발신번호 표시도 예비후보자의 선거사무소 번호로 한 사실 등에 비추어, 위 문자메시지 발송행위는 예비후보자의 지배하에 예비후보자 자신이 직접 실행한 것과 동일하게 평가할 수 있다고 한 사례)

공 요청이 있는 경우 관할위원회를 경유하여 이동통신사업자에게 휴대전화 가상번호를 제공하여줄 것을 서면(이하 "휴대전화 가상번호 제공 요청서"라 한다)[118]으로 요청하여야 한다(위탁선거법§30의3②).

구 위탁선거법(2024. 1. 30. 법률 제20179호로 개정되기 전의 것)에는 후보자가 선거인의 전화번호를 확보할 수 있는 근거조항이 없어 현직 조합장 및 이사장이 아닌 후보자는 전화번호의 확보에 어려움이 있었던 반면, 현직 조합장 및 이사장은 직무활동을 통하여 조합원의 연락처를 확보할 수 있어 양자 간의 불평등 문제가 제기되었고, 현행 위탁선거법은 휴대전화 가상번호의 제공 근거조항을 신설하여 이를 해결하였다.

(2) 요청받은 휴대전화 가상번호의 제공

관할위원회는 해당 휴대전화 가상번호 제공 요청서를 심사한 후 제출받은 날부터 3일 이내에 해당 휴대전화 가상번호 제공 요청서를 이동통신사업자에게 송부하여야 한다(위탁선거법§30의3③). 관할위원회는 휴대전화 가상번호 제공 요청서의 심사를 위하여 필요하다고 판단되는 때에는 해당 위탁단체에 휴대전화 가상번호 제공 요청서의 보완 또는 자료의 제출을 요구할 수 있으며, 그 요구를 받은 위탁단체는 지체 없이 이에 따라야 한다(위탁선거법§30의3④). 이동통신사업자가 휴대전화 가상번호 제공 요청을 받은 때에는 그 요청을 받은 날부터 7일 이내에 휴대전화 가상번호 제공 요청서에 따라 휴대전화 가상번호를 생성하여 유효기간을 설정한 다음 관할위원회를 경유하여 해당 위탁단체에 제공하여야 한다(위탁선거법§30의3⑤). 이동통신사업자가 휴대전화 가상번호를 생성·제공하는데 소요되는 비용은 위탁단체가 부담하며, 이동통신 사업자는 휴대전화 가상번호 생성·제공에 소요되는 최소한의 비용을 청구하여야 한다(위탁선거법§30의3⑪).

(3) 이동통신사업자의 준수사항

이동통신사업자(그 대표자 및 구성원을 포함한다)가 휴대전화 가상번호를 제공할 때에는 다음 각 호의 어느 하나에 해당하는 행위를 하여서는 아니 된다(위탁선거법§30의3⑥).

1. 휴대전화 가상번호에 유효기간을 설정하지 아니하고 제공하거나 휴대전화 가상번호를 제공하는 날부터 선거일까지의 기간을 초과하는 유효기간을 설정하여 제공하는 행위
2. 휴대전화 가상번호의 제공을 요청한 위탁단체 이외의 자에게 휴대전화 가상번호를 제공하는 행위

---

118) 위탁선거규칙 별지 제14호의2 서식(휴대전화 가상번호 제공 요청서)

(4) 위탁단체의 준수사항

위탁단체는 휴대전화 가상전화 제공 요청을 하기 전에 해당 단체의 구성원에게 위탁선거 후보자의 선거운동을 위하여 본인의 이동전화번호가 후보자에게 휴대전화 가상번호로 제공된다는 사실과 그 제공을 거부할 수 있다는 사실을 알려야 한다. 이 경우 위탁단체는 고지를 받고 명시적으로 거부의사를 밝힌 구성원의 휴대전화 가상번호를 후보자에게 제공하여서는 아니 된다(위탁선거법§30의3⑦). 위탁단체는 이동통신업자로부터 제공받은 휴대전화 가상번호를 최초 휴대전화 가상번호를 요청한 후보자 외에 해당 선거의 다른 후보자에게도 제공할 수 있다(위탁선거법§30의3⑧).

(5) 후보자의 준수사항

위탁단체로부터 휴대전화 가상번호를 제공받은 후보자는 다음 각 호의 어느 하나에 해당하는 행위를 하여서는 아니 된다(위탁선거법§30의3⑨).

1. 제공받은 휴대전화 가상번호를 위탁선거법 제28조(전화를 이용한 선거운동)에 따른 선거운동 외의 다른 목적으로 사용하는 행위
2. 제공받은 휴대전화 가상번호를 다른 자에게 제공하는 행위

휴대전화 가상번호를 제공받은 후보자는 유효기간이 지난 휴대전화 가상번호를 즉시 폐기하여야 한다(위탁선거법§30의3⑩).

마. 벌칙 등

(1) 벌칙

위탁선거법 제28조(전화를 이용한 선거운동)에 따른 통화방법 또는 시간대를 위반하여 선거운동을 한 자, 즉 송·수화자 간 직접 통화하는 방법 외의 방법으로 전화를 이용한 선거운동을 하거나 문자 외에 음성·화상·동영상 등을 전송하는 방법으로 선거운동을 하거나 오후 10시부터 다음 날 오전 7시까지 사이에 전화 또는 문자메시지를 이용하여 선거운동을 한 자는 2년 이하의 징역 또는 2천만원 이하의 벌금에 처한다(위탁선거법§66②5.).[119)]

---

119) 검사가 「새마을금고 임원선거규약」 제10조의3(전화 또는 컴퓨터 통신을 이용한 지지호소)에 의하여 후보자만 문자메시지를 보내는 방법으로 선거운동을 할 수 있는데 피고인이 후보자가 아니면서 문자메시지를 보낸 것이 「새마을금고법」 제22조(임원의 선거운동제한) 제3항을 위반한 것이라고 보아 그 처벌규정인 같은 법 제85조(벌칙) 제3항에 해당된다고 기소한 사건에서, 법원은 '「새마을금고법」 제22조(임원의 선거운동제한) 제3항에서는 누구든지 제1호 내지 3호

위탁선거법 제30조의3(선거운동을 위한 휴대전화 가상번호의 제공) 제6항 제2호를 위반하여 해당 위탁단체 이외의 자에게 휴대전화 가상번호를 제공한 자(위탁선거법§66① 1.), 제7항을 위반하여 명시적으로 거부의사를 밝힌 구성원의 휴대전화 가상번호를 제공한 자(위탁선거법§66①2.), 제9항 제1호를 위반하여 휴대전화 가상번호를 위탁선거법 제28조(전화를 이용한 선거운동)에 따른 선거운동 외의 다른 목적으로 사용한 자(위탁선거법§66①3.), 제9항 제2호를 위반하여 휴대전화 가상번호를 다른 자에게 제공한 자(위탁선거법§66①4.), 제10항을 위반하여 유효기간이 지난 휴대전화 가상번호를 즉시 폐기하지 아니한 자(위탁선거법§66①5.)는 3년 이하의 징역 또는 3천만원 이하의 벌금에 처한다.

위탁선거법 제30조의3(선거운동을 위한 휴대전화 가상번호의 제공) 제6항 제1호를 위반하여 휴대전화 가상번호에 유효기간을 설정하지 아니하고 제공하거나 휴대전화 가상번호를 제공하는 날부터 선거일까지의 기간을 초과하는 유효기간을 설정하여 제공한 자는 2년 이하의 징역 또는 2천만원 이하의 벌금에 처한다(위탁선거법§66②7의3.)

에 기재된 방법 이외의 방법으로 선거운동을 할 수 없다고 규정하고 있는데, 공소사실에 기재된 피고인의 행위는 「새마을금고법」 제22조(임원의 선거운동제한) 제3항 제2호에 규정된 방법의 선거운동이다. 「새마을금고법」 제22조(임원의 선거운동제한) 제3항은 문언상 그 각 호에 기재된 방법 이외의 선거운동을 금지하는 규정으로 해석할 수 있을 뿐 그 각 호에 기재된 방법에 의한 선거운동도 정관이나 임원선거규약에 위반되는 경우 금지된다는 규정으로 해석할 수는 없다. 새마을금고가 자체적으로 마련한 임원선거규약은 일종의 자치적 법규범으로서 「새마을금고법」 및 새마을금고 정관과 더불어 법적 효력을 가진다고 보아야 하고, 「새마을금고법」에서 정의에 관한 규정을 두고 있지 않더라도 위 임원선거규약에서 그에 대한 규정들을 두고 있는 경우 위 임원선거규약의 내용도 기초로 삼아야 한다. 그러나 임원선거규약이 자치적 법규범으로서 법적 효력을 가진다고 하더라도, 그 위반이 되는 행위에 관하여 별도의 형사처벌 규정이 없는 이상 이를 형사처벌할 수 없는 것은 죄형법정주의 원칙상 당연한데, 「새마을금고법」 제22조(임원의 선거운동제한) 제3항은 그 각 호에 기재된 방법 이외의 선거운동을 금지하였을 뿐 금지의 대상이 되는 선거운동의 범위, 즉 구성요건의 범위를 정하도록 정관이나 임원선거규약에 위임하지 않았음이 문언상 명백하다. 또한 「새마을금고법」 제22조(임원의 선거운동제한) 제3항에 정의가 명확하지 않은 구성요건이 있어 그 해석에 있어 정관이나 임원선거규약의 내용을 기초로 삼아야 하는 것도 아니다. 만일 선거운동이 정관이나 임원선거규약에 위배된다는 이유로 「새마을금고법」 제22조(임원의 선거운동제한) 제3항에 위배된다면 이는 범죄구성요건이 아무런 제한 없이 정관 및 임원선거규약에 전적으로 위임된 것과 마찬가지 결과가 된다. 설령 법률에서 정관에 범죄구성요건을 포괄적으로 위임하는 명시적 규정을 두었다고 하더라도 이는 「헌법」상 죄형법정주의에 위배되는 위헌인 법률인 점을 고려하면, 명시적 위임규정도 없는 「새마을금고법」 제22조(임원의 선거운동제한) 제3항에 관하여 그러한 해석을 할 수는 없다.'고 판시하였다(부산지방법원 2018. 5. 15. 선고 2018고단816 판결).

(2) 벌칙의 적용범위

위탁선거법 제28조(전화를 이용한 선거운동)에 따른 통화방법 또는 시간대를 위반하여 선거운동을 한 자, 위탁선거법 제30조의3(선거운동을 위한 휴대전화 가상번호의 제공)을 위반한 자를 처벌하는 규정인 위탁선거법 제66조(각종 제한규정 위반죄) 각 규정들은 조합장선거, 이사장선거 및 중앙회장선거에만 적용된다(위탁선거법§57). 조합장선거, 이사장선거 및 중앙회장선거를 제외한 나머지 의무위탁선거인 「신용협동조합법」에 따른 총자산이 1천억 원 이상인 지역조합의 이사장선거 및 중앙회장선거, 「국민체육진흥법」에 따른 대한체육회와 지방체육회 및 대한장애인체육회의 회장선거, 「교육공무원법」 제24조의3(대학의 장 후보자 추천을 위한 선거사무의 위탁)에 따른 대학의 장 후보자 추천 선거와 임의위탁선거에는 적용되지 아니한다.

6. 정보통신망을 이용한 선거운동

가. 정보통신망을 이용한 선거운동

(1) 의의 및 적용범위

후보자등은 선거운동기간 중 ① 인터넷 홈페이지의 게시판·대화방 등에 글이나 동영상 등을 게시하는 방법이나, ② 전자우편(컴퓨터 이용자끼리 네트워크를 통하여 문자·음성·화상 또는 동영상 등의 정보를 주고받는 통신시스템을 말한다)을 전송하는 방법으로 선거운동을 할 수 있다(위탁선거법§29①).

정보통신망을 이용한 선거운동은 '총회 외에서 선출하는 조합장선거 및 이사장선거', '총회에서 선출하는 조합장선거 및 이사장선거' 및 '중앙회장선거'와 '대의원회에서 선출하는 조합장선거 및 이사장선거'에서 모두 할 수 있는 선거운동방법이다(위탁선거법§24③).

(2) 정보통신망을 이용한 선거운동의 방법

(가) 해당 위탁단체의 인터넷 홈페이지의 게시판·대화방 등의 이용

후보자등은 선거운동기간 중 인터넷 홈페이지의 게시판·대화방 등에 글이나 동영상 등을 게시하는 방법으로 선거운동을 할 수 있다(위탁선거법§29①1.). 구 위탁선거법(2024. 1. 30. 법률 제20179호로 개정되기 전의 것)은 게시판·대화방을 이용할 수 있는 인터넷 홈페이지를 '해당 위탁단체'가 개설·운영하는 인터넷 홈페이지로 한정하여,

유권자가 후보자 관련 정보에 접근할 수 있는 범위가 제한되어 있었다. 이에 현행 위탁선거법에서는 그러한 제한을 삭제하였다.

(나) 전자우편의 전송

후보자등은 선거운동기간 중 전자우편을 전송하는 방법으로 선거운동을 할 수 있다(위탁선거법§29①2.). 「공직선거법」은 '전자우편을 전송하는 방법으로 선거운동을 하는 경우 전자우편 전송대행업체에 위탁하여 전자우편을 전송할 수 있는 사람은 후보자와 예비후보자에 한한다.'고 규정하고 있는바(공직선거법§59 3.), 위탁선거의 경우에는 후보자가 전자우편을 전송하는 방법에 대하여 아무런 제한을 두지 않고 있으므로, 위탁선거의 경우에도 후보자등은 전자우편 전송대행업체에 위탁하여 전자우편을 전송할 수 있다고 보아야 한다.

나. 위법게시물의 삭제요청 및 삭제

관할위원회는 위탁선거법에 위반되는 정보가 인터넷 홈페이지의 게시판·대화방 등에 게시된 때에는 그 인터넷 홈페이지의 관리자·운영자 또는 「정보통신망 이용촉진 및 정보보호에 관한 법률」 제2조(정의) 제1항 제3호에 따른 정보통신서비스 제공자(이하 "정보통신서비스 제공자"라 한다)에게 해당 정보의 삭제를 요청할 수 있다(위탁선거법§29②). 관할위원회가 위탁선거법에 위반되는 정보의 삭제를 요청할 때에는 다음 각 호의 사항을 기재한 서면(「선거관리위원회 사무관리규칙」 제3조(정의) 제5호[120]에 따른 전자문서를 포함한다)으로 한다(위탁선거규칙§14①).

1. 위탁선거법에 위반되는 정보가 게시된 인터넷 홈페이지의 게시판·대화방 등의 주소
2. 위탁선거법에 위반되는 정보의 내용
3. 요청근거 및 요청내용
4. 요청사항의 이행기간
5. 불응시의 조치사항

관할위원회가 위와 같이 요청하는 경우 인터넷 홈페이지의 관리자·운영자 또는 정보통신서비스 제공자는 지체 없이 이에 따라야 한다(위탁선거법§29②).

---

120) 「선거관리위원회 사무관리규칙」 제3조(정의) 이 규칙에서 사용하는 용어의 정의는 다음과 같다.
5. "전자문서"라 함은 컴퓨터 등 정보처리능력을 가진 장치에 의하여 전자적인 형태로 작성, 송·수신 또는 저장된 문서를 말한다.

다. 위법게시물의 삭제에 대한 이의신청 및 결정

정보가 삭제된 경우 해당 정보를 게시한 사람은 그 정보가 삭제된 날부터 3일 이내에 관할위원회에 위탁선거규칙이 정하는 서식[121]에 따라 서면으로 이의신청을 할 수 있다(위탁선거법§29③, 위탁선거규칙§14②). 이 경우 관할위원회는 이의신청서에 기재사항이나 서명 또는 날인이 누락되었거나 명확하지 아니하다고 인정될 때에는 해당 이의신청인에게 보정기간을 정하여 보정을 요구할 수 있다(위탁선거규칙§14②). 관할위원회는 이의신청이 이의신청기간을 지난 경우에는 그 이의신청을 각하한다(위탁선거규칙§14③).

관할위원회는 이의신청이 이유 있다고 인정되는 경우에는 해당 인터넷 홈페이지의 관리자·운영자 또는 정보통신서비스 제공자에 대한 삭제요청을 철회하고 이의신청인에게 그 처리결과를, 이유 없다고 인정되는 경우에는 이를 기각하고 이의신청인에게 그 뜻을 각각 통지하여야 한다(위탁선거규칙§14④).

라. 벌칙 등

(1) 벌칙 및 제재

위탁선거법 제29조(정보통신망을 이용한 선거운동)를 위반하여 해당 위탁단체가 아닌 자가 개설·운영하는 인터넷 홈페이지를 이용하여 선거운동을 한 자는 2년 이하의 징역 또는 2천만원 이하의 벌금에 처한다(위탁선거법§66②1.).

위탁선거법 제29조(정보통신망을 이용한 선거운동) 제2항에 따른 관할위원회의 요청을 이행하지 아니한 자, 즉 위탁선거법에 위반되는 정보의 삭제 요청을 이행하지 아니한 자는 100만원 이하의 과태료를 부과한다(위탁선거법§68②1.).

(2) 벌칙 및 제재의 적용범위

위탁선거법 제29조(정보통신망을 이용한 선거운동)를 위반하여 해당 위탁단체가 아닌 자가 개설·운영하는 인터넷 홈페이지를 이용하여 선거운동을 한 자를 처벌하는 규정인 위탁선거법 제66조(각종 제한규정 위반죄) 제2항 제6호와 위탁선거법 제29조(정보통신망을 이용한 선거운동) 제2항에 따른 관할위원회의 요청을 이행하지 아니한 자에게 과태료를 부과하는 제재규정인 위탁선거법 제68조(과태료의 부과·징수 등) 제

121) 위탁선거규칙 별지 제14호 서식(위법게시물의 삭제요청에 대한 이의신청서)

2항 제1호는 조합장선거, 이사장선거 및 중앙회장선거에만 적용된다(위탁선거법§57). 조합장선거, 이사장선거 및 중앙회장선거를 제외한 나머지 의무위탁선거인 「신용협동조합법」에 따른 총자산이 1천억 원 이상인 지역조합의 이사장선거 및 중앙회장선거, 「국민체육진흥법」에 따른 대한체육회와 지방체육회 및 대한장애인체육회의 회장선거, 「교육공무원법」 제24조의3(대학의 장 후보자 추천을 위한 선거사무의 위탁)에 따른 대학의 장 후보자 추천 선거와 임의위탁선거에는 적용되지 아니한다.

7. 명함을 이용한 선거운동

가. 의의 및 적용범위

(1) 의의

후보자등은 선거운동기간 중 다수인이 왕래하거나 집합하는 공개된 장소에서 길이 9센티미터 너비 5센티미터 이내의 선거운동을 위한 명함을 선거인에게 직접 주거나 지지를 호소하는 방법으로 선거운동을 할 수 있다(위탁선거법§30본문).

(2) 적용범위

명함을 이용한 선거운동은 '총회 외에서 선출하는 조합장선거 및 이사장선거', '총회에서 선출하는 조합장선거 및 이사장선거' 및 '중앙회장선거'에서만 적용되는 선거운동방법이다. '「농업협동조합법」, 「수산업협동조합법」 및 「산림조합법」에 따라 대의원회에서 선출하는 조합장선거', '「새마을금고법」에 따라 대의원회에서 선출하는 이사장선거'에서는 명함을 이용한 선거운동을 할 수 없다(위탁선거법§24③)

나. 명함을 이용한 선거운동의 방법 및 장소적 제한

후보자등은 선거운동기간 중 선거운동을 위한 명함을 선거인에게 직접 주거나 지지를 호소하는 방법으로 선거운동을 할 수 있다. '지지 호소'는 명함을 직접 주는 정도의 근접한 거리, 직접 말을 주고받을 수 있는 규모와 상황에서의 개별적 지지호소를 의미한다. 따라서 그와 달리 집회를 이용하여 다수인에게 일시에 후보자의 지지를 호소하는 행위까지 허용한다고 볼 수는 없고, 공개된 장소에서 다중과 접촉하더라도 그 개별성을 기준으로 하여 그 범위 내에서 선거운동을 허용한다는 의미이다.[122)]

122) 「공직선거법」 제60조의3(예비후보자 등의 선거운동) 제1항 제2호 '명함을 이용한 선거운동'과

명함을 이용한 선거운동은 다음 각 호의 어느 하나에 해당하는 장소에서는 할 수 없다(위탁선거법§30단서, 위탁선거규칙§15).

1. 병원·종교시설·극장의 옥내(대관 등으로 해당 시설이 본래의 용도 외의 용도로 이용되는 경우는 제외한다)
2. 위탁단체의 주된 사무소나 지사무소의 건물의 안

다. 벌칙 등

(1) 벌칙

위탁선거법 제30조(명함을 이용한 선거운동)에 따른 명함의 규격 또는 배부방법을 위반하여 선거운동을 한 자는 2년 이하의 징역 또는 2천만원 이하의 벌금에 처한다(위탁선거법§66②7.).

관련하여, 청주지방법원 영동지원 2017. 2. 8. 선고 2016고합19 판결은 '「공직선거법」 제60조의3(예비후보자 등의 선거운동) 제1항 제2호의 '지지호소'는 규정체제와 문구상 다소간의 불명확함에도 불구하고 결국 해당 조항 개정의 연혁적 취지, 현행 「공직선거법」의 선거운동 법정주의원칙에 따라 그 앞의 문구인 '명함을 직접 주거나(지지를 호소하는 행위)'와 연계하여 해석하지 않을 수 없고, 그렇다면 부득이하게 '명함을 직접 주는 정도의 근접한 거리, 직접 말을 주고받을 수 있는 규모와 상황에서의 개별적 지지호소'를 의미한다고 해석해야 한다. 따라서 그와 달리 '집회를 이용하여 다수인에게 일시에 예비후보자의 지지를 호소하는 행위까지 「공직선거법」 제60조의3(예비후보자 등의 선거운동) 제1항 제2호가 허용하고 있다고 볼 수는 없고, 만약 이와 같이 제한적으로 해석하지 않는다면, 예비후보자들은 짧은 시간에 큰 홍보 효과를 낼 수 있는 각종 집회에서의 지지호소를 위해 과열 경쟁을 할 우려가 있고, 이는 결국 사전선거운동을 원칙적으로 제한하고 있는 「공직선거법」 제254조(선거운동기간위반죄)의 취지를 몰각시킬 수도 있다. 대법원은 개정 전 구「공직선거법」 조항 위반 사건에 대하여 "예비후보자는 자신의 성명·사진·전화번호·학력·경력 기타 홍보에 필요한 사항을 게재한 명함을 직접 주면서 지지를 호소하는 행위는 허용되나, 위 조항이 일반적으로 금지된 사전선거운동에 대하여 예외적으로 허용하는 이유는 예비후보자가 '명함을 직접 주면서 지지를 호소하는 행위'는 명함의 교부와 동시에 하는 지지호소행위의 '개별성'에 착안하여 그것이 선거과열을 초래하지 않는다고 보아 특별히 허용하는 것이다. 그러므로 명함을 교부하면서 '개별적'으로 지지를 호소하는데 그치지 않고 더 나아가 모임이나 집회를 이용하여 인사말을 하는 등의 방법으로 '집단적으로' 지지를 호소하는 행위는 위 조항이 허용하는 행위에 포함되지 않는다."라고 판단한 바 있다(2007. 9. 6. 선고 2007도1604 판결). 그 후 해당 조항은 개정되었으나 그 개정의 취지, 범위와 방식 등을 종합해 보면, 대법원의 위와 같은 해석은 개정 후 해당 조항에도 여전히 유지된다고 보이고, 따라서 이때의 '지지호소'란 예비후보자가 공개된 장소에서 다중과 접촉하더라도 그 개별성을 기준으로 하여 그 범위 내에서 선거운동을 허용한다는 의미의 또 다른 표현으로 평가되어야 한다.'고 판시하였고, 2017. 7. 11 선고 2017도6513 판결에서 위 청주지방법원 영동지원의 판결이 유지되었다. 위 판결의 견해는 위탁선거법상 명함을 이용한 선거운동의 경우에도 그대로 적용된다고 봄이 상당하다.

(2) 벌칙의 적용범위

위탁선거법 제30조(명함을 이용한 선거운동)에 따른 명함의 규격 또는 배부방법을 위반하여 선거운동을 한 자를 처벌하는 규정인 위탁선거법 제66조(각종 제한규정 위반죄) 제2항 제7호는 조합장선거, 이사장선거 및 중앙회장선거에만 적용된다(위탁선거법 §57). 조합장선거, 이사장선거 및 중앙회장선거를 제외한 나머지 의무위탁선거인 「신용협동조합법」에 따른 총자산이 1천억 원 이상인 지역조합의 이사장선거 및 중앙회장선거, 「국민체육진흥법」에 따른 대한체육회와 지방체육회 및 대한장애인체육회의 회장선거, 「교육공무원법」 제24조의3(대학의 장 후보자 추천을 위한 선거사무의 위탁)에 따른 대학의 장 후보자 추천 선거와 임의위탁선거에는 적용되지 아니한다.

8. 선거일 후보자 소개 및 소견발표

가. 소견발표의 의의 및 적용범위

(1) 의의

'총회에서 선출하는 조합장선거 및 이사장선거', '중앙회장선거', '「농업협동조합법」, 「수산업협동조합법」 및 「산림조합법」에 따라 대의원회에서 선출하는 조합장선거 및 「새마을금고법」에 따라 대의원회에서 선출하는 이사장선거'에서 투표관리관 또는 투표관리관이 지정하는 사람(이하 "투표관리관등"이라 한다)은 선거일 또는 결선투표일('중앙회장선거'에 한정한다)에 투표를 개시하기 전에 투표소 또는 총회나 대의원회가 개최되는 장소(이하 "투표소등"이라 한다)에서 선거인에게 기호순에 따라 각 후보자를 소개하고 후보자로 하여금 조합운영에 대한 자신의 소견을 발표하게 하여야 한다(위탁선거법§30의2①).

(2) 적용범위

소견발표에 의한 선거운동은 '총회에서 선출하는 조합장선거', '중앙회장선거', '「농업협동조합법」, 「수산업협동조합법」 및 「산림조합법」에 따라 대의원회에서 선출하는 조합장선거 및 「새마을금고법」에 따라 대의원회에서 선출하는 이사장선거'에서만 적용되는 선거운동방법이다. '총회 외에서 선출하는 조합장선거 및 이사장선거'에서는 소견발표에 의한 선거운동을 할 수 없다(위탁선거법§24③).

나. 소견발표 일시·장소 및 발표시간 공고

관할위원회는 후보자 소견발표(결선투표의 경우를 포함한다) 개시시간·장소 및 발표시간을 정한 후 투표소의 명칭과 소재지를 공고할 때 함께 공고하여야 한다. 이 경우 선거일 또는 결선투표일이나 투표소가 변경되는 등 부득이한 사유로 소견발표 일시 또는 장소를 변경한 때에는 지체 없이 그 사실을 공고하고 후보자와 위탁단체에 통지하여야 한다(위탁선거규칙§15의2①). 발표시간은 후보자마다 10분의 범위에서 동일하게 배정하여야 한다(위탁선거법§30의2①).

다. 소견발표설비의 설치

관할위원회와 투표관리관은 선거일 또는 결선투표일 전일까지 후보자 소견발표에 필요한 설비를 하여야 한다(위탁선거규칙§15의2②). 후보자가 소견발표를 하는 장소에는 특정 후보자를 지지·추천하거나 반대하는 내용의 시설물·인쇄물, 그 밖의 선전물을 설치·게시 또는 첩부할 수 없다(위탁선거규칙§15의2⑤).

라. 후보자 소개

투표관리관이 후보자를 소개할 사람을 지정하는 경우에는 위탁단체의 구성원이 아닌 사람 중에서 공정한 사람으로 선정하여야 한다(위탁선거규칙§15의2③).

후보자를 소개할 때에는 해당 후보자의 소견발표 순서에 그 기호, 성명 및 경력을 소개하는 방법으로 한다. 이 경우 경력은 해당 후보자의 후보자등록신청서에 기재된 경력에 따른다(위탁선거규칙§15의2④).

마. 소견발표의 방법

후보자는 조합 또는 금고 운영에 대한 자신의 소견을 발표한다(위탁선거법§30의2①).

투표관리관등은 후보자가 위탁선거법 제61조(허위사실공표죄) 또는 제62조(후보자등 비방죄)에 위반되는 발언을 하는 때에는 이의 중지를 명하여야 하고 후보자가 이에 따르지 아니하는 때에는 소견발표를 중지시키는 등 필요한 조치를 취하여야 한다(위탁선거법§30의2③). 투표관리관등은 투표소등에서 후보자가 소견을 발표하는 것을 방해하거나 질서를 문란하게 하는 사람이 있는 때에는 이를 제지하고, 그 명령에 불응하는 때에는 투표소등 밖으로 퇴장시킬 수 있다(위탁선거법§30의2④).

후보자가 자신의 소견발표 순서가 될 때까지 투표소등에 도착하지 아니한 때에는 소견발표를 포기한 것으로 본다(위탁선거법§30의2②). 그 밖에 소견발표의 실시에 관하여 필요한 사항은 중앙선거관리위원회 위원장이 정한다(위탁선거규칙§15의2⑥).

바. 벌칙 등

(1) 벌칙

위탁선거법 제30조의2(선거일 후보자 소개 및 소견발표) 제4항을 위반하여 투표관리관등의 제지명령에 불응한 자, 즉 투표소등에서 후보자가 소견을 발표하는 것을 방해하거나 질서를 문란하게 하여 투표관리관등으로부터 이에 대한 제지명령을 받았음에도 이에 불응한 자는 2년 이하의 징역 또는 2천만원 이하의 벌금에 처한다(위탁선거법 §66②7의2.).

(2) 벌칙의 적용범위

위탁선거법 제30조의2(선거일 후보자 소개 및 소견발표) 제4항을 위반하여 투표관리관등의 제지명령에 불응한 자를 처벌하는 규정인 위탁선거법 제66조(각종 제한규정 위반죄) 제2항 제7의2호는 조합장선거, 이사장선거 및 중앙회장선거에만 적용된다(위탁선거법§57). 조합장선거, 이사장선거 및 중앙회장선거를 제외한 나머지 의무위탁선거인 「신용협동조합법」에 따른 총자산이 1천억 원 이상인 지역조합의 이사장선거 및 중앙회장선거, 「국민체육진흥법」에 따른 대한체육회와 지방체육회 및 대한장애인체육회의 회장선거, 「교육공무원법」 제24조의3(대학의 장 후보자 추천을 위한 선거사무의 위탁)에 따른 대학의 장 후보자 추천 선거와 임의위탁선거에는 적용되지 아니한다.

9. 공개행사에서의 정책 발표

가. 의의 및 적용범위

(1) 의의

예비후보자와 후보자는 해당 위탁단체가 개최하는 공개행사에 방문하여 자신의 정책을 발표할 수 있다(위탁선거법§30의4①). 구 위탁선거법(2024. 1. 30. 법률 제20179호로 개정되기 전의 것)은 공개행사에서의 정책 발표에 관한 규정을 두고 있지 않았으나, 헌법재판소는 이에 관하여 후보자 및 선거인인 조합원의 결사의 자유 등을 침해하지 않는다고 합헌 판결을 한 바 있다.[123] 그러나 현행 위탁선거법은 공개행사에서의 정책 발표에 의한 선거운동 방법 조항을 신설하여 선거인들이 후보자의 정책이나 공약을 알아볼 수 있는 기회를 더욱 넓게 보장하였고, 후보자가 자신의 정책을 밝힐 수 있는 기회도 확장되었다.

(2) 적용범위

공개행사에서의 정책 발표에 의한 선거운동은 '총회 외에서 선출하는 조합장선거 및 이사장선거', '총회에서 선출하는 조합장선거 및 이사장선거', '중앙회장선거'와 '「농업협동조합법」, 「수산업협동조합법」 및 「산림조합법」에 따라 대의원회에서 선출하는 조합장선거' 및 '「새마을금고법」에 따라 대의원회에서 선출하는 이사장선거'에 모두 적용되는 선거운동방법이다(위탁선거법§24③).

나. 정책 발표의 주체 및 장소

공개행사에서의 정책발표를 할 수 있는 자는 예비후보자와 후보자에 한정되며, 위탁선거법 제24조(선거운동의 주체 · 기간 · 방법) 제1항에 따라 후보자가 지정하는 사람은 할 수 없다(위탁선거법§24①).

행사는 해당 위탁단체가 개최하는 공개행사에 한한다(위탁선거법§30의4①).

다. 행사의 공고 및 정책 발표의 신청

위탁단체는 예비후보자등록신청개시일 전 5일부터 선거일 전일까지 매주 위탁단

123) 헌법재판소는, 법정된 선거운동방법만을 허용하면서 합동연설회 또는 공개토론회의 개최나 언론기관 및 단체가 주최하는 대담 · 토론회를 허용하지 아니하는 「위탁선거법」 제24조(선거운동의 주체 · 기간 · 방법) 제3항 제1호와 관련하여, '언론기관 및 단체가 주최하는 대담 · 토론회는 진행의 공정성을 담보하기 어렵고, 특정 후보자를 위한 선거운동으로 이용될 소지가 있어 조합의 자율성 및 선거의 공정성을 침해할 수 있다. 또 전국적으로 실시되는 모든 조합장선거에서 합동연설회나 공개토론회의 개최를 허용할 경우에는 선거관리위원회가 선거운동기간 13일 동안 모든 조합의 합동연설회를 관리하는 것이 현실적으로 불가능하고, 선거관리위원회가 아닌 단체 등이 주최하는 경우에는 진행의 공정성을 담보할 수 없으며, 농번기 등으로 조합원들이 함께 모이는 자리를 마련하기도 쉽지 않을 뿐만 아니라 경영인을 선출하는 조합장선거에서 대중의 인기에 영합하려는 대중주의적 공약이 남발되거나 청중 동원을 위해 금품을 제공할 가능성 등도 배제할 수 없다. 심판대상조항이 달성하고자 하는 조합장선거의 공정성 확보라는 공익은 합동연설회 또는 공개토론회의 개최 등을 통하여 충분한 선거운동을 할 수 없게 되는 불이익보다 훨씬 크다. 따라서 심판대상조항은 후보자 및 선거인인 조합원의 결사의 자유 등을 침해하지 아니한다.'고 판시하였다(2017. 7. 27. 선고 2016헌바372 결정, 2019. 7. 25. 선고 2018헌바85 결정).

체가 개최하는 공개행사의 일시와 소견 발표가 가능한 시간을 공고하여야 하며(위탁선거법§30의4③), 공고는 위탁선거규칙으로 정하는 서식[124]에 따라 해당 위탁단체의 인터넷 홈페이지 등에 게시하는 방법으로 한다. 다만, 공개행사가 없는 경우 공고를 생략할 수 있으며, 이미 공고한 내용에 변경사항이 있는 경우에는 지체 없이 변경된 사항을 공고해야 한다(위탁선거규칙§15의7①).

공개행사에서 정책을 발표하려는 예비후보자와 후보자는 참석할 공개행사의 일시, 소견 발표에 소요되는 시간과 발표 등을 해당 위탁선거규칙이 정하는 서식[125]에 따라 공개행사 전일까지 해당 위탁단체에 미리 신고하여야 하며, 위탁단체는 정당한 사유 없이 이를 거부할 수 없다(위탁선거법§30의4②, 위탁선거규칙§15의7②). 위탁단체는 정책발표 순서, 시간 배분, 진행 방법 등을 모든 예비후보자·후보자에게 공평하게 정해야 한다(위탁선거규칙§15의7③).

라. 벌칙 등

(1) 벌칙

위탁선거법 제30조의4(공개행사에서의 정책 발표)를 위반하여 선거운동을 한 자는 2년 이하의 징역 또는 2천만원 이하의 벌금에 처한다(위탁선거법§66②1.).

(2) 벌칙의 적용범위

위탁선거법 제30조의4(공개행사에서의 정책 발표)를 위반하여 선거운동을 한 자를 처벌하는 규정인 위탁선거법 제66조(각종 제한규정 위반죄) 제2항 제1호는 조합장선거, 이사장선거 및 중앙회장선거에만 적용된다(위탁선거법§57①). 조합장선거, 이사장선거 및 중앙회장선거를 제외한 나머지 의무위탁선거인 「신용협동조합법」에 따른 총자산이 1천억 원 이상인 지역조합의 이사장선거 및 중앙회장선거, 「국민체육진흥법」에 따른 대한체육회와 지방체육회 및 대한장애인체육회의 회장선거, 「교육공무원법」 제24조의3(대학의 장 후보자 추천을 위한 선거사무의 위탁)에 따른 대학의 장 후보자 추천선거와 임의위탁선거에는 적용되지 아니한다.

124) 위탁선거규칙 별지 서식 제14의6 (공개행사의 일정 공고)
125) 위탁선거규칙 별지 서식 제14의7 ((예비후보자)·(후보자) 공개행사에서의 정책발표 신고서)

제5절 위탁선거의 기부행위 제한

1. 기부행위의 정의

가. 의의 및 적용범위

(1) 의의

위탁선거법에서 "기부행위"란 다음 각 호의 어느 하나에 해당하는 사람이나 기관·단체·시설을 대상으로 금전·물품 또는 재산상 이익을 제공하거나 그 이익제공의 의사를 표시하거나 그 제공을 약속하는 행위를 말한다(위탁선거법§32).

1. 선거인[선거인명부를 작성하기 전에는 그 선거인명부에 오를 자격이 있는 자(해당 위탁단체에 가입되어 해당 법령이나 정관등에 따라 위탁선거의 선거권이 있는 자 및 해당 위탁단체에 가입 신청을 한 자를 말한다)를 포함한다. 이하 같다]이나 그 가족(선거인의 배우자, 선거인 또는 그 배우자의 직계존비속과 형제자매, 선거인의 직계존비속 및 형제자매의 배우자를 말한다. 이하 같다)
2. 선거인이나 그 가족이 설립·운영하고 있는 기관·단체·시설

「공직선거법」에서의 기부행위는 '당해 선거구 안에 있는 자나 기관·단체·시설 및 선거구민의 모임이나 행사 또는 당해 선거구의 밖에 있더라도 그 선거구민과 연고가 있는 자나 기관·단체·시설에 대하여 금전·물품 기타 재산상 이익의 제공, 이익제공의 의사표시 또는 그 제공을 약속하는 행위'인 바(공직선거법§112①), 위탁선거법에서의 기부행위와 「공직선거법」에서의 기부행위와의 차이는 기부행위의 상대방이 다른 데에 있다.

위탁선거에서의 기부행위의 상대방은 '선거인[선거인명부를 작성하기 전에는 그 선거인명부에 오를 자격이 있는 자(해당 위탁단체에 가입되어 해당 법령이나 정관등에 따라 위탁선거의 선거권이 있는 자 및 해당 위탁단체에 가입 신청을 한 자를 말한다)를 포함한다. 이하 같다]이나 그 가족(선거인의 배우자, 선거인 또는 그 배우자의 직계존비속과 형제자매, 선거인의 직계존비속 및 형제자매의 배우자를 말한다. 이하 같다) 및 선거인이나 그 가족이 설립·운영하고 있는 기관·단체·시설'인 반면에, 「공직선거법」에서의 기부행위의 상대방은 '선거구 안에 있는 자나 기관·단체·시설 및 선거구민의 모임이나 행사 또는 당해 선거구 밖에 있더라도 그 선거구민과 연고가 있는 자나 기관·단체·시설'인바, 「공직선거법」에서의 기부행위의 상대방 중 하나인 '선거구민의 모임이나 행사' 또는 '당해 선거

구 밖에 있더라도 선거구민과 연고가 있는 자나 기관·단체·시설'에 대하여는 위탁선거법에서 이를 기부행위의 상대방으로 규정하지 않고 있다. 따라서 위탁선거에 있어서는 '선거인의 모임이나 행사' 또는 '선거인과 연고가 있는 자나 기관·단체·시설'에 대하여 금전·물품 또는 그 밖의 재산상 이익을 제공하거나 그 이익제공의 의사를 표시하거나 그 제공을 약속하는 행위가 기부행위에 해당하지 않는다.

(2) 적용범위

기부행위의 정의에 관한 규정인 위탁선거법 제32조(기부행위의 정의)는 의무위탁선거(「교육공무원법」 제24조의3(대학의 장 후보자 추천을 위한 선거사무의 위탁)에 따른 대학의 장 후보자 추천 선거는 제외한다)에만 적용되고, 임의위탁선거에는 적용되지 아니한다(위탁선거법§22).

나. 기부행위의 주체(기부행위자)

기부행위의 주체는 기부행위 대상 금품이나 재산상 이익의 소유권 내지 처분권을 갖고 있어야 하는 것은 아니고, 금품 제공의 명의, 공모 또는 실행행위 분담의 내역 등을 종합적으로 고려하여 사회통념상 그 사람이 한 것으로 인정할 수 있는지 여부를 기준으로 판단해야 한다.[126)]

기부행위는 기부의 효과를 후보자 또는 후보자가 되려는 자에게 돌리려는 의사를 가지고 위탁선거법 제32조(기부행위의 정의)에 규정된 사람에게 금품 등을 제공하는 것으로서 출연자가 기부행위자가 되는 것이 통례이지만, 기부행위를 하였다고 평가되는 주체인 기부행위자는 항상 물품 등의 사실상 출연자에 한정되는 것이 아니고, 또 출연자와 기부행위자가 일치하지 않거나 외형상 기부행위에 함께 관여하는 듯이 보여서 어느 쪽이 기부행위자인지 분명하지 않은 경우에는 물품 등이 출연된 동기 또는 목적, 출연행위와 기부행위의 실행 경위, 기부자와 출연자 그리고 기부 받는 자의 관계 등 모든 사정을 종합하여 기부행위자를 특정하여야 한다.[127)] 따라서 기부행위의 주체는 위와 같은 사정을 종합하여 기부행위자로 평가되는 자에 해당하면 충분하고, 반드시 제공한 물품에 대한 소유권 또는 처분권을 가지는 자에 해당하여야 하

126) 서울고등법원 2006. 5. 2. 선고 2006노233 판결
127) 2018. 5. 11. 선고 2018도4075 판결, 2011. 7. 14. 선고 2011도3862 판결, 2010. 4. 15. 선고 2009도11146 판결, 2008. 3. 13. 선고 2007도9507 판결, 2007. 4. 26. 선고 2007도309 판결, 2007. 3. 30. 선고 2006도9043 판결

는 것은 아니다.[128] 자신은 전달자에 불과하다는 사실을 명백히 밝히고 금원을 전달한 경우는 기부의 효과를 자신에게 돌리려는 의사가 있었다고 단정할 수 없으므로 기부행위에 해당하지 아니한다.[129]

위탁선거법 제59조(기부행위의 금지 · 제한 등 위반죄)의 기부행위의 금지 · 제한 등 위반죄는 위탁선거법 제35조(기부행위제한) 제1항[130]의 경우(후보자 등의 기부행위)에는 한정적으로 열거되어 규정하고 있는 신분관계가 있어야만 성립하는 범죄로서 그 주체가 후보자(후보자가 되려는 사람을 포함한다. 이하 같다), 후보자의 배우자, 후보자가 속한 기관 · 단체 · 시설이고, 위 신분관계가 없는 자의 기부행위는 위탁선거법 제35조(기부행위제한) 제1항 위반의 범죄로 되지 아니한다. 위탁선거법 제35조(기부행위제한) 제2항[131]의 경우(제3자의 기부행위)는 기부행위의 주체에 제한이 없다.

다. 기부행위의 상대방

(1) 기부행위 상대방의 특정

기부행위의 상대방은 '선거인[(선거인명부를 작성하기 전에는 그 선거인명부에 오를 자격이 있는 자(해당 위탁단체에 가입되어 해당 법령이나 정관등에 따라 위탁선거의 선거권이 있는 자 및 해당 위탁단체에 가입 신청을 한 자를 말한다)를 포함한다. 이하 같다]이나 그 가족(선거인의 배우자, 선거인 또는 그 배우자의 직계존비속과 형제자매, 선거인의 직계존비속 및 형제자매의 배우자를 말한다. 이하 같다) 및 선거인이나 그 가족이 설립 · 운영하고 있는 기관 · 단체 · 시설'이다. 기부행위의 상대방으로서의 '선거인'이란 해당 위탁선거의 선거권이 있는 자로서 선거인명부에 올라 있는 자를 말하지만(위탁선거법§3 5.), 이에는 해당 위탁단체에 가입되어 해당 법령이나 정관등에 따라 위탁선거의 선거권이 있는 자 및 해당 위탁단체에 가입 신청을 한 자 등 선거인명부에 오를 자격이 있는 자를 포함하고, 농업협동조합중앙회장선거와 같이 선거권자가 법인인 경우에는 선거권을

---

128) 2008. 3. 13. 선고 2007도9507 판결, 2021. 6. 24. 선고 2019도13234 판결, 2022. 2. 24. 선고 2020도17430 판결

129) 2010. 4. 15. 선고 2009도11146 판결

130) 「위탁선거법」 제35조(기부행위제한) ① 후보자(후보자가 되려는 사람을 포함한다. 이하 이 조에서 같다), 후보자의 배우자, 후보자가 속한 기관 · 단체 · 시설은 기부행위제한기간 중 기부행위를 할 수 없다.

131) 「위탁선거법」 제35조(기부행위제한) ② 누구든지 기부행위제한기간 중 해당 위탁선거에 관하여 후보자를 위하여 기부행위를 하거나 하게 할 수 없다. 이 경우 후보자의 명의를 밝혀 기부행위를 하거나 후보자가 기부하는 것으로 추정할 수 있는 방법으로 기부행위를 하는 것은 해당 위탁선거에 관하여 후보자를 위한 기부행위로 본다.

가지는 법인의 대표자 등도 선거인에 포함된다.[132)]

선거인이 아닌 자(선거인의 가족 및 선거인이나 그 가족이 설립·운영하고 있는 기관·단체·시설은 제외)는 기부행위의 상대방이 될 수 없다.

제3자가 후보자(후보자가 되고자 하는 자를 포함)에게 기부행위를 하는 경우에는 제한되지 아니한다. 후보자(후보자가 되고자 하는 자를 포함)는 기부행위의 상대방이 아니기 때문이다.

어떠한 행위가 위탁선거법에서 말하는 기부행위라고 인정되기 위해서는 기부행위의 상대방이 위탁선거법 제32조(기부행위의 정의)에 정해진 자로 특정되어야 할 뿐만 아니라 그 상대방은 금품이나 재산상 이익 등을 제공받는 구체적이고 직접적인 상대방이어야 하고 추상적이고 잠재적인 수혜자에 불과할 경우에는 여기에 해당하지 않는다.[133)][134)]

(2) 기관·단체·시설

'기관·단체·시설'이라 함은 다수인의 계속적인 조직이나 시설이면 충분하고, 반드시 민법상의 법인과 같이 형식적·실질적인 요건을 모두 갖춘 단체에 한정한다고 할 수 없다.[135)]

법원은 수협중앙회장선거에 있어 각 지역수협의 조합장들은 각 지역수협이 목적하는 바를 이룰 수 있도록 업무를 수행하고 관리하는 자로서 각 지역수협을 운영하는 자에 해당하는 바, 각 지역수협은 선거인이 운영하는 기관·단체에 해당한다고 판시하였다.[136)]

라. 기부행위의 대상(금전·물품 기타 재산상 이익)

'금전'은 돈을 의미하고, '물품'은 재산적 가치가 있는 것을 말한다.

'재산상 이익'과 관련하여, 법원은, 구「공직선거및선거부정방지법(2004. 3. 12. 법률 제7189호로 개정되기 전의 것, 이하 "선거법"이라 한다)」 제112조(기부행위의 정의 등) 제1항의 기부행위 유형으로 나열한 제1호 '금전·화환·달력·서적 또는 음식물 기타 이익이 되는 물품의 제공행위' 중 '서적'의 제공행위에 관하여, '① 선거법 제112조(기부

132) 2019. 2. 28. 선고 2017헌바486·502·510(병합) 결정
133) 졸저, 『선거법강의 제2판』, 박영사, 1012
134) 2003. 10. 23. 선고 2003도3137 판결
135) 1996. 6. 28. 선고 96도1063 판결
136) 창원지방법원 2024. 1. 10. 선고 2023고단1839 판결

행위의 정의 등) 제1항은 기부행위에 해당하는 행위에 대하여 제1호에서 '금전·화환·달력·서적 또는 음식물 기타 이익이 되는 물품의 제공행위'라고 규정하는 반면에 제9호에서는 '종교·사회단체 등에 금품의 제공 기타의 재산상의 이익을 제공하는 일체의 행위'라고 규정하고 있어, '이익'과 '재산상 이익'을 구별하여 사용하고 있는 것이 명백한 점, ② 선거법 제112조(기부행위의 정의 등) 제2항은 '제1항의 규정에도 불구하고 의례적이거나 직무상의 행위 또는 통상적인 정당활동으로서 다음 각 호의 1에 해당하는 행위는 기부행위로 보지 아니한다.'고 규정하면서 기부행위로 보지 아니하는 행위를 제1호 내지 제7호에서 구체적으로 열거하고 있는데, 일반적 의미의 서적과 관련하여서는 제3호에서 '선거법 제140조(창당대회 등의 개최와 고지의 제한) 제1항의 규정에 의한 창당대회 등과 선거법 제141조(당원단합대회의 제한) 제2항의 규정에 의한 당원집회 및 당원교육 기타 소속당원만을 대상으로 하는 당원집회에서 참석당원 등에게 정당의 경비로 제공하는 다음 각 목의 1에 해당하는 행위(선물이나 기념품을 제외한다)'를, 그 (가)목에서 '교재 기타 정당의 홍보인쇄물을 제공하는 행위'를 들고 있어, 이들 조항도 교재 기타 정당의 홍보인쇄물을 제공하는 행위가 원칙적으로 기부행위에 해당함을 전제로 하여 이에 해당하지 않는 경우를 예외적으로 규정하고 있다고 해석되는 점에 비추어 보면, 선거법 제112조(기부행위의 정의 등) 제1항 제1호 소정의 '이익'이 '재산상 이익'으로만 한정된다고는 볼 수 없고 또한 그 '서적'이 '재산상의 이익'이 있는 서적으로 한정된다거나 불특정의 사람이 일정한 대가를 지급하고 획득하려는 의지를 촉발시켜야 할 정도에 이르러야만 한다고 볼 수 없다.'[137]고 판시하여, '이익'과 '재산상 이익'을 구별하고, '이익'을 '재산상의 이익'에 한정하지 아니하고 불특정의 사람이 일정한 대가를 지급하고 획득하려는 의지를 촉발시켜야 할 정도에 이르지 아니하는 경우도 이에 해당한다고 보고 있다. 이러한 대법원이 태도에 비추어, '재산상 이익'은 금전이나 물품 이외의 재산적 가치가 있는 일체의 이익으로서, 여기에는 적극적 이익이나 소극적 이익 또는 영구적 이익과 일시적 이익을 모두 포함한다.[138][139] 종중부지를 무상으로 사용하게 하는 것도 재산상 이익에 해당한다.[140] 위와 같은 판례의 태도는 위탁선거법의 기부행위대상에도 당연히 적용된다고 봄이 상당하다.

137) 2002. 9. 10. 선고 2002도43 판결
138) 한국사법행정학회, 『주석 형법 각칙(2017. 11.)』, 471쪽
139) 졸저, 『선거법강의』, 박영사, 1017－1018쪽
140) 청주지방법원 충주지원 2009. 10. 27. 선고 2009고단447 판결

마. 기부행위의 방법

(1) 무상

위탁선거법 제32조(기부행위의 정의)의 '기부행위'라 함은 원칙적으로 당사자의 일방이 상대방에게 무상으로 금전·물품 기타 재산상의 이익의 제공, 이익제공의 의사표시 또는 그 제공을 약속하는 행위를 말한다.[141] 기부행위는 원칙적으로 당사자 일방이 상대방에게 무상으로 금전·물품 기타 재산상 이익의 제공, 이익제공의 의사표시 또는 그 제공을 약속하는 행위를 말하므로 채무의 이행 등 정당한 대가관계로 행하는 경우에는 기부행위가 되지 아니한다. 그렇지만 일부 대가관계가 있더라도 급부와 반대급부 사이의 불균형으로 그 일부에 관하여 무상인 경우에는 정당한 대가관계가 있다고 할 수 없어 기부행위가 되고, 또한 비록 유상행위라고 하더라도 그것으로 인하여 다른 일반인은 얻기 어려운 재산상 이익을 얻게 되는 경우에는 기부행위가 된다.[142]

그러나 금전·물품 기타 재산상 이익의 제공이 채무의 이행 등 정당한 대가관계에 기인하여 이루어지는 경우에는 기부행위가 되지 아니한다.[143] 따라서 제3자가 후보자를 위하여 후보자의 채무를 대신 변제해준 경우 이는 그 변제를 받은 채권자의 입장에서는 정당한 대가관계로 변제받은 것이므로, 그 행위를 채권자에 대한 기부행위에 해당한다고 할 수는 없다.[144]

(2) 제공, 제공의 의사표시, 제공의 약속

(가) 제공

위탁선거법 제32조(기부행위의 정의)의 '제공'은 반드시 금품을 '상대방에게 귀속'시키는 것만을 뜻하는 것으로 한정 해석할 것은 아니고, 중간자에게 금품을 주는 경우라 하더라도 그 중간자가 단순한 보관자이거나 특정인에게 금품을 전달하기 위하여 심부름을 하는 사자에 불과한 자가 아니고 그에게 금품배분의 대상이나 방법, 배분액수 등

---

141) 2009. 7. 23. 선고 2009도1880 판결, 2002. 2. 21. 선고 2001도2819 전원합의체 판결, 2000. 2. 11. 선고 99도4588 판결, 1996. 12. 23. 선고 96도1558 판결, 1996. 11. 29. 선고 96도500 판결

142) 2012. 4. 13. 선고 2011도17437 판결, 2006. 12. 8. 선고 2006도7085 판결, 1996. 12. 23. 선고 96도1558 판결

143) 2005. 9. 29. 선고 2005도2554 판결, 2014. 1. 16. 선고 2013도10316 판결

144) 2007. 3. 29. 선고 2006도9392 판결

에 대하여 어느 정도의 판단과 재량의 여지가 있는 한 비록 그에게 귀속되는 부분이 지정되어 있지 않는 경우라 하더라도 위 규정에서 말하는 '제공'에 포함된다.[145)]

기부행위의 대상은 반드시 재산적 가치가 다대할 필요는 없으며, 나아가 기부행위는 기부한 물품을 돌려받을 의사를 일부 가지고 있다고 하더라도 그 물품을 돌려받지 못할 수도 있다는 점을 인식하였다면 그 물품을 교부한 것만으로도 성립한다.[146)] 당사자 일방이 상대방에게 무상으로 금품 등을 제공함으로써 기부행위는 이미 완료되는 것이고, 기부행위의 상대방에게 그가 기부하는 것임을 알리거나 상대방이 이를 알아야만 하는 것은 아니다.[147)]

(나) 제공의 의사표시

기부행위는 금전 등이 실제로 제공된 경우 뿐 아니라 제공의 의사표시가 있는 경우도 포함되는바, 이와 같은 '금전 등 제공의 의사표시로 인한 기부행위의 제한 등 위반죄'는 선거의 공정을 보호법익으로 하는 추상적 위험범인 점에 비추어 그 의사가 외부적, 객관적으로 나타나고 상대방에게 제공될 가능성이 현저한 단계에 이른 경우에 성립한다.[148)] 즉, 금품이나 이익제공의 의사표시는 사회통념상 쉽게 철회하기 어려울 정도로 진정한 의사가 담긴 것으로 외부적·객관적으로 나타나는 정도에 이르러야 하고, 금품이나 이익제공과 관련하여 어떤 대화가 있었다고 하더라도 그것이 단지 의례적이나 사교적인 인사치례 표현에 불과하다면 금품이나 이익제공의 의사표시라고 볼 수 없다. 여러 사람이 식사를 함께 한 경우에 참석자 중 한 사람 또는 그 일부가 식사대금 전부를 지급하는 우리사회의 관행 등에 비추어 볼 때, 찻값을 내겠다고 말하였다는 사정만 가지고 실제로 찻값을 내지 아니한 사람이 기부행위를 하였다고 단정할 수 없다.[149)] 조합장선거의 후보자로 등록한 사람이 조합원들에게 "현 조합장의 억대연봉???", "매년 5,000만원을 조합원의 복지기금으로 내놓겠습니다."라는 내용으로 선거공보물과 소형인쇄물을 작성·발송한 행위는 조합장이 개인적으로 받은 월급을 조합원들에게 나누어 주는 방법으로 금품이나 재산상 이익을 제공하겠다는 것이라기보다는, 자신이 조합장에 당선되면 조합장 월급의 삭감 등의 방법으로

145) 2009. 4. 23. 선고 2009도834 판결, 2004. 11. 12. 선고 2004도5600 판결, 2002. 2. 21. 선고 2001도2819 전원합의체 판결
146) 2004. 3. 11. 선고 2003도6650 판결, 2004. 6. 24. 선고 2004도1554 판결
147) 2015. 10. 29. 선고 2015도11824 판결, 대전고등법원 2009. 10. 14. 선고 2009노334 판결
148) 1989. 12. 22. 선고 89도151 판결, 서울고등법원 2006. 4. 25. 선고 2006노90 판결
149) 2007. 3. 15. 선고 2006도8869 판결

복지기금을 조성하여 이를 조합원의 복지를 위하여 사용하겠다는 취지로서 향후 조합의 복지기금 운영에 관한 자신의 계획을 밝힌 것이라고 봄이 상당하므로 금품이나 이익제공의 의사표시를 한 것에 해당한다고 할 수 없다.[150]

체육회장 선거의 후보자가 '발전 기금 5억 원 지원', '전국 17개 시, 도 협의회 운영비 500만 원 지급', '지도자의 건강검진 비용 VIP 정밀검사(90만 원 상당)'의 공약을 내세워 선거운동을 한 경우, 이는 개인적 재산을 유권자들에게 직접 나누어 주는 방식으로 재산을 출연하겠다는 것이 아니라 정관에 따라 출연하여 재원을 충당한 후 이를 운영재원을 사용하겠다는 것이고, 예산을 집행할 예정인 사용처에 과한 계획을 구체화한 것에 불과하므로 당선무효 사유에 해당하는 기부행위금지 위반에 해당한다고 보기 어렵다.[151]

(다) 제공의 약속

'제공의 약속'은 금전·물품이나 재산상 이익의 제공에 관하여 제공자와 그 상대방 사이에 합의에 이르거나 의견의 일치를 보는 것을 말한다.

'제공의 약속'은 반드시 종국적이고 확정적일 필요는 없으므로, 조합장으로 당선되면 상임이사 직을 줄 것을 약속해달라는 요구를 받고 다소 주저하면서도 결국 이를 약속한다는 내용으로 말한 경우에도 '제공의 약속'으로 인정된다.[152]

입후보 사퇴의 대가로 체육회 기금의 기부를 약속하고 선거일전 체육회장에게 금원을 지급한 후 동 체육회장이 선거일 후에 체육회 통장에 입금할 경우 기부행위의 시기는 체육회장에게 금원을 지급한 때 기부행위를 한 것으로 인정된다.[153]

바. 기부행위의 의사(범의)

기부행위의 범의는 범죄사실을 구성하는 것으로서 이를 인정하기 위해서는 엄격한 증명이 요구되는 것이나, 피고인이 기부행위의 범의를 부인하는 경우에는, 사물의 성질상 고의와 상당한 관련성이 있는 간접사실을 증명하는 방법에 의하여 입증할 수밖에 없고, 무엇이 상당한 관련성이 있는 간접사실에 해당할 것인가는 정상적인 경험칙에 바탕을 두고 치밀한 관찰력이나 분석력에 의하여 사실의 연결상태를 합리적으로 판단하는 방법에 의하여야 한다.[154]

150) 2008. 6. 12. 선고 2008도3019 판결
151) 서울동부지방법원 2022. 10. 27. 선고 2021가합102759 판결
152) 부산지방법원 서부지원 2024. 1. 25. 선고 2023고단1650, 2023고단1931 판결
153) 1983. 2. 12. 선고 92도2011 판결

2. 기부행위로 보지 아니하는 행위

가. 의의 및 적용범위

(1) 의의

다음 각 호의 어느 하나에 해당하는 행위는 기부행위로 보지 아니한다(위탁선거법 §33①).

1. 직무상의 행위
   가. 기관·단체·시설(나목에 따른 위탁단체를 제외한다)이 자체사업계획과 예산에 따라 의례적인 금전·물품을 그 기관·단체·시설의 명의로 제공하는 행위(포상을 포함[155]한다. 이하 나목에서 같다)
   나. 위탁단체가 해당 법령이나 정관 등에 따른 사업계획 및 수지예산에 따라 집행하는 금전·물품을 그 위탁단체의 명의로 제공하는 행위
   다. 물품구매·공사·역무의 제공 등에 대한 대가의 제공 또는 부담금의 납부 등 채무를 이행하는 행위
   라. 가목부터 다목까지의 규정에 따른 행위 외에 법령에 근거하여 물품 등을 찬조·출연 또는 제공하는 행위
2. 의례적 행위
   가. 「민법」 제777조(친족의 범위)에 따른 친족의 관혼상제의식이나 그 밖의 경조사에 축의·부의금품[156]을 제공하는 행위
   나. 친족 외의 사람의 관혼상제의식에 통상적인 범위에서 축의·부의금품을 제공하거나 주례를 서는 행위
   다. 관혼상제의식이나 그 밖의 경조사에 참석한 하객이나 조객 등에게 통상적인 범위에서 음식물 또는 답례품을 제공하는 행위
   라. 소속 기관·단체·시설(위탁단체는 제외한다)의 유급 사무직원이나 친족에게 연말·설 또는 추석에 의례적인 선물을 제공하는 행위
   마. 친목회·향우회·종친회·동창회 등 각종 사교·친목단체 및 사회단체의 구성원으로서 그 단체의 정관 등 운영관례상의 의무에 기하여 종전의 범위에서 회비를

---

154) 2007. 11. 16. 선고 2007도7205 판결, 2009. 12. 24. 선고 2009도10967 판결

155) 구 위탁선거법(2024. 1. 30. 법률 제20179호로 개정되기 전의 것)은 의례적인 금품·물품 제공 행위에서 '화환·화분을 제공하는 행위'를 제외하고 있었으나 현행 위탁선거법은 이를 삭제하였다.

156) 구 위탁선거법(2024. 1. 30. 법률 제20179호로 개정되기 전의 것)은 부의금품에 '화환·화분을 제외'하고 있었으나 현행 위탁선거법은 이를 삭제하였다.

납부하는 행위
바. 평소 자신이 다니는 교회·성당·사찰 등에 통상의 예에 따라 헌금(물품의 제공을 포함한다)하는 행위
3. 「공직선거법」 제112조(기부행위의 정의 등) 제2항 제3호에 따른 구호적·자선적 행위에 준하는 행위

위탁선거법 제32조(기부행위의 정의)가 처벌대상이 되는 기부행위를 포괄적으로 규정한 것과는 대조적으로 위탁선거법 제33조(기부행위로 보지 아니하는 행위)는 기부행위로 보지 아니한 경우를 규정함에 있어 이를 구체적으로 열거하고 있는 방식을 취하고 있다. 따라서 위탁선거법 제32조(기부행위의 정의)에 해당하는 금품 등의 제공행위가 위탁선거법 제33조(기부행위로 보지 아니하는 행위)에 의하여 기부행위가 허용되는 것으로 열거된 행위에 해당하지 아니하는 이상, 후보자 등의 기부행위금지위반을 처벌하는 위탁선거법 제59조(기부행위의 금지·제한 등 위반죄)의 구성요건해당성이 있다고 보아야 한다.[157)]

(2) 적용범위

기부행위로 보지 아니하는 행위에 관한 규정인 위탁선거법 제33조(기부행위로 보지 아니하는 행위)는 의무위탁선거(「교육공무원법」 제24조의3(대학의 장 후보자 추천을 위한 선거사무의 위탁)에 따른 대학의 장 후보자 추천 선거는 제외한다)에만 적용되고, 임의위탁선거에는 적용되지 아니한다(위탁선거법§22).

나. 직무상 행위

(1) 기관·단체·시설(위탁단체를 제외한다)이 자체사업계획과 예산에 따라 의례적인 금전·물품을 그 기관·단체·시설의 명의로 제공하는 행위(포상을 포함한다)

기관·단체·시설(위탁단체를 제외한다)이 자체사업계획과 예산에 따라 그 편성 목적 및 절차에 따라 그 기관·단체·시설의 명의로 지출하였다면 기부행위에 해당한다고

---

157) 2015. 10. 15. 선고 2015도11392 판결, 2009. 12. 10. 선고 2009도9925 판결, 2009. 4. 9. 선고 2009도676 판결, 2007. 4. 26. 선고 2007도218 판결, 2006. 6. 30. 선고 2006도2104 판결, 2006. 4. 27. 선고 2006도1049 판결, 2005. 8. 19. 선고 2005도2245 판결, 2003. 8. 22. 선고 2003도1697 판결, 2003. 6. 27. 선고 2003도1912 판결, 1999. 5. 11. 선고 99도499 판결, 1997. 12. 26. 선고 97도2249 판결, 1996. 12. 23. 선고 96도1558 판결, 1996. 12. 10. 선고 96도1768 판결, 1996. 5. 10. 선고 95도2820 판결

볼 수 없다. 의례적인 금전·물품인지 여부 및 포상 여부는 그 제공의 시기·대상·방법·범위·금액 등을 종합적으로 고려하여 사회통념에 따라 판단하여야 한다.158)

구 위탁선거법(2024. 1. 30. 법률 제20179호로 개정되기 전의 것)은 의례적인 금전·물품을 제공하는 행위에 '화환·화분을 제공하는 행위'는 포함되지 않는 것으로 규정하였으나, 현행 위탁선거법은 해당 부분을 삭제하여 화환·화분을 제공하는 행위도 자체사업계획과 예산에 따라 그 편성 목적 및 절차에 따라 그 기관·단체·시설의 명의로 이루어졌다면 기부행위에 해당하지 않게 되었다.

조합의 감사로서 조합장선거에 입후보할 사람이 기부행위제한기간에 자신이 속한 단체와 자신의 이름을 함께 기재하여 조합원이 설립·운영하는 단체에 미리 정하여진 사업계획이나 예산에 근거하지 않고 돈을 제공한 것은 기부행위에 해당한다.159) 조합의 경비로 근조 조향세트(근조화환 모양의 종이 제품)를 조합원 등 유족에게 제공하면서 조합의 경비임을 명기하지 않고 조합의 대표자의 직명과 성명을 밝혀 제공한 것은 기부행위에 해당한다.160)

(2) 위탁단체가 해당 법령이나 정관등에 따른 사업계획 및 수지예산에 따라 집행하는 금전·물품을 그 위탁단체의 명의로 제공하는 행위161)

'위탁단체가 해당 법령이나 정관등에 따른 사업계획 및 수지예산에 따라 집행하는 금전·물품을 그 위탁단체의 명의로 제공하는 행위'에 해당하기 위해서는 위탁단체가 금전·물품(이하 "금품"이라 한다)을 위탁단체의 명의로 제공하여야 할 뿐만 아니라 금품의 제공은 위탁단체의 사업계획 및 수지예산에 따라 집행되어야 하고, 이러한 '사업계획 및 수지예산'은 법령이나 정관 등에 근거한 것이어야 한다. 여기서 위탁단체가 금품을 위탁단체의 명의로 제공하는 것에 해당하는지는 대상자 선정과 집행과정

158) 2005. 12. 2. 중앙선관위 질의회답
159) 대전지방법원 2021. 6. 24. 선고 2019노3521 판결
160) 전주지방법원 2020. 8. 20. 선고 2019노1649 판결
161) 중앙선거관리위원회는 2019. 4. 기부행위로 보지 아니하는 행위에 해당하는 위탁단체의 금전·물품 제공 시 조합장 명의가 아닌 조합 명의로만 가능하도록 하는 것을 명확히 함으로써 조합장 재임 중 기부행위를 상시 제한한 위탁선거법의 입법취지를 반영하고, 표창·표상하는 경우 기관·단체장의 직명·성명을 상장 등에 표시하는 것을 입법적으로 명확히 하기 위하여, '위탁단체가 해당 법령이나 정관등에 따른 사업계획 및 수지예산에 따라 금전·물품을 그 위탁단체의 명의로 제공하는 경우, 해당 조합 등의 대표자의 직명 또는 성명을 밝히거나 그가 하는 것으로 추정할 수 있는 방법으로 제공할 수 없도록 하고, 다만, 포상의 경우에는 직명과 성명을 표시할 수 있도록' 하는 내용의 위탁선거법 개정의견을 국회에 제출하였다(중앙선거관리위원회, 「공공단체등 위탁선거에 관한 법률 개정의견」, 2019. 4., 16쪽).

에서 사전계획·내부결재나 사후보고 등 위탁단체 내부의 공식적 절차를 거쳤는지, 금품 제공이 위탁단체의 사업수행과 관련성이 있는지, 금품 제공 당시 제공의 주체가 위탁단체임을 밝혔는지, 수령자가 금품 제공의 주체를 위탁단체로 인식했는지, 금품의 제공 여부는 물론 금품의 종류와 가액·제공 방식 등에 관해 기존에 동일하거나 유사한 관행이 있었는지, 그 밖에 금품 제공에 이른 동기와 경위 등을 종합적으로 고려하여 판단하여야 한다. 단순히 제공된 금품이 위탁단체의 사업계획 및 수지예산에 따라 집행되었다는 사정만으로는 '직무상의 행위'에 해당한다고 할 수 없고, 특히 직무행위의 외관을 빌렸으나 실질적으로는 금품 제공의 효과를 위탁단체의 대표자 개인에게 돌리려는 의도가 드러나는 경우에는 '직무상의 행위'로 볼 수 없다.[162]

사업계획 및 수지예산서에 따른 업무추진비의 집행이 기존의 업무처리 방식과 달리 선거를 앞둔 상태에서 이를 염두에 두고 과도하게 집행되는 등의 특별한 사정이 없는 한, 법령과 정관에 따라 조합의 사업계획 및 수지예산에 따라 집행하는 금전·물품 제공행위는 기부행위가 아니다.[163] 조합이 법령과 정관에 따른 사업계획 및 수지예산에 따라 조합의 명의로 기념품, 상품권 등의 물품을 제공하는 것과 선거기간 전에 법령과 정관에 따른 사업계획과 수지예산에 따라 조합명의로 조합경영 운영공개를 위한 마을 좌담회를 개최하는 것은 무방하나, 조합장의 명의를 밝히거나 조합장이 좌담회에 참석하는 등 후보자가 되고자 하는 조합장이 하는 것으로 추정되는 방법으로 조합원에게 음식물을 제공하는 경우에는 기부행위에 해당한다.[164] 조합이 당초 설 명절 선물 지급대상자로 선정한 200명 중 95명이 미지급 상태로 남아있었음에도 추가로 42명을 선정하면서 그 추가 지급대상자의 선정기준을 제시하지 못하고 이례적인 경우(이전 명절에는 선물지급대상자를 이용실적에 따라 선정), 위 42명을 추가로 선물지급대상자로 선정하여 사과상자를 제공한 행위는 위탁선거법 제33조(기부행위로 보지 아니하는 행위) 제1항 제1호 나목의 직무상 행위에 해당한다고 볼 수 없다.[165] 피고인이 조합원이나 그 가족이 조합원인 반장들이 참석하는 영농회총회를 개최한 다음 업무추진비 지출을 위해 제공받은 신용카드를 이용하여 내의세트 등 물품을 구입하여 그 참석자들에 대하여 위 물품을 제공한 것은 피고인이 조합장으로 있는 조합의 사업계획 및 수지예산서에 영농회총회를 하면서 상품권과 식사를 제공하는 것으로 되어 있

162) 2022. 2. 24. 선고 2020도17430 판결
163) 대전지방법원 홍성지원 2009. 10. 14. 선고 2009고단432 판결
164) 2006. 1. 24. 중앙선관위 질의회답
165) 광주지방법원 2021. 1. 19. 선고 2020노155 판결

을 뿐이고, 기타 내용 부분에 접대성으로 업무추진비 항목이 책정되었다 하더라도 그 업무추진비 항목이 영농회총회에 참석한 반장들에 대하여 물품을 제공할 수 있는 근거가 될 수 없고, 피고인이 개인적으로 판단하여 선물제공을 결정한 후 자신 또는 조합 간부들을 통하여 영농회총회가 종료된 후 차량 트렁크에서 꺼내와 물품을 제공한 점, 피고인이 사용한 업무추진비 집행 건별 내역서에 사용내역이 전혀 기재되어 있지 아니한 점, 피고인이 이 사건 영농회총회를 개최한 시기, 그 규모와 횟수, 참석자들과 피고인의 인적관계, 참석자들의 수와 그들에게 제공된 물품의 가액 등을 종합하면, 설령 그것이 「농업협동조합법」 및 정관에 의하여 편성되고 정기총회의 의결을 거쳐 업무추진비로 지출되었다고 하더라도, 이를 직접적으로 뒷받침하는 별도의 법령 내지 정관이 존재하지 아니하고, 대상 · 방법 · 범위 등을 구체적으로 정한 당해 정관에 의하여 이루어지지 않은 이상 피고인이 영농회총회 참석자들에게 물품을 제공한 행위는 직무상 행위와 동등하게 평가할 수 있는 행위라고 볼 수 없다.[166]

(3) 물품구매 · 공사 · 역무의 제공 등에 대한 대가의 제공 또는 부담금의 납부 등 채무를 이행하는 행위

물품구매 · 공사 · 역무의 제공 등에 대한 대가의 제공 또는 부담금의 납부 등 채무를 이행하는 행위는 무상으로 금전 · 물품 또는 그 밖의 재산상 이익을 제공하는 것이 아니므로 기부행위에 해당하지 아니한다.

(4) 법령에 근거하여 물품 등을 찬조 · 출연 또는 제공하는 행위

후보자 등이 금품이 제공되었다고 할지라도 그것이 실질적으로 법령에 근거하여 지출된 것이라면 비록 그 지출절차에 하자가 있다고 할지라도 기부행위에 해당하지 아니한다.[167]

(5) 직무상 행위의 집행 방법

위탁선거법 제33조(기부행위로 보지 아니하는 행위) 제1항 제1호 각 목 중 위탁단체의 직무상 행위는 해당 법령에나 정관등에 따라 포상하는 경우를 제외하고는 해당 위탁단체의 명의로 하여야 한다. 해당 위탁단체의 대표자의 직명 또는 성명을 밝히거나 그가 하는 것으로 추정할 수 있는 방법으로 제공하는 행위는 기부행위로 본다. 다

166) 춘천지방법원 2009. 12. 3. 선고 2009단46 판결
167) 1998. 7. 10. 선고 98도477 판결

음 각 호의 어느 하나에 해당하는 경우에도 해당 위탁단체의 대표자가 하는 것으로 추정한다(위탁선거법34§②).

1. 종전의 대상·방법·범위·시기 등을 법령 또는 정관등의 제정 또는 개정 없이 확대 변경하는 경우
2. 해당 위탁단체의 대표자의 업적을 홍보하는 등 그를 선전하는 행위가 부가되는 경우

다. 의례적 행위

(1) 「민법」 제777조(친족의 범위)에 따른 친족의 관혼상제의식이나 그 밖의 경조사에 축의·부의금품을 제공하는 행위

친족의 범위에 해당하는 자는 8촌 이내의 혈족, 4촌 이내의 인척 및 배우자이다(민법§777). 후보자 등은 친족의 결혼식에 축의금 또는 화환을 제공하는 것이 허용된다. 위탁선거법은 친족에게 제공하는 축의·부의금품의 액수에 제한을 두지 않고 있다.

「공직선거법」 제113조(후보자 등의 기부행위제한)는 후보자(후보자가 되고자 하는 자를 포함한다)가 선거구민의 결혼식에 주례행위를 하는 것을 금지하고 있지만, 위탁선거법은 이를 금지하고 있지 아니하므로, 위탁선거의 후보자(후보자가 되고자 하는 자를 포함한다)는 선거기간 중에도 친족의 결혼식에 주례행위를 할 수 있고, 그 친족이 선거인이어도 마찬가지이다.

(2) 친족 외의 사람의 관혼상제의식에 통상적인 범위에서 축의·부의금품을 제공하거나 주례를 서는 행위

친족 외의 사람의 관혼상제의식에 통상적인 범위에서 1명에게 제공할 수 있는 축의·부의금품은 5만원 이내에서 제공하여야 한다(위탁선거법§33③, 위탁선거규칙§16 1.). 피고인이 100,000원의 축의금을 지급한 사유가 피고인의 모친상 시 상대방으로부터 받은 같은 금액의 부의금에 대한 답례취지이었다 하더라도 그것이 미풍양속 또는 일종의 의례적 행위나 직무상의 행위로 사회상규에 위배되지 않는다고 볼 수 없다.[168]

구 위탁선거법(2024. 1. 30. 법률 제20179호로 개정되기 전의 것)은 축의·부의금품에 '화환·화분'은 포함되지 않는 것으로 규정하였으나, 현행 위탁선거법은 해당 부분을 삭제하여 화환·화분을 관혼상제의식에 통상적인 범위에서 축의·부의금품으로 제공하는 경우에는 기부행위에 해당하지 않게 되었다.

168) 광주지방법원 2010. 5. 25. 선고 2020노335 판결

선거기간 중에도 친족 외의 사람의 결혼식에 주례를 설 수 있고, 그 사람이 선거인이어도 마찬가지이다.

(3) 관혼상제의식이나 그 밖의 경조사에 참석한 하객이나 조객 등에게 통상적인 범위에서 음식물 또는 답례품을 제공하는 행위

관혼상제의식이나 그 밖의 경조사에 참석한 하객이나 조객 등에게 통상적인 범위에서 1명에게 제공할 수 있는 음식물은 3만원 이내, 답례품은 1만원 이내에서 제공하여야 한다(위탁선거법§33③, 위탁선거규칙§16 2., 3.).

(4) 소속 기관 · 단체 · 시설(위탁단체는 제외한다)의 유급 사무직원이나 친족에게 연말 · 설 또는 추석에 의례적인 선물을 제공하는 행위

소속 기관 · 단체 · 시설(위탁단체는 제외한다)의 유급 사무직원이나 친족 1명에게 연말 · 설 또는 추석에 통상적으로 제공하는 의례적인 선물은 3만원 이내에서 제공하여야 한다(위탁선거법§33③, 위탁선거규칙§16 4.).

조합장선거를 5개월 앞두고 조합장이 자신의 비용으로 멸치상자를 구입한 후 자신의 명함을 첨부하여 대의원과 조합원들에게 제공한 것은 의례적인 선물을 제공하는 행위에 해당하지 않는다.[169)]

(5) 친목회 · 향우회 · 종친회 · 동창회 등 각종 사교 · 친목단체 및 사회단체의 구성원으로서 그 단체의 정관등 또는 운영관례상의 의무에 기하여 종전의 범위 안에서 회비를 납부하는 행위

위 '회비를 납부하는 행위'에 해당하려면 그 금품제공행위가 정관 · 규약 또는 운영관례상의 '의무에 기한 회비' 납부행위인 경우여야 하는바, 정관등에 아무런 근거도 없는 상태에서 막연히 종전의 관행에 따라 금원을 제공하였다는 것만으로는 이에 해당한다고 볼 수는 없다.[170)] 종친회가 정관등의 규정에 따라 종친회원에게 정기적으로 지급하여 온 장학금을 그 종친회 명의로 제공하는 것은 무방하나, 후보자(후보자가 되고자 하는 자를 포함)의 명의를 밝혀 제공하거나 후보자가 제공하는 것으로 추정할 수 있는 방법으로 하는 것은 위탁선거법 제35조(기부행위제한) 제2항에 위반된다.[171)]

---

169) 전주지방법원 2009. 7. 24. 선고 2009노191 판결
170) 2007. 7. 12. 선고 2007도579 판결
171) 2007. 3. 12. 중앙선관위 질의회답

(6) 평소 자신이 다니는 교회 · 성당 · 사찰 등에 통상의 예에 따라 헌금(물품의 제공을 포함한다)하는 행위

후보자가 평소 자신이 다니는 교회가 아닌 다른 교회, 그것도 자신 소속 교파와 다른 교회의 예배에 참석하여 봉투에 자신의 이름을 기재하여 금 20,000원을 넣어 헌금한 행위는 의례적인 행위가 아니다.[172]

라. 구호적 · 자선적 행위

「공직선거법」 제112조(기부행위의 정의 등) 제2항 제3호[173]에 따른 구호적 · 자선적 행위에 준하는 행위는 기부행위가 아니다(위탁선거법§33①3.).

(1) 법령에 의하여 설치된 사회보호시설 중 수용보호시설에 의연금품을 제공하는 행위에 준하는 행위

---

172) 서울고등법원 1996. 4. 10. 선고 96노350 판결

173) 「공직선거법」 제112조(기부행위의 정의 등) ② 제1항의 규정에 불구하고 다음 각 호의 어느 하나에 해당하는 행위는 기부행위로 보지 아니한다.

3. 구호적 · 자선적 행위
   가. 법령에 의하여 설치된 사회보호시설 중 수용보호시설에 의연금품을 제공하는 행위
   나. 「재해구호법」의 규정에 의한 구호기관(전국재해구호협회를 포함한다) 및 「대한적십자사 조직법」에 의한 대한적십자사에 천재 · 지변으로 인한 재해의 구호를 위하여 금품을 제공하는 행위
   다. 「장애인복지법」 제58조(장애인복지시설)에 따른 장애인복지시설(유료복지시설을 제외한다)에 의연금품 · 구호금품을 제공하는 행위
   라. 「국민기초생활보장법」에 의한 수급권자인 중증장애인에게 자선 · 구호금품을 제공하는 행위
   마. 자선사업을 주관 · 시행하는 국가 · 지방자치단체 · 언론기관 · 사회단체 또는 종교단체 그 밖에 국가기관이나 지방자치단체의 허가를 받아 설립된 법인 또는 단체에 의연금품 · 구호금품을 제공하는 행위. 다만, 광범위한 선거구민을 대상으로 하는 경우 제공하는 개별 물품 또는 그 포장지에 직명 · 성명 또는 그 소속 정당의 명칭을 표시하여 제공하는 행위는 제외한다.
   바. 자선 · 구호사업을 주관 · 시행하는 국가 · 지방자치단체, 그 밖의 공공기관 · 법인을 통하여 소년 · 소녀가장과 후원인으로 결연을 맺고 정기적으로 제공하여 온 자선 · 구호금품을 제공하는 행위
   사. 국가기관 · 지방자치단체 또는 구호 · 자선단체가 개최하는 소년 · 소녀가장, 장애인, 국가유공자, 무의탁노인, 결식자, 이재민, 「국가기초생활보장법」에 따른 수급자 등을 돕기 위한 후원회 등의 행사에 금품을 제공하는 행위. 다만, 개별 물품 또는 그 포장지에 직명 · 성명 또는 그 소속 정당의 명칭을 표시하여 제공하는 행위는 제외한다.
   아. 근로청소년을 대상으로 무료학교(야학을 포함한다)를 운영하거나 그 학교에서 학생들을 가르치는 행위

(2) 「재해구호법」의 규정에 의한 구호기관(전국재해구호협회를 포함한다) 및 「대한적십자사 조직법」에 대한 대한적십자사에 천재·지변으로 인한 재해의 구호를 위하여 금품을 제공하는 행위에 준하는 행위

(3) 「장애인복지법」 제58조(장애인 복지시설)에 따른 장애인복지시설(유료복지시설을 제외한다)에 의연금품·구호금품을 제공하는 행위에 준하는 행위

(4) 「국민기초생활보장법」에 의한 수급권자인 중증장애인에게 자선·구호금품을 제공하는 행위에 준하는 행위

본 항목에 해당하기 위해서는 기부행위의 상대방이 「국민기초생활보장법」에 의한 수급권자인 중증장애인이어야 할 뿐만 아니라 기부행위자에게 자선 내지 구호의 의사가 있어야 한다.[174)]

(5) 자선사업을 주관·시행하는 국가·지방자치단체·언론기관·사회단체 또는 종교단체 그 밖에 국가기관이나 지방자치단체의 허가를 받아 설립된 법인 또는 단체에 의연금품·구호금품을 제공하는 행위에 준하는 행위

자선사업이란 주로 종교적·도덕적 동기에 기반을 두고 고아, 병자, 노약자, 빈민 등을 구제할 목적으로 이루어지는 사회사업을 말하고, 자선사업을 주관·시행하는 단체는 위 자선사업과 직접적인 관련이 있을 뿐만 아니라 단체로서의 실체를 갖추고 있어야 한다.[175)]

(6) 자선·구호사업을 주관·시행하는 국가·지방자치단체, 그 밖의 공공기관·법인을 통하여 소년·소녀 가장과 후원인으로 결연을 맺고 정기적으로 제공하여 온 자선·구호금품을 제공하는 행위에 준하는 행위

(7) 국가기관·지방자치단체 또는 구호·자선단체가 개최하는 소년·소녀가장, 장애인, 국가유공자, 무의탁노인, 결식자, 이재민, 「국가기초생활보장법」에 따른 수급자 등을 돕기 위한 후원회 등의 행사에 금품을 제공하는 행위에 준하는 행위

(8) 근로청소년을 대상으로 무료학교(야학을 포함한다)를 운영하거나 그 학교에서 학생들을 가르치는 행위에 준하는 행위

---

174) 2007. 3. 16. 선고 2007도617 판결
175) 졸저, 『선거법강의 제2판』, 박영사, 1037쪽

마. 그 밖에 직무상의 행위, 의례적 행위, 구호적·자선적 행위에 준하는 행위로서 중앙선거관리위원회규칙으로 정하는 행위

중앙선거관리위원회규칙에는 이에 관한 아무런 규정을 두지 않고 있다.

바. 사회상규에 위배되지 않는 행위

법원은, 「공직선거법」 제112조(기부행위의 정의 등) 제2항의 기부행위로 보지 않는 행위와 관련하여, "「공직선거법」 제112조(기부행위의 정의 등) 제1항에 해당하는 금품 등 제공행위가 법 제112조(기부행위의 정의 등) 제2항 등에 규정된 의례적 행위나 직무상 행위에 해당하지 않더라도, 그것이 지극히 정상적인 생활형태의 하나로서 역사적으로 생성된 사회질서의 범위 안에 있는 행위나 직무상의 행위로서 사회상규에 위배되지 아니하는 경우는 위법성이 조각된다."고 하면서,[176] "그와 같은 사유로 위법성의 조각을 인정하는 것은 신중하여야 한다."고 판시하고 있다.[177] 이러한 법원의 태도는 위탁선거의 기부행위에 있어서도 그대로 적용된다고 봄이 상당하다.

위탁선거의 기부행위에 있어서도 위탁선거법 제33조(기부행위로 보지 아니하는 행위) 제1항에 규정된 직무상의 행위나 의례적 행위 등위에 해당하지 않고 위탁선거법에서 금지하는 기부행위의 구성요건에 해당하는 행위라고 하더라도, 그것이 지극히 정상적인 생활형태의 하나로서 역사적으로 생성된 사회질서의 범위 안에 있는 것이라고 볼 수 있는 경우에는 일종의 의례적 행위나 직무상의 행위로서 사회상규에 위배되지 아니하여 위법성이 조각된다. 그러나 이러한 위법성조각사유의 인정은 신중하게 하여야 하고, 그 판단에 있어서는 기부대상자의 범위와 지위 및 선정 경위, 기부행위에 제공된 금품 등의 종류와 가액, 기부행위 시점, 기부행위와 관련한 기존의

---

176) 2017. 4. 28. 선고 2015도6008 판결, 2007. 9. 7. 선고 2007도3823 판결, 2006. 4. 27. 선고 2006도1049 판결, 2005. 12. 9. 선고 2005도7773 판결, 2003. 8. 22. 선고 2003도1697 판결, 2003. 6. 27. 선고 2003도1912 판결, 1997. 12. 26. 선고 97도2249 판결, 1996. 5. 10. 선고 95도2820 판결

177) 2018. 5. 11. 선고 2018도4075 판결, 2011. 2. 24. 선고 2010도14720 판결, 2009. 12. 10. 선고 2009도9925 판결, 2009. 4. 9. 선고 2009도676 판결, 2007. 11. 16. 선고 2007도7205 판결, 2007. 4. 26. 선고 2007도218 판결, 2007. 1. 25. 선고 2006도7242 판결, 2006. 6. 30. 선고 2006도2104 판결, 2005. 8. 19. 선고 2005도2245 판결, 2005. 2. 18. 선고 2004도6323 판결, 2005. 1. 13. 선고 2004도7360 판결, 1999. 5. 11. 선고 99도499 판결, 1996. 12. 10. 선고 96도1768 판결, 춘천지방법원 강릉지원 2020. 11. 29. 선고 2019노516 판결

관행, 기부행위자와 기부대상자의 관계 등 제반 사정을 종합적으로 고려하여야 한다.[178] 조합원 및 조합원의 가족이 포함된 여수 오동도 관광행사에 대한 찬조금 명목으로 50만원을 제공하고, 조합원 및 조합원의 가족의 식대 및 택시비로 79,000원을 부담한 행위는 관행적·의례적 행위로서 사회상규에 부합하는 행위에 해당하지 않는다.[179] 마을 대동회에 참석한 후 지도사업비로 부녀회에 찬조금 10만원을 제공한 것은 의례적 행위나 직무상 행위로서 사회상규에 위배되지 아니하여 위법성이 없다고 할 수 없다.[180]

새마을금고의 문화복지사업의 하나로서 매년 정기총회일에 행하여져온 일상적인 직무행위로서, 새마을금고 이사장이 경로당에 대한 연료비와 불우이웃에 대한 성금을 금고 명의로 지급한 행위는 기부행위가 아니다.[181]

3. 기부행위제한기간

가. 의의

기부행위를 할 수 없는 기간(이하 "기부행위제한기간"이라 한다)은 다음 각 호와 같다(위탁선거법§34).

1. 임기만료에 따른 선거는 임기만료일 전 1년부터 선거일까지
2. 해당 법령이나 정관 등에 따른 보궐선거등은 그 선거의 실시 사유가 발생한 날부터 선거일까지

「공직선거법」이 기부행위를 상시적으로 금지하고 있음에 반하여 위탁선거법은 기부행위제한기간을 두어 그 기간 동안에는 기부행위를 금지하고 있다. 즉 임기만료에 따른 선거는 임기만료일 전 1년부터 선거일까지 기부행위를 할 수 없고, 보궐선거등(재선거, 보궐선거 및 위탁단체의 설립·분할 또는 합병으로 인한 선거)은 그 선거의 실시사유가 발생한 날부터 선거일까지 기부행위를 할 수 없다. 기부행위제한기간이 아닌 때

---

178) 2022. 2. 24. 선고 2020도17430 판결, 대구지방법원 2021. 9. 10. 선고 2020노1525 판결(한마음체육대회 찬조행위는 대부분 참석자가 내는 것으로 실비보전적 성격이 강하며, 실제 찬조한 액수가 최저금액이고, 피고인의 사회경제적 지위로 보아 조합장선거가 아니었어도 찬조했을 것으로 보이므로 일종의 의례적 행위로서 상회상규에 위배되지 아니하는 행위로 보아 위법성이 조각된다고 한 사례)

179) 대전지방법원 2009. 4. 9. 선고 2008노3211 판결

180) 창원지방법원 2007. 6. 21. 선고 2006노1145 판결

181) 2007. 10. 26. 선고 2007도717 판결

에 기부행위를 하는 것은 허용된다.[182)]

구 위탁선거법(2024. 1. 30. 법률 제20179호로 개정되기 전의 것)은 임기만료일 전 180일부터 기부행위를 금지하여 상시 기부행위가 금지되는 조합장에 비해 그 밖의 후보자 등은 비교적 선거에 임박하여도 기부행위를 할 수 있는 문제가 있었는바, 현행 위탁선거법은 임기만료일 전 1년부터 기부행위를 금지하여 기부행위 금지 기간을 확대하였다.

나. 적용범위

기부행위제한기간 규정인 위탁선거법 제34조(기부행위제한기간)는 의무위탁선거(「교육공무원법」 제24조의3(대학의 장 후보자 추천을 위한 선거사무의 위탁)에 따른 대학의 장 후보자 추천 선거는 제외한다)에만 적용되고, 임의위탁선거에는 적용되지 아니한다(위탁선거법§22).

4. 후보자 등의 기부행위제한

가. 의의 및 적용범위

(1) 의의

후보자(후보자가 되려는 사람을 포함한다. 이하 같다), 후보자의 배우자, 후보자가 속한 기관·단체·시설은 기부행위제한기간 중 기부행위를 할 수 없다(위탁선거법§35①).[183)]

---

182) 대법원은 「농업협동조합법」상 선거일 공고일 이전의 금품제공행위를 처벌할 수 있는지 여부에 대하여, '「농업협동조합법」 제50조(선거운동의 제한)의 규정 내용 및 입법연혁 등에 비추어 보면, 같은 법 제50조(선거운동의 제한) 제1황 내지 제3항은 조합내의 선거부정과 혼탁선거를 방지하기 위하여 부정한 행위들을 특정하여 이를 금지하고 있는 규정이라 할 것이고, 같은 조 제4항은 선거의 과열방지 및 공정성을 확보하기 위하여 선거운동방법을 한정하고, 정관에서 정한 것 이외의 선전벽보 등의 부착·배부 및 합동연설회 또는 공개토론회의 개최나 이와 유사한 형태의 선거운동을 금지하고 있는 규정이라 할 것이며, 그 처벌규정도 각각 달리하고 있으므로, 같은 법 제50조(선거운동의 제한) 제4항을 같은 조 제1항 내지 제3항에 대하여 보충적으로 적용되는 규정으로 볼 수 없다고 할 것이고, 따라서 선거일 공고일 이전의 금품제공행위를 같은 법 제172조(벌칙) 제1항, 제50조(선거운동의 제한) 제1항 위반죄로 처벌할 수 없다고 하여, 이와 같은 행위를 같은 법 제172조(벌칙) 제2항, 제50조(선거운동의 제한) 제4항에 위반되는 것으로 해석하는 것은 확대해석과 유추해석을 금지하는 죄형법정주의원칙에 위배되어 허용될 수 없다.'고 판시하였다(2004. 7. 22. 선고 2004도2290 판결).

183) 헌법재판소는 지역농협의 조합장 선거와 관련하여 금전제공행위를 금지하는 「농업협동조합법(2009. 6. 9. 법률 제9761호로 개정된 것)」 제50조(선거운동의 제한) 제1항 제1호 가목 및 다

위탁선거법 제35조(기부행위제한) 제1항의 '후보자 등의 기부행위제한'은 「공직선거법」 제113조(후보자 등의 기부행위제한) 제1항[184]의 '후보자 등의 기부행위제한'과 그 내용이 유사하나, 「공직선거법」 제113조(후보자 등의 기부행위제한) 제1항의 '후보자 등의 기부행위제한'은 기부행위제한기간이 없는 반면에 위탁선거법 제35조(기부행위제한) 제1항의 '후보자 등의 기부행위제한'은 기부행위제한기간 중에만 기부행위를 할 수 없다.

(2) 적용범위

위탁선거법 제35조(기부행위제한) 제1항의 '후보자 등의 기부행위제한'은 의무위탁선거(「교육공무원법」 제24조의3(대학의 장 후보자 추천을 위한 선거사무의 위탁)에 따른 대학의 장 후보자 추천 선거는 제외한다)에만 적용되고, 임의위탁선거에는 적용되지 아니한다(위탁선거법§22).

나. 기부행위의 주체

위탁선거법 제35조(기부행위제한) 제1항 '후보자 등 기부행위제한'의 기부행위의 주체는 후보자, 후보자의 배우자, 후보자가 속한 기관·단체·시설이다.[185]

목 중 '금전' 부분(이하 "이 사건 금전제공금지조항"이라 한다)와 관련하여, '지역농협의 조합장선거에 출마한 후보자가 당선되기 위하여 조합원 등에게 금전을 제공하는 행위는 선거의 과열을 초래하고 그 결과 선거의 공정성이 저해될 것임은 명백하므로, 지역농협의 조합장선거의 공정성을 담보하기 위해서는 당선되게 하거나 당선되지 못하게 할 목적으로 조합원 등에게 금품을 제공하는 행위를 금지할 필요가 있고, 이와 같은 조합원을 매수하는 행위를 금지하더라도 조합장선거에 출마한 후보자는 「농업협동조합법」 제50조(선거운동의 제한) 제4항에 규정된 방법으로 선거운동을 할 수 있으므로, 이 사건 금전제공금지조항은 지역농협의 조합장선거에 관한 청구인의 일반적 행동의 자유를 지나치게 제한하는 것이라 할 수 없다.'고 판시하였다(2012. 2. 23. 선고 2011헌바154 결정).

184) 「공직선거법」 제113조(후보자 등의 기부행위제한) ① 국회의원·지방의회의원·지방자치단체의 장·정당의 대표자·후보자(후보자가 되고자 하는 자를 포함한다)와 그 배우자는 당해 선거구 안에 있는 자나 기관·단체·시설 또는 당해 선거구의 밖에 있더라도 그 선거구민과 연고가 있는 자나 기관·단체·시설에 기부행위(결혼식에서의 주례행위를 포함한다)를 할 수 없다.

185) 헌법재판소는 특정인을 임원으로 당선되게 하거나 당선되지 못하게 할 목적으로 선거인이나 후보자에게 금품·향응 등을 제공하는 것을 금지하고 그 위반행위를 형사처벌하는 「새마을금고법(2007. 7. 25. 법률 제8485호로 전부 개정된 것)」 제22조(임원의 선거운동 제한) 제2항과 관련하여, '이 사건 법률조항 중 "특정인을 임원으로 당선되게 하거나 당선되지 못하게 할 목적으로" 부분의 "특정인"에 행위주체인 후보자 자신이 포함되는지 여부, 나아가 후보자가 자신의 당선을 목적으로 금품 등을 제공하는 것이 이 사건 법률조항에 해당하는지 여부가 불분명한 것인지에 관하여 보면, 이 사건 법률조항의 입법취지는 새마을금고의 임원 선거과정에서 금권이

위탁선거법 제35조(기부행위제한) 제1항의 '후보자가 되려는 사람'에는 선거에 출마할 예정인 사람으로서 선거권자로부터 후보자추천을 받기 위한 활동을 벌이는 등 입후보의사가 확정적으로 외부에 표출된 사람뿐만 아니라 그 신분·접촉대상·언행 등에 비추어 선거에 입후보할 의사를 가진 것을 객관적으로 인식할 수 있을 정도에 이른 사람도 포함된다.[186] 기부행위 당시에 입후보할 의사를 가지고 있는 자이면 족하고, 그 의사가 확정적일 것까지 요구하는 것은 아니다.[187] '후보자가 되고자 하는 자'는 당사자의 주관에 의해서만 판단하는 것이 아니라 후보자의 의사를 인정할 수 있는 객관적 징표 등을 고려하여 그 해당 여부를 판단하고 있으며, 문제되는 당해 선거를 기준으로 하여 기부 당시 후보자가 되려는 의사를 인정할 수 있는지를 판단하면 된다.[188]

「공직선거법」 제114조(정당 및 후보자의 가족 등의 기부행위제한) 제2항은 같은 조 제1항[189]의 기부행위의 주체 중 하나인 '후보자 또는 그 가족과 관계있는 회사 등'은

개입하여 공정한 선거가 이루어지지 아니하는 폐해를 척결하기 위한 것에 있고, 만약 "특정인"에 후보자 자신은 포함되지 않는다고 하게 되면 후보자가 "자기"를 당선되게 할 목적으로 금품 등을 제공하는 것을 법이 허용하는 결과가 되나, 후보자가 "자기"를 당선되게 할 목적으로 금품 등을 제공하는 것은 선거의 공정을 해하는 대표적인 행위가 될 터인데, 이를 처벌하지 않는다면 이 사건 법률조항의 입법취지가 몰각될 것이다. 따라서 이 사건 법률조항은 "누구든지" 자기를 포함한 "특정인"을 임원으로 당선되게 하거나 당선되지 못하게 할 목적으로 선거인이나 후보자에게 금품·향응 등을 제공행위를 하는 것을 모두 금지함이 법문언상 명백하므로 죄형법정주의의 명확성원칙에 반하지 않는다.'고 판시하였다(2020. 7. 29. 선고 2008헌바119 결정).

186) 2018. 4. 24.자 2018초기306 결정, 2008. 8. 11. 선고 2008도4492 판결, 2006. 6. 27. 선고 2006도2370 판결, 2005. 12. 22. 선고 2004도7116 판결, 2005. 1. 27. 선고 2004도7419 판결, 2005. 1. 13. 선고 2004도7360 판결, 2005. 12. 22. 선고 2005도7774 판결

187) 1996. 9. 10. 선고 96도976 판결, 1975. 7. 22. 선고 75도1659 판결

188) 2014. 2. 27. 선고 2013헌바106 결정, 2010. 9. 30. 선고 2009헌바201 결정, 2009. 4. 30. 선고 2007헌바29·86(병합) 전원재판부 결정

189) 「공직선거법」 제114조(정당 및 후보자의 가족 등의 기부행위제한) ① 정당[「정당법」 제37조(활동의 자유) 제3항에 따른 당원협의회(이하 "당원협의회"라 한다)와 창당준비위원회를 포함한다. 이하 이 조에서 같다], 정당선거사무소의 소장, 후보자(후보자가 되고자 하는 자를 포함한다. 이하 이 조에서 같다)나 그 배우자의 직계존·비속과 형제자매, 후보자의 직계비속 및 형제자매의 배우자, 선거사무장, 선거연락소장, 선거사무원, 회계책임자, 연설원, 대담·토론자나 후보자 또는 그 가족(가족의 범위는 제10조(사회단체 등의 공명선거추진활동) 제1항 제3호에 규정된 "후보자의 가족"을 준용한다)과 관계있는 회사 그 밖의 법인·단체(이하 "회사 등"이라 한다) 또는 그 임·직원은 선거기간 전에는 당해 선거에 관하여, 선거기간에는 당해 선거에 관한 여부를 불문하고 후보자 또는 그 소속정당을 위하여 일체의 기부행위를 할 수 없다. 이 경우 후보자 또는 그 소속정당의 명의를 밝혀 기부행위를 하거나 후보자 또는 그 소속정당이 기부하는 것으로 추정할 수 있는 방법으로 기부행위를 하는 것은 당해 선거에 관하여 후보자 또

① 후보자가 임·직원 또는 구성원으로 있거나 기금을 출연하여 설립하고 운영에 참여하고 있거나 관계법규 또는 규약에 의하여 의사결정에 실질적으로 영향력을 행사할 수 있는 회사 기타 법인·단체, ② 후보자의 가족이 임원 또는 구성원으로 있거나 기금을 출연하여 설립하고 운영에 참여하고 있거나 관계법규 또는 규약에 의하여 의사결정에 실질적으로 영향력을 행사할 수 있는 회사 기타 법인·단체, ③ 후보자가 소속한 정당이나 후보자를 위하여 설립한 「정치자금법」에 의한 후원회 중 어느 하나에 해당하는 회사 등을 말한다고 규정하고 있으나, 위탁선거법 제35조(기부행위제한) 제1항은 기부행위의 주체 중 '후보자가 속한 기관·단체·시설'에 대하여 그 정의 규정을 두지 않고 있다. 「공직선거법」 제114조(정당 및 후보자의 가족 등의 기부행위제한) 제2항의 입법취지 등을 종합하여보면, 위탁선거법 제35조(기부행위제한) 제1항의 '후보자가 속한 기관·단체·시설'이란 '후보자가 임·직원 또는 구성원으로 있거나 기금을 출연하여 설립하고 운영에 참여하고 있는 기관·단체·시설'이라고 보아야 한다. 후보자가 임·직원 또는 구성원으로 있다면 그 기관·단체·시설은 당연히 후보자가 속한 기관·단체·시설임이 명백하고, 나아가 후보자가 기금을 출연하고 설립하여 운영에 참여하고 있다면 그 기관·단체·시설 또한 후보자가 속한 기관·단체·시설로 보아야하기 때문이다. 한편, 「공직선거법」 제114조(정당 및 후보자의 가족 등의 기부행위제한) 제2항의 '관계법규나 규약에 의하여 의사결정에 실질적으로 영향력을 행사할 수 있는 회사 기타 법인·단체'는 비록 후보자가 실질적으로 영향력을 행사할 수 있는 기관·단체·시설이라고 하더라도 그러한 기관·단체·시설을 위탁선거법 제35조(기부행위제한) 제1항의 '후보자가 속한 기관·단체·시설'이라고 볼 수는 없다. 이는 '후보자가 임·직원 또는 구성원으로 있거나 기금을 출연하여 설립하고 운영에 참여하고 있는 회사 그 밖의 법인·단체'와 구별하여 병렬적으로 규정하고 있는 점에 비

는 정당을 위한 기부행위로 본다.

② 제1항에서 "후보자 또는 그 가족과 관계있는 회사 등"이라 함은 다음 각 호의 어느 하나에 해당하는 회사 등을 말한다.

1. 후보자가 임·직원 또는 구성원으로 있거나 기금을 출연하여 설립하고 운영에 참여하고 있거나 관계법규나 규약에 의하여 의사결정에 실질적으로 영향력을 행사할 수 있는 회사 기타 법인·단체
2. 후보자의 가족이 임원 또는 구성원으로 있거나 기금을 출연하여 설립하고 운영에 참여하고 있거나 관계법규나 규약에 의하여 의사결정에 실질적으로 영향력을 행사할 수 있는 회사 기타 법인·단체
3. 후보자가 소속한 정당이나 후보자를 위하여 설립한 「정치자금법」에 의한 후원회

추어 후보자가 속하는 '회사 그 밖의 법인·단체'는 아니지만 「공직선거법」상 '관계법규나 규약에 의하여 의사결정에 실질적으로 영향력을 행사할 수 있는 회사 그 밖의 법인·단체'가 기부행위를 하는 경우에도 후보자 자신이 기부하는 것으로 보아 이를 별도로 규제하기 위한 필요에 의하여 기부행위의 주체로서 규정하고 있다고 보기 때문이다. 따라서 '관계법규나 규약에 의하여 의사결정에 실질적으로 영향력을 행사할 수 있는 회사 그 밖의 법인·단체'는 위탁선거법 제35조(기부행위제한) 제1항의 '후보자가 속한 기관·단체·시설'이 아니다.

다. 시기

위탁선거법 제35조(기부행위제한) 제1항의 '후보자 등의 기부행위제한'의 기부행위는 기부행위제한기간 중에는 금지된다. 따라서 임기만료에 따른 선거에서는 임기만료일 전 1년부터 선거일까지, 해당 법령이나 정관등에 따른 보궐선거 등(재선거, 보궐선거, 위탁단체의 설립·분할 또는 합병으로 인한 선거)에서는 그 선거의 실시사유가 발생한 날부터 선거일까지는 기부행위가 금지된다. 기부행위제한기간 중 투표가 종료되기 전에 금전·물품 또는 그 밖의 재산상 이익을 제공하겠다는 의사표시를 하고 나아가 투표가 종료된 다음 기부행위제한기간이 끝난 선거일 이후에 금전·물품 또는 그 밖의 재산상 이익을 제공한 경우에 비록 투표가 종료되어 선거일이 지났다고 하더라도 위탁선거법 제35조(기부행위제한) 제1항에 위반된다고 봄이 상당하다.[190]

라. 선거와의 관련성

위탁선거법 제35조(기부행위제한) 제1항의 '후보자 등의 기부행위제한'은 위탁선거법 제35조(기부행위제한) 제2항의 '제3자의 기부행위제한'과는 달리 기부행위와 당해 위탁선거와의 관련성을 별도의 요건으로 명시하지 않고 있다. 따라서 위탁선거법 제

---

190) 2015. 1. 29. 선고 2013도5399 판결(지역농업협동조합의 임원이나 대의원 선거에서 투표가 종료되기 전에 조합원이 그로 하여금 특정 후보자를 당선되게 하는 행위를 하게 할 목적으로 금전·물품·향응, 그 밖의 재산상의 이익이나 공사의 직을 제공하겠다는 의사표시를 승낙하고 나아가 투표가 종료된 후에 약속에 따라 재산상 이익 등이 실제로 제공된 경우에, 비록 투표가 종료되어 더 이상 조합원 등의 투표행위나 후보자의 당락에 영향을 미칠 수 없게 되었다 하더라도, 재산상 이익 등을 제공하고 제공받은 행위는 제공의 의사표시를 하고 이를 승낙한 행위와 마찬가지로 선거에서 특정 후보자를 당선되게 할 목적으로 이루어진 것으로서 구「농업협동조합법(2011. 3. 31. 법률 제10522호로 개정되기 전의 것)」 제172조(벌칙) 제1항 제2호, 제50조(선거운동의 제한) 제1항 제1호 및 제3호에 의하여 처벌대상이 된다)

32조(기부행위의 정의)에 해당하는 금품 등 제공행위는 위탁선거법 제33조(기부행위로 보지 아니하는 행위) 제1항에서 허용되는 것으로 열거된 행위에 해당하지 아니한 이상 기부행위에 해당하는 것이고, 위탁선거법 제35조(기부행위제한) 제1항의 '후보자 등의 기부행위제한위반죄'가 성립하기 위해서는 당해 위탁선거의 선거운동의 목적 또는 당해 위탁선거와의 관련성까지 필요한 것은 아니다.191) 위탁선거법 제35조(기부행위제한) 제1항의 '후보자 등의 기부행위'는 그것이 당해 위탁선거의 선거운동이 되는지 여부에 관계없이 위탁선거법 제33조(기부행위로 보지 아니하는 행위) 제1항의 예외사유에 해당하지 아니하는 한 금지된다.192)

마. 기부행위의 상대방

「공직선거법」 제113조(후보자 등의 기부행위제한) 제1항은 기부행위 상대방으로서 '당해 선거구 안에 있는 자나 기관·단체·시설 또는 당해 선거구 밖에 있더라도 그 선거구민과 연고가 있는 자나 기관·단체·시설'을 특정하고 있는 반면에, 위탁선거법 제35조(기부행위제한) 제1항의 '후보자 등의 기부행위제한'은 기부행위의 상대방을 특정하고 있지는 않고 있다.193) 그러나 위탁선거법 제32조(기부행위의 정의)의 기부행

---

191) 법원은 「농업협동조합법」 제50조의2(기부행위의 제한) 제1항과 관련하여, '「농업협동조합법」 제50조의2(기부행위의 제한) 제1항 기부행위제한위반죄가 성립되기 위하여 선거운동의 목적 또는 선거의 관련성까지 필요한 것은 아니다.'라고 판시하였다(대구고등법원 2010. 6. 10. 선고 2009노460 판결).

192) 「농업협동조합법」 제50조(선거운동의 제한) 제1항은 "누구든지 자기 또는 특정인을 지역농협의 임원이나 대의원으로 당선되게 하거나 당선되지 못하게 할 목적으로" 금품 등을 제공하는 것을 금지하고 있다. 법원은 위 "당선되게 할 목적"과 관련하여, '구「농업협동조합법(2011. 3. 31. 법률 제10522호로 개정되기 전의 것)」 제50조(선거운동의 제한) 제1항 제1호에서 규정하고 있는 "당선되게 할 목적"은 금전·물품·향응, 그 밖의 재산상의 이익이나 공사의 직을 제공받은 당해 조합원 등의 투표행위에 직접 영향을 미치는 행위나 재산상 이익 등을 제공받은 조합원 등으로 하여금 타인의 투표의사에 영향을 미치는 행위 또는 특정 후보자의 당락에 영향을 미치는 행위를 하게 만들 목적을 의미한다.'고 판시하였다(2015. 1. 29. 선고 2013도5399 판결).

193) 대법원은 구「농업협동조합법(2012. 6. 1. 법률 제11454호로 개정되기 전의 것)」 제161조(준용규정), 제50조(선거운동의 제한) 제1항 제1호 (가)목에서 제한하는 '중앙회의 임원으로 당선되게 하거나 당선되지 못하게 할 목적으로 회원에게 금품을 제공하는 등의 행위'의 범위 등에 관하여, '구「농업협동조합법(2012. 6. 1. 법률 제11454호로 개정되기 전의 것)」 제161조(준용규정), 제50조(선거운동의 제한) 제1항 제1호 (가)목은 "중앙회의 임원으로 당선되게 하거나 당선되지 못하게 할 목적으로 회원에게 금품을 제공하는 등의 행위"를 제한하고 있다. 위 조항에서 상정하고 있는 이익제공의 목적이 단지 선거인의 투표권을 매수하는 행위, 즉 자기에게 투표하는 대가로 이익을 제공하는 행위에 국한되는 것은 아니고, 선거인의 후보자 추천이나 후보자에 대한 지원활동 등 널리 당선에 영향을 미칠 수 있는 행위와 관련하여 이익을 제공하는 행

위의 상대방으로 열거되어 있는 바와 같이, 선거인[선거인명부를 작성하기 전에는 그 선거인명부에 오를 자격이 있는 자(해당 위탁단체에 가입되어 해당 법령이나 정관등에 따라 위탁선거의 선거권이 있는 자 및 해당 위탁단체에 가입 신청을 한 자를 말한다)를 포함한다]이나 그 가족(선거인의 배우자, 선거인 또는 그 배우자의 직계존비속과 형제자매, 선거인의 직계존비속 및 형제자매의 배우자를 말한다), 선거인이나 그 가족이 설립·운영하고 있는 기관·단체·시설을 대상으로 후보자 등이 금전·물품 또는 그 밖의 재산상 이익을 제공하거나 그 이익제공의 의사를 표시하거나 그 제공을 약속하는 행위를 하여야 위탁선거법 제35조(기부행위제한) 제1항의 '후보자 등의 기부행위제한'의 기부행위에 해당한다. 즉, 지역농협의 조합장선거와 관련하여 기부행위제한 위반으로 인한 위탁선거법 위반죄가 성립하기 위해서는 금전 등을 제공받은 상대방이 조합원 등이어야 한다. 따라서 일단 조합원이 되었더라도 그 후 조합원 자격을 상실하여 지역농협에서 당연 탈퇴된 사람은 조합원이 아니므로 그에게 금전을 제공한 행위는 위탁선거법 제59조(기부행위의 금지·제한 등 위반죄), 제35조(기부행위제한) 제1항이 정한 기부행위제한위반에 해당하지 않는다.[194)195)196)197)]

위는 모두 위 조항에 의하여 제한된다고 해석함이 상당하다. 따라서 피고인이 선거인 자격이 있는 사람에게 자신이 후보자로 추천될 수 있도록 도와달라고 부탁하면서 금품을 제공하는 행위 역시 위 조항에 의하여 "당선을 목적으로 회원에게 금품을 제공하는 등의 행위"에 포함된다.'고 판시하였다(2016. 5. 12. 선고 2013도11210 판결).

194) 2021. 7. 21. 선고 2021도6073 판결, 2003. 12. 26. 선고 2003도5903 판결, 2005. 4. 15. 선고 2005도1236 판결(「농업협동조합법」 제50조(선거운동의 제한) 제1항 제1호에 규정된 금품제공죄의 상대방이 되는 '선거인'의 범위에 관한 규정이 「농업협동조합법」에 없고 선거인의 범위가 조합의 임원선거규약의 정함에 따라 선거일 공고일에 이르러 비로소 확정된다면 위 죄는 선거일 공고일 이후에 금품을 제공한 경우에만 성립하는 것이고 그 전의 금품제공행위에 대해서는 처벌할 근거가 없다. 그리고 「농업협동조합법」 제50조(선거운동의 제한) 제1항 제1호의 행위에 해당하지 아니한다면 그 죄가 성립하지 않는 것으로 끝나는 것이지 별개의 규정인 「농업협동조합법」 제50조(선거운동의 제한) 제4항의 선거운동제한위반죄에 해당한다고 할 것은 아니라고 한 사례)

195) 2006. 4. 14. 선고 2006도1087 판결(구「산림조합법(2004. 12. 31. 법률 제7278호로 개정되기 전의 것, 이하 '법'이라 한다)」 제40조(선거운동의 제한) 제1항 제1호는 "누구든지 자기 또는 특정인을 조합의 임원 또는 대의원으로 당선되거나 당선되도록 또는 당선되지 아니하도록 할 목적으로 선거인에게 금전·물품·향응 기타 재산상의 이익이나 공사의 직을 제공, 제공의 의사표시 또는 그 제공을 약속할 수 없다."고 규정하고, 법 제132조(벌칙) 제1항은 그 위반행위를 처벌하도록 규정하고 있는바, 산림조합은 조합원들이 자신들의 이익을 옹호하기 위하여 자주적으로 결성한 임의단체로서 그 내부운영에 있어서 조합 정관 및 다수결에 의한 자치가 보장되므로, 조합정관의 규정에 따라 조합이 자체적으로 마련한 임원선거규약은 일종의 자치적 법규범으로서 위 법률 및 조합 정관과 더불어 법적 효력을 가진다고 할 것이고, 따라서 위 법률

바. 벌칙 등

(1) 벌칙 및 죄수

위탁선거법 제35조(기부행위제한) 제1항의 규정에 위반한 자, 즉 후보자, 후보자의

에서 선거인의 정의에 관한 규정을 두고 있지 않더라도 임원선거규약에서 그에 대한 규정들을 두고 있는 경우 법 제40조(선거운동의 제한) 제1항 제1호, 제132조(벌칙) 제1항을 해석함에 있어서는 임원선거규약의 내용도 기초로 삼아야 할 것이므로, 산림조합의 경우 법 제40조(선거운동의 제한) 제1항 제1호의 '선거인'인지의 여부가 임원선거규약의 규정에 따라 선거일 공고일에 이르러 비로소 확정된다면 법 제132조(벌칙) 제1항, 제40조(선거운동의 제한) 제1항 제1호의 위반죄는 선거일 공고일 이후의 금품제공 등의 경우에만 성립하고, 그 전의 행위는 유추해석을 금지하는 죄형법정주의의 원칙상 선거인에 대한 금품제공이라고 볼 수가 없어 위 죄가 성립될 수 없다. 한편, 법 제40조(선거운동의 제한) 제2항이 "임원 또는 대의원이 되고자 하는 자는 선거운동을 위하여 선거일 공고일부터 선거일까지 선거인을 호별로 방문하거나 특정장소에 모이게 할 수 없다."고 규정하고 있다고 하여 위와 같은 해석이 달라져야 할 이유는 없고, 법 제40조(선거운동의 제한) 제1항 제1호는 '선거인'에게 금전·물품·향응 기타 재산상의 이익이나 공사의 직을 제공, 제공의 의사표시 또는 그 제공을 약속하는 행위를 금하고 있을 뿐 장차 선거인이 될 자에 대한 위와 같은 행위를 금지하고 있지는 아니하므로, 산림조합의 임원선거규약에 선거인 뿐 아니라 장차 선거인명부에 오를 자격이 있는 자도 선거인에 포함한다는 취지의 규정을 두고 있다고 하더라도, 유추해석을 금지하는 죄형법정주의의 원칙상 선거인이 아니라 장차 선거인명부에 오를 자격이 있을 뿐인 자에 대하여는 법 제40조(선거운동의 제한) 제1항 제1호의 선거운동의 제한규정이 적용될 수 없다.)

196) 2009. 3. 26. 선고 2008도10138 판결(새마을금고는 회원들이 자신들의 이익을 옹호하기 위하여 자주적으로 결성한 임의단체로서 그 내부 운영에 있어서 금고 정관 및 다수결에 의한 자치가 보장되므로, 새마을금고가 자체적으로 마련한 임원선거규약은 일종의 자치적 법규범으로서 「새마을금고법」 및 새마을금고 정관과 더불어 법적효력을 가진다고 보아야 한다. 따라서 「새마을금고법」에서 선거인의 정의에 관한 규정을 두고 있지 않더라도 위 임원선거규약에서 그에 대한 규정들을 두고 있으므로 「새마을금고법」 제22조(임원의 선거운동제한) 제2항, 제85조(벌칙) 제4항을 해석할 때에는 위 임원선거규약의 내용도 기초로 삼아야 하는데, 「새마을금고법」 제22조(임원의 선거운동제한) 제2항의 '선거인'인지 여부는 위 임원선거규약 제4, 6조의 규정에 따라 선거인명부가 작성되어야 비로소 확정되므로, 선거인명부가 작성되었음이 인정되는 날 이후의 금품제공 등의 경우에는 「새마을금고법」 제85조(벌칙) 제4항, 제22조(임원의 선거운동제한) 제2항 위반죄가 성립하나, 그 전의 행위는 죄형법정주의의 원칙상 선거인명부가 작성된 이후의 선거인에 대한 금품제공이라고 볼 수가 없으므로 위 죄가 성립할 수 없다.)

197) 수산업협동조합은 조합원들이 자신들의 이익을 옹호하기 위하여 자주적으로 결성한 임의단체로서 그 내부 운영에 있어서 조합 정관 및 다수결에 의한 자치가 보장되므로, 수산업협동조합이 자체적으로 마련한 임원선거규정은 일종의 자치적 법규범으로서 「수산업협동조합법」 및 조합 정관과 더불어 법적 효력을 가진다고 할 것이고, 따라서 「수산업협동조합법」에서 선거인의 정의에 관한 규정을 두고 있지 않더라도 임원선거규정에서 그에 대한 규정들을 두고 있으므로 구「수산업협동조합법(2000. 1. 8. 법률 제6256호로 개정되기 전의 것)」 제55조의4(선거운동의 제한), 제165조의2(벌칙)를 해석함에 있어서는 임원선거규정의 내용도 기초로 삼아야 한다(2000. 11. 24. 선고 2000도3569 판결).

배우자, 후보자가 속한 기관·단체·시설이 기부행위제한기간 중 기부행위를 한 경우에는 3년 이하의 징역 또는 3천만원 이하의 벌금에 처한다(위탁선거법§59).

기부행위를 '약속'하거나 그 '제공의 의사표시'를 한 후 현실적인 제공에까지 나아가면 그 '약속'이나 '제공의 의사표시'는 '제공'에 흡수된다.198)

(2) 벌칙의 적용범위

위탁선거법 제35조(기부행위제한) 제1항을 위반한 자를 처벌하는 규정인 위탁선거법 제59조(기부행위의 금지·제한 등 위반죄)는 의무위탁선거(「교육공무원법」 제24조의3(대학의 장 후보자 추천을 위한 선거사무의 위탁)에 따른 대학의 장 후보자 추천 선거는 제외한다)에만 적용되고, 임의위탁선거에는 적용되지 아니한다(위탁선거법§57).

5. 제3자의 기부행위제한

가. 의의 및 적용범위

(1) 의의

누구든지 기부행위제한기간 중 해당 위탁선거에 관하여 후보자를 위하여 기부행위를 하거나 하게 할 수 없다. 이 경우 후보자의 명의를 밝혀 기부행위를 하거나 후보자가 기부하는 것으로 추정할 수 있는 방법으로 기부행위를 하는 것은 해당 위탁선거에 관하여 후보자를 위한 기부행위로 본다(위탁선거법§35②).199)

---

198) 2015. 1. 29. 선고 2013도5399 판결

199) 헌법재판소는, 누구든지 자기 또는 특정인을 중소기업중앙회 임원으로 당선되거나 당선되지 아니하도록 할 목적으로 선거인에게 금전·물품·향응 및 재산상의 이익이나 공사의 직을 제공하는 행위를 금지하고 있는 「중소기업협동조합법」 제53조(선거운동의 제한) 제1항 제1호 중 "선거인"부분과 관련하여, '중소기업중앙회 회장의 선출을 위한 선거의 관리를 선거관리위원회에 위탁한 경우에 적용되는 위탁선거법 제3조(정의) 제5호는 "선거인"이란 해당 위탁선거의 선거권이 있는 자로서 선거인명부에 올라 있는 자를 말한다고 규정하고 있다. 그렇다면 심판대상조항에서의 선거인이란 「중소기업협동조합법」에 따라 정회원 중 선거권이 있는 자로서 선거인명부에 올라 있는 자를 의미한다고 볼 수 있으므로 선거인의 의미가 불명확하다고 보기 어렵다. 심판대상조항은 중소기업중앙회 임원선거의 선거인에게 재산상의 이익 등을 제공하는 행위를 금지하고 이를 위반한 경우 처벌하는 조항으로 부정한 재산상의 이익 등으로 선거인의 자유의사를 왜곡시키는 행위를 처벌함으로써 선거의 공정성을 확보하려는데 입법목적이 있다. 그런데 중소기업중앙회와 같이 정회원이 모두 법인인 경우 위와 같은 목적을 달성하기 위해서는 선거권을 가지는 정회원뿐 아니라 실제로 선거권을 행사하는 정회원의 대표자 등에게 재산상의 이익 등을 제공하는 행위도 금지하고 이를 위반할 경우 처벌할 필요성이 있다. 또한 심판대상조항에서 금지하는 행위 중 "향응"이나 "공사의 직"을 제공하는 행위는 그 상대방으로 자연인을

위탁선거법 제35조(기부행위제한) 제2항의 '제3자의 기부행위제한'은 「공직선거법」 제115조(제3자의 기부행위제한)200)의 '제3자의 기부행위제한'에서의 내용과 유사하나, 「공직선거법」 제115조(제3자의 기부행위제한)의 '제3자의 기부행위제한'은 그 기부행위에 기간의 제한이 없는 반면에, 위탁선거법 제35조(기부행위제한) 제2항의 '제3자의 기부행위제한'은 기부행위제한기간 중에만 기부행위를 할 수 없다는 점에서 차이가 있다.

(2) 적용범위

위탁선거법 제35조(기부행위제한) 제2항의 '제3자의 기부행위제한'은 의무위탁선거(「교육공무원법」 제24조의3(대학의 장 후보자 추천을 위한 선거사무의 위탁)에 따른 대학의 장 후보자 추천 선거는 제외한다)에만 적용되고, 임의위탁선거에는 적용되지 아니한다(위탁선거법§22).

나. 기부행위의 주체

위탁선거법 제35조(기부행위제한) 제2항의 '제3자의 기부행위제한'의 기부행위의 주체에는 제한이 없다. 누구든지 '제3자 기부행위제한'의 주체가 된다. 위탁선거법 제35조(기부행위제한) 제2항의 '제3자 기부행위제한'위반의 주체는 금품 등이 출연된 동기 또는 목적, 출연행위와 기부행위의 실행 경위, 기부자와 출연자 그리고 기부받는 자와 관계 등 모든 사정을 종합하여 기부행위자로 평가되는 자에 해당하면 충분하고, 반드시 제공한 물품에 대한 소유권 또는 처분권을 가지는 자에 해당하여야 하는 것은 아

상정한 개념이다. 심판대상조항의 입법목적이나 입법취지, 법인의 특수성, 선거인의 해석에 관한 대법원 판례, 관련 법률의 규정 등을 종합하여 보면, 심판대상조항에서의 "선거인"이라 함은 「중소기업협동조합법」에 따라 정회원 중 선거권이 있는 자로서 선거인명부에 올라 있는 자를 의미하고, 다만 중소기업중앙회 회장 선거와 같이 선거권자가 법인인 경우에는 선거권을 가진 법인의 대표자 등도 선거인에 포함된다고 봄이 상당하므로 심판대상조항 가운데 "선거인"부분은 죄형법정주의의 명확성원칙에 위배되지 아니한다.'고 판시하였다(2019. 2. 28. 선고 2017헌바486 · 502 · 510(병합) 결정).

200) 「공직선거법」 제115조(제삼자의 기부행위제한) 제113조(후보자 등의 기부행위제한) 또는 제114조(정당 및 후보자의 가족 등의 기부행위제한)에 규정되지 아니한 자라도 누구든지 후보자(후보자가 되고자 하는 자를 포함한다. 이하 이조에서 같다) 또는 그 소속정당(창당준비위원회를 포함한다. 이하 이 조에서 같다)을 위하여 기부행위를 하거나 하게 할 수 없다. 이 경우 후보자 또는 그 소속정당의 명의를 밝혀 기부행위를 하거나 후보자 또는 그 소속정당이 기부하는 것으로 추정할 수 있는 방법으로 기부행위를 하는 것은 당해 선거에 관하여 후보자 또는 정당을 위한 기부행위로 본다.

니다.[201] 따라서 제3자가 후보자가 되려는 자와 공모하여 기부물품을 제공한 경우, 비록 제3자가 후보자가 되려는 자의 지시에 따라 기부물품을 전달하는 역할을 수행하였을 뿐 기부물품의 소유권자나 처분권자가 아니라고 하더라도 위탁선거법 제35조(기부행위제한) 제2항 위반죄의 주체가 된다. 위탁선거법 제35조(기부행위제한) 제2항의 제3자 기부행위는 해당 기부행위자를 처벌하는 것으로서 기부행위자와 후보자 또는 후보자가 되고자 하는 자 사이에 공모 등이 인정될 경우에만 성립하는 것이 아니다.

다. 시기

위탁선거법 제35조(기부행위제한) 제2항 '제3자의 기부행위제한'의 기부행위는 기부행위제한기간 중에는 금지된다. 따라서 임기만료에 따른 선거에서는 임기만료일 전 1년부터 선거일까지, 해당 법령이나 정관등에 따른 보궐선거 등(재선거, 보궐선거, 위탁단체의 설립·분할 또는 합병으로 인한 선거)에서는 그 선거의 실시사유가 발생한 날부터 선거일까지는 기부행위가 금지된다.[202]

라. 선거와의 관련성

위탁선거법 제35조(기부행위제한) 제2항의 '제3자의 기부행위제한'의 기부행위는 '해당 위탁선거에 관하여' 하여야 한다. '해당 위탁선거에 관하여'라 함은 '해당 위탁선거에 있어서 투표 또는 선거운동, 당선 등 선거에 관한 사항을 동기로 하여'라는

---

201) 2008. 3. 13. 선고 2007도9507 판결

202) 대법원은 농업협동조합장 출마희망자가 조합장 선거일 공고일 이전에 조합원들에게 금품제공행위를 한 경우 「농업협동조합법」 제50조(선거운동의 제한) 제1항 제1호 위반죄가 성립하는지 여부에 대하여, '농업협동조합은 조합원들이 자신들의 이익을 옹호하기 위하여 자주적으로 결성한 임의단체로서 그 내부 운영에 있어서는 조합 정관 및 다수결에 의한 자치가 보장되므로, 조합정관의 규정에 따라 자체적으로 마련한 임원선거규약은 일종의 자치적 법규범으로서 「농업협동조합법」 및 조합 정관과 더불어 법적 효력을 가진다고 할 것이고, 따라서 위 법률에서 선거인의 정의에 관한 규정을 두고 있지 않더라도 임원선거규약에서 그에 대한 규정을 두고 있는 경우 「농업협동조합법」 제50조(선거운동의 제한) 제1항 제1호, 제172조(벌칙) 제1항을 해석함에 있어서는 임원선거규약의 내용도 기초로 삼아야 할 것이므로, 농업협동조합의 경우 같은 법 제50조(선거운동의 제한) 제1항 제1호의 "선거인"인지 여부가 임원선거규약의 규정에 따라 선거일 공고일에 이르러 비로소 확정된다면 같은 법 제172조(벌칙) 제1항, 제50조(선거운동의 제한) 제1항 제1호 위반죄는 선거일 공고일 이후의 금품 제공 등의 경우에만 성립하고, 그 전의 행위는 유추해석을 금지하는 죄형법정주의의 원칙상 선거인에 대한 금품제공이라고 볼 수 없어 위 죄가 성립될 수 없다.'고 판시하였다(2003. 7. 22. 선고 2003도2297 판결). ; 2004. 11. 25. 선고 2004도5101 판결, 2004. 12. 10. 선고 2004도5707 판결, 2002. 11. 8. 선고 2002도5060 판결, 2006. 7. 6. 선고 2005도2277 판결, 2004. 12. 24. 선고 2004도7288 판결도 같은 취지

의미로서, 해당 위탁선거에 관한 행위는 반드시 특정 후보자를 당선 또는 낙선시키기 위한 목적의 행위일 필요는 없고 해당 위탁선거를 위한 선거운동이 되지 아니하더라도 해당 위탁선거를 동기로 하거나 빌미로 하는 등 해당 위탁선거와 관련이 있으면 족하다.[203)]

후보자의 명의를 밝혀 기부행위를 하거나 후보자가 기부하는 것으로 추정할 수 있는 방법으로 기부행위를 하는 것은 해당 위탁선거에 관하여 후보자를 위한 기부행위로 본다(위탁선거법§35②후문).

마. 기부행위의 상대방

위탁선거법 제35조(기부행위제한) 제2항의 '제3자의 기부행위제한'의 기부행위는 상대방을 특정하지는 않고 있다. 따라서 위탁선거법 제32조(기부행위의 정의)의 기부행위의 상대방으로 열거되어 있는 바와 같이, 선거인(선거인명부를 작성하기 전에는 그 선거인명부에 오를 자격이 있는 자를 포함한다)이나 그 가족(선거인의 배우자, 선거인 또는 그 배우자의 직계존비속과 형제자매, 선거인의 직계존비속 및 형제자매의 배우자를 말한다), 선거인이나 그 가족이 설립·운영하고 있는 기관·단체·시설을 대상으로 후보자 등이 금전·물품 또는 그 밖의 재산상 이익을 제공하거나 그 이익제공의 의사를 표시하거나 그 제공을 약속하는 행위를 하면 위탁선거법 제35조(기부행위제한) 제2항의 '제3자의 기부행위제한'의 기부행위에 해당한다.[204)]

---

203) 2013. 4. 11. 선고 2012도15497 판결, 2008. 8. 11. 선고 2008도4492 판결, 2005. 3. 25. 선고 2004도5298 판결, 1996. 6. 14. 선고 96도405 판결, 2021. 6. 24. 선고 2019도13234 판결

204) 대법원은 지역농업협동조합과 다른 조합 사이의 합병절차가 완료되기 전에 합병으로 존속하거나 신설될 조합의 임원 또는 대의원에 당선되려는 목적으로 합병될 각 조합의 조합원 등에게 금품 등을 제공하는 행위가 「농업협동조합법」 제50조(선거운동의 제한) 제1항 제1호에 해당하는지 여부에 대하여, '「농업협동조합법」 제50조(선거운동의 제한) 제1항은 "누구든지 자기 또는 특정인을 지역농협의 임원 또는 대의원으로 당선되거나 되게 하거나 당선되지 못하게 할 목적으로 다음 각 호의 1에 해당하는 행위를 할 수 없다."고 규정하고, 그 제1호에서는 "조합원(조합에 가입신청을 한 자를 포함한다)이나 그 가족(조합원의 배우자, 조합원 또는 그 배우자의 직계존·비속과 형제자매, 조합원의 직계존·비속 및 형제자매의 배우자를 말한다) 또는 조합원이나 그 가족이 설립·운영하고 있는 기관·단체·시설에 대하여 금전·물품·향응 기타 재산상의 이익이나 공사의 직을 제공, 제공의 의사표시 또는 그 제공을 약속하는 행위"라고 규정하고 있는바, 이는 농업협동조합의 임원 또는 대의원 선거의 공정성을 확보하고 선거부정과 혼탁선거를 방지하려는 데에 입법취지가 있고, 한편 같은 법 제75조(합병)에서는 지역농업협동조합이 다른 조합과 합병하는 때에는 각 조합 총회의 의결을 얻어야 하고(제1항), 각 조합 총회에서 각 조합원 중에서 동수(同數)로 설립위원을 선출하여야 하며(제3항, 제4항), 설립위원은 설립위원회를 개최하여 정관을 작성하고 설립위원이 추천한 자 중 설립위원 과반수의 출석과

바. 벌칙 등

(1) 벌칙 및 죄수

위탁선거법 제35조(기부행위제한) 제2항의 규정에 위반한 자, 누구든지 기부행위제한기간 중 해당 위탁선거에 관하여 후보자를 위하여 기부행위를 하거나 하게 한 경우에는 3년 이하의 징역 또는 3천만원 이하의 벌금에 처한다(위탁선거법§59).

위탁선거법 제35조(기부행위제한) 제3항이 기부를 받는 행위 등을 따로 금지하고 있는 점에 비추어 보면, 기부행위에 의한 위탁선거법위반죄는 그 상대방마다 별개의 죄가 성립한다.[205)]

(2) 벌칙의 적용범위

위탁선거법 제35조(기부행위제한) 제2항을 위반한 자를 처벌하는 규정인 위탁선거법 제59조(기부행위의 금지·제한 등 위반죄)는 의무위탁선거(「교육공무원법」 제24조의3(대학의 장 후보자 추천을 위한 선거사무의 위탁)에 따른 대학의 장 후보자 추천 선거는 제외한다)에만 적용되고, 임의위탁선거에는 적용되지 아니한다(위탁선거법§57).

6. 기부의 수수 및 기부의사표시의 승낙

가. 의의 및 적용범위

(1) 의의

누구든지 기부행위제한기간 중 해당 위탁선거에 관하여 후보자, 후보자의 배우자,

출석위원 과반수의 찬성으로 임원을 선임하도록(제5항, 제6항) 규정하고 있고, 같은 법 제79조(합병으로 인한 권리의무의 승계) 제1항에서는 합병 후 존속하거나 설립되는 지역농업협동조합은 소멸되는 지역농업협동조합의 권리의무를 승계한다고 규정하고 있는 점 등에 비추어 보면, 지역농업협동조합이 다른 조합과 합병하는 경우에 있어서는 그 합병절차가 완료되기 전이라고 하더라도 누구든지 그 합병으로 존속하거나 신설될 조합의 임원 또는 대의원으로 당선되려는 등의 목적으로 합병될 각 조합의 조합원 등에게 금품 등을 제공하는 행위는 같은 법 제50조(선거운동의 제한) 제1항 제1호에 해당하는 것으로 보아야 한다.'고 판시하였다(2007. 4. 27. 선고 2006도5579 판결).

205) 2007. 4. 27. 선고 2006도5579 판결(「농업협동조합법」 제50조(선거운동의 제한) 제1항 제3호가 같은 항 제1호에 규정된 금품 등을 제공받는 등의 행위를 따로 금지하고 있는 점에 비추어 보면, 같은 항 제1호에 규정된 금품 등의 제공행위에 의한 「농업협동조합법」 위반죄는 그 상대방마다 별개의 죄가 성립한다)

후보자가 속한 기관·단체·시설 및 제3자로부터 기부를 받거나 기부의 의사표시를 승낙할 수 없다(위탁선거법§35③).

(2) 적용범위

위탁선거법 제35조(기부행위제한) 제3항의 '기부의 수수 및 기부의사표시의 승낙'은 의무위탁선거(「교육공무원법」 제24조의3(대학의 장 후보자 추천을 위한 선거사무의 위탁)에 따른 대학의 장 후보자 추천 선거는 제외한다)에만 적용되고, 임의위탁선거에는 적용되지 아니한다(위탁선거법§22).

나. 주체

위탁선거법 제35조(기부행위제한) 제3항의 '기부의 수수 및 기부의사표시의 승낙'의 주체에는 제한이 없다. 누구든지 '기부의 수수 및 기부의사표시의 승낙'의 주체가 된다.

다. 시기

위탁선거법 제35조(기부행위제한) 제3항의 '기부의 수수 및 기부의사표시의 승낙'은 기부행위제한기간 중에는 할 수 없다. 따라서 임기만료에 따른 선거에서는 임기만료일 전 1년부터 선거일까지, 해당 법령이나 정관등에 따른 보궐선거 등(재선거, 보궐선거, 위탁단체의 설립·분할 또는 합병으로 인한 선거)에서는 그 선거의 실시사유가 발생한 날부터 선거일까지는 기부를 받거나 기부의 의사표시를 승낙할 수 없다.

라. 기부의 수수 및 기부의사표시의 승낙

'기부를 받는 것'은 기부행위자의 기부를 수수하는 것을 말한다. 수인이 함께 공동으로 식사 및 향응 등의 기부행위를 제공받았다면 그 중 1인이라 하더라도 전체 인원이 함께 받은 이익액 전체에 대해 수수죄가 성립한다.[206)]

'기부의 의사표시의 승낙'는 금전·물품 또는 그 밖의 재산상 이익 제공의 의사표시를 받고 이를 승낙하는 것을 말한다. 기부의 의사표시에 승낙을 하고 나아가 그에 따라 기부를 제공받은 경우에, 기부의사표시의 승낙은 기부의 수수행위에 흡수된다.[207)]

---

206) 2005. 9. 9. 선고 2005도2014 판결
207) 2015. 1. 29. 선고 2013도5399 판결

마. 선거와의 관련성

위탁선거법 제35조(기부행위제한) 제3항의 '기부의 수수 및 기부의사표시의 승낙'은 '해당 위탁선거에 관하여' 하여야 한다. '해당 위탁선거에 관하여'의 의미에 대하여는 앞서 위탁선거법 제35조(기부행위제한) 제2항의 '제3자의 기부행위제한'에서 본 '해당 위탁선거에 관하여'의 의미와 같다.

위탁선거법 제35조(기부행위제한) 제1항의 '후보자 등의 기부행위제한'은 '해당 위탁선거에 관하여' 기부행위를 하지 아니하더라도, 즉 후보자, 후보자의 배우자, 후보자가 속한 기관·단체·시설이 해당 위탁선거와 관련이 없이 기부행위를 하더라도 '후보자 등의 기부행위제한위반죄'가 성립하는 반면에, 위탁선거법 제35조(기부행위제한) 제3항의 '기부의 수수 및 기부의사표시의 승낙'은 '해당 위탁선거에 관하여' 기부를 받거나 기부의 의사표시를 승낙하여야 한다. 따라서 위탁선거법 제35조(기부행위제한) 제1항의 '후보자 등의 기부행위제한'의 기부행위와 관련하여 위탁선거법 제35조(기부행위제한) 제3항의 '기부의 수수 및 기부의사표시의 승낙'이 성립하기 위해서는 '해당 위탁선거에 관하여' 후보자, 후보자의 배우자, 후보자가 속한 기관·단체·시설로부터 기부를 받거나 기부의 의사표시를 승낙하여야 한다. 해당 위탁선거와 관계없이 후보자, 후보자의 배우자, 후보자가 속한 기관·단체·시설로부터 기부를 받거나 기부의 의사표시를 승낙하는 경우에는 위탁선거법 제35조(기부행위제한) 제3항의 '기부의 수수 및 기부의사표시의 승낙'에 해당하지 아니한다.

바. 벌칙 등

(1) 벌칙

위탁선거법 제35조(기부행위제한) 제3항의 규정에 위반한 자, 즉 누구든지 기부행위제한기간 중 해당 위탁선거에 관하여 후보자, 후보자의 배우자, 후보자가 속한 기관·단체·시설 및 제3자로부터 기부를 받거나 기부의 의사표시를 승낙한 경우에는 3년 이하의 징역 또는 3천만원 이하의 벌금에 처한다(위탁선거법§59).

지역별 수산업협동조합의 총대는 조합의 의결기관인 총회의 구성원일 뿐 임원이나 기타 업무집행기관이 아니며 선출지역 조합원의 지시나 간섭을 받지 않고 스스로의 권한으로 총회에서 임원선거에 참여하고 의결권을 행사하는 등 자주적으로 업무를 수행하는 것이므로 총회에서의 의결권 또는 선거권의 행사는 자기의 사무이고 이를 선거구역 조합원이나 조합의 사무라고 할 수 없는 것이고, 따라서 총대가 조합장선거에 출마한 후보자들로부터 자신을 지지하여 달라는 부탁과 함께 금원을 교부받았더라도 배임수재죄로 처벌할 수 없다.[208)]

(2) 과태료

기부를 받는 모든 행위가 형사처벌의 대상이 되는 것은 아니고, 제공받은 금액 또는 물품의 가액이 100만원을 초과하는 경우에 한하여 형사처벌을 받는다.

즉, 위탁선거법 제35조(기부행위제한) 제3항을 위반하여 금전·물품이나 그 밖의 재산상 이익을 제공받은 자(그 제공받은 금액 또는 물품의 가액이 100만원을 초과하는 자는 제외한다)에게는 그 제공받은 금액이나 가액의 10배 이상 50배 이하에 상당하는 금액의 과태료를 부과하되, 그 상한액은 3천만원으로 한다. 다만, 제공받은 금액 또는 음식물·물품(제공받은 것을 반환할 수 없는 경우에는 그 가액에 상당하는 금액을 말한다) 등을 선거관리위원회에 반환하고 자수한 경우에는 그 과태료를 감경 또는 면제할 수 있다(위탁선거법§68③).

(3) 몰수·추징

위탁선거법 제35조(기부행위제한) 제3항을 위반하여 위탁선거법 제59조(기부행위의 금지·제한 등 위반죄)의 죄를 범한 자가 받은 이익은 몰수한다. 다만, 그 전부 또는 일부를 몰수할 수 없는 때에는 그 가액을 추징한다(위탁선거법§60조).

(4) 벌칙 등의 적용범위

위탁선거법 제35조(기부행위제한) 제3항을 위반한 자를 처벌하는 규정인 위탁선거법 제59조(기부행위의 금지·제한 등 위반죄), 위탁선거법 제35조(기부행위제한) 제3항을 위반한 자에게 과태료를 부과하는 위탁선거법 제68조(과태료의 부과·징수 등) 제3항, 위탁선거법 제35조(기부행위제한) 제3항을 위반하여 위탁선거법 제59조(기부행위의 금지·제한 등 위반죄)의 죄를 범한 자가 받은 이익을 몰수·추징하는 위탁선거법 제60조(매수 및 이해유도죄 등으로 인한 이익의 몰수)는 의무위탁선거(「교육공무원법」 제24조의3(대학의 장 후보자 추천을 위한 선거사무의 위탁)에 따른 대학의 장 후보자 추천 선거는 제외한다)에만 적용되고, 임의위탁선거에는 적용되지 아니한다(위탁선거법§57).

---

208) 1990. 2. 27. 선고 89도970 판결

7. 기부의 지시 · 권유 · 알선 또는 요구

가. 의의 및 적용범위

(1) 의의

누구든지 위탁선거법 제35조(기부행위제한) 제1항의 '후보자 등의 기부행위제한', 같은 조 제2항의 '제3자의 기부행위제한', 같은 조 제3항의 '기부의 수수 및 의사표시의 승낙'에서의 행위에 관하여 지시 · 권유 · 알선 또는 요구할 수 없다(위탁선거법§35④).

(2) 적용범위

위탁선거법 제35조(기부행위제한) 제4항의 '기부의 지시 · 권유 · 알선 또는 요구'는 의무위탁선거(「교육공무원법」 제24조의3(대학의 장 후보자 추천을 위한 선거사무의 위탁)에 따른 대학의 장 후보자 추천 선거는 제외한다)에만 적용되고, 임의위탁선거에는 적용되지 아니한다(위탁선거법§22).

나. 행위의 주체

위탁선거법 제35조(기부행위제한) 제4항 '기부의 지시 · 권유 · 알선 또는 요구'의 주체에는 아무런 제한이 없다. 누구든지 '기부의 지시 · 권유 · 알선 또는 요구'의 주체가 될 수 있다.

다. 시기

위탁선거법 제35조(기부행위제한) 제4항의 '기부의 지시 · 권유 · 알선 또는 요구'에는 그 시기에 제한이 없다.

라. 선거와의 관련성

위탁선거법 제35조(기부행위제한) 제1항의 '후보자 등의 기부행위제한'의 기부행위는 '해당 위탁선거'와의 관련성을 요구하고 있지 아니하므로, '후보자 등의 기부행위제한'의 기부행위를 지시 · 권유 · 알선 또는 요구하는 것은 '해당 위탁선거'와는 무관하게 하여도 된다.

위탁선거법 제35조(기부행위제한) 제2항의 '제3자의 기부행위제한'의 기부행위'와 같은 조 제3항의 '기부의 수수 및 기부의사표시의 승낙행위'는 '해당 위탁선거에 관하여'할 것을 요구하고 있으므로, '제3자의 기부행위제한'의 기부행위와 '기부의 수수 및 기부의사표시의 승낙행위'을 지시 · 권유 · 알선 또는 요구하는 것은 '해당 위탁선거에 관하여' 하여야 한다. '해당 위탁선거'와 관련 없이 '제3자의 기부행위제한'의 기부행위와 '기부의 수수 및 기부의사표시의 승낙행위'을 지시 · 권유 · 알선 또는 요구하는 것은 위탁선거법 제35조(기부행위제한) 제4항의 '기부의 지시 · 권유 · 알선 또는 요구'에 해당하지 아니한다.

마. 기부행위 등의 지시 · 권유 · 알선 또는 요구

'지시'는 기부행위나 기부의 수수 및 기부의사표시의 승낙행위(이하, "기부행위 등"이라 한다)를 하도록 일방적으로 일러서 시키는 것이다. 지시하는 자와 지시받는 자 사이에 어느 정도의 지휘 · 감독관계가 있어야 하지만, 그것이 지시받는 자의 의사를 완전히 억압할 정도까지 이를 필요는 없고, 반드시 지시를 하는 사람과 상대방 사이에 단체나 직장 등에서의 상하관계나 엄격한 지휘감독관계가 있어야 하는 것은 아니다.[209)]

'권유'는 기부행위 등을 하도록 권하여 결의를 촉구하는 것이다.

'요구'는 기부대상금품 등을 수수할 의사로 기부행위자에게 교부를 청구하는 것이다. 기부행위의 의사표시나 약속을 청구하는 것도 요구의 개념에 포함된다. 언어적 표현 대신 행동 등을 통한 묵시적, 간접적인 방법의 요구도 가능하다.[210)]

'알선'은 형식을 불문하고 '일정한 사항에 관하여 의뢰인과 상대방 사이에 서서 중개하거나 편의를 도모하는 것'을 의미하므로, 기부행위의 알선이란 기부행위자와 그 상대방 사이에 기부행위를 중개하거나 편의를 도모하는 것을 말한다. '알선'에는 후보자가 위탁선거와 관련하여 선거인에게 금전 등을 제공하도록 적극적으로 유발하는 행위가 포함됨은 의문의 여지가 없고, 나아가 이미 후보자가 위탁선거와 관련하여 선거인에게 금전 등을 제공할 의사가 있다 하더라도 금전 제공이 용이하도록 선거인을 후보자의 사무실로 데리고 가는 행위 또한 위탁선거와 관련하여 금전 등을 제공하도록 알선하는 행위에 포함된다.[211)]

구「수산업협동조합법(2010. 4. 12. 법률 제10245호 개정되기 전의 것)」 제53조(선거운동

---

209) 2017. 3. 22. 선고 2016도16314 판결
210) 한국사법행정학회, 『주석 형법각칙(제5판)』, 418쪽
211) 대전고등법원 2006. 8. 18. 선고 2006노225 판결

의 제한)[212]가 '선거운동의 제한'이란 제목 아래 금지되는 선거운동을 열거하고 있고, 이에 따라 같은 조 제1항 제1호에서 정하고 있는 행위, 즉 자기 또는 특정인을 지구별수협의 임원 또는 대의원으로 당선되게 하거나 당선되지 못하게 할 목적으로 선거인이나 그 가족 등에게 재산상의 이익이나 공사의 직을 제공하는 등의 행위 자체가 금지되는 선거운동 중의 하나에 해당하며, 위와 같이 임원 또는 대의원 선거에서 당선되게 하거나 당선되지 못하게 할 목적으로 하는 행위는 그 자체로서 선거운동행위로 평가하는 것이 일반적인 경험칙에 부합된다고 보아야 한다. 여기에 지구별수협의 임원 등 선거에서 선거의 과열과 혼탁을 방지하고 선거의 공정성을 확보하기 위하여 선거인 등에게 이익을 제공하거나 선거인 등이 이익을 제공받는 등의 행위를 금지하려는 위 규정의 입법취지와 목적을 아울러 참작하여 보면, 구「수산업협동조합법(2010. 4. 12. 법률 제10245호 개정되기 전의 것)」 제53조(선거운동의 제한) 제1항을 위반하여 그 규정이 금지하는 이익의 제공, 약속, 승낙, 요구, 알선 등의 행위를 한 경우에는 그와 같은 선거운동을 한 것에 해당하여 구「수산업협동조합법(2010. 4. 12. 법률 제10245호 개정되기 전의 것)」 제178조(벌칙) 제1항 제2호[213]에 의해 처벌된다고 해석하는 것이 타당하고, 「수산업협동조합법(2010. 4. 12. 법률 제10245호 개정되기 전의 것)」 제53조(선거운동의 제한) 제1항을 위반하고 다시 그와 별도의 선거운동을 한 경우에만 이 처벌대상이 된다고 해석할 것은 아니다.[214]

바. 벌칙 등

(1) 벌칙

위탁선거법 제35조(기부행위제한) 제4항의 규정에 위반한 자, 즉 누구든지 기부행위

212) 현행「수산업협동조합법」 제53조(선거운동의 제한)

213) 현행「수산업협동조합법」 제178조(벌칙) 제1항 제2호

214) 2012. 9. 13. 선고 2010도17153 판결(피고인이 지구별수협 조합장선거에서 현 조합장 갑(甲)이 지지하는 을(乙)을 당선되게 할 목적으로 갑에게 자녀의 취업을 부탁하여 채용을 약속받음으로써 공사의 직의 제공을 요구하였다고 하여 구「수산업협동조합법(2010. 4. 12. 법률 제10245호로 개정되기 전의 것)」 위반으로 기소된 사안에서, 위 죄가 성립하기 위해서는 '특정인을 지구별수협의 임원으로 당선되게 하거나 당선되지 못하게 할 목적으로 공사의 직의 제공을 요구할 것'이라는 요건과 이와 별도로 '선거운동을 한 자일 것'이라는 요건을 모두 충족하여야 한다는 전제 아래 피고인이 을을 당선되게 하거나 경쟁 후보자를 당선되지 못하게 하는 별도의 선거운동을 하였음을 인정할 증거가 없다는 이유로 무죄를 선고한 원심판결에 구「수산업협동조합법(2010. 4. 12. 법률 제10245호로 개정되기 전의 것)」 제178조(벌칙) 제1항 제2호의 해석에 관한 법리를 오해하여 필요한 심리를 다하지 아니한 위법이 있다고 한 사례)

와 기부의 수수 및 기부의사표시의 승낙행위를 지시·권유·알선 또는 요구한 경우에는 3년 이하의 징역 또는 3천만원 이하의 벌금에 처한다(위탁선거법§59).

(2) 벌칙의 적용범위

위탁선거법 제35조(기부행위제한) 제4항을 위반한 자를 처벌하는 규정인 위탁선거법 제59조(기부행위의 금지·제한 등 위반죄)는 의무위탁선거(「교육공무원법」 제24조의3(대학의 장 후보자 추천을 위한 선거사무의 위탁)에 따른 대학의 장 후보자 추천 선거는 제외한다)에만 적용되고, 임의위탁선거에는 적용되지 아니한다(위탁선거법§57).

8. 조합장 등의 재임 중 기부행위제한

가. 의의 및 적용범위

(1) 의의

「농업협동조합법」, 「수산업협동조합법」 및 「산림조합법」에 따른 조합장·중앙회장과 「새마을금고법」에 따른 이사장·중앙회장은 재임 중에 기부행위를 할 수 없다(위탁선거법§35⑤).[215]

조합장 등의 재임 중 기부행위를 제한하는 취지는 기부행위라는 명목으로 매표행위를 하는 것을 방지함으로써 조합장선거의 공정성을 확보하기 위한 것이다.[216] 즉, 위와 같은 기부행위가 조합장의 지지기반을 조성하는 데에 기여하거나 조합원에 대한 매수행위와 결부될 가능성이 높아 이를 허용할 경우 조합장 선거 자체가 후보자

215) 헌법재판소는, 위탁선거법 제35조(기부행위제한) 제5항과 관련하여, '기부행위처벌조항은 조합장 선거의 공정성을 보장하기 위한 규정이므로 그 입법목적의 정당성이 인정되고, 조합장 선거의 공정성이라는 목적을 달성하기 위하여 조합장 재임 중 기부행위를 전면 금지하고 이를 위반하는 경우 형사처벌하는 것은 이러한 입법목적을 달성하기 위한 적절한 수단이며, 조합장의 재직 중 금지되는 기부행위의 기간을 한정하는 등 기본권을 덜 제한하는 방법으로 입법목적을 달성할 수 있는 수단이 있다고 단정하기도 어렵고, 법익의 균형성도 갖추고 있다. 기부행위처벌조항은 조합장의 일반적 행동자유권을 침해하지 않는다. 기부행위처벌조항이 조합장과 후보자를 차별취급하는 데에는 합리적인 이유가 있다. 지역농협은 중소기업중앙회, 새마을금고, 새마을금고중앙회와 그 목적 또는 사업, 구성원, 임원 선출 방법, 임원과 구성원의 관계 등의 여러 가지 면에서 차이가 있으므로 조합장을 중소기업중앙회 회장 등과 달리 취급함에 합리적 이유가 있다. 조합장과 국회의원 등 선출직 공무원은 비교 집단이 될 수 없고, 설령 비교집단으로 보더라도 기부행위처벌조항과 「공직선거법」이 금지하는 기부행위의 상대방, 태양 및 범위가 서로 다르므로, 기부행위처벌조항이 조합장을 국회의원 등 선출직 공무원과 동일하게 취급하고 있지 않다. 따라서 기부행위처벌조항은 평등원칙에 위배되지 않는다.'고 판시하였다(2018. 2. 22. 선고 2016헌바370 결정).

216) 대구지방법원 포항지원 2016. 1. 28. 선고 2015고단912 판결

의 인물·식견 및 정책 등을 평가받는 기회가 되기보다는 후보자의 자금력을 겨루는 과정으로 타락할 위험성이 있어 이를 방지하기 위한 것이다. 특히 조합장은 조합원 중에서 정관이 정하는 바에 따라 조합원이 총회 또는 총회 외에서 투표로 직접 선출하거나 대의원회가 선출하거나 이사회가 이사 중에서 선출하므로, 조합장 선거는 투표자들이 비교적 소수로서 서로를 잘 알고 있고 인정과 의리를 중시하는 특정집단 내에서 이루어지며, 적은 표 차이로 당락이 결정되고 그 선거운동방법은 후보자와 선거인의 직접적인 접촉이 주를 이루게 되며, 이에 따라 후보자의 행위가 선거의 당락에 직접적으로 영향을 미친다는 특징이 있다. 뿐만 아니라 조합장 선거의 당선인은 조합을 대표하고 총회와 이사회의 의장이 되며, 조합의 직원을 임면하는 등 조합의 존속·발전에 상당한 영향력을 미칠 수 있기 때문에 선거인의 입장에서 누가 조합장으로 당선되는지가 중요하고 조합장 선거에 관심이 높을 수밖에 없다. 위와 같은 특성으로 인하여 조합장 선거는 자칫 과열·혼탁으로 빠질 위험이 높아 선거의 공정성 담보가 보다 높게 요구된다고 할 것인바, 조합장으로 하여금 재임 중 일체의 기부행위를 금지하는 것은 위탁선거가 가지는 고유한 특성을 고려하여 위탁선거의 과열과 혼탁을 방지하고 나아가 선거의 공정성 담보를 도모하기 위함이다.[217)]

(2) 적용범위

위탁선거법 제35조(기부행위제한) 제5항의 '조합장 등의 재임 중 기부행위제한'은 의무위탁선거 중 조합장선거, 이사장선거 및 중앙회장선거에만 적용되고, 조합장선거, 이사장선거 및 중앙회장선거를 제외한 나머지 의무위탁선거인 「신용협동조합법」에 따른 총자산이 1천억 원 이상인 지역조합의 이사장선거 및 중앙회장선거, 「국민체육진흥법」에 따른 대한체육회와 지방체육회 및 대한장애인체육회의 회장선거, 「교육공무원법」 제24조의3(대학의 장 후보자 추천을 위한 선거사무의 위탁)에 따른 대학의 장 후보자 추천 선거와 임의위탁선거에는 적용되지 아니한다(위탁선거법§22).

나. 행위의 주체

위탁선거법 제35조(기부행위제한) 제5항 '조합장 등의 재임 중 기부행위제한'의 기부행위의 주체는 조합장선거의 조합장, 이사장선거의 이사장 및 중앙회장선거의 중앙회장이다.

---

217) 2022. 2. 24. 선고 2020도17430 판결

다. 행위

본죄의 행위는 조합장, 이사장 및 중앙회장이 그 재임 중에 기부행위를 하는 것이다. 위탁선거법 제32조(기부행위의 정의)에 해당하는 금전·물품 등의 제공행위는 위탁선거법 제33조(기부행위로 보지 아니하는 행위)에서 허용되는 것으로 열거된 행위에 해당하지 아니하는 이상, 조합장 등의 재임 중 기부행위금지위반을 처벌하는 위탁선거법 제59조(기부행위의 금지·제한 등 위반죄)의 구성요건해당성이 인정된다.[218] 조합장 재직 중 조합원에게 생일선물 명목으로 시가 18,000원 상당의 비타민 제품을 제공한 것은 그 경제적 가치의 과소랑 관계없이 조합장 재직 중 기부행위제한위반에 해당한다.[219] 조합장 재직 중 조합장 선거 1－2달 전에 조합원 및 조합원의 가족 7명에게 양말 1세트씩을 제공한 것은 조합장 재직 중 기부행위제한위반에 해당한다.[220]

라. 시기

위탁선거법 제35조(기부행위제한) 제5항의 '조합장 등의 재임 중 기부행위제한'의 기부행위는 조합장, 이사장 및 중앙회장의 재임 중에는 할 수 없다. 즉 기부행위제한기간을 막론하고 조합장, 이사장 및 중앙회장의 재임 중에 기부행위를 하면 위탁선거법 제35조(기부행위제한) 제5항에 위반된다.

마. 선거와의 관련성

위탁선거법 제35조(기부행위제한) 제5항의 '조합장 등의 재임 중 기부행위제한'의 기부행위는 '해당 위탁선거'와의 관련성을 요구하고 있지 아니하므로, 조합장, 이사장 및 중앙회장은 그 재임 중에 '해당 위탁선거'와는 무관하게 기부행위를 하여도 위탁선거법 제35조(기부행위제한) 제5항에 위반된다.

바. 벌칙 등

(1) 벌칙

위탁선거법 제35조(기부행위제한) 제5항의 규정에 위반한 자, 즉 조합장선거의 조합

218) 2022. 2. 24. 선고 2020도17430 판결
219) 대전지방법원 평택지원 2020. 2. 7. 선고 2019고단1170 판결
220) 춘천지방법원 속초지원 2010. 7. 9. 선고 2010고합14 판결

장, 이사장선거의 이사장 및 중앙회장선거의 중앙회장이 재임 중에 기부행위를 한 경우에는 3년 이하의 징역 또는 3천만원 이하의 벌금에 처한다(위탁선거법§59).

(2) 벌칙의 적용범위

위탁선거법 제57조(적용제외)는 위탁선거법 제35조(기부행위제한) 제5항을 위반한 자를 처벌하는 규정인 위탁선거법 제59조(기부행위의 금지·제한 등 위반죄)는 모든 의무위탁선거(「교육공무원법」 제24조의3(대학의 장 후보자 추천을 위한 선거사무의 위탁)에 따른 대학의 장 후보자 추천 선거는 제외한다)에 적용되고, 임의위탁선거에는 적용되지 아니한다고 규정하고 있다(위탁선거법§57).

그러나, 위탁선거법 제35조(기부행위제한) 제5항의 '조합장 등의 재임 중 기부행위제한'의 범행주체는 의무위탁선거 중 조합장선거의 조합장, 이사장선거의 이사장 및 중앙회장선거의 중앙회장에 한정되므로, 위탁선거법 제35조(기부행위제한) 제5항을 위반하여 위탁선거법 제59조(기부행위의 금지·제한 등 위반죄)에 의하여 처벌할 경우에는 의무위탁선거 중 조합장선거, 이사장선거 및 중앙회장선거에만 적용되고, 조합장선거, 이사장선거 및 중앙회장선거를 제외한 나머지 의무위탁선거와 임의위탁선거에는 적용되지 않는다고 보아야 한다. 위탁선거법의 개정이 필요하다.

9. 조합장 등의 축의·부의금품 제공제한

가. 의의 및 적용범위

(1) 의의

「농업협동조합법」, 「수산업협동조합법」, 「산림조합법」에 따른 조합·중앙회 또는 「새마을금고법」에 따른 금고·중앙회(이하 "조합등"이라 한다)의 경비로 관혼상제의식이나 그 밖의 경조사에 축의·부의금품을 제공하는 경우에는 해당 조합등의 경비임을 명기하여 해당 조합등의 명의로 하여야 하며, 해당 조합등의 대표자의 직명 또는 성명을 밝히거나 그가 하는 것으로 추정할 수 있는 방법으로 하는 행위는 기부행위로 본다(위탁선거법§36).

(2) 적용범위

위탁선거법 제36조(조합장 등의 축의·부의금품 제공제한)의 '조합장 등의 축의·부의금품 제공제한'은 의무위탁선거 중 조합장선거, 이사장선거 및 중앙회장선거에만 적용되고, 조합장선거, 이사장선거 및 중앙회장선거를 제외한 나머지 의무위탁선거인 「신용협동조합법」에 따른 총자산이 1천억 원 이상인 지역조합의 이사장선거 및 중앙회장선거, 「국민체육진흥법」에 따른 대한체육회와 지방체육회 및 대한장애인체육회의 회장선거, 「교육공무원법」 제24조의3(대학의 장 후보자 추천을 위한 선거사무의 위탁)에 따른 대학의 장 후보자 추천 선거와 임의위탁선거에는 적용되지 아니한다(위탁선거법§22).

나. 행위의 주체

위탁선거법 제36조(조합장 등의 축의·부의금품 제공제한)의 '조합장 등의 축의·부의금품 제공제한'의 조합등의 경비로 관혼상제의식이나 그 밖의 경조사에 축의·부의금품을 제공하는 주체에는 제한이 없다. 조합장선거의 조합장, 이사장선거의 이사장 및 중앙회장선거의 중앙회장에 한하지 아니한다.

다. 시기

위탁선거법 제36조(조합장 등의 축의·부의금품 제공제한)의 '조합장 등의 축의·부의금품 제공제한'의 조합등의 경비로 관혼상제의식이나 그 밖의 경조사에 축의·부의금품을 제공할 수 있는 시기에는 제한이 없다.

라. 축의·부의금품의 제공방법

위탁선거법 제36조(조합장 등의 축의·부의금품 제공제한)의 '조합장 등의 축의·부의금품 제공제한'에서 조합장, 이사장 및 중앙회장이 조합등의 경비로 관혼상제의식이나 그 밖의 경조사에 축의·부의금품을 제공하는 경우에는 해당 조합등의 경비임을 명기하여 해당 조합등의 명의로 하여야 한다. 해당 조합등의 명의가 아닌 해당 조합등의 대표자의 직명 또는 성명을 밝히거나 그가 하는 것으로 추정할 수 있는 방법으로 하는 행위는 기부행위로 본다.

마. 선거와의 관련성

위탁선거법 제36조(조합장 등의 축의·부의금품 제공제한)의 '조합장 등의 축의·부의금품 제공제한'의 관혼상제의식이나 그 밖의 경조사에 축의·부의금품을 제공하는 행위는 '해당 위탁선거'와의 관련성을 요구하고 있지 아니하므로, 조합장, 이사장 및 중앙회장이 '해당 위탁선거'와는 무관하게 조합등의 경비로 관혼상제의식이나 그 밖의 경조사에 축의·부의금품을 제공함에 있어 해당 조합등의 경비임을 명기하여 해당 조합등의 명의로 하지 아니하고 해당 조합등의 대표자의 직명 또는 성명을 밝히거나 그가 하는 것으로 추정할 수 있는 방법으로 하는 때에도 위탁선거법 제36조(조합장 등의 축의·부의금품 제공제한)에 위반된다.

바. 벌칙 등

(1) 벌칙

위탁선거법 제36조(조합장 등의 축의·부의금품 제공제한)를 위반하여 축의·부의금품을 제공한 자, 즉 조합등의 경비로 관혼상제의식이나 그 밖의 경조사에 축의·부의금품을 제공하는 경우 해당 조합등의 경비임을 명기하여 해당 조합등의 명의로 하여야 함에도 해당 조합등의 대표자의 직명 또는 성명을 밝히거나 그가 하는 것으로 추정할 수 있는 방법으로 축의·부의금품을 제공한 때에는 2년 이하의 징역 또는 2천만원 이하의 벌금에 처한다(위탁선거법§66②9.).

(2) 벌칙의 적용범위

위탁선거법 제36조(조합장 등의 축의·부의금품 제공제한)를 위반하여 축의·부의금품을 제공한 자를 처벌하는 규정인 위탁선거법 제66조(각종 제한규정 위반죄) 제2항 제9호는 조합장선거, 이사장선거 및 중앙회장선거에만 적용된다(위탁선거법§57). 조합장선거, 이사장선거 및 중앙회장선거를 제외한 나머지 의무위탁선거인 「신용협동조합법」에 따른 총자산이 1천억 원 이상인 지역조합의 이사장선거 및 중앙회장선거, 「국민체육진흥법」에 따른 대한체육회와 지방체육회 및 대한장애인체육회의 회장선거, 「교육공무원법」 제24조의3(대학의 장 후보자 추천을 위한 선거사무의 위탁)에 따른 대학의 장 후보자 추천 선거와 임의위탁선거에는 적용되지 아니한다.

10. 선거일 후 답례금지

가. 의의 및 적용범위

(1) 의의

후보자, 후보자의 배우자, 후보자가 속한 기관·단체·시설은 선거일 후 당선되거나 되지 아니한 데 대하여 선거인에게 축하·위로나 그 밖의 답례를 하기 위하여 다음 각 호의 어느 하나에 해당하는 행위를 할 수 없다(위탁선거법§37).

1. 금전·물품 또는 향응을 제공하는 행위
2. 선거인을 모이게 하여 당선축하회 또는 낙선에 대한 위로회를 개최하는 행위

(2) 적용범위

위탁선거법 제37조(선거일 후 답례금지)의 '선거일 후 답례금지'는 의무위탁선거(「교육공무원법」 제24조의3(대학의 장 후보자 추천을 위한 선거사무의 위탁)에 따른 대학의 장 후보자 추천 선거는 제외한다)에만 적용되고, 임의위탁선거에는 적용되지 아니한다(위탁선거법§22).

나. 행위의 주체

위탁선거법 제37조(선거일 후 답례금지)의 '선거일 후 답례금지'의 선거일 후 당선되거나 되지 아니한 데 대하여 선거인에게 축하·위로나 그 밖의 답례행위를 하기 위하여 금전·물품 또는 향응을 제공하는 행위나 선거인을 모이게 하여 당선축하회 또는 낙선에 대한 위로회를 개최하는 행위(이하 "답례행위"라 한다)의 주체는 후보자, 후보자의 배우자, 후보자가 속한 기관·단체·시설이다. 후보자의 배우자가 아닌 후보자의 가족이나 제3자가 답례행위를 한 경우에는 위탁선거법 제37조(선거일 후 답례금지)에 위반되지 아니한다.

다. 시기

위탁선거법 제37조(선거일 후 답례금지)의 '선거일 후 답례금지'의 답례행위는 선거일 후에 하여야 한다.

라. 대상

위탁선거법 제37조(선거일 후 답례금지)의 '선거일 후 답례금지'에서 답례행위의 대상은 선거인이다. 「공직선거법」 제118조(선거일 후 답례금지)의 답례행위 대상이 '일반선거구민'으로서 선거운동에 관여하지 아니한 일반 유권자를 지칭하는데 반하여, 위탁선거법 제37조(선거일 후 답례금지)의 '선거일 후 답례금지'에서 답례행위의 대상은 '선거인'에 한하고 일반인은 그 대상이 아니다.

마. 금지되는 행위

선거일 후 당선되거나 되지 아니한 데 대하여 선거인에게 축하·위로나 그 밖의 답례를 하기 위하여 해서는 아니 되는 답례행위는 ① 금전·물품 또는 향응을 제공하는 행위와, ② 선거인을 모이게 하여 당선축하회 또는 낙선에 대한 위로회를 개최하는 행위이다.

한편, 「공직선거법」 제118조(선거일 후 답례금지)는 금지되는 답례행위에 대하여 위 금전 등을 제공하는 행위와 당선축하회 또는 낙선위로회 외에도 ① 방송·신문 또는 잡지 기타 간행물에 광고하는 행위, ② 자동차에 의한 행렬을 하거나 다수인이 무리를 지어 행진하거나 거리에서 연달아 소리지르는 행위(다만, 「공직선거법」 제79조(공개장소에서의 연설·대담) 제3항[221]의 규정에 의한 자동차를 이용하여 당선 또는 낙선에 대한 거리인사를 하는 경우는 제외), ③ 현수막을 게시하는 행위(다만, 선거일 다음날부터 13일 동안 해당 선거구 안의 읍·면·동마다 1매의 현수막을 게시하는 행위는 제외)도 금지하고 있으나, 위탁선거법의 답례행위에는 이에 대한 금지규정이 없다.

바. 선거와의 관련성

위탁선거법 제37조(선거일 후 답례금지)의 '선거일 후 답례금지'에서의 답례행위는 '해당 위탁선거에 관하여'라는 해당 위탁선거와의 관련성을 명문으로 요구하고 있지는 아니하나, 해당 위탁선거일 후에 이루어지는 금품 등의 제공이나 당선축하회 또는 낙선위로회 등의 답례행위를 금지하고 있으므로 해당 위탁선거와 관련이 있을 것을 당연히 요구하고 있다.

221) 「공직선거법」 제79조(공개장소에서의 연설·대담) ③ 공개장소에서의 연설·대담을 위하여 다음 각 호의 구분에 따라 자동차와 이에 부착된 확성장치 및 휴대용 확성장치를 각각 사용할 수 있다.

1. 대통령선거
후보자와 시·도 및 구·시·군선거연락소마다 각 1대·각 1조
2. 지역구국회의원선거 및 시·도지사선거
후보자와 구·시·군선거연락소마다 각 1대·각 1조
3. 지역구지방의회의원선거 및 자치구·시·군의 장선거
후보자마다 1대·1조

사. 벌칙 등

(1) 벌칙

위탁선거법 제37조(선거일 후 답례금지)를 위반한 자, 즉 후보자, 후보자의 배우자, 후보자가 속한 기관·단체·시설이 선거일 후 당선되거나 되지 아니한 데 대하여 선거인에게 축하·위로나 그 밖의 답례를 하기 위하여 금전·물품 또는 향응을 제공하는 행위나 선거인을 모이게 하여 당선축하회 또는 낙선에 대한 위로회를 개최하는 행위를 한 때에는 2년 이하의 징역 또는 2천만원 이하의 벌금에 처한다(위탁선거법§66②10.).

(2) 벌칙의 적용범위

위탁선거법 제37조(선거일 후 답례금지)를 위반하여 선거일 후 답례행위를 한 자를 처벌하는 규정인 위탁선거법 제66조(각종 제한규정 위반죄) 제2항 제10호는 의무위탁선거(「교육공무원법」 제24조의3(대학의 장 후보자 추천을 위한 선거사무의 위탁)에 따른 대학의 장 후보자 추천 선거는 제외한다)에만 적용되고, 임의위탁선거에는 적용되지 아니한다(위탁선거법§57).

11. 호별방문 등의 제한

가. 의의 및 적용범위

(1) 의의

누구든지 선거운동을 위하여 선거인(선거인명부작성 전에는 선거인명부에 오를 자격이 있는 자를 포함한다. 이하 같다)을 호별로 방문하거나 특정 장소에 모이게 할 수 없다(위탁선거법§38).

호별방문을 금지하는 취지는 첫째, 일반 공중의 눈에 띄지 않는 장소에서의 대화가 의리나 인정 등 다분히 정서적이고 비본질적인 요소에 치우쳐 선거인의 냉정하고 합리적인 판단을 방해할 우려가 있고, 둘째, 비공개적인 장소에서의 만남을 통하여 매수 및 이해유도죄 등의 부정행위가 행하여질 개연성이 상존하며, 셋째, 선거인의 입장에서는 전혀 모르는 후보자측의 예기치 않은 방문을 받게 되어 사생활의 평온이 침해될 우려가 있고, 넷째, 후보자측의 입장에서도 필요 이상으로 호별방문의 유혹에

빠지게 됨으로써 경제력 등이 뛰어난 후보자에게 유리하게 되는 등 후보자 간의 선거운동의 실질적 평등을 보장하기 어려운 폐해가 예상되기 때문이다.[222] 헌법재판소는 「공직선거법」 제106조(호별방문의 제한)과 관련하여, 「호별방문금지조항은 선거의 공정 및 유권자의 사생활의 평온 등을 보장하기 위한 것으로서, 불법선거, 금권선거 등이 잔존하는 선거역사 및 정치현실, 호별방문 방법 자체에 내재된 선거 공정을 깨뜨릴 우려, 선거 특성에 적합한 다른 선거운동방법의 존재 등을 고려할 때 이를 지나친 제한이라고 할 수 없고, 선거의 공정과 사생활의 평온이라는 공익보다 선거운동의 자유 등 제한되는 사익이 크다고 할 수 없다. 따라서 호별방문금지조항은 선거운동의 자유 등을 침해하지 아니한다.」고 판시하였고,[223] 법원도 같은 태도를 보이고 있다.[224] 이러한 헌법재판소와 법원의 견해는 호별방문제한의 입법취지에 비추어 위탁선거법 제38조(호별방문 등의 제한)에 대하여도 마찬가지로 적용된다고 봄이 상당하다.

(2) 적용범위

위탁선거법 제38조(호별방문 등의 제한)의 '호별방문 등의 제한'은 의무위탁선거 중 조합장선거와 중앙회장선거에만 적용되고, 조합장선거, 이사장선거 및 중앙회장선거를 제외한 나머지 의무위탁선거인 「신용협동조합법」에 따른 총자산이 1천억 원 이상인 지역조합의 이사장선거 및 중앙회장선거, 「국민체육진흥법」에 따른 대한체육회와 지방체육회 및 대한장애인체육회의 회장선거, 「교육공무원법」 제24조의3(대학의 장 후보자 추천을 위한 선거사무의 위탁)에 따른 대학의 장 후보자 추천 선거와 임의위탁선

---

222) 대구고등법원 2007. 3. 15. 선고 2007노38 판결

223) 2016. 12. 29. 선고 2015헌마509·1160(병합) 결정, 2019. 5. 30. 선고 2017헌바458 결정

224) 수원지방법원 여주지원 2002. 11. 29.자 2002초기50 결정(선거의 공정을 기하기 위하여 선거운동 방법의 규제로서 호별방문을 금지한 「공직선거법」 제106조(호별방문의 제한) 제1항은 많은 폐해가 우려되는 선거운동을 방지함으로써 선거의 공정성을 확보함과 동시에 과당경쟁으로 인한 막대한 선거비용이 지출을 방지하기 위한 규정임이 분명하므로, 비록 표현의 자유 및 선거의 자유 등에 어느 정도 제약을 가져오는 일이 있다고 하더라도 그 입법목적이 정당함은 물론이고, 선거의 자유·공정성을 확보하기 위한 필요하고도 합리적인 규제로서, 표현의 자유를 규정하고 있는 「헌법」 제21조 및 자유선거원칙에 위반되는 규정이라고 할 수 없고, 아울러 호별방문금지의 목적, 그 금지가 해당 목적을 달성하는 수단으로서 가지는 필요성·유효성 및 이러한 금지에 의하여 얻어지는 이익과 그것을 취함으로써 잃어버리는 이익과의 균형 등을 두루 살펴보면, 호별방문을 금지하면서 이를 위반할 경우 처벌하는 규정을 두고 있다고 하여 이를 두고 입법자가 헌법상 기본권 제한에 있어 피해의 최소성 또는 법익의 균형성 요청 등 과잉금지의 원칙에 위반하여 기본권을 침해하였다고 보기는 어려워, 결국 「공직선거법」 제106조(호별방문의 제한) 제1항, 제255조(부정선거운동죄) 제1항 제17호는 표현의 자유 및 자유선거의 원칙을 표방하는 헌법에 위반된다고 할 수 없다.)

거에는 적용되지 아니한다(위탁선거법§22).

나. 행위의 주체

위탁선거법 제38조(호별방문 등의 제한)의 '선거인을 호별로 방문하거나 특정장소에 모이게 하는 행위'의 주체에는 제한이 없다. 누구라도 선거운동을 위하여 위와 같은 행위를 하면 위탁선거법 제38조(호별방문 등의 제한)에 위반된다.

다. 시기

위탁선거법 제38조(호별방문 등의 제한)의 호별방문 등의 행위에는 그 시기에 제한이 없다. 선거운동기간 유무를 불문하고 선거운동을 위하여 선거인을 호별로 방문하거나 특정장소에 모이게 하면 위탁선거법 제38조(호별방문의 제한)에 위반된다.[225)][226)]

225) 헌법재판소는 자기 또는 특정인을 금고의 임원으로 당선되게 하거나 당선되지 못하게 할 목적으로, '금고의 정관으로 정하는 기간 중에' 회원의 호별방문행위 등을 한 자를 처벌하는 「새마을금고법(2014. 6. 11. 법률 제12749호로 개정된 것)」 제22조(임원의 선거운동제한) 제2항 제5호와 관련하여, '심판대상조항에 따르면 누구든지 자기 또는 특정인을 새마을금고의 임원으로 당선되게 하거나 당선되지 못하게 할 목적으로 회원을 호별로 방문하는 등의 행위를 한 경우에, "정관으로 정하는 기간"내라면 형사처벌의 대상이 되고 그렇지 않다면 형사처벌을 할 수 없게 된다. 따라서 심판대상조항에서 "정관으로 정하는 기간"은 범죄구성요건의 중요부분에 해당한다. 정관은 법인의 조직과 활동에 관하여 단체 내부에서 자율적으로 정한 자치규범으로서, 대내적으로만 효력을 가질 뿐 대외적으로 제3자를 구속하지 않는 것이 원칙이고, 그 생성과정 및 효력발생요건에 있어 법규명령과 성질상 차이가 크다. 심판대상조항은 형사처벌과 관련되는 주요사항을 헌법이 위임입법의 형식으로 예정하고 있지도 않은 특수법인의 정관에 위임하고 있는데, 이는 사실상 그 정관 작성권자에게 처벌법규의 내용을 형성할 권한을 준 것이나 다름없고, 수범자는 호별방문 등이 금지되는 기간이 구체적으로 언제인지 예측할 수 없으므로 죄형법정주의에 위배된다.'고 판시하였다(2019. 5. 30. 선고 2018헌가12 결정). 위 헌법재판소의 위헌결정이 있었음에도 「새마을금고법」 제22조(임원의 선거운동제한) 제2항 제5호는 현재까지 개정되지 않고 있다.

226) 헌법재판소는 중소기업중앙회 임원선거와 관련하여 '정관으로 정하는 기간에는' 선거운동을 위하여 정회원에 대한 호별방문 등의 행위를 한 경우 이를 처벌하도록 규정한 구「중소기업협동조합법(2008. 6. 13. 법률 제9120호로 개정되고 2015. 2. 3. 법률 제13159호로 개정되기 전의 것)」 제53조(선거운동의 제한) 제3항(이하 '이 사건 호별방문금지조항'이라 한다)과 관련하여 '이 사건 호별방문금지조항은 중소기업중앙회 임원 선거와 관련하여 "정관으로 정하는 기간에는" 선거운동을 위하여 정회원에 대한 호별방문 등의 행위를 한 경우 이를 형사처벌하도록 하고 있는바, 이때 "정관으로 정하는 기간"은 구성요건의 중요부분에 해당한다. 한편, 정관은 법인의 조직과 활동에 관하여 단체 내부에서 자율적으로 정한 자치규범으로서, 대내적으로만 효력을 가질 뿐 대외적으로 제3자를 구속하지는 않는 것이 원칙이고, 그 생성과정 및 효력발생요건에 있어 법규명령과 성질상 차이가 크다. 그럼에도 불구하고 이사건 호별방문금지조항은 형사처벌과 관련한 주요사항을 헌법이 위임입법의 형식으로 예정하고 있지도 않은 특수법인의

라. 호별방문 등의 목적

위탁선거법 제38조(호별방문 등의 제한)의 '호별방문 등의 제한'은 '선거운동을 위하여' 행하여 질 것을 요한다. '선거운동을 위하여'는 선거운동에 유리하도록 한다는 인식을 가지고 행하는 경우를 말한다. 선거인을 호별로 방문하거나 특정장소에 모이게 하는 행위라고 하더라도 이러한 목적을 위하여 행하여진 행위가 아닌 이상 제한되지 아니한다.

마. 호별방문 등의 요건

(1) 호별방문

(가) 호

호는 선거운동을 위하여 공개되지 아니한 장소에서 선거권자를 만날 경우 생길 수 있는 투표매수 등 불법·부정선거 조장 위험 등을 방지하고자 하는 호별방문죄의 입법 취지와 보호법익에 비추어 볼 때, 일상생활을 영위하는 거택은 물론이고 널리 주거나 업무 등을 위한 장소 혹은 그에 부속하는 장소라면 이에 해당한다.[227] 즉, 호는 일상생활을 영위하는 거택에 한정되지 않고 일반인의 자유로운 출입이 가능하도록 공개되지 아니한 곳으로서 널리 주거나 업무 등을 위한 장소 혹은 그에 부속하는 장소라면 이에 해당할 수 있다. 호에 해당하는지 여부는 주거 혹은 업무용 건축물 등의 존재 여부, 그 장소의 구조, 사용관계와 공개성 및 접근성 여부, 그에 대한 점유자의 구체적인 지배·관리형태 등 여러 사정을 종합적으로 고려하여 판단하여야 한다.[228]

호는 피방문자가 일시적으로 거주하는 경우라도 불특정·다수인의 자유로운 출입이 제한된 비공개장소도 포함된다.[229] 공무원들이 소관부서의 업무를 처리하는 업무용 사무공간으로서 민원인이 보통 민원 업무를 전담하는 민원봉사실에서 민원을 해결하지 못한 경우에 그 담당직원의 안내 등을 거쳐 예외적으로 방문하는 경우가 있을 뿐인 사무실은 호별방문금지 대상의 호에 해당한다.[230] 병원 입원실도 호에 해당

정관에 위임하고 있는데, 이는 사실상 그 정관 작성권자에게 처벌법규의 내용을 형성할 권한을 준 것이나 다름없으므로 죄형법정주의원칙에 비추어 허용하기 어렵다.'고 판시하였다(2016. 11. 24. 선고 2015헌가29 결정).

227) 2015. 9. 10. 선고 2014도17290 판결

228) 2015. 11. 26. 선고 2015도9847 판결, 2015. 9. 10. 선고 2015도8605 판결, 2010. 7. 8. 선고 2009도14558 판결

229) 대구고등법원 2007. 3. 15. 선고 2007노38 판결

하므로 선거운동을 위하여 입원실을 방문하는 행위는 호별방문에 해당한다.[231] 학교의 사무실은 업무 등을 위하여 마련된 건물 내의 사무실로서 호에 해당하고 일반인의 통상적인 출입이 원칙적으로 제한된 장소여서 다수인이 왕래하는 공개된 장소라고 할 수 없다.[232] 선박의 객실도 호에 해당한다.[233] 집으로부터 약 100미터 떨어진 고추밭은 호가 아니다.[234]

(나) 연속적 방문

호별방문은 연속적으로 두 집 이상을 방문함으로써 성립하고,[235] 각 집의 방문이 연속적인 것으로 인정되기 위해서는 반드시 집집을 중단 없이 방문하여야 하거나 동일한 일시 및 기회에 각 집을 방문하여야 하는 것은 아니지만, 각 방문행위 사이에는 어느 정도의 시간적 근접성이 있어야 한다. 이러한 시간적 근접성이 없다면 연속적인 것으로 인정될 수 없다.[236] 현직 농업협동조합장이 특정 조합원의 집만을 일자를 달리하여 비연속적으로 방문한 것만으로는 호별방문에 해당하지 않는다.[237] 갑(甲)의 집을 방문한 것은 을(乙)의 집과 병(丙)의 집을 방문한 때로부터 3개월 내지 4개월 전이고, 정(丁)의 집을 방문한 것은 을의 집과 병의 집을 방문한 때로부터 다시 6개월 내지 7개월 후로서 시간적 간격이 매우 크므로 갑의 집과 정의 집을 각 방문한 행위와 을의 집과 병의 집을 각 방문한 행위 사이에는 시간적 근접성이 있다고 하기는 어려워 호별방문에 해당하지 않는다.[238]

그러나, 반드시 각 호를 중단 없이 방문하여야 하거나 동일한 일시 및 기회에 방문하여야 하는 것은 아니므로 해당 선거의 시점과 법정 선거운동기간, 호별방문의 경위와 장소, 시간, 거주자와의 관계 등 제반사정을 종합하여 단일한 선거운동의 목적으로 둘 이상 호를 계속해서 방문한 것으로 볼 수 있으면 그 성립이 인정된다.[239] 집을 한 곳만 방문한 경우는 호별방문에 해당하지 아니한다.[240]

---

230) 2015. 9. 10. 선고 2015도8605 판결, 2015. 11. 26. 선고 2015도9847 판결
231) 대구고등법원 2007. 3. 15. 선고 2007노38 판결
232) 2015. 9. 10. 선고 2014도17290 판결
233) 광주고등법원(전주) 2017. 6. 20. 선고 2017노28 판결
234) 대구지방법원 영덕지원 2006. 10. 2. 선고 2006고합32 판결
235) 1979. 11. 27. 선고 79도2115 판결, 2002. 6. 14. 선고 2002도937 판결
236) 2007. 3. 15. 선고 2006도9042 판결
237) 2002. 6. 14. 선고 2002도937 판결
238) 2007. 3. 15. 선고 2006도9042 판결
239) 2010. 7. 8. 선고 2009도14558 판결
240) 2007. 6. 14. 선고 2007도2940 판결

(다) 호별방문의 의미

호별방문의 성립여부는 방문시기, 방문자 또는 피방문자의 수, 범위, 방문자와 피방문자와의 관계, 방문장소에서의 언동 등 제반 정황을 고려하여, 사회통념상 방문취지가 선거운동을 위한 것으로 볼 수 있어야 한다.[241)]

타인과 면담하기 위하여 그 거택 등에 들어간 경우는 물론 타인을 면담하기 위하여 방문하였으나 피방문자가 부재중이어서 들어가지 못한 경우에도 성립한다.[242)] 반드시 그 거택 등에 들어가야 하는 것은 아니므로, 방문한 세대수가 3세대에 불과하다거나 출입문 안으로 들어가지 아니한 채 대문 밖에 서서 인사를 하였다는 이유만으로 가벌적 위법성이 없다고 할 수 없다.[243)] 선거운동을 목적으로 하여 선거인을 방문하여 면회를 구하면 족하다.[244)] 아파트 인터폰을 누른 후 문을 열어주지 않자 인터폰을 통하여 거주자에게 후보자의 지지를 호소하는 등 아파트 11세대를 돌아다니면서 인터폰상으로 또는 인터폰을 통하여 밖으로 나오게 한 후 후보자의 지지를 호소한 것은 선거운동을 위한 호별방문에 해당한다.[245)]

한편, 「공직선거법」 제106조(호별방문의 제한) 제2항[246)]은 선거운동을 할 수 있는 자는 관혼상제의식이 거행되는 장소와 다수인이 왕래하는 공개된 장소에서 후보자에 대한 지지를 호소할 수 있도록 함으로써 호별방문제한의 예외를 두고 있으나, 위탁선거법에는 그러한 예외를 두지 않고 있다. 따라서 위탁선거법 상 후보자는 관혼상제의식이 거행되는 장소와 다수인이 왕래하는 공개된 장소에서 지지를 호소하는 행위를 할 수 없다.

(2) 특정장소 소집제한

누구든지 선거운동을 위하여 선거인을 특정장소에 모이게 할 수 없는바, 특정장소는 실내이건 실외이건 그 장소를 가리지 않고 선거인이 모일 수 있는 곳이면 족하다. 선거운동을 위하여 선거인을 모이게 하여야 하므로, 선거운동과 관계없이 선거인을 모이게 하는 것은 허용된다.

241) 대구고등법원 2007. 3. 15. 선고 2007노38 판결
242) 2007. 3. 15. 선고 2006도9042 판결, 1999. 11. 12. 선고 99도2315 판결
243) 2000. 2. 25. 선고 99도4330 판결
244) 1975. 7. 22. 선고 75도1659 판결
245) 서울지방법원 북부지원 2002. 8 30. 선고 2002고합308 판결
246) 「공직선거법」 제106조(호별방문의 제한) ② 선거운동을 할 수 있는 자는 제1항의 규정에도 불구하고 관혼상제의 의식이 거행되는 장소와 도로·시장·점포·다방·대합실 기타 다수인이 왕래하는 공개된 장소에서 정당 또는 후보자에 대한 지지를 호소할 수 있다.

조합장 출마의사를 확실히 하면서 지지를 호소하여 지지기반을 조성하기 위하여 선거인 18명에게 커피숍에 모이게 한 것은 선거운동을 목적으로 한 특정장소 소집행위에 해당한다.[247)]

바. 벌칙 등

(1) 벌칙 및 죄수

위탁선거법 제38조(호별방문 등의 제한)를 위반한 자, 즉 누구든지 선거운동을 위하여 선거인을 호별로 방문하거나 특정 장소에 모이게 하는 경우에는 2년 이하의 징역 또는 2천만원 이하의 벌금에 처한다(위탁선거법§66②11.).

연속성이 인정되는 각 호별방문행위는 그 전체가 포괄일죄의 관계에 있다.[248)]

(2) 벌칙의 적용범위

위탁선거법 제38조(호별방문 등의 제한)를 위반하여 선거운동을 위하여 선거인을 호별로 방문하거나 특정 장소에 모이게 한 자를 처벌하는 규정인 위탁선거법 제66조(각종 제한규정 위반죄) 제2항 제11호는 조합장선거, 이사장선거 및 중앙회장선거에만 적용된다(위탁선거법§57). 조합장선거, 이사장선거 및 중앙회장선거를 제외한 나머지 의무위탁선거인 「신용협동조합법」에 따른 총자산이 1천억 원 이상인 지역조합의 이사장선거 및 중앙회장선거, 「국민체육진흥법」에 따른 대한체육회와 지방체육회 및 대한장애인체육회의 회장선거, 「교육공무원법」 제24조의3(대학의 장 후보자 추천을 위한 선거사무의 위탁)에 따른 대학의 장 후보자 추천 선거와 임의위탁선거에는 적용되지 아니한다.

---

247) 청주지방법원 2020. 2. 14. 선고 2019노1649 판결

248) 2010. 7. 8. 선고 2009도14558 판결, 2003. 6. 13. 선고 2003도889 판결, 2007. 7. 12. 선고 2007도2191 판결

제8장 위탁선거의 투표 및 개표

제1절 위탁선거의 투표

1. 선거방법

선거는 투표로 한다(위탁선거법§39①). 위탁선거법에는 선거방법에 대하여 구체적으로 규정하고 있지 아니하나, 「지역농업협동조합정관례」 등에는 "선거는 무기명 비밀투표로 한다."고 규정하고 있다.[1)]

2. 투표소 및 투표관리관

가. 투표소

(1) 투표소 설치

관할위원회는 해당 위탁단체와 투표소의 설치수, 설치장소 등을 협의하여 선거일 전일까지 투표소를 설치하여야 한다(위탁선거법§40①).

관할위원회로부터 투표소 설치를 위한 장소 사용 협조요청을 받은 기관·단체의

---

1) 「지역농업협동조합정관례(농림축산식품부고시 제2024-74호, 2024. 10. 8. 일부개정)」 제78조(선거방법) ①,「농업협동조합중앙회정관(개정 2022. 12. 29. 농림축산식품부장관 인가)」 제82조(선거방법) ②, 「수산업협동조합정관부속서 임원선거규정(예)(해양수산부고시 제2022-168호, 2022. 10. 25. 일부개정)」 제63조(투표방법 등) ①,「수협중앙회정관부속서 임원선거규정(일부개정 2021. 12. 20.)」 제28조(투표) ①,「새마을금고 임원선거규약(예)(일부개정 2024. 7. 10.)」 제43조(선거방법) ①,「대한체육회 회장선거관리규정(개정 2024. 7. 20.)」 제36조(선거방법 등) ①,「대전광역시체육회 회장선거관리규정(개정 2024. 2. 7.)」 제34조(선거방법 등) ①,「대한장애인체육회 회장선거관리규정(개정 2024. 8. 13.)」 제17조(선거방법 등) ①,「중소기업중앙회 임원선거규정(2018. 8. 21. 개정)」 제22조(무기명투표) ①,「ㅇㅇ정비사업조합(조합설립추진위원회) 선거관리규정(안)(서울특별시 고시 제2017-243호, 개정 2017. 7. 6.)」 제34조(선거방법) ①,「신용협동조합표준정관부속서 임원선거규약(2021. 12. 15. 개정)」 제42조(선거방법),「신용협동조합중앙회정관부속서 임원선거규약(2021. 10. 5. 개정)」 제29조(선거방법) ②

장은 정당한 사유가 없으면 이에 따라야 한다(위탁선거법§40③).

(2) 투표소의 설비

관할위원회와 투표관리관은 선거일 전일까지 투표소에 다음의 설비를 하여야 한다(위탁선거규칙§18②).

1. 투표참관인의 좌석
2. 본인여부 확인에 필요한 시설
3. 투표용지 발급 또는 교부에 필요한 시설
4. 투표함
5. 기표소
6. 그 밖의 투표사무에 필요한 시설

(3) 공고

관할위원회는 투표소를 설치하는 경우에는 선거일전 10일까지 그 명칭과 소재지를 공고하여야 한다. 다만, 천재지변 또는 그 밖의 부득이한 사유가 있는 경우 이를 변경할 수 있으며, 이 경우에는 즉시 공고하여 선거인에게 알려야 한다(위탁선거규칙§18①).

나. 투표관리관 및 투표사무원

(1) 투표관리관 등의 위촉

관할위원회는 공정하고 중립적인 사람 중에서 투표소마다 투표에 관한 사무를 관리할 투표관리관 1명과 투표사무를 보조할 투표사무원을 위촉하여야 한다(위탁선거법§40②). 관할위원회는 선거가 있을 때마다 선거일 전 30일(보궐선거등의 경우에는 위탁신청을 받은 날부터 10일)부터 선거일 후 10일까지 투표관리관을 위촉·운영한다(위탁선거규칙§17①).

관할위원회로부터 투표관리관 또는 투표사무원의 추천을 요청받은 국가기관·지방자치단체, 각급 학교 및 위탁단체의 장은 우선적으로 이에 따라야 한다(위탁선거규칙§17⑤). 투표관리관이 되려는 사람은 위탁선거규칙이 정하는 서식[2]에 따른 본인승낙서를 제출하여야 한다(위탁선거규칙§17⑥).

---

2) 위탁선거규칙 별지 제15호 서식(본인승낙서)

(2) 투표관리관 등의 해촉

관할위원회는 투표관리관이 다음 각 호의 어느 하나에 해당하는 경우에는 해촉할 수 있다(위탁선거규칙§17⑦).

1. 법규를 위반하거나 불공정한 행위를 한 경우
2. 정당한 사유 없이 관할위원회의 지시 · 명령에 따르지 아니하거나 그 임무를 게을리 한 경우
3. 건강 또는 그 밖의 사유로 임무를 성실히 수행할 수 없다고 판단되는 경우

(3) 투표관리관의 직무

투표관리관은 법규를 준수하고 성실하게 직무를 수행하여야 하며 관할위원회의 지시에 따라야 한다(위탁선거규칙§17②). 투표관리관은 해당 투표소의 투표사무원에 대하여 투표관리사무의 처리에 필요한 지시 · 감독을 할 수 있다(위탁선거규칙§17③).

관할위원회는 투표소마다 투표사무원 중에서 1명을 미리 지정하여 투표관리관이 유고 또는 그 밖의 사유로 직무를 수행할 수 없게 된 때에 그 직무를 행하게 할 수 있으며, 미리 지정한 투표사무원이 유고 또는 그 밖의 사유로 직무를 수행할 수 없게 된 때에는 투표사무원 중 연장자순에 따라 투표관리관의 직무를 행하게 할 수 있다(위탁선거규칙§17④).

투표관리관의 여비는 「선거관리위원회법 시행규칙」 별표 3 ＜여비지급기준표＞[3]의 읍 · 면 · 동선거관리위원회의 위촉직원과 같은 금액으로 하고, 투표관리관 및 투표사무원의 수당은 같은 규칙 별표 4 ＜수당기준표＞[4]에 따른다(위탁선거규칙§17⑨).

---

3) 「선거관리위원회법 시행규칙」 별표 3 ＜여비지급기준표＞

구분	지급기준	
	위원	위촉직원
중앙선거관리위원회	공무원여비규정 별표 1의 제1호 가목	동표 제2호 나목
시 · 도선거관리위원회	동표 제1호 다목	동표 제2호 나목
구 · 시 · 군선거관리위원회	동표 제2호 가목	동표 제2호 나목
읍 · 면 · 동선거관리위원회	동표 제2호 나목	동표 제2호 나목

4) 「선거관리위원회법 시행규칙」 별표 4 ＜수당기준표＞

구분		일비액
위원	중앙선거관리위원회	150,000원
	시 · 도선거관리위원회	120,000원
	구 · 시 · 군선거관리위원회	100,000원
	읍 · 면 · 동선거관리위원회	80,000원
위촉직원	간사 · 서기	40,000원

(4) 공고 및 통지

관할위원회가 투표관리관을 위촉 또는 해촉한 때에는 지체 없이 이를 공고하고, 그가 소속된 국가기관·지방자치단체, 각급 학교 및 위탁단체의 장에게 통지하여야 한다(위탁선거규칙§17⑧).

3. 투표방법

투표는 선거인이 직접 투표용지에 기표하는 방법으로 한다(위탁선거법§39②). 위탁선거법은 구체적인 기표방법에 대하여 규정하고 있지 아니하나, 「지역농업협동조합정관례」 등은 "투표소에 비치된 소정의 기표용구로 투표용지에 ㊦표를 하여 투표함에 넣는다."고 규정하고 있다.[5)]

투표는 선거인 1명마다 1표로 한다. 다만, 해당 법령이나 정관 등에서 정하는 사람이 법인을 대표하여 행사하는 경우에는 그러하지 아니하다(위탁선거법§39③). 「수산업협동조합정관부속서 임원선거규정(예)」 등은 "조합원이 법인인 경우 그 법인의 선거권은 법인의 대표자가 행사한다. 다만, 부득이한 사유로 인하여 대표자가 선거권을 행사할 수 없는 경우에는 해당 법인의 임원(감사를 제외한다)이 그 법인의 선거권을 행사할 수 있고, 선거권을 행사하는 임원은 법인의 임원임을 증명하는 서면과 해당 법인에서 선거권을 행사하는 자로 정한 사실을 증명하는 서면을 조합에 제출하여야 한다."고 규정하고 있다.[6)]

	투표관리관	90,000원
	사전투표관리관	90,000원
	투표사무원	90,000원
	사전투표사무원	90,000원
	개표사무원	75,000원

5) 「지역농업협동조합정관례(농림축산식품부고시 제2024-74호, 2024. 10. 8. 일부개정)」 제82조(투표절차) ④, 「농업협동조합중앙회정관(개정 2022. 12. 29. 농림축산식품부장관 인가)」 제84조(투표절차) ③, 「수산업협동조합정관부속서 임원선거규정(예)(해양수산부고시 제2022-168호, 2022. 10. 25. 일부개정)」 제63조(투표방법 등) ②, 「산림조합중앙회정관부속서 임원선거규약(전부개정 2023. 10. 6. 산림청장 인가)」 제32조(투표) ①, 「새마을금고 임원선거규약(예)(일부개정 2024. 7. 10.)」 제48조(투표절차) ②, 「새마을금고중앙회 임원선거규약(일부개정 2020. 5. 22.)」 제21조(투표절차) ③, 「중소기업중앙회 임원선거규정(2018. 8. 21. 개정)」 제22조(무기명투표) ④, 「신용협동조합표준정관부속서 임원선거규약(2021. 12. 15. 개정)」 제45조(투표방법) ①, 「신용협동조합중앙회정관부속서 임원선거규약(2021. 10. 5. 개정)」 제33조(투표방법) ①

6) 「수산업협동조합정관부속서 임원선거규정(예)(해양수산부고시 제2022-168호, 2022. 10. 25.

4. 동시조합장선거 · 동시이사장선거의 투표소 · 투표방법

가. 투표소

동시조합장선거 또는 동시이사장선거를 실시하는 경우 관할위원회는 위탁선거법 제40조(투표소의 설치 등) 제1항에도 불구하고 그 관할구역 안의 읍 · 면(「지방자치법」 제7조(자치구가 아닌 구와 읍 · 면 · 동 등의 명칭과 구역) 제3항[7]에 따라 행정면을 둔 경우에는 행정면을 말한다) · 동(「지방자치법」 제7조(자치구가 아닌 구와 읍 · 면 · 동 등의 명칭과 구역) 제4항[8]에 따라 행정동을 둔 경우에는 행정동을 말한다)마다 1개소씩 투표소를 설치 · 운영하여야 한다(위탁선거법§41①).

감염병 발생 등 부득이한 사유가 있는 경우에는 위탁선거규칙[9]으로 정하는 바에 따라 추가로 투표소를 설치할 수 있으며, 이 경우 관할위원회는 그 명칭과 소재지를 지체 없이 공고해야 한다(위탁선거규칙§18④, ⑤).

다만, 조합 또는 금고의 주된 사무소가 설치되지 아니한 지역 등 위탁선거규칙[10]으로 정하는 경우에는 관할위원회가 해당 조합 또는 금고와 협의하여 일부 읍 · 면 ·

일부개정)」 제5조(선거권) ③, ④

7) 「지방자치법」 제7조(자치구가 아닌 구와 읍 · 면 · 동 등의 명칭과 구역) ③ 인구 감소 등 행정여건 변화로 인하여 필요한 경우 그 지방자치단체의 조례로 정하는 바에 따라 2개 이상의 면을 하나의 면으로 운영하는 등 행정 운영상 면(이하 "행정면"이라 한다)을 따로 둘 수 있다.

8) 「지방자치법」 제7조(자치구가 아닌 구와 읍 · 면 · 동 등의 명칭과 구역) ④ 동 · 리에서는 행정 능률과 주민의 편의를 위하여 그 지방자치단체의 조례로 정하는 바에 따라 하나의 동 · 리를 2개 이상의 동 · 리로 운영하거나 2개 이상의 동 · 리를 하나의 동 · 리로 운영하는 등 행정 운영상 동 · 리(이하 "행정동 · 리"라 한다)를 따로 둘 수 있다.

9) 위탁선거규칙 제18조(투표소의 설치 등) ④ 동시조합장선거 또는 동시이사장선거에서 다음 각 호에 해당하는 경우 관할위원회는 위탁단체와 협의하여 투표소를 추가로 설치 · 운영할 수 있다.
   1. 관할구역 안에 「감염병의 예방 및 관리에 관한 법률」에 따른 감염병관리시설 또는 감염병의심자 격리시설이 있는 경우
   2. 천재지변 등 부득이한 사정이 있는 경우

10) 위탁선거규칙 제18조(투표소의 설치 등) ⑥ 동시조합장선거 또는 동시이사장선거를 실시하는 경우 관할위원회는 해당 조합 또는 금고와 협의하여 다음 각 호의 어느 하나에 해당하는 읍 · 면 · 동에는 투표소를 설치하지 않을 수 있다.
   1. 조합 또는 금고의 주된 사무소나 지사무소(명칭에 관계 없이 주된 사무소 외 사무소를 모두 포함한다)가 설치되지 않은 읍 · 면 · 동
   2. 후보자등록마감시각에 후보자가 1명이거나 후보자등록마감 후 선거일 투표개시시각전까지 후보자수가 1명이 되어 투표를 실시하지 않기로 한 조합 또는 금고의 주된 사무소가 설치된 읍 · 면 · 동
   3. 선거인이 없는 읍 · 면 · 동
   4. 그 밖에 천재지변 등 부득이한 사유로 투표소를 설치하지 않기로 한 읍 · 면 · 동

동에 투표소를 설치할 수 있으며, 이 경우 관할위원회는 지체 없이 그 사실을 공고해야 한다(위탁선거규칙§18⑥, ⑦).

나. 투표방법

동시조합장선거에서 선거인은 자신이 올라 있는 선거인명부의 작성 구역단위에 설치된 어느 투표소에서나 투표할 수 있다(위탁선거법§41②).

투표관리관은 투표하려는 선거인에 대해서는 본인임을 확인할 수 있는 신분증명서를 제시하게 하여 본인여부를 확인한 다음 전자적 방식으로 무인 또는 서명하게 하고, 투표용지 발급기를 이용하여 선거권이 있는 해당 선거의 투표용지를 출력하여 자신의 도장을 찍은 후 선거인에게 교부한다(위탁선거법§41③).

중앙선거관리위원회는 2개 이상 조합장선거의 선거권이 있는 선거인이 투표하는 데 지장이 없도록 하고, 같은 사람이 2회 이상 투표를 할 수 없도록 하는 데 필요한 기술적 조치를 하여야 한다(위탁선거법§41④).

다. 잠정투표

(1) 잠정투표의 방법

동시조합장선거 또는 동시이사장선거에서 투표관리관은 전기통신 장애 또는 그 밖의 부득이한 사유로 해당 투표소에서 통합선거인명부를 사용하여 투표를 할 수 없는 경우에는 투표하러 온 선거인이 자신이 올라 있는 선거인명부 작성 구역단위에 설치된 다른 투표소에서 투표할 수 있도록 해야 한다(위탁선거규칙§19①). 전기통신 장애 또는 그 밖의 부득이한 사유로 해당 투표소에서 통합선거인명부를 사용하여 투표를 할 수 없어 투표하러온 선거인이 자신이 올라 있는 선거인명부의 작성 구역단위에 설치된 다른 투표소에서 투표할 수 있도록 하였음에도 불구하고, 선거인이 다른 투표소에 가서 투표할 수 없는 경우에는 관할위원회는 투표관리관으로 하여금 선거인의 본인여부를 확인하고, 그 명단(이하 "잠정투표자명부"라 한다)을 별도로 작성한 다음 선거인에게 투표용지와 위탁선거규칙이 정하는 양식[11]에 따른 봉투를 교부하여 투표(이하 "잠정투표"라 한다)하게 할 수 있다(위탁선거규칙§19②).

관할위원회는 잠정투표의 실시사유가 해소되면 지체 없이 잠정투표자명부를 통합선거인명부 운용시스템에 전송하고 그 기록을 보관하여야 한다(위탁선거규칙§19③).

---

11) 위탁선거규칙 별지 제16호 양식(잠정투표지 투입봉투)

(2) 잠정투표의 무효

다음 각 호의 어느 하나에 해당하는 잠정투표는 무효로 한다(위탁선거규칙§19④).

1. 같은 선거에서 한 사람이 2회 이상 투표를 한 경우 해당선거에서 본인이 한 모든 투표
2. 선거인명부에 올라 있지 아니한 사람이 한 투표

라. 거소투표 · 순회투표 · 인터넷투표

(1) 거소투표 · 순회투표 · 인터넷투표를 하는 경우

관할위원회는 섬 또는 산간오지 등에 거주하는 등 부득이한 사유로 투표소에 가기 어려운 선거인에게는 그 의결로 거소투표, 순회투표, 인터넷투표 등 위탁선거규칙으로 정하는 방법으로 투표를 하게 할 수 있다. 이 경우 투표방법 등에 관하여는 해당 조합과 협의하여야 한다(위탁선거법§41⑤).

(2) 거소투표자 · 순회투표자 · 인터넷투표자 선정 및 명부작성

동시조합장선거 또는 동시이사장선거에서 거소투표, 순회투표 또는 인터넷투표(중앙선거관리위원회가 제공하는 정보통신망을 이용한 투표를 말한다. 이하 같다)를 실시하려는 위탁단체는 선거인명부작성기간개시일 전일까지 관할위원회와 협의하여 거소투표 대상 선거인(이하 "거소투표자"라 한다), 순회투표 대상 선거인(이하 "순회투표자"라 한다) 또는 인터넷투표 대상 선거인(이하 "인터넷투표자"라 한다)을 선정하여야 한다(위탁선거규칙§20①).

위탁단체는 거소투표자, 순회투표자 또는 인터넷투표자로 선정된 선거인에게 그 사실과 투표방법 등을 지체 없이 알려야 하고(위탁선거규칙§20②), 위 선거인을 선거인명부의 비고칸에 "거소투표자", "순회투표자" 또는 "인터넷투표자"로 적고, 선거인명부작성기간 중 거소투표자명부, 순회투표자명부 또는 인터넷투표자명부를 각각 작성하여 지체 없이 관할위원회에 송부하여야 한다(위탁선거규칙§20③).

(3) 거소투표

(가) 투표용지 등의 발송

동시조합장선거 또는 동시이사장선거에서 거소투표를 실시하는 경우 관할위원회는 선거인명부확정일 후 2일까지 거소투표자에게 투표용지와 회송용봉투를 등기우편으로 발송하여야 한다. 이 경우 위탁선거법 제25조(선거공보)에 따라 후보자가 제출한 선거공보와 위탁선거법 제43조(투표안내문의 발송)에 따른 투표안내문을 동봉하여 발

송한다(위탁선거규칙§21①).

(나) 투표방법

거소투표자는 거소투표를 하여야 한다. 다만, 다음 각 호의 어느 하나에 해당하는 사람은 선거일에 해당 투표소에서 투표할 수 있다(위탁선거규칙§21②).

1. 거소투표용지가 반송되어 거소투표용지를 송부받지 못한 사람
2. 거소투표용지를 송부받았으나 거소투표를 하지 못한 사람으로서 선거일에 해당 투표소에서 투표관리관에게 거소투표용지와 회송용봉투를 반납한 사람

(다) 거소투표지의 송부

거소투표는 선거일 오후 5시까지 관할위원회에 도착되어야 한다(위탁선거규칙§21③).

(4) 순회투표 또는 인터넷투표

(가) 공고

동시조합장선거 또는 동시이사장선거에서 순회투표 또는 인터넷투표를 실시하는 경우 관할위원회는 해당 위탁단체와 협의하여 투표일시, 투표장소, 투표방법 등을 정하고 선거일 전 10일까지 공고하여야 한다(위탁선거규칙§21④).

(나) 투표관리관 · 투표사무원

관할위원회는 그 소속 위원 · 직원 · 선거사무를 처리할 능력이 있는 공정하고 중립적인 사람 중에서 순회투표관리관 · 순회투표사무원 또는 인터넷투표관리관 · 인터넷투표사무원을 지정하여 순회투표 또는 인터넷투표를 각각 관리하게 하여야 한다(위탁선거규칙§21⑤).

(다) 투표방법

순회투표자는 순회투표를, 인터넷투표자는 인터넷투표를 하여야 한다. 다만, 순회투표자 또는 인터넷투표자가 투표를 하지 못한 경우에는 선거일에 해당 투표소에서 순회투표 또는 인터넷투표를 하지 않았음을 확인받은 후 투표할 수 있다(위탁선거규칙§21⑥).

5. 투표용지 및 투표안내문

가. 투표용지

(1) 투표용지의 작성

투표용지는 「공직선거관리규칙」에서 정한 서식[12]을 준용하여 작성한다. 이 경우 정당칸은 작성하지 아니한다(위탁선거규칙§22①). 투표용지에는 후보자의 기호와 성명을 표시하되, 기호는 후보자의 게재순위에 따라 "1, 2, 3" 등으로 표시하고, 성명은 한글로 기재하여야 한다. 다만, 한글로 표시된 성명이 같은 후보자가 있는 경우에는 괄호 속에 한자를 함께 기재한다(위탁선거법§42①).

투표용지는 인쇄하거나 투표용지 발급기를 이용하여 출력하는 방법으로 작성할 수 있다(위탁선거법§42③).

(2) 후보자의 순위 추첨

관할위원회는 후보자등록마감 후에 후보자 또는 그 대리인의 참여하에 투표용지에 게재할 후보자의 순위를 추첨의 방법으로 정하여야 한다. 다만, 추첨개시시각에 후보자 또는 그 대리인이 참여하지 아니하는 경우에는 관할위원회 위원장이 지정하는 사람이 그 후보자를 대리하여 추첨할 수 있다(위탁선거법§42②).

(3) 투표용지 등의 인계 등

관할위원회는 투표용지 또는 투표용지 발급기를 투표함과 함께 선거일 전일까지 투표관리관에게 인계하여야 한다(위탁선거규칙§22②). 투표관리관이 투표용지에 자신의 도장을 찍는 경우 도장의 날인은 인쇄날인으로 갈음할 수 있다(위탁선거규칙§22③).

단위농업협동조합의 임원선거규약에 무효투표사유의 하나로 '소정의 투표용지를 사용하지 아니한 경우'를 규정하고 있고 임원선거관리지침에 투표관리자는 선거인 본인임을 확인하고 투표용지 교부시 소정란에 그의 사인을 날인하도록 규정하고 있다면, 이와 같은 투표관리자의 사인날인에 관한 규정은 단순한 훈시규정이 아니라 투표절차상 필수적인 절차로서 규정한 투표의 효력규정이라 할 것이므로 비록 투표용지가 투표 당시 소정의 양식에 따라 인쇄되어 있고 일련번호란에 일련번호가 기재되어 있으며 선거관리위원회위원장의 직인이 날인되어 있다 하더라도 투표관리자의 사

12) 「공직선거관리규칙」 별지 제42호 서식의 (가)(투표용지)

인이 날인되지 않은 투표용지는 무효표에 해당한다.[13)]

나. 투표안내문

관할위원회는 선거인의 성명, 선거인명부등재번호, 투표소의 위치, 투표할 수 있는 시간, 투표할 때 가지고 가야 할 지참물, 투표절차, 그 밖에 투표참여를 권유하는 내용 등이 기재된 투표안내문을 선거인명부확정일 후 2일까지 선거인에게 우편으로 발송하여야 한다(위탁선거법§43). 투표안내문은 위탁선거규칙이 정하는 서식[14)]에 따른다(위탁선거규칙§23).

6. 투표시간

선거별 투표시간은 다음과 같다(위탁선거법§44①).

1. 동시조합장선거 및 동시이사장선거 : 오전 7시부터 오후 5시까지
2. 동시조합장선거 및 동시이사장선거 외의 위탁선거 : 관할위원회가 해당 위탁단체와 협의하여 정하는 시간

투표를 마감할 때에 투표소에서 투표하기 위하여 대기하고 있는 선거인에게는 번호표를 부여하여 투표하게 한 후에 닫아야 한다(위탁선거법§44②).

7. 투표참관

가. 투표참관인의 선정 · 지정

후보자는 해당 위탁단체의 조합원 또는 회원 중에서 투표소마다 2명 이내의 투표참관인을 선정하여 선거일 전 2일까지 관할위원회에 서면으로 신고하여야 한다(위탁선거법§45①). 구 위탁선거법(2024. 1. 30. 법률 제20179호로 개정되기 전의 것)은 투표참관인을 선거인 중에서만 선정하도록 하였으나, 현행 위탁선거법은 조합원 또는 회원 중에서 선정할 수 있도록 그 범위를 확대하였다.

동시조합장선거의 투표참관인은 투표소마다 12명으로 하며, 후보자수가 12명을 넘는 경우에는 후보자별로 1명씩 우선 선정한 후 추첨에 따라 12명을 지정하고, 후보자

13) 1991. 8. 13. 선고 91다5433 판결
14) 위탁선거규칙 별지 제18호 서식(○○선거 투표안내문)

수가 12명에 미달하되 후보자가 선정·신고한 인원수가 12명을 넘는 때에는 후보자별로 1명씩 선정한 자를 우선 지정한 후 나머지 인원은 추첨에 의하여 지정한다(위탁선거법§45⑤).

투표참관인의 신고는 위탁선거규칙이 정하는 서식[15]에 따른다. 이 경우 동시조합장선거에서는 투표참관인을 지정하는 경우의 순위를 적어야 한다(위탁선거규칙§24①).

참관인의 선정이 없거나 한 후보자가 선정한 참관인 밖에 없는 때에는 관할위원회가 공정하고 중립적인 사람 중에서 본인의 승낙을 얻어 4명이 될 때까지 선정한 사람을 참관인으로 한다. 이 경우 참관인으로 선정된 사람은 위탁선거규칙이 정하는 서식[16]에 따른 본인승낙서를 제출하여야 한다(위탁선거규칙§24②).

후보자 또는 후보자의 배우자와 해당 위탁단체의 임직원은 투표참관인이 될 수 없다(위탁선거법§45④).

나. 투표참관

관할위원회는 신고한 투표참관인이 투표 상황을 참관하게 하여야 한다(위탁선거법§45②).

후보자가 투표참관인을 신고하지 아니한 때에는 투표참관을 포기한 것으로 본다(위탁선거법§45③).

다. 투표참관인의 수당과 식비 등

투표참관인의 수당과 식비 등에 관하여는 「공직선거관리규칙」 제90조(투표참관인의 식비)[17][18]를 준용한다(위탁선거규칙§24③).

---

15) 위탁선거규칙 별지 제19호 서식((투표)·(개표)참관인 신고서)
16) 위탁선거규칙 별지 제15호 서식(본인승낙서)
17) 「공직선거관리규칙」 제90조(투표참관인의 수당등)는 2022. 4. 20. 선거관리위원회규칙 제549호로 「공직선거관리규칙」이 개정되면서 그 제목이 제90조(투표참관인의 식비)로 변경되었다.
18) 「공직선거관리규칙」 제90조(투표참관인의 식비) 법 제122조의2(선거비용의 보전 등) 제3항 제6호에 따른 개표참관인의 식비는 정부예산의 급식비 단가범위 이내로 한다.

제2절 위탁선거의 개표

1. 개표소 및 개표사무원

가. 개표소

(1) 개표소의 설치

관할위원회는 해당 관할구역에 있는 위탁단체의 시설 등에 개표소를 설치하여야 한다. 다만, 섬 또는 산간오지 등의 지역에 투표소를 설치한 경우로서 투표함을 개표소로 이송하기 어려운 부득이한 경우에는 관할위원회의 의결로 해당 투표소에 개표소를 설치할 수 있다(위탁선거법§46①).

관할위원회로부터 개표소 설치를 위한 장소 사용 협조 요구를 받은 위탁단체 등의 장은 정당한 사유가 없으면 이에 따라야 한다(위탁선거법§46④).

(2) 개표소의 설비

관할위원회는 선거일 전일까지 개표소에 다음의 설비를 하여야 한다(위탁선거규칙§25③).

1. 투표함의 접수에 필요한 시설
2. 투표함의 개함과 투표지의 점검, 심사·집계 및 정리 등에 필요한 시설
3. 관할위원회 위원과 개표참관인의 좌석 및 일반인의 개표관람시설
4. 그 밖의 개표사무에 필요한 시설

(3) 개표소의 공고

관할위원회는 선거일 전 5일까지 개표소의 명칭과 소재지를 공고하여야 한다. 다만, 천재지변 또는 그 밖의 부득이한 사유가 있는 경우 이를 변경할 수 있으며, 이 경우에는 즉시 공고하여야 한다(위탁선거규칙§25①). 섬 또는 산간오지 등의 지역에 투표소를 설치한 경우로서 투표함을 개표소로 이송하기 어려운 부득이한 경우에 관할위원회의 의결로 해당 투표소에 개표소를 설치할 경우에는 위 공고를 할 때에 이를 함께 공고한다(위탁선거규칙§25②, 위탁선거법§46①).

나. 개표사무원

관할위원회는 개표사무를 보조하게 하기 위하여 개표사무를 보조할 능력이 있는

공정하고 중립적인 사람을 개표사무원으로 위촉할 수 있다(위탁선거법§46②). 개표사무원은 투표사무원이 겸임하게 할 수 있다(위탁선거법§46③).

개표사무원의 수당은 「선거관리위원회법 시행규칙」 별표 4 <수당기준표>에 따른다(위탁선거규칙§25⑤).

2. 개표참관

가. 개표참관인의 선정 · 지정

후보자는 해당 위탁단체의 조합원 또는 회원 중에서 개표소마다 2명 이내의 개표참관인을 선정하여 선거일 전일까지 관할위원회에 서면으로 신고하여야 한다. 이 경우 개표참관인은 투표참관인이 겸임하게 할 수 있다(위탁선거법§45①). 개표참관인의 신고는 위탁선거규칙이 정하는 서식[19]에 따른다(위탁선거규칙§24①).

참관인의 선정이 없거나 한 후보자가 선정한 참관인 밖에 없는 때에는 관할위원회가 공정하고 중립적인 사람 중에서 본인의 승낙을 얻어 4명이 될 때까지 선정한 사람을 참관인으로 한다. 이 경우 참관인으로 선정된 사람은 위탁선거규칙이 정하는 서식[20]에 따른 본인승낙서를 제출하여야 한다(위탁선거규칙§24②).

후보자 또는 후보자의 배우자와 해당 위탁단체의 임직원은 개표참관인이 될 수 없다(위탁선거법§45④).

나. 개표참관

관할위원회는 신고한 개표참관인이 개표 상황을 참관하게 하여야 한다(위탁선거법§45②).

후보자가 개표참관인을 신고하지 아니한 때에는 개표참관을 포기한 것으로 본다(위탁선거법§45③).

다. 개표참관인의 수당과 식비 등

개표참관인의 수당과 식비 등에 관하여는 「공직선거관리규칙」 제103조(개표참관인의 식비)[21][22]를 준용한다(위탁선거규칙§24③).

---

19) 위탁선거규칙 별지 제19호 서식((투표) · (개표)참관인 신고서)
20) 위탁선거규칙 별지 제15호 서식(본인승낙서)

3. 개표의 진행

가. 개표

개표는 위탁단체별로 구분하여 투표수를 계산한다(위탁선거법§47①).

관할위원회는 개표사무를 보조하기 위하여 투표지를 유효별·무효별 또는 후보자별로 구분하거나 계산하는 데 필요한 기계장치 또는 전산조직을 이용할 수 있다(위탁선거법§47②).

나. 책임사무원의 개표

(1) 책임사무원

섬 또는 산간오지 등의 지역에 투표소를 설치한 경우로서 투표함을 개표소로 이송하기 어려운 부득이한 경우에 관할위원회의 의결로 해당 투표소에 개표소를 설치할 경우 투표관리관은 해당 개표소의 개표를 총괄 관리하는 책임사무원(이하 "책임사무원"이라 한다)이, 투표사무원 및 투표참관인은 각각 해당 개표소의 개표사무원 및 개표참관인이 된다(위탁선거규칙§26①, 위탁선거법§46①).

(2) 책임사무원의 개표

책임사무원은 해당 투표소의 투표를 마감한 후 개표소의 개표절차에 준하여 개표를 실시하여야 한다(위탁선거규칙§26②).

다. 거소투표 등의 개표

거소투표·순회투표의 투표함은 개함하여 일반투표함과 혼합하여 개표하고, 인터넷투표의 투표결과는 후보자별 득표수에 합산한다(위탁선거규칙§27, 위탁선거법§47③).

라. 개표결과의 송부

선거관리를 위하여 필요하다고 인정하는 경우에 관할위원회로부터 개표사무의 관리를 지정받은 사람 또는 하급선거관리위원회나 다른 구·시·군선거관리위원회는

21) 「공직선거관리규칙」 제103조(개표참관인의 수당등)는 2022. 4. 20. 선거관리위원회규칙 제549호로 「공직선거관리규칙」이 개정되면서 그 제목이 제103조(개표참관인의 식비)로 변경되었다.

22) 「공직선거관리규칙」 제103조(개표참관인의 식비) 법 제122조의2(선거비용의 보전 등) 제3항 제7호에 따른 개표참관인의 식비는 정부예산의 급식비 단가범위 이내로 한다.

그 개표결과를 관할위원회에 즉시 송부하여야 한다(위탁선거법§47④, §11③). 위 개표의 관리를 지정받은 대행위원회등과 책임사무원은 개표상황표를 작성하여 관할위원회에 모사전송의 방법으로 우선 송부하고, 개표가 종료된 후 그 원본을 송부하여야 한다. 이 경우 책임사무원은 투표지·투표함·투표록, 그 밖의 투표 및 개표에 관한 모든 서류 등을 함께 송부하여야 한다(위탁선거규칙§28, 위탁선거법§11③).

마. 득표수의 공표

후보자별 득표수의 공표는 최종 집계되어 관할위원회 위원장이 서명 또는 날인한 개표상황표에 의한다. 이 경우 출석한 관할위원회 위원 전원은 공표 전에 득표수를 검열하여야 하며, 정당한 사유 없이 개표사무를 지연시키는 위원이 있는 때에는 검열을 포기한 것으로 보고, 개표록에 그 사유를 기재한다(위탁선거법§47③).

해당 관할위원회는 송부받은 개표결과를 포함하여 후보자별 득표수를 공표하여야 한다(위탁선거법§47④).

책임사무원이 투표소에서 개표를 실시하는 경우에는 해당 개표소의 후보자별 득표수의 공표는 책임사무원이 서명 또는 날인한 개표상황표에 의한다(위탁선거규칙§26②, 위탁선거법§47③).

바. 개표관람

누구든지 관할위원회가 발행하는 관람증을 받아 구획된 장소에서 개표상황을 관람할 수 있다(위탁선거법§48①). 관할위원회는 투표와 개표를 같은 날 같은 장소에서 실시하는 경우에는 관람증을 발급하지 아니한다. 이 경우 관람인석과 투표 및 개표 장소를 구분하여 관람인이 투표 및 개표 장소에 출입할 수 없도록 하여야 한다(위탁선거법§48②).

4. 투표록·개표록 및 선거록의 작성

가. 투표록·개표록의 작성

관할위원회는 투표록, 개표록을 각각 작성하여야 한다. 다만, 투표와 개표를 같은 날 같은 장소에서 실시하는 경우에는 투표 및 개표록을 통합하여 작성할 수 있다(위탁선거법§49①).

나. 선거록의 작성

선거관리를 위하여 필요하다고 인정하는 경우에 관할위원회가 지정하는 사람 등에게 투표사무 또는 개표사무를 관리하게 하는 경우에는 그 지정을 받은 사람 또는 하급선거관리위원회나 다른 구·시·군선거관리위원회는 투표록·개표록 또는 투표 및 개표록을 작성하여 지체 없이 관할위원회에 송부하여야 하고(위탁선거법§49②, §11③), 투표록·개표록 또는 투표 및 개표록을 송부받은 관할위원회는 지체 없이 후보자별 득표수를 계산하여 선거록을 작성하여야 한다(위탁선거법§49③).

다. 전산조직 이용 등

투표록·개표록, 투표 및 개표록과 선거록은 전산조직을 이용하여 작성·보고 또는 송부할 수 있다(위탁선거법§49④). 투표록·개표록 및 선거록의 표준서식은 「공직선거관리규칙」의 서식[23]을 준용한다(위탁선거규칙§29).

5. 선거관계서류의 보관

가. 보관[24]

관할위원회는 투표지, 투표록, 개표록, 투표 및 개표록, 선거록, 그 밖에 위탁선거에 관한 모든 서류를 그 당선인의 임기 중 보관하여야 한다(위탁선거법§50본문).

나. 보존기간의 단축

투표록·개표록 및 선거록을 제외한 선거관계서류 등은 해당 위탁선거에 관한 소

---

23) 「공직선거관리규칙」 별지 제53호 서식(투표록), 별지 제57호 서식의 (가)(개표록)·(나)(선거록)·(다)(개표 및 선거록)

24) 중앙선거관리위원회는 2019. 4. 공직선거와 같이 후보자가 선거관리위원회에 제출한 선거공보 등을 선거박물관전시 등 공익목적으로 사용할 수 있는 근거를 마련하기 위하여, '각급선거관리위원회는 위탁선거법에 따라 조합 또는 후보자(예비후보자 포함)가 선거관리위원회에 제출한 벽보·공보 등 각종 인쇄물, 사진, 그 밖의 선전물을 공익을 목적으로 출판·전시하거나 인터넷 홈페이지 게시, 그 밖의 방법으로 활용할 수 있도록 하고, 각급선거관리위원회가 공익을 목적으로 활용하는 후보자의 선거벽보·선거공보 등 각종 인쇄물, 사진, 그 밖의 선전물에 대하여는 누구든지 각급선거관리위원회에 대하여 「저작권법」상의 권리를 주장할 수 없도록 하는' 내용의 위탁선거법 개정의견을 국회에 제출하였다(중앙선거관리위원회, 「공공단체등 위탁선거에 관한 법률 개정의견」, 2019. 4., 30쪽).

송 등이 제기되지 아니할 것으로 예상되거나 위탁선거에 관한 소송 등이 종료된 때에는 관할위원회의 결정으로 폐기할 수 있다(위탁선거규칙§30, 위탁선거법§50단서).

6. 공직선거법의 준용 및 임의위탁선거의 투 · 개표

가. 공직선거법의 준용

투표 및 개표의 관리에 관하여는 위탁선거법 및 위탁선거규칙에 규정된 것을 제외하고는 그 성질에 반하지 아니하는 범위에서 공직선거법 제10장(투표) 및 제11장(개표), 공직선거관리규칙 제9장(투표) 및 제10장(개표)을 준용한다(위탁선거법§51①, 위탁선거규칙§31).

나. 임의위탁선거의 투 · 개표

임의위탁선거의 투표 및 개표의 절차 등에 관하여는 해당 위탁단체와 협의하여 달리 정할 수 있다(위탁선거법§51②).

7. 결선투표

가. 결선투표 실시 여부 결정

결선투표의 실시 여부에 관하여는 해당 법령이나 정관 등에 따른다(위탁선거법§52①). 결선투표일은 관할위원회가 위탁단체와 협의하여 정한다(위탁선거법§52②).

나. 결선투표 방법

결선투표는 특별한 사정이 없으면 당초 위탁선거에 사용된 선거인명부를 사용한다(위탁선거법§52③).

제3절 동시조합장선거 · 동시이사장선거의 특례 및 전자투 · 개표

1. 총회 등에서 선출하는 조합장선거 · 이사장선거에 관한 특례

가. 총회 등에서 선출하는 동시조합장선거 · 동시이사장선거에 관한 특례

(1) 의의

동시조합장선거 또는 동시이사장선거를 실시하는 경우 위탁선거법 제24조(선거운동의 주체 · 기간 · 방법) 제3항 제2호(총회에서 선출하는 조합장선거) 및 제3호(대의원회에서 선출하는 조합장선거)에 따른 조합장선거 · 이사장선거(이하 "총회 등에서 선출하는 조합장선거 등"이라 한다)의 선거인명부 작성 · 확정, 투표 및 개표에 관하여는 다음 각 호에 따른다(위탁선거법§53①).

1. 위탁선거법 제24조(선거운동의 주체 · 기간 · 방법) 제3항 제2호에 따른 조합장선거와 이사장선거에서는 제15조(선거인명부의 작성 등) 제3항(구역단위 선거인명부 작성)을 적용하지 아니한다.
2. 위탁선거법 제41조(동시조합장선거의 투표소의 설치 등) 제1항에도 불구하고 투표소는 선거인이 투표하기 편리한 곳에 1개소를 설치하여야 한다.
3. 위탁선거법 제41조(동시조합장선거의 투표소의 설치 등) 제2항에도 불구하고 해당 조합의 선거인은 제2호에 따른 투표소에서 투표하여야 한다.
4. 위탁선거법 제44조(투표시간) 제1항 제1호에도 불구하고 투표시간은 관할위원회가 해당 조합과 협의하여 정하되 투표마감시각은 오후 5시까지로 한다.
5. 결선투표는 위탁선거법 제52조(결선투표 등) 제2항에도 불구하고 해당 선거일에 실시하고, 결선투표시간은 관할위원회가 해당 조합과 협의하여 정한다.
6. 그 밖에 투표 및 개표의 절차 등에 관하여 위탁선거법에서 정한 사항을 제외하고는 해당 법령이나 정관 등에 따른다.

(2) 대의원회에서 선출하는 조합장선거 등의 대의원명부

「농업협동조합법」 제45조(임원의 정수 및 선출) 제5항 제2호, 「수산업협동조합법」 제46조(임원의 정수 및 선출) 제3항 제2호, 「산림조합법」 제35조 제4항 제2호에 따라 대의원회에서 선출하는 조합장선거 및 「새마을금고법」 제18조 제5항 단서에 따라 대의원회에서 선출하는 이사장선거에서는 선거인명부가 아닌 "대의원명부"를 작성하여 선거를 실시하여야 하고, 대의원명부는 구역단위로 작성하지 않고 대의원 전체를 일괄하여 작성한다(위탁선거법§53①1., §24③3., §15, §16, §17).

(3) 총회 등에서 선출하는 조합장선거 등의 투표소 및 투표

동시조합장선거 또는 동시이사장선거를 실시하는 경우 관할위원회는 그 관할구역 안의 읍·면·동마다 1개소씩 투표소를 설치·운영하여야 함에도(위탁선거법§41①), 총회 등에서 선출하는 조합장선거 등의 투표소는 선거인이 투표하기 편리한 곳에 1개소를 설치하여야 하고(위탁선거법§53①2.), 동시조합장선거 또는 동시이사장선거에서 선거인은 자신이 올라있는 선거인명부의 작성 구역단위에 설치된 투표소에서 투표하여야 하나(위탁선거법§41②), 총회 등에서 선출하는 조합장선거 등에서는 해당 조합의 선거인은 선거인이 투표하기 편리한 곳에 설치된 투표소에서 투표하여야 한다(위탁선거법§53①3., §41②).

(4) 총회 등에서 선출하는 조합장선거 등의 투표시간

동시조합장선거 또는 동시이사장선거의 투표시간은 오전 7시부터 오후 5시까지이나(위탁선거법§44①1.), 총회 등에서 선출하는 조합장선거 등의 투표시간은 관할위원회가 해당 조합과 협의하여 정하되 투표마감시각은 오후 5시까지로 동시조합장선거 등의 투표마감시각과 같다(위탁선거법§53①4.).

(5) 총회 등에서 선출하는 조합장선거 등의 결선투표

결선투표일은 관할위원회가 위탁단체와 협의하여 정하여야 함에도(위탁선거법§52②), 총회 등에서 선출하는 조합장선거 등의 결선투표는 해당 선거일에 실시하고, 결선투표시간은 관할위원회가 해당 조합과 협의하여 정한다(위탁선거법§53①5.).

나. 총회 등에서 선출하는 조합장선거 · 이사장선거의 보궐선거등에 관한 특례

관할위원회는 총회 등에서 선출하는 조합장선거 등의 보궐선거등(재선거, 보궐선거, 설립·분할 또는 합병으로 인한 선거)의 투표 및 개표의 절차 등에 관하여 해당 조합과 협의하여 달리 정할 수 있다(위탁선거법§53②).

2. 위탁선거의 동시실시

관할위원회는 선거일을 같은 날로 정할 수 있는 둘 이상의 선거의 관리를 위탁받기로 결정한 때에는 해당 위탁단체와 협의하여 이들 위탁선거를 동시에 실시할 수 있다(위탁선거법§54).

3. 전자투표 및 개표

관할위원회는 해당 위탁단체와 협의하여 전산조직을 이용하여 투표와 후보자별 득표수의 집계 등을 처리할 수 있는 방법으로 투표 및 개표(이하 "전자투표 및 개표"라 한다)를 실시할 수 있다(위탁선거법§69①). 관할위원회가 전자투표 및 개표를 실시하려는 때에는 이를 지체 없이 공고하고 해당 위탁단체 및 후보자에게 통지하여야 하며, 선거인의 투표에 지장이 없도록 홍보하여야 한다(위탁선거법§69②).

전자투표 및 개표를 실시하는 경우 투표 및 개표의 절차·방법, 그 밖에 필요한 사항은 「전산조직에 의한 투표 및 개표에 관한 규칙」으로 정한다(위탁선거법§69③).

4. 「전산조직에 의한 투표 및 개표에 관한 규칙」

가. 목적 및 연혁

「전산조직에 의한 투표 및 개표에 관한 규칙(이하, "전산투·개표규칙"이라 한다)」은 각급 선거관리위원회가 위탁선거법 제69조(전자투표 및 개표) 제3항[25] 등 관계 법규에 따라 전산조직을 이용하여 투표 및 개표사무를 실시하는 경우에 투표 및 개표의 절차·방법, 그 밖에 필요한 사항을 규정함을 목적으로 하고 있다(전산투·개표규칙§1).

「전산투·개표규칙」은 터치스크린 전자투표기 및 개표시스템이 구축됨에 따라 동 시스템의 원활한 운용을 위한 기기의 운용체계 및 사용절차 등을 명확히 하고, 위탁선거 등을 관리함에 있어 전산조직에 의한 투표 및 개표 사무에 필요한 사항을 정하기 위하여 2006. 12. 1. 중앙선거관리위원회규칙 제266호로 제정·시행되었다. 그 후 2010. 1. 25. 중앙선거관리위원회규칙 제324호로 개정되어 통합선거인명부확인시스템을 구축하여 운영할 경우 투표수 및 후보자별 득표수는 통합선거인명부확인시스템 운영단위로 계산할 수 있도록 하고, 「공직선거법」의 투표지 봉인절차에 대한 개정에 맞추어 개표를 마친 후 투표기록 전자저장매체와 투표기록지를 중앙선거관리위원회 위원장이 봉인하도록 하였다. 그러나 기존의 「전산투·개표규칙」은 터치스크린 전자투표 및 개표 방식만을 규정하고 있어 위탁선거 및 당대표경선 등에서 전산조직에 의한 투·개표를 실시하는 경우에 온라인투표시스템을 활용하고 있는 현 실정에 맞

25) 「위탁선거법」 제69조(전자투표 및 개표) ③ 전자투표 및 개표를 실시하는 경우 투표 및 개표의 절차·방법, 그 밖에 필요한 사항은 중앙선거관리위원회규칙으로 정한다.

지 아니하였다. 이에 따라 전자투·개표를 실시하는 경우에 온라인투표시스템을 이용할 수 있는 근거를 마련하는 한편, 온라인투표시스템을 이용한 투·개표방법, 절차 등 관련 사무수행에 필요한 사항을 규정하기 위하여 2021. 12. 20. 선거관리위원회규칙 제543호로 「전산투·개표규칙」이 전부 개정되었는바, ① 전산조직의 종류를 "터치스크린투표시스템"과 "온라인투표시스템"으로 하고, "웹투표", "문자투표", "PC현장투표" 등 온라인투표시스템에 의한 투·개표와 관련한 용어를 정의하고(§2), ② 전산조직에 의한 투·개표의 적용대상을 위탁선거, 주민투표·주민소환투표, 당내경선·당대표경선, 전자투·개표지원을 결정한 선거 또는 투표로 명확하게 규정하고(§3), ③ 전자투·개표 실시에 관하여 위탁단체등과 협의한 후 전자투·개표 실시에 필요한 사항을 규정한 협약서를 작성·교환하도록 하고(§6), ④ 기존 터치스크린투표시스템에 의한 투표 및 개표 규정을 정비하고(§8－§25), ⑤ 온라인투표시스템을 이용한 투표는 웹투표, 문자투표, PC현장투표 중에 위탁단체등과 협의하여 정하는 방법으로 실시하도록 하고, 각 투표방법의 투표절차를 구체적으로 규정하고(§28, §31), ⑥ 온라인투표시스템을 이용한 투표의 안내문은 우편발송, 문자메시지 또는 전자우편 전송 등 위탁단체등과 협의하여 정하는 방법으로 발송할 수 있도록 하고(§30), ⑦ 웹투표와 문자투표의 투표참관은 위탁단체등의 요청이 있는 경우에 한하여 투표자수, 투표율 등을 확인할 수 있는 온라인시스템 계정을 투표참관인에게 부여하여 투표진행상황을 참관하게 하는 방법으로 실시하고(§34), ⑧ 온라인투표시스템을 이용한 개표의 개표참관은 시스템운영자의 화면과 동일한 내용이 표출되는 별도의 화면을 통해 개표참관인이 개표소 안에서 개표진행, 개표결과 등 개표상황을 참관하는 방법으로 실시하고(§36), ⑨ 온라인투표시스템을 이용하여 실시한 전자투·개표 관련 자료는 별도의 전자저장장치에 저장하고 봉함·봉인하여 위탁선거는 당선인의 임기 중, 주민투표는 지방자치단체의 장의 임기 중, 주민소환투표는 해당 주민소환투표대상자의 임기 중, 당내경선 및 당대표경선은 정당과 협의하여 정하는 기간 동안 보관하도록 하고(§38), ⑩ 「전산투·개표규칙」에서 정한 사항을 제외하고 관계 법규에서 정하는 사항을 벗어나지 아니하는 범위에서 구체적인 전자투·개표의 절차·방법, 그 밖에 필요한 사항을 중앙선거관리위원회 위원장이 정할 수 있도록 하고(§40), ⑪ 전자투·개표 실시에 소요되는 경비는 관할위원회가 산출하여 해당 선거 또는 투표의 관리경비 또는 비용에 계상하도록 하고, 계상하지 못한 경비나 추가 납부사유가 발생한 경우에는 추가로 납부받아 집행할 수 있도록 하였다(§41). 이하에서는 「전산투·개표규칙」의 주요내용에 관하여 기술한다.

나. 정의

(1) 전산조직의 종류

중앙선거관리위원회(이하 "중앙위원회"라 한다)가 전자투표 및 개표(이하 "전자투·개표"라 한다)의 실시를 위하여 개발·운영하는 전산조직의 종류는 다음 각 목과 같다(전산투·개표규칙§2 1.).

1. 터치스크린 전자투표 및 개표시스템(이하 "터치스크린투표시스템"이라 한다)
2. 온라인투표시스템

(2) 전자투표 및 개표

"전자투표"란 터치스크린투표시스템 또는 온라인투표시스템을 이용하여 투표하는 것을 말하고(전산투·개표규칙§2 2.), "전자개표"란 터치스크린투표시스템 또는 온라인투표시스템을 이용하여 전자투표를 판독하고 후보자(「전산투·개표규칙」 제3조(적용범위) 제1항 제3호의 당내경선 및 당대표경선에서는 경선후보자를 말한다. 이하 같다)별 또는 안건에 대한 선택사항별로 득표수를 집계하는 것을 말한다(전산투·개표규칙§2 3.).

(3) 터치스크린투표시스템

"터치스크린투표시스템"이란 터치스크린 전자투표기(투표기록 프린터를 포함한다), 통합선거인명부확인시스템, 전자개표시스템 및 전자검표시스템 등을 이용하여 명부의 조회·확인 및 투표권카드 발급, 전자투표, 전자개표 및 검표기능을 수행하는 일련의 기기 및 운영체계를 말한다(전산투·개표규칙§2 4.).

터치스크린투표시스템과 관련한 용어의 뜻은 다음과 같다(전산투·개표규칙§2 9.).

(가) 터치스크린 전자투표기

"터치스크린 전자투표기"란 선거인(「전산투·개표규칙」 제3조(적용범위) 제1항 제2호의 주민투표 및 주민소환투표와 같은 항 제4호의 단체선거등의 투표에서는 투표인을, 같은 항 제3호의 당내경선 및 당대표경선에서는 경선선거인을 말한다. 이하 같다)이 투표권카드를 투입하여 터치스크린 화면에 후보자 또는 안건에 대한 찬성·반대 등의 선택사항이 게재된 전자투표용지를 표출시키고, 투표할 경우 그 결과를 전자저장장치와 투표기록지에 실시간으로 저장·인쇄하는 기기 및 운영체계를 말한다(전산투·개표규칙§2 9.가.).

(나) 통합선거인명부확인시스템

"통합선거인명부확인시스템(통신망을 포함한다. 이하 같다)"이란 작성권자가 작성·제출한 2 이상의 선거인명부(「전산투·개표규칙」 제3조(적용범위) 제1항 제2호의 주민투표 및 주민소환투표와 같은 항 제4호의 단체선거등의 투표에서는 투표인명부를, 같은 항 제3호의 당내경선 및 당대표경선에서는 경선선거인명부를 말한다. 이하 같다)를 하나의 전자적 파일로 통합하여 투표소가 설치된 어디에서나 실시간으로 선거인을 검색하거나 투표여부를 확인할 수 있는 정보시스템을 말한다(전산투·개표규칙§2 9.나.).

(다) 선거인명부조회단말기

"선거인명부조회단말기"란 통합선거인명부서버에 접속하거나 기기 자체에 저장된 선거인명부의 전산자료 복사본을 이용하여 선거인이 정당한 선거권자 또는 투표권자인지 여부를 확인하여 투표권카드를 발급하는 기기 및 운영체계를 말한다(전산투·개표규칙§2 9.다.).

(라) 투표권카드

"투표권카드"란 선거인이 터치스크린 전자투표기로 투표할 수 있도록 발급하는 전자카드를 말한다(전산투·개표규칙§2 9.라.).

(마) 전자검표기

"전자검표기"란 터치스크린 전자투표기가 인쇄한 투표기록지를 판독하여 검증할 수 있는 기기 및 그 운영체제를 말한다(전산투·개표규칙§2 9.마.).

(바) 관리자카드

"관리자카드"란 관할위원회가 터치스크린투표시스템의 관리 권한이 있는 자에게 교부·승인한 전자카드를 말한다(전산투·개표규칙§2 9.바.).

(4) 온라인투표시스템

"온라인투표시스템"이란 인터넷에 연결된 컴퓨터 또는 이동통신단말장치를 이용한 명부의 조회·확인, 투·개표 및 검증기능을 수행하는 일련의 기기 및 운영체계를 말한다(전산투·개표규칙§2 5.).

온라인투표시스템과 관련한 용어의 뜻은 다음과 같다(전산투·개표규칙§2 10.).

(가) 웹투표

"웹투표"란 컴퓨터 또는 이동통신단말장치를 이용하여 개인별로 부여받은 웹페이지 주소(이하 "개인URL"이라 한다)로 접속하여 투표하는 것을 말한다(전산투·개표규칙§2

10.가.).

(나) 문자투표

“문자투표”란 이동통신단말장치에 수신된 투표안내 문자메시지에 대하여 문자메시지로 회신하는 방식으로 투표하는 것을 말한다(전산투·개표규칙§2 10.나.).

(다) PC현장투표

“PC현장투표”란 투표소에서 투표카드 또는 투표코드(이하 “투표카드등”이라 한다)를 발급받아 투표단말기를 이용하여 투표하는 것을 말한다(전산투·개표규칙§2 10.다.).

(라) 명부조회단말기

“명부조회단말기”란 투표소에서 온라인투표시스템에 등록된 선거인명부 전산자료 복사본을 이용하여 선거인 본인확인을 거쳐 투표카드등을 발급하는 기기 및 운영체계를 말한다(전산투·개표규칙§2 10.라.).

(마) 투표단말기

“투표단말기”란 투표소에서 전자투표용지에 투표할 수 있도록 하는 개인용 컴퓨터(PC) 및 운영체계를 말한다(전산투·개표규칙§2 10.마.).

(바) 투표카드

“투표카드”란 투표단말기를 이용하여 투표할 수 있도록 선거인에게 발급하는 전자카드를 말한다(전산투·개표규칙§2 10.바.).

(사) 투표코드

“투표코드”란 투표단말기를 이용하여 투표할 수 있도록 선거인에게 고유하게 부여하는 6자리의 숫자를 말한다(전산투·개표규칙§2 10.사.).

(5) 전자투표용지

“전자투표용지”란 터치스크린투표시스템 또는 온라인투표시스템을 이용하여 작성하는 투표용지로서 터치스크린 전자투표기, 컴퓨터 또는 이동통신단말장치에 표출되는 투표화면을 말한다(전산투·개표규칙§2 6.).

(6) 시스템운영자

“시스템운영자”란 해당 선거 또는 투표에 관한 사무를 주관하는 선거관리위원회를 말한다(전산투·개표규칙§2 7.).

(7) 관할위원회

"관할위원회"란 전자투·개표에 관한 사무를 주관하는 선거관리위원회를 말한다(전산투·개표규칙§2 8.).

다. 적용범위

「전산투·개표규칙」은 다음 각 호에 따른 선거 또는 투표에 적용한다(전산투·개표규칙§3①).

1. 위탁선거법 제69조(전자투표 및 개표) 제1항에 따라 전자투·개표를 실시하는 위탁선거(이하 "위탁선거"라 한다)
2. 「주민투표법」 제18조(투표방법 등) 제3항[26] 및 제18조의2(전자적 방법에 의한 투표·개표)[27]에 따라 전자투·개표를 실시하는 주민투표(이하 "주민투표"라 한다) 및 「주민소환에 관한 법률」 제27조(「주민투표법」의 준용 등) 제1항[28]에 따라 전자투·개표

---

26) 「주민투표법」 제18조(투표방법 등) ③ 투표 및 개표사무의 관리는 전산화하여 실시할 수 있다. 이 경우 전산화에 의한 투표·개표의 절차·방법 등에 관하여 필요한 사항은 중앙선거관리위원회규칙으로 정한다.

27) 「주민투표법」 제18조의2(전자적 방법에 의한 투표·개표) ① 「주민투표법」 제18조(투표방법 등)에도 불구하고 지방자치단체의 장은 다음 각 호의 어느 하나에 해당하는 경우에는 중앙선거관리위원회규칙으로 정하는 정보시스템을 사용하는 방법에 따른 투표(이하 이 조에서 "전자투표"라 한다) 및 개표(이하 이 조에서 "전자개표"라 한다)를 실시할 수 있다.
  1. 청구인대표자가 요구하는 경우
  2. 지방의회가 요구하는 경우
  3. 지방자치단체의 장이 필요하다고 판단하는 경우

28) 「주민소환에 관한 법률」 제27조(「주민투표법」의 준용 등) ① 주민투표와 관련하여 이 법에서 정한 사항을 제외하고는 「주민투표법」 제3조(주민투표사무의 관리) 제2항, 제4조(정보의 제공 등), 제10조(청구인대표자의 선정과 서명의 요청 등) 제1항 및 제2항, 제12조(청구인서명부의 심사·확인 등)(제8항을 제외한다), 제18조(투표방법 등), 제19조(투표·개표절차 등), 제23조(위법한 투표운동에 대한 중지·경고 등) 및 제26조(재투표 및 투표연기)의 규정을 준용한다. 이 경우 "주민투표관리기관"은 "주민소환투표관리기관"으로, "지방자치단체의 장"은 "관할선거관리위원회"로, "주민투표"는 "주민소환투표"로, "주민투표사무"는 "주민소환투표사무"로, "주민투표청구권자"는 "주민소환투표청구권자"로, "주민투표청구인대표자" 및 "청구인대표자"는 각각 "주민소환투표청구인대표자"로, "주민투표청구"는 "주민소환투표청구"로, "주민투표청구서"는 "주민소환투표청구서"로, "청구인대표자증명서"는 "소환청구인대표자증명서"로, "주민투표안"은 "주민소환투표안"으로, "지방자치단체의 조례" 및 "해당지방자치단체의 조례"는 각각 "대통령령"으로 보고, 같은 법 제10조(청구인대표자의 선정과 서명의 요청 등) 제1항 중 "제9조(주민투표의 실시요건) 제2항"은 "제7조(주민투표의 대상)"로, 같은 법 제12조(청구인서명부의 심사·확인 등) 제1항 중 "특별시·광역시 또는 도"는 "시·도지사"로, "자치구·시 또는 군"은 "시장·군수·자치구의 구청장, 지역구시·도의원 및 지역구자치구·시·군의원"으로, 같은 법 제26조

를 실시하는 주민소환투표(이하 "주민소환투표"라 한다)

3. 「당내경선 위탁사무 관리규칙」 제22조(전산조직에 의한 투·개표) 제2항[29]에 따라 전자투·개표를 실시하는 당내경선(이하 "당내경선"이라 한다) 및 「정당사무관리규칙」 제24조의15(전산조직에 의한 투·개표)[30]에 따라 전자투·개표를 실시하는 당대표경선(이하 "당대표경선"이라 한다)
4. 중앙위원회위원장이 정하는 바에 따라 관할위원회가 전자투·개표를 지원하기로 결정한 선거 또는 투표(이하 "단체선거등"이라 한다)

터치스크린투표시스템을 이용한 전자투·개표의 관리에 대하여는 「전산투·개표규칙」 제2장 터치스크린 투표시스템을 이용한 투표 및 개표를, 온라인투표시스템을 이용한 전자투·개표의 관리에 대하여는 「전산투·개표규칙」 제3장 온라인투표시스템에 의한 투표 및 개표를 각각 적용한다(전산투·개표규칙§3③).

라. 터치스크린투표시스템 및 온라인투표시스템의 구비요건

터치스크린투표시스템 및 온라인투표시스템(이하 "시스템"이라 한다)은 다음 각 호의 장치 및 기능을 갖추어야 한다(전산투·개표규칙§5①).

1. 정당한 선거인임을 확인할 수 있는 장치 및 기능
2. 투표의 비밀과 선택의 자유를 보장하고 이중투표를 방지하는 장치 및 기능
3. 선거인이 자신의 기표를 확인하고 기표착오를 시정할 수 있으며, 투표종료 후 개표 및 객관적인 검증이 가능하도록 투표결과를 전자저장장치와 투표기록지에 기록하는 장치 및 기능
4. 무효투표를 방지하고 투표결과의 위조·변조 또는 제거·첨가를 방지하는 보안장치 및 기능
5. 투표결과를 검증할 수 있고 전자투·표과정의 참관이 보장되는 장치 및 기능
6. 정당한 권한이 없는 자의 시스템 접근을 방지하는 장치 및 기능

(재투표 및 투표연기) 제3항 중 "지방자치단체의 장은 관할선거관리위원회와 협의하여"는 "관할선거관리위원회는"으로 본다.

29) 「당내경선 위탁사무 관리규칙」 제22조(전산조직에 의한 투·개표) ② 관할선거구위원회가 수탁관리하는 경선사무 중 투표 및 개표에 관한 사무는 해당 정당과 협의하여 온라인투표시스템을 이용하여 처리할 수 있다. 다만, 경선사무의 효율적인 관리를 위하여 필요하다고 인정되는 경우 중앙위원회는 직접 또는 중앙위원회가 지정한 시·도선거관리위원회로 하여금 해당 정당과 협의하는 바에 따라 온라인투표시스템을 이용하여 투표 및 개표사무에 관한 사무를 처리하거나 처리하게 할 수 있다.

30) 「정당사무관리규칙」 제24조의15(전산조직에 의한 투·개표) 당대표경선의 투표 및 개표를 전산조직으로 하려는 경우에는 「전산조직에 의한 투표 및 개표에 관한 규칙」에 따른다.

7. 그 밖에 전자투·개표의 공정한 실시를 위하여 중앙위원회위원장이 필요하다고 인정하는 장치 및 기능

마. 전자투·개표 실시의 협의

(1) 협약서 체결

전자투·개표로 실시하려는 때에는 관할위원회는 위탁단체, 지방자치단체의 장, 정당, 기관·단체(이하 "위탁기관등"이라 한다)와 전자투·개표의 실시에 필요한 사항을 협의하고 그 결과를 협약서로 작성하여 교환하여야 한다(전산투·개표규칙§6①).

(2) 공고·보고 등

전자투·개표의 실시가 확정된 때에는 관할위원회는 전자투·개표 실시에 관한 사항을 지체 없이 공고하고 직근 상급선거관리위원회에 보고하여야 하며, 위탁단체등에게 통지하여야 한다. 이 경우 공고는 선거일(주민투표, 주민소환투표, 단체선거등의 투표에서는 투표일을, 당내경선 및 당대표경선에서는 경선일을 말한다. 이하 같다) 등을 공고하는 때에 함께 공고할 수 있으며, 단체선거등에서는 공고 및 보고를 생략할 수 있다(전산투·개표규칙§6②).

통지를 받은 위탁단체등은 해당 선거 또는 투표의 후보자(후보자가 되려는 사람을 포함한다), 주민투표청구인대표자 및 찬성·반대운동 대표단체, 주민소환투표청구인대표자 및 주민소환투표대상자 등에게 전자투·개표 실시와 관련된 사항을 안내하여야 한다(전산투·개표규칙§6③).

관할위원회와 위탁단체등은 선거인이 전자투표에 참여할 수 있도록 안내·홍보하여야 한다(전산투·개표규칙§6④).

바. 전자투·개표의 준비

전자투·개표의 실시가 확정된 때에는 관할위원회는 소속 직원 중 1인을 시스템운영자로 지정하여야 하며, 시스템운영자는 전자투·개표의 진행에 필요한 사항을 지체 없이 준비하여야 한다(전산투·개표규칙§7①). 관할위원회는 해당 전자투·개표에 관한 사무관리를 위하여 직근 상급선거관리위원회 소속 직원 또는 전산전문가를 운영보조자로 위촉할 수 있다(전산투·개표규칙§7②).

사. 터치스크린투표시스템에 의한 투표 및 개표

(1) 선거인명부 등의 작성 · 제출

터치스크린투표시스템을 이용하여 선거 또는 투표를 실시하려는 때에는 관할위원회는 위탁단체, 정당, 기관·단체로부터 후보자명부 및 선거인명부를, 구·시·군의 장으로부터 선거인명부를 제출받아야 한다. 이 경우 후보자명부는 위탁단체등이 작성하는 경우에 한정한다(전산투·개표규칙§8①). 관할위원회는 선거인명부 및 후보자명부의 작성·제출방법 등에 관하여 위탁기관등과 사전에 협의하여야 하고(전산투·개표규칙§8②), 협의사항에는 전자투표용지에 사용할 후보자의 사진규격(「전산투·개표규칙」 제3조(적용범위) 제1항 제2호 및 제4호에 따른 투표는 제외한다) 및 선거인의 신분확인을 위한 사항이 포함되어야 하며, 선거인의 신분별로 투표의 가치에 차등을 두고자 하는 경우에는 선거인명부에 별도의 항목을 설정하여 운용할 수 있다(전산투·개표규칙§8③).

(2) 통합선거인명부확인시스템의 구축

관할위원회는 위탁기관등과 협의를 거쳐 통합선거인명부확인시스템을 구축할 수 있다(전산투·개표규칙§10①). 통합선거인명부확인시스템은 관할위원회가 지정한 적정장소에 설비하여야 한다(전산투·개표규칙§10②). 관할위원회는 그 소속 직원 또는 해당 선거관리위원회가 선정한 자를 전담관리자로 지정하여 관할위원회가 지정한 장소에서 통합선거인명부확인시스템을 구축·운영하게 하여야 한다. 이 경우 후보자 또는 참관인이 통합선거인명부확인시스템의 구축·운영에 참관을 요구할 때에는 이를 보장하여야 하며, 그 상황을 서면으로 기록하여야 한다(전산투·개표규칙§10③).

(3) 선거인명부 등의 목적 외 사용금지

관할위원회에 제출된 선거인명부 및 후보자명부는 오로지 해당 전자투·개표를 위한 목적으로만 사용하여야 한다(전산투·개표규칙§9①). 관할위원회는 개표가 끝난 후 지체 없이 후보자 또는 참관인의 참관 하에 통합선거인명부확인시스템 및 선거인명부조회단말기에 저장된 선거인명부를 휴대용 전자저장장치에 복사하여 봉함·보관하되, 통합선거인명부확인시스템 및 선거인명부조회단말기에 저장된 선거인명부는 해당 위탁단체등과 협의하여 삭제할 수 있다(전산투·개표규칙§9②).

(4) 전자투표용지의 작성 · 공고

관할위원회는 전자투표용지를 터치스크린 전자투표기에 입력하여 화면에 나타나게 하는 방법으로 작성하되, 일련번호, 청인날인 및 위원장 사인날인란은 작성하지 아니한다(전산투 · 개표규칙§11①). 전자투표용지의 규격 및 게재사항은 중앙선거관리위원회위원장이 따로 정하되, 선거인의 투표편의를 위하여 음성과 문자안내 및 투표보조용구에 관한 사항을 포함하여 정할 수 있다(전산투 · 개표규칙§11②).

관할위원회가 전자투표용지의 모형을 공고할 때에는 전자투표 절차에 관한 안내사항을 함께 게재하여야 한다. 이 경우 공고는 전자투표용지 모형을 투표안내문에 포함하여 선거인에게 발송하는 것으로 갈음할 수 있고, 단체선거등에 있어서는 공고를 생략할 수 있다(전산투 · 개표규칙§11③).

(5) 터치스크린 전자투표기의 송부

전자투표용지의 송부는 해당선거의 전자투표용지가 입력된 터치스크린 전자투표기와 투표권카드 및 관리자카드를 송부하는 것으로 갈음한다(전산투 · 개표규칙§12①). 관할위원회는 터치스크린 전자투표기와 투표권카드 및 관리자카드를 봉쇄 · 봉인하여 함께 해당 투표소의 책임자에게 인계하여야 한다(전산투 · 개표규칙§12②). 관할위원회는 터치스크린 전자투표기에 전자투표용지 입력, 터치스크린 전자투표기와 투표권카드 및 관리자카드의 봉쇄 · 봉인 및 송부과정에 참관인이 입회할 수 있도록 하여야 한다. 이 경우 참관인이 참여하지 아니한 때에는 입회를 포기한 것으로 본다(전산투 · 개표규칙§12③).

(6) 투표소의 설비

관할위원회는 선거일 전일까지 투표소에 적정한 수량의 터치스크린 전자투표기 및 선거인명부조회단말기 그 밖에 전자투표에 필요한 다음 각 호의 설비를 하여야 한다(전산투 · 개표규칙§13①).

1. 투표권카드 교부석
2. 투표권카드 회수석
3. 그 밖에 투표사무에 필요한 통신 및 전력설비 등

관할위원회는 투표소의 설비를 마친 후 중앙선거관리위원회위원장이 정하는 바에 따라 터치스크린 전자투표기 및 선거인명부조회단말기의 이상유무를 점검 · 확인하고 참관인의 참관하에 봉쇄 · 봉인하여야 한다(전산투 · 개표규칙§13②).

(7) 투표개시 전 터치스크린 전자투표기의 검사 및 봉쇄 · 봉인

관할위원회는 투표를 개시하기 전에 각 터치스크린 전자투표기의 이상유무를 검사한 후 투표기록지 및 전자저장장치의 투입구를 봉쇄·봉인하여야 한다. 다만, 투표 도중 터치스크린 전자투표기의 장애 등으로 봉쇄·봉인을 해제할 때에는 참관인의 참관하에 하여야 한다(전산투·개표규칙§14①). 터치스크린 전자투표기의 이상유무 검사는 터치스크린 전자투표기의 화면에 투표기록 전자저장장치에 투표기록이 존재하지 아니함을 표시하는 방법으로 실시하되, 투표기록지의 인쇄 여부도 확인하게 할 수 있다(전산투·개표규칙§14②).

(8) 투표절차 및 기표방법

선거인은 다음 각 호의 순서에 따라 투표를 실시한다(전산투·개표규칙§15①).

1. 선거인명부조회단말기로 정당한 선거인임을 확인받는다.
2. 선거인명부조회단말기의 선거인 전자서명창에 전자서명(선거인의 성명을 말한다) 또는 무인하고 투표권카드 1매를 교부받는다.
3. 터치스크린 전자투표기에 투표권카드를 삽입하여 전자투표용지를 터치스크린 전자투표기 화면에 나타나게 한다.
4. 후보자 또는 안건에 대한 찬성·반대 등의 선택사항란을 누르는 방법으로 투표하고, 투표내용이 투표기록지에 인쇄된 투표결과와 일치하는지를 확인한다.
5. 투표권카드를 터치스크린 전자투표기에서 회수하여 투표권카드 회수함에 반납하고 투표소에서 퇴장한다.

투표소관리관은 투표권카드를 교부받은 선거인이 터치스크린 전자투표기의 장애 등으로 투표를 할 수 없을 때에는 해당 선거인의 투표권카드를 회수한 후 다시 교부하고 투표록에 그 사실을 기재하여야 한다. 이 경우 그 선거인에게 책임이 있는 사유로 투표권카드가 훼손 또는 오손된 때에는 다시 교부하지 아니한다(전산투·개표규칙 §15②).

(9) 잠정투표

관할위원회는 단체선거등(정당의 선거 또는 투표를 제외한다)에 한하여 선거인명부조회단말기로 정당한 선거인임을 확인할 수 없을 때에는 사진이 첨부되어 본인임을 확인할 수 있는 선거인의 신분증명서(「공직선거법」 제157조(투표용지수령 및 기표절차) 제1항[31]의 신분증명서 또는 기관·단체와 협의하여 정하는 본인확인정보나 증명서류를 말한다. 이

31) 「공직선거법」 제157조(투표용지수령 및 기표절차) ① 선거인은 자신이 투표소에 가서 투표참관인의 참관 하에 주민등록증(주민등록증이 없는 경우에는 관공서 또는 공공기관이 발행한 증명서로서 사진이 첨부되어 본인임을 확인할 수 있는 여권·운전면허증·공무원증 또는 중앙선거관

하 같다)로 본인여부를 확인하고, 그 명단을 선거인명부조회단말기로 별도로 작성(이하 "잠정투표자 투표권카드 교부기록"이라 한다)한 다음 투표권카드를 교부하여 투표(이하 "잠정투표"라 한다)하게 할 수 있다(전산투 · 개표규칙§16①).

관할선거관리위원회는 잠정투표 실시사유가 해소되었을 때에는 지체 없이 잠정투표자 투표권카드 교부기록을 통합선거인명부확인시스템에 전송하고 그 기록을 보관하여야 한다(전산투 · 개표규칙§18②). 관할선거관리위원회의 통합선거인명부확인시스템 전담관리자는 투표종료 후에 잠정투표를 한 자가 이중투표 또는 대리투표를 하였는지 여부를 검색하여 그 결과를 해당 선거관리위원회에 통보하여야 한다(전산투 · 개표규칙§18③).

(10) 투표참관

투표관리관은 참관인으로 하여금 투표권카드의 교부상황과 투표상황을 참관하도록 하여야 한다(전산투 · 개표규칙§17).

(11) 투표종료 후 터치스크린 전자투표기의 봉쇄 · 봉인 및 투표기록 전자저장장치 등의 송부

투표관리관은 투표가 종료된 때에는 참관인의 참관하에 터치스크린 전자투표기의 투표권카드 투입구를 봉쇄 · 봉인하고, 터치스크린 전자투표기에서 전자저장장치 및 투표기록지를 분리하여 운반용기에 담아 봉인하여야 한다(전산투 · 개표규칙§18).

터치스크린 전자투표기 등의 봉쇄 · 봉인을 마친 투표관리관은 지체 없이 투표기록 전자저장장치, 투표기록지, 투표권카드 발급기록 전자저장장치 등을 관할위원회에 송부하여야 한다(전산투 · 개표규칙§19).

(12) 개표소의 설비

관할위원회는 다음 각 호의 사항을 포함하여 개표소를 설비하여야 한다(전산투 · 개표규칙§20).

1. 투표기록 전자저장장치의 판독 및 집계에 필요한 개표용 컴퓨터
2. 투표기록지를 검증할 수 있는 전자검표기
3. 개표결과를 직근 상급선거관리위원회 등에 전송할 수 있는 통신장비
4. 투표권카드 교부 내역 등을 조회할 수 있는 컴퓨터

리위원회규칙으로 정하는 신분증명서를 말한다. 이하 "신분증명서"라 한다)을 제시하고 본인임을 확인받은 후 선거인명부에 서명이나 날인 또는 무인하고 투표용지를 받아야 한다.

5. 그 밖에 전자투표의 개표에 필요한 시설 및 설비

(13) 개표의 개시 및 진행

관할위원회가 개표를 개시할 때에는 전자저장장치 및 투표기록지 운반용기 봉인의 이상 유무를 검사하고 투표수와 투표권카드 교부수를 대조하여야 한다(전산투 · 개표규칙§21).

개표는 투표소별로 구분하여 투표수 및 후보자별 득표수(투표에서는 안건에 대한 선택사항별 득표수를 말한다. 이하 같다)를 계산한다. 다만, 「전산투 · 개표규칙」 제10조(통합선거인명부확인시스템의 구축) 제1항에 따라 통합선거인명부확인시스템을 구축하여 운영할 경우 투표수 및 후보자별 득표수는 통합선거인명부확인시스템 운영단위로 계산할 수 있다(전산투 · 개표규칙§22①). 투표기록 전자저장장치 원본의 판독이 불가능할 경우에는 참관인의 참관 하에 해당 전자저장장치의 부본으로 개표할 수 있다. 이 경우 해당 전자저장장치 부본과 투표기록지를 서로 대조하여 그 결과의 동일성을 검증할 수 있다(전산투 · 개표규칙§22②). 선거결과 집계 및 개표상황표의 표준서식 등 전자개표에 필요한 서식은 중앙선거관리위원회위원장이 정하는 바에 따른다(전산투 · 개표규칙§22③).

(14) 투표기록 전자저장장치 등의 봉인 및 보관

관할위원회는 개표를 마친 후 투표기록 전자저장장치와 투표기록지를 관할위원회 위원장이 봉인하도록 하여 보관한다(전산투 · 개표규칙§23①). 관할위원회는 해당선거 또는 투표에 관한 쟁송이 제기되지 아니한 때에는 그 제기기간의 만료일부터, 쟁송이 종료된 때에는 그 확정판결 또는 결정의 통지를 받은 날부터 1월 이후에 관할위원회의 결정으로 투표기록 전자저장장치와 투표기록지 등을 폐기할 수 있다(전산투 · 개표규칙§23②).

(15) 검표

개표결과에 이의가 있는 해당 위탁단체등은 선거일 후 7일까지 관할위원회에 터치스크린 전자투표기록의 전부 또는 일부를 지정하여 검표를 신청할 수 있다(전산투 · 개표규칙§24①). 관할위원회는 검표신청서 접수일로부터 7일 이내에 검표를 실시하되, 해당선거 또는 투표의 후보자 등 이해관계자에게 참석하도록 통지하여야 한다(전산투 · 개표규칙§24②). 검표는 전자검표기로 투표기록지를 판독하는 방식으로 하되, 전자검표기에 장애가 발생한 경우에는 수작업으로 검표할 수 있다(전산투·개표규칙§24③).

검표에 소요되는 비용(이해관계자의 출석에 소요되는 수당 및 실비를 포함한다. 이하 "검표비용"이라 한다)은 검표를 신청한 위탁단체등이 부담한다(전산투·개표규칙§25①). 검표를 신청한 위탁단체등은 검표신청서 제출일부터 2일 이내에 관할위원회가 정하는 바에 따라 검표비용을 납부하여야 하며, 검표비용을 납부하지 아니한 경우에는 검표신청을 취소한 것으로 본다(전산투·개표규칙§25②). 예납할 검표비용의 산정에 관하여는 「공직선거관리규칙」 제140조(선거소청비용) 제2항[32]의 규정을 준용한다(전산투·개표규칙§25③).

아. 온라인투표시스템에 의한 투표 및 개표

(1) 선거인명부 등의 작성·제출

위탁단체, 구·시·군의 장, 정당, 기관·단체가 온라인투표시스템을 이용한 전자투·개표의 실시를 위한 선거인명부를 작성하는 때에는 「전산투·개표규칙」이 정한 서식[33]에 따라 작성하고, 작성·확정된 선거인명부의 전산자료 복사본을 관할위원회에 제출하여야 한다(전산투·개표규칙§26①). 「전산투·개표규칙」 제3조(적용범위) 제1항에 따른 선거를 실시하는 경우에 위탁단체등(지방자치단체의 장을 제외한다) 또는 후보자는 후보자등록신청마감일 후 5일까지 온라인투표시스템 입력에 필요한 후보자의 기호·성명·사진 등의 정보를 기재한 자료(이하 "후보자정보자료"라 한다)를 관할위원회에 제출하여야 한다. 다만, 후보자의 기호·성명·사진 외에 추가 정보를 요하지 않는 경우에는 위탁단체등과 협의하여 그 제출을 생략하거나 후보자명부를 제출받는 것으로 갈음할 수 있다(전산투·개표규칙§26②). 선거인명부와 후보자정보자료의 서식, 작성·제출방법, 수정 그 밖에 필요한 사항은 중앙위원회위원장이 정하는 바에 따라 관할위원회와 위탁단체등이 협의하여 정할 수 있다(전산투·개표규칙§26③).

(2) 선거인명부 등의 목적 외 사용금지

관할위원회에 제출된 선거인명부의 전산자료 복사본 및 후보자정보자료는 해당 전

---

32) 「공직선거관리규칙」 제140조(선거소청비용) ② 제1항의 규정에 의하여 당사자가 예납하여야 할 비용의 산정에 있어서 「민사소송비용법」 제5조(법관등의 일당·여비)의 "법관등의 일당·여비"는 선거관리위원회의 위원·직원에 대한 일당·여비 기타의 실비보상으로 보며, 당해 위원회의 위원·직원에 대한 일당·여비 기타 실비보상은 「선거관리위원회법」 제12조(위원의 대우) 제3항과 「공무원여비규정」에 의한다.

33) 「전산투·개표규칙」 별지 제1호 서식((선거인)·(투표인)·(경선선거인)명부(온라인투표용))

자투 · 개표를 위한 목적으로만 사용하여야 한다(전산투 · 개표규칙§27).

(3) 투표방법

온라인투표시스템을 이용하여 실시하는 투표는 웹투표, 문자투표, PC현장투표의 방법 중 관할위원회와 위탁단체등이 협의하여 정하는 방법으로 실시하되, 각 투표방법의 세부사항은 중앙위원회위원장이 정하는 바에 따른다(전산투 · 개표규칙§28).

(4) 전자투표용지의 작성 · 공고

관할위원회는 전자투표용지를 온라인투표시스템을 이용하여 「전산투 · 개표규칙」이 정하는 서식[34]에 따라 작성하되, 일련번호 · 청인날인란 및 위원장 사인날인란은 작성하지 아니한다. 다만, 문자투표를 실시하는 때에는 투표안내 문자메시지를 작성하는 것으로 전자투표용지의 작성을 갈음한다(전산투 · 개표규칙§29①). 전자투표용지 게재사항 등 그 밖에 필요한 사항은 중앙선거관리위원회위원장이 정하는 바에 따른다. 이 경우 선거인의 투표편의를 위하여 음성과 문자안내 및 투표보조용구에 관한 사항을 포함하여 정할 수 있다(전산투 · 개표규칙§29②).

관할위원회는 전자투표용지의 모형을 공고하여야 한다. 이 경우 공고는 전자투표용지의 모형을 투표안내문에 포함하여 선거인에게 발송하는 것으로 갈음할 수 있고, 단체선거등에 있어서는 공고를 생략할 수 있다(전산투 · 개표규칙§29③).

(5) 투표안내문의 작성 · 발송

관할위원회가 온라인투표시스템을 이용한 전자투표의 투표안내문을 작성하는 때에는 「전산투 · 개표규칙」이 정하는 서식[35]에 따라 작성하되, 투표일시 · 방법 · 절차, 그 밖에 투표참여를 권유하는 내용 등을 기재하여야 한다(전산투 · 개표규칙§30①). 관할위원회가 투표안내문을 발송하는 때에는 우편발송, 문자메시지 또는 전자우편 전송 등 위탁단체등과 협의하여 정하는 방법으로 발송할 수 있다(전산투 · 개표규칙§30②).

(6) 투표절차

(가) 웹투표

웹투표는 다음 각 호의 순서에 따른다(전산투 · 개표규칙§31①).

---

34) 「전산투 · 개표규칙」 별지 제2호 서식의 (가)(전자투표용지(사진 사용)), 제2호 서식의 (나)(전자투표용지(사진 미사용))

35) 「전산투 · 개표규칙」 별지 제3호 서식의 (가)(○○○○(선거) · (투표) 투표안내문(웹투표용 · 문자투표용)), 제3호 서식의 (나)(○○○○(선거) · (투표) 투표안내문(PC현장투표용))

1. 컴퓨터 또는 이동통신단말장치를 이용하여 문자메시지 또는 전자우편으로 수신한 개인URL을 통하여 온라인투표시스템에 접속한다.
2. 선거인 본인인증절차를 거쳐 정당한 선거인임을 확인받는다.
3. 컴퓨터 또는 이동통신단말장치의 화면에 표출된 전자투표용지의 후보자 또는 안건에 대한 찬성·반대 등의 선택사항란에 기표한다.

(나) 문자투표

문자투표는 다음 각 호의 순서에 따른다(전산투·개표규칙§31②).

1. 선거인의 이동통신단말장치로 전송된 문자투표 및 본인인증 안내 문자메시지를 확인한다.
2. 선거인 본인인증정보를 문자메시지로 회신하여 정당한 선거인임을 확인받는다.
3. 선거인 본인확인 후 전송되는 투표안내 문자메시지를 확인하고 후보자 또는 안건에 대한 찬성·반대 등 선택사항의 기호를 입력하여 문자메시지로 회신한다.

(다) PC현장투표

PC현장투표는 다음 각 호의 순서에 따른다(전산투·개표규칙§31③).

1. 선거인은 신분증명서를 제시하고 명부조회단말기로 본인임을 확인받은 후 투표카드 등 1매를 교부받는다.
2. 투표단말기에 연결된 카드리더기에 투표카드를 인식하거나 투표단말기에 투표코드를 입력하여 전자투표용지가 투표단말기 화면에 표출되도록 한다.
3. 투표단말기 화면에 표출된 전자투표용지의 후보자 또는 안건에 대한 찬성·반대 등 선택사항란에 기표한다.
4. 투표카드등을 반납함에 넣고 투표소에서 퇴장한다.

관할위원회는 PC현장투표의 방법으로 투표를 실시하는 때에 전기통신 장애, 그 밖의 부득이한 사유로 해당 투표소에서 투표할 수 없는 경우에는 투표하러 온 선거인이 인접한 다른 투표소에서 투표하도록 할 수 있다(전산투·개표규칙§31④).

(7) 투표소의 설비

PC현장투표를 실시하는 때에는 관할위원회는 선거일 전일까지 투표소에 다음 각 호의 설비를 하여야 한다(전산투·개표규칙§32①).

1. 명부 조회 및 투표카드등 교부석(명부조회단말기를 포함한다)
2. 기표소(투표단말기를 포함한다)
3. 투표카드등 반납함
4. 그 밖에 투표사무에 필요한 통신 및 전력설비 등

관할위원회는 투표소의 설비를 마친 후 명부조회단말기 및 투표단말기의 이상 유무를 점검·확인하고 봉쇄·봉인하여야 한다(전산투·개표규칙§32②). 관할위원회는 명부조회단말기 및 투표단말기의 이상 유무 점검·확인과 봉쇄·봉인 과정에 참관인이 입회하도록 하여야 한다. 이 경우 참관인이 참여하지 아니한 때에는 입회를 포기한 것으로 본다(전산투·개표규칙§32③).

(8) 투표개시 전 명부조회단말기 등의 검사

PC현장투표를 실시하는 때에는 관할위원회는 참관인의 참관 하에 명부조회단말기 및 투표단말기의 정상 작동 여부와 투표카드등 발급수 초기 상태 등 이상유무를 검사하여야 한다. 이 경우 정당한 사유 없이 참관을 거부하는 투표참관인이 있는 때에는 그 권한을 포기한 것으로 보고, 투표록에 그 사유를 기재한다(전산투·개표규칙§33).

(9) 투표참관

웹투표 또는 문자투표를 실시하는 때에 투표참관은 위탁단체등의 요청이 있는 경우에 한하여 해당 선거 또는 투표의 투표자수, 투표율 등을 확인할 수 있는 온라인투표시스템 계정을 투표참관인에게 부여하여 투표진행상황을 참관하게 하는 방법으로 실시한다(전산투·개표규칙§34①).

PC현장투표를 실시하는 때에 투표참관은 투표참관인이 투표소 안에서 투표카드등의 교부상황과 투표상황을 참관하게 하는 방법으로 실시한다(전산투·개표규칙§34②).

(10) 개표소의 설치 및 설비

PC현장투표를 실시하는 때에는 관할위원회는 위탁단체등과 협의하여 투표소와 동일한 장소에 개표소를 설치할 수 있다(전산투·개표규칙§35①).

관할위원회는 다음 각 호의 사항을 포함하여 개표소를 설비하여야 한다(전산투·개표규칙§35②).

1. 전자개표를 위한 컴퓨터와 프린터 및 통신시설
2. 그 밖에 전자개표에 필요한 시설 및 설비

(11) 개표참관

온라인투표시스템을 이용한 전자개표를 실시하는 때에 개표참관은 관할위원회가 시스템운영자의 화면과 동일한 내용이 표출되는 별도의 화면을 통해 개표참관인이 개표소 안에서 개표진행, 개표결과 등 개표상황을 참관하게 하는 방법으로 실시한다

(전산투 · 개표규칙§36①).

투표소에 개표소를 설치한 경우에 투표관리관은 해당 개표소의 개표를 총괄 관리하는 책임사무원(이하 “개표책임사무원”이라 한다)이 되고, 투표참관인은 해당 개표소의 개표참관인이 된다(전산투 · 개표규칙§36②).

(12) 개표의 진행

관할위원회는 투표를 마감한 후 온라인투표시스템을 이용하여 개표를 진행한다(전산투 · 개표규칙§37①). 개표결과 집계 등 전자개표와 관련하여 그 밖에 필요한 사항은 중앙선거관리위원회 위원장이 정하는 바에 따른다(전산투 · 개표규칙§37②).

(13) 전자투 · 개표 자료의 저장 · 봉인 · 보관 · 폐기

관할위원회는 선거인명부의 전산자료 복사본 및 해당 선거 또는 투표의 시스템운영자 계정으로 제공하는 전자투 · 개표 관련 자료를 별도의 전자저장장치에 저장하고 봉함 · 봉인하여 위탁선거의 경우에는 해당 선거의 당선인의 임기에 해당하는 기간 동안 보관하여야 한다. 다만, 단체선거등의 전자투 · 개표 관련 자료는 그러하지 아니하다(전산투 · 개표규칙§38①1.).

전자투 · 개표 관련 자료는 위탁선거의 경우 해당 선거에 관한 소송 등이 제기되지 아니할 것으로 예상되거나 소송 등이 종료된 때에 해당하는 경우에는 관할위원회의 결정으로 폐기할 수 있다(전산투 · 개표규칙§38②1.).

자. 위탁선거규칙의 준용

위탁선거의 경우 전자투 · 개표와 관련하여 「전산투 · 개표규칙」에 규정된 것을 제외하고는 그 성질에 반하지 아니하는 범위에서 위탁선거규칙을 준용한다(전산투 · 개표규칙§39 1.).

차. 경비의 산출

전자투 · 개표 실시에 소요되는 경비는 중앙선거관리위원회위원장이 정하는 바에 따라 관할위원회가 산출하여 위탁선거의 경우 위탁선거법 제78조(선거관리경비)[36]의

36) 「위탁선거법」 제78조(선거관리경비) ① 위탁선거를 위한 다음 각 호의 경비는 해당 위탁단체가 부담하고 선거의 실시에 지장이 없도록 제1호의 경우에는 선거기간개시일 전 60일(보궐선거등의 경우에는 위탁신청을 한 날부터 10일)까지, 제2호부터 제4호까지의 경우에는 위탁관리 결정의 통지를 받은 날(의무위탁선거의 경우에는 위탁신청을 한 날)부터 10일까지 관할위원회에 납

선거관리경비에 계상한다(전산투 · 개표규칙§41①1.).

관할위원회는 전자투 · 개표와 관련하여 계상하지 못한 경비가 있거나 추가 납부사유가 발생한 경우에는 해당 위탁단체등으로부터 추가로 납부받아 이를 집행할 수 있다(전산투 · 개표규칙§41③).

제4절 투표의 효력

1. 공직선거법의 준용

투표 및 개표의 관리에 관하여는 위탁선거법 및 위탁선거규칙에 규정된 것을 제외하고는 그 성질에 반하지 아니하는 범위에서 「공직선거법」 제10장(투표) 및 제11장(개표), 「공직선거관리규칙」 제9장(투표) 및 제10장(개표)을 준용하므로(위탁선거법§51①, 위탁선거규칙§31), 위탁선거에 있어서 투표의 효력 및 투표의 효력에 관한 이의는 그 성질에 반하지 아니하는 범위에서 「공직선거법」 제179조(무효투표), 제180조(투표

부하여야 한다.
1. 위탁선거의 준비 및 관리에 필요한 경비
2. 위탁선거에 관한 계도 · 홍보에 필요한 경비
3. 위탁선거 위반행위의 단속 및 조사에 필요한 경비
4. 위탁선거법 제49조(질병 · 부상 또는 사망에 대한 보상)에 따른 재해보상준비금

② 동시조합장선거 및 동시이사장선거에서 제76조(위탁선거 위반행위 신고자에 대한 포상금 지급)에 따른 포상금지급에 필요한 경비는 해당 조합 또는 금고와 그 중앙회가 균분하여 부담하여야 한다.

③ 위탁선거의 관리에 필요한 다음 각 호의 경비는 국가가 부담한다.
1. 위탁선거에 관한 사무편람의 제정 · 개정에 필요한 경비
2. 그 밖에 위탁선거사무의 지도 · 감독 등 통일적인 업무수행을 위하여 필요한 경비

④ 중앙선거관리위원회는 위탁기관의 의견을 들어 선거관리경비 산출기준을 정하고 이를 관할위원회에 통지하여야 하며, 관할위원회는 그 산출기준에 따라 경비를 산출하여야 한다.

⑤ 관할위원회는 제52조(결선투표 등)에 따른 결선투표가 실시될 경우 그 선거관리경비를 제4항과 별도로 산출하여야 한다.

⑥ 관할위원회는 제4항에 따라 선거관리경비를 산출하는 때에는 예측할 수 없는 경비 또는 불가피한 사유로 산출기준을 초과하는 경비에 충당하기 위하여 산출한 선거관리경비 총액의 100분의 5 범위에서 부가경비를 계상하여야 한다.

⑦ 제1항에 따른 납부금은 체납처분이나 강제집행의 대상이 되지 아니하며 그 경비의 산출기준, 납부절차와 방법, 집행, 검사, 반환, 그 밖에 필요한 사항은 중앙선거관리위원회규칙으로 정한다.

의 효력에 관한 이의에 대한 결정) 및 「공직선거관리규칙」 제100조(정규의 투표용지 등), 제101조의2(무효투표), 제101조(투표의 효력에 관한 이의에 대한 결정공표)를 준용한다.

2. 무효투표

가. 일반적인 무효투표

(1) 무효투표

「공직선거법」은 "① 정규의 투표용지를 사용하지 아니한 것, ② 어느 란에도 표를 하지 아니한 것, ③ 2란에 걸쳐서 표를 하거나 2 이상의 란에 표를 한 것, ④ 어느 란에 표를 한 것인지 식별할 수 없는 것, ⑤ ㊈표를 하지 아니하고 문자 또는 물형을 기입한 것, ⑥ ㊈표 외에 다른 사항을 기입한 것, ⑦ 선거관리위원회의 기표용구가 아닌 용구로 표를 한 것에 해당하는 투표는 무효로 한다."고 규정하고 있는바(공직선거법§179①), 이는 위탁선거에도 준용된다.[37)]

(2) 정규의 투표용지

「공직선거법」상 "정규의 투표용지"란 ① 관할구·시·군선거관리위원회가 작성하고 청인을 찍은 후 관할읍·면·동선거관리위원회에 송부하여 해당 투표관리관이 자신의 도장을 찍어 정당한 선거인에게 교부한 투표용지, ② 사전투표관리관이 투표용지 발급기로 시·도선거관리위원회 또는 구·시·군선거관리위원회의 청인이 날인된 투표용지를 인쇄하여 자신의 도장을 찍은 후 정당한 선거인에게 교부한 투표용지, ③ 관할시·도선거관리위원회 또는 구·시·군선거관리위원회가 작성하고 청인과 해당

37) 「지역농업협동조합정관례(농림축산식품부고시 제2024-74호, 2024. 10. 8. 일부개정)」 제84조(무효투표) 제1항, 「농업협동조합중앙회정관(개정 2022. 12. 29. 농림축산식품부장관 인가)」 제86조(무효투표) 제1항, 「수산업협동조합정관부속서 임원선거규정(예)(해양수산부고시 제2022-168호, 2022. 10. 25. 일부개정)」 제81조(무효투표) 제1항, 「수협중앙회정관부속서 임원선거규정(일부개정 2021. 12. 20.)」 제32조(무효투표) 제1항, 「산림조합정관(예)부속서 임원선거규약(개정 2023. 10. 6. 산림청장 인가)」 제91조(무효투표) 제1항, 「산림조합중앙회정관부속서 임원선거규약(전부개정 2023. 10. 6. 산림청장 인가)」 제36조(무효투표) 제1항, 「새마을금고 임원선거규약(예)(일부개정 2024. 7. 10.)」 제50(무효투표) 제1항, 「새마을금고중앙회 임원선거규약(일부 개정 2020. 5. 22.)」 제22조(무효투표) 제1항, 「중소기업중앙회 임원선거규정(2018. 8. 21. 개정)」 제26조(유·무효투표의 판정) 제1항, 「○○정비사업조합(조합설립추진위원회) 선거관리규정(안)(서울특별시고시 제2017-243호)」 제38조(무효투표), 「신용협동조합표준정관부속서 임원선거규약(2021. 12. 15. 개정)」 제48조(무효투표) 제1항, 「신용협동조합중앙회정관부속서 임원선거규약(2021. 10. 5. 개정)」 제35조(무효투표) 제1항의 규정내용도 유사하다.

구·시·군선거관리위원회 위원장 자신의 도장을 찍은 후 정당한 거소투표자 또는 선상투표자에게 발송 또는 전송한 투표용지, ④ 동시선거에서 관할시·도선거관리위원회가 작성하고 청인을 찍은 후 관할구·시·군선거관리위원회를 거쳐 관할읍·면·동선거관리위원회에 송부하여 해당 투표관리관이 자신의 도장을 찍어 정당한 선거인에게 교부한 시·도지사선거 및 비례대표시·도의원선거의 투표용지를 말하는 바(공직선거관리규칙§100①), 이에 준하여 위탁선거에 있어서도 "① 관할위원회가 작성하고 해당 투표관리관이 자신의 도장을 찍어 정당한 선거인에게 교부한 투표용지, ② 투표관리관이 투표용지발급기로 관할위원회의 청인이 날인된 투표용지를 인쇄하여 자신의 도장을 찍은 후 정당한 선거인에게 교부한 투표용지, ③ 관할위원회가 작성하고 청인과 해당 구·시·군위원회 위원장 자신의 도장을 찍은 후 정당한 거소투표자에게 발송한 투표용지, ④ 동시조합장선거에서 관할위원회가 작성하고 청인을 찍은 후 해당 투표관리관이 자신의 도장을 찍어 정당한 선거인에게 교부한 조합장선거의 투표용지"를 정규의 투표용지로 본다.

(3) 투표관리관 또는 관할위원회 위원장 도장의 날인이 누락된 투표용지

또한 「공직선거관리규칙」은 "투표관리관·사전투표관리관 또는 관할위원회 위원장 도장의 날인이 누락되어 있으나 관할위원회의 청인이 날인되어 있고 투표록 등에 도장의 날인이 누락된 사유가 기재되어 있는 투표용지는 정규의 투표용지로 본다. 이 경우 투표관리관 또는 사전투표관리관 도장의 날인 누락사유가 투표록 등에 기재되어 있지 아니하나 투표용지 교부매수와 투표수와의 대비, 투표록 등에 따라 투표관리관 또는 사전투표관리관이 선거인에게 정당하게 교부한 투표용지로 판명되는 것은 정규의 투표용지로 본다."고 규정하고 있다(공직선거관리규칙§100②). 이는 위탁선거에서도 적용된다고 봄이 상당하다. 즉, 투표관리관 또는 관할위원회 위원장 도장의 날인이 누락되어 있으나 관할위원회의 청인이 날인되어 있고 투표록 등에 도장의 날인이 누락된 사유가 기재되어 있는 투표용지나 투표록 등에 도장의 날인이 누락된 사유가 기재되어 있지 아니하나 투표용지 교부매수와 투표수와의 대비, 투표록 등에 따라 투표관리관이 선거인에게 정당하게 교부한 투표용지로 판명된 것은 위탁선거에 있어서도 정규의 투표용지로 본다.

(4) 구체적 사례

정해진 기표용구가 아니더라도 관할위원회가 그 기표용구를 기표소에 비치하고, 선거인이 그 기표용구를 사용하여 기표절차에 따라 기표한 이상 선거인의 의사를 존중하여 그 기표용구는 관할위원회의 기표용구로 보아야 한다.[38] 투표지의 두 후보자란의 구분선상에 기표되어 있어 어느 난에 표를 한 것인지 육안으로 보아서는 쉽게 알 수 없는 투표는 무효로 처리함이 마땅하다.[39] 투표지 좌측 상단에 숫자 91이 기입된 경우, 개표종사원이 숫자 91을 기입해 넣었다고 추정할 만한 아무런 자료도 없으므로 일응 투표자가 기입한 것으로 추정할 수밖에 없다할 것이어서 무효로 처리하여야 한다.[40] 2개의 기표란의 각 구분선상의 기표로서 그 형태와 위치로 볼 때 어느 후보의 기표란에 치우쳐 있는지가 육안으로 식별되지 아니하므로 무효표임에도 개표시 이를 유효표로 집계한 것은 위법하다.[41] 기표란에 나타난 표시 부분이 어떠한 형태의 원형의 일부인지를 확인할 수 없을 정도여서 그로서 전체의 형태와 아울러 그것이 관할위원회의 기표용구에 의한 것임을 확인하기가 불가능하고, 따라서 선거인이 투표의 의사를 가지고 관할위원회의 기표용구에 의하여 날인한 것으로 인정할 수 없다면 그것은 무효로 판단한다.[42] 사퇴한 자에게 기표한 것은 무효로 처리한다.[43] 새마을금고의 임원선거에서 왼쪽으로 오른쪽으로 '입후보 부분', '기호', '성명', '기표란' 등 4개의 란으로 나누어진 투표지 중 '기표란'이 아니라 별도의 구분 없이 가운데 부분에 '이사장'이라는 글자만이 기재되어 있는 '입후보 부분'란의 '이사장' 기재 윗 부분에 기표한 투표지에 대하여, 비록 그 기표의 위치가 특정 입후보자의 기호나 성명란의 높이와 정확히 일치한다 하더라도, 이러한 사정만으로는 위 금고의 임원선거규약에서 유효투표로 구정하고 있는 '기표란 외에 기표된 것으로서 어느 후보자에게 기표한 것인지가 명확한 경우'이거나 '두 후보자란의 구분선상에 기표된 것으로서 어느 후보자에게 기표한 것인지가 명확한 경우'에 해당한다고 볼 수 없어 이는 무효표에 해당한다.[44]

나. 거소투표의 무효투표

「공직선거법」은 거소투표의 경우에는 위 일반적인 무효투표 외에 ① 정규의 회송

38) 1997. 2. 25. 선고 96우85 판결
39) 2000. 10. 6. 선고 2000수63 판결
40) 서울고등법원 2000. 2. 11. 선고 98수76 판결
41) 2004. 11. 12. 선고 2004수16 판결
42) 2019. 4. 5. 선고 2019우5010 판결(대전고등법원 2019. 1. 16. 선고 2018수18 판결), 2000. 10. 24. 선고 2000수25 판결
43) 1963. 10. 14. 중앙선관위 지시
44) 2006. 2. 10. 선고 2005다58359 판결

용 봉투를 사용하지 아니한 것, ② 회송용 봉투가 봉함되지 아니한 것도 무효로 하는 바(공직선거법§179②), 이는 위탁선거에도 준용된다.

거소투표자의 기표 및 봉함이 투표자 본인의 의사에 따라 직접 행하여졌으나 그 회송용 겉봉투의 봉함 부분에 거소투표자의 사인 대신 당해 투표자들이 요양치료중인 정신병원장의 직인이 날인된 경우의 투표는 무효이다.[45]

다. 무효로 하는 잠정투표

「공직선거관리규칙」은 전국단위의 통합선거인명부 통신망의 장애가 발생하였거나 다른 사전투표소로 이동 및 투표마감시각까지 도착할 시간적 여유가 없는 때에 투표용지발급기를 이용하여 출력한 투표용지와 회송용봉투를 교부하여 투표하게 하는 잠정투표 중 "① 같은 선거에서 한 사람이 2회 이상 투표를 한 경우 해당 선거에서 본인이 한 모든 투표나, ② 선거인명부에 올라 있지 아니한 사람이 한 투표는 무효로 한다(공직선거관리규칙§100의2)."고 규정하고 있는 바, 이는 위탁선거의 잠정투표의 경우에도 준용된다.

3. 무효로 하지 않는 투표

가. 무효로 하지 않는 투표

「공직선거법」은 "① ㉦표가 일부분 표시되거나 ㉦표 안이 메워진 것으로서 선거관리위원회의 기표용구를 사용하여 기표를 한 것이 명확한 것, ② 한 후보자(비례대표국회의원선거 및 비례대표지방의회의원선거에 있어서는 정당을 말한다)란에만 2 이상 기표된 것, ③ 후보자란 외에 추가 기표되었으나 추가 기표된 것이 어느 후보자에게도 기표한 것으로 볼 수 없는 것, ④ 기표한 것이 전사된 것으로서 어느 후보자에게 기표한 것인지가 명확한 것, ⑤ 인육으로 오손되거나 훼손되었으나 정규의 투표용지임이 명백하고 어느 후보자에게 기표한 것인지가 명확한 것, ⑥ 거소투표(선상투표를 포함한다)의 경우 「공직선거법」에 규정된 방법 외에 다른 방법[인장(무인을 제외한다)의 날인·성명기재 등 누가 투표한 것인지 알 수 있는 것을 제외한다]으로 표를 하였으나 어느 후보자에게 기표한 것인지가 명확한 것, ⑦ 회송용 봉투에 성명 또는 거소가 기재되거나 사인이 날인된 것, ⑧ 거소투표자 또는 선상투표자가 투표 후 선거일의 투표개

---

45) 2000. 10. 6. 선고 2000수63 판결

시 전에 사망한 경우 그 거소투표 또는 선상투표, ⑨ 사전투표소에서 투표한 선거인이 선거일의 투표개시 전에 사망한 경우 해당 선거인의 투표는 무효로 하지 아니한다."고 규정하고 있는바(공직선거법§179④), 이는 위탁선거에도 준용된다.[46]

따라서 위탁선거에 있어, ① ⓑ표가 일부분 표시되거나 ⓑ표 안이 메워진 것으로서 관할위원회의 기표용구를 사용하여 기표를 한 것이 명확한 것, ② 한 후보자란에만 2 이상 기표된 것, ③ 후보자란 외에 추가 기표되었으나 추가 기표된 것이 어느 후보자에게도 기표한 것으로 볼 수 없는 것, ④ 기표한 것이 전사된 것으로서 어느 후보자에게 기표한 것인지가 명확한 것, ⑤ 인육으로 오손되거나 훼손되었으나 정규의 투표용지임이 명백하고 어느 후보자에게 기표한 것인지가 명확한 것, ⑥ 거소투표의 경우 규정된 방법 외에 다른 방법[인장(무인을 제외한다)의 날인·성명기재 등 누가 투표한 것인지 알 수 있는 것을 제외한다]으로 표를 하였으나 어느 후보자에게 기표한 것인지가 명확한 것, ⑦ 회송용 봉투에 성명 또는 거소가 기재되거나 사인이 날인된 것, ⑧ 거소투표자 또는 순회투표자가 투표 후 선거일의 투표개시 전에 사망한 경우 그 거소투표 또는 순회투표는 무효로 하지 아니한다.

나. 구체적 사례

어느 투표용지의 기표가 어느 후보자의 기표란 밖에 표시된 것이라 하더라도 그 기표의 외곽선이 오로지 어느 특정 후보자의 기호란, 성명란 또는 기표란 등에만 접선되어 있는 것이라면, 이는 그 접선된 후보자에게 기표한 것이 명확한 것으로서 유효표에 해당한다.[47] 투표지가 거의 절반으로 찢어진 것을 투명 테이프로 접착시킨 경우, 이는 정규의 투표용지로서 개표시 표 점검과정에서 찢어진 것을 개표사무에 있

---

46) 「지역농업협동조합정관례(농림축산식품부고시 제2024-74호, 2024. 10. 8. 일부개정)」 제84조(무효투표) 제2항, 「농업협동조합중앙회정관(개정 2022. 12. 29. 농림축산식품부장관 인가)」 제86조(무효투표) 제2항, 「수산업협동조합정관부속서 임원선거규정(예)(해양수산부고시 제2022-168호, 2022. 10. 25. 일부개정)」 제81조(무효투표) 제2항, 「수협중앙회정관부속서 임원선거규정(일부개정 2021. 12. 20.)」 제32조(무효투표) 제2항, 「산림조합정관(예)부속서 임원선거규약(개정 2023. 10. 6. 산림청장 인가)」 제91조(무효투표) 제2항, 「새마을금고 임원선거규약(예)(일부개정 2024. 7. 10.)」 제50조(무효투표) 제2항, 「새마을금고중앙회 임원선거규약(일부 개정 2020. 5. 22.)」 제22조(무효투표) 제2항, 「중소기업중앙회 임원선거규정(2018. 8. 21. 개정)」 제26조(유·무효투표의 판정) 제2항, 「신용협동조합표준정관부속서 임원선거규약(2021. 12. 15. 개정)」 제48조(무효투표) 제2항, 「신용협동조합중앙회정관부속서 임원선거규약(2021. 10. 5. 개정)」 제35조(무효투표) 제2항의 규정내용도 유사하다.

47) 1997. 2. 25. 선고 96우85 판결, 1996. 9. 6. 선고 96우54 판결

어서의 소정의 내부절차를 거쳐 테이프로 접착한 것으로 인정되므로, 개표과정에서 이를 유효표로 집계한 것은 정당하다.[48)]

4. 위탁선거사무의 관리집행상의 하자 또는 투표의 효력에 관한 이의

가. 이의제기의 상대방

위탁선거사무의 관리집행상의 하자 또는 투표의 효력에 관한 이의제기는 관할위원회의 직근 상급선거관리위원회에 하여야 한다(위탁선거법§55단서).

나. 이의제기의 방법

위탁선거사무의 관리집행상의 하자 또는 투표의 효력에 관한 이의제기를 하려는 해당 위탁선거의 후보자 및 선거인(이하 "이의제기자"라 한다)은 그 사유가 발생한 날(투표의 효력에 관하여는 선거일을 말한다)부터 5일 이내에 위탁선거규칙이 정하는 서식[49)]에 따라 서면으로 하여야 한다(위탁선거규칙§32①).

다. 이의에 대한 결정 및 통지

위탁선거사무의 관리집행상의 하자 또는 투표의 효력에 관한 이의제기를 접수한 직근 상급선거관리위원회는 이의제기를 접수한 날부터 10일 이내에 그 이의제기에 대한 결정을 하여야 하며, 그 결정 내용을 지체 없이 이의제기자 및 해당 관할위원회에 통지하여야 한다(위탁선거규칙§32②).

「공직선거법」은 "투표의 효력에 관하여 이의가 있는 때에는 구·시·군선거관리위원회는 재적위원 과반수의 출석과 출석위원 과반수의 의결로 결정하고(공직선거법§180①), 투표의 효력을 결정함이 있어서는 선거인의 의사가 존중되어야 한다(공직선거법§180②)."고 규정하고 있는바, 이는 위탁선거에도 준용된다.

따라서 위탁선거에서 투표의 효력에 관한 이의제기를 접수한 상급선거관리위원회는 재적위원 과반수의 출석과 출석위원 과반수의 의결로 결정하고, 투표의 효력을 결정함이 있어서는 선거인의 의사를 존중하여야 한다.

---

48) 2000. 10. 24. 선고 2000수25 판결

49) 「위탁선거규칙」 별지 제26호 서식((위탁선거사무관리)·(투표의 효력)에 관한 이의제기서)

제9장 위탁선거의 당선인

1. 당선인 결정

위탁선거의 당선인 결정은 해당 법령이나 정관등에 따른다(위탁선거법§56).

가. 지역농협의 당선인 결정

(1) 조합장을 조합원이 직접 선출하는 경우

(가) 최다득표자의 당선인 결정

조합장을 조합원이 직접 선출하는 경우에는 후보자 중 유효투표의 최다 득표자를 당선인으로 결정한다. 다만, 최다 득표자가 2인 이상인 경우에는 연장자를 당선인으로 결정한다.[1] 선거일의 투표마감시각 후 당선인결정 전까지 후보자가 사퇴·사망하거나 등록이 무효로 된 경우에는 개표결과 나머지 후보자 중에서 유효투표의 최다득표자를 당선인으로 결정하고, 최다득표자가 2인 이상인 경우에는 연장자를 당선인으로 결정한다.[2]

(나) 후보자가 1인인 경우의 당선인 결정

후보자등록마감시각에 등록된 후보자가 1인이거나 후보자등록마감 후 선거일의 투표마감시각까지 후보자가 사퇴·사망하거나 등록이 무효로 되어 후보자수가 1인이 된 때에는 투표를 실시하지 아니하고 선거일에 그 후보자를 당선인으로 결정한다.[3]

---

1) 「지역농업협동조합정관례(농림축산식품부고시 제2024-74호, 2024. 10. 8. 일부개정)」 제86조 (당선인 결정) ①
2) 「지역농업협동조합정관례(농림축산식품부고시 제2024-74호, 2024. 10. 8. 일부개정)」 제86조 (당선인 결정) ③
3) 「지역농업협동조합정관례(농림축산식품부고시 제2024-74호, 2024. 10. 8. 일부개정)」 제86조 (당선인 결정) ②

(다) 당선인 결정의 착오시정

당선인의 결정에 명백한 착오가 있는 때에는 당선인의 결정을 시정한다.[4)]

(2) 조합장을 대의원회에서 선출하는 경우

(가) 투표자수의 과반수득표자의 당선인 결정

조합장을 대의원회에서 선출하는 경우에는 선거인 과반수의 투표와 투표자 과반수의 득표자를 당선인으로 한다.[5)]

(나) 결선투표에 의한 당선인 결정

투표자 과반수의 득표자가 없는 경우에는 최다득표자와 차순위득표자에 대하여, 최다득표자가 2인 이상이면 그 최다득표자에 대하여 결선투표를 실시하여 다수득표자를 당선인으로 한다. 다만, 결선투표에서 다수득표자가 2인 이상인 경우에는 연장자를 당선인으로 한다.[6)]

(다) 후보자가 1인인 경우의 당선인 결정

등록된 후보자가 1인인 경우에는 투표를 하지 아니하고 선거일에 그 후보자를 당선인으로 하며, 후보자의 등록이 무효가 되어 등록된 후보자가 1인이 된 경우에도 또한 같다.[7)]

나. 농업협동조합중앙회의 당선인 결정

(1) 투표자수의 과반수득표자의 당선인 결정

농업협동조합중앙회의 회장 선거에서는 투표권 총수의 과반수의 투표와 투표자의 투표권 총수의 과반수의 득표를 한 자를 당선인으로 한다.[8)]

(2) 결선투표에 의한 당선인 결정

투표자 투표권 총수의 과반수의 득표자가 없는 경우에는 최다수득표자와 차순위득

4) 「지역농업협동조합정관례(농림축산식품부고시 제2024－74호, 2024. 10. 8. 일부개정)」 제86조(당선인 결정) ④

5) 「지역농업협동조합정관례(농림축산식품부고시 제2024－74호, 2024. 10. 8. 일부개정)」 제95조(당선인의 결정) ①

6) 「지역농업협동조합정관례(농림축산식품부고시 제2024－74호, 2024. 10. 8. 일부개정)」 제95조(당선인의 결정) ②

7) 「지역농업협동조합정관례(농림축산식품부고시 제2024－74호, 2024. 10. 8. 일부개정)」 제95조(당선인의 결정) ③

8) 「농업협동조합중앙회정관(개정 2022. 12. 29. 농림축산식품부장관 인가)」 제87조(당선인 결정) ①

표자에 대하여, 최다수득표자가 2인 이상이면 그 최다수득표자에 대하여 당선인이 결정될 때까지 재투표를 실시하되, 투표자의 투표권 총수의 과반수의 득표자를 당선인으로 한다.[9)]

다. 지구별수협의 당선인 결정

(1) 조합장을 총회 외에서 투표로 직접 선출하는 경우

(가) 최다득표자의 당선인 결정

조합장을 총회 외에서 투표로 직접 선출하는 경우에는 유효투표의 최다득표자를 당선인으로 결정한다. 다만, 최다득표자가 2명 이상인 경우에는 연장자를 당선인으로 결정한다.[10)] 투표마감시각 후 당선인결정 전에 후보자가 사퇴·사망 또는 등록이 무효로 된 경우에는 해당 후보자를 제외하고 나머지 후보자 중에서 유효투표의 최다득표자를 당선인으로 결정한다.[11)]

(나) 후보자가 1인인 경우의 당선인 결정

후보자등록마감 결과 등록된 후보자가 1명이거나 후보자등록마감 후 선거일의 투표마감시각까지 후보자가 사퇴·사망 또는 등록 무효 등의 사유로 후보자수가 1인이 된 경우에는 투표를 실시하지 아니하고 선거일에 해당 후보자를 당선인으로 결정한다.[12)]

(2) 조합장을 총회에서 투표로 직접 선출하는 경우 및 대의원회에서 선출하는 경우

(가) 투표자수의 과반수득표자의 당선인 결정

조합장을 총회에서 투표로 직접 선출하거나 대의원회에서 선출하는 경우에는 선거인 과반수의 투표와 투표자수의 과반수 득표자를 당선인으로 한다.[13)] 투표마감시각 후 당선인결정 전에 후보자가 사퇴·사망 또는 등록이 무효로 된 경우에는 해당 후보자를 제외하고 나머지 후보자 중에서 선거인 과반수의 투표와 투표자수의 과반수 득

---

9) 「농업협동조합중앙회정관(개정 2022. 12. 29. 농림축산식품부장관 인가)」 제87조(당선인 결정) ②
10) 「수산업협동조합정관부속서 임원선거규정(예)(해양수산부고시 제2022-168호, 2022. 10. 25. 일부개정)」 제93조(당선인의 결정) ①
11) 「수산업협동조합정관부속서 임원선거규정(예)(해양수산부고시 제2022-168호, 2022. 10. 25. 일부개정)」 제93조(당선인의 결정) ④
12) 「수산업협동조합정관부속서 임원선거규정(예)(해양수산부고시 제2022-168호, 2022. 10. 25. 일부개정)」 제93조(당선인의 결정) ③
13) 「수산업협동조합정관부속서 임원선거규정(예)(해양수산부고시 제2022-168호, 2022. 10. 25. 일부개정)」 제93조(당선인의 결정) ② 본문

표자를 당선인으로 한다.[14)]

(나) 결선투표에 의한 당선인 결정

투표자 과반수의 득표자가 없는 경우에는 최다득표자와 차순위득표자에 대하여, 최고득표자가 2인 이상이면 그 최고득표자에 대하여 결선투표를 실시하여 다수득표자를 당선인으로 한다. 다만, 결선투표에서 다수득표자가 2인 이상인 경우에는 연장자를 당선인으로 한다.[15)]

(다) 후보자가 1인인 경우의 당선인 결정

후보자등록마감 결과 등록된 후보자가 1명이거나 후보자등록마감 후 선거일의 투표마감시각까지 후보자가 사퇴·사망 또는 등록 무효 등의 사유로 후보자수가 1인이 된 경우에는 투표를 실시하지 아니하고 선거일에 해당 후보자를 당선인으로 결정한다.[16)]

라. 수산업협동조합중앙회의 당선인 결정

(1) 투표자수의 과반수득표자의 당선인 결정

수산업협동조합중앙회의 회장 선거에서는 선거인의 과반수 투표와 투표자수의 과반수 득표자를 당선인으로 결정한다.[17)]

(2) 결선투표에 의한 당선인 결정

투표자수의 과반수 득표자가 없는 경우에는 최고득표자가 1명이면 최고득표자와 차순위득표자에 대하여, 최고득표자가 2명 이상이면 최고득표자에 대하여 결선투표를 하여 그 중 다수득표자를 당선인으로 하고, 결선투표에서 다수득표자가 2명 이상이면 그 중 연장자를 당선인으로 한다.[18)]

---

14) 「수산업협동조합정관부속서 임원선거규정(예)(해양수산부고시 제2022-168호, 2022. 10. 25. 일부개정)」 제93조(당선인의 결정) ④
15) 「수산업협동조합정관부속서 임원선거규정(예)(해양수산부고시 제2022-168호, 2022. 10. 25. 일부개정)」 제93조(당선인의 결정) ② 단서
16) 「수산업협동조합정관부속서 임원선거규정(예)(해양수산부고시 제2022-168호, 2022. 10. 25. 일부개정)」 제93조(당선인의 결정) ③
17) 「수협중앙회정관부속서 임원선거규정(일부개정 2021. 12. 20.)」 제33조(회장 선거의 당선인 결정) ① 본문
18) 「수협중앙회정관부속서 임원선거규정(일부개정 2021. 12. 20.)」 제33조(회장 선거의 당선인 결정) ① 단서

(3) 후보자가 1명인 경우의 당선인 결정

후보자가 1명인 경우에는 찬반투표에 의하되, 선거인의 과반수 투표와 투표자수의 과반수 찬성을 얻어야 당선인으로 한다.[19]

마. 산림조합의 당선인 결정

(1) 조합장을 총회 외에서 직접 투표로 선출하는 경우 및 대의원회에서 선출하는 경우

(가) 최다득표자의 당선인 결정

조합장을 총회 외에서 직접 투표로 선출하는 경우 및 대의원회에서 선출하는 경우에는 후보자 중 유효투표의 최다득표자를 당선인으로 결정한다. 다만, 최다득표자가 2명 이상인 경우에는 연장자를 당선인으로 결정한다.[20] 선거일의 투표마감시각 후 당선인결정 전까지 후보자가 사퇴 · 사망하거나 등록이 무효로 된 경우에는 개표결과 나머지 후보자 중에서 유효투표의 최다득표자를 당선인으로 결정한다.[21]

(나) 후보자가 1인인 경우의 당선인 결정

후보자등록마감시각에 등록된 후보자가 1명이거나 후보자등록마감 후 선거일의 투표마감시각까지 후보자가 사퇴 · 사망하거나 등록이 무효로 되어 후보자수가 1명이 된 때에는 투표를 실시하지 아니하고 그 후보자를 당선인으로 결정한다.[22]

(2) 조합장을 총회에서 직접 투표로 선출하는 경우

(가) 투표자수의 과반수득표자의 당선인 결정

조합장을 총회에서 직접 투표로 선출하는 경우에는 선거인 과반수의 투표와 투표자수의 과반수 득표자를 당선인으로 한다.[23]

---

19) 「수협중앙회정관부속서 임원선거규정(일부개정 2021. 12. 20.)」 제33조(회장 선거의 당선인 결정) ②

20) 「산림조합정관(예)부속서 임원선거규약(개정 2023. 10. 6. 산림청장 인가)」 제42조(당선인의 결정 · 공고 · 통지) ①, 제84조(준용규정)

21) 「산림조합정관(예)부속서 임원선거규약(개정 2023. 10. 6. 산림청장 인가)」 제42조(당선인의 결정 · 공고 · 통지) ③ 제84조(준용규정)

22) 「산림조합정관(예)부속서 임원선거규약(개정 2023. 10. 6. 산림청장 인가)」 제42조(당선인의 결정 · 공고 · 통지) ② 제84조(준용규정)

23) 「산림조합정관(예)부속서 임원선거규약(개정 2023. 10. 6. 산림청장 인가)」 제52조(당선인의 결정) ①

(나) 결선투표에 의한 당선인 결정

투표자 과반수의 득표자가 없는 경우에는 최다수득표자와 차순위득표자(최다수득표자가 2인 이상이면 그 최다수득표자)에 대하여 당선인이 결정될 때까지 재투표를 실시하며 그 중 다수득표자를 당선인으로 한다.[24)]

(다) 후보자가 1인인 경우의 당선인 결정

등록된 후보자가 1명인 경우에는 투표를 하지 아니하고 미리 공고한 선거일에 그 후보자를 당선인으로 한다. 후보자등록마감 후 후보자가 사퇴·사망하거나 등록이 무효로 되어 후보자수가 1명이 된 경우에도 또한 같다. 위 경우에도 총회는 개최하여야 한다.[25)]

바. 산림조합중앙회의 당선인 결정

(1) 투표자 과반수 득표자의 당선인 결정

산림조합중앙회의 회장 선거에서는 선거인 과반수의 투표와 투표수의 과반수 득표자를 당선인으로 결정한다.[26)]

(2) 결선투표에 의한 당선인 결정

투표수의 과반수 득표자가 없는 경우에는 최다수득표자와 차순위득표자(최다수득표자가 2명 이상이면 그 최다수득표자)에 대하여, 당선인이 결정될 때까지 재투표를 실시하되, 투표수의 과반수 득표자를 당선인으로 결정한다.[27)]

(3) 후보자가 1명인 경우의 당선인 결정

등록된 후보자가 1명인 경우에는 투표를 하지 아니하고 그 후보자를 당선인으로 한다. 후보자등록이 취소되어 등록된 후보자가 1명이 된 경우에도 또한 같다.[28)]

---

24) 「산림조합정관(예)부속서 임원선거규약(개정 2023. 10. 6. 산림청장 인가)」 제52조(당선인의 결정) ②

25) 「산림조합정관(예)부속서 임원선거규약(개정 2023. 10. 6. 산림청장 인가)」 제52조(당선인의 결정) ③

26) 「산림조합중앙회정관부속서 임원선거규약(전부개정 2023. 10. 6. 산림청장 인가)」 제37조(회장 선거의 당선인 결정) ①

27) 「산림조합중앙회정관부속서 임원선거규약(전부개정 2023. 10. 6. 산림청장 인가)」 제37조(회장 선거의 당선인 결정) ②

28) 「산림조합중앙회정관부속서 임원선거규약(전부개정 2023. 10. 6. 산림청장 인가)」 제37조(회장 선거의 당선인 결정) ③

사. 새마을금고의 당선인 결정

(1) 이사장을 총회 또는 대의원회 외에서 회원의 투표로 직접 선출하는 경우

(가) 최다득표자의 당선인 결정

이사장을 회원의 투표로 직접 선출하는 경우에는 최다득표자를 당선인으로 결정한다(새마을금고법§18⑧1.).[29] 최다득표자가 2명 이상인 경우에는 연장자를 당선인으로 결정한다.[30]

(나) 후보자가 1명인 경우의 당선인 결정

이사장의 후보자가 1명이거나 후보자등록마감 후 선거일의 투표마감시각까지 후보자가 사퇴·사망하거나 등록이 무효로 되어 후보자 수가 1명이 된 때에는 투표를 실시하지 아니하고 선거일에 그 후보자를 당선인으로 결정한다.[31]

(2) 이사장을 총회 또는 대의원회에서 선출하는 경우

(가) 과반수득표자의 당선인 결정

이사장을 총회 또는 대의원회에서 선출하는 경우에는 출석 선거인 과반수 득표자를 당선인으로 결정한다(새마을금고법§18⑧2.본문).[32]

(나) 결선투표에 의한 당선인 결정

선거인 과반수득표자가 없는 경우에는 1위와 2위의 다수득표자만을 후보자로 하여 다시 투표를 실시하여 최다득표자를 당선인으로 결정하되(새마을금고법§18⑧2.단서). 최다득표자가 2명 이상인 경우에는 연장자를 당선인으로 결정한다.[33]

(다) 후보자가 1인인 경우의 당선인 결정

이사장의 후보자가 1명이거나 후보자등록마감 후 선거일의 투표마감시각까지 후보자가 사퇴·사망하거나 등록이 무효로 되어 후보자 수가 1명이 된 때에는 투표를 실시하지 아니하고 선거일에 그 후보자를 당선인으로 결정한다.[34]

---

29) 「새마을금고 임원선거규약(예)(일부개정 2024. 7. 10.)」 제52조(당선인의 결정) ① 본문
30) 「새마을금고 임원선거규약(예)(일부개정 2024. 7. 10.)」 제52조(당선인의 결정) ① 단서
31) 「새마을금고 임원선거규약(예)(일부개정 2024. 7. 10.)」 제52조(당선인의 결정) ②
32) 「새마을금고 임원선거규약(예)(일부개정 2024. 7. 10.)」 제60조(당선인의 결정) ①
33) 「새마을금고 임원선거규약(예)(일부개정 2024. 7. 10.)」 제60조(당선인의 결정) ②
34) 「새마을금고 임원선거규약(예)(일부개정 2024. 7. 10.)」 제60조(당선인의 결정) ⑤

아. 새마을금고중앙회의 당선인 결정

새마을금고중앙회의 회장 선거에서는 최다득표자를 당선인으로 결정한다(새마을금고법§64의2①).

자. 신용협동조합의 당선인 결정

신용협동조합의 이사장 선거에서는 선거인 과반수의 투표로써 다수 득표자를 당선인으로 결정한다. 다만, 선거인이 500인을 초과하는 경우에는 251인 이상의 투표로 당선인을 결정할 수 있다(신용협동조합법§27③, §25①단서).[35] 득표수가 동일한 후보자가 2인 이상일 때에는 연장자순에 의하여 당선인을 결정한다.[36]

차. 신용협동조합중앙회의 당선인 결정

신용협동조합중앙회의 회장 선거에서는 선거인의 과반수 투표로써 단수 득표자를 당선인으로 결정한다. 다만, 득표수가 동일한 후보자가 2인 이상일 경우에는 연장자순에 의하여 결정한다.[37]

카. 대한체육회의 당선인 결정

(1) 다수득표자의 당선인 결정

대한체육회의 회장 선거에서는 유효투표 중 다수의 득표를 한 사람을 당선인으로 결정하고, 다수 득표수가 동수인 경우에는 연장자를 당선인으로 결정한다.[38]

(2) 후보자가 1명인 경우의 당선인 결정

후보자가 1명이거나 선거일 투표개시시각전에 후보자가 1명이 된 때에는 투표를 실시하지 아니하고, 선거일에 그 후보자를 당선인으로 결정한다.[39]

---

35) 「신용협동조합표준정관부속서 임원선거규약(2021. 12. 15. 개정)」 제50조(당선인의 결정) ①, ② 본문

36) 「신용협동조합표준정관부속서 임원선거규약(2021. 12. 15. 개정)」 제50조(당선인의 결정) ② 단서

37) 「신용협동조합중앙회정관부속서 임원선거규약(2021. 10. 5. 개정)」 제37조(당선인의 결정) ②

38) 「대한체육회 회장선거관리규정(개정 2024. 7. 20.)」 제38조(당선인 결정) ①

39) 「대한체육회 회장선거관리규정(개정 2024. 7. 20.)」 제38조(당선인 결정) ②

타. 지방체육회의 당선인 결정

(1) 다수득표자의 당선인 결정

지방체육회의 회장 선거에서는 유효투표 중 다수의 득표를 한 사람을 당선인으로 결정하고, 다수 득표수가 동수인 경우에는 연장자를 당선인으로 결정한다.[40)]

(2) 후보자가 1인인 경우의 당선인 결정

후보자가 1인이거나 선거일 투표 개시 시각 전에 후보자가 1인이 된 때에는 투표를 실시하지 아니하고 선거일에 그 후보자를 당선인으로 결정한다.[41)]

파. 대한장애인체육회의 당선인 결정

(1) 다수득표자의 당선인 결정

대한장애인체육회의 회장 선거에서는 유효투표 중 다수의 득표를 한 자를 당선인으로 결정하고, 다수 득표수가 동수인 경우에는 연장자를 당선인으로 결정한다.[42)]

(2) 후보자가 1명인 경우의 당선인 결정

후보자가 1인인 때에는 유효투표수의 과반수 득표를 얻은 경우에 당선된다.[43)]

하. 중소기업중앙회의 당선인 결정

(1) 투표자수의 과반수득표자의 당선인 결정

중소기업중앙회의 회장 선거에서는 선거인 과반수의 투표와 투표자 과반수의 득표를 한 자를 당선인으로 결정한다.[44)]

(2) 결선투표에 의한 당선인 결정

1차 투표결과 과반수 득표자가 없는 경우에는 최다수득표자와 차순위득표자에 대하여, 동일한 득표수의 최다수득표자에 대하여, 최다수득표자와 동일한 득표수의 차순위득표자에 대하여 당선인이 결정될 때까지 재투표를 실시하여 투표자 과반수의 득표를 한 자를 당선인으로 결정한다.[45)]

---

40) 「대전광역시체육회 회장선거관리규정(개정 2024. 2. 7.)」 제38조(당선인 결정) ①
41) 「대전광역시체육회 회장선거관리규정(개정 2024. 2. 7.)」 제38조(당선인 결정) ②
42) 「대한장애인체육회 회장선거관리규정(개정 2024. 8. 13.)」 제21조(당선인 결정) ①
43) 「대한장애인체육회 회장선거관리규정(개정 2024. 8. 13.)」 제21조(당선인 결정) ②
44) 「중소기업중앙회 임원선거규정(2018. 8. 21. 개정)」 제28조(회장 당선인 결정) ① 전단

(3) 후보자가 1인인 경우의 당선인 결정

후보자가 1인인 경우에는 선거인 과반수의 투표와 투표자 과반수가 찬성하는 때에 해당자를 회장 당선인으로 한다.[46)]

거. 정비사업조합(조합설립추진위원회)의 당선인 결정

(1) 투표자수의 과반수득표자의 당선인 결정

정비사업조합(조합설립추진위원회)의 조합장(추진위원장) 선거에서는 선거인 과반수의 투표와 투표자 과반수의 득표를 한 자를 당선인으로 결정한다(도시정비법§45①7., ③).[47)]

(2) 결선투표에 의한 당선인 결정

1차 투표결과 과반수 득표자가 없는 경우에 최다수득표자와 차순위득표자(최다수득표자가 2인 이상이면 그 최다수득표자)에 대하여 재투표를 실시하여 당선인을 결정하는 결선투표는 조합의 정관에서 정하는 바에 따라 실시한다.[48)]

(3) 후보자가 1인인 경우의 당선인 결정

후보자가 1인인 경우에는 총회에서 가·부 투표로 당선인을 결정한다.[49)]

2. 당선인 결정의 착오시정

가. 해당 법령 및 정관등에 의한 당선인 결정의 착오시정

「공직선거법」은 "선거구선거관리위원회(「공직선거법」 제187조(대통령당선인의 결정·공고·통지) 제2항의 규정에 의하여 국회에서 대통령당선인을 결정하는 경우에는 국회)는 당선인 결정에 명백한 착오가 있는 것을 발견한 때에는 선거일 후 10일 이내에 당선인의 결정을 시정하여야 하고(공직선거법§193①), 선거구선거관리위원회(중앙선거관리위원회는 제외한다)가 당선인 결정을 시정하는 때에는 지역구국회의원선거, 비례대표시

---

45) 「중소기업중앙회 임원선거규정(2018. 8. 21. 개정)」 제28조(회장 당선인 결정) ① 후단
46) 「중소기업중앙회 임원선거규정(2018. 8. 21. 개정)」 제28조(회장 당선인 결정) ②
47) 「○○정비사업조합(조합설립추진위원회) 선거관리규정(안)(서울특별시 고시 제2017-243호)」 제34조(선거방법) ④ 본문
48) 「○○정비사업조합(조합설립추진위원회) 선거관리규정(안)(서울특별시 고시 제2017-243호)」 제34조(선거방법) ④ 단서
49) 「○○정비사업조합(조합설립추진위원회) 선거관리규정(안)(서울특별시 고시 제2017-243호)」 제34조(선거방법) ⑤

· 도의원선거, 지역구세종특별자치시의회의원선거 및 시 · 도지사선거에 있어서는 중앙선거관리위원회의, 지역구시 · 도의원선거(지역구세종특별자치시의회의원선거는 제외한다) 및 자치구 · 시 · 군의 의회의원과 장의 선거에 있어서는 시 · 도선거관리위원회의 심사를 받아야 한다."고 규정하고 있으나(공직선거법§193②), 위탁선거에 있어서 당선인 결정은 해당 법령이나 정관등에 따르므로(위탁선거법§56), 위탁선거에 있어서 당선인 결정의 착오시정 또한 해당 법령이나 정관등에 따라 행하여져야 함은 물론이다.

나. 당선인 결정의 착오시정

「지역농업협동조합정관례」는 조합장을 조합원이 직접 선출하는 경우에 있어서 '당선인 결정에 명백한 착오가 있는 때에는 당선인의 결정을 시정한다.'고 규정하고 있고,[50] 「수산업협동조합정관부속서 임원선거규정(예)」는 '당선인 결정에 명백한 착오가 있는 것을 발견한 때에는 즉시 당선인 결정을 시정해야 한다.'고 규정하고 있고,[51] 「산림조합정관(예)부속서 임원선거규약」은 조합장을 총회 외에서 선출하는 경우와 총회에서 선출하는 경우에 있어서 '당선인의 결정에 명백한 착오가 있는 때에는 당선인의 결정을 시정한다.'[52]고 하면서, '당선인의 결정을 시정한 때에는 이를 공고하고, 당선인과 조합에 통지한다.'[53]고 규정하고 있고, 「새마을금고 임원선거규약(예)」는 "투표 · 개표수의 산정에 있어서의 오류 등 선거사무의 집행과 관련한 오류가 명백한 경우에 한하여 당선인의 결정을 변경하고 이를 금고 게시판에 공고하여야 한다."고 규정하고 있다.[54][55]

당선인 결정에 "명백한 착오"가 있는 때라고 함은 인식과 대상 또는 생각과 사실

---

50) 「지역농업협동조합정관례(농림축산식품부고시 제2024－74호, 2024. 10. 8. 일부개정)」 제86조(당선인 결정) ④

51) 「수산업협동조합정관부속서 임원선거규정(예)(해양수산부고시 제2022－168호, 2022. 10. 25. 일부개정)」 제90조(당선인 결정의 시정 등) ①

52) 「산림조합정관(예)부속서 임원선거규약(개정 2023. 10. 6. 산림청장 인가)」 제42조(당선인의 결정 · 공고 · 통지) ④, 제53조(준용규정)

53) 「산림조합정관(예)부속서 임원선거규약(개정 2023. 10. 6. 산림청장 인가)」 제42조(당선인의 결정 · 공고 · 통지) ⑥, 제53조(준용규정)

54) 「새마을금고 임원선거규약(예)(일부개정 2024. 7. 10.)」 제83조(선거에 관한 이의신청) ④ 단서

55) 「지역농업협동조합정관례(농림축산식품부고시 제2024－74호, 2024. 10. 8. 일부개정)」, 「수산업협동조합정관부속서 임원선거규정(예)(해양수산부고시 제2022－168호, 2022. 10. 25. 일부개정)」, 「산림조합정관(예)부속서 임원선거규약(개정 2023. 10. 6. 산림청장 인가)」 및 「새마을금고 임원선거규약(예)(일부개정 2024. 7. 10.)」외에 위탁단체의 법령이나 정관등에는 "당선인 결정의 착오시정"에 관한 규정을 두지 않고 있다.

이 일치하지 않는 것이 명백한 것으로 계산 또는 집계상의 착오로 갑(甲)후보를 당선인으로 결정한다는 것이 을(乙)후보로 잘못 결정하는 것을 말한다.[56)]

당선인 결정 후 당선인의 임기개시 전에 피선거권이 없는 것이 발견되거나 등록무효사유에 해당하는 사실이 발견되는 등으로 당선의 효력이 상실되거나 당선이 무효로 된 때에는 그에 따른 재선거가 실시되어야 하고 그 당선무효에 대하여 착오시정의 방법으로 차순위자를 당선인으로 결정하여서는 아니 된다.[57)] 당선인결정의 착오시정은 후보자등록 및 선거가 유효함을 전제로 하는 것이기 때문이다.

3. 당선의 통지 · 공고 등

가. 당선의 통지 · 공고

당선인이 결정된 경우 관할위원회는 즉시 당선인에게 당선을 통지하고, 당선인의 주소 · 성명을 공고한다.[58)]

나. 당선증

당선인으로 결정된 사람에게 교부하는 당선증은 위탁선거규칙이 정하는 서식[59)]에 따른다(위탁선거규칙§33).

---

56) 졸저, 『선거법강의 제2판』, 박영사, 703쪽

57) 부산고등법원 2006. 10. 20. 선고 2006수17 판결

58) 「지역농업협동조합정관례(농림축산식품부고시 제2024－74호, 2024. 10. 8. 일부개정)」 제89조(당선의 통지), 「농업협동조중앙회정관(개정 2022. 12. 29. 농림축산식품부장관 인가)」 제89조(당선의 통지), 「수산업협동조합정관부속서 임원선거규정(예)(해양수산부고시 제2022－168호, 2022. 10. 25. 일부개정)」 제89조(당선인 공고), 「수협중앙회정관부속서 임원선거규정(일부개정 2021. 12. 20.)」 제36조(선거결과의 공표 및 당선 통지 등), 「산림조합정관(예)부속서 임원선거규약(개정 2023. 10. 6. 산림청장 인가)」 제93조(당선의 통지 및 공고), 「산림조합중앙회정관부속서 임원선거규약(전부개정 2023. 10. 6. 산림청장 인가)」 제39조(선거결과의 공표 및 당선 통지 등), 「새마을금고 임원선거규약(예)(일부개정 2024. 7. 10.)」 제53조(당선의 통지), 제72조(당선의 통지), 「새마을금고중앙회 임원선거규약(일부개정 2020. 5. 22.)」 제24조(당선의 통지 및 취임승낙) ①, 「대한체육회 회장선거관리규정(개정 2024. 7. 20.)」 제39조(회장 당선인 공고), 「대전광역시체육회 회장선거관리규정(개정 2024. 2. 7.)」 제22조(회장 당선인 공고), 「대한장애인체육회 회장선거관리규정(개정 2024. 8. 13.)」 제22조(회장 당선인 공고), 「○○정비사업조합(조합설립추진위원회) 선거관리규정(안)(서울특별시고시 제2017－243호)」 제47조(당선자) ①, 「신용협동조합표준정관부속서 임원선거규약(2021. 12. 15. 개정)」 제51조(당선인의 선포), 「신용협동조합중앙회정관부속서 임원선거규약(2021. 10. 5. 개정)」 제38조(당선의 선포)의 각 규정 내용도 유사하다.

59) 「위탁선거규칙」 별지 제27호 서식(당선증)

제10장

위탁선거의 선거관리경비

1. 위탁단체 부담 경비

가. 위탁단체 부담 경비의 내용

위탁선거를 위한 ① 위탁선거의 준비 및 관리에 필요한 경비, ② 위탁선거에 관한 계도·홍보에 필요한 경비, ③ 위탁선거 위반행위의 단속 및 조사에 필요한 경비, ④ 위탁선거법 제79조(질병·부상 또는 사망에 대한 보상)에 따른 보상을 위한 재해보상준비금은 위탁단체가 부담한다(위탁선거법§78①).

나. 선거관리경비 납부시기

위탁단체는 선거의 실시에 지장이 없도록 ① 위탁선거의 준비 및 관리에 필요한 경비는 선거기간개시일 전 60일(보궐선거등의 경우에는 위탁신청을 한 날부터 10일)까지, ② 위탁선거에 관한 계도·홍보에 필요한 경비, ③ 위탁선거 위반행위의 단속 및 조사에 필요한 경비 및 ④ 위탁선거법 제79조(질병·부상 또는 사망에 대한 보상)에 따른 보상을 위한 재해보상준비금은 위탁관리 결정의 통지를 받은 날(의무위탁선거의 경우에는 위탁신청을 한 날)부터 10일까지 관할위원회에 납부하여야 한다(위탁선거법§78①).

다. 공통경비의 부담기준

관할위원회가 둘 이상의 위탁선거를 동시에 관리하는 경우 그 사무가 서로 겹치거나 공동으로 행하게 되어 있어 그 경비를 부담하는 위탁단체가 분명하지 아니한 때에는 해당 위탁단체들은 중앙선거관리위원회 위원장이 정하는 부담기준에 따라 관할위원회가 정하는 금액을 각각 부담한다(위탁선거규칙§39).

2. 국가 부담 경비

위탁선거의 관리에 필요한 ① 위탁선거에 관한 사무편람의 제정·개정에 필요한 경비, ② 그 밖에 위탁선거 사무의 지도·감독 등 통일적인 업무수행을 위하여 필요한 경비는 국가가 부담한다(위탁선거법§78③).

3. 경비의 산출

가. 경비산출기준

중앙선거관리위원회는 위탁기관의 의견을 들어 선거관리경비 산출기준을 정하고 이를 관할위원회에 통지하여야 하며, 관할위원회는 그 산출기준에 따라 경비를 산출하여야 한다(위탁선거법§78④). 관할위원회가 선거관리경비를 산출하는 경우 적용하는 선거기간 및 단가 등은 다음 각 호와 같다(위탁선거규칙§40).

1. 선거기간은 위탁선거법 제13조(선거기간)에 따른다.
2. 관할위원회 위원의 수당·여비는「선거관리위원회법 시행규칙」별표 3 ＜여비지급기준표＞ 및 별표 4 ＜수당기준표＞에 따른다.
3. 투표관리관·투표사무원 및 개표사무원의 수당·여비는 위탁선거규칙 제17조(투표관리관 및 투표사무원) 제9항[1] 및 제25조(개표소의 설치 등) 제5항[2]에 따른다.
4. 공정선거지원단원의 수당·실비는 위탁선거규칙 제5조(공정선거지원단) 제7항[3]에 따른다.
5. 투표참관인·개표참관인의 수당·식비는 위탁선거규칙 제24조(투표참관인·개표참관인) 제3항[4]에 따른다.

---

1) 「위탁선거규칙」 제17조(투표관리관 및 투표사무원) ⑨ 투표관리관의 여비는「선거관리위원회법 시행규칙」 별표 3의 읍·면·동선거관리위원회의 위촉직원과 같은 금액으로 하고, 투표관리관 및 투표사무원의 수당은 같은 규칙 별표 4에 따른다.

2) 「위탁선거규칙」 제25조(개표소의 설치 등) ⑤ 개표사무원의 수당은「선거관리위원회법 시행규칙」 별표 4에 따른다.

3) 「위탁선거규칙」 제5조(공정선거지원단) ⑦ 공정선거지원단원에게 수당을 지급하는 경우에는「최저임금법」 제10조(최저임금의 고시와 효력발생)에 따라 고시된 최저임금액 이상으로 지급하고, 실비는「공무원 여비 규정」 별표 2의 제2호에 따라 산정된 금액을 지급한다. 이 경우 활동실적과 근무상황이 우수한 공정선거지원단원에게는 중앙선거관리위원회 위원장이 정하는 바에 따라 추가로 성과수당을 지급할 수 있다.

4) 「위탁선거규칙」 제24조(투표참관인·개표참관인) ③ 참관인의 수당과 식비 등에 관하여는「공직선거법」 제122조의2(선거비용의 보전 등) 제4항 및「공직선거관리규칙」 제90조(투표참관인

6. 시간외근무수당, 일용임금, 일반수용비, 공공요금 및 제세, 특근매식비, 차량·선박비, 국내여비 등은 선거관리경비 산출 당시의 정부고시가격 또는 정부의 기준요금(「국가재정법」 제29조(예산안편성지침의 통보) 제1항[5]에 따른 예산안편성지침의 기준단가 및 요금을 포함한다)에 따른다.
7. 그 밖에 제2호부터 제6호까지의 규정 외의 단가는 시가 또는 실제 소요되는 가격에 따른다.

나. 결선투표의 경비

관할위원회는 위탁선거법 제52조(결선투표 등)에 따른 결선투표가 실시될 경우 그 선거관리경비를 별도로 산출하여야 한다(위탁선거법§78⑤).

다. 부가경비

관할위원회는 선거관리경비를 산출하는 때에는 예측할 수 없는 경비 또는 불가피한 사유로 산출기준을 초과하는 경비에 충당하기 위하여 산출한 선거관리경비 총액의 100분의 5 범위에서 부가경비를 계상하여야 한다(위탁선거법§78⑥).

4. 경비의 납부

가. 납부절차

(1) 계좌개설

관할위원회는 위탁선거를 실시하는 경우에는 관할위원회의 소재지를 관할하는 금융기관(우체국을 포함한다)에 관할위원회 명의의 예금계좌를 개설하여야 한다(위탁선거규칙§41①).

(2) 납부통지

관할위원회는 선거관리경비의 납부기한 전 5일까지 해당 위탁단체에 선거관리경비의 금액·납부기한 및 계좌번호 등을 통지하여야 한다(위탁선거규칙§41②).

의 수당등)·제103조(개표참관인의 수당등)를 준용한다.

5) 「국가재정법」 제29조(예산안편성지침의 통보) ① 기획재정부장관은 국무회의의 심의를 거쳐 대통령의 승인을 얻은 다음 연도의 예산안편성지침을 매년 3월 31일까지 각 중앙관서의 장에게 통보하여야 한다.

(3) 납부 및 통보

위탁단체는 통지받은 선거관리경비를 관할위원회에 납부하고 통보하여야 한다(위탁선거규칙§41③).

나. 추가납부

관할위원회는 결선투표 등으로 선거관리경비의 추가 납부사유가 발생한 경우는 지체 없이 해당 위탁단체에 그 경비의 납부를 요구하여야 하고(위탁선거규칙§42①), 요구를 받은 위탁단체는 요구를 받은 날부터 5일까지 관할위원회에 그 경비를 납부하고 통보하여야 한다(위탁선거규칙§42②).

다. 납부금의 지위

위탁단체가 납부한 납부금은 체납처분이나 강제집행의 대상이 되지 아니한다(위탁선거법§78⑦).

5. 경비집행

가. 집행계획 수립

관할위원회는 합리적인 선거관리경비 집행계획을 수립하여 선거관리경비를 효율적으로 집행하여야 한다(위탁선거규칙§43①).

나. 경비소요 선거관리사무의 통합수행

중앙선거관리위원회 또는 시·도선거관리위원회는 경비절감 및 행정능률을 위하여 하급선거관리위원회의 위탁선거에 관한 사무 중에서 다음 각 호의 사무를 통합적으로 수행할 수 있으며, 그에 필요한 경비를 해당 선거관리위원회로부터 납부받아 일괄하여 집행할 수 있다. 이 경우 그 경비의 납부·집행·정산 등에 관하여는 중앙선거관리위원회 위원장이 정하는 바에 따른다(위탁선거규칙§43②).

1. 투표함, 기표용구, 일련번호지 투입함, 투표소출입자의 표지 등 투표관리 용구·용품의 구입·제작
2. 개표소부서표찰, 개표소출입자의 표지 등 개표관리 용구·용품의 구입·제작
3. 투표록, 개표록, 각종 공고문 등 서식의 인쇄·제작

4. 선거계도포스터, 위탁선거 위반행위 사례집 등 계도·홍보물의 인쇄·제작
5. 위원·직원 대상 선거관리에 관한 교육
6. 그 밖에 중앙선거관리위원회 위원장 또는 시·도선거관리위원회 위원장이 정하는 사무

다. 경비 집행

선거관리경비의 집행에 관한 사무는 중앙선거관리위원회훈령에 따른 회계 관계 공무원이 행하되, 구·시·군선거관리위원회 사무국장 또는 사무과장은 관서운영경비출납공무원이 「국고금관리법 시행규칙」 별지 각 호의 서식을 작성할 때에는 관서장의 권한을 대행한다(위탁선거규칙§43③).

선거관리경비의 집행에 관한 증거서류의 구비, 회계장부의 비치와 보존 등에 관하여는 중앙선거관리위원회 위원장이 정하는 바에 따른다(위탁선거규칙§43④).

6. 경비의 정산·반환

가. 집행잔액의 납부 및 통지

중앙선거관리위원회 또는 시·도선거관리위원회는 관할위원회로부터 납부받은 선거관리경비를 정산·반환할 때에는 선거일 후 20일까지 집행잔액을 관할위원회에 납부하고 통지하여야 한다(위탁선거규칙§44①).

나. 반환

관할위원회는 위탁단체로부터 납부받은 선거관리경비를 정산·반환할 때에는 선거일 후 30일까지 집행잔액을 해당 위탁단체에 납부하고 성질별·세목별·항목별 집행내역을 통지하여야 한다. 이 경우 위탁단체는 관할위원회가 통지한 집행내역을 위탁단체 구성원에게 공개할 수 있다(위탁선거규칙§44②).

다. 선거가 실시되지 않은 경우의 정산·반환

관할위원회는 동시조합장선거 또는 동시이사장선거에서 위탁단체의 합병·해산 또는 무투표 등으로 선거를 실시하지 않을 사유가 발생한 경우에는 다음 각 호에 따라 해당 위탁단체로부터 납부받은 선거관리경비를 정산·반환해야 한다. 이 경우 그 선

거관리경비 중 이미 집행하였거나 집행 원인이 발생한 경비는 제외한다(위탁선거규칙 §44③).

1. 선거일 전 30일까지 사유가 발생한 경우 : 그 사유를 통보받은 날부터 20일까지
2. 선거일 전 30일 후에 사유가 발생한 경우 : 선거일 후 30일까지

7. 동시조합장선거 또는 동시이사장선거의 포상금 지급에 필요한 경비

가. 포상금 경비의 균분 부담

동시조합장선거 또는 동시이사장선거에서 위탁선거법 제76조(위탁선거 위반행위 신고자에 대한 포상금 지급)에 따른 포상금 지급에 필요한 경비는 해당 조합과 그 중앙회가 균분하여 부담하여야 한다(위탁선거법§78②).

나. 포상금 경비 부담기준

동시조합장선거 또는 동시이사장선거에서 위탁선거법 제76조(위탁선거 위반행위 신고자에 대한 포상금 지급)에 따른 포상금을 지급하기 위하여 각 중앙회와 해당 조합 또는 금고는 다음의 산정식에 따라 산출한 금액을 부담한다. 이 경우 1억원 미만의 단수는 1억원으로 한다(위탁선거규칙§45①).

각 중앙회 및 해당 조합·금고의 부담금액 = 20억 × (중앙회별 동시조합장선거 또는 동시이사장선거를 실시하는 소속 조합·금고의 수 ÷ 동시조합장선거 또는 동시이사장선거를 실시하는 중앙회 소속 조합·금고 전체의 수)

부담금액 중 해당 조합 또는 금고가 부담하는 금액은 해당 조합의 선거인수 등을 고려하여 중앙선거관리위원회 위원장이 정하는 기준에 따라 관할위원회가 정한다(위탁선거규칙§45②).

다. 포상금 경비의 납부

(1) 납부통지

중앙선거관리위원회는 해당 중앙회가 부담하여야 할 금액을, 관할위원회는 해당 조합 또는 금고가 부담하여야 할 금액을 위탁선거법 제78조(선거관리경비) 제1항 제3호에 따른 경비의 납부기한 전 5일까지 각각 통지하여야 한다(위탁선거규칙§45③전단).

(2) 납부 및 통보

해당 중앙회와 조합 또는 금고는 통지받은 부담금액을 위탁선거법 제78조(선거관리경비) 제1항 제3호에 따른 경비의 납부기한까지 중앙선거관리위원회 및 관할위원회에 각각 납부하고 통보하여야 한다(위탁선거규칙§45③후단).

라. 추가 경비의 납부

중앙선거관리위원회 및 관할위원회는 위탁선거규칙 제37조(포상금의 지급기준 및 포상방법 등)에 따라 포상금을 지급하는 경우 그 지급에 필요한 경비가 부족할 때에는 해당 중앙회와 조합 또는 금고에 추가로 그 경비의 납부를 요구할 수 있다. 이 경우 해당 중앙회와 조합 또는 금고는 지체 없이 이를 중앙선거관리위원회 및 관할위원회에 각각 납부하고 통지해야 한다(위탁선거규칙§45④).

마. 정산 · 반환

중앙선거관리위원회 및 관할위원회가 각 중앙회와 조합 또는 금고로부터 납부받은 부담금액을 정산·반환할 때에는 선거일 후 30일까지 집행잔액을 해당 중앙회와 조합 또는 금고에 각각 납부하고 통지해야 한다(위탁선거규칙§45⑤).

중앙선거관리위원회는 반환기일 후에 포상금을 지급하여야 하거나 지급하여야 할 사유가 발생할 것으로 예상되는 경우에는 해당 선거일 후 6개월까지 그 금액의 반환을 유예할 수 있다(위탁선거규칙§45⑥).

8. 경비의 검사

가. 선거관리경비출납계산서

관할위원회는 선거관리경비출납계산서를 작성하여 증명기간 경과 후 15일 이내에 직근 상급선거관리위원회를 경유하여 중앙선거관리위원회에 제출하여야 하며, 계산서의 증명기간은 1월로 하되, 최초의 증명기간은 위탁선거규칙 제41조(경비의 납부절차)에 따라 선거관리경비를 납부받은 때로 하고 최종 증명기간은 위탁선거규칙 제44조(경비의 정산·반환) 제2항에 따라 정산·반환을 완료한 때로 한다(위탁선거규칙§46①).

나. 회계검사

선거관리경비에 관한 회계검사는 중앙선거관리위원회 위원장이 정하는 바에 따른다(위탁선거규칙§46②).

다. 결산서의 국회 제출

중앙선거관리위원회는 선거관리경비에 관한 결산개요, 사업설명자료, 성질별·세목별 집행내역 등 결산서를 다음 연도 4월까지 국회 소관 상임위원회에 제출하여야 한다(위탁선거규칙§46③).

9. 질병·부상 또는 사망에 대한 보상

가. 의의

중앙선거관리위원회는 각급선거관리위원회위원, 투표관리관, 공정선거지원단원, 투표 및 개표사무원(공무원인 자를 제외한다)이 선거기간(공정선거지원단원의 경우 공정선거지원단을 두는 기간을 말한다) 중에 위탁선거법에 따른 선거업무로 인하여 질병·부상 또는 사망한 때에는 보상금을 지급하여야 한다(위탁선거법§79①). 보상을 심사·결정하기 위하여 중앙선거관리위원회 또는 시·도 선거관리위원회에 선거재해보상금심의위원회를 둔다(위탁선거규칙§49①).

나. 손해배상청구권과의 관계

보상금 지급사유가 제3자의 행위로 인하여 발생한 경우에는 중앙선거관리위원회는 이미 지급한 보상금의 지급 범위에서 수급권자가 제3자에 대하여 가지는 손해배상청구권을 취득한다. 다만, 제3자가 공무수행 중의 공무원인 경우에는 손해배상청구권의 전부 또는 일부를 행사하지 아니할 수 있고(위탁선거법§79②), 보상금의 수급권자가 그 제3자로부터 동일한 사유로 인하여 이미 손해배상을 받은 경우에는 그 배상액의 범위에서 보상금을 지급하지 아니한다(위탁선거법§79③).

다. 보상금을 지급하지 않는 경우

보상금 지급사유가 그 수급권자의 고의 또는 중대한 과실로 인하여 발생한 경우에는 해당 보상금의 전부 또는 일부를 지급하지 아니할 수 있다(위탁선거법79§④).

10. 특별정려금 등의 지급

가. 특별정려금 및 수당

관할위원회는 특별정려금 및 수당을 선거관리경비에 계상하여 해당 위탁단체로부터 납부받아 위탁선거사무를 수행하는 선거관리위원회 소속 직원에게 지급할 수 있다(위탁선거규칙§47①). 특별정려금 및 수당의 지급대상·지급액에 관하여는 중앙선거관리위원회 위원장이 정하는 바에 따른다(위탁선거규칙§47③).

나. 포상금 지급 및 인사상 우대

위탁선거의 관리·단속에 공로가 있는 선거관리위원회 소속 직원에 대하여는 포상금 지급 및 인사상 우대조치를 할 수 있다(위탁선거규칙§47②). 포상금 지급 및 인사상 우대조치에 관하여는 중앙선거관리위원회 위원장이 정하는 바에 따른다(위탁선거규칙§47③).

11. 위탁선거에 관한 신고 등

가. 신고 등 시기[6)]

위탁선거법 또는 위탁선거규칙에 따라 선거기간 중 선거관리위원회에 대하여 행하는 신고·신청·제출·보고 등은 위탁선거법에 특별한 규정이 있는 경우를 제외하고는 공휴일에도 불구하고 매일 오전 9시부터 오후 6시까지 하여야 한다(위탁선거법§77①).

나. 컴퓨터 자기디스크 등의 방법에 의한 제출

각급선거관리위원회는 위탁선거법 또는 위탁선거규칙에 따른 신고·신청·제출·보고 등을 해당 선거관리위원회가 제공하는 서식에 따라 컴퓨터의 자기디스크나 그

---

6) 중앙선거관리위원회는 2019. 4. 선거공보 등 제출마감시간을 준수하지 않았을 때 제재수단이 없어 제출시간 준수의 실효성을 담보하기 위하여 '마감시간(오후 6시)을 준수하지 않는 신고·제출의무 해태에 대한 과태료 부과 규정을 신설'하는 내용의 위탁선거법 개정의견을 국회에 제출하였다(중앙선거관리위원회, 「공공단체등 위탁선거에 관한 법률 개정의견」, 2019. 4., 21쪽).

밖에 이와 유사한 매체에 기록하여 제출하게 하거나 해당 선거관리위원회가 지정하는 인터넷 홈페이지에 입력하는 방법으로 제출하게 할 수 있다(위탁선거법§77②).

신고·신청·제출 및 보고 등을 관할위원회가 제공하는 서식에 따라 컴퓨터의 자기디스크 등에 기록하여 제출하거나 관할위원회가 정하는 인증방식에 따라 인증을 받은 후 관할위원회가 지정하는 인터넷 홈페이지에 입력하는 방법으로 제출하는 경우에는 위탁단체·후보자 또는 신청권자 등의 도장이 찍혀있지 아니하더라도 정당한 도장이 찍힌 신고·신청·제출 및 보고 등으로 본다(위탁선거규칙§38①). 위와 같은 방법으로 신고·신청·제출 및 보고 등을 하는 경우 그 첨부서류는 컴퓨터·스캐너 등 정보처리능력을 가진 장치를 이용하여 전자적인 이미지 형태로 제출하게 할 수 있다(위탁선거규칙§38②).

다. 공고

위탁선거법 및 위탁선거규칙에 따른 공고는 관할위원회, 위탁단체의 주된 사무소 및 지사무소의 건물 또는 게시판에 첩부하는 것으로 한다(위탁선거규칙§38③).

제11장 재선거·보궐선거 및 연기된 선거

1. 재선거

가. 해당 법령이나 정관등에 따른 재선거

위탁선거법에는 위탁선거의 재선거에 관한 규정을 두지 않고 있으나, 재선거는 당선인 결정에 관한 사항이므로 해당 법령이나 정관등에 따른다(위탁선거법§56).

나. 지역농협의 재선거

(1) 재선거

다음 각 호의 어느 하나에 해당하는 경우에는 재선거를 실시한다.[1)]

1. 선거결과 당선인이 없는 때
2. 「농업협동조합법」 제33조(의결취소의 청구 등)[2)]의 규정에 따라 선거에 따른 당선이 취소 또는 무효로 된 때

---

1) 「지역농업협동조합정관례(농림축산식품부고시 제2024－74호, 2024. 10. 8. 일부개정)」 제87조(재선거 및 보궐선거) ①

2) 「농업협동조합법」 제33조(의결취소의 청구 등) ① 조합원은 총회(창립총회를 포함한다)의 소집절차, 의결방법, 의결내용 또는 임원의 선거가 법령, 법령에 따른 행정처분 또는 정관을 위반한 것을 사유로 하여 그 의결이나 선거에 따른 당선의 취소 또는 무효확인을 농림축산식품부장관에게 청구하거나 이를 청구하는 소를 제기할 수 있다. 다만, 농림축산식품부장관은 조합원의 청구와 같은 내용의 소가 법원에 제기된 사실을 알았을 때에는 제2항 후단에 따른 조치를 하지 아니한다.
② 제1항에 따라 농림축산식품부장관에게 청구를 하는 경우에는 의결일이나 선거일부터 1개월 이내에 조합원 300인 또는 100분의 5 이상의 동의를 받아 청구하여야 한다. 이 경우 농림축산식품부장관은 그 청구서를 받은 날부터 3개월 이내에 이에 대한 조치결과를 청구인에게 알려야 한다.
③ 제1항에 따른 소에 관하여는 「상법」 제376조(결의취소의 소)부터 제381조(부당결의의 취소, 변경의 소)까지의 규정을 준용한다.
④ 제1항에 따른 의결취소의 청구 등에 필요한 사항은 농림축산식품부령으로 정한다.

3. 「농업협동조합법」 제173조(선거범죄로 인한 당선무효 등)[3] 또는 위탁선거법 제70조(위탁선거범죄로 인한 당선무효)의 규정에 따라 당선이 무효로 된 때
4. 선거의 전부무효판결이 있는 때
5. 당선인이 임기개시 전에 사퇴·사망하거나 피선거권이 없게 된 때

재선거 실시사유가 있음에도 불구하고 그 실시사유가 발생한 날부터 임기만료일까지의 기간이 1년 미만인 경우에는 재선거를 실시하지 아니한다.[4] 위와 같이 재선거를 실시하지 아니하는 경우 조합장의 직무는 그 재선거 실시사유가 발생한 날부터 전임 조합장 임기만료일까지 직무대행자(이사회가 정하는 순서에 따른 이사로서 조합원이 아닌 이사는 제외한다)가 대행한다.[5]

(2) 선거의 일부무효로 인한 재선거

선거의 일부무효의 판결이 확정된 때에는 관할위원회는 선거가 무효로 된 당해 투표소의 재선거를 실시한 후 다시 당선인을 결정하여야 하고,[6] 위 재선거를 실시함에 있어서 판결에 특정한 명시가 없는 한 당초 선거에 사용된 선거인명부를 사용한다.[7]

---

3) 「농업협동조합법」 제173조(선거범죄로 인한 당선무효 등) ① 조합이나 중앙회의 임원 선거와 관련하여 다음 각 호의 어느 하나에 해당하는 경우에는 해당 선거의 당선을 무효로 한다.
   1. 당선인이 해당 선거에서 제172조(벌칙)에 해당하는 죄를 범하여 징역형 또는 100만원 이상의 벌금형을 선고받은 때
   2. 당선인의 직계 존속·비속이나 배우자가 해당 선거에서 제50조(선거운동의 제한)이나 제50조의2(기부행위의 제한)를 위반하여 징역형 또는 300만원 이상의 벌금형을 선고받은 때. 다만, 다른 사람의 유도 또는 도발에 의하여 해당 당선인의 당선을 무효로 되게 하기 위하여 죄를 범한 때에는 그러하지 아니하다.

   ② 다음 각 호의 어느 하나에 해당하는 사람은 당선인의 당선무효로 실시사유가 확정된 재선거(당선인이 그 기소 후 확정판결 전에 사직함으로 인하여 실시사유가 확정된 보궐선거를 포함한다)의 후보자가 될 수 없다.
   1. 제1항 제2호 또는 「공공단체등 위탁선거에 관한 법률」 제70조(위탁선거범죄로 인한 당선무효) 제2호에 따라 당선이 무효로 된 사람(그 기소 후 확정판결 전에 사직한 사람을 포함한다)
   2. 당선되지 아니한 사람(후보자가 되려던 사람을 포함한다)으로서 제1항 제2호 또는 「공공단체등 위탁선거에 관한 법률」 제70조(위탁선거범죄로 인한 당선무효) 제2호에 따른 직계 존속·비속이나 배우자의 죄로 당선무효에 해당하는 형이 확정된 사람

4) 「지역농업협동조합정관례(농림축산식품부고시 제2024-74호, 2024. 10. 8. 일부개정)」 제87조(재선거 및 보궐선거) ③

5) 「지역농업협동조합정관례(농림축산식품부고시 제2024-74호, 2024. 10. 8. 일부개정)」 제87조(재선거 및 보궐선거) ④

6) 「지역농업협동조합정관례(농림축산식품부고시 제2024-74호, 2024. 10. 8. 일부개정)」 제88조(선거의 일부무효로 인한 재선거) ①

7) 「지역농업협동조합정관례(농림축산식품부고시 제2024-74호, 2024. 10. 8. 일부개정)」 제88조(선거의 일부무효로 인한 재선거) ②

조합장의 임기개시 후 위 재선거를 실시한 결과 당선인의 변경이 없는 경우에는 조합장의 임기를 새로이 기산하지 아니한다.[8)]

다. 농업협동조합중앙회의 재선거

다음 각 호의 어느 하나에 해당하는 경우에는 재선거를 실시한다.[9)]

1. 선거결과 당선인이 없는 때
2. 「농업협동조합법」 제161조(준용규정)의 규정에 의하여 준용되는 「농업협동조합법」 제33조(의결취소의 청구 등)의 규정에 의하여 선거에 따른 당선이 취소된 때
3. 「농업협동조합법」 제173조(선거범죄로 인한 당선무효 등) 또는 위탁선거법 제70조(위탁선거범죄로 인한 당선무효)의 규정에 의하여 당선이 무효로 된 때
4. 선거의 전부무효판결이 있는 때
5. 당선인이 임기개시 전에 사퇴·사망하거나 피선거권이 없게 된 때

라. 수산업협동조합의 재선거

(1) 재선거

다음 각 호의 어느 하나에 해당하는 사유가 있는 때에는 재선거를 실시한다.[10)]

1. 해당 선거의 후보자가 없는 때(후보자등록·결정 후 후보자의 사퇴, 사망, 등록·결정 무효로 후보자가 없게 된 경우를 포함한다)
2. 선거결과 당선인이 없는 때
3. 선거의 전부무효의 판결 또는 결정이 있는 때
4. 당선인이 임기개시 전에 사퇴, 사망 또는 피선거권이 없게 된 때
5. 「수산업협동조합법」 제35조(의결취소의 청구 등)[11)](「수산업협동조합법」 제108조(준

---

8) 「지역농업협동조합정관례(농림축산식품부고시 제2024-74호, 2024. 10. 8. 일부개정)」 제88조(선거의 일부무효로 인한 재선거) ③

9) 「농업협동조합중앙회정관(개정 2022. 12. 29. 농림축산식품부장관 인가)」 제88조(재선거 및 보궐선거) ①

10) 「수산업협동조합정관부속서 임원선거규정(예)(해양수산부고시 제2022-168호, 2022. 10. 25. 일부개정)」 제96조(재선거) ①

11) 「수산업협동조합법」 제35조(의결취소의 청구 등) ① 조합원은 총회(창립총회를 포함한다)의 소집절차, 의결방법, 의결내용 또는 임원(대의원을 포함한다)의 선거가 법령, 법령에 따른 처분 또는 정관을 위반한 것을 사유로 하여 그 의결이나 선거에 따른 당선의 취소 또는 무효확인을 해양수산부장관에게 청구하거나 이를 청구하는 소를 제기할 수 있다.
② 조합원은 제1항에 따라 해당수산부장관에게 의결이나 선거에 따른 당선의 취소 또는 무효확인을 청구할 때에는 의결일 또는 선거일부터 1개월 이내에 조합원 10분의 1 이상의 동의를 받

용규정) 및 제113조(준용규정)에 따라 준용하는 경우를 포함한다) 또는 「수산업협동조합법」 제170조[12](법령 위반에 대한 조치)에 따라 선거에 따른 당선이 취소된 때

6. 「수산업협동조합법」 제179조(선거범죄로 인한 당선무효 등)[13] 및 위탁선거법 제70조(위탁선거범죄로 인한 당선무효)에 따라 당선이 무효로 된 때

재선거 실시사유가 있음에도 불구하고 재선거의 선거일부터 임기만료일까지의 기

아 청구하여야 한다. 이 경우 해양수산부장관은 그 청구서를 받은 날부터 3개월 이내에 처리결과를 청구인에게 알려야 한다.

③ 제1항에 따른 소에 관하여는 「상법」 제376조(결의취소의 소)부터 제381조(부당결의의 취소, 변경의 소)까지의 규정을 준용한다.

12) 「수산업협동조합법」 제170조(법령 위반에 대한 조치) ① 해양수산부장관은 조합등과 중앙회의 총회·대의원회 또는 이사회의 소집절차, 의결방법, 의결내용이나 선거가 법령, 법령에 따른 처분 또는 정관에 위반된다고 인정할 때에는 그 의결에 따른 집행의 정지 또는 선거에 따른 당선의 취소를 할 수 있다.

② 해양수산부장관은 조합등과 중앙회의 업무 또는 회계가 법령, 법령에 따른 처분 또는 정관에 위반된다고 인정할 때에는 그 조합등 또는 중앙회에 대하여 기간을 정하여 시정을 명하고 해당 임직원에 대하여 다음 각 호의 조치를 하게 할 수 있다.

1. 임원에 대하여는 개선, 직무정지, 견책 또는 경고
2. 직원에 대하여는 징계면직, 정직, 감봉 또는 견책

③ 제2항과 제146조(회원에 대한 감사 등) 제3항에 따라 조합등 또는 중앙회가 임직원의 개선, 징계면직의 조치를 요구받은 경우 해당 임직원은 그 날부터 그 조치가 확정되는 날까지 직무가 정지된다.

④ 해양수산부장관은 조합등 또는 중앙회가 제2항에 따른 시정명령 또는 임직원에 대한 조치를 이행하지 아니하면 6개월 이내에 기간을 정하여 해당 업무의 전부 또는 일부를 정지시킬 수 있다.

⑤ 제4항에 따른 업무정지의 세부기준 및 그 밖에 필요한 사항은 해양수산부령으로 정한다.

13) 「수산업협동조합법」 제179조(선거범죄로 인한 당선무효 등) ① 조합이나 중앙회의 임원 선거와 관련하여 다음 각 호의 어느 하나에 해당하는 경우에는 해당 선거의 당선을 무효로 한다.

1. 당선인이 그 선거에서 제178조(벌칙)에 따라 징역형 또는 100만원 이상의 벌금형을 선고받은 경우
2. 당선인의 직계 존속·비속이나 배우자가 해당 선거에서 제53조(선거운동의 제한) 제1항이나 제53조의2(기부행위의 제한)를 위반하여 징역형 또는 300만원 이상의 벌금형을 선고받은 경우. 다만, 다른 사람의 유도 또는 도발에 의하여 해당 당선인의 당선을 무효로 되게 하기 위하여 죄를 저지른 때에는 그러하지 아니하다.

② 다음 각 호의 어느 하나에 해당하는 사람은 당선인의 당선무효로 실시사유가 확정된 재선거(당선인이 그 기소 후 확정판결 전에 사직함으로 인하여 실시사유가 확정된 보궐선거를 포함한다)의 후보자가 될 수 없다.

1. 제1항 제2호 또는 「공공단체등 위탁선거에 관한 법률」 제70조(위탁선거범죄로 인한 당선무효) 제2호에 따라 당선이 무효로 된 사람(그 기소 후 확정판결 전에 사직한 사람을 포함한다)
2. 당선되지 아니한 사람(후보자가 되려던 사람을 포함한다)으로서 제1항 제2호 또는 「공공단체등 위탁선거에 관한 법률」 제70조(위탁선거범죄로 인한 당선무효) 제2호에 따른 직계 존속·비속이나 배우자의 죄로 당선무효에 해당하는 형이 확정된 사람

간이 1년 미만인 때에는 이사회의 결정으로 재선거를 실시하지 아니할 수 있다.[14]

(2) 선거의 일부무효로 인한 재선거

「수산업협동조합법」 제46조(임원의 정수 및 선출) 제3항 제1호에 따라 조합장을 총회 외에서 직접 선출하는 경우에 있어서 선거의 일부무효의 판결이 확정된 때에는 선거가 무효로 된 해당 투표구의 재선거를 실시한 후 다시 당선인을 결정한다.[15] 위 재선거를 실시함에 있어서 판결에 특정한 명시가 없는 한 당초 선거에 사용된 선거인명부를 사용한다.[16]

마. 수산업협동조합중앙회의 재선거

다음 각 호의 어느 하나에 해당하는 사유가 발생하였을 경우에는 재선거를 실시한다.[17]

1. 해당 선거의 후보자가 없을 때(후보자 등록·결정 후 후보자의 사퇴, 사망, 등록·결정 무효로 후보자가 없게된 경우를 포함한다)
2. 선거결과 당선인이 없는 때
3. 당선인이 임기개시 전에 사퇴, 사망하거나 피선거권을 상실한 때
4. 「수산업협동조합법」 제168조(준용규정)에 따라 준용되는 「수산업협동조합법」 제35조(의결취소의 청구 등) 또는 제170조(법령위반에 대한 조치)에 따라 선거에 따른 당선이 취소된 때
5. 「수산업협동조합법」 제179조(선거범죄로 인한 당선무효 등)에 따라 당선이 무효로 된 때
6. 선거의 전부무효판결이 있을 때

바. 산림조합의 재선거

(1) 재선거

다음 각 호의 어느 하나에 해당하는 경우에는 재선거를 실시한다.[18]

---

14) 「수산업협동조합정관부속서 임원선거규정(예)(해양수산부고시 제2022-168호, 2022. 10. 25. 일부개정)」 제98조(재선거 및 보궐선거의 예외) ②

15) 「수산업협동조합정관부속서 임원선거규정(예)(해양수산부고시 제2022-168호, 2022. 10. 25. 일부개정)」 제99조(선거의 일부무효로 인한 재선거) ①

16) 「수산업협동조합정관부속서 임원선거규정(예)(해양수산부고시 제2022-168호, 2022. 10. 25. 일부개정)」 제99조(선거의 일부무효로 인한 재선거) ②

17) 「수협중앙회정관부속서 임원선거규정(일부개정 2021. 12. 20.)」 제39조(재선거)

1. 당선인이 임기개시전에 사퇴 또는 사망한 때
2. 당선인이 임기개시전에 법령·정관에 따른 결격사유가 있음이 발견 또는 발생된 때
3. 「산림조합법」 제133조(선거범죄로 인한 당선무효 등)[19]에 따라 당선이 무효로 된 때
4. 선거의 전부무효판결이 있는 때

(2) 선거의 일부무효로 인한 재선거

선거의 일부무효의 판결이 확정된 때에는 선거가 무효로 된 당해 투표구의 재선거를 실시한 후 다시 당선인을 결정하여야 하고,[20] 위 재선거를 실시함에 있어서 판결에 특정한 명시가 없는 한 당초 선거에 사용된 선거인명부를 사용한다.[21] 조합장의 임기개시 후 위 재선거를 실시한 결과 당선인의 변경이 없는 경우에는 조합장의 임기를 새로이 기산하지 아니한다.[22]

사. 산림조합중앙회의 재선거

다음 각 호의 어느 하나에 해당하는 경우에는 재선거를 실시한다.[23]

---

18) 「산림조합정관(예)부속서 임원선거규약(개정 2023. 10. 6. 산림청장 인가)」 제43조(보궐선거 및 재선거) ②

19) 「산림조합법」 제133조(선거범죄로 인한 당선무효 등) ① 조합이나 중앙회의 임원 선거와 관련하여 다음 각 호의 어느 하나에 해당하는 경우에는 해당 선거의 당선을 무효로 한다.
1. 당선인이 해당 선거에서 제132조(벌칙)에 해당하는 죄를 저질러 징역형 또는 100만원 이상의 벌금형을 선고받았을 때
2. 당선인의 직계 존속·비속이나 배우자가 해당 선거에서 제40조(선거운동의 제한) 제1항이나 제40조의2(기부행위의 제한)를 위반하여 징역형 또는 300만원 이상의 벌금형을 선고받았을 때. 다만, 다른 사람의 유도 또는 도발에 의하여 해당 당선인의 당선을 무효로 되게 하기 위하여 죄를 저질렀을 때에는 그러하지 아니하다.

② 다음 각 호의 어느 하나에 해당하는 사람은 당선인의 당선무효로 인하여 실시되는 재선거(당선인이 그 기소 후 확정판결 전에 사직하여 실시되는 보궐선거를 포함한다)의 후보자가 될 수 없다.
1. 제1항 제2호 또는 「공공단체등 위탁선거에 관한 법률」 제70조(위탁선거범죄로 인한 당선무효) 제2호에 따라 당선이 무효로 된 사람(그 기소 후 확정판결 전에 사직한 사람을 포함한다)
2. 당선되지 아니한 사람(후보자가 되려던 사람을 포함한다)으로서 제1항 제2호 또는 「공공단체등 위탁선거에 관한 법률」 제70조(위탁선거범죄로 인한 당선무효) 제2호에 따른 직계 존속·비속이나 배우자의 죄로 당선무효에 해당하는 형이 확정된 사람

20) 「산림조합정관(예)부속서 임원선거규약(개정 2023. 10. 6. 산림청장 인가)」 제44조(선거의 일부무효로 인한 재선거) ①

21) 「산림조합정관(예)부속서 임원선거규약(개정 2023. 10. 6. 산림청장 인가)」 제44조(선거의 일부무효로 인한 재선거) ②

22) 「산림조합정관(예)부속서 임원선거규약(개정 2023. 10. 6. 산림청장 인가)」 제44조(선거의 일부무효로 인한 재선거) ③

1. 당선인이 임기개시 전에 사퇴 또는 사망한 때
2. 당선인이 임기개시 전에 법령, 정관에 따른 결격사유가 있음이 발견 또는 발생된 때
3. 「산림조합중앙회정관」 제51조(의결취소의 청구)[24]에 따라 선거 또는 당선이 취소 결정된 때
4. 「산림조합법」 제133조(선거범죄로 인한 당선무효 등)에 따라 당선이 무효로 된 때
5. 선거의 전부무효판결이 있을 때

아. 새마을금고의 재선거

다음 각 호의 어느 하나에 해당하는 사유가 발생하였을 때에는 재선거를 실시한다.[25]

1. 당선인이 임기개시 전에 사퇴 또는 사망하였을 때
2. 당선인이 임기개시 전에 「새마을금고 임원선거규약」 제6조(피선거권) 제5항[26]에 따라 당선의 효력이 상실되거나 제83조(선거에 관한 이의신청)[27]에 따라 당선무효로 된 때
3. 당선인이 취임 승낙을 하지 아니한 때
4. 당선의 취소 또는 무효의 판결이 있을 때
5. 선거의 전부무효판결이 있을 때
6. 선거 결과 당선자가 없을 때

---

23) 「산림조합중앙회정관부속서 임원선거규약(전부개정 2023. 10. 6. 산림청장 인가)」 제42조(재선거) ①

24) 「산림조합중앙회정관(개정 2024. 2. 19. 산림청장 인가)」 제51조(의결취소의 청구) ① 본회의 회원은 총회의 소집절차, 의결방법, 의결내용 또는 임원선거가 법령이나 법령에 따른 행정처분 또는 정관을 위반하였다는 것을 사유로 하여 그 의결이나 선거에 따른 당선의 취소 또는 무효확인을 산림청장에게 청구하거나 이를 청구하는 소를 법원에 제기할 수 있다.
② 제1항에 따라 산림청장에게 청구할 때에는 의결일 또는 선거일부터 1개월 이내에 회원 100분의 5 이상의 동의를 받아 청구하여야 한다.
③ 제1항에 따른 소에 관하여는 「상법」 제376조(결의취소의 소)부터 제381조(부당결의의 취소, 변경의 소)까지의 규정을 준용한다.

25) 「새마을금고 임원선거규약(예)(일부개정 2024. 7. 10.)」 제82조(재선거 및 보궐선거) ①

26) 「새마을금고 임원선거규약(예)(일부개정 2024. 7. 10.)」 제6조(피선거권) ⑤ 당선인이 임기개시 전에 피선거권이 없게 된 때에는 당선의 효력이 상실된다.

27) 「새마을금고 임원선거규약(예)(일부개정 2024. 7. 10.)」 제83조(선거에 관한 이의신청) ④ 위원회는 제1항의 규정에 의한 이의신청 내용이 선거결과에 영향을 미칠 정도로 중대한 사안으로 이유있다고 인정될 때에는 선거의 전부나 일부의 무효 또는 당선무효를 의결한 후 재선거를 실시하여야 한다. 다만, 투표·개표수의 산정에 있어서의 오류 등 선거사무 집행과 관련한 오류가 명백한 경우에 한하여 당선인의 결정을 변경하고 이를 금고 게시판에 공고하여야 한다.

자. 새마을금고중앙회의 재선거

다음 각 호의 어느 하나에 해당하는 경우에는 60일 이내에 재선거를 실시한다.[28]

1. 선거결과 당선인이 없을 때
2. 당선자가 취임하기 전에 피선거권이 없게 된 때
3. 당선자가 임기개시 전에 사퇴 또는 사망한 때
4. 당선자가 취임승낙을 하지 아니한 때
5. 당선의 취소 또는 무효 판결이 있을 때
6. 선거의 전부무효판결이 있을 때

차. 신용협동조합의 재선거

당선인에 대하여 다음 각 호의 1에 해당하는 사유가 발생하였을 때에는 그 사유가 발생한 날로부터 30일 이내에 재선거를 실시하여야 한다.[29]

1. 당선인이 임기개시 전에 사퇴, 사망하거나 피선거권을 상실한 때
2. 「신용협동조합법」 제22조(결의취소 등의 청구)[30]의 규정에 의하여 선거 또는 당선이 취소된 때
3. 선거의 전부무효판결을 받은 때

카. 신용협동조합중앙회의 재선거

다음 각 호의 1에 해당하는 사유가 발생하였을 때에는 그 사유가 발생한 날로부터 30일 이내에 재선거를 실시하여야 한다.[31]

1. 당선인이 임기개시 전에 피선거권이 상실된 때
2. 당선인이 임기개시 전에 사퇴 또는 사망한 때

---

28) 「새마을금고중앙회 임원선거규약(일부개정 2020. 5. 22.)」 제25조(보궐선거 또는 재선거) ②
29) 「신용협동조합표준정관부속서 임원선거규약(2021. 12. 15. 개정)」 제52조(재선거) ①
30) 「신용협동조합법」 제22조(결의취소 등의 청구) ① 총회 의결 또는 임원선거의 효력에 관하여 이의가 있는 조합원은 의결일 또는 선거일부터 1개월 이내에 조합원 10분의 1 이상의 동의를 받아 그 결의 또는 당선의 취소를 중앙회장에게 청구할 수 있다.
② 중앙회장은 제1항의 청구를 받으면 3개월 이내에 이에 대한 처리결과를 청구인에게 알려야 한다.
31) 「신용협동조합표준정관부속서 임원선거규약(2021. 12. 15. 개정)」 제52조(재선거) ①

타. 대한체육회의 재선거

다음 각 호의 어느 하나에 해당하는 경우에는 재선거를 실시한다.[32)]

1. 후보자가 없는 경우
2. 당선인이 없는 경우
3. 법원 또는 선거운영위원회가 선거무효 또는 당선무효 결정을 한 경우

재선거는 임기만료에 의한 선거와 같은 방법으로 실시하되, 세부적인 사항은 선거운영위원회가 중앙선거관리위원회와 협의하여 별도로 정한다.[33)] "재선거의 실시사유가 확정된 날"이란 선거운영위원회가 그 사유를 공고한 날을 말한다. 다만, 법원의 판결 또는 결정에 의하여 확정된 경우에는 대한체육회가 그 판결이나 결정의 통지를 받은 날을 말한다.[34)]

파. 지방체육회의 재선거

다음 각 호의 어느 하나에 해당하는 경우에는 재선거를 실시한다.[35)]

1. 후보자가 없는 경우
2. 당선인이 없는 경우
3. 법원 또는 선거운영위원회가 선거무효 또는 당선무효 결정을 한 경우

재선거는 임기만료에 의한 선거와 같은 방법으로 실시하되, 세부적인 사항은 선거운영위원회가 관할위원회와 협의하여 별도로 정한다.[36)]

하. 대한장애인체육회의 재선거

다음 각 호 중 어느 하나에 해당하는 경우에는 재선거를 실시한다.[37)]

1. 후보자가 없는 경우
2. 당선인이 없는 경우

---

32) 「대한체육회 회장선거관리규정(개정 2024. 7. 20.)」 제44조(재선거) ①
33) 「대한체육회 회장선거관리규정(개정 2024. 7. 20.)」 제44조(재선거) ②
34) 「대한체육회 회장선거관리규정(개정 2024. 7. 20.)」 제46조(재선거 및 보궐선거 실시사유 확정일) 1.
35) 「대전광역시체육회 회장선거관리규정(개정 2024. 2. 7.)」 제43조(재선거) ①
36) 「대전광역시체육회 회장선거관리규정(개정 2024. 2. 7.)」 제43조(재선거) ②
37) 「대한장애인체육회 회장선거관리규정(개정 2024. 8. 13.)」 제26조(재선거)

3. 법원의 선거무효 결정이 있는 경우

거. 중소기업중앙회의 재선거

다음 각 호의 1에 해당하는 사유가 발생할 때에는 재선거를 실시한다.[38]

1. 당선인이 임기개시 전에 사퇴, 사망하거나 피선거권을 상실한 때
2. 선거운동제한규정을 위반하여 당선이 무효로 된 때
3. 후보자가 1인으로서 「중소기업중앙회 임원선거규정」 제28조(회장 당선인 결정) 제2항[39]의 규정에 의한 찬성을 얻지 못하여 당선인을 결정하지 못한 때

2. 보궐선거

가. 해당 법령이나 정관등에 따른 보궐선거

위탁선거법에는 위탁선거의 보궐선거에 관한 규정을 두지 않고 있으나, 보궐선거는 당선인 결정에 관한 사항이므로 해당 법령이나 정관등에 따른다(위탁선거법§56).

나. 지역농협의 보궐선거

재선거사유에 해당하는 경우 외에 조합장이 임기 중 궐위 된 때에는 보궐선거를 실시한다.[40] 보궐선거 실시사유가 있음에도 불구하고 그 실시사유가 발생한 날부터 임기만료일까지의 기간이 1년 미만인 경우에는 보궐선거를 실시하지 아니한다.[41] 위와 같이 보궐선거를 실시하지 아니하는 경우 조합장의 직무는 그 보궐선거 실시사유가 발생한 날부터 전임 조합장 임기만료일까지 직무대행자(이사회가 정하는 순서에 따른 이사로서 조합원이 아닌 이사는 제외한다)가 대행한다.

다. 농업협동조합중앙회의 보궐선거

재선거사유에 해당하는 경우 외에 회장이 임기 중 궐위 된 때에는 보궐선거를 실

---

38) 「중소기업중앙회 임원선거규정(2018. 8. 21. 개정)」 제29조(재선거)
39) 「중소기업중앙회 임원선거규정(2018. 8. 21. 개정)」 제28조(회장 당선인 결정) ② 후보자가 1인인 경우에는 선거인 과반수의 투표와 투표자 과반수가 찬성한 때에 해당자를 회장 당선인으로 한다.
40) 「지역농업협동조합정관례(농림축산식품부고시 제2024-74호, 2024. 10. 8. 일부개정)」 제87조(재선거 및 보궐선거) ②
41) 「지역농업협동조합정관례(농림축산식품부고시 제2024-74호, 2024. 10. 8. 일부개정)」 제87조(재선거 및 보궐선거) ③

시한다.[42]

라. 수산업협동조합의 보궐선거

재선거사유에 해당하는 경우 외에 조합장이 임기 중 궐위 된 때에는 보궐선거를 실시한다.[43]

마. 수산업협동조합중앙회의 보궐선거

재선거사유에 해당하는 경우 외에 회장이 임기 중 궐위 된 때에는 보궐선거를 실시한다.[44]

바. 산림조합의 보궐선거

조합장이 궐위 된 때에는 보궐선거를 실시한다.[45]

사. 산림조합중앙회의 보궐선거

재선거사유에 해당하는 경우 외에 회장이 임기 중 궐위 된 때에는 보궐선거를 실시한다.[46]

아. 새마을금고의 보궐선거

이사장이 임기 중 궐위 된 때에는 보궐선거를 실시하며, 실시사유가 발생한 날로부터 잔여임기가 1년 미만인 경우에는 보궐선거를 실시하지 아니한다.[47]

자. 새마을금고중앙회의 보궐선거

회장이 궐원된 때에는 그 사유가 발생한 날부터 60일 이내에 보궐선거를 실시한

---

42) 「농업협동조합중앙회정관(개정 2022. 12. 29. 농림축산식품부장관 인가)」 제88조(재선거 및 보궐선거) ②
43) 「수산업협동조합정관부속서 임원선거규정(예)(해양수산부고시 제2022－168호, 2022. 10. 25. 일부개정)」 제97조(보궐선거)
44) 「수협중앙회정관부속서 임원선거규정(일부개정 2021. 12. 20.)」 제40조(보궐선거)
45) 「산림조합정관(예)부속서 임원선거규약(개정 2023. 10. 6. 산림청장 인가)」 제43조(보궐선거 및 재선거) ①
46) 「산림조합중앙회정관부속서 임원선거규약(전부개정 2023. 10. 6. 산림청장 인가)」 제43조(보궐선거)
47) 「새마을금고 임원선거규약(예)(일부개정 2024. 7. 10.)」 제56조(재선거 및 보궐선거) ②

다. 다만, 부회장 및 상근이사를 포함한 재적이사 11인 이상이 재임하고 있으면서 회장의 잔임 기간이 1년 미만일 때에는 보궐선거를 실시하지 아니할 수 있다.[48]

차. 신용협동조합의 보궐선거

이사장이 궐원된 때에는 60일 이내에 보궐선거를 실시한다. 다만, 회계연도 종료일 전 6월 이내에 이사장이 궐원된 경우에는 차기 총회에서 실시할 수 있다.[49]

카. 신용협동조합중앙회의 보궐선거

회장의 궐원으로 인한 보궐선거는 그 사유가 발생한 날부터 60일 이내에 실시한다.[50]

타. 대한체육회의 보궐선거

회장이 궐위된 경우에는 보궐선거를 실시한다. 다만, 궐위된 날로부터 잔여임기가 1년 미만인 경우에는 그러하지 아니하다.[51] 보궐선거는 임기만료에 의한 선거와 같은 방법으로 실시하되, 세부적인 사항은 선거운영위원회가 중앙선거관리위원회와 협의하여 별도로 실시한다.[52] "보궐선거의 실시사유가 확정된 날"이란 그 사유가 발생한 날을 말한다.[53]

파. 지방체육회의 보궐선거

회장이 궐위된 경우에는 보궐선거를 실시한다. 다만, 궐위된 날로부터 잔여임기가 1년 미만인 경우에는 그러하지 아니하다.[54] 보궐선거는 임기만료에 의한 선거와 같은 방법으로 실시하되, 세부적인 사항은 선거운영위원회가 관할위원회와 협의하여 별도로 정한다.[55]

---

48) 「새마을금고중앙회 임원선거규약(일부개정 2020. 5. 22.)」 제25조(보궐선거 또는 재선거) ①
49) 「신용협동조합표준정관(2021. 10. 21. 개정)」 제52조(보궐선거의 방법) ②
50) 「신용협동조합중앙회정관(금융위원회 인가 2021. 10. 5. 개정)」 제31조(임원의 선출) ⑥ 1.
51) 「대한체육회 회장선거관리규정(개정 2024. 7. 20.)」 제45조(보궐선거) ①
52) 「대한체육회 회장선거관리규정(개정 2024. 7. 20.)」 제45조(보궐선거) ②
53) 「대한체육회 회장선거관리규정(개정 2024. 7. 20.)」 제46조(재선거 및 보궐선거 실시사유 확정일) 2.
54) 「대전광역시체육회 회장선거관리규정(개정 2024. 2. 7.)」 제44조(보궐선거) ①
55) 「대전광역시체육회 회장선거관리규정(개정 2024. 2. 7.)」 제44조(보궐선거) ②

하. 대한장애인체육회의 보궐선거

회장이 궐위된 경우에는 보궐선거를 실시한다. 다만, 궐위된 날로부터 잔여임기가 1년 미만인 경우에는 그러하지 아니하다.[56] 보궐선거는 임기만료에 의한 선거와 같은 방법으로 실시하되, 세부적인 사항은 선거운영위원회가 중앙선거관리위원회와 협의하여 별도로 정한다.[57]

거. 중소기업중앙회의 보궐선거

회장이 궐위된 경우에는 궐위의 사유가 발생한 날부터 2개월 이내에 보궐선거를 실시한다. 다만, 궐위된 날로부터 잔여임기가 6개월 이내인 경우에는 다음 정기총회에서 보궐선거를 실시할 수 있다.[58]

3. 연기된 선거

가. 선거의 연기

천재지변이나 그 밖의 부득이한 사유로 선거를 실시할 수 없거나 실시하지 못한 때에는 관할위원회가 위탁단체와 협의하여 선거를 연기하여야 한다(위탁선거법§52④ 전문).

나. 연기된 선거의 선거절차

선거를 연기한 때에는 처음부터 선거절차를 다시 진행하여야 하고, 선거일만을 다시 정한 때에는 이미 진행된 선거절차에 이어 계속하여야 한다(위탁선거법§52④후문).

56) 「대한장애인체육회 회장선거관리규정(개정 2024. 8. 13.)」 제27조(보궐선거) ①
57) 「대한장애인체육회 회장선거관리규정(개정 2024. 8. 13.)」 제27조(보궐선거) ②
58) 「중소기업중앙회정관(정관 제2023-001호, 2023. 5. 4. 일부개정)」 제52조(임원의 임기) ④

제12장 위탁선거에 관한 쟁송

1. 위탁선거의 효력 등에 대한 이의제기

가. 이의제기의 상대방

위탁선거에서 선거 또는 당선의 효력에 대한 이의제기는 해당 위탁단체에 하여야 한다. 다만, 위탁선거사무의 관리집행 상의 하자 또는 투표의 효력에 대한 이의제기는 관할위원회의 직근 상급선거관리위원회에 하여야 한다(위탁선거법§55).

나. 해당 법령 및 정관등의 준용

위탁선거법은 위탁선거의 효력 등에 대한 이의제기의 상대방을 규정한 위탁선거법 제55조(위탁선거의 효력 등에 대한 이의제기)만을 두고 있을 뿐 위탁선거에 관한 쟁송에 대하여는 더 이상 규정을 두지 않고 있다.

선거 또는 당선의 효력 등에 관한 쟁송은 넓은 의미에서 '당선인의 결정'에 관한 사항이라고 할 수 있으므로, 위탁선거에 관한 쟁송도 '당선인의 결정'과 마찬가지로 해당 법령이나 정관등에 따른다고 봄이 상당하다(위탁선거법§56).

2. 「농업협동조합법」에 따른 당선의 취소 · 무효확인의 청구 및 소[1)2)]

가. 당선의 취소 · 무효확인 청구

(1) 의의

조합원은 임원의 선거가 법령, 법령에 따른 행정처분 또는 정관을 위반한 것을 사유로 하여 그 선거에 따른 당선의 취소 또는 무효 확인을 농림축산식품부장관에게 청구할 수 있다(농업협동조합법§33①).

조합 등의 임원선거에 출마한 후보자가 법령, 법령에 의한 행정처분, 정관이나 규약(이하 "법령 등"이라 한다)이 정한 선거운동의 제한사항을 위반한 경우 그 사유만으로 곧바로 당해 선거가 법령 등에 위반되었다고 할 수는 없지만, 이와 같은 법령 등에 위반된 선거운동이 선거인의 자유로운 판단에 의한 투표를 방해하여 선거의 기본이념인 선거의 자유와 공정을 현저히 침해하고 그로 인하여 선거의 결과에 영향을 미쳤다고 인정될 때에는, 당해 선거가 법령 등에 위반된 경우에 해당한다고 보아야 한다.[2] '선거의 결과에 영향을 미쳤다고 인정하는 때'란 선거에 관한 규정의 위반이 없었더라면 선거의 결과, 즉 후보자의 당락에 관하여 현실로 있었던 것과 다른 결과가 발생하였을지도 모른다고 인정되는 때를 말한다.[3]

(2) 조합원의 동의

당선의 취소 또는 무효 확인을 농림축산식품부장관에게 청구하는 경우에는 선거일부터 1개월 이내에 조합원 300인 또는 100분의 5 이상의 동의를 받아 청구하여야 한다(농업협동조합법§33②전문).

(3) 첨부서류

선거에 따른 당선의 취소 또는 무효 확인을 청구하려는 자는 청구의 취지·이유 및 위반되었다고 주장하는 규정을 명기한 취소청구서 또는 무효확인청구서에 선거록 사본 및 사실관계를 증명할 수 있는 서류를 첨부하여 농림축산식품부장관에게 제출하여야 한다(농업협동조합법 시행규칙§6).

(4) 농림축산식품부장관의 조치

농림축산식품부장관은 선거가 법령, 법령에 따른 처분 또는 정관에 위반된다고 인정할 때에는 선거에 따른 당선의 취소를 할 수 있다(농업협동조합법§163). 농림축산식품부장관은 선거에 따른 당선의 취소 또는 무효 확인을 구하는 청구서를 받은 날부터 3개월 이내에 이에 대한 조치 결과를 청구인에게 알려야 한다(농업협동조합법§33② 후문). 다만, 농림축산식품부장관은 조합원의 청구와 같은 내용의 소가 법원에 제기된 사실을 알았을 때에는 조치를 하지 아니한다(농업협동조합법§33①단서).

---

1) 지역농협에서의 당선의 취소·무효 확인 청구 및 소에 관한 규정인 「농업협동조합법」 제33조(의결취소의 청구 등)는 지역축협, 품목별·업종별협동조합 및 농업협동조합중앙회에도 준용되므로(농업협동조합법§107, §112, §161), 이하에서는 지역농협을 위주로 기술한다.

2) 2007. 7. 13. 선고 2005두13797 판결, 2007. 7. 13.자 2005무85 결정

3) 2007. 7. 13. 선고 2005두13797 판결, 2016. 8. 24. 선고 2015다241495 판결, 서울고등법원(인천) 2021. 1. 14. 선고 2020나11450 판결

나. 당선의 취소 · 무효확인의 소

(1) 의의

조합원은 임원의 선거가 법령, 법령에 따른 행정처분 또는 정관을 위반한 것을 사유로 하여 그 선거에 따른 당선의 취소 또는 무효 확인을 청구하는 소를 제기할 수 있다(농업협동조합법§33①).

(2) 「상법」의 준용

당선의 취소 또는 무효 확인을 청구하는 소에 관하여는 「상법」 제376조(결의취소의 소)부터 제381조(부당결의의 취소, 변경의 소)까지의 규정을 준용한다.

(3) 「공직선거법」의 선거무효 · 당선무효 소송과의 관계

「공직선거법」은 선거무효소송과 당선무효소송을 나누어 원 · 피고 적격과 무효사유 및 소제기기간 등을 따로 규정하고 있어 「공직선거법」상 선거무효소송과 당선무효소송의 법리는 「상법」상 주주총회결의무효확인의 소에 관한 규정이 준용되는 「농업협동조합법」에 의한 당선무효확인의 소에 적용될 수 없다고 할 것이므로, 「농업협동조합법」에 의한 당선무효확인의 소가 인용되기 위해서는 당해 조합의 선거관리위원회가 후보자 등 제3자에 의한 선거과정상의 위법행위에 대하여 적절한 시정조치를 취함이 없이 묵인, 방치하는 등 그 책임에 돌릴 만한 사유가 따로 있을 것을 요하는 것은 아니다.[4)]

(4) 소제기권자

「농업협동조합법」 제33조(의결 취소의 청구 등) 제1항은 조합원은 총회의 소집절차, 의결방법, 의결내용 또는 임원선거가 법령, 법령에 의한 행정처분 또는 정관에 위반하였다는 것을 사유로 하여 그 의결이나 선거에 따른 당선의 취소 또는 무효확인을 농림축산식품부장관에게 청구하거나 이를 청구하는 소를 제기할 수 있다고 규정하고, 같은 조 제3항에서 제1항의 규정에 의한 소에 관하여는 「상법」 제376조(결의취소의 소) 내지 제381조(부당결의의 취소 · 변경의 소)의 규정을 준용한다고 규정하므로, 「농업협동조합법」에 근거하여 설립된 조합에서 조합장을 선출한 결의, 즉 선거에 법령에 위반한 사유가 있는 경우 각 조합원은 그 무효의 확인을 구하는 소를 제기할

4) 2003. 12. 26. 선고 2003다11837 판결, 1996. 6. 25. 선고 95다50196 판결

수 있다.[5)]

「농업협동조합법」에 조합총회결의의 무효 및 그 부존재확인청구에 대한 규정을 두지 않았으나, 무효 또는 존재하지 않는 조합총회결의로 조합장직에서 해임당한 자는 그가 현재 조합원인 여부를 막론하고 그 무효 또는 부존재확인의 청구를 할 수 있다고 봄이 상당하다.[6)]

(5) 소제기의 상대방

농업협동조합과 같은 단체의 임원선거에 따른 당선자 결정의 무효 여부에 대한 확인을 구하는 소에 있어서 당선자를 상대로 제소하는 경우에는 그 청구를 인용하는 판결이 내려졌다 하더라도 그 판결의 효력이 당해 조합에 미친다고 할 수 없기 때문에 그 당선자 결정에 따라 정하여지는 조합장의 지위를 둘러싼 당사자 사이의 분쟁을 근본적으로 해결할 수 없다고 보아야 하고, 따라서 당선자를 결정한 그 조합을 상대로 제소할 일이지 당선자를 상대로 제소하여서는 확인의 이익이 있다고 할 수 없다.[7)]

갑(甲)선거관리위원회가 지역농협으로부터 조합장선거관리를 위탁받아 위탁관리업무를 하고 선거 결과에 따라 최다 득표자에게 당선증을 내주고 지역농협에 결과를 통보하였는데, 위 선거에서 낙선한 을(乙)이 투표 및 개표록에 '개표마감일시'가 잘못 기재되었다는 이유로 갑선거관리위원회를 상대로 위 당선증 교부와 당선인 통지의 무효확인을 구하는 것은, 위 당선증 교부와 당선인 통지가 항고소송의 대상인 행정처분에 해당한다고 보기 어렵고 조합장당선무효확인의 소에는 지역농협만이 피고적격을 가질 뿐이므로, 무효확인을 구할 행정처분이 없거나 피고적격이 없는 자를 상대로 하여 부적법하다.[8)]

(6) 확인의 이익

소가 그 확인의 이익이 없어 부적법한지의 여부는 직권조사사항이어서 당사자의 주장 여부에 관계없이 법원이 직권으로 판단하여야 한다.[9)]

---

5) 2003. 12. 26. 선고 2003다11837 판결, 1996. 6. 25. 선고 95다50196 판결, 1995. 11. 24. 선고 94다23982 판결
6) 1971. 2. 9. 선고 70다2694 판결
7) 1991. 8. 13. 선고 91다5433 판결, 1991. 7. 12. 선고 91다12905 판결
8) 청주지방법원 2013. 8. 22. 선고 2013구합432 판결
9) 1991. 8. 13. 선고 91다5433 판결, 1991. 7. 12. 선고 91다12905 판결

(7) 당선무효사유

농업협동조합의 조합장 선거에 출마한 후보자 등이 당선을 목적으로 허위사실을 공표하는 등 선거의 절차에서 법령에 위반한 사유가 있는 경우 그 사정만으로 당해 선거에 의한 당선이 무효가 되는 것은 아니고, 이와 같은 법령위배의 선거운동으로 조합원들의 자유로운 판단에 의한 투표를 방해하여 선거의 기본이념인 선거의 자유와 공정을 현저히 침해하고 그로 인하여 선거의 결과에 영향을 미쳤다고 인정될 때에만 그 조합장선거 및 이를 기초로 한 당해 조합의 당선인 결정은 무효이다.[10)]

3. 「수산업협동조합법」에 따른 당선의 취소 · 무효확인의 청구 및 소

조합원은 임원(대의원을 포함한다)의 선거가 법령, 법령에 따른 행정처분 또는 정관을 위반한 것을 사유로 하여 그 의결이나 선거에 따른 당선의 취소 또는 무효 확인을 해양수산부장관에게 청구하거나 이를 청구하는 소를 제기할 수 있다(수산업협동조합법 §35①). 조합원은 해양수산부장관에게 선거에 따른 당선의 취소 또는 무효 확인을 청

10) 2016. 8. 24. 선고 2015다241495 판결 ; 2000. 7. 6.자 2000마1029 결정, 2003. 12. 26. 선고 2003다11837 판결(선거방법이 벽보로만 제한된 농업협동조합의 조합장 선거에서 상대방 후보자에 대한 허위 내지 비방의 유인물을 투표일 1주일 전 조합원에게 발송한 후보자가 유효투표의 2%의 득표차이로 조합장에 선출된 경우 유인물의 내용, 발송일과 투표일 사이의 간격과 상대방 후보자의 효과적인 대응방법의 유무, 당해 선거에서 가능한 선거방법 및 양 후보자의 득표차 등을 고려하여 선거가 무효라고 한 사례) ; 대전지방법원 2013. 6. 13. 선고 2012가합6350 판결(조합장으로 당선된 자가 618표, 차순위자가 298표를 각 득표하여 320표의 차이가 난 경우, 조합원의 자격이 없는 자가 선거에 참여하여 선거의 공정성과 투명성, 객관성을 해하여 선거의 결과에 영향을 미쳤음을 이유로 선거가 무효라고 하기 위해서는 적어도 321명 이상의 조합원 자격이 없는 자가 투표하였음이 인정되어야 하는바, 최소 361명의 무자격 조합원이 선거에 참여하였음이 인정된다는 이유로 선거의 효력이 없다고 한 사례) ; 수원지방법원 여주지원 2020. 1. 15. 선고 2019가합10728 판결(조합장 당선인과 차순위자의 득표차가 37표인 선거에서 조합원 자격이 없는 59명이 선거에 참여하였다는 이유로 조합장 당선의 효력이 없다고 한 사례) ; 1996. 6. 25. 선고 95다50196 판결(엽연초생산협동조합에 임원선거 시의 금품 등 제공행위를 형사처벌하거나 그로 인한 당선을 무효로 한다는 규정이 없더라도, 조합장 선거에 출마한 후보자가 당선을 목적으로 선거인들에게 금품을 제공한 행위는 선량한 풍속 기타 사회질서에 반하는 행위이고, 한편 당선인과 차순위 후보자 사이의 득표차가 불과 2표인 점에 비추어 보면 당선인 등의 금품제공행위는 선거 결과에도 영향을 미쳤다고 볼 수밖에 없다는 이유로, 그와 같은 반사회적 행위가 개입됨으로써 선거 결과에 영향을 준 조합장 선거 및 이를 기초로 한 당해 조합의 당선인 결정은 무효라고 한 사례) ; 대구고등법원 1995. 10. 12. 선고 95나819 판결(당선인과 차순위자 간의 득표차가 2표에 불과하고 금품제공행위는 선거인 3인에게 이루어진 경우 당선인 결정은 무효라고 한 사례)

구할 때에는 선거일부터 1개월 이내에 조합원 10분의 1 이상의 동의를 받아 청구하여야 한다. 이 경우 해양수산부장관은 그 청구서를 받은 날부터 3개월 이내에 처리결과를 청구인에게 알려야 한다(수산업협동조합법§35②).

해양수산부장관은 조합과 중앙회의 선거가 법령, 법령에 따른 처분 또는 정관에 위반된다고 인정할 때에는 그 선거에 따른 당선의 취소를 할 수 있다(수산업협동조합법§170①). 당선의 취소 또는 무효 확인의 소에 관하여는 「상법」 제376조(결의취소의 소)부터 제381조(부당결의의 취소·변경의 소)까지의 규정을 준용한다(수산업협동조합법§35③).

수산업협동조합중앙회의 임원 선거에 출마한 후보자가 법령, 법령에 의한 행정처분, 정관이나 규약(이하 "법령 등"이라 한다)이 정한 선거운동의 제한사항을 위반한 경우 그 사유만으로 곧바로 당해 선거가 법령 등에 위반되었다고 할 수는 없지만, 이와 같은 법령 등에 위반된 선거운동이 선거인들의 자유로운 판단에 의한 투표를 방해하여 선거의 기본이념인 선거의 자유와 공정을 현저히 침해하고 그로 인하여 선거의 결과에 영향을 미쳤다고 인정될 때에는, 당해 선거가 법령 등에 위반된 경우에 해당한다고 보아야 한다.[11]

4. 「산림조합법」에 따른 당선의 취소·무효확인의 청구 및 소

조합원은 임원선거가 법령, 법령에 따른 행정처분 또는 정관을 위반하였다는 것을 사유로 하여 그 선거에 따른 당선의 취소 또는 무효 확인을 시·도지사에게 청구하거나 이를 청구하는 소를 제기할 수 있다(산림조합법§30①). 시·도지사에게 청구할 때에는 선거일부터 1개월 이내에 조합원 300인 또는 100분의 5 이상의 동의를 받아 청구하여야 한다. 이 경우 시·도지사는 그 청구서를 받은 날부터 3개월 이내에 이에 대한 조치결과를 청구인에게 알려야 한다(산림조합법§30②).

시·도지사는 조합과 중앙회의 선거가 위법하거나 부당하다고 인정할 때에는 그

11) 2007. 7. 13. 선고 2005두13797 판결(수산업협동조합중앙회 상임감사 선거에 출마한 원고가 선거인인 수협조합장 39명에게 금품 등을 제공하였고, 원고는 선거인 99명 중 53표를 얻어 차순위 후보자에 비해 7표의 근소한 차이로 당선되었는데, 이에 대하여 피고 해양수산부장관이 원고가 임원선거규정을 위반하였다는 이유로 원고의 상임감사 당선을 취소한 처분한 경우, 원고가 수협중앙회 정관 및 임원선거규정을 위반하여 한 선거운동이 선거의 결과에 영향을 미쳐 원고가 당선되었다고 봄이 상당하므로 이 사건 처분에 재량권을 일탈·남용한 위법이 없다고 한 사례)

선거에 따른 당선의 취소를 할 수 있다(산림조합법§124). 당선의 취소 또는 무효 확인의 소에 관하여는 「상법」 제376조(결의취소의 소)부터 제381조(부당결의의 취소·변경의 소)까지의 규정을 준용한다(산림조합법§30③).

5. 「새마을금고법」에 따른 당선의 취소·무효확인의 소

회원은 임원의 선거가 법령이나 법령에 따른 행정처분 또는 정관을 위반한 것을 사유로 하여 그 선거에 따른 당선의 취소 또는 무효 확인을 청구하는 소를 제기할 수 있다(새마을금고법§11의2①).

선거에 따른 당선의 취소 또는 무효 확인을 청구하는 소에 관하여는 「상법」 제376조(결의취소의 소)부터 제381조(부당결의의 취소·변경의 소)까지의 규정을 준용한다(새마을금고법§11의2②).

갑(甲)새마을금고의 이사장은 회원들의 직접선거가 아닌 대의원들의 투표를 통한 간접선거방식에 의하여 선출되는데, 이사장 선거에 입후보한 을(乙)이 투표 직전 소견발표에서 '제가 만약 당선된다면 이사장 연봉의 50%를 대의원들에게 쓰겠다.'는 취지의 발언을 하여 그 직후 실시된 선거에서 이사장으로 당선된 경우, 갑 새마을금고의 임원선거규약은 선거운동 과정에서 당선 목적으로 금품 등을 제공하거나 제공의 의사표시를 하는 행위를 금지하고 있고, 정관 및 「새마을금고법」 제22조(임원의 선거운동제한) 제2항 제1호[12]도 같은 취지로 규정하고 있는데, 위 발언은 갑 새마을금고에 출자금을 납입한 회원들의 복지를 위하여 보수의 50%를 사용하겠다는 것이 아니라 이사장 선거에 투표권을 가진 대의원들에게 이를 사용하겠다는 것으로 금품, 향응, 그 밖의 재산상 이익제공의 의사표시에 해당하는 점, 을이 투표 직전 실시된 소견발표에서 위 발언을 하여 상대후보자가 이에 반박하거나 대응할 시간적 여유가 없었고, 투표에 참가한 대의원 전원이 을의 소견발표를 청취하여 대의원들의 투표에 상

---

12) 「새마을금고법」 제22조(임원의 선거운동제한) ② 누구든지 자기 또는 특정인을 금고의 임원으로 당선되게 하거나 당선되지 못하게 할 목적으로 다음 각 호의 어느 하나에 해당하는 행위를 할 수 없다.

1. 회원(「새마을금고법」 제9조(회원과 자본금)에 따라 회원이 될 수 있는 자를 포함한다)이나 그 가족(회원의 배우자, 회원 또는 그 배우자의 직계존비속과 형제자매, 회원의 직계존비속 및 형제자매의 배우자를 말한다. 이하 같다)에게 금품·향응, 그 밖의 재산상의 이익이나 공사의 직을 제공, 제공의 의사표시 또는 그 제공을 약속하는 행위

당한 영향을 미친 것으로 볼 수 있는 점 등 여러 사정에 비추어, 위 발언은 위법한 선거운동으로서 그 정도가 중하여 선거의 자유와 공정을 현저히 침해하였고 그로 인하여 선거 결과에 영향을 미쳤다고 인정되므로 당선무효사유에 해당한다.[13]

6. 「신용협동조합법」에 따른 당선 취소의 소

임원선거의 효력에 관하여 이의가 있는 조합원은 선거일부터 1개월 이내에 조합원 10분의 1 이상의 동의를 받아 그 당선의 취소를 중앙회장에게 청구할 수 있다(신용협동조합법§22①). 중앙회장은 당선의 취소를 구하는 청구를 받으면 3개월 이내에 이에 대한 처리결과를 청구인에게 알려야 한다(신용협동조합법§22②).

13) 부산고등법원 2017. 4. 13. 선고 2016나 57079 판결

제13장 위탁선거의 특별형사소송절차

1. 공소시효

가. 의의

(1) 공소시효에 관한 특칙의 해석기준

위탁선거법에 규정된 죄의 공소시효는 해당 선거일 후 6개월(선거일 후 행하여진 범죄는 그 행위가 있은 날부터 6개월)이 지남으로써 완성한다(위탁선거법§71본문).[1][2]

공소시효는 기산점과 시효기간을 그 요소로 하는데, 일반적으로 기산점은 범죄행위의 종료 시이고(「형사소송법」 제252조(시효의 기산점)[3], 다만 「형사소송법」 제66조(기간의 계산) 제1항[4] 단서에 따라 초일은 범죄 종료 시간을 계산함이 없이 1일로 산정함), 시효기

1) 헌법재판소는, 해당 선거일 후 6개월의 단기 공소시효를 규정하고 있는 「농업협동조합법」 제172조(벌칙) 제4항과 관련하여, '이 사건 공소시효조항이 공소시효의 기산일을 범죄행위 종료시가 아닌 선거일로 하면서 그 공소시효기간을 동일한 법정형의 일반 범죄에 비하여 훨씬 짧은 "선거일 후 6개월"로 규정하고 있는 것은 지역농협의 임원선거와 관련된 범죄사건을 조속히 처리하여 선거로 인한 법적 불안정 상태를 신속히 해소하려는 입법자의 형사정책적 결단에서 비롯되었다고 할 수 있으며, 이와 같이 법적 안정성을 우선적으로 고려하고자 한 입법자의 판단에 따른 이 사건 공소시효조항을 아무런 합리적 근거 없는 자의적인 것으로 보기 어렵다.'고 판시하였다(2012. 2. 23. 선고 2011헌바154 결정).

2) 헌법재판소는, 선거범죄의 단기 공소시효를 규정하고 있지 않았던 구「새마을금고법(2007. 5. 25. 법률 제8485호로 전부 개정된 것)」에 대하여, '선거에 의하여 선출되는 새마을금고 임원에게 위 선거과정에서의 기부행위를 금지하는 법률조항위반죄에 관하여 단기의 공소시효를 인정해야 한다고 「헌법」에서 명시적으로 언급한 조항은 없을 뿐만 아니라, 「공직선거법」 및 일부 법률에서 선거범죄에 관하여 선거일 후 6월까지라는 단기의 공소시효를 특칙으로 마련하고 있다는 사정만으로 새마을금고 임원에게도 그와 동일하게 유사한 내용의 단기의 공소시효제도를 마련해야 할 입법의무가 발생한다고 볼 수는 없다.'고 판시하였다(2010. 10. 28. 선고 2008헌마612, 2009헌마88(병합) 결정). 그러나 이후 2017. 12. 26. 법률 제15290호로 「새마을금고법」이 개정되어 선거범죄에 대한 단기의 공소시효를 규정한 제85조(벌칙) 제6항을 신설하였다.

3) 「형사소송법」 제252조(시효의 기산점) ① 시효는 범죄행위의 종료한 때로부터 진행한다.
② 공범에는 최종행위의 종료한 때로부터 전공범에 대한 시효기간을 기산한다.

간은 「형사소송법」 제249조(공소시효의 기간) 제1항[5]에서 정한 기간이다. 한편, 개개의 특별법에서는 당해 범죄의 성격 등 제반 사정을 고려하여 입법정책적으로 공소시효의 기산점과 시효기간에 관한 「형사소송법」의 일반규정을 변경하는 규정을 두기도 하는데, 위와 같은 경우에 특별법상의 공소시효에 관한 특칙의 해석은 당해 규정의 문언적 의미, 「형사소송법」의 일반규정에 변경을 가한 특별법의 입법취지 등을 고려하여 이루어져야 하고,[6] 이는 위탁선거법의 경우에도 마찬가지이다.

(2) '선거일 후'의 의미

선거일까지 발생한 범죄의 공소시효 기산일인 '선거일 후'는 '선거일 당일'이 아니라 '선거일 다음날'을 의미한다. 단기공소시효조항의 입법취지는 선거범죄에 대하여 「형사소송법」이 규정하고 있는 원칙적인 공소시효기간보다 짧은 공소시효를 정함으로써 사건을 조속히 처리하여 선거로 인한 법적 불안정 상태를 신속히 해소하고, 특히 선거에 의하여 선출된 조합 등의 임원들이 안정적으로 업무를 수행할 수 있도록 하기 위하여 당해 선거와 관련하여 선거일까지 발생한 선거범죄에 대하여는 범행일이 언제인지를 묻지 아니하고 선거일까지는 공소시효가 진행되지 않도록 하였다가 선거일 다음날부터 공소시효가 일괄하여 진행하도록 하려는 데 있다. 나아가 위 조항 중 괄호안의 '선거일 후'가 '선거일 다음날 이후'를 의미하는 것임은 의문의 여지가 없

---

4) 「형사소송법」 제66조(기간의 계산) ① 기간의 계산에 관하여는 시(時)로 계산하는 것은 즉시(卽時)부터 기산하고 일(日), 월(月) 또는 연(年)으로 계산하는 것은 초일을 산입하지 아니한다. 다만, 시효(時效)와 구속기간의 초일은 시간을 계산하지 아니하고 1일로 산정한다.

5) 「형사소송법」 제249조(공소시효의 기간) ① 공소시효는 다음 기간의 경과로 완성한다.

1. 사형에 해당하는 범죄에는 25년
2. 무기징역 또는 무기금고에 해당하는 범죄에는 15년
3. 장기 10년 이상의 징역 또는 금고에 해당하는 범죄에는 10년
4. 장기 10년 미만의 징역 또는 금고에 해당하는 범죄에는 7년
5. 장기 5년 미만의 징역 또는 금고, 장기 10년 이상의 자격정지 또는 벌금에 해당하는 범죄에는 5년
6. 장기 5년 이상의 자격정지에 해당하는 범죄에는 3년
7. 장기 5년 미만의 자격정지, 구류, 과료 또는 몰수에 해당하는 범죄에는 1년

6) 광주지방법원 2011. 11. 30. 선고 2011노2640 판결(피고인들이 수산업협동조합장 보궐선거에서 특정 후보자를 당선시킬 목적으로 조합원에게 돈을 제공하여 선거인을 매수함과 동시에 기부행위를 하였다는 내용으로 기소된 사안에서, 선거일 이전에 범한 선거범죄의 공소시효를 규정한 「수산업협동조합법」 제178조(벌칙) 제5항에서 '해당 선거일 후 6개월'은 해당 선거일 다음날 0시부터 기산하여 6개월을 경과한 때에 완성된다고 보아야 하는데도, 이와 달리 해당 선거일 당일 0시부터 기산해야 한다고 보아 면소를 선고한 1심 판결에 법리오해의 위법이 있다고 하여 파기한 후 각 유죄를 선고한 사례)

는데, 만약 위 조항 중 선거일까지 발생한 선거범죄에 대한 공소시효의 기산일인 괄호 밖의 '선거일 후'를 '선거일 다음날'이 아니라 '선거일 당일'로 해석한다면 동일한 법률조항에서 사용된 '선거일 후'의 의미를 서로 달리 해석하는 모순이 생기게 된다. 따라서 위 조항 중 선거일까지 발생한 선거범죄의 공소시효 기산일인 '선거일 후'는 '선거일 당일'이 아니라 '선거일 다음날'로 보는 것이 타당하다.[7]

(3) '해당 선거일' 등의 의미

'해당 선거일'[8]이란 그 선거범죄와 직접 관련된 선거의 투표일을 의미하는 것이므로, 그 선거범죄를 당해 선거일 전에 행하여진 것으로 보고 그에 대한 단기 공소시효의 기산일을 당해 선거일로 할 것인지 아니면 그 선거범죄를 당해 선거일 후에 행하여진 것으로 보고 그에 대한 단기공소시효의 기산일을 행위가 있는 날로 할 것인지의 여부는 선거범죄가 범행 전후의 어느 선거와 관련하여 행하여진 것인지에 따라 좌우된다.[9]

'선거일 후에 행하여진 범죄'란 선거일 후에 행하여진 일체의 선거범죄를 말한다.[10] 단일하고 계속된 범의 하에 피해법익이 같은 동종의 범행을 일정 기간 반복하여 행함에 따라 각 범행이 포괄일죄가 되는 경우 그 공소시효는 최종의 범죄행위가

---

7) 2012. 10. 11. 선고 2011도17404 판결, 광주지방법원 2011. 11. 30. 선고 2011노2640 판결

8) 헌법재판소는, 「공직선거법」 제268조(공소시효) 제1항 본문 중 '당해 선거일후'와 관련하여, '"당해 선거일"은 그 선거범죄와 직접 관련된 선거일을 의미하는 것임을 합리적으로 해석할 수 있고, 선거범죄와 직접 관련된 선거일이 범죄행위 전후에 이루어진 선거 중 어떠한 선거일에 해당하는지는 법을 해석·집행하는 기관이 행위의 주체, 상대방, 그 구체적 목적, 행위의 내용, 행위가 일어난 당시의 상황 등을 종합적으로 고려하여 각 사안마다 개별적·구체적으로 판단할 수 있다. 나아가 "당해 선거일후"는 위와 같이 직접 관련된 선거일 다음 날을 의미하는 것으로 볼 수 있다. 그렇다면 심판대상조항이 불명확하여 수범자의 예측가능성을 상실하게 한다거나 법 집행기관의 자의적인 해석을 가능하게 하는 법률조항이라고 볼 수 없으므로, 심판대상조항은 명확성원칙에 위반되지 아니한다.'고 판시하였다(2020. 3. 26. 선고 2019헌바210 결정). 이러한 헌법재판소의 견해는 위탁선거법의 경우에도 적용된다고 봄이 상당하다.

9) 2006. 8. 25. 선고 2006도3026 판결(일정 기간에 이루어진 기부행위 범행이 각 기부행위 전에 실시된 2002. 6. 13. 지방선거가 아니라 각 기부행위 후에 실시된 2006. 5. 31. 지방선거와 관련하여 행하여진 것이라는 이유로, 그 단기 공소시효의 기산일을 각 기부행위일이 아닌 당해 선거일인 2006. 5. 31.의 다음날로 본 사례), 제주지방법원 2018. 5. 16. 선고 2017고단2649 판결(2015. 3. 11. 실시한 제1회 전국동시조합장선거에서 조합장으로 당선되어 조합장으로 재직 중인 자가 2017. 2. 7. 기부행위를 한 것은 2019. 3.경에 치러질 차기 조합장선거와 관련된 것으로서 이 사건 공소가 위 선거일 이후 6개월 이전에 제기된 것이기 때문에 공소시효가 도과되지 않았다고 한 사례)

10) 2012. 9. 27. 선고 2012도4637 판결

종료한 때부터 진행하고, 이는 위탁선거법 제71조(공소시효) 본문 괄호부분의 공소시효에도 마찬가지이다.[11] 포괄일죄의 일부분에 대하여 공소제기가 된 경우, 그 공소제기에 의하여 그 공소사실과 동일성이 있는 범위 내에서는 비록 공소가 제기되지 않은 부분이 있더라도 법원의 잠재적 심판대상이 되어 공소시효가 정지되고, 그 시효정지의 효력은 공범자가 가담한 다른 공범자의 공소사실에 포함되어 있지 않았더라도 공범자에게 효력이 미친다.[12]

(4) 공소장변경의 경우 공소시효의 완성 여부

법원은 '공소장변경이 있는 경우에 「공직선거법」상의 공소시효의 완성 여부는 당초의 공소제기가 있었던 시점을 기준으로 판단할 것이고 공소장 변경시를 기준으로 삼을 것은 아니다'고 판시하였다.[13] 이러한 법원의 견해는 위탁선거의 경우에도 마찬가지로 적용된다고 봄이 상당하다.

나. 범인도피 및 공범 또는 참고인 도피시의 공소시효

범인이 도피한 때나 범인이 공범 또는 범죄의 증명에 필요한 참고인을 도피시킨 때에는 그 기간은 3년으로 한다(위탁선거법§71단서).

위 공소시효는 당해 선거일 후 3년(선거일 후에 행하여진 범죄는 그 행위가 있는 날부터 3년)을 경과함으로써 완성된다고 해석함이 상당하고, '범인이 도피한 때'에 해당하기 위해서는 범인이 주관적으로 수사기관의 검거·추적으로부터 벗어나려는 도피의사가 있어야 하고, 객관적으로 수사기관의 검거·추적이 불가능한 도피상태에 있어야 한다. 이때 도피의사는 수사기관의 검거·추적으로부터 벗어남으로써 수사, 재판 및 형의 집행 등 형사사법의 작용을 곤란 또는 불가능하게 한다는 인식으로 족하고, 궁극적으로 형사처분을 면할 목적이나 공소시효를 도과시키려는 목적을 필요로 하는 것은 아니다. 그리고 도피상태는 소재가 분명하더라도 검거·추적이 불가능한 경우를 포함하지만, 단순히 수사기관의 소환에 응하지 않고 있을 뿐 검거·추적이 가능한 경우에는 도피상태라고 볼 수 없다.[14]

---

11) 2012. 9. 27. 선고 2012도4637 판결
12) 2019. 3. 28. 선고 2018도18394 판결(서울고등법원 2018. 11. 8. 선고 2018노1898 판결)
13) 2002. 1. 22. 선고 2001도4014 판결
14) 2010. 5. 13. 선고 2010도1386 판결

2. 위반행위에 대한 중지 · 경고 등

가. 중지 · 경고 또는 시정명령

관할위원회 위원 · 직원은 직무수행 중에 위탁선거 위반행위를 발견한 때에는 중지 · 경고 또는 시정명령을 하여야 한다(위탁선거법§72①).

나. 수사의뢰 · 고발

관할위원회는 위탁선거 위반행위가 선거의 공정을 현저하게 해치는 것으로 인정되거나 중지 · 경고 또는 시정명령을 이행하지 아니하는 때에는 관할수사기관에 수사의뢰 또는 고발할 수 있다(위탁선거법§72②).

3. 위반행위에 대한 조사

가. 조사 및 자료제출요구

(1) 현장조사 · 자료제출요구

선거관리위원회 위원 · 직원은 위탁선거 위반행위에 관하여 다음 각 호의 어느 하나에 해당하는 경우에는 그 장소에 출입하여 관계인에 대하여 질문 · 조사를 하거나 관련 서류 그 밖에 조사에 필요한 자료의 제출을 요구할 수 있다(위탁선거법§73①).

1. 위탁선거 위반행위의 가능성이 있다고 인정되는 경우
2. 후보자가 제기한 위탁선거 위반행위의 가능성이 있다는 소명이 이유 있다고 인정되는 경우
3. 현행범의 신고를 받은 경우에 해당하는 경우

법원은 본 규정과 같은 내용의 「공직선거법」 제272조의2(선거범죄의 조사 등) 제1항[15]은 선거범죄 혐의와 관련된 장소에 출입하여 자료의 제출을 요구할 수 있는 규정이므로, 선거범죄 혐의와 관련이 없는 금융회사등에 신용카드 사용내역이나 승인

15) 「공직선거법」 제272조의2(선거범죄의 조사등) ① 각급선거관리위원회(읍 · 면 · 동선거관리위원회를 제외한다. 이하 이조에서 같다) 위원 · 직원은 선거범죄에 관하여 그 범죄혐의가 있다고 인정되거나, 후보자(경선후보자를 포함한다) · 예비후보자 · 선거사무장 · 선거연락소장 또는 선거사무원이 제기한 그 범죄의 혐의가 있다는 소명이 이유있다고 인정되는 경우 또는 현행범의 신고를 받은 경우에는 그 장소에 출입하여 관계인에 대하여 질문 · 조사를 하거나 관련서류 기타 조사에 필요한 자료의 제출을 요구할 수 있다.

내역의 제출을 요구할 수 있는 법적 근거가 될 수 없다고 보았는바,[16] 이는 위탁선거법 제73조(위반행위에 대한 조사 등) 제1항도 같다고 봄이 상당하다.

여기서 '관계인'이라 함은 당해 혐의사실을 알거나 알고 있을 것으로 보이는 사람과 그 혐의사실과 관련된 자료를 소지한 사람을 모두 포함하고 당해 혐의의 혐의자 본인이라고 하여 이에서 제외되는 것은 아니다.[17]

(2) 현장조사 · 자료제출요구 수인의무

누구든지 위탁선거법 제73조(위반행위에 대한 조사 등) 제1항에 따른 장소(이하 "위탁선거 위반행위 현장"이라 한다)의 출입을 방해하여서는 아니 되며 질문 · 조사를 받거나 자료의 제출을 요구받은 사람은 이에 따라야 한다(위탁선거법§73③).[18] 위 '자료제출요구 수인의무'는 선거관리위원회의 위원 · 직원의 위탁선거 위반행위에 대한 조사 등의 바탕이 되는 자료를 사실적 상태 그대로 제출하는 것을 의미하고, 그 자료는 '통상적인 선거운동과 관련하여 생성 · 보존 · 관리되는 자료'에 한정된다고 봄이 타당하다(혐의사실에 관련된 자료인 한 반드시 기존에 작성되어 있는 자료에 한하는 것은 아니다).[19]

선거관리위원회 위원 · 직원이 위탁선거 위반행위 현장에 출입하여 관계인에 대하여 자료제출을 요구하는 경우 정당한 사유 없이 출입을 방해하거나 자료제출의 요구

16) 부산고등법원(울산) 2023. 11. 2. 선고 2023노37 판결
17) 2001. 7. 13. 선고 2001도16 판결
18) 헌법재판소는, 자료제출의무를 부과하는 「공직선거법」 제272조의2(선거범죄의 조사 등) 제3항과 허위자료를 제출하는 자 등을 처벌하는 「공직선거법」 제256조(각종제한규정위반죄) 제5항 제12호가 영장주의에 위반되는지 여부에 관하여, '선거관리위원회의 본질적 기능은 선거의 공정한 관리 등 행정기능이고, 그 효과적인 기능 수행과 집행의 실효성을 확보하기 위한 수단으로서 선거범죄 조사권을 인정하고 있다. 심판대상조항에 의한 자료제출요구는 위와 같은 조사권의 일종으로서 행정조사에 해당하고, 선거범죄 혐의유무를 명백히 하여 공소의 제기와 유지 여부를 결정하려는 목적으로 범인을 발견 · 확보하고 증거를 수집 · 보관하기 위한 수사기관의 활동인 수사와는 근본적으로 그 성격을 달리한다. 심판대상조항에서 자료제출요구는 그 성질상 대상자의 자발적 협조를 전제로 할 뿐이고 물리적 강제력을 수반하지 아니한다. 심판대상조항은 피조사자로 하여금 자료제출요구에 응할 의무를 부과하고, 허위 자료를 제출한 경우 형사처벌하고 있으나, 이는 형벌에 의한 불이익이라는 심리적, 간접적 강제수단을 통하여 진실한 자료를 제출하도록 함으로써 조사권 행사의 실효성을 확보하기 위한 것이다. 이와 같이 심판대상조항에 의한 자료제출요구는 행정조사의 성격을 가지는 것으로 수사기관의 수사와 근본적으로 그 성격을 달리하며, 직접적으로 어떠한 물리적 강제력을 행사하는 강제처분을 수반하는 것이 아니므로 영장주의의 적용대상이 아니다.'고 판시하였다(2019. 9. 26. 선고 2016헌바381 결정). 이러한 헌법재판소의 견해는 위탁선거법의 경우에도 적용된다고 봄이 상당하다.
19) 부산고등법원 2015. 1. 14. 선고 2014노758 판결(부산지방법원 2014. 10. 17. 선고 2014고합73 판결)

에 불응하거나 허위자료를 제출할 때에는 위탁선거법 제66조(각종제한규정위반죄) 제2항 제12호에 따라 처벌받을 수 있음을 알려야 한다(위탁선거규칙§35①).

(3) 서면조사 및 자료제출요구[20)]

선거관리위원회 위원·직원은 직접 방문하여 조사하는 경우 외에 필요하다고 인정될 때에는 서면답변 또는 자료의 제출을 요구할 수 있다(위탁선거규칙§35④).

(4) 조사에 필요한 조치 실시

선거관리위원회 위원·직원은 조사업무 수행 중 필요하다고 인정될 때에는 질문답변내용의 기록, 녹음·녹화, 사진촬영, 위탁선거 위반행위와 관련 있는 서류의 복사 또는 수집, 그 밖에 필요한 조치를 취할 수 있다(위탁선거규칙§35③).

(5) 신분증 제시 등

선거관리위원회 위원·직원이 위탁선거 위반행위 현장에 출입하거나 질문·조사·자료의 제출을 요구하는 경우에는 관계인에게 그 신분을 표시하는 증표를 제시하고 소속과 성명을 밝히고 그 목적과 이유를 설명하여야 한다(위탁선거법§73⑤). 선거관리위원회 위원·직원의 신분을 표시하는 증표는 위탁선거규칙이 정하는 양식[21)]에 따르되, 선거관리위원회가 발행하는 위원신분증 또는 공무원증으로 갈음할 수 있다(위탁선거규칙§35⑧).

선거관리위원회 위원·직원이 선거범죄와 관련하여 질문·조사하거나 자료의 제출을 요구하는 경우에는 관계인에게 그 신분을 표시하는 증표를 제시하고 소속과 성명을 밝히고 그 목적과 이유를 설명하여야 하는 바, 이는 선거범죄의 조사와 관련하여 조사를 받는 관계인의 사생활의 비밀과 자유 내지 자신에 대한 정보를 결정할 자유,

---

20) 중앙선거관리위원회는 2019. 4. 조합장선거의 경우에도 공직선거와 같이 정보통신망이나 전화이용 불법선거운동이 있으나, 객관적인 증거자료 확보에 어려움이 있고, 조합원을 대상으로 금품제공 시 동원된 자금의 출처를 확인하기 위해서는 금융거래자료의 확보가 필수적임에도 이를 수집·확보할 수 있는 권한이 없어 조사에 한계가 있으므로 이를 보완하기 위하여, '(정보통신망 이용 위법행위 관련) 해당 정보통신서비스 이용자의 성명·주소·이용기간·이용요금에 대한 자료의 열람이나 제출을 요청할 수 있도록 하고, (전화이용 위법행위 관련) 이용자의 성명·주소·이용기간·이용요금, 송화자 또는 수화자의 전화번호, 설치장소·설치대수에 대한 자료의 열람이나 제출을 요청할 수 있도록 하고, 위탁선거 위반혐의에 대한 조사를 위하여 불가피한 경우 다른 법률의 규정에 불구하고 혐의자의 금융거래 자료제출을 요구'할 수 있도록 하는 내용의 위탁선거법 개정의견을 국회에 제출하였다(중앙선거관리위원회, 「공공단체등 위탁선거에 관한 법률 개정의견」, 2019. 4., 19-20쪽).

21) 위탁선거규칙 별지 제30호 양식(신분증명서)

재산권 등이 침해되지 않도록 하기 위한 절차적 규정이므로, 선거관리위원회 위원·직원이 관계인에게 사전에 설명할 '조사의 목적과 이유'에는 조사할 선거범죄혐의의 요지, 관계인에 대한 조사가 필요한 이유뿐만 아니라 관계인의 진술을 기록 또는 녹음·녹화한다는 점도 포함된다. 따라서 선거관리위원회 위원·직원이 관계인에게 진술이 녹음된다는 사실을 미리 알려주지 아니한 채 진술을 녹음하였다면, 그와 같은 조사절차에 의하여 수집된 녹음파일 내지 그에 터 잡아 작성된 녹취록은 「형사소송법」 제308조의2(위법수집증거의 배제)[22]에서 정하는 '적법한 절차에 따르지 아니하고 수집한 증거'에 해당하여 원칙적으로 증거로 쓸 수 없다.[23]

(6) 진술거부권

법원은 '진술거부권이 보장되는 절차에서 진술거부권을 고지받을 권리가 「헌법」 제12조 제2항[24]에 의하여 바로 도출된다고 할 수는 없고, 이를 인정하기 위해서는 입법적 뒷받침이 필요한데, 수사기관의 피의자에 대한 진술거부권 고지를 규정한 「형사소송법」 제244조의3(진술거부권 등의 고지) 제1항[25]이 구「공직선거법(2013. 8. 13. 법률 제12111호로 개정되기 전의 것)」상 선거관리위원회 위원·직원의 조사절차에 당연히 유추된다고 볼 수 없는 것[26]과 마찬가지로, 위탁선거법에 진술거부권 등에 관한 규정이 없는 이상 위탁선거법에 따른 조사절차에는 진술거부권 등 고지의무를 인정할 수 없고, 「공직선거법」상 진술거부권 등 고지의무 관련 규정이 유추적용된다고 볼 것은 아니다. 오히려 「공직선거법」이 2013. 8. 13. 법률 제12111호로 개정되면서 진술거부권 등 고지 규정[27]이 신설되었는데, 그 후 국회가 2014. 6. 11. 새로 위탁선거법을

---

22) 「형사소송법」 제308조의2(위법수집증거의 배제) 적법한 절차에 따르지 아니하고 수집한 증거는 증거로 할 수 없다.

23) 2014. 10. 15. 선고 2011도3509 판결

24) 「헌법」 제12조 ② 모든 국민은 고문을 받지 아니하며, 형사상 자기에게 불리한 진술을 강요당하지 아니한다.

25) 「형사소송법」 제244조의3(진술거부권 등의 고지) ① 검사 또는 사법경찰관은 피의자를 신문하기 전에 다음 각 호의 사항을 알려주어야 한다.
1. 일체의 진술을 하지 아니하거나 개개의 질문에 대하여 진술을 하지 아니할 수 있다는 것
2. 진술을 하지 아니하더라도 불이익을 받지 아니한다는 것
3. 진술을 거부할 권리를 포기하고 행한 진술은 법정에서 유죄의 증거로 사용될 수 있다는 것
4. 신문을 받을 때에는 변호인을 참여하게 하는 등 변호인의 조력을 받을 수 있다는 것

26) 2014. 1. 16. 선고 2013도5441 판결

27) 「공직선거법」 제272조의2(선거범죄의 조사등) ⑦ 각급선거관리위원회 위원·직원이 제1항에 따라 피조사자에 대하여 질문·조사를 하는 경우 질문·조사를 하기 전에 피조사자에게 진술을 거부할 수 있는 권리 및 변호인의 조력을 받을 권리가 있음을 알리고, 문답서에 이에 대한 답변을

제정하면서도 진술거부권 등 고지 규정을 도입하지 않은 것은 「공직선거법」이 적용되는 선거와 위탁선거법이 적용되는 선거 사이의 법적 성격 및 양 선거에서의 선거관리위원회의 지위의 차이 등을 고려한 것으로 이해함이 타당하다.'고 판시하였다.[28)]

그러나 국회가 위탁선거법을 제정하면서 진술거부권 등 고지 규정을 도입하지 않은 것은 입법상의 과오이고, 진술거부권이 보장되는 절차에서 진술거부권을 고지 받을 권리는 「헌법」 제12조 제2항에서 도출되는 헌법상의 권리라고 봄이 상당하다. 논란을 잠재우기 위해서는 위탁선거법의 개정이 필요하다.

나. 증거물품 수거

선거관리위원회 위원·직원은 위탁선거 위반행위 현장에서 위탁선거 위반행위에 사용된 증거물품으로서 증거인멸의 우려가 있다고 인정되는 때에는 조사에 필요한 범위에서 현장에서 이를 수거할 수 있다. 이 경우 해당 선거관리위원회 위원·직원은 수거한 증거물품을 그 관련된 위탁선거 위반행위에 대하여 고발 또는 수사의뢰한 때에는 관계 수사기관에 송부하고, 그러하지 아니한 때에는 그 소유·점유·관리하는 사람에게 지체 없이 반환하여야 한다(위탁선거법§73②). 선거관리위원회 위원·직원은 위탁선거 위반행위에 사용된 증거물품을 수거한 경우에는 그 목록 2부를 작성하여 그 중 1부를 해당 물품을 소유·점유 또는 관리하는 자에게 교부하고, 나머지 1부는 관할위원회에 제출하여야 한다(위탁선거규칙§35⑤).

다. 동행·출석 요구

선거관리위원회 위원·직원은 위탁선거 위반행위 조사와 관련하여 관계자에게 질문·조사하기 위하여 필요하다고 인정되는 때에는 선거관리위원회에 동행 또는 출석할 것을 요구할 수 있다. 다만, 선거기간 중 후보자에 대하여는 동행 또는 출석을 요구할 수 없다(위탁선거법§73④).

선거관리위원회 위원·직원이 관계자에게 동행을 요구할 때에는 구두로 할 수 있으며, 출석을 요구할 때에는 위탁선거규칙이 정하는 서식[29)]에 따른다. 이 경우 「형사소송법」 제211조(현행범인과 준현행범인)[30)]에 규정된 현행범인 또는 준현행범인에 해

기재하여야 한다.

28) 창원지방법원 통영지원 2020. 1. 7. 선고 2019고단947 판결

29) 위탁선거규칙 별지 제29호 서식(출석요구)

30) 「형사소송법」 제211조(현행범인과 준현행범인) ① 범죄를 실행하고 있거나 실행하고 난 직후의

당하는 관계자에게 동행요구를 할 때에는 정당한 사유 없이 동행요구에 응하지 아니하는 경우 위탁선거법 제68조(과태료의 부과 · 징수 등) 제1항에 따라 과태료를 부과할 수 있음을 알려야 한다(위탁선거규칙§35⑥).

선거관리위원회는 중앙선거관리위원회 위원장이 정하는 바에 따라 위탁선거 위반행위 조사와 관련하여 동행 또는 출석한 관계자에게 여비 · 일당을 지급할 수 있다(위탁선거규칙§35⑦).

라. 원조 요구

선거관리위원회 위원 · 직원은 조사업무에 필요하다고 인정될 때에는 위탁선거법 제6조(선거관리의 협조) 제1항에 따라 경찰공무원 · 경찰관서의 장이나 행정기관의 장에게 원조를 요구할 수 있다(위탁선거규칙§35②).

마. 벌칙 등

(1) 벌칙

위탁선거법 제73조(위반행위에 대한 조사 등) 제3항을 위반하여 출입을 방해하거나 자료제출의 요구에 응하지 아니한 자 또는 허위자료를 제출한 자, 즉 선거관리위원회의 위원 · 직원이 위탁선거 위반행위 현장에 출입하는 것을 방해하거나 자료의 제출을 요구하는 선거관리위원회의 위원 · 직원의 요구에 응하지 아니하거나 허위의 자료를 제출한 자는 2년 이하의 징역 또는 2천만원 이하의 벌금에 처한다(위탁선거법§66②12.).

지역 축제에 후원금을 교부하면서 나중에 기부행위위반으로 문제가 될 경우를 대비하여 마치 투자금 명목으로 돈을 지급한 것처럼 가장하기 위하여 허위로 작성하여 보관한 투자약정서를 선거관리위원회의 조사 과정에서 제출한 경우 본 죄가 성립한다.[31]

(2) 제재

「형사소송법」 제211조(현행범인과 준현행범인)에 규정된 현행범인 또는 준현행범인

사람을 현행범인이라 한다.

② 다음 각 호의 어느 하나에 해당하는 사람은 현행범인으로 본다.

1. 범인으로 불리며 추적되고 있을 때
2. 장물이나 범죄에 사용되었다고 인정하기에 충분한 흉기나 그 밖의 물건을 소지하고 있을 때
3. 신체나 의복류에 증거가 될 만한 뚜렷한 흔적이 있을 때
4. 누구냐고 묻자 도망하려고 할 때

31) 광주지방법원 해남지원 2023. 10. 19. 선고 2023고단149 판결

으로서 위탁선거법 제73조(위반행위에 대한 조사 등) 제4항의 동행요구에 응하지 아니한 자, 즉 위탁선거범죄의 현행범인 또는 준현행범인으로서 선거관리위원회의 위원·직원으로부터 위탁선거 위반행위 조사와 관련하여 동행할 것을 요구받고 이에 응하지 아니한 자에게는 300만원 이하의 과태료를 부과한다(위탁선거법§68①).

위탁선거법 제73조(위반행위에 대한 조사 등) 제4항에 따른 출석요구에 정당한 사유 없이 응하지 아니한 자, 즉 선거관리위원회의 위원·직원으로부터 위탁선거 위반행위 조사와 관련하여 선거관리위원회에 동행 또는 출석을 요구받고도 정당한 사유 없이 이에 응하지 아니한 자에게는 100만원 이하의 과태료를 부과한다(위탁선거법§68②2.).

(3) 벌칙 및 제재의 적용범위

위탁선거법 제73조(위반행위에 대한 조사 등) 제3항을 위반하여 출입을 방해하거나 자료제출의 요구에 응하지 아니한 자 또는 허위자료를 제출한 자를 처벌하는 규정인 위탁선거법 제66조(각종 제한규정 위반죄) 제2항 제12호는 의무위탁선거 및 임의위탁선거 모두에 적용된다(위탁선거법§57).

「형사소송법」 제211조(현행범인과 준현행범인)에 규정된 현행범인 또는 준현행범인으로서 위탁선거법 제73조(위반행위에 대한 조사 등) 제4항에 따른 동행요구에 응하지 아니한 자에게 과태료를 부과하는 규정인 위탁선거법 제68조(과태료의 부과·징수 등) 제1항과 위탁선거법 제73조(위반행위에 대한 조사 등) 제4항에 따른 출석요구에 정당한 사유 없이 응하지 아니한 자에게 과태료를 부과하는 규정인 위탁선거법 제68조(과태료의 부과·징수 등) 제2항 제2호는 의무위탁선거 및 임의위탁선거 모두에 적용된다(위탁선거법§57).

4. 자수자에 대한 특례

가. 의의

위탁선거법 제58조(매수 및 이해유도죄) 또는 제59조(기부행위의 금지·제한 등 위반죄)의 죄를 범한 사람 중 금전·물품이나 그 밖의 이익 등을 받거나 받기로 승낙한 사람이 자수한 때에는 그 형을 감경 또는 면제한다. 다만, 다음 각 호의 어느 하나에 해당하는 사람은 그러하지 아니하다(위탁선거법§74①).

1. 후보자 및 그 배우자

2. 후보자 또는 그 배우자의 직계존비속 및 형제자매
3. 후보자의 직계비속 및 형제자매의 배우자
4. 거짓의 방법으로 이익 등을 받거나 받기로 승낙한 사람

'자수'라 함은 범인이 스스로 수사책임이 있는 관서에 자기의 범행을 자발적으로 신고하고, 그 처분을 구하는 의사표시를 말한다. 가령 수사기관의 직무상의 질문 또는 조사에 응하여 범죄사실을 진술하는 것은 자백일 뿐, 자수로는 되지 않는다.[32] 수사기관의 조사에 응하여 범죄사실을 자백하였을 뿐, 스스로 사건 범행을 자발적으로 신고하고 그 처분을 구하는 의사표시를 한 적이 없는 경우에는 위탁선거법 제74조(자수자에 대한 특례) 제1항에서 정한 '자수한 때'에 해당한다고 볼 수 없다.[33]

나. 시기

위탁선거법 제58조(매수 및 이해유도죄) 또는 제59조(기부행위의 금지·제한 등 위반죄)의 죄를 범한 사람 중 금전·물품이나 그 밖의 이익 등을 받거나 받기로 승낙한 사람이 선거관리위원회에 자신의 해당 범죄사실을 신고하여 선거관리위원회가 관계 수사기관에 이를 통보한 때에는 선거관리위원회에 신고한 때를 자수한 때로 본다(위탁선거법§74②).

자수는 범행이 발각되고 지명수배된 후의 자진출두도 포함된다.[34] 투표관리관은

32) 2002. 6. 25. 선고 2002도1893 판결

33) 대구지방법원 2019. 11. 1. 선고 2019노2851 판결

34) 대법원은 「공직선거법」 제262조(자수자에 대한 특례)와 관련하여, '「형법」이나 「국가보안법」등이 자수에 대하여 형을 감면하는 정도를 그 입법취지에 따라 달리 정하고 자수의 요건인 자수시기에 관하여도 각각 달리 정하고 있는 점에 미루어 보면, 어느 죄에 관한 자수의 요건과 효과가 어떠한가 하는 문제는 논리필연적으로 도출되는 문제가 아니라, 그 입법취지가 자수의 두 가지 측면, 즉 범죄를 스스로 뉘우치고 개전의 정을 표시하는 것으로 보아 비난가능성이 약하다는 점과 자수를 하면 수사를 하는 데 용이할 뿐 아니라 형벌권을 정확하게 행사할 수 있어 죄 없는 자에 대한 처벌을 방지할 수 있다는 점 중 어느 한쪽을 얼마만큼 중시하는지 또는 양자를 모두 고려하는지에 따라 입법 정책적으로 결정된다. 「공직선거법」 제262조(자수자에 대한 특례)가 제230조(매수 및 이해유도죄) 제1항 등 금품이나 이익 등의 수수에 의한 선거부정관련 범죄에 대하여 자수한 경우에 필요적 형면제를 규정한 주된 입법 취지는, 이러한 범죄유형은 당사자 사이에 은밀히 이루어져 그 범행발견이 어렵다는 점을 고려하여 금품 등을 제공받은 사람으로 하여금 사실상 신고를 하도록 유도함으로써 금품 등의 제공자를 효과적으로 처벌하려는데 있다. 형벌법규의 해석에 있어서 법규정 문언의 가능한 의미를 벗어나는 경우에는 유추해석으로서 죄형법정주의에 위반하게 된다. 그리고 유추해석금지의 원칙은 모든 형벌법규의 구성요건과 가벌성에 관한 규정에 준용되는데, 위법성 및 책임의 조각사유나 소추조건, 또는 처벌조각사유인 형면제 사유에 관하여 그 범위를 제한적으로 유추적용하게 되면 행위자의 가벌성의 범위는 확대

선거범죄를 조사할 수 있는 선거관리위원회의 직원이라고 볼 수 없으므로,[35] 투표관리관에 대하여는 선거범죄의 자수가 성립하지 아니한다.[36]

5. 위탁선거범죄신고자 등의 보호

가. 「특정범죄신고자 등 보호법」 준용

위탁선거법에 규정된 범죄에 관한 신고·진정·고소·고발 등 조사 또는 수사단서의 제공, 진술 또는 증언, 그 밖의 자료제출행위 및 범인검거를 위한 제보 또는 검거활동을 한 사람(이하 "위탁선거범죄신고자등"이라 한다)이 그와 관련하여 피해를 입거나 입을 우려가 있다고 인정할 만한 상당한 이유가 있는 경우 해당 범죄에 관한 형사절차 및 관할위원회의 조사과정에서는 「특정범죄신고자 등 보호법」 제5조(불이익처우의 금지)·제7조(인적사항의 기재 생략)·제9조(신원관리카드의 열람)부터 제12조(소송진행의 협의 등)까지 및 제16조(범죄신고자등에 대한 형의 감면)를 준용한다(위탁선거법§75①).

위탁선거범죄신고자등이라 함은 「특정범죄신고자 등 보호법」 제7조(인적사항의 기재 생략)에 의하여 조서 기타 서류에 위탁선거범죄신고자등의 인적사항의 기재가 생략되고 신원관리카드에 그 인적사항이 등재된 위탁선거범죄신고자등을 뜻한다. 따라서 위탁선거범죄신고를 접수하여 수사한 경찰이 조서 기타 서류에 인적사항의 기재

되어 행위자에게 불리하게 되는바, 이는 가능한 문언의 의미를 넘어 범죄구성요건을 유추적용하는 것과 같은 결과가 초래되어 죄형법정주의의 파생원칙인 유추해석금지의 원칙에 위반하여 허용될 수 없다. 한편 「형법」 제52조(자수, 자복)나 「국가보안법」 제16조(형의 감면) 제1호에서도 「공직선거법」 제262조(자수자에 대한 특례)에서와 같이 모두 '범행발각 전'이라는 제한 문언 없이 '자수'라는 단어를 사용하고 있는데 「형법」 제52조(자수, 자복)나 「국가보안법」 제16조(형의 감면) 제1호의 '자수'에는 범행이 발각되고 지명수배된 후의 자진출두도 포함되는 것으로 판례가 해석하고 있으므로 이것이 '자수'의 관용적 용례라고 할 것이며, 「공직선거법」 제262조(자수자에 대한 특례)의 '범행발각 전에 자수한 경우'로 한정하는 풀이는 '자수'라는 단어가 통상 관용적으로 사용되는 용례에서 갖는 개념 외에 '범행발각 전'이라는 또 다른 개념을 추가하는 것으로서 결국은 '언어의 가능한 의미'를 넘어 「공직선법」 제262조(자수자에 대한 특례)의 '자수'의 범위를 그 문언보다 제한함으로써 「공직선거법」 제230조(매수 및 이해유도죄) 제1항 등의 처벌범위를 실정법 이상으로 확대한 것이 되고, 따라서 이는 단순한 목적론적 축소에 그치는 것이 아니라 형면제 사유에 대한 제한적 유추를 통하여 처벌범위를 실정법 이상으로 확대한 것으로서 죄형법정주의의 파생원칙인 유추해석금지의 원칙에 위반된다.'고 판시하였다(1997. 3. 20. 선고 96도1167 전원합의체 판결). 이러한 법원의 견해는 위탁선거법의 경우에도 적용된다고 봄이 상당하다.

35) 2015. 6. 26. 선고 2015도5474 판결(서울고등법원 2015. 4. 9. 선고 2015노512 판결)

36) 졸저, 『선거법강의 제2판』, 박영사, 832－833쪽

를 생략하고 위탁선거범죄신고자등 신원관리카드에 등재하는 등 보호조치를 취하지 않는 이상 위탁선거범죄신고자등에 해당하지 않는다.37)

'피해를 입거나 입을 우려가 있다고 믿을 만한 상당한 이유가 있는 경우'라 함은 피해를 반드시 「특정범죄신고자 등 보호법」이 규정하는 보복을 당할 우려가 있는 경우, 즉 범죄신고 등과 관련하여 생명 또는 신체에 대한 위해나 재산 등에 대한 피해를 입거나 입을 우려가 있다고 인정할 만한 충분한 이유가 있는 것으로 제한하여 한정적으로 해석할 것은 아니고, 신고자등이 혐의사실 용의자나 그 측근과 같은 지역에 거주하면서 조우하는 경우, 같은 지역에 거주하는 지역주민들로부터 신고자등으로 낙인찍히는 경우 등 널리 일상생활에서 겪게 되는 불편함까지 포함하는 것으로 해석함이 상당하다.38)

나. 불이익 처우의 금지

위탁선거범죄신고자등을 고용하고 있는 자(고용주를 위하여 근로자에 관한 업무를 행하는 자를 포함한다)는 피고용자가 위탁선거범죄신고 등을 하였다는 이유로 해고나 그 밖의 불이익한 처우를 하여서는 아니 된다(위탁선거법§75①, 특정범죄신고자 등 보호법§5).

다. 문답서 등의 인적사항 미기재 및 신원관리카드 등재

(1) 문답서 등의 인적사항 미기재

선거관리위원회 위원·직원은 위탁선거범죄신고와 관련하여 문답서·확인서, 그 밖의 서류(이하 "문답서등"이라 한다)를 작성하는 경우 위탁선거범죄신고자등의 성명·연령·주소 및 직업 등 신원을 알 수 있는 사항(이하 "인적사항"이라 한다)의 전부 또는 일부를 기재하지 아니할 수 있다(위탁선거규칙§36①).

위탁선거범죄신고자등은 문답서등을 작성하는 경우 선거관리위원회 위원·직원의 승인을 얻어 인적사항의 전부 또는 일부를 기재하지 아니할 수 있다(위탁선거규칙§36②).

검사 또는 사법경찰관은 위탁선거범죄신고 등과 관련하여 조서나 그 밖의 서류(이하 "조서등"이라 한다)를 작성할 때 위탁선거범죄신고자등이나 그 친족 등이 보복을 당할 우려가 있는 경우에는 그 취지를 조서등에 기재하고 위탁선거범죄신고자등의 인

37) 2006. 5. 25. 선고 2005도2049 판결
38) 2015. 11. 12. 선고 2015도11112 판결(대전고등법원 2015. 7. 6. 선고 2005노158 판결)

적사항은 기재하지 아니한다(위탁선거법§75①, 「특정범죄신고자 등 보호법」§7①). 사법경찰관이 조서등에 위탁선거범죄신고자등의 인적사항의 전부 또는 일부를 기재하지 아니한 경우에는 즉시 검사에게 보고하여야 한다(위탁선거법§75①, 특정범죄신고자 등 보호법§7②).

(2) 신원관리카드 등재 및 제출

선거관리위원회 위원·직원은 문답서등에 기재하지 아니한 인적사항을 위탁선거규칙이 정하는 서식[39]에 따른 위탁선거범죄신고자등 신원관리카드에 등재하여야 한다(위탁선거규칙§36③). 관할위원회가 수사의뢰 또는 고발을 하는 경우에는 조사서류와 별도로 신원관리카드를 봉인하여 조사기록과 함께 관할 경찰관서 또는 관할 검찰청에 제출하여야 한다(위탁선거규칙§36④).

(3) 신원관리카드의 열람

법원은 다른 사건의 재판에 필요한 경우에는 검사에게 신원관리카드의 열람을 요청할 수 있다. 이 경우 요청을 받은 검사는 위탁선거범죄신고자등이나 그 친족 등이 보복을 당할 우려가 있는 경우 외에는 그 열람을 허용하여야 한다(위탁선거법§75①, 특정범죄신고자 등 보호법§9①).

① 검사나 사법경찰관이 다른 사건의 수사에 필요한 경우, ② 변호인이 피고인의 변호에 필요한 경우, ③「특정범죄신고자 등 보호법」 제14조(범죄신고자등 구조금)[40]

---

39) 위탁선거규칙 별지 제31호 서식(위탁선거범죄신고자등 신원관리카드)

40) 「특정범죄신고자 등 보호법」 제14조(범죄신고자등 구조금) ① 국가는 범죄신고자등이나 그 친족등이 보복을 당한 우려가 있는 경우로서 그로 인하여 중대한 경제적 손실 또는 정신적 고통을 받았거나 이사·전직 등으로 비용을 지출하였거나 지출할 필요가 있을 때에는 범죄신고자등, 그 법정대리인 또는 친족등의 신청에 의하여 범죄신고자등 구조금(이하 "구조금"이라 한다)을 지급할 수 있다.
② 구조금의 금액은 보복의 위험성, 지급대상자의 직업·신분·생활수준, 경제적 손실과 정신적 고통의 정도, 지출비용, 그 밖의 필요한 사항을 고려하여 대통령령으로 정하는 한도에서 결정한다.
③ 구조금 지급에 관한 사항을 심의·결정하기 위하여 지방검찰청에 범죄신고자등 구조심의회(이하 "심의회"라 한다)를 둔다.
④ 심의회는 법무부장관의 지휘·감독을 받는다.
⑤ 심의회는 구조금 지급에 관한 사항을 심의·결정하기 위하여 필요할 때에는 신청인이나 그 밖의 관계인을 조사하거나 행정기관 또는 공·사단체에 필요한 사항을 알아볼 수 있다. 이 경우 행정기관 및 공·사단체는 특별한 사유가 없으면 이에 따라야 한다.
⑥ 심의회의 구성·운영 및 구조금 지급에 필요한 사항은 대통령령으로 정한다.

에 따른 위탁선거범죄신고자등 구조금 지급에 관한 심의 등 공무상 필요한 경우에 해당하는 경우에는 그 사유를 소명하고 검사의 허가를 받아 신원관리카드를 열람할 수 있다. 다만, 위탁선거범죄신고자등이나 그 친족 등이 보복을 당할 우려가 있는 경우에는 열람을 허가하여서는 아니 된다(위탁선거법§75①, 특정범죄신고자 등 보호법§9②).

피의자 또는 피고인이나 그 변호인 또는 법정대리인, 배우자, 직계친족과 형제자매는 피해자와의 합의를 위하여 필요한 경우에 검사에게 위탁선거범죄신고자등과의 면담을 신청할 수 있다(위탁선거법§75①, 특정범죄신고자 등 보호법§9③). 면담 신청을 받은 검사는 즉시 그 사실을 위탁선거범죄신고자등에게 통지하고, 위탁선거범죄신고자등이 이를 승낙한 경우에는 검사실 등 적당한 장소에서 위탁선거범죄신고자등이나 그 대리인과 면담을 할 수 있도록 조치할 수 있다(위탁선거법§75①, 특정범죄신고자 등 보호법§9④).

피고인의 변호를 위해 신원관리카드의 열람을 신청한 변호인과 피해자와의 합의를 위해 면담 신청을 한 자는 검사의 거부처분에 대하여 이의신청을 할 수 있다(위탁선거법§75①, 특정범죄신고자 등 보호법§9⑤). 이의신청은 그 검사가 소속된 지방검찰청검사장(지청의 경우에는 지청장)에게 서면으로 제출하여야 한다. 이의신청을 받은 검사장 또는 지청장은 이의신청이 이유가 있다고 인정하는 경우에는 신원관리카드의 열람을 허가하거나 위탁선거범죄신고자등이나 그 대리인과 면담할 수 있도록 조치하여야 한다(위탁선거법§75①, 특정범죄신고자 등 보호법§9⑥).

라. 영상물 촬영

위탁선거범죄신고자등에 대하여 「형사소송법」 제184조(증거보전의 청구와 그 절차)[41] 또는 제221조의2(증인신문의 청구)[42]에 따른 증인신문을 하는 경우 판사는 직권으로

---

41) 「형사소송법」 제184조(증거보전의 청구와 그 절차) ① 검사, 피고인, 피의자 또는 변호인은 미리 증거를 보전하지 아니하면 그 증거를 사용하기 곤란한 사정이 있는 때에는 제1회 공판기일 전이라도 판사에게 압수, 수색, 검증, 증인신문 또는 감정을 청구할 수 있다.
② 전항의 청구를 받은 판사는 그 처분에 관하여 법원 또는 재판장과 동일한 권한이 있다.
③ 제1항의 청구를 함에는 서면으로 그 사유를 소명하여야 한다.
④ 제1항의 청구를 기각하는 결정에 대하여는 3일 이내에 항고할 수 있다.

42) 「형사소송법」 제221조의2(증인신문의 청구) ① 범죄의 수사에 없어서는 아니 될 사실을 안다고 명백히 인정되는 자가 전조의 규정에 의한 출석 또는 진술을 거부한 경우에는 검사는 제1회 공판기일 전에 한하여 판사에게 그에 대한 증인신문을 청구할 수 있다.
③ 제1항의 청구를 함에는 서면으로 그 사유를 소명하여야 한다.
④ 제1항의 청구를 받은 판사는 증인신문에 관하여 법원 또는 재판장과 동일한 권한이 있다.

또는 검사의 신청에 의하여 그 과정을 비디오테이프 등 영상물로 촬영할 것을 명할 수 있다(위탁선거법§75①, 특정범죄신고자 등 보호법§10①). 영상물의 촬영비용 및 복사에 관하여는 「형사소송법」 제56조의2(공판정에서의 속기·녹음 및 영상녹화) 제2항 및 제3항[43])을 준용한다(위탁선거법§75①, 특정범죄신고자 등 보호법§10②).

촬영한 영상물에 수록된 위탁선거범죄신고자등의 진술은 이를 증거로 할 수 있다(위탁선거법§75①, 특정범죄신고자 등 보호법§10③).

마. 증인 소환 및 신문의 특례

조서 등에 인적사항을 기재하지 아니한 위탁선거범죄신고자등을 증인으로 소환할 때에는 검사에게 소환장을 송달한다(위탁선거법§75①, 특정범죄신고자 등 보호법§11①). 재판장 또는 판사는 소환된 증인 또는 그 친족 등이 보복을 당할 우려가 있는 경우에는 참여한 법원서기관 또는 서기로 하여금 공판조서에 그 취지를 기재하고 해당 증인의 인적사항의 전부 또는 일부를 기재하지 아니하게 할 수 있다. 이 경우 재판장 또는 판사는 검사에게 신원관리카드가 작성되지 아니한 증인에 대한 신원관리카드의 작성 및 관리를 요청할 수 있다(위탁선거법§75①, 특정범죄신고자 등 보호법§11②). 재판장 또는 판사는 증인의 인적 사항이 신원확인, 증언 등 증인신문의 모든 과정에서 공개되지 아니하도록 하여야 한다. 이 경우 소환된 증인의 신원확인은 검사가 제시하는 신원관리카드로 한다(위탁선거법§75①, 특정범죄신고자 등 보호법§11③).

공판조서에 인적사항을 기재하지 아니하는 경우 재판장 또는 판사는 위탁선거범죄신고자등으로 하여금 선서서에 가명으로 서명·무인하게 하여야 한다. 이 경우 가명으로 된 서명은 본명의 서명과 동일한 효력이 있다(위탁선거법§75①, 특정범죄신고자 등

---

⑤ 판사는 제1항의 청구에 따라 증인신문기일을 정한 때에는 피고인·피의자 또는 변호인에게 이를 통지하여 증인신문에 참여할 수 있도록 하여야 한다.

⑥ 판사는 제1항의 청구에 의한 증인신문을 한 때에는 지체 없이 이에 관한 서류를 검사에게 송부하여야 한다.

43) 「형사소송법」 제56조의2(공판정에서의 속기·녹음 및 영상녹화) ① 법원은 검사, 피고인 또는 변호인의 신청이 있는 때에는 특별한 사정이 없는 한 공판정에서의 심리의 전부 또는 일부를 속기사로 하여금 속기하게 하거나 녹음장치 또는 영상녹화장치를 사용하여 녹음 또는 영상녹화(녹음이 포함된 것을 말한다)하여야 하며, 필요하다고 인정하는 때에는 직권으로 이를 명할 수 있다.

② 법원은 속기록·녹음물 또는 영상녹화물을 공판조서와 별도로 보관하여야 한다.

③ 검사, 피고인 또는 변호인은 비용을 부담하고 제2항에 따른 속기록·녹음물 또는 영상녹화물의 사본을 청구할 수 있다.

보호법§11④).

증인으로 소환된 위탁선거범죄신고자등이나 그 친족 등이 보복을 당할 우려가 있는 경우에는 검사, 위탁선거범죄신고자등 또는 그 법정대리인은 법원에 피고인이나 방청인을 퇴정시키거나 공개법정 외의 장소에서 증인신문을 할 것을 신청할 수 있다(위탁선거법§75①, 특정범죄신고자 등 보호법§11⑤). 재판장 또는 판사는 직권으로 또는 위 신청이 상당한 이유가 있다고 인정할 때에는 피고인이나 방청인을 퇴정시키거나 공개법정 외의 장소에서 증인신문 등을 할 수 있다. 이 경우 변호인이 없을 때에는 국선변호인을 선임하여야 한다(위탁선거법§75①, 특정범죄신고자 등 보호법§11⑥).

피고인이나 방청인을 퇴정시키거나 공개법정 외의 장소에서 증인신문 등을 하는 경우에는 「법원조직법」 제57조(재판의 공개) 제2항 · 제3항[44] 및 「형사소송법」 제297조(피고인등의 퇴정) 제2항[45]을 준용한다(위탁선거법§75①, 특정범죄신고자 등 보호법§11⑦).

바. 소송진행의 협의 등

법원은 위탁선거범죄신고자등이나 그 친족 등이 보복을 당할 우려가 있는 경우에는 검사 및 변호인과 해당 피고인에 대한 공판기일의 지정이나 그 밖의 소송진행에 필요한 사항을 협의할 수 있다(위탁선거법§75①, 특정범죄신고자 등 보호법§12①). 협의는 소송진행에 필요한 최소한에 그쳐야 하며, 판결에 영향을 주어서는 아니 된다(위탁선거법§75①, 특정범죄신고자 등 보호법§12②). 이 경우에는 「특정강력범죄의 처벌에 관한 특례법」 제10조(집중심리)[46] 및 제13조(판결선고)[47]를 준용한다(위탁선거법§75①, 특정

---

44) 「법원조직법」 제57조(재판의 공개) ① 재판의 심리와 판결은 공개한다. 다만, 심리는 국가의 안전보장, 안녕질서 또는 선량한 풍속을 해칠 우려가 있는 경우에는 결정으로 공개하지 아니할 수 있다.
② 제1항 단서의 결정은 이유를 밝혀 선고한다.
③ 제1항 단서의 결정을 한 경우에도 재판장은 적당하다고 인정되는 사람에 대해서는 법정 안에 있는 것을 허가할 수 있다.

45) 「형사소송법」 제297조(피고인 등의 퇴정) ① 재판장은 증인 또는 감정인이 피고인 또는 어떤 재정인의 면전에서 충분히 진술을 할 수 없다고 인정한 때에는 그를 퇴정하게 하고 진술하게 할 수 있다. 피고인이 다른 피고인의 면전에서 충분한 진술을 할 수 없다고 인정한 때에도 같다.
② 전항의 규정에 의하여 피고인을 퇴정하게 한 경우에 증인, 감정인 또는 공동피고인의 진술이 종료한 때에는 피고인을 입정하게 한 후 법원사무관등으로 하여금 진술의 요지를 고지하게 하여야 한다.

46) 「특정강력범죄의 처벌에 관한 특례법」 제10조(집중심리) ① 법원은 특정강력범죄사건의 심리를 하는 데에 2일 이상이 걸리는 경우에는 가능하면 매일 계속 개정하여 집중심리를 하여야 한다.

범죄신고자 등 보호법§12③).

사. 범죄신고자 등에 대한 형의 감면

위탁선거범죄신고 등을 함으로써 그와 관련된 자신의 범죄가 발견된 경우 그 위탁선거범죄신고자등에 대하여 형을 감경하거나 면제할 수 있다(위탁선거법§75①, 특정범죄신고자 등 보호법§16).

아. 인적사항 등 공개금지

누구든지 보호되고 있는 위탁범죄신고자등이라는 점을 알면서 그 인적사항 또는 위탁선거범죄신고자등임을 알 수 있는 사실을 다른 사람에게 알려주거나 공개 또는 보도하여서는 아니 된다(위탁선거법§75②).

자. 벌칙 등

(1) 벌칙

위탁선거법 제75조(위탁선거범죄신고자 등의 보호) 제2항을 위반한 자, 즉 보호되고 있는 위탁범죄신고자등이라는 정을 알면서 그 인적사항 또는 위탁선거범죄신고자등임을 알 수 있는 사실을 다른 사람에게 알려주거나 공개 또는 보도한 자는 2년 이하의 징역 또는 2천만원 이하의 벌금에 처한다(위탁선거법§66②13.).

(2) 벌칙의 적용범위

위탁선거법 제75조(위탁선거범죄신고자 등의 보호) 제2항을 위반한 자를 처벌하는 규정인 위탁선거법 제66조(각종 제한규정 위반죄) 제2항 제13호는 의무위탁선거(「교육공무원법」 제24조의3(대학의 장 후보자 추천을 위한 선거사무의 위탁)에 따른 대학의 장 후보자 추천 선거는 제외한다)에만 적용되고, 임의위탁선거에는 적용되지 아니한다(위탁선거법§57).

---

② 재판장은 특별한 사정이 없으면 직전 공판기일부터 7일 이내로 다음 공판기일을 지정하여야 한다.

③ 재판장은 소송 관계인이 공판기일을 준수하도록 요청하여야 하며, 이에 필요한 조치를 할 수 있다.

47) 「특정강력범죄의 처벌에 관한 특례법」 제13조(판결선고) 법원은 특정강력범죄사건에 관하여 변론을 종결한 때에는 신속하게 판결을 선고하여야 한다. 복잡한 사건이거나 그 밖에 특별한 사정이 있는 경우에도 판결의 선고는 변론 종결일로부터 14일을 초과하지 못한다.

6. 위탁선거 위반행위 신고자에 대한 포상금 지급

가. 포상금 지급

관할위원회는 위탁선거 위반행위에 대하여 선거관리위원회가 인지하기 전에 그 위반행위의 신고를 한 사람에게 위탁선거규칙이 정하는 바에 따라 포상금을 지급할 수 있다(위탁선거법§76①).

나. 포상금 지급범위

위탁선거 위반행위 신고자에 대한 포상은 1억원(동시조합장선거 또는 동시이사장선거에서는 3억원)의 범위에서 포상금심사위원회의 의결을 거쳐 관할위원회 위원장이 포상하되, 포상대상자를 익명으로 할 수 있다(위탁선거규칙§37①).

다. 포상방법

관할위원회는 포상금을 지급하고자 하는 때에는 ① 포상대상자의 인적사항(익명을 요구한 경우에는 익명으로 한다), ② 포상사유와 그 증명서류, ③ 포상금액에 관한 의견, ④ 기타 포상금 지급 결정에 필요한 사항을 기재하여 서면으로 상급선거관리위원회에 이를 추천하여야 한다(위탁선거규칙§37②, 공직선거관리규칙§143의4④). 포상금 지급 추천은 「공직선거관리규칙」이 정하는 서식[48]에 의하고(위탁선거규칙§37②, 공직선거관리규칙§143의4⑦), 추천을 받은 상급선거관리위원회는 지체 없이 그에 대응하는 포상금심사위원회에 관계서류를 이송하여야 한다(위탁선거규칙§37②, 공직선거관리규칙§143의4⑤).

포상금의 지급기준과 세부절차는 중앙선거관리위원회 사무총장이 정한다(위탁선거규칙§37②, 공직선거관리규칙§143의4②). 하나의 사건에 대하여 위탁선거범죄신고자가 2인 이상인 경우에는 위 포상금 지급기준의 범위 안에서 포상금심사위원회가 결정한 포상금을 그 공로를 참작하여 적절하게 배분·지급하여야 한다. 다만, 포상금을 지급받을 자가 배분방법에 관하여 미리 합의하여 포상금의 지급을 신청하는 경우에는 그 합의에 의하여 지급한다(위탁선거규칙§37②, 공직선거관리규칙§143의4⑥).

---

48) 규칙 별지 제62호 서식의 (라)(포상금 지급 추천)

라. 포상금심사위원회

(1) 구성

중앙선거관리위원회에 두는 포상금심사위원회는 위원장 1명과 6명의 위원으로 구성하며, 위원장은 중앙선거관리위원회 사무차장이 되고, 위원은 중앙선거관리위원회 소속 4급 이상 일반직국가공무원이 된다(위탁선거규칙§37②, 공직선거관리규칙§143의5②).

시·도선거관리위원회에 두는 포상금심사위원회는 위원장 1명과 6명의 위원으로 구성하며, 위원장은 당해 시·도선거관리위원회 상임위원이 되고, 위원은 당해 시·도선거관리위원회 및 그 관할구역안의 구·시·군선거관리위원회 소속 4급 이상 일반직국가공무원이 된다. 다만, 해당 시·도선거관리위원회 및 그 관할구역 안의 구·시·군선거관리위원회 소속 4급 이상 일반직 국가공무원의 정원이 6명 미만인 경우에는 그 부족한 인원만큼 소속 5급 일반직 국가공무원을 위원으로 한다(위탁선거규칙§37②, 공직선거관리규칙§143의5③).

(2) 포상금심사위원회의 심의사항

포상금심사위원회는 ① 포상대상자에 대한 포상여부, ② 포상금 지급여부와 그 지급금액, ③ 기타 포상에 관한 사항을 심의·의결한다(위탁선거규칙§37②, 공직선거관리규칙§143의6).

(3) 포상금심사위원회의 회의

포상금심사위원회의 위원장은 회의를 소집하고 그 의장이 된다(위탁선거규칙§37②, 규칙§143의7①). 포상금심사위원회의 위원장이 부득이한 사유로 그 직무를 수행하지 못하는 경우에는 위원장이 지명하는 위원이 그 직무를 대행한다(위탁선거규칙§37②, 공직선거관리규칙§143의7③).

포상금심사위원회 회의는 위원장을 포함한 재적위원 과반수의 출석으로 개의하고 출석위원 과반수의 찬성으로 의결한다(위탁선거규칙§37②, 공직선거관리규칙§143의7②).

포상금심사위원회의 위원이 회의에 출석하지 못할 부득이한 사유가 있는 때에는 그 소속 공무원으로 하여금 회의에 출석하여 그 권한을 대행하게 할 수 있다(위탁선거규칙§37②, 공직선거관리규칙§143의7④). 포상금심사위원회의 위원장과 위원은 자신의 이해에 관한 회의에 참석하지 못한다(위탁선거규칙§37②, 공직선거관리규칙§143의7⑥).

포상금심사위원회에는 간사 1인을 두되, 포상담당 행정사무관 또는 서기관으로 한다(위탁선거규칙§37②, 공직선거관리규칙§143의7⑤).

(4) 포상금심사위원회의 심의

포상금심사위원회는 심의를 위하여 필요하다고 인정되는 때에는 포상금지급대상자 또는 참고인의 출석을 요청하여 그 의견을 들을 수 있으며, 관계기관에 대하여 필요한 자료의 제출을 요청할 수 있다(위탁선거규칙§37②, 공직선거관리규칙§143의8).

마. 포상금 지급결정의 취소

관할위원회는 포상금을 지급한 후 다음 각 호의 어느 하나에 해당하는 사유가 있는 경우에는 그 포상금의 지급결정을 취소한다(위탁선거법§76②).

1. 담합 등 거짓의 방법으로 신고한 사실이 발견된 경우
2. 사법경찰관의 불송치결정이나 검사의 불기소처분이 있는 경우
3. 무죄의 판결이 확정된 경우

관할위원회는 포상금의 지급결정을 취소한 때에는 해당 신고자에게 그 취소 사실과 지급받은 포상금에 해당하는 금액을 반환할 것을 통지하여야 하며, 해당 신고자는 통지를 받은 날부터 30일 이내에 그 금액을 해당 관할위원회에 납부하여야 한다(위탁선거법§76③). 관할위원회는 포상금의 반환을 통지받은 해당 신고자가 납부기한까지 반환할 금액을 납부하지 아니한 때에는 해당 신고자의 주소지를 관할하는 세무서장에게 징수를 위탁하고 관할 세무서장이 국세강제징수의 예에 따라 징수하며(위탁선거법§76④), 납부 또는 징수된 금액은 국가에 귀속된다(위탁선거법§76⑤).

7. 양벌규정

가. 의의

법인 또는 단체의 대표자나 법인 또는 단체의 대리인, 사용인, 그 밖의 종업원이 그 법인 또는 단체의 업무에 관하여 위탁선거법의 위반행위를 하였을 때에는 행위자를 벌하는 외에 그 법인 또는 단체에 대하여도 해당 조문의 벌금형을 과한다. 다만, 그 법인 또는 단체가 그 위반행위를 방지하기 위하여 해당 업무에 관하여 상당한 주의와 감독을 게을리하지 아니한 경우에는 그러하지 아니하다(위탁선거법§67).

나. 상당한 주의와 감독을 게을리하지 아니한 경우의 판단기준

법인 또는 단체가 상당한 주의 또는 관리감독의무를 게을리하였는지 여부는 당해 위반행위와 관련된 모든 사정 즉, 당해 법률의 입법취지, 처벌조항 위반으로 예상되는 법익 침해의 정도, 그 위반행위에 관하여 양벌규정을 마련한 취지 등은 물론 위반행위의 구체적인 모습과 그로 인하여 실제 야기된 피해 또는 결과의 정도, 법인 또는 단체의 규모 및 행위자에 대한 감독가능성 또는 구체적인 지휘감독 관계, 법인 또는 단체의 위반행위 방지를 위하여 실제 행한 조치 등을 전체적으로 종합하여 판단하여야 한다.[49]

8. 선거범과 다른 죄의 경합범에 대한 분리선고

가. 의의

(1) 분리선고의 입법취지

「공직선거법」에는 "「형법」 제38조(경합범의 처벌례)[50]에도 불구하고 「공직선거법」 제18조(선거권이 없는 자) 제1항 제3호에 규정된 죄와 다른 죄의 경합범에 대하여는 이를 분리 선고하고, 선거사무장·선거사무소의 회계책임자(선거사무소의 회계책임자로 선임·신고되지 아니한 사람으로서 후보자와 통모하여 해당 후보자의 선거비용으로 지출된 금액이 선거비용제한액의 3분의 1 이상에 해당하는 사람을 포함한다) 또는 후보자(후보자가 되려는 사람을 포함한다)의 직계존비속 및 배우자에게 「공직선거법」 제263조(선거비용의 초과지출로 인한 당선무효) 및 제265조(선거사무장등의 선거범죄로 인한 당선무효)에 규정된 죄와 「공직선거법」 제18조(선거권이 없는 자) 제1항 제3호에 규정된 죄의 경합범으

49) 2010. 9. 9. 선고 2008도7834 판결

50) 「형법」 제38조(경합범과 처벌례) ① 경합범을 동시에 판결할 때에는 다음의 구별에 의하여 처벌한다.

1. 가장 중한 죄에 정한 형이 사형 또는 무기징역이나 무기금고인 때에는 가장 중한 죄에 정한 형으로 처벌한다.
2. 각 죄에 정한 형이 사형 또는 무기징역이나 무기금고 이외의 동종의 형인 때에는 가장 중한 죄에 정한 장기 또는 다액에 그 2분의 1까지 가중하되 각 죄에 정한 형의 장기 또는 다액을 합산한 형기 또는 액수를 초과할 수 없다. 단 과료와 과료, 몰수와 몰수는 병과할 수 있다.
3. 각 죄에 정한 형이 무기징역이나 무기금고 이외의 이종의 형인 때에는 병과한다.

② 전항 각호의 경우에 있어서 징역과 금고는 동종의 형으로 간주하여 징역형으로 처벌한다.

로 징역형 또는 300만원 이상의 벌금형을 선고하는 때(선거사무장, 선거사무소의 회계책임자에 대하여는 선임·신고되기 전의 행위로 인한 경우를 포함한다)에는 이를 분리 선고하여야 한다."는 규정이 있으나(공직선거법§18③). 위탁선거법에는 위탁선거범죄와 다른 죄의 경합범에 대하여 이를 분리하여 선고한다는 규정이 없다.

그러나 개별 위탁단체에 관한 해당 법률인 「농업협동조합법」 제49조의2(형의 분리 선고), 「수산업협동조합법」 제51조의2(형의 분리 선고), 「산림조합법」 제39조의2(형의 분리 선고), 「새마을금고법」 제21조의2(벌금형의 분리 선고), 「중소기업협동조합법」 제51조의2(벌금형의 분리선고)는 위탁선거범죄 등과 다른 죄의 경합범에 대하여 이를 분리하여 선고한다고 규정하고 있는바, 이들 규정의 입법취지는 선거범죄가 아닌 다른 죄가 선거범죄의 양형에 영향을 미치는 것을 최소화하기 위하여 형법상 경합범 처벌례에 관한 조항의 적용을 배제하고 분리 심리하여 형을 따로 선고하여야 한다는 것이다.[51]

한편, 위탁단체 중 신용협동조합 및 신용협동조합중앙회에 관한 해당 법률인 「신용협동조합법」에는 선거범죄에 관한 처벌규정이 있으나(신용협동조합법§99③, §27의2), '형의 분리선고'에 관한 규정을 두지 않고 있다. '형의 분리선고'에 관한 규정은 어디까지나 경합범의 처리에 관한 일반 규정인 「형법」 제38조(경합범과 처벌례)에 대한 예외규정이므로 선거범죄에 대하여 「형법」 제38조(경합범과 처벌례)의 적용을 배제하고 다른 죄의 경합범에 대하여 분리 심리하여 따로 선고하려면 '형의 분리선고'를 인정한 명문의 규정이 있어야 하는바, '형의 분리선고'에 관한 명문의 규정이 없는 「신용협동조합법」에서의 선거범죄와 다른 죄의 경합범에 대하여는 이를 분리하여 선고할 수 없다.[52] 헌법재판소는, 선거범죄를 분리심리하여 따로 선고하는 규정을 두지 않았던 구「새마을금고법(2011. 3. 8. 법률 제10437호로 개정된 것)」 제21조(임원의 결격사유)와 관련하여, '이 사건 법률조항은 비선거범죄가 선거범죄의 양형에 영향을 미치는 것을 최소화하기 위한 방안인 분리 선고 규정을 두지 아니하여 선거범죄와 다른 죄의 동시적 경합범의 경우 변론을 분리하지 않고 하나의 형을 선고하고, 그 선고형 전부를 선거범죄에 대한 형으로 의제하여 임원 자격의 제한 여부를 확정할 수 없게 함으로써, 입법목적의 달성에 필요한 정도를 넘어서는 과도한 제한을 하여 침해의 최소

51) 2004. 2. 13. 선고 2003도3090 판결, 2004. 4. 9. 선고 2004도606 판결, 1999. 4. 23. 선고 99도636 판결

52) 2004. 4. 9. 선고 2004도606 판결

성원칙에 위반된다. 그리고 이 사건 법률조항으로 인하여 달성하고자 하는 새마을금고 임원 선거제도의 공정성 확보라는 공익에 비하여 새마을금고의 임원이 되고자 하거나 이미 임원으로 당선된 사람이 그 자격을 박탈당함으로써 제한받는 사익의 정도가 더 중대하다고 할 것이므로 법익의 균형성원칙에도 위반된다. 따라서 이 사건 법률조항은 과잉금지원칙에 반하여 새마을금고 임원이나 임원이 되고자 하는 사람의 직업선택의 자유를 침해한다.'고 판시하면서 헌법불합치결정을 하였다.[53] 이러한 헌법재판소의 태도에 비추어 선거범죄의 분리선고를 규정하고 있지 아니한「신용협동조합법」 제99조(벌칙) 제3항, 제27조의2(임원의 선거운동제한)는「헌법」에 합치되지 않는다고 봄이 상당하다.

위탁단체 중 대한체육회 · 지방체육회 및 장애인체육회에 관한 해당 법률인「국민체육진흥법」과 정비사업조합 및 정비사업조합설립추진위원회에 관한 해당 법률인「도시정비법」은 선거범죄에 대한 처벌규정이 없으므로 '형의 분리선고' 여부를 논할 수는 없다.

(2) 선거범과 다른 죄가 상상적 경합관계에 있는 경우의 분리선고 여부

선거범죄에 대한 "형의 분리선고"는 선거범죄가 아닌 다른 죄가 선거범죄의 양형에 영향을 미치는 것을 최소화하기 위하여 단지「형법」 제38조(경합범과 처벌례)의 적용을 배제하고 분리 심리하여 형을 따로 선고하여야 한다는 것이므로, 선거범죄와 상상적 경합관계에 있는 다른 범죄에 대하여는 여전히「형법」 제40조(상상적 경합)에 의하여 그 중 가장 중한 죄에 정한 형으로 처벌해야 하고, 이때 선거범죄를 달리 취급하는 입법취지 등에 비추어 볼 때 그 처벌받는 가장 중한 죄가 선거범죄인지 여부를 묻지 않고 선거범죄과 상상적 경합관계에 있는 모든 죄를 통틀어 선거범죄로 취급하여야 한다.[54]

(3) 분리선고에 따른 공판절차의 진행방법

형을 분리선고하는 경우에 공판절차의 진행은 사건기록을 분리할 필요 없이 처음 공판기일에 선거범죄를 다른 죄와 분리 심리할 것을 결정 고지하고, 같은 기록에 별도의 공판조서를 작성하여 진행하며, 판결은 특별한 사정이 없는 한 하나의 판결문

53) 2014. 9. 25. 선고 2013헌바208 결정, 이후 2015. 7. 20. 법률 제13399호로「새마을금고법」이 개정되면서 제21조의2(벌금형의 분리선고)가 신설되었다.

54) 1999. 4. 23. 선고 99도636 판결, 2004. 4. 27. 선고 2002도315 판결, 서울고등법원 2015. 2. 11. 선고 2014노3562 판결, 대전고등법원(청주) 2019. 3. 28. 선고 2019노41 판결

으로 선고하되, 형만을 분리하여 선거범죄에 대한 형벌과 그 밖의 죄에 대한 형벌로 나누어 정하면 되는 바, 만일 공소사실에 불명확한 점이 있어 선거범죄와 다른 죄가 「형법」 제38조(경합범과 처벌례)의 적용을 받는 경합범으로 기소되어 있는지가 분명하지 아니하다면 법원으로서는 그 불명확한 점에 관하여 석명을 구하는 등의 방법으로 공소사실을 특정한 다음에 사건을 선거범죄와 다른 죄로 분리하여 심리하여야 하고, 이로써 족하다.[55]

나. 「농업협동조합법」의 선거범죄 분리선고[56]

(1) 「농업협동조합법」 제49조(임원의 결격사유) 제1항 제8호에 규정된 죄와 다른 죄의 경합범에 대한 분리선고

「형법」 제38조(경합범과 처벌례)에도 불구하고 「농업협동조합법」 제49조(임원의 결격사유) 제1항 제8호에 규정된 죄와 다른 죄의 경합범에 대해서는 이를 분리 선고하여야 한다(농업협동조합법§49의2①).

즉, 「농업협동조합법」 제172조(벌칙) 또는 위탁선거법 제58조(매수 및 이해유도죄)·제59조(기부행위의 금지·제한 등 위반죄)·제61조(허위사실공표죄)부터 제66조(각종 제한

55) 1999. 4. 23. 선고 99도636 판결

56) 법원은, 선거범과 다른 죄의 경합범을 분리 심리하여 따로 선고하도록 하는 규정이 없었던 구 「농업협동조합법(2016. 12. 27. 법률 제14481호로 개정되기 전의 것)」에서의 농업협동조합 임원의 선거범 재판절차에 대하여 「공직선거법」 제18조(선거권이 없는 자) 제3항을 유추적용할 수 있는지 여부와 관련하여, '「공직선거법」 제18조(선거권이 없는 자) 제3항은 어디까지나 경합범의 처리에 관한 일반 규정인 「형법」 제38조(경합범과 처벌례)에 대한 예외규정이므로 「공직선거법」이 적용되지 않는 다른 선거범죄에 대하여도 「형법」 제38조(경합범과 처벌례)의 적용을 배제하고 다른 죄의 경합범에 대하여 분리 심리하여 따로 선고하려면 「공직선거법」 제18조(선거권이 없는 자) 제3항처럼 예외를 인정한 명문의 규정이 있어야 할 것인바, 「농업협동조합법」 제173조(선거범죄로 인한 당선무효 등)도 "조합 또는 중앙회의 임원선거의 당선인이 당해 선거에 있어서 「농업협동조합법」 제172조(벌칙)에 규정된 죄를 범하여 징역형 또는 100만원 이상의 벌금형을 선고받은 때에는 그 당선은 무효로 한다."고 규정하고 있으므로, 농업협동조합 임원의 선거에 있어서도 선거범이 아닌 다른 죄가 선거범의 양형에 영향을 미치는 것을 최소화할 필요가 있다고 볼 수도 있겠으나, 이를 위하여 「형법」 제38조(경합범과 처벌례)의 규정과 달리 선거범이 아닌 다른 죄를 분리 심리하여 따로 선고하도록 할 것인지 여부는 입법자의 결단에 따른 입법으로 해결되어야 할 것이고, 그와 같은 입법의 조치도 없는 마당에 그 적용범위를 대통령선거·국회의원선거·지방의회의원선거 및 지방자치단체의 장의 선거에 국한하고 있는 「공직선거법」 제18조(선거권이 없는 자) 제3항을 농업협동조합 임원의 선거범 재판절차에 유추적용할 수는 없다.'고 판시하였다(2004. 4. 9. 선고 2004도606 판결). 이후 2016. 12. 27. 법률 제14481호로 「농업협동조합법」이 개정되어 제49조의2(형의 분리선고)가 신설되었다.

규정위반죄)까지의 규정된 죄와 다른 죄의 경합범에 대해서는 이를 분리 선고하여야 한다.

(2) 후보자의 직계존·비속, 배우자의 분리선고

조합장선거 후보자의 직계존속·비속이나 배우자가 범한 「농업협동조합법」 제172조(벌칙) 제1항 제2호(제50조(선거운동의 제한) 제11항을 위반한 경우는 제외한다)·제3호 또는 위탁선거법 제58조(매수 및 이해유도죄)·제59조(기부행위의 금지·제한 등 위반죄)에 규정된 죄와 다른 죄의 경합범으로 징역형 또는 300만원 이상의 벌금형을 선고하는 경우에는 이를 분리 선고하여야 한다(농업협동조합법§49의2②).

다. 「수산업협동조합법」의 선거범죄 분리선고

(1) 「수산업협동조합법」 제51조(임원의 결격사유) 제1항 제9호에 규정된 죄와 다른 죄의 경합범에 대한 분리선고

「형법」 제38조(경합범과 처벌례)에도 불구하고 「수산업협동조합법」 제51조(임원의 결격사유) 제1항 제9호에 규정된 죄와 다른 죄의 경합범에 대하여 형을 선고하는 경우에는 이를 분리하여 선고하여야 한다(수산업협동조합법§51의2 1.).

즉, 「수산업협동조합법」 제178조(벌칙) 제1항부터 제4항까지 또는 위탁선거법 제58조(매수 및 이해유도죄)·제59조(기부행위의 금지·제한 등 위반죄)·제61조(허위사실공표죄)부터 제66조(각종 제한규정위반죄)까지의 규정된 죄와 다른 죄의 경합범에 대하여 형을 선고하는 경우에는 이를 분리 선고하여야 한다.

(2) 당선인의 직계존·비속, 배우자의 분리선고

당선인의 직계존속·비속이나 배우자에게 「수산업협동조합법」 제178조(벌칙) 제1항 제2호 또는 제2항 제4호에 규정된 죄와 다른 죄의 경합범으로 형을 선고하는 경우에는 이를 분리 선고하여야 한다(수산업협동조합법§51의2 2.).

라. 「산림조합법」의 선거범죄 분리선고

(1) 「산림조합법」 제39조(임원의 결격사유) 제1항 제9호에 규정된 죄와 다른 죄의 경합범에 대한 분리선고

「형법」 제38조(경합범과 처벌례)에도 불구하고 「산림조합법」 제39조(임원의 결격사유) 제1항 제9호에 규정된 죄와 다른 죄의 경합범에 대하여 형을 선고하는 경우에는 이를 분리선고하여야 한다(산림조합법§39의2 1.).

즉, 「산림조합법」 제132조(벌칙) 또는 위탁선거법 제58조(매수 및 이해유도죄) · 제59조(기부행위의 금지 · 제한 등 위반죄) · 제61조(허위사실공표죄)부터 제66조(각종 제한규정 위반죄)까지의 규정된 죄와 다른 죄의 경합범에 대하여 형을 선고하는 경우에는 이를 분리선고하여야 한다.

(2) 당선인의 직계존 · 비속, 배우자의 분리선고

당선인의 직계존속 · 비속이나 배우자에게 「산림조합법」 제132조(벌칙) 제1항 제2호 또는 같은 항 제3호에 규정된 죄와 다른 죄의 경합범으로 형을 선고하는 경우에는 이를 분리선고하여야 한다(산림조합법§39의2 2.).

마. 「새마을금고법」에서의 분리선고

「형법」 제38조(경합범과 처벌례)에도 불구하고 「새마을금고법」 제21조(임원의 결격사유) 제1항 제8호에 규정된 죄와 다른 죄의 경합범에 대하여 벌금형을 선고하는 경우에는 이를 분리하여 선고하여야 한다(새마을금고법§21의2).

즉, 「새마을금고법」 제85조(벌칙) 제3항의 죄와 다른 죄의 경합범에 대하여 벌금형을 선고하는 경우에는 이를 분리하여 선고하여야 한다.

바. 「중소기업협동조합법」에서의 분리선고

「형법」 제38조(경합범과 처벌례)에도 불구하고 「중소기업협동조합법」 제51조(임원의 결격사유) 제1항 제7호, 제137조(벌칙), 제138조(벌칙) 또는 제140조(벌칙)에 규정된 죄와 다른 죄의 경합범에 대하여 벌금형을 선고하는 경우에는 이를 분리선고하여야 한다(중소기업협동조합법§51의2).

즉, 「형법」 제303조(업무상위력 등에 의한 간음) 또는 「성폭력범죄의 처벌 등에 관한 특례법」 제10조(업무상위력 등에 의한 추행)에 규정된 죄, 제137조(벌칙), 제138조(벌칙) 또는 제140조(벌칙)에 규정된 죄와 다른 죄의 경합범에 대하여 벌금형을 선고하는 경우에는 이를 분리선고하여야 한다.

9. 기소 · 판결에 관한 통지[57)]

가. 기소통지

위탁선거에 관한 범죄로 당선인, 후보자, 후보자의 배우자 또는 직계존비속을 기소한 때에는 관할위원회에 이를 통지하여야 한다(위탁선거법§70의2①).

나. 판결서등본 송부

위탁선거법 제58조(매수 및 이해유도죄), 제59조(기부행위의 금지 · 제한 등 위반죄), 제61조(허위사실 공표죄)부터 제66조(각종 제한규정 위반죄)까지의 범죄에 대한 확정판결을 행한 재판장은 그 판결서등본을 관할위원회에 송부하여야 한다(위탁선거법§70의2②).

57) 구 위탁선거법(2024. 1. 30. 법률 제20179호로 개정되기 전의 것)은 위탁선거범죄의 기소 · 판결에 대한 통지규정을 두고 있지 않아 재 · 보궐선거를 예측 곤란 등 안정적인 선거관리에 어려움이 있었으나, 현행 위탁선거법은 제70조의2(기소 · 판결에 관한 통지)를 신설하여 이러한 문제를 해결하였다.

제14장 위탁선거범죄로 인한 당선무효

1. 위탁선거범죄로 인한 당선무효

가. 의의

다음 각 호의 어느 하나에 해당하는 경우에는 그 당선은 무효로 한다(위탁선거법 §70).

1. 당선인이 해당 위탁선거에서 위탁선거법에 규정된 죄를 범하여 징역형 또는 100만원 이상의 벌금형을 선고받은 때
2. 당선인의 배우자나 직계존비속이 해당 위탁선거에서 위탁선거법 제58조(매수 및 이해유도죄)나 제59조(기부행위의 금지·제한 등 위반죄)를 위반하여 징역형 또는 300만원 이상의 벌금형을 선고받은 때. 다만, 다른 사람의 유도 또는 도발에 의하여 해당 당선인의 당선을 무효로 되게 하기 위하여 죄를 범한 때에는 그러하지 아니하다.

위탁선거법 제70조(위탁선거범죄로 인한 당선무효)는 당해 사건의 결론이나 주문에 영향을 미치는 것이 아니라 당해 사건의 결론이나 주문에 의하여 비로소 영향을 받는 것이며, 재판의 내용과 효력을 형성함에 있어 관련된 것이 아니라 별도의 구성요건(당선인이 해당 위탁선거에 있어 위탁선거법에 규정된 죄를 범함으로 인하여 징역형 또는 100만원 이상의 벌금형 선고를 받은 때 등)에 의해서 비로소 형성되는 법률적 효과를 규정한 것이다. 위탁선거법 제70조(위탁선거범죄로 인한 당선무효)는 당해 사건인 위탁선거법에 규정된 죄에 대한 형사재판에서 재판의 전제성이 없다.[1]

나. 당선인의 위탁선거범죄로 인한 당선무효

(1) 의의

당선인이 해당 위탁선거에서 위탁선거법에 규정된 죄를 범하여 징역형 또는 100만

1) 2018. 2. 22. 선고 2016헌바370 결정

원 이상의 벌금형의 선고를 받은 때에는 그 당선을 무효로 한다(위탁선거법§70 1.).

헌법재판소는 「공직선거법」 제264조(당선인의 선거범죄로 인한 당선무효)와 관련하여 '「공직선거법」 제264조(당선인의 선거범죄로 인한 당선무효)의 당선무효조항은 선거의 공정성을 확보하고 불법적인 방법으로 당선된 국회의원에 대한 부적절한 공직수행을 차단하기 위한 것인 점, 당선무효조항이 "100만원 이상의 벌금형의 선고"를 당선무효 여부의 기준으로 정한 것은 여러 요소를 고려하여 입법자가 선택한 결과인 점, 「공직선거법」을 위반한 범죄는 공직선거의 공정성을 침해하는 행위로서 국회의원으로서의 직무 수행에 대한 국민적 신임이 유지되기 어려울 정도로 비난가능성이 큰 점, 법관이 100만원 이상의 벌금형을 선고함에 있어서는 형사처벌뿐만 아니라 공직의 계속수행 여부에 대한 합리적 평가도 하게 될 것이라는 점, 달리 덜 제약적인 대체적 입법수단이 명백히 존재한다고 볼 수도 없는 점 등을 종합하면, 당선무효조항은 공무담임권이나 평등권을 침해한다고 볼 수 없다.'고 판시하였다.[2] 이러한 헌법재판소의 태도는 위탁선거법 제70조(위탁선거범죄로 인한 당선무효) 제1호에도 그대로 적용된다고 봄이 상당하다.

(2) '해당 위탁선거'의 의미

위탁선거법 제70조(위탁선거범죄로 인한 당선무효) 제1호의 당선무효 사유를 '해당 위탁선거'의 사전적 의미에 터 잡아 문리적으로 해석하면, '당선인이 당선된 그 위탁선거에 있어 위탁선거법에 규정된 죄 등을 범함으로써 징역형 또는 100만원 이상의 벌금형의 선고를 받은 때'라고 풀이할 수 있다.[3]

(3) 다수의 선거범죄에 대하여 벌금형이 선고된 경우

당선인이 해당 위탁선거에 있어서 다수의 위탁선거범죄로 인하여 각각 기소되어 각각 100만원 미만의 벌금형이 선고되었으나, 선고된 벌금의 총액이 당선무효의 기준이 되는 100만원을 초과하는 경우에는 위탁선거법 제70조(위탁선거범죄로 인한 당선무효) 제1호가 적용되지 아니하여 당선무효에 해당하지 않는다. 이는 다수의 선거범죄가 병합심리되어 경합범으로서 가중처벌되어 100만원 이상의 벌금형이 선고되는 경우와 비교하면 그 형평성에 관한 논란이 있을 수 있으나, 위탁선거법 제70조(위탁선거범죄로 인한 당선무효)의 해석상 불가피하다.[4]

---

2) 2011. 12. 29. 선고 2009헌마476 결정
3) 2012. 10. 11. 선고 2010두28069 판결

다. 당선인의 배우자나 직계존비속의 위탁선거범죄로 인한 당선무효

(1) 의의

당선인의 배우자나 직계존비속이 해당 위탁선거에 있어서 위탁선거법 제58조(매수 및 이해유도죄)나 제59조(기부행위의 금지·제한 등 위반죄)를 위반하여 징역형 또는 300만원 이상의 벌금형을 선고받은 때에는 그 당선은 무효로 한다. 다만, 다른 사람의 유도 또는 도발에 의하여 해당 당선인의 당선을 무효로 되게 하기 위하여 죄를 범한 때에는 그러하지 아니하다(위탁선거법§70 2.).

헌법재판소는 「공직선거법」 제265조(선거사무장등의 선거범죄로 인한 당선무효)와 관련하여 '당선무효조항은 친족인 배우자의 행위와 본인 간에 실질적으로 의미 있는 아무런 관련성을 인정할 수 없음에도 불구하고 오로지 배우자라는 사유 그 자체만으로 불이익한 처우를 가하는 것이 아니라, 후보자와 불가분의 선거운명공동체를 형성하여 활동하기 마련인 배우자의 실질적 지위와 역할을 근거로 후보자에게 연대책임을 부여한 것이므로, 「헌법」 제13조 제3항에서 금지하고 있는 연좌제에 해당하지 아니하고, 자기책임원칙에도 위배되지 아니한다. 또한 당선무효조항이 추구하는 공익은 깨끗하고 공명한 선거라는 민주주의의 중핵을 이루는 대단히 중요한 가치인 반면 당선무효조항에 의하여 규제대상이 되는 범죄행위는 중대한 선거범죄라는 점, 위법한 선거운동이 어느 정도 선거에 영향을 미쳤다면 이에 의한 당선을 정당한 것으로 볼 수 없다는 점, 후보자의 가족 등이 선거의 이면에서 음성적으로 또한 조직적으로 역할을 분담하여 불법·부정을 자행하는 경우가 적지 않은 것이 우리 선거의 현실이라는 점 등을 고려하면, 당선무효조항은 과잉금지원칙에 위배되어 공무담임권을 침해한다고 볼 수 없다.'고 판시하였다.[5] 이러한 헌법재판소의 견해는 위탁선거법 제70조(위탁선거범죄로 인한 당선무효) 제2호에도 그대로 적용된다고 봄이 상당하다.

(2) '해당 위탁선거'의 의미

'해당 위탁선거'란 당선자의 배우자나 직계존비속의 범행 시점에 당선자가 당선된 그 위탁선거를 말한다.

---

4) 졸저, 『선거법강의 제2판』, 박영사, 857쪽
5) 2016. 9. 29. 선고 2015헌마548 결정, 2011. 9. 29. 선고 2010헌마68 결정, 2005. 12. 22. 선고 2005헌마19 전원재판부 결정

(3) 배우자나 직계존비속의 위탁선거범죄로 인한 당선무효형의 확정

당선인의 배우자나 직계존비속이 해당 위탁선거에서 위탁선거법 제58조(매수 및 이해유도죄)나 제59조(기부행위의 금지·제한 등 위반죄)를 위반하여 징역형 또는 300만원 이상의 벌금형을 선고받아 그 형이 확정된 때에 그 당선인의 당선이 무효로 된다. 그 징역형 또는 300만원 이상의 벌금형이 확정되기 전에는 당선인의 당선이 무효로 되지 않는다.

(4) 위탁선거법 제70조(위탁범죄로 인한 당선무효) 제2호 단서의 의미

위탁선거법 제70조(위탁선거범죄로 인한 당선무효) 제2호 단서의 "다른 사람의 유도 또는 도발에 의하여 해당 당선인의 당선을 무효로 되게 하기 위하여 죄를 범한 때에는 그러하지 아니하다."라는 규정은 "당선인의 배우자나 직계존비속이 해당 위탁선거에서 위탁선거법 제58조(매수 및 이해유도죄)나 제59조(기부행위의 금지·제한 등 위반죄)를 위반하여 징역형 또는 300만원 이상의 벌금형을 선고받은 때에는 그 당선은 무효로 한다."는 위탁선거법 제70조(위탁선거범죄로 인한 당선무효) 제2호 본문에 대한 예외를 규정한 것에 불과하다. 위 단서의 규정에 의하여 위탁선거법 제58조(매수 및 이해유도죄)나 제59조(기부행위의 금지·제한 등 위반죄)를 위반한 당선인의 배우자나 직계존비속에게 그 범죄의 성립을 조각시키는 별도의 사유를 규정한 것은 아니다.[6]

2. 위탁선거범죄로 인한 당선무효가 된 사람의 피선거권제한

가. 해당 법령 또는 정관등의 적용

위탁선거법에는 위탁선거법 제70조(위탁선거범죄로 인한 당선무효)에 의하여 당선무효가 된 사람의 피선거권을 제한하는 규정을 두지 않고 있다.

그러나 위탁선거법 제12조(선거권 및 피선거권)는 위탁선거에서 피선거권에 관하여는 해당 법령이나 정관등에 따른다고 규정하고 있으므로, 위탁선거법 제70조(위탁선거범죄로 인한 당선무효)에 의하여 당선무효가 된 사람의 피선거권 제한에 대하여도 해당 법령이나 정관등에 따른다.

---

6) 1999. 5. 28. 선고 99도732 판결

나. 「농업협동조합법」의 선거범죄로 인한 당선무효가 된 사람의 피선거권 제한

(1) 당선인의 선거범죄로 인한 당선무효에 따른 피선거권제한

「농업협동조합법」에 따른 조합장선거에서 당선되었으나 「농업협동조합법」 제173조(선거범죄로 인한 당선무효 등) 제1항 제1호[7] 또는 위탁선거법 제70조(위탁선거범죄로 인한 당선무효) 제1호에 따라 당선이 무효로 된 사람으로서 그 무효가 확정된 날부터 5년이 지나지 아니한 사람은 지역농협의 조합장이 될 수 없다(농업협동조합법§49①9.).[8] 이는 농업협동조합중앙회의 회장의 경우에도 준용된다(농업협동조합법§161).[9]

(2) 당선인의 배우자나 직계존비속의 선거범죄로 인한 당선무효에 따른 피선거권 제한

다음 각 호의 어느 하나에 해당하는 사람은 당선인의 당선 무효로 실시사유가 확정된 재선거(당선인이 그 기소 후 확정판결 전에 사직함으로 인하여 실시사유가 확정된 보궐선거를 포함한다)의 후보자가 될 수 없다(농업협동조합법§173②).

1. 「농업협동조합법」 제173조(선거범죄로 인한 당선무효 등) 제1항 제2호[10] 또는 위탁선거법 제70조(위탁선거범죄로 인한 당선무효) 제2호에 따라 당선이 무효로 된 사람(그 기소 후 확정판결 전에 사직한 사람을 포함한다)
2. 당선되지 아니한 사람(후보자가 되려던 사람을 포함한다)으로서 「농업협동조합법」 제173조(선거범죄로 인한 당선무효 등) 제1항 제2호 또는 위탁선거법 제70조(위탁선거범죄로 인한 당선무효) 제2호에 따른 직계존속·비속이나 배우자의 죄로 당선무효

---

7) 「농업협동조합법」 제173조(선거범죄로 인한 당선무효 등) ① 조합이나 중앙회의 임원선거와 관련하여 다음 각 호의 어느 하나에 해당하는 경우에는 해당 선거의 당선을 무효로 한다.
   1. 당선인이 해당 선거에서 제172조(벌칙)에 해당하는 죄를 범하여 징역형 또는 100만원 이상의 벌금형을 선고받은 때

8) 「지역농업협동조합정관례(농림축산식품부고시 제2024－74호, 2024. 10. 8. 일부개정)」 제69조(피선거권) ①1., 제56조(임원의 결격사유) ①9.

9) 「농업협동조합중앙회정관(개정 2022. 12. 29. 농림축산식품부장관 인가)」 제74조(피선거권) ②1., 제60조(임원의 결격사유) ①9.

10) 「농업협동조합법」 제173조(선거범죄로 인한 당선무효 등) ① 조합이나 중앙회의 임원선거와 관련하여 다음 각 호의 어느 하나에 해당하는 경우에는 해당 선거의 당선을 무효로 한다.
   2. 당선인의 직계존속·비속이나 배우자가 해당 선거에서 제50조(선거운동의 제한) 제1항이나 제50조의2(기부행위의 제한)를 위반하여 징역형 또는 300만원 이상의 벌금형을 선고받은 때. 다만, 다른 사람의 유도 또는 도발에 의하여 해당 당선인의 당선을 무효로 되게 하기 위하여 죄를 범한 때에는 그러하지 아니하다.

에 해당하는 형이 확정된 사람

다. 「수산업협동조합법」의 선거범죄로 인한 당선무효가 된 사람의 피선거권제한

(1) 당선인의 선거범죄로 인한 당선무효에 따른 피선거권제한

「수산업협동조합법」에 따른 조합장선거에서 당선되었으나 「수산업협동조합법」 제179조(선거범죄로 인한 당선무효 등) 제1항 제1호[11] 또는 위탁선거법 제70조(위탁선거범죄로 인한 당선무효) 제1호에 따라 당선이 무효로 된 사람으로서 그 무효가 확정된 날부터 4년이 지나지 아니한 사람은 지구별수협의 조합장이 될 수 없다(수산업협동조합법§51①10.).[12] 이는 수산업협동조합중앙회의 회장의 경우에도 준용된다(수산업협동조합법§168).[13]

(2) 당선인의 배우자나 직계존비속의 선거범죄로 인한 당선무효에 따른 피선거권제한

다음 각 호의 어느 하나에 해당하는 사람은 당선인의 당선 무효로 실시사유가 확정된 재선거(당선인이 그 기소 후 확정판결 전에 사직함으로 인하여 실시사유가 확정된 보궐선거를 포함한다)의 후보자가 될 수 없다(수산업협동조합법§179②).

1. 「수산업협동조합법」 제179조(선거범죄로 인한 당선무효 등) 제1항 제2호[14] 또는 위탁선거법 제70조(위탁선거범죄로 인한 당선무효) 제2호에 따라 당선이 무효로 된 사람(그 기소 후 확정판결 전에 사직한 사람을 포함한다)

---

11) 「수산업협동조합법」 제179조(선거범죄로 인한 당선무효 등) ① 조합이나 중앙회의 임원선거와 관련하여 다음 각 호의 어느 하나에 해당하는 경우에는 해당 선거의 당선을 무효로 한다.
1. 당선인이 그 선거에서 제178조(벌칙)에 따라 징역형 또는 100만원 이상의 벌금형을 선고받은 경우

12) 「수산업협동조합정관부속서 임원선거규정(예)(해양수산부고시 제2022－168호, 2022. 10. 25. 일부개정)」 제6조(피선거권) ②, 「지구별수산업협동조합정관(예)(해양수산부고시 제2021－10호, 2021. 1. 18. 일부개정)」 제55조(임원의 결격사유) ①12.

13) 「수협중앙회정관부속서 임원선거규정(일부개정 2021. 12. 20.)」 제5조(피선거권) ②1., 「수산업협동조합중앙회정관(일부개정 2024. 4. 9.)」 제73조(임원의 결격사유) ①12.

14) 「수산업협동조합법」 제179조(선거범죄로 인한 당선무효 등) ① 조합이나 중앙회의 임원선거와 관련하여 다음 각 호의 어느 하나에 해당하는 경우에는 해당 선거의 당선을 무효로 한다.
2. 당선인의 직계존속·비속이나 배우자가 해당 선거에서 제53조(선거운동의 제한) 제1항이나 제53조의2(기부행위의 제한)를 위반하여 징역형 또는 300만원 이상의 벌금형을 선고받은 경우. 다만, 다른 사람의 유도 또는 도발에 의하여 해당 당선인의 당선을 무효로 되게 하기 위하여 죄를 저지른 때에는 그러하지 아니하다.

2. 당선되지 아니한 사람(후보자가 되려던 사람을 포함한다)으로서 「수산업협동조합법」 제179조(선거범죄로 인한 당선무효 등) 제1항 제2호 또는 위탁선거법 제70조(위탁선거범죄로 인한 당선무효) 제2호에 따른 직계존속·비속이나 배우자의 죄로 당선무효에 해당하는 형이 확정된 사람

라. 「산림조합법」의 선거범죄로 인한 당선무효가 된 사람의 피선거권제한

(1) 당선인의 선거범죄로 인한 당선무효에 따른 피선거권제한

「산림조합법」에 따른 조합장선거에서 당선되었으나 「산림조합법」 제133조(선거범죄로 인한 당선무효 등) 제1항 제1호[15] 또는 위탁선거법 제70조(위탁선거범죄로 인한 당선무효) 제1호에 따라 당선이 무효로 된 사람으로서 그 무효가 확정된 날부터 5년이 지나지 아니한 사람은 산림조합의 조합장이 될 수 없다(산림조합법§39①10.).[16] 이는 산림조합중앙회의 회장의 경우에도 준용된다(산림조합법§122).[17]

(2) 당선인의 배우자나 직계존비속의 선거범죄로 인한 당선무효에 따른 피선거권제한

다음 각 호의 어느 하나에 해당하는 사람은 당선인의 당선 무효로 인하여 실시되는 재선거(당선인이 그 기소 후 확정판결 전에 사직하여 실시되는 보궐선거를 포함한다)의 후보자가 될 수 없다(산림조합법§133②).

1. 「산림조합법」 제133조(선거범죄로 인한 당선무효 등) 제1항 제2호[18] 또는 위탁선거

---

15) 「산림조합법」 제133조(선거범죄로 인한 당선무효 등) ① 조합이나 중앙회의 임원선거와 관련하여 다음 각 호의 어느 하나에 해당하는 경우에는 해당 선거의 당선을 무효로 한다.
   1. 당선인이 해당 선거에서 제132조(벌칙)에 해당하는 죄를 저질러 징역형 또는 100만원 이상의 벌금형을 선고받았을 때

16) 「산림조합정관(예)부속서 임원선거규약(개정 2023. 10. 6. 산림청장 인가)」 제8조(피선거권의 제한) ①1., 「산림조합정관(예)(개정 2023. 10. 6. 산림청장 인가)」 제64조(임원의 결격사유) ①10.

17) 「산림조합중앙회정관부속서 임원선거규약(전부개정 2023. 10. 6. 산림청장 인가)」 제8조(회장선거의 피선거권) ② 1., 「산림조합중앙회정관(개정 2024. 2. 19. 산림청장 인가)」 제66조(임원의 결격사유) ①10.

18) 「산림조합법」 제133조(선거범죄로 인한 당선무효 등) ① 조합이나 중앙회의 임원선거와 관련하여 다음 각 호의 어느 하나에 해당하는 경우에는 해당 선거의 당선을 무효로 한다.
   2. 당선인의 직계존속·비속이나 배우자가 해당 선거에서 제40조(선거운동의 제한) 제1항이나 제40조의2(기부행위의 제한)를 위반하여 징역형 또는 300만원 이상의 벌금형을 선고받았을 때. 다만, 다른 사람의 유도 또는 도발에 의하여 해당 당선인의 당선을 무효로 되게 하기 위하여 죄를 저질렀을 때에는 그러하지 아니하다.

법 제70조(위탁선거범죄로 인한 당선무효) 제2호에 따라 당선이 무효로 된 사람(그 기소 후 확정판결 전에 사직한 사람을 포함한다)

2. 당선되지 아니한 사람(후보자가 되려던 사람을 포함한다)으로서 「산림조합법」 제133조(선거범죄로 인한 당선무효 등) 제1항 제2호 또는 위탁선거법 제70조(위탁선거범죄로 인한 당선무효) 제2호에 따른 직계존속·비속이나 배우자의 죄로 당선무효에 해당하는 형이 확정된 사람

마. 「새마을금고법」의 선거범죄로 인한 당선무효가 된 사람의 피선거권제한

(1) 당선인의 선거범죄로 인한 당선무효에 따른 피선거권제한

「새마을금고법」은 당선인의 선거범죄로 인한 당선무효에 따른 피선거권제한에 관한 규정이 없으나, 「새마을금고 임원선거규약(예)」은 '「새마을금고법」에 따른 이사장 선거에서 당선되었으나 「새마을금고법」 제22조(임원의 선거운동제한) 제2항 및 제3항[19]을 위반하여 당선이 무효로 되거나 취소된 후 그 확정된 날부터 4년이 경과하지 아니한 자는 새마을금고의 이사장이 될 수 없다.'고 규정하고 있다.[20]

새마을금고중앙회의 회장선거와 관련하여서는 선거범죄로 인한 당선무효가 된 사람의 피선거권제한에 관하여는 「새마을금고중앙회정관」 등에 아무런 규정이 없다.

---

19) 「새마을금고법」 제22조(임원의 선거운동제한) ② 누구든지 자기 또는 특정인을 금고의 임원으로 당선되게 하거나 당선되지 못하게 할 목적으로 다음 각 호의 어느 하나에 해당하는 행위를 할 수 없다.

1. 회원이나 그 가족(회원의 배우자, 회원 또는 그 배우자의 직계존비속과 형제자매, 회원의 직계존비속 및 형제자매의 배우자를 말한다. 이하 같다)에게 금품·향응, 그 밖의 재산상의 이익이나 공사의 직을 제공, 제공의 의사표시 또는 그 제공을 약속하는 행위
2. 후보자가 되지 아니하게 하거나 후보자가 된 것을 사퇴하게 할 목적으로 후보자가 되려는 사람이나 후보자에게 제1호에 규정된 행위를 하는 경우
3. 제1호 또는 제2호에 규정된 이익이나 직을 제공받거나 그 제공의 의사표시를 승낙하는 행위 또는 그 제공을 요구하거나 알선하는 행위
4. 후보자에 관하여 거짓의 사실(학력을 포함한다)을 유포하거나 공연히 사실을 적시하여 비방하는 행위
5. 정관으로 정하는 기간 중에 회원의 호별(사업장을 포함한다)로 방문하거나 특정장소에 모이게 하는 행위

③ 누구든지 임원 선거와 관련하여 다음 각 호의 방법 외의 선거운동을 할 수 없다.

1. 금고에서 발행하는 선거공보 제작 및 배부
2. 금고에서 개최하는 합동연설회에서의 지지 호소
3. 전화(문자메시지를 포함한다) 및 컴퓨터통신(전자우편을 포함한다)을 이용한 지지 호소

20) 「새마을금고 임원선거규약(예)(일부개정 2024. 7. 10.)」 제6조(피선거권) ②, 「새마을금고정관(예)(일부개정 2024. 7. 10.)」 제39조(임원의 결격사유) ①5.

(2) 당선인의 배우자나 직계존비속의 선거범죄로 인한 당선무효에 따른 피선거권 제한

당선인의 배우자나 직계존비속의 선거범죄로 인한 당선무효에 따른 피선거권제한에 관하여는 「새마을금고법」이나 「새마을금고정관(예)」 및 「새마을금고중앙회정관」 등에 아무런 규정이 없다.

바. 「신용협동조합법」의 선거범죄로 인한 당선무효가 된 사람의 피선거권 제한

「신용협동조합법」이나 「신용협동조합정관」 및 「신용협동조합중앙회정관」 등에는 선거범죄로 인한 당선무효에 따른 피선거권제한에 관한 규정을 두지 아니하고 있다. 다만, 「신용협동조합표준정관부속서 임원선거규약」은 '이사장선거에서 당선되었으나 귀책사유로 당선이 무효가 되거나 취소된 자로서 그 무효나 취소가 확정된 날부터 5년이 경과하지 아니한 자는 신용협동조합의 이사장이 될 수 없다.'고 규정하고 있다.[21)]

사. 「국민체육진흥법」의 선거범죄로 인한 당선무효가 된 사람의 피선거권 제한

대한체육회 · 지방체육회 및 대한장애인체육회의 해당 법령인 「국민체육진흥법」이나 위 각 단체의 정관등에는 선거범죄로 인한 당선무효가 된 사람의 피선거권제한에 관한 규정이 없다.

아. 「중소기업협동조합법」의 선거범죄로 인한 당선무효가 된 사람의 피선거권제한

「중소기업협동조합법」이나 「중소기업중앙회정관」 등에는 선거범죄로 인한 당선무효에 따른 피선거권제한에 관한 규정을 두지 아니하고 있다. 다만, 「중소기업협동조합법」 제125(준용규정)에서 준용되는 「중소기업협동조합법」 제51조(임원의 결격사유) 제1항 제6호는 '「중소기업협동조합법」에 따른 회장선거에서 당선되었으나 귀책사유로 인하여 당선이 무효로 된 자로서 그 무효가 확정된 날부터 2년이 지나지 아니한

---

21) 「신용협동조합표준정관부속서 임원선거규약(2021. 12. 15. 개정)」 제8조(피선거권의 제한) ①11.

자는 중소기업중앙회의 회장이 될 수 없다.'고 규정하고 있다.

자. 「도시정비법」의 선거범죄로 인한 당선무효가 된 사람의 피선거권제한

정비사업조합(조합설립추진위원회)의 해당 법령인 「도시정비법」이나 「○○정비사업조합(조합설립추진위원회) 선거관리규정(안)」에는 선거범죄로 인한 당선무효가 된 사람의 피선거권제한에 관한 규정이 없다.

제15장

위탁선거의 벌칙

제1절 위탁선거법 「제10장 벌칙」의 적용제외

1. 적용제외

위탁선거법 「제10장 벌칙」의 적용과 관련하여, 위탁선거법 제57조(적용제외)는 제1항에서 "위탁선거법 제3조(정의) 제1호 가목에 해당하는 공공단체등이 위탁하는 선거 외의 위탁선거에는 위탁선거법 「제10장 벌칙」을 적용하지 아니한다. 다만, 위탁선거법 제65조(선거사무관계자나 시설 등에 대한 폭행·교란죄), 제66조(각종 제한규정 위반죄) 제2항[1] 제12호, 제68조(과태료의 부과·징수 등) 제1항·제2항 제2호 및 제4항·제5항은 그러하지 아니하다."고 규정하고 있고, 같은 조 제2항은 "제1항 본문에도 불구하고 제3조(정의) 제1호 다목에 따라 공공단체 등이 임원 등의 선출을 위한 선거의 관리를 위탁하여야 하는 선거(「교육공무원법」 제24조의3(대학의 장 후보자 추천을 위한 선거사무의 위탁)에 따른 대학의 장 후보자 추천 선거는 제외한다)에는 위탁선거법 제58조(매수 및 이해유도죄)부터 제65조(선거사무관계자나 시설 등에 대한 폭행·교란죄)까지, 제66조(각종 제한규정 위반죄) 제2항 제8호·제10호·제12호·제13호, 제67조(양벌규정), 제68조(과태료의 부과·징수 등) 제1항, 같은 조 제2항 제2호, 같은 조 제3항부터 제5항까지를 적용한다."고 규정하여 위탁선거별로 「제10장 벌칙」의 적용범위를 달리 규정하고 있다.

위탁선거법 「제10장 벌칙」은 제57조(적용제외), 제58조(매수 및 이해유도죄), 제59조(기부행위의 금지·제한 등 위반죄), 제60조(매수 및 이해유도죄 등으로 인한 몰수), 제61조(허위사실공표죄), 제62조(후보자 등 비방죄), 제63조(사위등재죄), 제64조(사위투표죄), 제65조(선거사무관계자나 시설 등에 대한 폭행·교란죄), 제66조(각종 제한규정 위반죄), 제67

1) 위탁선거법 제57조는 '제66조 제12호', '제66조 제8호'등으로 표기하고 있으나, 현행 위탁선거법(2024. 1. 30. 법률 제20179호로 개정된 것)에는 제66조가 제1항 및 제2항으로 세분화되었는바, 이에 맞추어 제57조도 개정됨이 상당하다, 이하에서는 현행 위탁선거법 조항에 맞추어 제66조 제1항 및 제2항 표기를 추가하였다.

조(양벌규정), 제68조(과태료의 부과·징수 등)로 이루어져 있다.

2. 조합장선거, 이사장선거 및 중앙회장선거에의 위탁선거법 「제10장 벌칙」의 적용범위

조합장선거, 이사장선거 및 중앙회장선거에는 위탁선거법 「제10장 벌칙」의 규정이 모두 적용된다(위탁선거법§57①본문). 즉, 조합장선거, 이사장선거 및 중앙회장선거에는 위탁선거법 「제10장 벌칙」에 관한 규정인 제57조(적용제외)부터 제68조(과태료의 부과·징수 등)까지 모두 적용된다.

3. 조합장선거, 이사장선거 및 중앙회장선거를 제외한 의무위탁선거에의 위탁선거법 「제10장 벌칙」의 적용범위

조합장선거, 이사장선거 및 중앙회장선거를 제외한 의무위탁선거(「교육공무원법」 제24조의3(대학의 장 후보자 추천을 위한 선거사무의 위탁)에 따른 대학의 장 후보자 추천선거는 제외한다)에는 위탁선거법 제58조(매수 및 이해유도죄)부터 제65조(선거사무관계자나 시설 등에 대한 폭행·교란죄)까지, 제66조(각종 제한규정 위반죄) 제2항 제8호·제10호·제12호·제13호, 제67조(양벌규정), 제68조(과태료의 부과·징수 등) 제1항, 같은 조 제2항 제2호, 같은 조 제3항부터 제5항까지만 적용된다.

즉, 「신용협동조합법」에 따른 총자산이 1천억 원 이상인 지역조합의 이사장선거 및 중앙회장선거, 「국민체육진흥법」에 따른 대한체육회와 지방체육회 및 대한장애인체육회의 각 회장선거에는 위탁선거법 「제7장 선거운동」에 관한 규정 중 조합장선거, 이사장선거 및 중앙회장선거 외의 의무위탁선거에는 적용되지 아니하는 "선거운동주체 및 방법" 등에 관한 규정들인 제24조(선거운동의 주체·기간·방법)부터 제30조의2(선거일 후보자 소개 및 소견발표)까지를 위반하는 경우에 처벌하는 위탁선거법 제66조(각종 제한규정 위반죄) 제2항 제1호부터 제7의2호, 그 행위의 주체가 조합장선거, 이사장선거 및 중앙회장선거에서만 해당하기 때문에 조합장선거, 이사장선거 및 중앙회장선거 외의 의무위탁선거에는 적용되지 아니하는 제37조(선거일 후 답례금지)를 위반한 경우에 처벌하는 위탁선거법 제66조(각종 제한규정 위반죄) 제2항 제9호, 위탁선거법 제38조(호별방문 등의 제한)를 위반한 경우에 처벌하는 위탁선거법 제66조(각종 제한규정 위반죄) 제2항 제11호는 적용되지 아니한다.

또한 위탁선거법 「제7장 선거운동」에 관한 규정 중 위탁선거법 제29조(정보통신망을 이용한 선거운동)는 조합장선거, 이사장선거 및 중앙회장선거 외의 의무위탁선거에는 적용되지 아니하므로, 위탁선거법 제29조(정보통신망을 이용한 선거운동) 제2항에 따른 관할위원회의 요청을 이행하지 아니한 자에게 100만원 이하의 과태료를 부과하는 규정인 위탁선거법 제68조(과태료의 부과·징수 등) 제2항 제1호도 조합장선거, 이사장선거 및 중앙회장선거 외의 의무위탁선거에는 적용되지 아니한다.

4. 임의위탁선거에의 위탁선거법 「제10장 벌칙」의 적용범위

임의위탁선거에는 위탁선거법 「제10장 벌칙」 중 위탁선거법 제65조(선거사무관계자나 시설 등에 대한 폭행·교란죄)와 위탁선거법 제73조(위반행위에 대한 조사 등) 제3항을 위반하여 선거관리위원회의 위원·직원의 선거범죄현장에의 출입을 방해하거나 자료의 제출요구에 응하지 아니하는 자를 처벌하는 규정인 위탁선거법 제66조(각종 제한규정 위반죄) 제2항 제12호 및 제68조(과태료의 부과·징수 등) 제1항·제2항 제2호 및 제4항·제5항만이 적용된다.

이들 규정은 위탁선거의 선거관리업무를 방해하는 행위를 처벌하거나 제재를 가함으로써 의무위탁선거나 임의위탁선거를 가리지 아니하고 모든 위탁선거에서의 선거관리업무의 공정성 등을 담보하는 것이기 때문이다.

〈위탁선거법 「제10장 벌칙」의 적용범위〉

구분		위탁선거법 「제10장 벌칙」의 적용범위
의무위탁선거	<조합장선거, 이사장선거 및 중앙회장선거> 「농업협동조합법」, 「수산업협동조합법」, 「산림조합법」에 따른 조합 및 중앙회와 「새마을금고법」에 따른 금고 및 중앙회가 위탁하는 선거 [위탁선거법 제3조(정의) 제1호 가목에 해당하는 공공단체등이 위탁하는 선거]	위탁선거법 「제10장 벌칙」 전부 제57조(적용제외) 제58조(매수 및 이해유도죄) 제59조(기부행위의 금지·제한 등 위반죄) 제60조(매수 및 이해유도죄 등으로 인한 이익의 몰수) 제61조(허위사실공표죄) 제62조(후보자 등 비방죄) 제63조(사위등재죄)

		제64조(사위투표죄) 제65조(선거사무관계자나 시설 등에 대한 폭행 · 교란죄) 제66조(각종 제한규정 위반죄) 제67조(양벌규정) 제68조(과태료의 부과 · 징수 등)
	<조합장선거, 이사장선거 및 중앙회장선거 외의 의무위탁선거> "그 밖의 법령에 따라 임원 등의 선출을 위한 선거의 관리를 선거관리위원회에 위탁하여야 하는 단체"가 위탁하는 선거 [위탁선거법 제3조(정의) 제1호 다목에 따라 공공단체등이 임원 등의 선출을 위한 선거의 관리를 위탁하여야 하는 선거(「교육공무원법」 제24조의3(대학의 장 후보자 추천을 위한 선거사무의 위탁)에 따른 대학의 장 후보자 추천 선거는 제외)]	위탁선거법 「제10장 벌칙」 중 일부 제58조(매수 및 이해유도죄) 제59조(기부행위의 금지 · 제한 등 위반죄) 제60조(매수 및 이해유도죄 등으로 인한 이익의 몰수) 제61조(허위사실공표죄) 제62조(후보자 등 비방죄) 제63조(사위등재죄) 제64조(사위투표죄) 제65조(선거사무관계자나 시설 등에 대한 폭행 · 교란죄) 제66조(각종 제한규정 위반죄) 제2항 제8호 · 제10호 · 제12호 · 제13호 제67조(양벌규정) 제68조(과태료의 부과 · 징수 등) 제1항, 제2항 제2호, 제3항부터 제5항
임의 위탁 선거	○ 「중소기업협동조합법」에 따른 중소기업중앙회, 「도시정비법」에 따른 조합과 조합설립추진위원회, 그에 준하는 단체로서 임원 등의 선출을 위한 선거의 관리를 선거관리위원회에 위탁하려는 단체가 위탁하는 선거 [위탁선거법 제3조(정의) 제1호 나목 및 라목에 해당하는 공공단체등이 위탁하는 선거] ○ 그 밖의 법령에 따라 임원 등의 선출을 위한 선거의 관리를 선거관리위원회에 위탁할 수 있는 단체가 위탁할 수 있는 선거	위탁선거법 「제10장 벌칙」 일부 제65조(선거사무관계자나 시설 등에 대한 폭행 · 교란죄) 제66조(각종 제한규정 위반죄) 제2항 제12호 제68조(과태료의 부과 · 징수 등) 제1항 · 제2항 제2호 및 제4항 · 제5항

	[위탁선거법 제3조(정의) 제1호 다목에 해당하는 공공단체등이 위탁할 수 있는 선거]	

제2절 매수 및 이해유도죄[2)]

1. 매수죄

가. 의의

선거운동을 목적으로 선거인[선거인명부를 작성하기 전에는 그 선거인명부에 오를 자격이 있는 자(해당 위탁단체에 가입되어 해당 법령이나 정관등에 따라 위탁선거의 선거권이 있는 자 및 해당 위탁단체에 가입 신청을 한 자를 말한다)를 포함한다]이나 그 가족 또는 선거인이나 그 가족이 설립·운영하고 있는 기관·단체·시설에 대하여 금전·물품·향응이나 그 밖의 재산상 이익이나 공사의 직을 제공하거나 그 제공의 의사를 표시하거나 그 제공을 약속한 자는 3년 이하의 징역 또는 3천만원 이하의 벌금에 처한다(위탁선거법§58 1.).

법원은 위탁선거법의 매수죄와 같은 내용의 「공직선거법」 제230조(매수 및 이해유도죄) 제1항의 매수죄와 관련하여, "「공직선거법」 제230조(매수 및 이해유도죄) 제1항[3)]이 당선되거나 되게 하거나 되지 못하게 할 목적으로 선거인 등 일정한 자에게

2) 중앙선거관리위원회는 2019. 4. 입후보예정자가 기부행위제한기간 전에 선거운동 또는 자신에게 투표하게 할 목적으로 조합원이 아닌 사람에게 금품을 제공하여 조합원으로 가입하게 하더라도 현행 위탁선거법의 규정상 처벌할 수 없는 문제점을 해소하기 위하여, '선거운동 또는 자신에게 투표하게 할 목적으로 조합원이 아닌 자에게 금품 등을 제공하여 조합원으로 가입하도록 한 자에 대한 처벌규정을 마련'하는 내용의 위탁선거법 개정의견을 국회에 제출하였다(중앙선거관리위원회, 「공공단체등 위탁선거에 관한 법률 개정의견」, 2019. 4., 17쪽).

3) 「공직선거법」 제230조(매수 및 이해유도죄) ① 다음 각 호의 어느 하나에 해당하는 자는 5년 이하의 징역 또는 3천만원 이하의 벌금에 처한다.
1. 투표를 하게 하거나 하지 아니하게 하거나 당선되거나 당선되지 못하게 할 목적으로 선거인(선거인명부 또는 재외선거인명부 등을 작성하기 전에는 그 선거인명부 또는 재외선거인명부 등에 오를 자격이 있는 사람을 포함한다. 이하 이 장에서 같다) 또는 다른 정당이나 후보자(예비후보자를 포함한다)의 선거사무장·선거연락소장·선거사무원·회계책임자·연설원(제79조(공개장소에서의 연설·대담) 제1항·제2항에 따라 연설·대담을 하는 사람과 제81조(단체의 후보자등 초청 대담·토론회) 제1항·제82조(언론기관의 후보자등 초청 대담·토론

금품 등을 제공한 자를 처벌하도록 규정하면서 선거일로부터 일정한 기간에 한하여 위와 같은 행위를 처벌하도록 하는 등 일정한 시기적 제한을 두지 아니하였다 하더라도 그것이 헌법상의 죄형법정주의의 원칙에 반한다거나 형벌법규로 인한 기본권 제한의 정도에서 목적 정당성의 원칙, 방법 적정성의 원칙, 피해 최소성의 원칙, 법익 균형성의 원칙 등에 위배된다고 할 수 없다."고 판시하였다.[4)] 이러한 법원의 태도는 위탁선거법의 매수죄에 있어서도 그대로 적용된다고 봄이 상당하다.

나. 구성요건

(1) 선거운동의 목적

위탁선거법 제58조(매수 및 이해유도죄)에서 정한 '선거운동'이란 위탁선거법 제3조(정의)에서 규정한 위탁선거에서의 당선 또는 낙선을 위하여 필요하고도 유리한 모든 행위로서 당선 또는 낙선을 도모한다는 목적의사가 객관적으로 인정될 수 있는 능동

회) 제1항 또는 제82조의2(선거방송토론위원회 주관 대담·토론회) 제1항·제2항에 따라 대담·토론을 하는 사람을 포함한다. 이하 이 장에서 같다) 또는 참관인(투표참관인·사전투표참관인과 개표참관인을 말한다. 이하 이 장에서 같다)·선장·입회인에게 금전·물품·차마·향응 그 밖에 재산상의 이익이나 공사의 직을 제공하거나 그 제공의 의사를 표시하거나 그 제공을 약속한 자

2. 선거운동에 이용할 목적으로 학교, 그 밖에 공공기관·사회단체·종교단체·노동단체·청년단체·여성단체·노인단체·재향군인단체·씨족단체 등의 기관·단체·시설에 금전·물품 등 재산상의 이익을 제공하거나 그 제공의 의사를 표시하거나 그 제공을 약속한 자
3. 선거운동에 이용할 목적으로 야유회·동창회·친목회·향우회·계모임 기타의 선거구민의 모임이나 행사에 금전·물품·음식물 기타 재산상의 이익을 제공하거나 그 제공의 의사를 표시하거나 그 제공을 약속한 자
4. 제135조(선거사무관계자에 대한 수당과 실비보상) 제3항의 규정에 위반하여 수당·실비 기타 자원봉사에 대한 보상 등 명목여하를 불문하고 선거운동과 관련하여 금품 기타 이익의 제공 또는 그 제공의 의사를 표시하거나 그 제공을 약속한 자
5. 선거에 영향을 미치게 하기 위하여 이 법에 따른 경우를 제외하고 문자·음성·화상·동영상 등을 인터넷 홈페이지의 게시판·대화방 등에 게시하거나 전자우편·문자메시지로 전송하게 하고 그 대가로 금품, 그 밖에 이익의 제공 또는 그 제공의 의사를 표시하거나 그 제공을 약속한 자
6. 정당의 명칭 또는 후보자(후보자가 되려는 사람을 포함한다)의 성명을 나타내거나 그 명칭·성명을 유추할 수 있는 내용으로 제58조의2(투표참여 권유활동)에 따른 투표참여를 권유하는 행위를 하게 하고 그 대가로 금품, 그 밖에 이익의 제공 또는 그 제공의 의사를 표시하거나 그 제공을 약속한 자
7. 제1호부터 제6호까지에 규정된 이익이나 직의 제공을 받거나 그 제공의 의사표시를 승낙한 자(제261조(과태료의 부과·징수 등) 제9항 제2호에 해당하는 자는 제외한다)

4) 1996. 6. 28.자 96초111 결정

적·계획적인 행위를 말하고(위탁선거법§23), 구체적으로 어떠한 행위가 선거운동에 해당하는지를 판단할 때에는 단순히 행위의 명목뿐만 아니라 행위의 태양, 즉 행위가 행하여지는 시기·장소·방법 등을 종합적으로 관찰하여 그것이 특정 후보자의 당선 또는 낙선을 도모하는 목적의지를 수반하는 행위인지를 선거인의 관점에서 객관적으로 판단하여야 한다. 위탁선거법은 공공단체 등의 선거가 깨끗하고 공정하게 이루어지도록 함으로써 공공단체 등의 건전한 발전과 민주사회 발전에 기여하려는 데 입법 목적이 있으므로, 위탁선거법 제23조(선거운동의 정의)에서 규정하고 있는 '당선되게 할 목적'은 금전·물품·향응, 그 밖의 재산상의 이익이나 공사의 직(이하 이러한 재산상의 이익과 공사의 직을 통틀어 "재산상 이익 등"이라 한다)을 제공받은 당해 선거인 등의 투표행위에 직접 영향을 미치는 행위나 재산상 이익 등을 제공받은 선거인 등으로 하여금 타인의 투표의사에 영향을 미치는 행위 또는 특정 후보자의 당락에 영향을 미치는 행위를 하게 만들 목적을 의미한다.[5] 따라서 위탁선거법 제58조(매수 및 이해유도죄) 제1호의 매수죄는 금전 등을 제공받은 당해 선거인의 투표행위에 직접 영향을 미칠 목적으로 금전 등을 제공하는 경우에만 성립하는 것이 아니라, 금전 등을 제공받은 선거인으로 하여금 타인의 투표의사에 영향을 미치는 행위나 특정 후보자의 당락에 영향을 미치는 행위를 하게 만들 목적으로 금품 등을 제공하는 경우에도 성립한다.[6]

「농업협동조합법」 제50조(선거운동의 제한) 제1항 제1호,[7] 제3호,[8] 제172조(벌칙)

---

5) 2017. 3. 22. 선고 2016도16314 판결

6) 대구지방법원 2019. 11. 1. 선고 2019노2851 판결

7) 헌법재판소는, 「농업협동조합법」 제50조(선거운동의 제한) 제1항과 관련하여, '지역농협의 조합장선거에 출마한 후보자가 당선되기 위하여 조합원 등에게 금품을 제공하는 행위는 선거의 과열을 초래하고 그 결과 선거의 공정성이 저해될 것임이 명백하므로, 지역농협의 조합장선거의 공정성을 담보하기 위해서는 당선되게 하거나 당선되지 못하게 할 목적으로 조합원 등에게 금품을 제공하는 행위를 금지할 필요가 있고, 이와 같은 조합원을 매수하는 행위를 금지하더라도 조합장선거에 출마한 후보자는 「농업협동조합법」 제50조(선거운동의 제한) 제4항에 규정된 방법으로 선거운동을 할 수 있으므로, 이 사건 금전제공금지조항은 지역농협의 조합장선거에 관한 청구인의 일반적 행동의 자유를 지나치게 제한하는 것이라 할 수 없다.'고 판시하였다(2012. 2. 23. 선고 2011헌바154 결정).

8) 「농업협동조합법」 제50조(선거운동의 제한) ① 누구든지 자기 또는 특정인을 지역농협의 임원이나 대의원으로 당선되게 하거나 당선되지 못하게 할 목적으로 다음 각 호의 어느 하나에 해당하는 행위를 할 수 없다.

1. 조합원(조합에 가입신청을 한 자를 포함한다. 이하 이조에서 같다)이나 그 가족(조합원이 배우자, 조합원 또는 그 배우자의 직계 존속·비속과 형제자매, 조합원의 직계 존속·비속 및 형제자매의 배우자를 말한다. 이하 같다) 또는 조합원이나 그 가족이 설립·운영하고 있는

제1항 제2호[9]는 지역농업협동조합의 임원이나 대의원 선거에서 선거의 과열과 혼탁을 방지하고 선거의 공정성을 확보하려는데 입법 취지가 있으므로, 「농업협동조합법」 제50조(선거운동의 제한) 제1항 제1호에서 규정하고 있는 '당선되게 할 목적'은 재산상 이익 등을 제공받은 당해 조합원 등의 투표행위에 직접 영향을 미치는 행위나 재산상 이익 등을 제공받은 조합원 등으로 하여금 타인의 투표의사에 영향을 미치는 행위 또는 특정 후보자의 당락에 영향을 미치는 행위를 하게 만들 목적을 말한다.[10)]

「농업협동조합법」 제161조(준용규정), 제50조(선거운동의 제한) 제1항 제1호 (가)목은 '중앙회의 임원으로 당선되게 하거나 당선되지 못하게 할 목적으로 회원에게 금품을 제공하는 등의 행위'를 제한하고 있다. 위 조항에서 상정하고 있는 이익 제공의 목적이 단지 선거인의 투표권을 매수하는 행위, 즉 자기에게 투표하는 대가로 이익을 제공하는 행위에 국한되는 것은 아니고, 선거인의 후보자 추천이나 후보자에 대한 지원활동 등 널리 당선에 영향을 미칠 수 있는 행위와 관련하여 이익을 제공하는 행위는 모두 위 조항에 의하여 제한된다고 해석함이 상당하다.[11)] 따라서 선거인 자격이 있는 사람에게 자신이 후보자로 추천될 수 있도록 도와달라고 부탁하면서 금품을 제공하는 행위 역시 위 조항에 의하여 '당선을 목적으로 회원에게 금품을 제공하는 등의 행위'에 포함된다.[12)]

(2) 매수행위의 주체

매수죄에 있어 매수행위 즉 금전·물품·향응이나 그 밖의 재산상 이익이나 공사의 직을 제공하거나 그 제공의 의사를 표시하거나 그 제공을 약속하는 행위의 주체에는

기관·단체·시설에 대한 다음 각 목의 어느 하나에 해당하는 행위
가. 금전·물품·향응이나 그 밖의 재산상의 이익을 제공하는 행위
나. 공사의 직을 제공하는 행위
다. 금전·물품·향응, 그 밖의 재산상의 이익이나 공사의 직을 제공하겠다는 의사표시 또는 그 제공을 약속하는 행위

3. 제1호나 제2호에 규정된 이익이나 직을 제공받거나 그 제공의 의사표시를 승낙하는 행위 또는 그 제공을 요구하거나 알선하는 행위

9) 「농업협동조합법」 제172조(벌칙) ① 다음 각 호의 어느 하나에 해당하는 자는 2년 이하의 징역 또는 2천만원 이하의 벌금에 처한다.
2. 제50조 제1항 또는 제11항(제107조·제112조 또는 제161조에 따라 준용되는 경우를 포함한다)을 위반하여 선거운동을 한 자

10) 2015. 1. 29. 선고 2013도5399 판결, 2008. 10. 9. 선고 2008도6233 판결, 창원지방법원 2016. 9. 21. 선고 2015노1064 판결

11) 2013. 7. 26. 선고 2011도13944 판결

12) 2016. 5. 12. 선고 2013도11210 판결, 2013. 7. 26. 선고 2011도13944 판결

아무런 제한이 없다. 누구라도 매수행위의 주체가 될 수 있다.

(3) 매수행위의 상대방

매수행위의 상대방은 선거인이나 그 가족 또는 선거인이나 그 가족이 설립·운영하고 있는 기관·단체·시설이다.

(가) 선거인이나 그 가족

선거인이라 함은 해당 위탁선거의 선거권이 있는 자로서 선거인명부에 올라있는 자를 말하고(위탁선거법§3 5.), 선거권자가 법인인 경우에는 선거권을 가지는 법인의 대표자 등도 선거인에 포함된다.[13] 매수 및 이해유도죄에 있어서의 선거인은 선거인명부를 작성하기 전에는 그 선거인명부에 오를 자격이 있는 사람을 포함하며, '선거인 명부에 오를 자격이 있는 사람'은 위탁단체에 가입되어 해당 법령이나 정관등에 따라 위탁선거의 선거권이 있는 자 및 해당 위탁단체에 가입 신청을 한 자를 말한다(위탁선거법§58 1.)

선거인명부 작성기준일 이전이라 할지라도 상대방의 주민등록현황, 연령 등 제반사정을 기초로 하여 다가올 선거일을 기준으로 판단할 때 위와 같은 선거인으로 될 수 있는 자이면 이를 '선거인명부에 오를 자격이 있는 자'로 봄이 상당하다.[14]

「농업협동조합법」 제75조(합병)에서는 지역농업협동조합이 다른 조합과 합병하는 때에는 각 조합 총회의 의결을 얻어야 하고(제1항), 각 조합총회에서 각 조합원 중에서 동수로 설립위원을 선출하여야 하며(제3항, 제4항), 설립위원은 설립위원회를 개최하여 정관을 작성하고 설립위원이 추천한 자 중 설립위원 과반수의 출석과 출석위원 과반수의 찬성으로 임원을 선임하도록(제5항, 제6항) 규정하고 있고, 같은 법 제79조(합병으로 인한 권리·의무의 승계) 제1항에서는 합병 후 존속하거나 설립되는 지역농업협동조합은 소멸되는 지역농업협동조합의 권리의무를 승계한다고 규정하고 있는 점 등에 비추어 보면, 지역농업협동조합이 다른 조합과 합병하는 경우에 있어서는 그 합병절차가 완료되기 전이라고 하더라도 누구든지 그 합병으로 존속하거나 신설될 조합의 임원 또는 대의원으로 당선되려는 등의 목적으로 합병될 각 조합의 조합원 등에게 금품 등을 제공하는 행위는 같은 법 제50조(선거운동의 제한) 제1항 제1호에 해당한다.[15]

---

13) 2019. 2. 28. 선고 2017헌바486·502·510(병합) 결정
14) 2011. 6. 24. 선고 2011도3824 판결, 2005. 8. 19. 선고 2005도2245 판결
15) 2007. 4. 27. 선고 2006도5579 판결

선거인의 가족은 선거인의 배우자, 선거인 또는 그 배우자의 직계존비속과 형제자매, 선거인의 직계존비속 및 형제자매의 배우자를 말한다(위탁선거법§32 1.).

(나) 선거인이나 그 가족이 설립 · 운영하고 있는 기관 · 단체 · 시설

선거인이나 그 가족이 설립·운영하고 있는 기관·단체·시설도 매수행위의 상대방이다. '기관·단체·시설'이라 함은 다수인의 계속적인 조직이나 시설이면 충분하고, 반드시 「민법」상의 법인과 같이 형식적·실질적인 요건을 모두 갖춘 단체에 한정한다고 할 수 없다.[16]

(4) 매수행위

매수죄는 금전 등을 제공받은 당해 선거인의 투표행위에 직접 영향을 미칠 목적으로 금전 등을 제공하는 경우에만 성립하는 것이 아니라, 금전 등을 제공받은 선거인으로 하여금 타인의 투표의사에 영향을 미치는 행위나 특정 후보자의 당락에 영향을 미치는 행위를 하게 만들 목적으로 금품 등을 제공하는 경우에도 성립한다.[17]

금전 등의 '제공'이라 함은 반드시 금품 등을 상대방에게 귀속시키는 것만을 뜻하는 것은 아니고, 그 금품 등을 지급받은 상대방이 금품 등의 귀속주체가 아닌 이른바 중간자라 하더라도, 그 중간자가 단순한 보관자이거나 특정인에게 특정 금품을 전달하기 위하여 심부름을 하는 사자에 불과한 것이 아니라 그에게 금품 등의 배분대상이나 방법, 배분액수 등에 대한 어느 정도의 판단과 재량의 여지가 있는 한, 비록 그에게 귀속될 부분이 지정되어 있지 않은 경우라고 하더라도, 그에게 금품 등을 주는 것은 위 규정에서 말하는 '제공'에 포함된다 할 것이다. 따라서 후보자 등이 최종유권자가 아닌 중간자에게 금품을 주는 것이 '제공'에 해당하기 위해서는 그 중간자가 단순히 보관하거나 심부름하는 자가 아니라 중간자로 하여금 불특정 다수의 선거인들을 매수하여 지지표를 확보하는 등의 부정선거에 사용하도록 제공된 것으로서 그 중간자에게 위와 같은 의미의 재량이 있으면 족한 것이고, 그가 금품을 받은 후 이를 모두 하부단계의 사람들에게 배분하여 주었는지, 그 전부 또는 일부를 그가 유용하였는지, 그 사용처가 모두 밝혀졌는지 여부 등은 이미 성립한 범죄에 아무런 영향이 없는 것이며, 한편 그 중간자가 후보자 등으로부터 금품을 받을 당시에 그에게 위와 같은 의미의 재량이 있었는지를 판단하기 위해서는 후보자 등과 그와의 관계, 금품 등

16) 1996. 6. 28. 선고 96도1063 판결
17) 서울고등법원 2019. 9. 24. 선고 2018노193 판결

을 수수한 동기와 경위, 그 당시 언급된 사용용도와 사용방법, 당시의 선거상황 등 제반사정을 종합적으로 고려하여야 한다.[18] 이와 같은 법리는 선거운동을 목적으로 선거인 등에 대한 금전 등의 '제공'을 금지하고 있는 위탁선거법 제58조(매수 및 이해유도죄)의 매수 및 이해유도죄에 있어서도 적용된다.[19]

「농업협동조합법」 제172조(벌칙) 제1항 제2호에 의하여 처벌대상이 되는 같은 법 제50조(선거운동의 제한) 제1항 제1호 및 제3호의 행위들을 순차적으로 한 경우, 즉 금전·물품·향응, 그 밖의 재산상의 이익이나 공사의 직에 대한 제공의 의사표시를 하고 이를 승낙하며 나아가 그에 따라 약속이 이루어진 재산상 이익 등을 제공하고 제공받은 경우에, 재산상 이익 등에 대한 제공의 의사표시 내지 약속행위는 제공행위에, 제공 의사표시의 승낙행위는 제공받은 행위에 각각 흡수된다.[20] 이러한 법리에 비추어 보면, 지역 농협의 임원이나 대의원선거에서 투표가 종료되기 전에 조합원이 그로 하여금 특정 후보자를 당선되게 하는 행위를 하게 할 목적으로 재산상 이익 등을 제공하겠다는 의사표시를 승낙하고 나아가 투표가 종료된 후에 그 약속에 따라 재산상 이익 등이 실제로 제공된 경우에, 비록 투표가 종료되어 더 이상 조합원 등의 투표행위나 후보자의 당락에 영향을 미칠 수 없게 되었다 하더라도, 그 재산상 이익 등을 제공하고 제공받은 행위는 그 제공의 의사표시를 하고 이를 승낙한 행위와 마찬가지로 그 선거에서 특정 후보자를 당선되게 할 목적으로 이루어진 것으로서 「농업협동조합법」 제172조(벌칙) 제1항 제2호, 제50조(선거운동의 제한) 제1항 제1호 및 제3호에 의하여 처벌대상이 된다.[21] 「수산업협동조합법」 제53조(선거운동의 제한)가 '선거운동의 제한'이란 제목 아래 금지되는 선거운동을 열거하고 있고, 이에 따라 같은 조 제1항 제1호에서 정하고 있는 행위, 즉 자기 또는 특정인을 지구별 수협의 임원 또는 대의원으로 당선되게 하거나 당선되지 못하게 할 목적으로 선거인이나 그 가족 등에게 재산상의 이익이나 공사의 직을 제공하는 등의 행위 자체가 금지되는 선거운동 중의 하나에 해당하며 위와 같은 임원 또는 대의원 선거에서 당선되게 하거나 당선되지 못하게 할 목적으로 하는 행위는 그 자체로 선거운동 행위로 평가하는 것이 일반적인 경험칙에 부합된다고 보아야 한다. 여기에 지구별 수협의 임원 등

18) 2002. 2. 21. 선고 2001도2819 전원합의체 판결
19) 서울고등법원 2019. 9. 24. 선고 2018노193 판결, 대구지방법원 2019. 11. 1. 선고 2019노2851 판결
20) 2015. 1. 29. 선고 2013도5399 판결
21) 2015. 1. 29. 선고 2013도5399 판결

선거에서 선거의 과열과 혼탁을 방지하고 선거의 공정성을 확보하기 위하여 선거인 등에게 이익을 제공하거나 선거인 등이 이익을 제공받는 등의 행위를 금지하려는 위 규정의 입법취지와 목적을 아울러 참작하여 보면, 「수산업협동조합법」 제53조(선거운동의 제한) 제1항을 위반하여 그 규정이 금지하는 이익의 제공, 약속, 승낙, 요구, 알선 등의 행위를 한 경우에는 그와 같은 선거운동을 한 것에 해당하여 「수산업협동조합법」 제178조(벌칙) 제1항 제2호에 의해 처벌된다고 해석하는 것이 타당하고, '제53조(선거운동의 제한) 제1항을 위반하고 다시 그와 별도로 선거운동을 한 경우'만이 처벌대상이 된다고 해석할 것은 아니다.[22] 이러한 법리는 위탁선거법의 매수죄에 있어서도 마찬가지로 적용된다.

다. 벌칙 등

(1) 벌칙

선거운동을 목적으로 매수행위를 한 자, 즉 선거운동을 목적으로 선거인[선거인명부를 작성하기 전에는 그 선거인명부에 오를 자격이 있는 자(해당 위탁단체에 가입되어 해당 법령이나 정관등에 따라 위탁선거의 선거권이 있는 자 및 해당 위탁단체에 가입 신청을 한 자를 말한다)를 포함한다]이나 그 가족 또는 선거인이나 그 가족이 설립·운영하고 있는 기관·단체·시설에 대하여 금전·물품·향응이나 그 밖의 재산상 이익이나 공사의 직을 제공하거나 그 제공의 의사를 표시하거나 그 제공을 약속한 자는 3년 이하의 징역 또는 3천만원 이하의 벌금에 처한다(위탁선거법§58 1.).

(2) 벌칙의 적용범위

위탁선거에서의 매수죄의 처벌규정인 위탁선거법 제58조(매수 및 이해유도죄) 제1호는 의무위탁선거에만 적용되고(위탁선거법§57), 임의위탁선거에는 적용되지 아니한다.

---

22) 2012. 9. 13. 선고 2010도17153 판결(피고인이 지구별 수협 조합장 선거에서 현 조합장 갑이 지지하는 을을 당선되게 할 목적으로 갑에게 자녀의 취업을 부탁하여 채용을 약속받음으로써 공사의 직의 제공을 요구하였다고 하여 「수산업협동조합법」 위반으로 기소된 사안에서, 위 죄가 성립하기 위해서는 '특정인을 지구별 수협의 임원으로 당선되게 하거나 당선되지 못하게 할 목적으로 공사의 직의 제공을 요구한 것'이라는 요건과 이와 별도로 '선거운동을 한 자일 것'이라는 요건을 모두 충족하여야 한다는 전제 아래 피고인이 을을 당선되게 하거나 경쟁 후보자를 당선되지 못하게 하는 별도의 선거운동을 하였음을 인정할 증거가 없다는 이유로 무죄를 선고한 원심판결에 「수산업협동조합법」 제178조(벌칙) 제1항 제2호의 해석에 관한 법리를 오해하여 필요한 심리를 다하지 아니한 위법이 있다고 한 사례)

(3) 죄수

「농업협동조합법」 제50조(선거운동의 제한) 제1항 제3호가 같은 항 제1호에 규정된 금품 등을 제공받는 등의 행위를 따로 금지하고 있는 점에 비추어 보면, 같은 항 제1호에 규정된 금품 등의 제공행위에 의한 「농업협동조합법」 위반죄는 그 상대방마다 별개의 죄가 성립하는바,[23] 이는 위탁선거법 제58조(매수 및 이해유도죄) 제1호, 제3호의 경우에도 그대로 적용된다.

(4) 임원선거규약

농업협동조합은 조합원들이 자신들의 이익을 옹호하기 위하여 자주적으로 결성한 임의단체로서 그 내부 운영에 있어서 조합 정관 및 다수결에 의한 자치가 보장되므로, 농업협동조합이 자체적으로 마련한 '임원선거규약'은 일종의 자치적 법규범으로서 「농업협동조합법」 및 조합 정관과 더불어 법적 효력을 가진다 할 것이고,[24][25][26][27][28] 「농업협동조합법」 제50조(선거운동의 제한) 제1항 제1호, 제172조(벌칙) 제1항을 해석함에 있어서는 위 '임원선거규약'의 내용도 기초로 삼아야 한다.[29] 따라서 위탁선거에 있어서는 「농업협동조합법」, 조합 정관 및 '임원선거규약' 등에 우선하여 위탁선거법이 적용된다고 하더라도, 위탁선거법의 적용이 미치지 못하는 범위에서는 농업협동조합의 '임원선거규약'도 농업협동조합의 임원 선거와 관련한 선거범죄에 대한

---

23) 2007. 4. 27. 선고 2006도5579 판결

24) 2009. 12. 10. 선고 2009도5207 판결, 2002. 11. 8. 선고 2002도5060 판결

25) 수산업협동조합은 조합원들이 자신들의 이익을 옹호하기 위하여 자주적으로 결성한 임의단체로서 그 내부운영에 있어서 조합 정관 및 다수결에 의한 자치가 보장되므로, 수산업협동조합이 자체적으로 마련한 '임원선거규약'은 일종의 자치적 법규범으로서 「수산업협동조합법」 및 조합 정관과 더불어 법적 효력을 가진다(2000. 11. 24. 선고 2000도3569 판결).

26) 산림조합은 조합원들이 자신들의 이익을 옹호하기 위하여 자주적으로 결성한 임의단체로서 그 내부운영에 있어서 조합 정관 및 다수결의 자치가 보장되므로, 조합정관의 규정에 따라 조합이 자체적으로 마련한 부속서 '임원선거규약'은 일종의 자치적 법규범으로서 「산림조합법」 및 조합 정관과 더불어 법적 효력을 가진다(춘천지방법원 2006. 1. 20. 선고 2005노288 판결).

27) 새마을금고는 회원들이 자신들의 이익을 옹호하기 위하여 자주적으로 결성한 임의단체로서 그 내부운영에 있어서는 금고 정관 및 다수결에 의한 자치가 보장되므로, 새마을금고가 자체적으로 마련한 '임원선거규약'은 일종의 자치적 법규범으로서 「새마을금고법」 및 새마을금고 정관과 더불어 법적 효력을 가진다(2009. 3. 26. 선고 2008도10138 판결).

28) 신용협동조합은 조합원들이 자신들의 이익을 옹호하기 위하여 자주적으로 결성한 임의단체로서 그 내부운영에 있어서 조합 정관 및 다수결의 의한 자치가 보장되므로, 신용협동조합이 자체적으로 마련한 임원선거규약은 일종의 자치적 법규범으로서 「신용협동조합법」 및 조합 정관과 더불어 국가 법질서 내에서 법적 효력을 가진다(2015. 12. 23. 선고 2014다14320 판결).

29) 2002. 11. 8. 선고 2002도5060 판결

위탁선거법의 처벌규정을 해석함에 있어서는 그 기초가 된다.

2. 후보자에 대한 매수 및 이해유도죄

가. 의의

선거운동을 목적으로 후보자가 되지 아니하도록 하거나 후보자가 된 것을 사퇴하게 할 목적으로 후보자가 되려는 사람이나 후보자에게 금전·물품·향응이나 그 밖의 재산상 이익이나 공사의 직을 제공하거나 그 제공의 의사를 표시하거나 그 제공을 약속한 자는 3년 이하의 징역 또는 3천만원 이하의 벌금에 처한다(위탁선거법§58 2.).

후보자에 대한 매수 및 이해유도죄는 피선거권의 불가매수성과 선거의 공정성 확보를 그 보호법익으로 하고 있다.

나. 구성요건

(1) 행위의 주체

후보자에 대한 매수 및 이해유도죄에 있어서 그 행위의 주체에는 아무런 제한이 없다. 누구라도 그 행위의 주체가 될 수 있다.

(2) 행위의 상대방

후보자에 대한 매수 및 이해유도죄의 행위의 상대방은 "후보자가 되려는 사람이나 후보자"이다.

"후보자가 되려는 사람"이란 당해 위탁선거에 출마할 예정인 자로서 선거권자로부터 후보자추천을 받기 위한 활동을 벌이는 등 입후보 의사가 확정적으로 외부에 표출된 사람뿐만 아니라 그 신분·접촉대상·언행 등에 비추어 당해 위탁선거에 입후보할 의사를 가진 것으로 객관적으로 인식할 수 있는 정도에 이른 사람을 의미한다.[30] 입후보할 것을 예정하면 족하고 확정적 결의까지 요구되는 것은 아니다.[31]

(3) 행위

본죄의 행위는 후보자가 되려는 사람이나 후보자에게 금전·물품·향응이나 그 밖

---

30) 2005. 12. 22. 선고 2004도7116 판결, 2005. 1. 13. 선고 2004도7360 판결, 2007. 4. 26. 선고 2007도736 판결, 2007. 6. 29. 선고 2007도3211 판결, 2013. 11. 14. 선고 2013도2190 판결 등

31) 1975. 7. 22. 선고 75도1659 판결, 1996. 9. 10. 선고 96도976 판결 등

의 재산상 이익이나 공사의 직을 제공하거나 그 제공의 의사를 표시하거나 그 제공을 약속하는 행위를 하는 것이다. 금품 기타 재산상 이익 등의 제공의 의사를 표시하고 그 제공을 약속하는 행위는 구두에 의하여 할 수도 있고 그 방식에 특별한 제한은 없는 것이지만, 그 약속 또는 의사표시가 사회통념상 쉽게 이를 철회하기 어려울 정도로 당사자의 진정한 의지가 담긴 것으로서 외부적·객관적으로 나타나는 정도에 이르러야만 비로소 이에 해당한다고 할 것이지, 금품 등과 관련한 모든 행위가 이에 해당한다고 할 수는 없다.[32]

'공사의 직 제공의 의사표시'는 반드시 그 직을 현실로 제공할 수 있는 자, 즉 법령이나 정관 기타 관계규정상의 임명권을 가진 자이거나 임의로운 양여 권한이 있는 자에 의한 것임을 요하지 않고, 그 직을 제공함에 있어서 규정상 또는 사실상으로 상당한 영향력을 행사하여 이를 성사시킬 수 있는 높은 개연성을 구비한 자에 의한 경우를 포함한다 할 것이므로,[33] 현직 조합장으로서 선임이사의 지정권한이 있고 위 조합에서 상당한 영향력이 있는 조합장이 위 조합에서의 조합장 전력이 있는 입후보가 예상되던 자에게 그 직을 제공하겠다고 하고 입후보가 예정되던 자가 조합장의 능력과 약속을 신뢰하여 이를 승낙한 것은 '공사의 직'의 제공의 의사표시와 승낙에 해당한다.[34]

다. 주관적 요건

'후보자가 되지 아니하도록 하거나 후보자가 된 것을 사퇴하게 할 목적'이 있어야 한다. 즉, 위탁선거법 제58조(매수 및 이해유도죄) 제2호의 후보자에 대한 매수 및 이해유도죄는 범죄성립을 위한 초과주관적 위법요소로서 고의 외에 별도로 목적을 요구하는 이른바 목적범에 해당한다.

'후보자가 되지 아니하게 할 목적'이란 후보자등록 이전에 그의 입후보를 예상하여 그것을 포기하게 할 목적을 의미하고, '후보자가 된 것을 사퇴하게 할 목적'은 후보자등록을 하여 후보자가 된 자가 그 입후보를 사퇴하게 하는 것을 의미한다.

---

32) 2007. 8. 23. 선고 2007도4118 판결
33) 2015. 2. 26. 선고 2015도57 판결
34) 1996. 7. 12. 선고 96도1121 판결

라. 벌칙 등

(1) 벌칙

선거운동을 목적으로, 후보자에 대한 매수 및 이해유도행위를 한 자, 즉 선거운동을 목적으로 후보자가 되지 아니하도록 하거나 후보자가 된 것을 사퇴하게 할 목적으로 후보자가 되려는 사람이나 후보자에게 금전·물품·향응이나 그 밖의 재산상 이익이나 공사의 직을 제공하거나 그 제공의 의사를 표시하거나 그 제공을 약속한 자는 3년 이하의 징역 또는 3천만원 이하의 벌금에 처한다(위탁선거법§58 2.).

(2) 벌칙의 적용범위

후보자에 대한 매수 및 이해유도죄의 처벌규정인 위탁선거법 제58조(매수 및 이해유도죄) 제2호는 의무위탁선거에만 적용되고(위탁선거법§57), 임의위탁선거에는 적용되지 아니한다.

3. 위탁단체의 회원이 아닌 자에 대한 매수 및 이해유도죄

가. 의의

위탁단체의 회원으로 가입하여 특정 후보자에게 투표하게 할 목적으로 위탁단체의 회원이 아닌 자에게 금전·물품·향응이나 그 밖의 재산상 이익이나 공사의 직을 제공하거나 그 제공의 의사를 표시하거나 그 제공을 약속한 자는 3년 이하의 징역 또는 3천만원 이하의 벌금에 처한다(위탁선거법§58 3.).

위탁단체의 회원이 아닌 자에 대한 매수 및 이해유도죄는 피선거권의 불가매수성과 선거의 공정성 확보를 그 보호법익으로 하고 있으며, 현행 위탁선거법(2024. 1. 30. 법률 제20179호로 개정된 것)에 신설된 처벌조항이다.

나. 구성요건

(1) 행위의 주체

위탁단체의 회원이 아닌 자에 대한 매수 및 이해유도죄에 있어서 그 행위의 주체에는 아무런 제한이 없다. 누구라도 그 행위의 주체가 될 수 있다.

(2) 행위의 상대방

위탁단체의 회원이 아닌 자에 대한 매수 및 이해유도죄의 행위의 상대방은 "위탁단체의 회원이 아닌 자"이다. 해당 위탁단체에 가입 신청을 한 자는 '선거인명부에 오를 자격이 있는 자'로 보아 그에 대한 매수 및 이해유도행위는 위탁선거법 제58조(매수 및 이해유도죄) 제1호의 대상이 되는 바, "위탁단체의 회원이 아닌 자"는 해당 위탁단체의 회원이 아니고 가입 신청도 하지 않은 자를 뜻한다.

(3) 행위

본죄의 행위는 위탁단체의 회원이 아닌 자에게 위탁단체의 회원으로 가입하여 특정 후보자에게 투표하도록 금전·물품·향응이나 그 밖의 재산상 이익이나 공사의 직을 제공하거나 그 제공의 의사를 표시하거나 그 제공을 약속하는 행위를 하는 것이다.

다. 주관적 요건

'위탁단체의 회원으로 가입하여 특정 후보자에게 투표하게 할 목적'이 있어야 한다. 즉, 위탁선거법 제58조(매수 및 이해유도죄) 제3호의 위탁단체의 회원이 아닌 자에 대한 매수 및 이해유도죄는 범죄성립을 위한 초과주관적 위법요소로서 고의 외에 별도로 목적을 요구하는 이른바 목적범에 해당한다.

라. 벌칙 등

(1) 벌칙

위탁단체의 회원으로 가입하여 특정 후보자에게 투표하게 할 목적으로 위탁단체의 회원이 아닌 자에게 금전·물품·향응이나 그 밖의 재산상 이익이나 공사의 직을 제공하거나 그 제공의 의사를 표시하거나 그 제공을 약속한 자는 3년 이하의 징역 또는 3천만원 이하의 벌금에 처한다(위탁선거법§58 3.).

(2) 벌칙의 적용범위

위탁단체의 회원이 아닌 자에 대한 매수 및 이해유도죄의 처벌규정인 위탁선거법 제58조(매수 및 이해유도죄) 제3호는 의무위탁선거에만 적용되고(위탁선거법§57), 임의위탁선거에는 적용되지 아니한다.

4. 매수를 받는 죄

가. 의의

선거운동을 목적으로 위탁선거법 제58조(매수 및 이해유도죄) 제1호, 제2호 또는 제3호, 즉 매수죄, 후보자에 대한 매수 및 이해유도죄 또는 위탁단체의 회원이 아닌 자에 대한 매수 및 이해유도죄에 규정된 이익이나 직을 제공받거나 그 제공의 의사표시를 승낙한 자는 3년 이하의 징역 또는 3천만원 이하의 벌금에 처한다(위탁선거법§58 4.). 본죄는 매수죄, 후보자에 대한 매수 및 이해유도죄, 위탁단체의 회원이 아닌 자에 대한 매수 및 이해유도죄의 대향범죄이다.

나. 구성요건

(1) 행위의 주체

위탁선거법 제58조(매수 및 이해유도죄) 제1호, 제2호 또는 제3호의 행위의 상대방이 본죄의 행위 주체이다. 즉, 선거인이나 그 가족 또는 선거인이나 그 가족이 설립·운영하고 있는 기관·단체·시설, 후보자가 되려는 사람이나 후보자, 해당 위탁단체의 회원이 아닌 자가 본죄의 행위 주체이다.

(2) 행위

본죄의 행위는 위탁선거법 제58조(매수 및 이해유도죄) 제1호, 제2호 또는 제3호에 규정된 이익이나 직의 제공을 받거나 그 제공의 의사표시를 승낙하는 것이다.

금품 등의 제공을 받는 것만으로도 범죄의 구성요건을 충족하므로 이를 나중에 반환하기로 약속하면서 제공받았더라도 범죄의 성립에는 지장이 없다.[35)]

(3) 주관적 요건

본죄는 선거운동을 목적으로, 위탁선거법 제58조(매수 및 이해유도죄) 제1호, 제2호 또는 제3호에 규정된 이익이나 직을 제공받거나 그 제공의 의사표시를 승낙하여야 하는바, 위탁선거법 제58조(매수 및 이해유도죄) 제1호, 제2호 또는 제3호와 관련하여 매수행위를 하는 자가 그러한 목적을 가지고 제공하는 것이라는 점에 대한 인식이 있으면 된다고 본다.[36)] 상대방이 건네는 돈이 선거운동의 목적으로 교부하는 돈이라

---

35) 2018. 12. 21. 선고 2018도17890 판결(대구고등법원 2018. 10. 25. 선고 2018노367 판결)
36) 2018. 12. 21. 선고 2018도17890 판결, 2011. 6. 24. 선고 2011도3824 판결

는 것을 알면서도 이를 수령한 이상 실제로 자신이 선거운동을 할 목적이 없었다고 하더라도 위탁선거법 제58조(매수 및 이해유도죄) 제4호를 위반하여 이익을 제공받았다고 봄이 옳다.37) 위탁선거법 제58조(매수 및 이해유도죄) 제1호의 매수죄는 금전 등을 제공받은 당해 선거인의 투표행위에 직접 영향을 미칠 목적으로 금전 등을 제공하는 경우에만 성립하는 것이 아니라, 금전 등을 제공받은 선거인으로 하여금 타인의 투표의사에 영향을 미치는 행위나 특정 후보자의 당락에 영향을 미치는 행위를 하게 만들 목적으로 금품 등을 제공하는 경우에도 성립한다고 할 것이므로, 이러한 상대방으로부터 금전 등을 제공받은 경우에는 위탁선거법 제58조(매수 및 이해유도죄) 제4호의 죄가 성립한다.38)

다. 벌칙 등

(1) 벌칙 및 몰수

선거운동을 목적으로 매수를 받은 자, 즉 선거운동을 목적으로 금전·물품·향응이나 그 밖의 재산상 이익이나 공사의 직을 제공받거나 그 제공의 의사표시를 승낙한 선거인이나 그 가족 또는 선거인이나 그 가족이 설립·운영하고 있는 기관·단체·시설, 후보자가 되려는 사람이나 후보자, 위탁단체의 회원이 아닌 자는 3년 이하의 징역 또는 3천만원 이하의 벌금에 처한다(위탁선거법§58 4.).

본죄를 범한 자가 받은 이익은 이를 몰수한다. 다만, 그 전부 또는 일부를 몰수할 수 없는 때에는 그 가액을 추징한다(위탁선거법§60). 위탁선거법 제60조(매수 및 이해유도죄 등으로 인한 이익의 몰수)에 의한 필요적 몰수 또는 추징은 범행에 제공된 금전·물품·향응이나 그 밖의 재산상 이익을 박탈하여 부정한 이익을 보유하지 못하게 하는 데 목적이 있으므로, 선거인이나 그 가족이 선거운동을 목적으로 제공된 금전 등을 그대로 가지고 있다가 제공자에게 반환한 때에는 제공자로부터 이를 몰수하거나 그 가액을 추징하여야 한다. 다만, 제공된 금전이 그대로 반환된 것이 아니라면 그 후에 같은 액수의 금전이 반환되었더라도 반환받은 제공자로부터 이를 몰수하거나 그 가액을 추징할 것은 아니다.39)

---

37) 창원지방법원 2020. 9. 11. 선고 2020노868 판결

38) 대구지방법원 2019. 11. 1. 선고 2019노2851 판결

39) 2017. 5. 17. 선고 2016도11941 판결(축산업협동조합장 선거에 출마한 피고인이 선거운동을 목적으로 선거인 갑 또는 선거인의 가족 을에게 금전을 제공하였다는 내용으로 위탁선거법위반죄가 인정된 사안에서, 피고인이 선거운동 목적으로 제공한 금전을 그대로 돌려받았으면 제공자인

(2) 벌칙의 적용범위

매수를 받는 죄의 처벌규정인 위탁선거법 제58조(매수 및 이해유도죄) 제4호는 의무위탁선거에만 적용되고(위탁선거법§57), 임의위탁선거에는 적용되지 아니한다.

5. 지시 · 권유 · 알선 및 요구죄

가. 의의

선거운동을 목적으로, 위탁선거법 제58조(매수 및 이해유도죄) 제1호부터 제4호까지에 규정된 행위에 관하여 지시 · 권유 · 알선하거나 요구한 자는 3년 이하의 징역 또는 3천만원 이하의 벌금에 처한다(위탁선거법§58 5.).

나. 구성요건

(1) 행위의 주체

아무런 제한이 없다.

(2) 행위

본죄의 행위는 위탁선거법 제58조(매수 및 이해유도죄) 제1호부터 제4호까지에 규정된 행위에 관하여 지시 · 권유 · 알선하거나 요구하는 것이다.

'지시'는 매수 및 이해유도 행위 또는 매수를 받는 행위를 하도록 일방적으로 일러서 시키는 것으로서, 반드시 지시를 하는 사람과 그 상대방 사이에 단체나 직장 등에서의 상하관계나 엄격한 지위 · 감독관계가 있어야 하는 것은 아니다.[40] 선거인이나 그 가족에게 금품 제공을 지시하였다면, 선거인이나 그 가족을 특정하지 아니하였다고 하더라도 위탁선거법에서 정한 매수 및 이해유도 지시죄가 성립한다.[41]

'권유'는 매수 및 이해유도 행위를 하도록 하거나 그 상대방이 되도록 권하여 결의를 촉구하는 것이다.

'알선'은 매수 및 이해유도 행위 또는 매수를 받는 행위를 하도록 양자의 의사가

피고인으로부터 이를 몰수하거나 그 가액을 추징하여야 함에도, 피고인이 갑, 을에게 금전을 제공하였다가 돌려받았으므로 위 범행으로 이익을 받았다고 볼 수 없다는 이유로 그 가액의 추징을 선고하지 않은 원심판결에 같은 법 제60조(매수 및 이해유도죄 등으로 인한 이익의 몰수)의 추징에 관한 법리를 오해하여 필요한 심리를 다하지 아니한 잘못이 있다고 한 사례)

40) 2017. 3. 22. 선고 2016도16314 판결

41) 창원지방법원 2020. 11. 5. 선고 2020노165 판결

서로 합치되게 조정·유도하는 것이다.

'요구'는 상대방에게 매수 및 이해유도 행위를 하도록 요구하는 것이다. 위탁선거법 제58조(매수 및 이해유도죄) 제1호는 '선거운동을 목적으로' 선거인에게 금품 등을 제공하는 경우에 처벌한다고 규정하고 있으므로, 위 매수죄는 금품 등을 제공받은 당해 선거인의 투표행위에 직접 영향을 미칠 목적으로 금품 등을 제공하는 경우에만 성립하는 것이 아니라, 금품 등을 제공받은 선거인으로 하여금 타인의 투표의사에 영향을 미치는 행위나 특정 후보자의 당락에 영향을 미치는 행위를 하게 할 목적으로 금품 등을 제공하는 경우에도 성립하므로, 이러한 상대방에게 금품 등의 제공을 요구하는 경우에는 위탁선거법 제58조(매수 및 이해유도죄) 제5호의 매수요구죄가 성립한다.[42]

지시·권유·요구·알선의 결과 의도한 결과가 현실로 발생하였는지 여부는 본죄의 성립에 영향을 미치지 아니한다.

다. 벌칙 등

(1) 벌칙 및 몰수

선거운동을 목적으로, 위탁선거법 제58조(매수 및 이해유도죄) 제1호부터 제4호까지에 규정된 행위, 즉 매수 및 이해유도 행위 또는 매수를 받는 행위를 지시·권유·알선하거나 요구한 자는 3년 이하의 징역 또는 3천만원 이하의 벌금에 처한다(위탁선거법§58 5.).

본죄를 범한 자가 받은 이익은 이를 몰수한다. 다만, 그 전부 또는 일부를 몰수할 수 없는 때에는 그 가액을 추징한다(위탁선거법§60).

(2) 벌칙의 적용범위

지시·권유·알선 및 요구죄의 처벌규정인 위탁선거법 제58조(매수 및 이해유도죄) 제4호는 의무위탁선거에만 적용되고(위탁선거법§57), 임의위탁선거에는 적용되지 아니한다.

42) 2008. 10. 9. 선고 2008도6233 판결

6. 매수목적 금품운반죄

가. 의의

선거운동을 목적으로, 후보자등록개시일부터 선거일까지 포장된 선물 또는 돈봉투 등 다수의 선거인(선거인의 가족 또는 선거인이나 그 가족이 설립·운영하고 있는 기관·단체·시설을 포함한다)에게 배부하도록 구분된 형태로 되어 있는 금품을 운반한 자는 3년 이하의 징역 또는 3천만원 이하의 벌금에 처한다(위탁선거법§58 5.).

나. 구성요건

(1) 행위의 주체

아무런 제한이 없다. 누구라도 본죄의 행위 주체가 될 수 있다.

(2) 행위

본죄의 행위는 후보자등록개시일부터 선거일까지 포장된 선물 또는 돈봉투 등 다수의 선거인에게 배부하도록 구분된 형태로 되어 있는 금품을 운반하는 것이다. 본죄의 행위는 '후보자등록개시일부터 선거일까지' 행하여져야 한다.

'구분'이란 같은 조에 정한 금품을 일정한 기준에 따라 전체를 크게 또는 작게 몇 개로 갈라 나누는 것을 말하고, 구분의 방법에는 제한이 없어 돈을 포장 또는 봉투에 넣거나 물건으로 싸거나 띠지로 감아매는 것은 물론, 몇 개의 단위로 나누어 접어놓는 등 따로따로 배부할 수 있도록 분리하여 소지하는 것도 포함한다.[43] '운반'이란 어떤 물건을 장소적으로 이전하는 것을 말한다. 본죄의 행위는 '운반'할 것을 요하므로 단순히 '소지'하고 있는 경우에는 본죄에 해당하지 아니한다.[44]

다. 벌칙 등

(1) 벌칙

선거운동을 목적으로, 후보자등록개시일부터 선거일까지 포장된 선물 또는 돈봉투 등 다수의 선거인(선거인의 가족 또는 선거인이나 그 가족이 설립·운영하고 있는 기관·단

43) 2009. 2. 26. 선고 2008도11403 판결

44) 최영달은 '금품을 "운반"한 경우와 "소지"·"보관"한 경우를 본질적으로 달리 볼 이유가 없으므로, "소지" 및 "보관"의 경우에도 이를 처벌하는 규정을 둘 필요가 있다.'고 주장한다(최영달, 「공공단체등 위탁선거에 관한 법률의 문제점과 개선방안－제1회 동시조합장선거 수사결과를 중심으로－」, 법조 2015. 11(Vol.710), 140쪽

체·시설을 포함한다)에게 배부하도록 구분된 형태로 되어 있는 금품을 운반한 자는 3년 이하의 징역 또는 3천만원 이하의 벌금에 처한다(위탁선거법§58 5.).

(2) 벌칙의 적용범위

매수목적 금품운반죄의 처벌규정인 위탁선거법 제58조(매수 및 이해유도죄) 제5호는 의무위탁선거에만 적용되고(위탁선거법§57), 임의위탁선거에는 적용되지 아니한다.

제3절 허위사실공표죄 및 후보자 등 비방죄

1. 당선목적 허위사실공표죄

가. 의의

당선되거나 되게 할 목적으로 선거공보나 그 밖의 방법으로 후보자(후보자가 되려는 사람을 포함한다. 이하 같다)에게 유리하도록 후보자, 그의 배우자 또는 직계존비속이나 형제자매에 관하여 허위의 사실을 공표한 자는 3년 이하의 징역 또는 3천만원 이하의 벌금에 처한다(위탁선거법§61①).

위탁선거법 제61조(허위사실공표죄) 제1항은 당선되거나 되게 할 목적으로 후보자에게 유리하도록 후보자 등에 관하여 허위의 사실 등을 공표하여 선거인의 공정한 판단에 영향을 미치는 일체의 행위를 처벌함으로써 위탁선거의 공정을 보장하기 위한 규정이고, 위 규정은 위탁선거에 있어서 선거인이 누구에게 투표할 것인가를 공정하게 판단할 수 있도록 하기 위해서는 후보자에 관하여 정확한 판단자료가 제공되는 것이 필요하고 만약 후보자에 관하여 허위의 자료 또는 진실한 자료 중에서도 선거인의 정확한 판단을 그르칠 위험이 큰 판단자료의 제공을 원천적으로 방지하려는 데 그 입법 취지가 있다.[45)]

나. 구성요건

(1) 행위의 주체

본죄의 행위의 주체에 대하여는 아무런 제한이 없다. 누구라도 본죄의 주체가 된다.

---

45) 서울고등법원 1998. 12. 22. 선고 98노2589 판결, 2009. 3. 26. 선고 2007헌바72 전원재판부 결정

(2) 행위의 대상

허위사실공표의 대상은 "후보자, 후보자의 배우자 또는 직계존비속이나 형제자매에 관한 사실"이다.

「공직선거법」 제250조(허위사실공표죄) 제1항은 "후보자, 후보자의 배우자 또는 직계존비속이나 형제자매의 출생지 · 가족관계 · 신분 · 직업 · 경력등 · 재산 · 행위 · 소속단체, 특정인 또는 특정단체로부터의 지지여부 등"으로 허위사실공표의 대상을 열거하고 있음에 반하여, 위탁선거법 제61조(허위사실공표죄) 제1항은 단지 "후보자, 후보자의 배우자 또는 직계존비속이나 형제자매에 관하여"라고만 허위사실공표의 대상을 규정하고 있으나, "후보자, 후보자의 배우자 또는 직계존비속이나 형제자매에 관하여"라고 함은 후보자, 후보자의 배우자 또는 직계존비속이나 형제자매의 출생지 · 가족관계 · 신분 · 직업 · 경력 · 재산 등 후보자, 후보자의 배우자 또는 직계존비속이나 형제자매에 관한 모든 사실이 허위사실공표의 대상이다.

'후보자가 되려는 사람'이란 위탁선거에 출마할 예정인 사람으로서 선거권자의 후보자추천을 받기 위한 활동을 벌이는 등 입후보 의사가 확정적으로 외부에 표출된 사람을 의미한다. 신분 · 접촉대상 · 언행 등에 비추어 위탁선거에 입후보할 의사를 가진 것을 객관적으로 인식할 수 있을 정도에 이른 사람도 후보자가 되고자 하는 자에 포함된다.[46)]

(3) 행위

본죄의 행위는 선거공보나 그 밖의 방법으로 후보자에게 유리하도록 허위의 사실을 공표하는 것이다.

(가) 그 밖의 방법

위탁선거법 제61조(허위사실공표죄) 제1항에서 규정한 허위사실공표행위는 '선거공보나 그 밖의 방법으로' 선거인에게 후보자의 유리한 사항을 직접적으로 알리는 것으로서 최소한 선거공보와 동일한 기능을 가지는 매개체를 통하여 허위의 사실을 공표하는 것이고, 여기서 '그 밖의 방법'에는 선거공보에 의한 방법은 물론 불특정 또는 다수의 사람에게 전달될 수 있는 모든 수단 방법이 포함된다.

---

46) 2018. 4. 24.자 2018초기306 결정, 2012. 12. 27. 선고 2012도12416 판결, 2009. 7. 23. 선고 2009도1880 판결

(나) 허위사실

위탁선거법 제61조(허위사실공표죄) 제1항에서 말하는 '허위의 사실'은 진실에 부합하지 않은 사항으로서, 선거인으로 하여금 후보자에 대한 정확한 판단을 그르치게 할 수 있을 정도로 구체성을 가진 것이면 충분하지만,[47] 단순한 가치판단이나 평가를 내용으로 하는 의견표현에 불과한 경우에는 이에 해당하지 아니한다 할 것인바, 어떤 진술이 사실주장인가 또는 의견표현인가를 구별함에 있어서는 선거의 공정을 보장한다는 입법취지를 염두에 두고 언어의 통상적 의미와 용법, 문제된 말이 사용된 문맥, 입증가능성, 그 표현이 행하여진 사회적 상황 등 전체적 정황을 고려하여 그 표현이 선거인에게 주는 전체적인 인상을 기준으로 판단하여야 한다.[48] 공표된 사실의 내용 전체의 취지를 살펴볼 때 중요한 부분이 객관적 사실과 합치되는 경우에는 세부에 있어서 진실과 약간 차이가 나거나 다소 과장된 표현이 있다 하더라도 선거인의 올바른 판단에 영향을 미쳐 선거의 공정성을 해칠 우려가 없으므로 이를 허위의 사실이라고 볼 수는 없다.[49]

어떤 표현이 허위사실을 표명한 것인지는 일반 선거인이 표현을 접하는 통상의 방법을 전제로 하여 표현이 전체적인 취지, 객관적 내용, 사용된 어휘의 통상적인 의미, 문구의 연결 방법 등을 종합적으로 고려하여 선거인에게 주는 전체적인 인상을 기준으로 판단하여야 한다.[50]

(다) 공표

'공표'라 함은 그 수단이나 방법의 여하를 불문하고 불특정 또는 다수의 사람이 알 수 있는 상태에 두는 것을 말하고, 행위자 스스로 직접 불특정 또는 다수의 사람에게 허위 사실을 알리는 것을 요하지 아니하며 단 한사람에게 알리더라도 그것이 다른 사람에게 알려질 것이 예견될 때에는 공표에 해당한다.[51]

---

47) 2007. 2. 23. 선고 2006도8098 판결, 2003. 2. 20. 선고 2001도6138 전원합의체 판결

48) 2003. 2. 20. 선고 2001도6138 전원합의체 판결, 2007. 8. 24. 선고 2007도4294 판결, 2010. 2. 11. 선고 2009도8947 판결, 서울중앙지방법원 2017. 12. 22. 선고 2016고합681, 2016고합752(병합), 2016고합753(병합), 2016고합754(병합) 판결

49) 대구고등법원 2009. 6. 11. 선고 2008노591 판결, 2015. 5. 14. 선고 2015도1202 판결, 2009. 3. 12. 선고 2009도26 판결

50) 2016. 9. 8. 선고 2016수33 판결, 2015. 5. 14. 선고 2015도1202 판결, 2010. 2. 11. 선고 2009도8947 판결

51) 1998. 12. 10. 선고 99도3930 판결, 서울고등법원 1999. 2. 23. 선고 98노3359 판결

다. 주관적 요건

(1) 목적

본죄는 '당선되거나 되게 할 목적'이 있어야 한다.

'당선되거나 되게 할 목적'은 적극적 의욕이나 확정적 인식임을 요하지 아니하고 미필적 인식이 있으면 족하고, 그 목적이 있었는지 여부는 행위자의 사회적 지위, 행위자와 후보자와의 인적관계, 공표행위의 동기 및 경위와 수단·방법, 행위의 내용과 태양, 그러한 공표행위가 행하여진 상대방의 성격과 범위, 행위 당시의 사회상황 등 여러 사정을 종합하여 사회통념에 비추어 합리적으로 판단하여야 한다.[52]

(2) 고의

허위사실공표죄에서는 공표된 사실이 허위라는 것이 구성요건의 내용을 이루기 때문에 행위자의 고의의 내용으로서 공표된 사실이 허위라는 점의 인식이 필요한데, 이러한 주관적 인식의 유무는 그 성질상 외부에서 이를 알거나 입증하기 어려운 이상 공표사실의 내용과 구체성, 소명자료의 존재 및 내용, 행위자가 밝히는 사실의 출처 및 인지 경위 등을 토대로, 행위자의 학력, 경력, 사회적 지위, 공표 경위, 시점 및 그로 말미암아 객관적으로 예상되는 파급효과 등 제반 사정을 모두 종합하여 규범적으로 판단할 수밖에 없다.[53] 허위사실공표죄는 미필적 고의에 의하여도 성립되는 것이고, 허위사실공표죄에서의 '당선되거나 되게할 목적'은 허위사실의 공표로서 후보자가 당선되고자 하는 또는 당선되게 한다는 인식만 있으면 충분한 것이며, 그 결과의 발생을 적극적으로 의욕하거나 희망하는 것을 요하는 것은 아니다.[54]

라. 벌칙 등

(1) 벌칙

당선되거나 되게 할 목적으로 선거공보나 그 밖의 방법으로 후보자에게 유리하도록 후보자, 그의 배우자 또는 직계존비속이나 형제자매에 관하여 허위의 사실을 공표한 자는 3년 이하의 징역 또는 3천만원 이하의 벌금에 처한다(위탁선거법§61①).[55]

---

52) 부산고등법원 2013. 4. 10. 선고 2012노631 판결

53) 대구고등법원 2009. 6. 11. 선고 2008노591 판결

54) 2009. 3. 12. 선고 2009도26 판결, 서울중앙지방법원 2017. 12. 22. 선고 2016고합681, 2016고합752(병합), 2016고합753(병합), 2016고합754(병합) 판결

55) 대법원은 정관에 정한 방법으로 선거운동을 하면서 허위사실을 게재·공표하는 행위가 「농업협

(2) 벌칙의 적용범위

당선목적 허위사실공표죄의 처벌규정인 위탁선거법 제61조(허위사실공표죄) 제1항은 의무위탁선거에만 적용되고(위탁선거법§57), 임의위탁선거에는 적용되지 아니한다.

2. 낙선목적 허위사실공표죄

가. 의의

당선되지 못하게 할 목적으로 선거공보나 그 밖의 방법으로 후보자(후보자가 되려는 사람을 포함한다. 이하 같다)에게 불리하도록 후보자, 그의 배우자 또는 직계존비속이나 형제자매에 관하여 허위의 사실을 공표한 자는 5년 이하의 징역 또는 500만원 이상 5천만원 이하의 벌금에 처한다(위탁선거법§61②).

본죄는 허위의 사실을 공표하여 선거인의 올바른 판단에 영향을 미치는 행위를 규제함으로써 선거의 공정을 보장하는데 그 입법취지가 있다.[56]

나. 구성요건

(1) 행위의 주체

아무런 제한이 없다.

동조합법」 제50조(선거운동의 제한) 제4항을 위반한 것인지 여부에 대하여, '「농업협동조합법」 제50조(선거운동의 제한) 제4항은 "누구든지 임원선거와 관련하여 1. 선전벽보의 부착, 2. 선거공보의 배부, 3. 소형인쇄물의 배부, 4. 합동연설회 또는 공개토론회의 개최, 5. 전화 · 컴퓨터통신을 이용한 지지호소의 방법 중 정관이 정하는 행위 외의 선거운동을 할 수 없다."고 규정하고 같은 법 제172조(벌칙) 제2항 제2호는 같은 법 제50조(선거운동의 제한) 제4항의 규정을 위반하여 선거운동을 한 자를 처벌하도록 규정하고 있다. 그런데 같은 법 제50조(선거운동의 제한)의 규정내용 및 입법 연혁 등에 비추어 보면, 같은 법 제50조(선거운동의 제한) 제4항은 선거의 과열방지 및 공정성을 확보하기 위하여 선거운동방법을 한정하고, 정관에서 정한 것 이외의 선전벽보의 부착, 선거공보 등의 배부, 합동연설회 등의 개최 및 전화 등을 이용한 지지호소나 이와 유사한 형태의 선거운동을 금지하고 있는 규정이라 할 것이다(2005. 5. 13. 선고 2005도1784 판결 참조). 따라서 그에 대한 처벌규정인 같은 법 제172조(벌칙) 제2항 제2호도 같은 법 제50조(선거운동의 제한) 제4항의 규정 범위 내에서 정관으로 정한 선거운동방법과 다른 방식으로 선거운동을 한 자를 처벌하기 위한 규정으로 봄이 상당하고, 이를 같은 법 제50조(선거운동의 제한) 제4항에 의하여 정해진 선거운동의 방법으로 선거운동을 하면서 허위의 사실을 게재하거나 공표하는 행위까지 처벌하는 규정으로 보는 것은 형벌법규를 피고인에게 불리한 방법으로 지나치게 확장해석하는 것이 되어 죄형법정주의 원칙상 허용될 수 없다.'고 판시하였다(2007. 7. 27. 선고 2007도1676 판결)

56) 2007. 6. 29. 선고 2007도2817 판결, 2007. 3. 15. 선고 2006도8368 판결

(2) 행위의 객체

허위사실공표의 대상은 "후보자, 후보자의 배우자 또는 직계존비속이나 형제자매에 관한 사실"이다. "후보자, 후보자의 배우자 또는 직계존비속이나 형제자매에 관하여"라고 함은 후보자, 후보자의 배우자 또는 직계존비속이나 형제자매의 출생지·가족관계·신분·직업·경력·재산 등 후보자, 후보자의 배우자 또는 직계존비속이나 형제자매에 관한 모든 사실이 허위사실공표의 대상이다.

위탁선거법 제61조(허위사실공표죄) 제2항에서 말하는 "후보자에 관한 사실" 중에는 직접 후보자 본인에 관한 사실뿐 아니라 간접사실이라도 후보자와 직접적으로 관련된 사실이고 그 공표가 후보자의 당선을 방해하는 성질을 가진 것인 경우에는 후보자에 관한 사실에 해당한다고 할 것이지만,[57] 공표된 사실이 후보자와 직접적인 관련이 없어 후보자의 선거에 관한 신용을 실추시키거나 이에 영향을 미치는 것이 아닌 경우에는 후보자에 관한 사실에 포함되지 아니한다.[58]

(3) 행위

본죄의 행위는 선거공보나 그 밖의 방법으로 후보자에게 불리하도록 허위의 사실을 공표하는 것이다.

(가) 그 밖의 방법

위탁선거법 제61조(허위사실공표죄) 제2항의 허위사실공표죄의 구성요건 중 '그 밖의 방법'으로 허위의 사실을 공표한다는 것은 그 수단이나 방법에 관계없이 불특정 또는 다수인에게 허위사실을 알리는 것을 뜻하므로, '그 밖의 방법'이란 적시된 사실이 다수의 사람에게 전파될 수 있는 방법을 가리킨다. 따라서 허위사실을 소수의 사람에게 대화로 전하고 그 소수의 사람이 다시 전파하게 될 경우도 포함하고, 비록 개별적으로 한 사람에게만 허위사실을 알리더라도 그를 통하여 불특정 또는 다수인에게 알려질 가능성이 있다면 이 요건을 충족한다.[59] 트위터에서 타인이 게시한 글을 리트윗하는 경우 그 글은 리트윗을 한 사람을 팔로우(follow)하는 모든 사람(팔로워, follower)에게 공개되고, 팔로워가 그 글을 다시 리트윗하면 그 글은 그의 팔로워들에게도 공개되므로, 글의 작성주체가 아니더라도 리트윗하는 행위는 자신의 트위터에서 타인이 그 글을 읽을 수 있고 전파할 수 있도록 게재하는 행위이다.[60]

57) 2011. 12. 22. 선고 2008도11847 판결
58) 2007. 3. 15. 선고 2006도8368 판결
59) 2011. 12. 22. 선고 2008도11847 판결

(나) 허위사실

1) 사실과 의견

위탁선거법 제61조(허위사실공표죄) 제2항의 '허위사실'이라 함은, 진실에 부합하지 않는 사항으로서 선거인으로 하여금 후보자에 대한 정확한 판단을 그르치게 할 수 있을 정도로 구체성을 가진 것이면 충분하나,[61] 그 사실이 시기 · 장소 · 수단 등에 걸쳐서 정밀하게 특정될 필요는 없지만 단순한 가치판단이나 평가를 내용으로 하는 의견표현에 불과한 경우에는 이에 해당하지 아니하고,[62] 나아가 형사처벌 여부가 문제되는 표현이 사실을 드러낸 것인지 아니면 의견이나 추상적 판단을 표명한 것인지를 구별할 때에는 언어의 통상적 의미와 용법, 증명가능성, 문제된 말이 사용된 문맥과 표현의 전체적인 취지, 표현의 경위와 사회적 맥락 등을 고려하여 판단하되, 헌법상 표현의 자유의 우월적 지위, 형벌법규 해석의 원칙에 비추어 어느 범주에 속한다고 단정하기 어려운 표현인 경우에는 원칙적으로 의견이나 추상적 판단을 표명한 것으로 파악하여야 한다. 또한 어떠한 표현이 공표된 사실의 내용 전체의 취지를 살펴볼 때 중요한 부분에서 객관적 사실과 합치되는 경우에는 세부적으로 진실과 약간 차이가 나거나 다소 과장된 표현이 있더라도 이를 허위사실의 공표라고 볼 수 없다.[63]

위탁선거법 제61조(허위사실공표죄) 제2항의 허위사실공표죄에서 말하는 '사실의 공표'란 가치판단이나 평가를 내용으로 하는 의견표현에 대치되는 개념으로서 시간과 공간적으로 구체적인 과거 또는 현재의 사실관계에 관한 보고 내지 진술을 의미하며 그 표현내용이 증거에 의한 입증이 가능한 것을 말한다. 어떠한 표현이 사실의 적시인지 아니면 의견이나 추상적 판단의 표현인지의 구별은 단순히 사용된 한 구절의 용어만에 의하여 구별할 것이 아니라 선거의 공정을 보장한다는 입법취지를 염두에 두고 그러한 표현을 둘러싼 모든 사정, 즉 언어의 통상적 의미와 용법, 표현 전체의

---

60) 대전고등법원 2013. 7. 24. 선고 2013노1209(병합) 판결

61) 2018. 9. 28. 선고 2018도10447 판결, 2011. 12. 22. 선고 2008도11847 판결, 2009. 3. 12. 선고 2008도11443 판결, 2008. 12. 11. 선고 2008도8952 판결, 2006. 5. 25. 선고 2005도4642 판결, 2003. 11. 28. 선고 2003도5279 판결, 2002. 11. 13. 선고 2001도6292 판결, 2002. 4. 10.자 2001모193 결정, 2000. 4. 25. 선고 99도4260 판결, 1998. 9. 22. 선고 98도1992 판결

62) 2018. 9. 28. 선고 2018도10447 판결, 2006. 5. 25. 선고 2005도4642 판결, 2003. 11. 28. 선고 2003도5279 판결, 2002. 11. 13. 선고 2001도6292 판결, 2002. 4. 10.자 2001모193 결정, 2000. 4. 25. 선고 99도4260 판결, 1998. 9. 22. 선고 98도1992 판결

63) 2020. 12. 24. 선고 2019도12901 판결, 2011. 6. 24. 선고 2011도3824 판결, 2009. 3. 12. 선고 2009도26 판결, 2007. 10. 25. 선고 2007도3601 판결(서울고등법원 2007. 4. 26. 선고 2007노69 판결)

내용, 문제된 말이 사용된 문맥, 표현의 경위·전달방법·상대방, 표현 내용에 대한 증명가능성, 표현자와 후보자의 신분, 그 표현이 행하여진 사회적 상황 등 전체적 정황을 고려하여 판단하여야 한다.[64] 또한 의견표명과 사실의 적시가 혼재되어 있는 때에는 이를 전체적으로 보아 사실을 적시한 것인지 여부를 판단하여야 한다.[65] 나아가 의견이나 평가라고 하더라도 그것이 진실에 반하는 사실에 기초하여 행해지거나 의견이나 평가임을 빙자하여 간접적이고 우회적인 표현 방법으로 허위사실을 암시하는 경우에도 그 표현의 전취지에 비추어 그와 같은 사실의 존재를 암시하는 경우에는 위 허위사실공표죄가 성립된다.[66]

2) 허위성에 관한 증명책임 및 증명의 정도

위탁선거법 제61조(허위사실공표죄) 제2항의 허위사실공표죄가 성립하기 위하여는 검사가 공표된 사실이 허위라는 점을 적극적으로 증명할 것이 필요하고, 공표된 사실이 진실이라는 증명이 없다는 것만으로는 위 죄가 성립할 수 없다.[67] 이와 관련하여 그 증명책임의 부담을 결정함에 있어 어느 사실이 적극적으로 존재한다는 것의 증명은 물론이고 어느 사실의 부존재 사실의 증명이라도 특정 기간과 장소에서의 특정 행위의 부존재 사실에 관한 것이라면 여전히 적극적 당사자인 검사가 그를 합리적 의심의 여지가 없이 증명할 의무를 부담하지만,[68] 특정되지 아니한 기간과 공간에서의 구체화되지 아니한 사실의 부존재를 증명하는 것은 사회통념상 불가능한 반면 그 사실이 존재한다고 주장·증명하는 것이 보다 용이한 방법이므로 이러한 사정은 검사가 그 입증책임을 다하였는지를 판단함에 있어 고려되어야 하고, 따라서 의혹을 받을 일을 한 사실이 없다고 주장하는 사람에 대하여 의혹을 받을 사실이 존재한다고 적극적으로 주장하는 자는 그러한 사실의 존재를 수긍할 만한 소명자료를 제시할 부

---

64) 2018. 9. 28. 선고 2018도10447 판결, 2009. 3. 12. 선고 2008도11443 판결, 2007. 3. 15. 선고 2006도8368 판결, 2004. 2. 26. 선고 99도5190 판결, 2003. 11. 28. 선고 2003도5279 판결, 2002. 11. 13. 선고 2001도6292 판결, 2002. 6. 14. 선고 2000도4595 판결, 2002. 4. 10.자 2001모193 결정, 2000. 4. 25. 선고 99도4260 판결, 서울고등법원 2013. 11. 21. 선고 2013노1814 판결

65) 2005. 8. 13. 선고 2005도7172 판결, 2014. 1. 23. 선고 2013도12419 판결

66) 1996. 9. 6. 선고 96도1743 판결, 1998. 9. 22. 선고 98도1992 판결, 2003. 2. 20. 선고 2001도6138 전원합의체 판결, 2008. 7. 10. 선고 2008도2422 판결, 2011. 12. 22. 선고 2008도11847 판결

67) 2009. 3. 12. 선고 2008도11443 판결, 2003. 11. 28. 선고 2003도5279 판결

68) 2015. 10. 29. 선고 2015도8400 판결, 2011. 12. 22. 선고 2008도11847 판결, 2006. 11. 10. 선고 2005도6375 판결

담을 지고, 검사는 제시된 그 자료의 신빙성을 탄핵하는 방법으로 허위성의 증명을 할 수 있다.[69] 이때 제시하여야 할 소명자료는 위 법리에 비추어 단순히 소문을 제시하는 것만으로는 부족하고 적어도 허위성에 관한 검사의 증명활동이 현실적으로 가능할 정도의 구체성을 갖추어야 하며, 이러한 소명자료의 제시가 없거나 제시된 소명자료의 신빙성이 탄핵된 때에는 허위사실공표로서의 책임을 져야 한다.[70]

다. 주관적 요건

(1) 고의

위탁선거법 제61조(허위사실공표죄) 제2항의 허위사실공표죄는 공표된 사실이 허위라는 것을 구성요건으로 하기 때문에 행위자가 그 사항이 허위라는 것을 인식하여야 하고, 이러한 주관적 인식의 유무는 성질상 외부에서 이를 알거나 증명하기 어려우므로, 공표된 사실의 내용과 구체성, 소명자료의 존재 및 내용, 행위자가 밝히는 사실의 출처 및 인지 경위 등을 토대로 행위자의 학력, 경력, 사회적 지위, 공표 경위, 시점 및 그로 말미암아 예상되는 파급효과 등의 여러 객관적 사정을 종합하여 판단할 수밖에 없고,[71] 이러한 허위사실공표죄는 미필적 고의에 의하여도 성립한다.[72] 어떠한 소문을 듣고 그 진실성에 강한 의문을 품고서도 감히 공표한 경우에는 적어도 미필적 고의가 인정될 수 있다.[73] 행위자가 적시한 구체적 사실이 진실한지를 확인하는 일이 시간적·물리적으로 사회통념상 가능하였다고 인정됨에도 그러한 확인의 노력을 하지 않은 채 당선되지 못하게 할 목적을 가지고 그 사실의 적시에 적극적으로 나아갔다면 미필적 고의를 인정할 수 있다.[74]

---

69) 2009. 3. 12. 선고 2008도11443 판결, 2003. 2. 20. 선고 2001도6138 전원합의체 판결
70) 2018. 9. 28. 선고 2018도10447 판결, 2015. 10. 29. 선고 2015도8400 판결, 2014. 3. 13. 선고 2013도12507 판결, 2011. 12. 22. 선고 2008도11847 판결, 2009. 3. 12. 선고 2008도11443 판결, 2006. 5. 25. 선고 2005도4642 판결, 2005. 7. 22. 선고 2005도2627 판결
71) 2014. 3. 13. 선고 2013도12507 판결, 2011. 6. 24. 선고 2011도3824 판결, 2008. 12. 11. 선고 2008도8952 판결, 2005. 7. 22. 선고 2005도2627 판결
72) 2014. 3. 13. 선고 2013도12507 판결, 2011. 6. 24. 선고 2011도3824 판결, 2004. 2. 26. 선고 99도5190 판결
73) 2011. 12. 22. 선고 2008도11847 판결, 2008. 12. 11. 선고 2008도8952 판결, 2005. 7. 22. 선고 2005도2627 판결, 2002. 4. 10.자 2001모193 결정
74) 2011. 12. 22. 선고 2008도11847 판결, 2004. 2. 26. 선고 99도5190 판결, 2002. 4. 10.자 2001모193 결정

(2) 목적

위탁선거법 제61조(허위사실공표죄) 제2항에서 정한 '당선되지 못하게 할 목적'은 해당 위탁선거에서 당선되지 못하게 할 목적을 말한다. 그리고 그 목적은 허위사실의 공표로써 후보자가 당선되지 못하게 한다는 인식만 있으면 충분하며, 그 결과 발생을 적극적으로 의욕하거나 희망하는 것일 필요는 없고,[75] '당선되지 못하게 할 목적'에 대하여는 적극적 의지나 확정적 인식을 요하지 아니하고 미필적 인식이 있으면 족하다.[76] 그 목적이 있었는지 여부는 행위자의 사회적 지위, 행위자와 후보자 또는 경쟁 후보자와의 인적 관계, 공표행위의 동기 및 경위와 수단·방법, 행위의 내용과 태양, 그리고 공표행위가 행해진 상대방의 성격과 범위, 행위 당시의 사회 상황 등 여러 사정을 종합하여 사회통념에 비추어 합리적으로 판단하여야 한다.[77]

라. 벌칙 등

(1) 벌칙

당선되지 못하게 할 목적으로 선거공보나 그 밖의 방법으로 후보자에게 불리하도록 후보자, 그의 배우자 또는 직계존비속이나 형제자매에 관하여 허위의 사실을 공표한 자는 5년 이하의 징역 또는 500만원 이상 5천만원 이하의 벌금에 처한다(위탁선거법§61②).

(2) 벌칙의 적용범위

낙선목적 허위사실공표죄의 처벌규정인 위탁선거법 제61조(허위사실공표죄) 제2항은 의무위탁선거에만 적용되고(위탁선거법§57), 임의위탁선거에는 적용되지 아니한다.

3. 후보자 등 비방죄[78]

가. 의의

선거운동을 목적으로 선거공보나 그 밖의 방법으로 공연히 사실을 적시하여 후보

---

75) 2015. 11. 26. 선고 2015도9471 판결, 2011. 6. 24. 선고 2011도3824 판결, 2006. 5. 25. 선고 2005도4642 판결

76) 2011. 12. 22. 선고 2008도11847 판결

77) 2015. 11. 26. 선고 2015도9471 판결, 2014. 3. 13. 선고 2013도12507 판결, 2011. 12. 22. 선고 2008도11847 판결, 2007. 1. 15. 선고 2006도7473 판결, 2006. 5. 25. 선고 2005도4642 판결

자(후보자가 되려는 사람을 포함한다. 이하 같다), 그의 배우자 또는 직계존비속이나 형제자매를 비방한 자는 2년 이하의 징역 또는 2천만원 이하의 벌금에 처한다. 다만, 진실한 사실로서 공공의 이익에 관한 때에는 처벌하지 아니한다(위탁선거법§62).

후보자 등 비방죄는 후보자 등에 대한 과도한 인신공격이나 이른바 흑색선전 등 과열되고 불공정한 경쟁을 규제함으로써 후보자 등의 명예를 특별히 보호하고 나아가 선거의 공정을 기하려는 데 그 입법취지가 있다.[79)]

나. 구성요건

(1) 행위의 주체

아무런 제한이 없다.

(2) 행위의 객체

후보자, 그의 배우자 또는 직계존·비속이나 형제자매가 본죄의 행위의 객체이다.

"후보자가 되려는 사람"은 비방행위자가 당선되거나 당선되게 하거나 되지 못하게 할 목적을 가지고 있었던 위탁선거를 기준으로, 비방행위 당시 후보자가 되고자 하는 의사를 인정할 수 있는 객관적 징표가 존재하는 자를 의미한다.[80)]

---

78) 헌법재판소는, 지역농협의 임원선거와 관련하여 거짓의 사실을 공표하거나 공연히 사실을 적시하여 후보자를 비방할 수 없다고 규정하면서 위법성조각사유를 별도로 두고 있지 않은 「농업협동조합법」 제50조(선거운동의 제한) 제3항과 관련하여, '지역농협 임원선거는 공직선거에 비하여 선거구나 선거권자의 범위가 협소하고 그 내부에서 인정과 의리가 중시되므로, 선거권자와 후보자 사이의 연대 또는 반목이 강한 경향이 있고, 이러한 특성으로 말미암아 지역농협 임원선거는 후보자비방을 통한 흑색선전의 가능성이 공직선거에 비하여 상당히 높다. 이 사건 법률조항이 공직선거법과 같은 초과주관적 구성요건이나 특별위법성조각사유를 별도로 두고 있지 않은 것은 지역농협 임원선거의 위와 같은 특수성을 반영한 것이고, 이 사건 법률조항상 "지역농협의 임원선거와 관련하여" 내지 "비방"이라는 구성요건에 대한 합리적 해석 및 「형법」 제20조(정당행위)의 일반 위법성조각사유의 적용을 통하여 후보자의 명예보호 및 선거의 공정과 표현의 자유 간에 균형도 유지할 수 있으므로 이를 평등원칙에 위반되는 자의적인 차별로 볼 수 없다.'고 판시하였다(2013. 7. 25. 선고 2012헌바112 결정 ; 김이수 등 4명의 재판관은 '개인의 명예보호·선거의 공정과 표현의 자유의 충돌이 문제된다는 점에서 「공직선거법」상 후보자비방죄와 그 성격이 다를 바 없는 이 사건 법률조항에 「공직선거법」과 달리 "공공의 이익을 위하여 진실한 사실을 적시"한 경우에 관한 위법성조각사유를 두지 않는 것은 「형법」상 일반 위법성조각사유의 성립에 필요한 엄격한 요건을 고려할 때 조합원들의 표현의 자유를 위축시키는 불합리한 차별로 평등원칙에 위반된다.'고 반대의견을 제시하였다.). ; 2012. 2. 23. 선고 2010헌바480 결정, 2012. 11. 29. 선고 2011헌바137 결정, 2013. 7. 25. 선고 2012헌바112 결정도 같은 취지

79) 부산고등법원 1992. 6. 17. 선고 92노215 판결

80) 2013. 6. 27. 선고 2011헌바75 결정

위탁선거법 제62조(후보자 등 비방죄)의 후보자 등 비방죄는 그 객체가 "후보자, 그의 배우자 또는 직계존·비속이나 형제자매"로 한정되어 있으므로 후보자와 그의 배우자 또는 직계존·비속이나 형제자매 이외의 사람이나 단체에 대한 사실의 적시나 비난을 후보자에 대한 비방으로 보는 것은 죄형법정주의의 유추해석 및 확장해석 금지의 원칙상 극히 제한적으로 인정되어야 하고,[81] 후보자 등 비방죄가 성립하기 위하여는 그 표현에 비방하는 특정인의 명칭이 드러나 있을 필요는 없지만, 그 표현의 객관적 내용, 사용된 어휘의 통상적 의미, 표현의 전체적인 흐름, 문구의 연결방법, 그 표현의 배경이 되는 사회적 맥락, 그 표현이 선거인에게 주는 전체적인 인상 등을 종합적으로 고려하여 판단할 때, 그 표현이 특정인을 비방하는 것이 명백한 경우이어야 한다.[82]

(3) 행위

본죄의 행위는 선거공보나 그 밖의 방법으로 공연히 사실을 적시하여 비방하는 것이다.

(가) 그 밖의 방법

"그 밖의 방법"이란 선거공보에 의한 방법은 물론 최소한 선거공보와 동일한 기능을 가지는 매개체를 통하여 불특정 또는 다수의 사람에게 전달될 수 있는 모든 수단 방법을 포함한다.

(나) 공연성

위탁선거법 제62조(후보자 등 비방죄)의 후보자 등 비방죄에 있어서의 "공연성"은 불특정 또는 다수인이 인식할 수 있는 상태를 의미하므로, 비록 개별적으로 한 사람에 대하여 사실을 유포하더라도 이로부터 불특정 또는 다수인에게 전파될 가능성이 있으면 공연성의 요건을 충족한다.[83]

(다) 사실의 적시

후보자 등 비방죄에서 말하는 "사실"은 반드시 악사(惡事), 추행뿐만 아니라 결과에 있어서 사람의 사회적 가치평가를 저하시킬 수 있는 사실로서 후보자의 당선을 방해할 염려가 있으면 족하다.[84]

---

81) 서울지방법원 1995. 8. 17. 선고 95고합661 판결
82) 2008. 9. 11. 선고 2008도5178 판결
83) 1996. 7. 12. 선고 96도1007 판결
84) 부산고등법원 1992. 6. 17. 선고 92노215 판결

"사실의 적시"란 가치판단이나 평가를 내용으로 하는 의견표현에 대치되는 개념으로서 시간과 공간적으로 구체적인 과거 또는 현재의 사실관계에 관한 보고 내지 진술을 의미하는 것이며 그 표현내용이 증거에 의한 입증이 가능한 것을 말하고, 판단할 진술이 사실인가 의견인가를 구별함에 있어서는, 언어의 통상적 의미와 용법, 입증가능성, 문제된 말이 사용된 문맥, 그 표현이 행하여진 사회적 정황 등 전체적 상황을 고려하여 판단하여야 하며,[85] 의견표현과 사실적시가 혼재되어 있는 때에는 이를 전체적으로 보아 사실을 적시하여 비방한 것인지 여부를 판단하여야 하고,[86] 의견표현과 사실의 적시 부분을 분리하여 별개로 범죄의 성립여부를 논할 수는 없다.[87] 양자가 혼합되어 있는 경우에도 의견으로서의 요소가 우세하고 사실주장으로서의 의미가 무시될 수 있으면 의견표현으로 해석하여야 하지만, 가치판단이나 의견의 표현으로 보이지만 그 가치판단이 일정한 사실을 전제로 하고 있으면 사실의 적시가 있다고 보아야 한다.[88]

(라) 비방

위탁선거법 제62조(후보자 등 비방죄)의 후보자 등 비방죄에서 정한 "비방"이란 사회생활에서 존중되는 모든 것에 대하여 정당한 이유 없이 상대방을 깎아내리거나 헐뜯는 것을 의미하는데,[89] 주로 합리적인 관련성이 없는 사실 예컨대, 선거와 관련이 없는, 즉 공직의 수행 능력이나 자질과는 무관한, 전혀 사적이거나 개인의 내밀한 영역에 속하는 사항을 폭로 또는 공표한다거나 날조된 허위의 사실을 전달하는 등의 방법으로 행해질 수 있다.[90]

---

85) 2007. 3. 15. 선고 2006도8368 판결, 2004. 6. 25. 선고 2004도2062 판결, 2002. 6. 14. 선고 2000도4595 판결, 1997. 4. 25. 선고 96도2910 판결, 1996. 11. 22. 선고 96도1741 판결, 서울고등법원 2013. 11. 21. 선고 2013노1814 판결, 청주지방법원 2002. 9. 25. 선고 2002고합167 판결
86) 2011. 3. 10. 선고 2011도168 판결, 2004. 6. 25. 선고 2004도2062 판결
87) 1997. 6. 10. 선고 97도956 판결
88) 부산고등법원 1992. 6. 17. 선고 92노215 판결
89) 2010. 11. 25. 선고 2010헌바53 결정, 2009. 6. 25. 선고 2009도1936 판결
90) 부산고등법원 1992. 6. 17. 선고 92노215 판결, 부산지방법원 2019. 10. 25. 선고 2018노719 판결(「새마을금고법」 제85조(벌칙) 제3항, 제22조(임원의 선거운동제한) 제2항 제4호의 후보자비방죄는 자기 또는 특정인을 금고의 임원으로 당선되게 하거나 당선되지 못하게 할 목적으로 후보자에 관하여 거짓의 사실을 유포하거나 공연히 사실을 적시하여 비방하는 경우 성립하는 범죄로서 후보자에 대한 과도한 인신공격을 방지하여 후보자의 명예를 보호하고 나아가 선거의 공정을 기하려는데 입법목적이 있다. 그러나 위 조항은 공적 사안에 대한 정당한 비판의 목소리까지 억압하여 표현의 자유를 심각하게 제한할 수 있으므로, 후보자의 명예보호 및 선거의 공정

다. 주관적 요건

위탁선거법 제62조(후보자 등 비방죄)의 후보자 등 비방죄는 "선거운동을 목적"으로 후보자 등을 비방하여야 한다.

위탁선거의 "선거운동"이란 "당선되거나 되게 하거나 되지 못하게 하는 행위"를 말하는 바(위탁선거법§23본문), "선거운동을 할 목적"은 적극적 의욕이나 확정적 인식인 것을 요하지 아니하고 미필적 인식이 있으면 충분하고, 그 목적이 있었는지 여부는 행위자의 사회적 지위, 행위자와 후보자 또는 경쟁 후보자의 인적 관계, 행위의 동기 및 경위와 수단·방법, 행위의 내용과 태양, 상대방의 성격과 범위, 행위 당시의 사회상황 등 여러 사정을 종합하여 사회통념에 비추어 합리적으로 판단하여야 한다.[91]

라. 위법성 조각

사실의 적시행위가 진실한 사실로서 공공의 이익에 관한 때에는 처벌하지 아니한다(위탁선거법§62단서).

(1) 위법성 조각의 요건

'사실의 적시'가 위탁선거법 제62조(후보자 등 비방죄) 단서의 규정에 의하여 위법성이 조각되기 위해서는, 첫째, 적시된 사실이 전체적으로 보아 진실에 부합할 것, 둘째, 그 내용이 객관적으로 공공의 이익에 관한 것일 것, 셋째, 행위자도 공공의 이익을 위하여 그 사실을 적시한다는 동기를 가지고 있을 것이 요구되며,[92] 다만 반드시

과 표현의 자유의 조화를 위해서 후보자비방죄를 합리적인 범위에서 제한할 필요가 있다. 특히 대의민주주의의 실현을 위해서 불가결한 제도인 선거를 실시함에 있어서는 후보자는 표현의 자유를 행사함으로써 유권자의 지지를 획득하고, 유권자들은 후보자 개개인의 직무수행능력과 자질, 전력 등 직무를 수행함에 필요하고 충분한 조건을 갖추었는지에 관하여 충분한 정보를 얻을 수 있어야 한다. 이를 위하여 후보자에게 위법하거나 부도덕을 의심하게 하는 사정이 있는 경우 그에 대한 문제제기가 허용되어야 하고 공적 판단이 내려지기 전이라고 그에 대한 의혹제기가 봉쇄되어서는 안 된다. 따라서 「새마을금고법」 제85조(벌칙) 제3항, 제22조(임원의 선거운동제한) 제2항 제4호의 후보자비방죄의 '비방'이란 정당한 이유 없이 상대방을 깎아내리거나 헐뜯는 것, 즉 주로 합리적인 관련성이 없는 사실 예를 들면, 직무수행능력이나 자질과 관련 없는 사적이거나 내밀한 영역에 속하는 사항을 폭로 또는 공표하거나 허위사실을 유포하는 등의 행위를 의미하는 것으로 해석하여야 한다.)

91) 2011. 3. 10. 선고 2011도168 판결, 2008. 9. 11. 선고 2008도5917 판결, 2004. 4. 28. 선고 2003도4363 판결, 1997. 4. 25. 선고 96도2910 판결

92) 1996. 6. 28. 선고 96도977 판결

공공의 이익이 사적 이익보다 우월한 동기가 되어야 하는 것은 아니나 사적 이익과 비교하여 양자가 동시에 존재하고 거기에 상당성이 인정되어야 하는바,[93] 공공의 이익이 명목상 동기에 불과하여 부수적인 데 지나지 아니하는 경우에는 공공의 이익에 관한 것으로 볼 수 없다.[94] 위탁선거법 제62조(후보자 등 비방죄) 단서도 위법성 조각사유의 하나인 이상 정당성의 일반적 원리들을 필요로 하고, 그런 면에서 개인의 명예(인격권)의 보호와 「헌법」 제21조에 의한 표현의 자유 및 공공의 이익 사이에 이익교량의 원리가 고려되어야 한다는 것이지만, 이익교량은 일반적으로 우월한 가치가 다른 쪽보다 중하기만 하는 되는 것이지 현저히 중하여야 하는 것은 아니다. 이 경우도 공공의 이익의 기초가 되는 표현의 자유권 또한 「헌법」상 보장된 권리로서 인간의 존엄과 가치에 기초한 피해자의 명예(인격권)에 못지 아니할 정도로 보호되어야 할 중요한 권리이기 때문에 후자가 전자보다 중하기만 하면 위법성조각사유로서 정당성이 충족된다.[95]

(2) 진실한 사실

위탁선거법 제62조(후보자 등 비방죄) 단서에서 '진실한 사실'이라 함은 그 내용 전체의 취지를 살펴볼 때 중요한 부분이 객관적 사실과 합치되면 족하고 세부에 있어서 약간의 상위가 있거나 다소 과장된 표현이 있더라도 무방하다.[96] 적시한 사실이 진실한 것이라는 증명이 없더라도 행위자가 진실한 것으로 믿었고, 또 그렇게 믿을 만한 상당한 이유가 있는 경우에는 위법성이 없다.[97]

(3) 공공의 이익[98]

위탁선거법 제62조(후보자 등 비방죄)의 '공공의 이익에 관한 때'라 함은 반드시 공공의 이익이 사적 이익보다 우월한 동기가 된 것이 아니더라도 양자가 동시에 존재하고 거기에 상당성이 인정된다면 이에 해당한다.[99]

---

93) 2009. 6. 25. 선고 2009도1936 판결, 2004. 10. 27. 선고 2004도3919 판결, 2004. 6. 25. 선고 2003도7423 판결, 2002. 4. 9. 선고 2000도4469 판결, 2000. 4. 25. 선고 99도4260 판결, 1998. 9. 22. 선고 98도1992 판결, 1997. 6. 10. 선고 97도956 판결, 1996. 11. 22. 선고 96도1741 판결, 1996. 6. 28. 선고 96도977 판결
94) 2011. 3. 10. 선고 2011도168 판결
95) 1996. 6. 28. 선고 96도977 판결
96) 2004. 6. 25. 선고 2004도2062 판결, 2003. 11. 13. 선고 2003도3606 판결, 2002. 4. 9. 선고 2000도4469 판결
97) 1996. 4. 23. 선고 96도519 판결
98) 헌법재판소는, 「공직선거법」 제251조(후보자비방죄)의 "공공의 이익"부분과 관련하여, '"공공의

마. 벌칙 등

(1) 벌칙

선거운동을 목적으로 선거공보나 그 밖의 방법으로 공연히 사실을 적시하여 후보자, 그의 배우자 또는 직계존비속이나 형제자매를 비방한 자는 2년 이하의 징역 또는 2천만원 이하의 벌금에 처한다(위탁선거법§62본문).

(2) 벌칙의 적용범위

후보자 등 비방죄의 처벌규정인 위탁선거법 제62조(후보자 등 비방죄)는 의무위탁선거에만 적용되고(위탁선거법§57), 임의위탁선거에는 적용되지 아니한다.

제4절 투표에 관한 죄

1. 사위등재죄

가. 의의

거짓의 방법으로 선거인명부에 오르게 한 자는 1년 이하의 징역 또는 1천만원 이하의 벌금에 처한다(위탁선거법§63①).

나. 구성요건

(1) 행위의 주체

아무런 제한이 없다. 누구라도 사위등재죄의 주체가 될 수 있다.

이익"이란 사회상황의 변화에 따라 그 의미가 변화할 수 있어서 그 의미하는 바를 구체적, 서술적으로 열거하여 범위를 한정하는 것이 입법기술상 현저히 곤란한데, "공공의 이익"의 의미는 건전한 상식과 통상적인 법감정을 가진 수범자와 법적용자에 의해 일의적으로 파악될 수 있고, 법관의 자의적인 해석으로 확대될 염려도 없다고 할 것이므로, 명확성의 원칙에 위배되지 아니한다.'고 판시하였다(2013. 6. 27. 선고 2011헌바75 결정). 이러한 헌법재판소의 견해는 위탁선거법 제61조(후보자 등 비방죄)의 경우에도 그대로 적용된다고 봄이 상당하다.

99) 2004. 6. 25. 선고 2004도2062 판결, 2003. 11. 13. 선고 2003도3606 판결, 2002. 4. 9. 선고 2000도4469 판결

(2) 행위

본죄의 행위는 거짓의 방법으로 선거인명부에 오르게 하는 것이다.

"거짓의 방법"이란 거짓으로 타인을 속이는 모든 방법을 말한다. "선거인명부"는 위탁단체가 그 회원명부(그 명칭에 관계없이 위탁단체가 해당 법령이나 정관등에 따라 작성한 구성원의 명부를 말한다)에 따라 작성한 것을 말한다(위탁선거법§15①, 위탁선거규칙§7①).

위탁선거법 제63조(사위등재죄) 제1항은 목적 조항을 두고 있지 아니하므로, 위탁선거법 제63조(사위등재죄) 제1항이 '선거에 영향을 미칠 목적'이 있는 경우에만 적용되는 것으로 제한적으로 해석하여야 할 합리적인 이유가 없고, 그 목적은 위탁선거법 제63조(사위등재죄) 제1항의 구성요건에 해당한다고 볼 수 없다. 따라서 위탁선거법 제63조(사위등재죄) 제1항에 '선거에 영향을 미칠 목적'은 구성요건으로 규정되어 있지 않으므로 '거짓의 방법으로 선거인 명부에 오르게 한다.'는 인식만 있으면 족하다.[100]

다. 벌칙 등

(1) 벌칙

거짓의 방법으로 선거인명부에 오르게 한 자는 1년 이하의 징역 또는 1천만원 이하의 벌금에 처한다(위탁선거법§63①).

(2) 벌칙의 적용범위

사위등재죄의 처벌규정인 위탁선거법 제63조(사위등재죄) 제1항은 의무위탁선거에만 적용되고(위탁선거법§57), 임의위탁선거에는 적용되지 아니한다.

2. 불실기재죄

가. 의의

선거인명부작성에 관계있는 자가 선거인명부에 고의로 선거권자를 기재하지 아니하거나 거짓 사실을 기재하거나 하게 한 때에는 3년 이하의 징역 또는 3천만원 이하의 벌금에 처한다(위탁선거법§63②).

---

100) 서울고등법원 2016. 8. 10. 선고 2016노62 판결

나. 구성요건

(1) 행위의 주체

본죄의 행위의 주체는 선거인명부작성에 관계있는 자이다. 위탁단체의 선거인명부 작성에 관여하는 위탁단체의 임직원 등이 행위의 주체이다.

위탁선거법에 따라 실시하는 선거에 관한 선거인명부의 작성권한은 관할위원회에 있는 것이 아니라 위탁단체에 있고 위탁단체는 조합원자격 유무를 조사하여 조합원 명부를 정비하고 그에 따라 선거인명부를 작성해야 할 의무가 있다(위탁선거법§15, 위탁선거규칙§7). 따라서 조합장 및 임원으로서 선거인명부 작성에 관여하는 자는 조합원명부에 조합원자격이 없는 자가 등재된 사실을 알고 있는 이상 위 조합원을 배제하여 조합원명부를 새로 작성하고 이에 근거하여 선거인명부를 작성할 의무가 있다. 자격이 없는 조합원들임을 명확히 인지하고도 이들을 포함하여 조합원명부를 작성하고 이에 기초하여 이들이 포함된 선거인명부를 작성하여 관할위원회에 보고한 자는 선거인명부에 거짓 사실을 기재한 때에 해당한다.[101]

(2) 행위

본죄의 행위는 선거인명부에 고의로 선거권자를 기재하지 아니하거나 거짓의 사실을 기재하거나 하게 하는 것이다. “거짓의 사실을 기재한다.”는 것은 선거권자가 아님에도 선거권자로 기재하는 등 사실이 아님에도 기재하는 행위를 말한다.

「수산업협동조합법」 제31조(탈퇴) 제3항[102]에 따르면, 수산업협동조합의 경우에는 조합원 자격이 있는지를 지구별수협의 이사회 의결로써 결정해야 한다. 따라서 선거인명부의 작성업무를 담당하는 조합장 등이 조합원명부에 자격이 없는 조합원이 형식적으로 기재되어 있다는 것을 알고 있으면 조합원의 자격 상실 등 조합 탈퇴 사유

---

101) 서울고등법원 2016. 8. 10. 선고 2016노62 판결

102) 「수산업협동조합법」 제31조(탈퇴) ② 조합원이 다음 각 호의 어느 하나에 해당하면 당연히 탈퇴한다.
1. 조합원의 자격이 없는 경우
2. 사망한 경우
3. 파산한 경우
4. 성년후견개시의 심판을 받은 경우
5. 조합원인 법인이 해산한 경우

③ 지구별수협은 조합원의 전부 또는 일부를 대상으로 제2항 각 호의 어느 하나에 해당하는지를 확인하여야 한다. 이 경우 제2항 제1호에 해당하는지는 이사회 의결로 결정한다.

의 발생 여부를 확인하고 이사회 결의를 거쳐 조합원명부를 정리하는 절차를 이행하여야 한다. 만일 조합장 등이 위와 같은 조치를 취하지 않은 채 그와 같은 조합원이 선거인명부에 선거권자로 기재되도록 하였다면, 이는 위탁선거법 제63조(사위등재죄) 제2항에 말하는 '거짓 사실을 기재하거나 하게 한 때'에 해당한다.[103)]

다. 벌칙 등

(1) 벌칙

선거인명부작성에 관계있는 자가 선거인명부에 고의로 선거권자를 기재하지 아니하거나 거짓 사실을 기재하거나 하게 한 때에는 3년 이하의 징역 또는 3천만원 이하의 벌금에 처한다(위탁선거법§63②).

(2) 벌칙의 적용범위

불실기재죄의 처벌규정인 위탁선거법 제63조(사위등재죄) 제2항은 의무위탁선거에만 적용되고(위탁선거법§57), 임의위탁선거에는 적용되지 아니한다.

3. 사위투표죄

가. 의의

성명을 사칭하거나 신분증명서를 위조 또는 변조하여 사용하거나 그 밖에 거짓의 방법으로 투표하거나 하게 하거나 또는 투표를 하려고 한 자는 1년 이하의 징역 또는 1천만원 이하의 벌금에 처한다(위탁선거법§64①). 선거관리위원회의 위원·직원·투표관리관 또는 투표사무원이 위 행위를 하거나 하게 한 때에는 3년 이하의 징역에 처한다(위탁선거법§64②).

나. 구성요건

(1) 행위의 주체

본죄의 행위의 주체에는 아무런 제한이 없다. 다만, 선거관리위원회의 위원·직원·투표관리관 또는 투표사무원이 본죄를 범한 경우에는 그 신분으로 인하여 가중 처

103) 2017. 4. 26. 선고 2016도14861 판결, 서울고등법원(인천) 2021. 1. 14. 선고 2020나11450 판결, 대구지방법원 2016. 9. 2. 선고 2015노5106 판결

벌된다.

(2) 행위

본죄의 행위는 성명을 사칭하거나 신분증명서를 위조·변조하여 사용하거나 그 밖에 거짓의 방법으로 투표하거나 하게 하거나 또는 투표를 하려고 하는 것이다.

시각장애인의 투표를 보조하면서 시각장애인의 지시에 반하여 다른 후보자에게 기표한 행위는 사위의 방법으로 투표한 경우에 해당한다.[104)]

다. 벌칙 등

(1) 벌칙

사위투표죄를 범한 자는 1년 이하의 징역 또는 1천만원 이하의 벌금에 처한다(위탁선거법§64①). 선거관리위원회의 위원·직원·투표관리관·투표사무원이 사위투표죄를 범한 때에는 3년 이하의 징역에 처한다(위탁선거법§64②).

(2) 벌칙의 적용범위

사위투표죄의 처벌규정인 위탁선거법 제64조(사위등재죄)는 의무위탁선거에만 적용되고(위탁선거법§57), 임의위탁선거에는 적용되지 아니한다.

4. 선거사무관계자나 시설 등에 대한 폭행·교란죄

가. 의의

다음 각 호의 어느 하나에 해당하는 자는 1년 이상 7년 이하의 징역 또는 1천만원 이상 7천만원 이하의 벌금에 처한다(위탁선거법§65).

1. 위탁선거와 관련하여 선거관리위원회 위원·직원, 공정선거지원단원, 그 밖에 위탁선거 사무에 종사하는 사람을 폭행·협박·유인 또는 불법으로 체포·감금한 자
2. 폭행하거나 협박하여 투표소·개표소 또는 선거관리위원회 사무소를 소요·교란한 자
3. 투표용지·투표지·투표보조용구·전산조직 등 선거관리 및 단속사무와 관련한 시설·설비·장비·서류·인장 또는 선거인명부를 은닉·파손·훼손 또는 탈취한 자

---

104) 대전지방법원 서산지원 1995. 8. 31. 선고 95고합52 판결

나. 구성요건

(1) 행위의 주체

아무런 제한이 없다. 누구라도 본죄의 주체가 될 수 있다.

(2) 행위의 객체

(가) 선거관리위원회 위원·직원, 공정선거지원단원, 그 밖에 위탁선거사무에 종사하는 자

'그 밖에 위탁선거사무에 종사하는 자'라 함은 위탁선거법에서 규정하고 있는 투표관리관·투표사무원 및 개표사무원 등을 포함하여 관할위원회가 자체 규정에 의하여 위촉한 자로서 관할위원회의 지휘·감독 하에 선거사무에 종사하는 자도 포함된다.

위탁선거법 제65조(선거사무관계자나 시설 등에 대한 폭행·교란죄)의 선거사무관계자나 시설 등에 대한 폭행·교란죄는 선거관리위원회의 위원·직원, 공정선거지원단원 등 위탁선거사무에 종사하는 자를 폭행하는 등의 경우에 성립하는 범죄로서 상대방의 직위나 직책까지 정확하게 인식하고 있을 필요는 없고, 위탁선거사무에 종사하는 자라는 것을 인식하고 있었던 이상 그 신분을 정확히 알지는 못하였다 하더라도 본죄가 성립함에는 아무런 지장이 없고,[105] 상대방이 위탁선거사무에 종사하는 자라는 점만 인식하면 족하고, 상대방이 위탁선거사무를 수행 중인 상태에 있거나 상대방을 폭행하는 자에게 위탁선거사무를 방해할 의사가 있어야 본죄가 성립하는 것은 아니다.[106]

(나) 투표소·개표소 또는 선거관리위원회 사무소

투표소는 관할위원회가 해당 위탁단체와 협의하여 설치한 투표소를 말하고(위탁선거법§40①), 개표소는 관할위원회가 해당 관할구역에 있는 위탁단체의 시설 등에 설치한 개표소를 말한다(위탁선거법§46①).

(다) 투표용지·투표지·투표보조용구·전산조직 등 선거관리 및 단속사무와 관련한 시설·설비·장비·서류·인장 또는 선거인명부

'투표보조용구'란 선거인이 투표시 사용하는 기표용구나 시각장애인을 위한 투표보조용구 등을 말하고, '선거관리 및 단속사무와 관련한 서류'는 투표록·개표록·선거록 등 선거에 관한 제반서류를 포함한다. '인장'은 관할위원회의 청인·직인과 참관인

105) 2008. 11. 13. 선고 2008도8302 판결(부산고등법원 2008. 9. 10. 선고 2008노462 판결)
106) 2010. 12. 9. 선고 2010도13601 판결

의 인장 등 선거관계 서류 등에 사용하는 모든 인장을 말한다.

(3) 행위

본죄의 행위는 폭행 · 협박 · 유인 또는 불법으로 체포 · 감금하거나, 폭행이나 협박을 가하여 투표소 · 개표소 또는 선거관리위원회 사무소를 소요 · 교란하거나, 투표용지 · 투표지 · 투표보조용구 · 전산조직 등 선거관리 및 단속사무와 관련한 시설 · 설비 · 장비 · 서류 · 인장 또는 선거인명부를 은닉 · 손괴 · 훼손 또는 탈취하는 것이다.

(가) 폭행 · 협박 · 유인 또는 불법 체포 · 감금

위탁선거와 관련하여 위탁선거사무에 종사하는 사람에 대한 폭행 · 협박 · 유인 또는 불법으로 체포 · 감금 등을 행하면 위탁선거법 제65조(선거사무관계자나 시설 등에 대한 폭행 · 교란죄)의 '선거관리위원회의 위원 · 직원, 공정선거지원단원, 그 밖에 위탁선거사무에 종사하는 사람을 폭행 · 협박 · 유인 또는 불법으로 체포 · 감금'하는 행위에 관한 구성요건에 해당하는 것으로 해석되고, 이와 달리 투표 및 개표와 관련한 위탁선거사무관리 관계자에 대한 폭행이나 협박 등으로 투표소 · 개표소 또는 선거관리위원회 사무소를 소요 · 교란케 한 경우에 한정하는 것은 아니다.[107] 위탁선거법 제65조(선거사무관계자나 시설 등에 대한 폭행 · 교란죄)에서 규정하고 있는 선거사무관계자에 대한 협박죄에 있어서의 협박이라 함은, 상대방에게 공포심을 일으킬 목적으로 해악을 고지하는 일체의 행위를 의미하는 것으로서 고지하는 해악의 내용이 그 경위, 행위 당시의 주위 상황, 행위자의 성향, 행위자와 상대방과의 친숙의 정도, 지위 등의 상호관계 등 여러 사정을 종합하여 객관적으로 상대방으로 하여금 공포심을 느끼게 하기에 족하면 되고, 상대방이 현실로 공포심을 일으킬 것까지 요구되는 것은 아니며, 다만 고지하는 해악의 내용이 경미하여 상대방이 전혀 개의치 않을 정도인 경우에는 협박에 해당하지 않는다.[108]

(나) 소요 · 교란

'소요'란 다중이 집합하여 폭행 · 협박 또는 손괴하여 공공의 평화 · 안녕을 해치는 것을 말하고, '교란'이란 위계 또는 위력을 사용하여 공공의 평화 · 안녕을 해치는 것을 의미한다.

---

107) 2004. 8. 20. 선고 2003도8294 판결
108) 2005. 3. 25. 선고 2004도8984 판결

(다) 은닉 · 손괴 · 훼손 또는 탈취

선거관리위원회 사무실에서 위법한 선거운동행위로 조사를 받고 그 조사내용이 기재된 문답서를 건네받은 다음 선거관리위원회 지도계장이 문답서에 서명 · 날인을 요구한다는 이유로 문답서를 찢은 행위는 선거관리위원회 직원의 선거관리 및 단속사무와 관련한 서류를 훼손한 것으로 본죄에 해당한다.[109] 위탁선거법 제65조(선거사무관계자나 시설 등에 대한 폭행 · 교란죄)는 공용서류 등 무효죄에 대한 일종의 특별규정으로서 소유권과 관계없이 공무를 보호하기 위한 공무방해죄의 일종이라 할 것이어서, 투표지 등 훼손의 범의는 당해 서류가 선거관리 및 단속사무와 관련한 서류라는 사실과 그 효용을 해하는 사실에 대한 인식이 있음으로서 족하고, 훼손자에게 선거관리 및 단속사무를 방해할 의사가 필요한 것은 아니다.[110]

위탁선거법 제65조(선거사무관계자나 시설 등에 대한 폭행 · 교란죄)의 '단속사무와 관련한 장비'라 함은 공정선거지원단원 등이 불법선거운동의 단속사무에 사용하기 위하여 소지하고 있는 물건을 뜻하고, 그 장비를 '탈취'한다고 함은 유형력을 행사하여 그 소지자의 의사에 반하여 그 장비를 자신의 지배 아래로 옮기는 행위를 뜻하며, 단속사무와 관련한 장비임을 알면서 이를 탈취하면 본죄가 성립하고, 단속사무와 관련한 장비의 탈취 당시 그 소지자가 단속업무를 수행 중인 상태에 있거나 탈취자에게 단속사무를 방해할 의사가 있어야만 본죄가 성립하는 것은 아니다.[111]

다. 벌칙 등

(1) 벌칙

선거사무관계자나 시설 등에 대한 폭행 · 교란죄를 범한 자는 1년 이상 7년 이하의 징역 또는 1천만원 이상 7천만원 이하의 벌금에 처한다(위탁선거법§65).

(2) 벌칙의 적용범위

선거사무관계자나 시설 등에 대한 폭행 · 교란죄를 처벌하는 규정인 위탁선거법 제65조(선거사무관계자나 시설 등에 대한 폭행 · 교란죄)는 의무위탁선거 및 임의위탁선거 모두에 적용된다(위탁선거법§57).

---

109) 2006. 10. 26. 선고 2006도5555 판결(서울서부지방법원 2006. 4. 27. 선고 2006고합43 판결)
110) 대전고등법원 2014. 11. 7. 선고 2014노388 판결(대전지방법원 천안지원 2014. 8. 20. 선고 2014고합127 판결)
111) 2007. 1. 25. 선고 2006도8588 판결

제5절 각종 제한규정 위반죄

위탁선거법 제66조(각종 제한규정 위반죄)에 대하여는 같은 조의 각 호에 규정된 각 금지규정에서 상술한다.

제16장 위탁선거의 과태료

1. 과태료 부과대상

가. 300만원 이하 부과대상

「형사소송법」 제211조(현행범인과 준현행범인)에 규정된 현행범인 또는 준현행범인으로서 위탁선거법 제73조(위반행위에 대한 조사 등) 제4항에 따른 동행요구에 응하지 아니한 자는 300만원 이하의 과태료를 부과한다(위탁선거법§68①).

나. 100만원 이하 부과대상

다음 각 호의 어느 하나에 해당하는 자는 100만원 이하의 과태료를 부과한다(위탁선거법§68②).

1. 위탁선거법 제29조(정보통신망을 이용한 선거운동) 제2항에 따른 관할위원회의 요청을 이행하지 아니한 자
2. 위탁선거법 제73조(위반행위에 대한 조사 등) 제4항에 따른 출석요구에 정당한 사유 없이 응하지 아니한 자

다. 10배 이상 50배 이하 부과대상[1)]

위탁선거법 제35조(기부행위제한) 제3항을 위반하여 금전·물품이나 그 밖의 재산상 이익을 제공받은 자(그 제공받은 금액 또는 물품의 가액이 100만원을 초과한 자는 제외

1) 헌법재판소는 '제공받은 금액 또는 가액의 50배에 상당하는 금액을 과태료로 부과하는 구「농업협동조합법(2011. 3. 31. 법률 제10522호로 개정되기 전의 것)」 제174조(과태료) 제4항이 과태료의 기준 및 액수가 책임원칙에 부합되지 않게 획일적일 뿐만 아니라 지나치게 과중하여 입법목적을 달성함에 필요한 정도를 일탈함으로써 과잉금지원칙에 위반된다.'고 판시하면서 위헌결정을 하였고(2011. 6. 30. 선고 2010헌가86 결정), 「농업협동조합법」은 2011. 3. 31. 법률 제10522호로 현재와 같이 개정되었다. 현행 「농업협동조합법」 제174조(과태료) 제4항의 과태료 부과액수의 범위는 「위탁선거법」 제68조(과태료의 부과·징수 등) 제3항과 같다.

한다)에게는 그 제공받은 금액이나 가액의 10배 이상 50배 이하에 상당하는 금액의 과태료를 부과하되, 그 상한액은 3천만원으로 한다. 다만, 제공받은 금액 또는 음식물·물품(제공받은 것을 반환할 수 없는 경우에는 그 가액에 상당하는 금액을 말한다) 등을 선거관리위원회에 반환하고 자수한 경우에는 그 과태료를 감경 또는 면제할 수 있다(위탁선거법§68③).

2. 과태료 부과절차

가. 의의

과태료는 위탁선거관리규칙으로 정하는 바에 따라 관할위원회(이하 "부과권자"라 한다)가 부과한다. 이 경우 과태료처분대상자가 납부기한까지 납부하지 아니한 때에는 관할세무서장에게 징수를 위탁하고 관할세무서장이 국세체납처분의 예에 따라 이를 징수하여 국가에 납입하여야 한다(위탁선거법§68④).

위탁선거법에 따른 과태료의 부과·징수 등의 절차에 관하여는 「질서위반행위규제법」 제5조(다른 법률과의 관계)[2]에도 불구하고 위탁선거법 제68조(과태료의 부과·징수 등) 제5항 각 호에서 정하는 바에 따른다(위탁선거법§68⑤).

나. 과태료 부과통지 및 의견제출

관할위원회가 과태료를 부과하는 경우에는 해당 위반행위를 조사·확인한 후 위반사실·이의제기 방법·이의제기 기한·과태료 부과액 및 납부기한 등을 명시하여 이를 납부할 것을 과태료 처분대상자에게 통지하여야 한다(위탁선거규칙§34⑧).

당사자(「질서위반행위규제법」 제2조(정의) 제3호[3]에 따른 당사자를 말한다)는 「질서위반행위규제법」 제16조(사전통지 및 의견제출 등) 제1항 전단[4]에도 불구하고 부과권자로

2) 「질서위반행위규제법」 제5조(다른 법률과의 관계) 과태료의 부과·징수, 재판 및 집행 등의 절차에 관한 다른 법률의 규정 중 이 법의 규정에 저촉되는 것은 이 법으로 정하는 바에 따른다.
3) 「질서위반행위규제법」 제2조(정의) 이 법에서 사용하는 용어의 뜻은 다음과 같다.
3. "당사자"란 질서위반행위를 한 자연인 또는 법인(법인이 아닌 사단 또는 재단으로서 대표자 또는 관리인이 있는 것을 포함한다. 이하 같다)을 말한다.
4) 「질서위반행위규제법」 제16조(사전통지 및 의견 제출 등) ① 행정청이 질서위반행위에 대하여 과태료를 부과하고자 하는 때에는 미리 당사자(제11조(법인의 처리 등) 제2항에 따른 고용주등을 포함한다. 이하 같다)에게 대통령령으로 정하는 사항을 통지하고, 10일 이상의 기간을 정하여 의견을 제출할 기회를 주어야 한다. 이 경우 지정된 기일까지 의견 제출이 없는 경우에는 의견이 없는 것으로 본다.

부터 사전통지를 받은 날부터 3일까지 의견을 제출하여야 한다(위탁선거법§68⑤1.).

다. 과태료 부과기준

(1) 위탁선거법 제68조(과태료의 부과 · 징수 등) 제1항 및 제2항 위반행위의 부과기준

위탁선거법 제68조(과태료의 부과 · 징수 등) 제1항 및 제2항 위반행위에 대한 과태료 부과기준은 별표 1 <과태료 부과기준>과 같다(위탁선거규칙§34①). 관할위원회는 과태료의 처분을 하는 경우에는 해당 위반행위의 동기와 그 결과 및 위탁선거에 미치는 영향, 위반기간 및 위반정도 등을 고려하여 기준금액의 2분의 1의 범위에서 이를 경감하거나 가중할 수 있다. 이 경우 1회 부과액은 위탁선거법 제68조(과태료의 부과 · 징수 등) 제1항 및 제2항에 따른 과태료의 상한액을 넘을 수 없다(위탁선거규칙§34②).

[별표 1] 〈과태료 부과기준〉

처분대상	관계법조	법정 상한액	부과기준
1. 현행범인 또는 준현행범인으로서 선거관리위원회 위원 · 직원의 위탁선거위반행위 조사를 위한 동행요구에 응하지 아니하는 행위	○ 위탁선거법 제68조 제1항 · 제73조 제4항	300	가. 매회 : 300
2. 인터넷 홈페이지 등에 게시된 위법한 정보를 지체 없이 삭제하지 아니하는 행위	○ 위탁선거법 제68조 제2항 제1호 · 제29조 제2항	100	가. 삭제 요청을 받고 정해진 기한까지 이행하지 아니한 때 : 50 나. 이행기한을 초과하는 매 1일마다 가산액 : 10
3. 위탁선거 위반행위의 조사를 위한 출석요구에 정당한 사유 없이 응하지 아니하는 행위	○ 위탁선거법 제68조 제2항 제2호 · 제73조 제4항	100	가. 당사자는 매회 : 100 나. 관계인은 매회 : 50

(단위 : 만원)

(2) 위탁선거법 제68조(과태료의 부과 · 징수 등) 제3항에 따른 부과기준

위탁선거법 제68조(과태료의 부과 · 징수 등) 제3항 본문에 해당하는 사람에 대한 과태료의 부과기준은 별표 2 ＜10배 이상 50배 이하 과태료 부과기준(자수하지 아니한 경우)＞과 같다(위탁선거규칙§34③).

[별표 2] 〈10배 이상 50배 이하 과태료 부과기준(자수하지 아니한 경우)〉

위반행위 및 양태	부과기준액	부과기준액 가감기준
1. 위탁선거법 제68조 제3항 본문에 해당하는 사람으로서 다음 각 목의 어느 하나에 해당하는 행위를 한 경우 가. 금전 · 물품 등의 제공을 알선 · 권유 · 요구하는 행위 나. 금전 · 물품 등이 제공된 각종 모임 · 집회 및 행사를 주관 · 주최하는 행위 다. 금전 · 물품 등이 제공된 각종 모임 · 집회 및 행사에 참석할 것을 연락하거나 독려하는 등 다른 사람에 앞장서서 행동하는 행위	제공받은 가액의 50배	해당 위반행위의 동기와 그 결과 및 위탁선거에 미치는 영향, 위반기간, 위반정도 및 조사에 협조한 정도 등을 고려하여 부과기준액의 2분의 1의 범위에서 이를 감경하거나 가중할 수 있음. 이 경우 부과금액은 제공받은 가액의 10배 미만이거나 50배를 초과할 수 없음
2. 제1호에 해당되지 아니하는 사람으로서 위탁선거법 제35조 제3항을 위반하여 금전 · 물품 등을 제공받은 경우	제공받은 가액의 30배	
3. 제1호에 해당하지 아니하는 사람으로서 위탁선거법 제35조 제3항을 위반하여 금전 · 물품 등을 우편 · 운송회사 등을 통하여 본인의 수령의사와 무관하게 제공받은 사람이 지체 없이 이를 반환하지 아니한 경우	제공받은 가액의 10배	

관할위원회는 위탁선거법 제68조(과태료의 부과 · 징수 등) 제3항에 따라 과태료를 부과할 때 과태료 처분 대상자가 제공받은 금액 또는 음식물 · 물품의 가액이 명확하지 아니한 경우에는 통상적인 거래가격 또는 시장가격을 기준으로 과태료를 부과한다(위탁선거규칙§34④).

위탁선거법 제68조(과태료의 부과 · 징수 등) 제3항 단서에 해당하는 사람에 대한 과태료의 감경 또는 면제의 기준은 다음 각 호에 따른다(위탁선거규칙§34⑤).

1. 금품·음식물 등을 제공받은 경위, 자수의 동기와 시기, 금품·음식물 등을 제공한 사람에 대한 조사의 협조 여부와 그 밖의 사항을 고려하여 과태료 부과기준액과 감경기준 등은 별표 3 <자수자에 대한 과태료 감경기준>과 같이 한다.
2. 과태료의 면제
   가. 선거관리위원회와 수사기관이 금품·음식물 등의 제공사실을 알기 전에 선거관리위원회 또는 수사기관에 그 사실을 알려 위탁선거범죄에 관한 조사 또는 수사단서를 제공한 사람
   나. 선거관리위원회와 수사기관이 금품·음식물 등의 제공사실을 알게 된 후에 자수한 사람으로서 금품·음식물 등을 제공한 사람과 제공받은 일시·장소·방법·상황 등을 선거관리위원회 또는 수사기관에 자세하게 알린 사람

[별표 3] 〈자수자에 대한 과태료 감경기준〉

<table>
<tr><th>감경대상</th><th>감경사유</th><th>부과기준액</th><th>부과기준액
감경기준</th></tr>
<tr><td rowspan="2">1. 위탁선거법 제68조 제3항 단서에 해당하는 사람으로서 다음 각 목의 어느 하나에 해당하는 행위를 하고 자수한 경우
가. 금전·물품 등의 제공을 알선·권유·요구하는 행위
나. 금전·물품 등이 제공된 각종 모임·집회 및 행사를 주관·주최하는 행위
다. 금전·물품 등이 제공된 각종 모임·집회 및 행사에 참석할 것을 연락하거나 독려하는 등 다른 사람에 앞장서서 행동하는 행위</td><td>가. 선거관리위원회가 금전·물품 등의 제공사실을 알게 된 후 고발 등 조치(수사기관이 알게 된 후 기소 또는 기소유예 처분을 한 경우를 포함한다. 이하 같다) 전까지 자수하였으나 금전·물품 등을 제공한 사람과 제공받은 일시·장소·방법·상황 등을 선거관리위원회 또는 수사기관에 자세하게 알리지 않은 경우</td><td>제공받은 가액의 5배</td><td rowspan="4">금전·물품 등을 제공받은 경위, 자수동기와 시기, 위탁선거에 미치는 영향 및 조사에 협조한 정도 등을 고려하여 부과기준액의 2분의 1의 범위에서 추가적으로 감경할 수 있음</td></tr>
<tr><td>나. 고발 등 조치 후 자수한 경우</td><td>제공받은 가액의 10배</td></tr>
<tr><td rowspan="2">2. 제1호에 해당하지 아니하는 사람으로서 위탁선거법 제35조 제3항을 위반하였으나 금전·물품 등을 제공받고 자수한 경우</td><td>가. 제1호의 감경사유 가목과 같음</td><td>제공받은 가액의 2배</td></tr>
<tr><td>나. 제1호의 감경사유 나목과 같음</td><td>제공받은 가액의 5배</td></tr>
</table>

<table>
<tr><td rowspan="2">3. 제1호에 해당하지 아니하는 사람으로서 위탁선거법 제35조 제3항을 위반하였으나 금전·물품 등을 우편·운송회사 등을 통하여 본인의 수령의사와 무관하게 제공받은 사람이 지체 없이 이를 반환하지 아니하고 자수한 경우</td><td>가. 제1호의 감경사유 가목과 같음</td><td>제공받은 가액</td><td></td></tr>
<tr><td>나. 제1호의 감경사유 나목과 같음</td><td>제공받은 가액의 2배</td><td></td></tr>
</table>

라. 납부

과태료 처분의 고지를 받은 과태료 처분 대상자는 그 고지를 받은 날부터 20일까지 납부하여야 한다(위탁선거규칙§34⑨).

마. 이의제기

과태료 처분에 불복이 있는 당사자는 「질서위반행위규제법」 제20조(이의제기) 제1항 및 제2항[5]에도 불구하고 그 처분의 고지를 받은 날부터 20일 이내에 부과권자에게 이의를 제기하여야 하며, 이 경우 그 이의제기는 과태료 처분의 효력이나 그 집행 또는 절차의 속행에 영향을 주지 아니한다(위탁선거법§68⑤2.). 이의제기는 위탁선거규칙에서 정한 서식[6]에 따른다(위탁선거규칙§34⑩).

「질서위반행위규제법」 제21조(법원에의 통보) 제1항 본문[7]에도 불구하고 과태료 처분을 받은 당사자가 이의를 제기한 경우 부과권자는 지체 없이 관할법원에 그 사실을 통보하여야 한다(위탁선거법§68⑤4.).

---

5) 「질서위반행위규제법」 제20조(이의제기) ① 행정청의 과태료 부과에 불복하는 당사자는 제17조(과태료의 부과) 제1항에 따른 과태료 부과 통지를 받은 날부터 60일 이내에 해당 행정청에 서면으로 이의제기를 할 수 있다.
② 제1항에 따른 이의제기가 있는 경우에는 행정청의 과태료 부과처분은 그 효력을 상실한다.

6) 위탁선거규칙 별지 제28호 서식(과태료처분에 대한 이의제기서)

7) 「질서위반행위규제법」 제21조(법원에의 통보) ① 제20조(이의제기) 제1항에 따른 이의제기를 받은 행정청은 이의제기를 받은 날부터 14일 이내에 이에 대한 의견 및 증빙서류를 첨부하여 관할 법원에 통보하여야 한다. 다만, 다음 각 호의 어느 하나에 해당하는 경우에는 그러하지 아니하다.
1. 당사자가 이의제기를 철회한 경우
2. 당사자의 이의제기에 이유가 있어 과태료를 부과할 필요가 없는 것으로 인정되는 경우

바. 징수

「질서위반행위규제법」 제24조(가산금의 징수 및 체납처분)[8]에도 불구하고 당사자가 납부기한까지 납부하지 아니한 경우 부과권자는 체납된 과태료에 대하여 100분의 5에 상당하는 가산금을 더하여 관할세무서장에게 징수를 위탁하고, 관할세무서장은 국세 체납처분의 예에 따라 이를 징수하여 국가에 납입하여야 한다(위탁선거법§68⑤3.).

관할위원회 또는 관할세무서장이 징수한 과태료의 국가에의 납부절차에 관하여는 「국고금 관리법 시행규칙」의 관계규정을 준용한다(위탁선거규칙§34⑪).

사. 범죄신고자 보호 및 반환한 금품의 처리

(1) 범죄신고자 보호

관할위원회는 위탁선거규칙 제34조(과태료의 부과·징수 등) 제5항의 과태료 감경 또는 면제의 기준에 해당하는 사람을 위탁선거법 제75조(위탁선거범죄신고자 등의 보호) 제1항에 따라 보호하여야 하며, 위탁선거규칙 제34조(과태료의 부과·징수 등) 제5항 제2호 가목의 과태료의 면제대상자에 해당하는 사람에게는 위탁선거법 제76조(위탁선거 위반행위 신고자에 대한 포상금 지급)에 따른 포상금을 지급할 수 있다(위탁선거규칙§34⑥).

(2) 반환한 금품의 처리

위탁선거법 제68조(과태료의 부과·징수 등) 제3항에 따라 자수한 사람이 반환한 금품 등은 다음 각 호에 따라 처리한다(위탁선거규칙§34⑦).

1. 위반행위자를 고발 또는 수사의뢰하는 경우에는 증거자료로 제출하고, 증거자료로 제출할 수 없거나 경고 등 자체 종결하는 경우에는 「국고금관리법 시행규칙」에 관한

8) 「질서위반행위규제법」 제24조(가산금 징수 및 체납처분 등) ① 행정청은 당사자가 납부기한까지 과태료를 납부하지 아니한 때에는 납부기한을 경과한 날부터 체납된 과태료에 대하여 100분의 3에 상당하는 가산금을 징수한다.
② 체납된 과태료를 납부하지 아니한 때에는 납부기한이 경과한 날부터 매 1개월이 경과할 때마다 체납된 과태료의 1천분의 12에 상당하는 가산금(이하 이 조에서 "중가산금"이라 한다)을 제1항에 따른 가산금에 가산하여 징수한다. 이 경우 중가산금을 가산하여 징수하는 기간은 60개월을 초과하지 못한다.
③ 행정청은 당사자가 제20조(이의제기) 제1항에 따른 기한 이내에 이의를 제기하지 아니하고 제1항에 따른 가산금을 납부하지 아니한 때에는 국세 또는 지방세 체납처분의 예에 따라 징수한다.

관계규정을 준용하여 국가에 납부한다.

2. 제1호에 따라 국가에 납부하는 경우에는 물품·음식물은 입찰 또는 경매의 방법에 따라 공매하되, 공매가 적절하지 않다고 판단되는 경우에는 수의계약에 따라 매각할 수 있다.
3. 물품·음식물이 멸실·부패·변질되어 경제적 가치가 없는 경우에는 폐기처분하며, 멸실·부패·변질될 우려가 있거나 공매 또는 수의계약에 따른 매각이 적절하지 않다고 판단되는 경우에는 공익법인·사회복지시설·불우이웃돕기시설 등에 인계할 수 있다.

3. 위탁선거법 제68조(과태료의 부과·징수 등)의 적용범위

가. 의무위탁선거 중 조합장선거, 이사장선거 및 중앙회장선거

의무위탁선거 중 위탁선거법 제3조(정의) 제1호 가목에 해당하는 공공단체등이 위탁하는 선거인 조합장선거, 이사장선거 및 중앙회장선거에는 위탁선거법 제68조(과태료의 부과·징수 등)가 모두 적용된다.

나. 의무위탁선거 중 조합장선거, 이사장선거 및 중앙회장선거를 제외한 나머지 의무위탁선거

의무위탁선거 중 위탁선거법 제3조(정의) 제1호 다목에 해당하는 공공단체등이 임원 등의 선출을 위한 선거의 관리를 위탁하여야 하는 선거(「교육공무원법」 제24조의3(대학의 장 후보자 추천을 위한 선거사무의 위탁)에 따른 대학의 장 후보자 추천 선거는 제외한다)인 「신용협동조합법」에 따른 총자산이 1천억 원 이상인 지역조합의 이사장선거 및 중앙회장선거, 「국민체육진흥법」에 따른 대한체육회·지방체육회·대한장애인체육회의 회장선거에는 위탁선거법 제68조(과태료의 부과·징수 등) 제1항, 같은 조 제2항 제2호, 같은 조 제3항부터 제5항까지를 적용한다.

위탁선거법 제68조(과태료의 부과·징수 등) 제2항 제1호는 '위탁선거법 제29조(정보통신망을 이용한 선거운동) 제2항에 따라 관할위원회의 위탁선거법에 위반되는 정보의 삭제요청을 이행하지 아니한 자에게 100만원의 과태료를 부과하는 규정'인 바, 위탁선거법 제29조(정보통신망을 이용한 선거운동)는 의무위탁선거 중 조합장선거와 중앙회장선거에만 적용되는 규정이므로(위탁선거법§22), 그에 따라 위탁선거법 제68조(과태료의 부과·징수 등) 제2항 제1호도 의무위탁선거 중 조합장선거, 이사장선거 및 중앙회장선거를 제외한 나머지 의무위탁선거에는 적용되지 않는다.

다. 임의위탁선거

임의위탁선거인 「중소기업협동조합법」에 따른 중앙회의 회장선거, 「도시정비법」에 따른 정비사업조합(조합설립추진위원회)의 조합장(추진위원장)선거, 「신용협동조합법」에 따른 총자산 1천억 원 미만인 지역조합의 이사장선거 등에는 위탁선거법 제68조(과태료의 부과 · 징수 등) 제1항 · 제2항 제2호 및 제4항 · 제5항을 적용한다.

위탁선거법 제68조(과태료의 부과 · 징수 등) 제2항 제1호는 의무위탁선거 중 조합장선거, 이사장선거 및 중앙회장선거에만 적용되는 규정이고, 위탁선거법 제68조(과태료의 부과 · 징수 등) 제3항은 의무위탁선거에만 적용되는 위탁선거법 제35조(기부행위제한) 제3항을 위반하여 금전 · 물품이나 그 밖의 재산상 이익을 제공받은 자에게 과태료를 부과하는 규정이므로 이에 따라 위탁선거법 제68조(과태료의 부과 · 징수 등) 제3항도 의무위탁선거에만 적용되기 때문에, 위탁선거법 제68조(과태료의 부과 · 징수 등) 제2항 제1호와 같은 조 제3항은 임의위탁선거에는 적용되지 아니한다.

부록: 「위탁선거법」, 「위탁선거규칙」

공공단체등 위탁선거에 관한 법률 (약칭: 위탁선거법)

[시행 2024. 7. 31.] [법률 제20179호, 2024. 1. 30., 일부개정]

제1장 총칙

제1조(목적) 이 법은 공공단체등의 선거가 깨끗하고 공정하게 이루어지도록 함으로써 공공단체등의 건전한 발전과 민주사회 발전에 기여함을 목적으로 한다.

제2조(기본원칙) 「선거관리위원회법」에 따른 선거관리위원회(이하 "선거관리위원회"라 한다)는 이 법에 따라 공공단체등의 위탁선거를 관리하는 경우 구성원의 자유로운 의사와 민주적인 절차에 따라 공정하게 행하여지도록 하고, 공공단체등의 자율성이 존중되도록 노력하여야 한다.

제3조(정의) 이 법에서 사용하는 용어의 뜻은 다음과 같다. <개정 2023. 3. 2., 2023. 8. 8.>

1. "공공단체등"이란 다음 각 목의 어느 하나에 해당하는 단체를 말한다.
   가. 「농업협동조합법」, 「수산업협동조합법」 및 「산림조합법」에 따른 조합 및 중앙회와 「새마을금고법」에 따른 금고 및 중앙회
   나. 「중소기업협동조합법」에 따른 중소기업중앙회 및 「도시 및 주거환경정비법」에 따른 조합과 조합설립추진위원회
   다. 그 밖의 법령에 따라 임원 등의 선출을 위한 선거의 관리를 선거관리위원회에 위탁하여야 하거나 위탁할 수 있는 단체[「공직선거법」 제57조의4(당내경선사무의 위탁)에 따른 당내경선 또는 「정당법」 제48조의2(당대표경선사무의 위탁)에 따른 당대표경선을 위탁하는 정당을 제외한다]
   라. 그 밖에 가목부터 다목까지의 규정에 준하는 단체로서 임원 등의 선출을 위한 선거의 관리를 선거관리위원회에 위탁하려는 단체
2. "위탁단체"란 임원 등의 선출을 위한 선거의 관리를 선거관리위원회에 위탁하는 공공단체등을 말한다.
3. "관할위원회"란 위탁단체의 주된 사무소 소재지를 관할하는 「선거관리위원회법」에 따른 구·시·군선거관리위원회(세종특별자치시선거관리위원회를 포함한다)를 말한다. 다만, 법령에서 관할위원회를 지정하는 경우에는 해당 선거관리위원회를 말한다.
4. "위탁선거"란 관할위원회가 공공단체등으로부터 선거의 관리를 위탁받은 선거를 말한다.
5. "선거인"이란 해당 위탁선거의 선거권이 있는 자로서 선거인명부에 올라 있는 자를 말한다.
6. "공직선거등"이란 다음 각 목의 어느 하나에 해당하는 선거 또는 투표를 말한다.
   가. 「공직선거법」에 따른 대통령선거, 국회의원선거, 지방의회의원 및 지방자치단체의 장의 선거, 「제주특별자치도 설치 및 국제자유도시 조성을 위한 특별법」 및 「세종특별자치시 설치 등에 관한 특별법」에 따른 지방의회의원 및 지방자치단체의 장의 선거
   나. 「지방교육자치에 관한 법률」, 「제주특별자치도 설치 및 국제자유도시 조성을 위한 특별법」 및 「세종특별자치시 설치 등에 관한 특별법」에 따른 교육감 및 교육의원 선거
   다. 「국민투표법」에 따른 국민투표
   라. 「주민투표법」에 따른 주민투표
   마. 「주민소환에 관한 법률」에 따른 주민소환투표
7. "동시조합장선거"란 「농업협동조합법」, 「수산업협동조합법」 및 「산림조합법」에 따라 관할위원회에 위탁하여 동시에 실시하는 임기만료에 따른 조합장선거를 말하고, "동시이사장선거"란 「새마을금고법」에 따라 관할위원회에 위탁하여 동시에 실시하는 임기만료에 따른 이사장선거를 말한다.
8. "정관등"이란 위탁단체의 정관, 규약, 규정, 준칙, 그 밖에 위탁단체의 조직 및 활동 등을 규율하는 자치규범을 말한다.

제4조(적용 범위) 이 법은 다음 각 호의 위탁선거에 적용한다.

1. 의무위탁선거: 제3조제1호가목에 해당하는 공공단체등이 위탁하는 선거와 같은 조 제1호다목에 해당하는 공공단체등이 선거관리위원회에 위탁하여야 하는 선거
2. 임의위탁선거: 제3조제1호나목 및 라목에 해당하는 공공단체등이 위탁하는 선거와 같은 조 제1호다목에 해당하는 공공단체등이 선거관리위원회에 위탁할 수 있는 선거

제5조(다른 법률과의 관계) 이 법은 공공단체등의 위탁선거에 관하여 다른 법률에 우선하여 적용한다.

제6조(선거관리 협조 등) ① 국가기관·지방자치단체·위탁단체 등은 위탁선거의 관리에 관하여 선거관리위원회로부터 인력·시설·장비 등의 협조 요구를 받은 때에는 특별한 사유가 없으면 이에 따라야 한다. <개정 2024. 1. 30.>

② 중앙행정기관의 장은 위탁선거의 관리에 관한 내용의 법령을 제정·개정 또는 폐지하려는 경우에는 미리 해당 법령안을 중앙선거관리위원회에 보내 그 의견을 들어야 한다. 국회의원이 발의한 위탁선거의 관리에 관한 법률안이 국회 소관 상임위원회 등에 회부된 사실을 통보받은 때에도 또한 같다. <신설 2024. 1. 30.>

[제목개정 2024. 1. 30.]

제2장 선거관리의 위탁 등

제7조(위탁선거의 관리 범위) 관할위원회가 관리하는 위탁선거 사무의 범위는 다음 각 호와 같다.

1. 선거관리 전반에 관한 사무. 다만, 선거인명부의 작성 및 확정에 관한 사무는 제외한다.
2. 선거참여·투표절차, 그 밖에 위탁선거의 홍보에 관한 사무
3. 위탁선거 위반행위[이 법 또는 위탁선거와 관련하여

다른 법령(해당 정관등을 포함한다)을 위반한 행위를 말한다. 이하 같다]에 대한 단속과 조사에 관한 사무

제8조(선거관리의 위탁신청) 공공단체등이 임원 등의 선출을 위한 선거의 관리를 위탁하려는 때에는 다음 각 호에 따른 기한까지 관할위원회에 서면으로 신청하여야 한다. 다만, 재선거, 보궐선거, 위탁단체의 설립·분할 또는 합병으로 인한 선거(이하 "보궐선거등"이라 한다)의 경우에는 그 선거의 실시사유가 발생한 날부터 5일까지 신청하여야 한다. <개정 2023. 8. 8., 2024. 1. 30.>

1. 의무위탁선거: 임원 등의 임기만료일 전 180일까지. 이 경우 동시조합장선거 및 동시이사장선거에서는 임기만료일 전 180일에 별도의 신청 없이 위탁한 것으로 본다.
2. 임의위탁선거: 임원 등의 임기만료일 전 90일까지

제9조(임의위탁선거의 위탁관리 결정·통지) 제8조제2호에 따른 선거관리의 위탁신청을 받은 관할위원회는 공직선거등과 다른 위탁선거와의 선거사무일정 등을 고려하여 그 신청서를 접수한 날부터 7일 이내에 위탁관리 여부를 결정하고, 지체 없이 그 결과를 해당 공공단체등에 통지하여야 한다.

제10조(공정선거지원단) ① 관할위원회는 위탁선거 위반행위의 예방 및 감시·단속활동을 위하여 선거실시구역·선거인수, 그 밖의 조건을 고려하여 다음 각 호의 기간의 범위에서 중립적이고 공정한 사람으로 구성된 공정선거지원단을 둘 수 있다. 다만, 동시조합장선거 및 동시이사장선거의 경우에는 임기만료일 전 180일부터 선거일까지 공정선거지원단을 둔다. <개정 2023. 8. 8.>

1. 의무위탁선거: 제8조에 따라 위탁신청을 받은 날부터 선거일까지
2. 임의위탁선거: 제9조에 따라 위탁받아 관리하기로 결정하여 통지한 날부터 선거일까지

② 공정선거지원단은 위탁선거 위반행위에 대하여 관할위원회의 지휘를 받아 사전안내·예방 및 감시·단속·조사활동을 할 수 있다.

③ 공정선거지원단의 구성·활동방법 및 수당·실비의 지급, 그 밖에 필요한 사항은 중앙선거관리위원회규칙으로 정한다.

제11조(위탁선거의 관리) ① 중앙선거관리위원회는 이 법에 특별한 규정이 있는 경우를 제외하고는 위탁선거 사무를 통할·관리하며, 하급선거관리위원회의 위법·부당한 처분에 대하여 이를 취소하거나 변경할 수 있다.

② 특별시·광역시·도·특별자치도선거관리위원회는 하급선거관리위원회의 위탁선거에 관한 위법·부당한 처분에 대하여 이를 취소하거나 변경할 수 있다.

③ 관할위원회는 선거관리를 위하여 필요하다고 인정하는 경우에는 중앙선거관리위원회규칙으로 정하는 바에 따라 관할위원회가 지정하는 사람 또는 하급선거관리위원회나 다른 구·시·군선거관리위원회로 하여금 위탁선거 사무를 행하게 할 수 있다.

④ 직근 상급선거관리위원회는 관할위원회가 천재지변, 그 밖의 부득이한 사유로 그 기능을 수행할 수 없는 경우에는 위탁선거 사무를 직접 관리하거나 다른 선거관리위원회로 하여금 관할위원회의 기능이 회복될 때까지 대행하게 할 수 있다. 이 경우 다른 선거관리위원회로 하여금 위탁선거 사무를 대행하게 하는 때에는 대행할 업무의 범위도 함께 정하여야 한다.

⑤ 직근 상급선거관리위원회는 제4항에 따라 위탁선거 사무를 직접 관리하거나 대행하게 한 경우에는 해당 선거관리위원회와 업무의 범위를 지체 없이 공고하여야 한다.

제3장 선거권 및 피선거권

제12조(선거권 및 피선거권) 위탁선거에서 선거권 및 피선거권(입후보자격 등 그 명칭에 관계없이 임원 등이 될 수 있는 자격을 말한다. 이하 같다)에 관하여는 해당 법령이나 정관등에 따른다.

제4장 선거기간과 선거일

제13조(선거기간) ① 선거별 선거기간은 다음과 같다. <개정 2023. 8. 8.>

1. 「농업협동조합법」, 「수산업협동조합법」 및 「산림조합법」에 따른 조합장선거(이하 "조합장선거"라 한다)와 「새마을금고법」에 따른 이사장선거(이하 "이사장선거"라 한다): 14일
2. 제1호에 따른 선거 외의 위탁선거: 관할위원회가 해당 위탁단체와 협의하여 정하는 기간

② "선거기간"이란 후보자등록마감일의 다음 날부터 선거일까지를 말한다.

제14조(선거일) ① 동시조합장선거 및 동시이사장선거의 선거일은 그 임기가 만료되는 해당 연도 3월 중 첫 번째 수요일로 한다. <개정 2023. 8. 8., 2024. 1. 30.>

② 동시조합장선거·동시이사장선거 외의 위탁선거의 선거일은 관할위원회가 해당 위탁단체와 협의하여 정하는 날로 한다. <개정 2023. 8. 8.>

③ 관할위원회는 그 관할구역에서 공직선거등이 실시되는 때에는 해당 공직선거등의 선거일 또는 투표일 전 30일부터 선거일 또는 투표일 후 20일까지의 기간에 속한 날은 위탁선거의 선거일로 정할 수 없다. 다만, 임기만료에 따른 지방자치단체의 의회의원 및 장의 선거가 실시되는 때에는 그 선거일 전 60일부터 선거일 후 20일까지의 기간에 속한 날은 위탁선거의 선거일로 정할 수 없다.

④ 관할위원회는 제2항에 따라 선거일을 정한 후에 공직선거등의 실시 사유가 발생하여 선거사무일정이 중첩되는 때에는 해당 위탁단체와 다시 협의하여 위탁선거의 선거일을 새로 정할 수 있다. 이 경우 임의위탁선거는 그 위탁관리 결정을 취소할 수 있다.

⑤ 제4항에 따라 선거일을 새로 정하는 경우 해당 정관등에 따른 선거일로 정할 수 있는 기간이 공직선거등의 선거사무일정과 중첩되는 때에는 그 정관등에도 불구하고 위탁선거의 선거일을 따로 정할 수 있다.

⑥ 관할위원회는 선거인명부작성개시일 전일까지 선거일을 공고하여야 한다. 이 경우 동시조합장선거 및 동시이사장선거에서는 선거인명부작성개시일 전일에 선거일을 공고한 것으로 본다. <개정 2017. 12. 26., 2023. 8. 8.>

제5장 선거인명부

제15조(선거인명부의 작성 등) ① 위탁단체는 관할위원회와 협의하여 선거인명부작성기간과 선거인명부확정일을 정하고, 선거인명부를 작성 및 확정하여야 한다. 다만, 조합장선거 및 이사장선거의 경우에는 선거일 전 19일부터 5일 이내에 선거인명부를 작성하여야 하며, 그 선거인명부는 선거일 전 10일에 확정된다. <개정 2023. 8. 8.>

② 위탁단체는 선거인명부를 작성한 때에는 즉시 그 등본(전산자료 복사본을 포함한다. 이하 이 항에서 같다) 1통을, 선거인명부가 확정된 때에는 지체 없이 확정된 선거인명부 등본 1통을 각각 관할위원회에 송부하여야 한다. 이 경우 둘 이상의 투표소를 설치하는 경우에는 투표소별로 분철하여 선거인명부를 작성·확

정하여야 한다. <개정 2024. 1. 30.>

③ 제2항에도 불구하고 동시조합장선거 또는 동시이사장선거를 실시하는 경우 위탁단체는 중앙선거관리위원회규칙으로 정하는 구역단위로 선거인명부를 작성·확정하여야 하며, 중앙선거관리위원회는 확정된 선거인명부의 전산자료 복사본을 해당 조합 또는 금고로부터 제출받아 전산조직을 이용하여 하나의 선거인명부를 작성한 후 투표소에서 사용하게 할 수 있다. 이 경우 위탁단체는 선거인명부 등본을 제출하지 아니할 수 있다. <개정 2023. 8. 8., 2024. 1. 30.>

④ 위탁단체는 선거인명부작성개시일 전 30일까지(보궐선거등의 경우 그 실시사유가 발생한 날부터 5일까지) 해당 위탁단체의 조합원 자격 등을 확인하여 회원명부(그 명칭에 관계없이 위탁단체가 해당 법령이나 정관등에 따라 작성한 구성원의 명부를 말한다)를 정비하여야 한다. <신설 2024. 1. 30.>

⑤ 동시조합장선거 및 동시이사장선거를 실시하는 경우 위탁단체는 선거인명부의 작성을 위하여 「주민등록법」 제30조에 따라 주민등록전산정보자료를 이용할 수 있다. <신설 2024. 1. 30.>

⑥ 선거인명부의 작성·수정 및 확정 사항과 확정된 선거인명부의 오기 등의 통보, 그 밖에 필요한 사항은 중앙선거관리위원회규칙으로 정한다. <개정 2024. 1. 30.>

제16조(명부 열람 및 이의신청과 결정) ① 위탁단체는 선거인명부를 작성한 때에는 선거인명부작성기간만료일의 다음 날부터 3일간 선거권자가 선거인명부를 열람할 수 있도록 하여야 한다. 이 경우 선거인명부의 열람은 공휴일에도 불구하고 매일 오전 9시부터 오후 6시까지 할 수 있다. <개정 2024. 1. 30.>

② 선거권자는 누구든지 선거인명부에 누락 또는 오기가 있거나 자격이 없는 선거인이 올라 있다고 인정되면 열람기간 내에 구술 또는 서면으로 해당 위탁단체에 이의를 신청할 수 있다.

③ 위탁단체는 제2항의 이의신청이 있는 경우에는 이의신청을 받은 날의 다음 날까지 이를 심사·결정하되, 그 신청이 이유가 있다고 결정한 때에는 즉시 선거인명부를 정정하고 관할위원회·신청인·관계인에게 통지하여야 하며, 이유 없다고 결정한 때에는 그 사유를 신청인에게 통지하여야 한다.

제17조(선거인명부 사본의 교부 신청) 후보자는 해당 법령이나 정관등에서 정하는 바에 따라 선거인명부 사본의 교부를 신청할 수 있다.

제6장 후보자

제18조(후보자등록) ① 후보자가 되려는 사람은 선거기간개시일 전 2일부터 2일 동안 관할위원회에 서면으로 후보자등록을 신청하여야 한다. 이 경우 후보자등록신청서의 접수는 공휴일에도 불구하고 매일 오전 9시부터 오후 6시까지로 한다.

② 후보자등록을 신청하는 사람은 다음 각 호의 서류 등을 제출하여야 한다.

1. 후보자등록신청서
2. 해당 법령이나 정관등에 따른 피선거권에 관한 증명서류
3. 기탁금(해당 법령이나 정관등에서 기탁금을 납부하도록 한 경우에 한정한다)
4. 그 밖에 해당 법령이나 정관등에 따른 후보자등록신청에 필요한 서류 등

③ 관할위원회가 후보자등록신청을 접수한 때에는 즉시 이를 수리한다. 다만, 제2항제1호부터 제3호까지의 규정에 따른 서류 등을 갖추지 아니한 등록신청은 수리하지 아니한다.

④ 후보자가 되려는 사람은 선거기간개시일 전 60일부터 본인의 범죄경력(해당 법령이나 정관등에서 정하는 범죄경력을 말한다. 이하 같다)을 국가경찰관서의 장에게 조회할 수 있으며, 그 요청을 받은 국가경찰관서의 장은 지체 없이 그 범죄경력을 회보(回報)하여야 한다. 이 경우 회보받은 범죄경력은 후보자등록시 함께 제출하여야 한다. <신설 2024. 1. 30.>

⑤ 관할위원회는 후보자등록마감 후에 후보자의 피선거권에 관한 조사를 하여야 하며, 그 조사를 의뢰받은 기관 또는 단체는 지체 없이 그 사실을 확인하여 해당 관할위원회에 회보하여야 한다. <개정 2024. 1. 30.>

⑥ 관할위원회는 제4항 후단에 따라 제출된 범죄경력에 대하여 그 확인이 필요하다고 인정되는 경우에는 후보자등록마감 후 지체 없이 해당 위탁단체의 주된 사무소 소재지를 관할하는 검찰청의 장에게 해당 후보자의 범죄경력을 조회할 수 있고, 해당 검찰청의 장은 그 범죄경력의 진위여부를 지체 없이 관할위원회에 회보하여야 한다. <신설 2024. 1. 30.>

⑦ 후보자등록신청서의 서식, 그 밖에 필요한 사항은 중앙선거관리위원회규칙으로 정한다. <개정 2024. 1. 30.>

제19조(등록무효) ① 관할위원회는 후보자등록 후에 다음 각 호의 어느 하나에 해당하는 사유가 있는 때에는 그 후보자의 등록은 무효로 한다. <개정 2024. 1. 30.>

1. 후보자의 피선거권이 없는 것이 발견된 때
2. 제18조제2항제1호부터 제3호까지의 규정에 따른 서류 등을 제출하지 아니한 것이 발견된 때
3. 제25조제2항을 위반하여 범죄경력을 게재하지 아니한 선거공보를 제출하거나 범죄경력에 관한 서류를 별도로 제출하지 아니한 것이 발견된 때

② 관할위원회가 후보자등록을 무효로 한 때에는 지체 없이 그 후보자와 해당 위탁단체에 등록무효의 사유를 명시하여 그 사실을 알려야 한다.

제20조(후보자사퇴의 신고) 후보자가 사퇴하려는 경우에는 자신이 직접 관할위원회에 가서 서면으로 신고하여야 한다.

제21조(후보자등록 등에 관한 공고) 관할위원회는 후보자가 등록·사퇴·사망하거나 등록이 무효로 된 때에는 지체 없이 그 사실을 공고하여야 한다.

제7장 선거운동

제22조(적용 제외) 제3조제1호가목에 해당하는 공공단체등이 위탁하는 선거 외의 위탁선거에는 이 장을 적용하지 아니한다. 다만, 제3조제1호다목에 따라 공공단체등이 임원 등의 선출을 위한 선거의 관리를 위탁하여야 하는 선거(「교육공무원법」 제24조의3에 따른 대학의 장 후보자 추천 선거는 제외한다)에는 제31조부터 제34조까지, 제35조제1항부터 제4항까지, 제37조를 적용한다. <개정 2016. 12. 27.>

제23조(선거운동의 정의) 이 법에서 "선거운동"이란 당선되거나 되게 하거나 되지 못하게 하기 위한 행위를 말한다. 다만, 다음 각 호의 어느 하나에 해당하는 행위는 선거운동으로 보지 아니한다.

1. 선거에 관한 단순한 의견개진 및 의사표시
2. 입후보와 선거운동을 위한 준비행위

제24조(선거운동의 주체·기간·방법) ① 후보자와 후보자가 그의 배우자, 직계존비속 또는 해당 위탁단체의 임직원이 아닌 조합원·회원 중 지정하는 1명(이하 "후

보자등"이라 한다)이 제25조부터 제30조의4까지의 규정에 따라 선거운동을 하는 경우(제30조의4에 따른 방법은 후보자가 하는 경우에 한정한다)를 제외하고는 누구든지 어떠한 방법으로도 선거운동을 할 수 없다. <개정 2015. 12. 24., 2024. 1. 30.>

② 선거운동은 후보자등록마감일의 다음 날부터 선거일 전일까지에 한정하여 할 수 있다. 다만, 다음 각 호의 어느 하나에 해당하는 경우에는 그러하지 아니하다. <개정 2017. 12. 26.>

1. 제24조제3항제3호에 따른 중앙회장선거의 후보자가 선거일 또는 결선투표일에 제28조제2호에 따른 문자메시지를 전송하는 방법으로 선거운동을 하는 경우
2. 제30조의2에 따라 후보자가 선거일 또는 결선투표일에 자신의 소견을 발표하는 경우

③ 선거별 선거운동방법은 다음 각 호와 같다. <개정 2015. 12. 24., 2016. 12. 27., 2017. 12. 26.>

1. 「농업협동조합법」 제45조제5항제1호, 「수산업협동조합법」 제46조제3항제1호 및 「산림조합법」 제35조제3항제1호에 따른 선출방법 중 총회 외에서 선출하는 조합장선거: 제25조부터 제30조까지의 규정에 따른 방법
2. 「농업협동조합법」 제45조제5항제1호, 「수산업협동조합법」 제46조제3항제1호 및 「산림조합법」 제35조제3항제1호에 따른 선출방법 중 총회에서 선출하는 조합장선거: 제25조부터 제30조의2까지의 규정에 따른 방법
3. 「농업협동조합법」, 「수산업협동조합법」에 따른 중앙회장선거, 「농업협동조합법」 제45조제5항제2호 및 「수산업협동조합법」 제46조제3항제2호에 따라 대의원회에서 선출하는 조합장선거: 제25조·제28조·제29조·제30조 및 제30조의2에 따른 방법(제30조에 따른 방법은 중앙회장선거에 한정한다)

제24조의2(예비후보자) ① 제24조제3항제1호부터 제3호까지에 따른 선거의 예비후보자가 되려는 사람은 선거기간개시일 전 30일부터 관할위원회에 예비후보자등록을 서면으로 신청하여야 한다. <개정 2024. 1. 30.>

② 제1항에 따라 예비후보자등록을 신청하는 사람은 해당 법령이나 정관 등에 따른 피선거권에 관한 증명서류를 제출하여야 한다.

③ 제1항에 따른 등록신청을 받은 관할위원회는 이를 지체 없이 수리하여야 한다.

④ 관할위원회는 피선거권을 확인할 필요가 있다고 인정되는 예비후보자에 대하여 관계 기관의 장에게 필요한 사항을 조회할 수 있다. 이 경우 관계 기관의 장은 지체 없이 해당 사항을 조사하여 회보하여야 한다.

⑤ 예비후보자등록 후에 피선거권이 없는 것이 발견된 때에는 그 예비후보자의 등록은 무효로 한다.

⑥ 예비후보자가 사퇴하려는 경우에는 자신이 직접 관할위원회에 가서 서면으로 신고하여야 한다.

⑦ 제24조에도 불구하고 예비후보자와 예비후보자가 그의 배우자, 직계존비속 또는 해당 위탁단체의 임직원이 아닌 조합원·회원 중 지정하는 1명(이하 "예비후보자등"이라 한다)은 다음 각 호의 어느 하나에 해당하는 방법으로 선거운동을 할 수 있다. <개정 2024. 1. 30.>

1. 제28조 및 제29조에 따른 방법
2. 제30조에 따른 방법(위탁단체가 사전에 공개한 행사장에서 하는 경우에 한정하며, 제24조제3항제3호에 해당하는 선거의 경우에는 중앙회장선거에 한정한다)
3. 제30조의4에 따른 방법(예비후보자가 하는 경우에 한정한다)

⑧ 제18조에 따라 후보자로 등록한 사람은 선거기간개시일 전일까지 예비후보자를 겸하는 것으로 본다.

⑨ 예비후보자등록신청서의 서식, 그 밖에 필요한 사항은 중앙선거관리위원회규칙으로 정한다.

[본조신설 2017. 12. 26.]

제24조의3(활동보조인) ① 중앙선거관리위원회규칙으로 정하는 장애인 예비후보자·후보자는 그의 활동을 보조하기 위하여 배우자, 직계존비속 또는 해당 위탁단체의 임직원이 아닌 조합원·회원 중에서 1명의 활동보조인(이하 "활동보조인"이라 한다)을 둘 수 있다.

② 제1항에 따라 예비후보자·후보자가 활동보조인을 선임하거나 해임하는 때에는 지체 없이 관할위원회에 서면으로 신고하여야 한다.

③ 제24조에도 불구하고 예비후보자·후보자와 함께 다니는 활동보조인은 다음 각 호에 따라 선거운동을 할 수 있다. 이 경우 활동보조인은 관할위원회가 교부하는 표지를 패용하여야 한다.

1. 예비후보자의 활동보조인: 제24조의2제7항제2호에 해당하는 방법
2. 후보자의 활동보조인: 선거운동기간 중 제27조(제24조제3항제3호에 해당하는 선거의 경우에는 제외한다) 및 제30조(제24조제3항제3호에 해당하는 선거의 경우에는 중앙회장선거에 한정한다)에 해당하는 방법

④ 예비후보자·후보자는 활동보조인에게 수당과 실비를 지급할 수 있다.

⑤ 활동보조인의 선임·해임 신고서, 표지, 수당과 실비, 그 밖에 필요한 사항은 중앙선거관리위원회규칙으로 정한다.

[본조신설 2024. 1. 30.]

제25조(선거공보) ① 후보자는 선거운동을 위하여 선거공보 1종을 작성할 수 있다. 이 경우 후보자는 선거인명부확정일 전일까지 관할위원회에 선거공보를 제출하여야 한다.

② 후보자가 제1항에 따라 선거공보를 제출하는 경우에는 중앙선거관리위원회규칙으로 정하는 바에 따라 선거공보에 범죄경력을 게재하여야 하고, 선거공보를 제출하지 아니하는 경우에는 범죄경력에 관한 서류를 별도로 작성하여 제1항에 따른 선거공보의 제출마감일까지 관할위원회에 제출하여야 한다. <신설 2024. 1. 30.>

③ 관할위원회는 제1항 또는 제2항에 따라 제출된 선거공보 또는 범죄경력에 관한 서류를 선거인명부확정일 후 3일까지 제43조에 따른 투표안내문과 동봉하여 선거인에게 발송하여야 한다. <개정 2024. 1. 30.>

④ 후보자가 제1항 후단에 따른 기한까지 선거공보 또는 범죄경력에 관한 서류를 제출하지 아니하거나 규격을 넘는 선거공보를 제출한 때에는 그 선거공보는 발송하지 아니한다. <개정 2024. 1. 30.>

⑤ 제출된 선거공보는 정정 또는 철회할 수 없다. 다만, 오기나 이 법에 위반되는 내용이 게재되었을 경우에는 제출마감일까지 해당 후보자가 정정할 수 있다. <개정 2024. 1. 30.>

⑥ 후보자 및 선거인은 선거공보의 내용 중 경력·학력·학위·상벌·범죄경력에 관하여 거짓으로 게재되어 있음을 이유로 이의제기를 하는 때에는 관할위원회에 서면으로 하여야 하고, 이의제기를 받은 관할위원회는 후보자와 이의제기자에게 그 증명서류의 제출을 요구할 수 있으며, 그 증명서류의 제출이 없거나 거짓 사실임이 판명된 때에는 그 사실을 공고하여야 한다. <개정 2024. 1. 30.>

⑦ 관할위원회는 제6항에 따라 허위게재사실을 공고한

때에는 그 공고문 사본 1매를 선거일에 투표소의 입구에 첩부하여야 한다. <개정 2024. 1. 30.>
⑧ 선거공보의 작성수량·규격·면수·제출, 그 밖에 필요한 사항은 중앙선거관리위원회규칙으로 정한다. <개정 2024. 1. 30.>

제26조(선거벽보) ① 후보자는 선거운동을 위하여 선거벽보 1종을 작성할 수 있다. 이 경우 후보자는 선거인명부확정일 전일까지 관할위원회에 선거벽보를 제출하여야 한다.
② 관할위원회는 제1항에 따라 제출된 선거벽보를 제출마감일 후 2일까지 해당 위탁단체의 주된 사무소와 지사무소의 건물 또는 게시판 및 위탁단체와 협의한 장소에 첩부하여야 한다. <개정 2024. 1. 30.>
③ 제25조제4항부터 제7항까지의 규정은 선거벽보에 이를 준용한다. 이 경우 "선거공보"는 "선거벽보"로, "발송"은 "첩부"로, "규격을 넘는"은 "규격을 넘거나 미달하는"으로 본다. <개정 2024. 1. 30.>
④ 선거벽보의 작성수량·첩부수량·규격·제출, 그 밖에 필요한 사항은 중앙선거관리위원회규칙으로 정한다.

제27조(어깨띠 · 윗옷 · 소품) 후보자등은 선거운동기간 중 어깨띠나 윗옷(上衣)을 착용하거나 소품을 이용하여 선거운동을 할 수 있다. <개정 2024. 1. 30.>

제28조(전화를 이용한 선거운동) 후보자등은 선거운동기간 중 다음 각 호의 어느 하나에 해당하는 방법으로 선거운동을 할 수 있다. 다만, 오후 10시부터 다음 날 오전 7시까지는 그러하지 아니하다. <개정 2024. 1. 30.>
1. 전화를 이용하여 송화자·수화자 간 직접 통화하는 방법
2. 문자(문자 외의 음성·화상·동영상 등은 제외한다) 메시지를 전송하는 방법

제29조(정보통신망을 이용한 선거운동) ① 후보자등은 선거운동기간 중 다음 각 호의 어느 하나에 해당하는 방법으로 선거운동을 할 수 있다. <개정 2024. 1. 30.>
1. 인터넷 홈페이지의 게시판·대화방 등에 글이나 동영상 등을 게시하는 방법
2. 전자우편(컴퓨터 이용자끼리 네트워크를 통하여 문자·음성·화상 또는 동영상 등의 정보를 주고받는 통신시스템을 말한다)을 전송하는 방법
② 관할위원회는 이 법에 위반되는 정보가 인터넷 홈페이지의 게시판·대화방 등에 게시된 때에는 그 인터넷 홈페이지의 관리자·운영자 또는 「정보통신망 이용촉진 및 정보보호 등에 관한 법률」 제2조(정의)제1항제3호에 따른 정보통신서비스 제공자(이하 이 조에서 "정보통신서비스 제공자"라 한다)에게 해당 정보의 삭제를 요청할 수 있다. 이 경우 그 요청을 받은 인터넷 홈페이지의 관리자·운영자 또는 정보통신서비스 제공자는 지체 없이 이에 따라야 한다.
③ 제2항에 따라 정보가 삭제된 경우 해당 정보를 게시한 사람은 그 정보가 삭제된 날부터 3일 이내에 관할위원회에 서면으로 이의신청을 할 수 있다.
④ 위법한 정보의 게시에 대한 삭제 요청, 이의신청, 그 밖에 필요한 사항은 중앙선거관리위원회규칙으로 정한다.

제30조(명함을 이용한 선거운동) 후보자등은 선거운동기간 중 다수인이 왕래하거나 집합하는 공개된 장소에서 길이 9센티미터 너비 5센티미터 이내의 선거운동을 위한 명함을 선거인에게 직접 주거나 지지를 호소하는 방법으로 선거운동을 할 수 있다. 다만, 중앙선거관리위원회규칙으로 정하는 장소에서는 그러하지 아니하다. <개정 2024. 1. 30.>

제30조의2(선거일 후보자 소개 및 소견발표) ① 제24조제3항제2호 및 제3호에 따른 조합장선거, 이사장선거 또는 중앙회장선거에서 투표관리관 또는 투표관리관이 지정하는 사람(이하 이 조에서 "투표관리관등"이라 한다)은 선거일 또는 제52조에 따른 결선투표일(제24조제3항제3호에 따른 중앙회장선거에 한정한다)에 투표를 개시하기 전에 투표소 또는 총회나 대의원회가 개최되는 장소(이하 이 조에서 "투표소등"이라 한다)에서 선거인에게 기호순에 따라 각 후보자를 소개하고 후보자로 하여금 조합 또는 금고 운영에 대한 자신의 소견을 발표하게 하여야 한다. 이 경우 발표시간은 후보자마다 10분의 범위에서 동일하게 배정하여야 한다. <개정 2017. 12. 26., 2023. 8. 8.>
② 후보자가 자신의 소견발표 순서가 될 때까지 투표소등에 도착하지 아니한 때에는 소견발표를 포기한 것으로 본다.
③ 투표관리관등은 후보자가 제61조 또는 제62조에 위반되는 발언을 하는 때에는 이의 중지를 명하여야 하고 후보자가 이에 따르지 아니하는 때에는 소견발표를 중지시키는 등 필요한 조치를 취하여야 한다.
④ 투표관리관등은 투표소등에서 후보자가 소견을 발표하는 것을 방해하거나 질서를 문란하게 하는 사람이 있는 때에는 이를 제지하고, 그 명령에 불응하는 때에는 투표소등 밖으로 퇴장시킬 수 있다.
⑤ 제1항에 따른 후보자 소개 및 소견발표 진행, 그 밖에 필요한 사항은 중앙선거관리위원회규칙으로 정한다.
[본조신설 2015. 12. 24.]

제30조의3(선거운동을 위한 휴대전화 가상번호의 제공) ① 후보자는 제28조에 따른 선거운동을 하기 위하여 해당 위탁단체에 그 구성원의 이동전화번호가 노출되지 아니하도록 생성한 번호(이하 "휴대전화 가상번호"라 한다)를 이동통신사업자로부터 제공받아 후보자에게 제공하여 줄 것을 요청할 수 있다.
② 위탁단체는 제1항에 따른 휴대전화 가상번호 제공 요청이 있는 경우에는 관할위원회를 경유하여 이동통신사업자에게 휴대전화 가상번호를 제공하여 줄 것을 서면(이하 "휴대전화 가상번호 제공 요청서"라 한다)으로 요청하여야 한다.
③ 관할위원회는 해당 휴대전화 가상번호 제공 요청서를 심사한 후 제출받은 날부터 3일 이내에 해당 휴대전화 가상번호 제공 요청서를 이동통신사업자에게 송부하여야 한다.
④ 관할위원회는 휴대전화 가상번호 제공 요청서의 심사를 위하여 필요하다고 판단되는 때에는 해당 위탁단체에 휴대전화 가상번호 제공 요청서의 보완 또는 자료의 제출을 요구할 수 있으며, 그 요구를 받은 위탁단체는 지체 없이 이에 따라야 한다.
⑤ 이동통신사업자가 제2항에 따른 요청을 받은 때에는 그 요청을 받은 날부터 7일 이내에 휴대전화 가상번호 제공 요청서에 따라 휴대전화 가상번호를 생성하여 유효기간을 설정한 다음 관할위원회를 경유하여 해당 위탁단체에 제공하여야 한다.
⑥ 이동통신사업자(그 대표자 및 구성원을 포함한다)가 제5항에 따라 휴대전화 가상번호를 제공할 때에는 다음 각 호의 어느 하나에 해당하는 행위를 하여서는 아니 된다.
1. 휴대전화 가상번호에 유효기간을 설정하지 아니하고 제공하거나 휴대전화 가상번호를 제공하는 날부터 선거일까지의 기간을 초과하는 유효기간을 설정하여 제공하는 행위

2. 휴대전화 가상번호의 제공을 요청한 위탁단체 이외의 자에게 휴대전화 가상번호를 제공하는 행위

⑦ 위탁단체는 제2항에 따라 휴대전화 가상번호 제공 요청을 하기 전에 해당 단체의 구성원에게 위탁선거 후보자의 선거운동을 위하여 본인의 이동전화번호가 후보자에게 휴대전화 가상번호로 제공된다는 사실과 그 제공을 거부할 수 있다는 사실을 알려야 한다. 이 경우 위탁단체는 전단에 따른 고지를 받고 명시적으로 거부의사를 밝힌 구성원의 휴대전화 가상번호를 후보자에게 제공하여서는 아니 된다.

⑧ 위탁단체는 제5항에 따라 제공받은 휴대전화 가상번호를 제1항에 따라 제공을 요청한 후보자 외에 해당 선거의 다른 후보자에게도 제공할 수 있다.

⑨ 위탁단체로부터 휴대전화 가상번호를 제공받은 후보자는 다음 각 호의 어느 하나에 해당하는 행위를 하여서는 아니 된다.

1. 제공받은 휴대전화 가상번호를 제28조에 따른 선거운동 외의 다른 목적으로 사용하는 행위
2. 제공받은 휴대전화 가상번호를 다른 자에게 제공하는 행위

⑩ 휴대전화 가상번호를 제공받은 후보자는 유효기간이 지난 휴대전화 가상번호를 즉시 폐기하여야 한다.

⑪ 이동통신사업자가 제5항에 따라 휴대전화 가상번호를 생성하여 제공하는 데 소요되는 비용은 휴대전화 가상번호의 제공을 요청한 위탁단체가 부담한다. 이 경우 이동통신사업자는 휴대전화 가상번호 생성·제공에 소요되는 최소한의 비용을 청구하여야 한다.

⑫ 휴대전화 가상번호 제공 요청 방법과 절차, 휴대전화 가상번호의 유효기간 설정, 휴대전화 가상번호 제공요청서 서식, 그 밖에 필요한 사항은 중앙선거관리위원회규칙으로 정한다.

[본조신설 2024. 1. 30.]

제30조의4(공개행사에서의 정책 발표) ① 예비후보자와 후보자는 해당 위탁단체가 개최하는 공개행사에 방문하여 자신의 정책을 발표할 수 있다.

② 제1항에 따라 공개행사에서 정책을 발표하려는 예비후보자와 후보자는 참석할 공개행사의 일시, 소견 발표에 소요되는 시간과 발표 방법 등을 해당 위탁단체에 미리 신고하여야 한다. 이 경우 위탁단체는 정당한 사유 없이 이를 거부할 수 없다.

③ 위탁단체는 예비후보자등록신청개시일 전 5일부터 선거일 전일까지 매주 제1항에 따른 공개행사의 일시와 소견 발표가 가능한 시간을 공고하여야 한다.

④ 제2항에 따른 신고 및 제3항에 따른 공고의 절차·방법과 그 밖에 필요한 사항은 중앙선거관리위원회규칙으로 정한다.

[본조신설 2024. 1. 30.]

제31조(지위를 이용한 선거운동금지 등) 위탁단체의 임직원은 다음 각 호의 어느 하나에 해당하는 행위를 할 수 없다.

1. 지위를 이용하여 선거운동을 하는 행위
2. 지위를 이용하여 선거운동의 기획에 참여하거나 그 기획의 실시에 관여하는 행위
3. 후보자(후보자가 되려는 사람을 포함한다)에 대한 선거권자의 지지도를 조사하거나 이를 발표하는 행위

제32조(기부행위의 정의) 이 법에서 "기부행위"란 다음 각 호의 어느 하나에 해당하는 사람이나 기관·단체·시설을 대상으로 금전·물품 또는 그 밖의 재산상 이익을 제공하거나 그 이익제공의 의사를 표시하거나 그 제공을 약속하는 행위를 말한다. <개정 2024. 1. 30.>

1. 선거인[선거인명부를 작성하기 전에는 그 선거인명부에 오를 자격이 있는 자(해당 위탁단체에 가입되어 해당 법령이나 정관등에 따라 위탁선거의 선거권이 있는 자 및 해당 위탁단체에 가입 신청을 한 자를 말한다)를 포함한다. 이하 이 조에서 같다]이나 그 가족(선거인의 배우자, 선거인 또는 그 배우자의 직계존비속과 형제자매, 선거인의 직계존비속 및 형제자매의 배우자를 말한다. 이하 같다)
2. 선거인이나 그 가족이 설립·운영하고 있는 기관·단체·시설

제33조(기부행위로 보지 아니하는 행위) ① 다음 각 호의 어느 하나에 해당하는 행위는 기부행위로 보지 아니한다. <개정 2024. 1. 30.>

1. 직무상의 행위
   가. 기관·단체·시설(나목에 따른 위탁단체를 제외한다)이 자체사업계획과 예산에 따라 의례적인 금전·물품을 그 기관·단체·시설의 명의로 제공하는 행위(포상을 포함한다. 이하 나목에서 같다)
   나. 위탁단체가 해당 법령이나 정관등에 따른 사업계획 및 수지예산에 따라 집행하는 금전·물품을 그 위탁단체의 명의로 제공하는 행위
   다. 물품구매·공사·역무의 제공 등에 대한 대가의 제공 또는 부담금의 납부 등 채무를 이행하는 행위
   라. 가목부터 다목까지의 규정에 따른 행위 외에 법령에 근거하여 물품 등을 찬조·출연 또는 제공하는 행위
2. 의례적 행위
   가. 「민법」 제777조(친족의 범위)에 따른 친족(이하 이 조에서 "친족"이라 한다)의 관혼상제의식이나 그 밖의 경조사에 축의·부의금품을 제공하는 행위
   나. 친족 외의 사람의 관혼상제의식에 통상적인 범위에서 축의·부의금품을 제공하거나 주례를 서는 행위
   다. 관혼상제의식이나 그 밖의 경조사에 참석한 하객이나 조객 등에게 통상적인 범위에서 음식물 또는 답례품을 제공하는 행위
   라. 소속 기관·단체·시설(위탁단체는 제외한다)의 유급 사무직원이나 친족에게 연말·설 또는 추석에 의례적인 선물을 제공하는 행위
   마. 친목회·향우회·종친회·동창회 등 각종 사교·친목단체 및 사회단체의 구성원으로서 그 단체의 정관 등 또는 운영관례상의 의무에 기하여 종전의 범위에서 회비를 납부하는 행위
   바. 평소 자신이 다니는 교회·성당·사찰 등에 통상의 예에 따라 헌금(물품의 제공을 포함한다)하는 행위
3. 「공직선거법」 제112조제2항제3호에 따른 구호적·자선적 행위에 준하는 행위
4. 그 밖에 제1호부터 제3호까지의 어느 하나에 준하는 행위로서 중앙선거관리위원회규칙으로 정하는 행위

② 제1항제1호 각 목 중 위탁단체의 직무상 행위는 해당 법령이나 정관등에 따라 포상하는 경우를 제외하고는 해당 위탁단체의 명의로 하여야 하며, 해당 위탁단체의 대표자의 직명 또는 성명을 밝히거나 그가 하는 것으로 추정할 수 있는 방법으로 제공하는 행위는 기부행위로 본다. 이 경우 다음 각 호의 어느 하나에 해당하는 경우에는 "그가 하는 것으로 추정할 수 있는 방법"에 해당하는 것으로 본다. <신설 2024. 1. 30.>

1. 종전의 대상·방법·범위·시기 등을 법령 또는 정관등의 제정 또는 개정 없이 확대 변경하는 경우
2. 해당 위탁단체의 대표자의 업적을 홍보하는 등 그를

선전하는 행위가 부가되는 경우
③ 제1항에 따라 통상적인 범위에서 1명에게 제공할 수 있는 축의·부의금품, 음식물, 답례품 및 의례적인 선물의 금액범위는 중앙선거관리위원회규칙으로 정한다. <개정 2024. 1. 30.>

제34조(기부행위제한기간) 기부행위를 할 수 없는 기간(이하 "기부행위제한기간"이라 한다)은 다음 각 호와 같다. <개정 2024. 1. 30.>
1. 임기만료에 따른 선거: 임기만료일 전 1년부터 선거일까지
2. 해당 법령이나 정관등에 따른 보궐선거등: 그 선거의 실시 사유가 발생한 날부터 선거일까지

제35조(기부행위제한) ① 후보자(후보자가 되려는 사람을 포함한다. 이하 이 조에서 같다), 후보자의 배우자, 후보자가 속한 기관·단체·시설은 기부행위제한기간 중 기부행위를 할 수 없다.
② 누구든지 기부행위제한기간 중 해당 위탁선거에 관하여 후보자를 위하여 기부행위를 하거나 하게 할 수 없다. 이 경우 후보자의 명의를 밝혀 기부행위를 하거나 후보자가 기부하는 것으로 추정할 수 있는 방법으로 기부행위를 하는 것은 해당 위탁선거에 관하여 후보자를 위한 기부행위로 본다.
③ 누구든지 기부행위제한기간 중 해당 위탁선거에 관하여 제1항 또는 제2항에 규정된 자로부터 기부를 받거나 기부의 의사표시를 승낙할 수 없다.
④ 누구든지 제1항부터 제3항까지 규정된 행위에 관하여 지시·권유·알선 또는 요구할 수 없다.
⑤ 「농업협동조합법」, 「수산업협동조합법」 및 「산림조합법」에 따른 조합장·중앙회장과 「새마을금고법」에 따른 이사장·중앙회장은 재임 중에 기부행위를 할 수 없다. <개정 2023. 3. 2., 2023. 8. 8.>

제36조(조합장 등의 축의·부의금품 제공제한) 「농업협동조합법」, 「수산업협동조합법」, 「산림조합법」에 따른 조합·중앙회 또는 「새마을금고법」에 따른 금고·중앙회(이하 이 조에서 "조합등"이라 한다)의 경비로 관혼상제의식이나 그 밖의 경조사에 축의·부의금품을 제공하는 경우에는 해당 조합등의 경비임을 명기하여 해당 조합등의 명의로 하여야 하며, 해당 조합등의 대표자의 직명 또는 성명을 밝히거나 그가 하는 것으로 추정할 수 있는 방법으로 하는 행위는 기부행위로 본다. <개정 2023. 3. 2., 2023. 8. 8.>

제37조(선거일 후 답례금지) 후보자, 후보자의 배우자, 후보자가 속한 기관·단체·시설은 선거일 후 당선되거나 되지 아니한 데 대하여 선거인에게 축하·위로나 그 밖의 답례를 하기 위하여 다음 각 호의 어느 하나에 해당하는 행위를 할 수 없다.
1. 금전·물품 또는 향응을 제공하는 행위
2. 선거인을 모이게 하여 당선축하회 또는 낙선에 대한 위로회를 개최하는 행위

제38조(호별방문 등의 제한) 누구든지 선거운동을 위하여 선거인(선거인명부작성 전에는 선거인명부에 오를 자격이 있는 자를 포함한다)을 호별로 방문하거나 특정 장소에 모이게 할 수 없다.

제8장 투표 및 개표

제39조(선거방법 등) ① 선거는 투표로 한다.
② 투표는 선거인이 직접 투표용지에 기표(記票)하는 방법으로 한다.
③ 투표는 선거인 1명마다 1표로 한다. 다만, 해당 법령이나 정관등에서 정하는 사람이 법인을 대표하여 행사하는 경우에는 그러하지 아니하다.

제40조(투표소의 설치 등) ① 관할위원회는 해당 위탁단체와 투표소의 설치수, 설치장소 등을 협의하여 선거일 전일까지 투표소를 설치하여야 한다.
② 관할위원회는 공정하고 중립적인 사람 중에서 투표소마다 투표에 관한 사무를 관리할 투표관리관 1명과 투표사무를 보조할 투표사무원을 위촉하여야 한다.
③ 관할위원회로부터 투표소 설치를 위한 장소 사용 협조 요구를 받은 기관·단체의 장은 정당한 사유가 없으면 이에 따라야 한다. <신설 2024. 1. 30.>

제41조(동시조합장선거·동시이사장선거의 투표소의 설치 등) ① 동시조합장선거 또는 동시이사장선거를 실시하는 경우 관할위원회는 제40조제1항에도 불구하고 그 관할구역 안의 읍·면[「지방자치법」 제7조(자치구가 아닌 구와 읍·면·동 등의 명칭과 구역)제3항에 따라 행정면을 둔 경우에는 행정면을 말한다]·동(「지방자치법」 제7조제4항에 따라 행정동을 둔 경우에는 행정동을 말한다)마다 1개소씩 투표소를 설치·운영하여야 하며, 감염병 발생 등 부득이한 사유가 있는 경우 중앙선거관리위원회규칙으로 정하는 바에 따라 추가로 투표소를 설치할 수 있다. 다만, 조합 또는 금고의 주된 사무소가 설치되지 아니한 지역 등 중앙선거관리위원회규칙으로 정하는 경우에는 관할위원회가 해당 조합 또는 금고와 협의하여 일부 읍·면·동에 투표소를 설치할 수 있다. <개정 2021. 1. 12., 2023. 8. 8., 2024. 1. 30.>
② 동시조합장선거 또는 동시이사장선거에서 선거인은 자신이 올라 있는 선거인명부의 작성 구역단위에 설치된 어느 투표소에서나 투표할 수 있다. <개정 2023. 8. 8.>
③ 투표관리관은 제2항에 따라 투표하려는 선거인에 대해서는 본인임을 확인할 수 있는 신분증명서를 제시하게 하여 본인여부를 확인한 다음 전자적 방식으로 무인 또는 서명하게 하고, 투표용지 발급기를 이용하여 선거권이 있는 해당 선거의 투표용지를 출력하여 자신의 도장을 찍은 후 선거인에게 교부한다.
④ 중앙선거관리위원회는 2개 이상 조합장선거 또는 2개 이상 이사장선거의 선거권이 있는 선거인이 투표하는 데 지장이 없도록 하고, 같은 사람이 2회 이상 투표를 할 수 없도록 하는 데 필요한 기술적 조치를 하여야 한다. <개정 2023. 8. 8.>
⑤ 관할위원회는 섬 또는 산간오지 등에 거주하는 등 부득이한 사유로 투표소에 가기 어려운 선거인에게는 그 의결로 거소투표, 순회투표, 인터넷투표 등 중앙선거관리위원회규칙으로 정하는 방법으로 투표를 하게 할 수 있다. 이 경우 투표방법 등에 관하여는 해당 조합 또는 금고와 협의하여야 한다. <개정 2023. 8. 8.>
⑥ 제5항에 따른 거소투표, 순회투표, 인터넷투표 등의 대상·절차·기간·방법, 그 밖에 필요한 사항은 중앙선거관리위원회규칙으로 정한다.
[제목개정 2023. 8. 8.]

제42조(투표용지) ① 투표용지에는 후보자의 기호와 성명을 표시하되, 기호는 후보자의 게재순위에 따라 "1, 2, 3" 등으로 표시하고, 성명은 한글로 기재하여야 한다. 다만, 한글로 표시된 성명이 같은 후보자가 있는 경우에는 괄호 속에 한자를 함께 기재한다.
② 관할위원회는 후보자등록마감 후에 후보자 또는 그 대리인의 참여하에 투표용지에 게재할 후보자의 순위를 추첨의 방법으로 정하여야 한다. 다만, 추첨개시시각에 후보자 또는 그 대리인이 참여하지 아니하는 경우에는 관할위원회 위원장이 지정하는 사람이 그 후보자

를 대리하여 추첨할 수 있다.

③ 투표용지는 인쇄하거나 투표용지 발급기를 이용하여 출력하는 방법으로 작성할 수 있다.

제43조(투표안내문의 발송) 관할위원회는 선거인의 성명, 선거인명부등재번호, 투표소의 위치, 투표할 수 있는 시간, 투표할 때 가지고 가야 할 지참물, 투표절차, 그 밖에 투표참여를 권유하는 내용 등이 기재된 투표안내문을 선거인명부확정일 후 2일까지 선거인에게 우편으로 발송하여야 한다.

제44조(투표시간) ① 선거별 투표시간은 다음과 같다. <개정 2023. 8. 8.>

1. 동시조합장선거 및 동시이사장선거: 오전 7시부터 오후 5시까지
2. 제1호에 따른 선거 외의 위탁선거: 관할위원회가 해당 위탁단체와 협의하여 정하는 시간

② 투표를 마감할 때에 투표소에서 투표하기 위하여 대기하고 있는 선거인에게는 번호표를 부여하여 투표하게 한 후에 닫아야 한다.

제45조(투표 · 개표의 참관) ① 후보자는 해당 위탁단체의 조합원 또는 회원 중에서 투표소마다 2명 이내의 투표참관인을 선정하여 선거일 전 2일까지, 개표소마다 2명 이내의 개표참관인을 선정하여 선거일 전일까지 관할위원회에 서면으로 신고하여야 한다. 이 경우 개표참관인은 투표참관인이 겸임하게 할 수 있다. <개정 2024. 1. 30.>

② 관할위원회는 제1항에 따라 신고한 투표참관인 · 개표참관인이 투표 및 개표 상황을 참관하게 하여야 한다.

③ 후보자가 제1항에 따른 투표참관인 · 개표참관인의 신고를 하지 아니한 때에는 투표 · 개표 참관을 포기한 것으로 본다.

④ 후보자 또는 후보자의 배우자와 해당 위탁단체의 임직원은 투표참관인 · 개표참관인이 될 수 없다.

⑤ 제1항에도 불구하고 동시조합장선거 및 동시이사장선거의 투표참관인은 투표소마다 12명으로 하며, 후보자수가 12명을 넘는 경우에는 후보자별로 1명씩 우선 선정한 후 추첨에 따라 12명을 지정하고, 후보자수가 12명에 미달하되 후보자가 선정 · 신고한 인원수가 12명을 넘는 때에는 후보자별로 1명씩 선정한 자를 우선 지정한 후 나머지 인원은 추첨에 의하여 지정한다. <개정 2023. 8. 8.>

⑥ 투표참관인 · 개표참관인의 선정 · 신고 및 투표참관인 지정의 구체적인 절차 · 방법, 그 밖에 필요한 사항은 중앙선거관리위원회규칙으로 정한다.

제46조(개표소의 설치 등) ① 관할위원회는 해당 관할구역에 있는 위탁단체의 시설 등에 개표소를 설치하여야 한다. 다만, 섬 또는 산간오지 등의 지역에 투표소를 설치한 경우로서 투표함을 개표소로 이송하기 어려운 부득이한 경우에는 관할위원회의 의결로 해당 투표소에 개표소를 설치할 수 있다.

② 관할위원회는 개표사무를 보조하게 하기 위하여 개표사무를 보조할 능력이 있는 공정하고 중립적인 사람을 개표사무원으로 위촉할 수 있다.

③ 개표사무원은 투표사무원이 겸임하게 할 수 있다.

④ 개표소의 설치를 위한 장소 사용 협조 요구를 받은 위탁단체 등의 장은 정당한 사유가 없으면 이에 따라야 한다. <신설 2024. 1. 30.>

⑤ 제1항 단서에 따라 투표소에 개표소를 설치하는 경우의 개표 절차, 개표사무원의 위촉, 개표참관, 그 밖에 필요한 사항은 중앙선거관리위원회규칙으로 정한다. <개정 2024. 1. 30.>

제47조(개표의 진행) ① 개표는 위탁단체별로 구분하여 투표수를 계산한다.

② 관할위원회는 개표사무를 보조하기 위하여 투표지를 유효별 · 무효별 또는 후보자별로 구분하거나 계산하는 데 필요한 기계장치 또는 전산조직을 이용할 수 있다.

③ 후보자별 득표수의 공표는 최종 집계되어 관할위원회 위원장이 서명 또는 날인한 개표상황표에 의한다. 이 경우 출석한 관할위원회의 위원 전원은 공표 전에 득표수를 검열하여야 하며, 정당한 사유 없이 개표사무를 지연시키는 위원이 있는 때에는 검열을 포기한 것으로 보고, 개표록에 그 사유를 기재한다.

④ 제11조제3항에 따라 개표사무의 관리를 지정받은 사람 또는 하급선거관리위원회나 다른 구 · 시 · 군선거관리위원회는 그 개표결과를 관할위원회에 즉시 송부하여야 하며, 해당 관할위원회는 송부 받은 개표결과를 포함하여 후보자별 득표수를 공표하여야 한다.

⑤ 제4항에 따른 개표결과의 작성 · 송부, 그 밖에 필요한 사항은 중앙선거관리위원회규칙으로 정한다.

제48조(개표관람) ① 누구든지 관할위원회가 발행하는 관람증을 받아 구획된 장소에서 개표상황을 관람할 수 있다.

② 관할위원회는 투표와 개표를 같은 날 같은 장소에서 실시하는 경우에는 관람증을 발급하지 아니한다. 이 경우 관람인석과 투표 및 개표 장소를 구분하여 관람인이 투표 및 개표 장소에 출입할 수 없도록 하여야 한다.

제49조(투표록 · 개표록 및 선거록의 작성 등) ① 관할위원회는 투표록, 개표록을 각각 작성하여야 한다. 다만, 투표와 개표를 같은 날 같은 장소에서 실시하는 경우에는 투표 및 개표록을 통합하여 작성할 수 있다.

② 제11조제3항에 따라 관할위원회가 지정하는 사람 등에게 투표사무 또는 개표사무를 관리하게 하는 경우에는 그 지정을 받은 사람 또는 하급선거관리위원회나 다른 구 · 시 · 군선거관리위원회는 제1항에 따른 투표록 · 개표록 또는 투표 및 개표록을 작성하여 지체 없이 관할위원회에 송부하여야 한다.

③ 제2항에 따라 투표록 · 개표록 또는 투표 및 개표록을 송부받은 관할위원회는 지체 없이 후보자별 득표수를 계산하고 선거록을 작성하여야 한다.

④ 투표록 · 개표록, 투표 및 개표록과 선거록은 전산조직을 이용하여 작성 · 보고 또는 송부할 수 있다.

제50조(선거 관계 서류의 보관) 관할위원회는 투표지, 투표록, 개표록, 투표 및 개표록, 선거록, 그 밖에 위탁선거에 관한 모든 서류를 그 당선인의 임기 중 보관하여야 한다. 다만, 중앙선거관리위원회규칙으로 정하는 바에 따라 그 보존기간을 단축할 수 있다.

제51조(「공직선거법」의 준용 등) ① 투표 및 개표의 관리에 관하여는 이 법에 규정된 것을 제외하고는 그 성질에 반하지 아니하는 범위에서 「공직선거법」 제10장(투표) 및 제11장(개표)을 준용한다.

② 임의위탁선거의 투표 및 개표의 절차 등에 관하여는 해당 위탁단체와 협의하여 달리 정할 수 있다.

제52조(결선투표 등) ① 결선투표 실시 여부에 관하여는 해당 법령이나 정관등에 따른다.

② 결선투표일은 관할위원회가 위탁단체와 협의하여 정한다.

③ 제1항에 따른 결선투표는 특별한 사정이 없으면 당초 위탁선거에 사용된 선거인명부를 사용한다.

④ 천재지변이나 그 밖의 부득이한 사유로 선거를 실시할 수 없거나 실시하지 못한 때에는 관할위원회가 해당 위탁단체와 협의하여 선거를 연기하여야 한다. 이 경우 처음부터 선거절차를 다시 진행하여야 하고, 선거

일만을 다시 정한 때에는 이미 진행된 선거절차에 이어 계속하여야 한다.

제53조(총회 등에서 선출하는 조합장선거·이사장선거에 관한 특례) ① 동시조합장선거 또는 동시이사장선거를 실시하는 경우 제24조제3항제2호 및 제3호에 따른 조합장선거·이사장선거(이하 이 조에서 "총회 등에서 선출하는 조합장선거 등"이라 한다)의 선거인명부 작성·확정, 투표 및 개표에 관하여는 다음 각 호에 따른다. <개정 2015. 12. 24., 2023. 8. 8., 2024. 1. 30.>

1. 제24조제3항제2호 및 제3호에 따른 조합장선거와 이사장선거에서는 제15조제3항을 적용하지 아니한다.
2. 제41조제1항에도 불구하고 투표소는 선거인이 투표하기 편리한 곳에 1개소를 설치하여야 한다.
3. 제41조제2항에도 불구하고 해당 조합 또는 금고의 선거인은 제2호에 따른 투표소에서 투표하여야 한다.
4. 제44조제1항제1호에도 불구하고 투표시간은 관할위원회가 해당 조합 또는 금고와 협의하여 정하되 투표마감시각은 오후 5시까지로 한다.
5. 결선투표는 제52조제2항에도 불구하고 해당 선거일에 실시하고, 결선투표시간은 관할위원회가 해당 조합 또는 금고와 협의하여 정한다.
6. 그 밖에 투표 및 개표의 절차 등에 관하여 이 법에서 정한 사항을 제외하고는 해당 법령이나 정관등에 따른다.

② 제1항에도 불구하고 관할위원회는 총회 등에서 선출하는 조합장선거 등의 보궐선거등의 투표 및 개표의 절차 등에 관하여 해당 조합 또는 금고와 협의하여 달리 정할 수 있다. <개정 2015. 12. 24., 2023. 8. 8., 2024. 1. 30.>

[제목개정 2015. 12. 24., 2023. 8. 8.]

제54조(위탁선거의 동시실시) 관할위원회는 선거일을 같은 날로 정할 수 있는 둘 이상의 선거의 관리를 위탁받기로 결정한 때에는 해당 위탁단체와 협의하여 이들 위탁선거를 동시에 실시할 수 있다.

제55조(위탁선거의 효력 등에 대한 이의제기) 위탁선거에서 선거 또는 당선의 효력에 대한 이의제기는 해당 위탁단체에 하여야 한다. 다만, 위탁선거 사무의 관리집행 상의 하자 또는 투표의 효력에 대한 이의제기는 관할위원회의 직근 상급선거관리위원회에 하여야 한다.

제9장 당선인

제56조(당선인 결정) 당선인 결정은 해당 법령이나 정관등에 따른다.

제10장 벌칙

제57조(적용 제외) ① 제3조제1호가목에 해당하는 공공단체등이 위탁하는 선거 외의 위탁선거에는 이 장을 적용하지 아니한다. 다만, 제65조, 제66조제12호, 제68조제1항·제2항제2호 및 제4항·제5항은 그러하지 아니하다. <개정 2016. 12. 27.>

② 제1항 본문에도 불구하고 제3조제1호다목에 따라 공공단체등이 임원 등의 선출을 위한 선거의 관리를 위탁하여야 하는 선거(「교육공무원법」 제24조의3에 따른 대학의 장 후보자 추천 선거는 제외한다)에는 제58조부터 제65조까지, 제66조제8호·제10호·제12호·제13호, 제67조, 제68조제1항, 같은 조 제2항제2호, 같은 조 제3항부터 제5항까지를 적용한다. <신설 2016. 12. 27.>

제58조(매수 및 이해유도죄) 선거운동을 목적으로 다음 각 호의 어느 하나에 해당하는 행위를 한 자는 3년 이하의 징역 또는 3천만원 이하의 벌금에 처한다. <개정 2024. 1. 30.>

1. 선거인[선거인명부를 작성하기 전에는 그 선거인명부에 오를 자격이 있는 자(해당 위탁단체에 가입되어 해당 법령이나 정관등에 따라 위탁선거의 선거권이 있는 자 및 해당 위탁단체에 가입 신청을 한 자를 말한다)를 포함한다. 이하 이 조에서 같다]이나 그 가족 또는 선거인이나 그 가족이 설립·운영하고 있는 기관·단체·시설에 대하여 금전·물품·향응이나 그 밖의 재산상 이익이나 공사(公私)의 직을 제공하거나 그 제공의 의사를 표시하거나 그 제공을 약속한 자
2. 후보자가 되지 아니하도록 하거나 후보자가 된 것을 사퇴하게 할 목적으로 후보자가 되려는 사람이나 후보자에게 제1호에 규정된 행위를 한 자
3. 위탁단체의 회원으로 가입하여 특정 후보자에게 투표하게 할 목적으로 위탁단체의 회원이 아닌 자에게 제1호에 규정된 행위를 한 자
4. 제1호부터 제3호까지에 규정된 이익이나 직을 제공받거나 그 제공의 의사표시를 승낙한 자
5. 제1호부터 제4호까지에 규정된 행위에 관하여 지시·권유·알선하거나 요구한 자
6. 후보자등록개시일부터 선거일까지 포장된 선물 또는 돈봉투 등 다수의 선거인(선거인의 가족 또는 선거인이나 그 가족이 설립·운영하고 있는 기관·단체·시설을 포함한다)에게 배부하도록 구분된 형태로 되어 있는 금품을 운반한 자

제59조(기부행위의 금지·제한 등 위반죄) 제35조를 위반한 자(제68조제3항에 해당하는 자를 제외한다)는 3년 이하의 징역 또는 3천만원 이하의 벌금에 처한다.

제60조(매수 및 이해유도죄 등으로 인한 이익의 몰수) 제58조 또는 제59조의 죄를 범한 자가 받은 이익은 몰수한다. 다만, 그 전부 또는 일부를 몰수할 수 없는 때에는 그 가액을 추징한다.

제61조(허위사실 공표죄) ① 당선되거나 되게 할 목적으로 선거공보나 그 밖의 방법으로 후보자(후보자가 되려는 사람을 포함한다. 이하 이 조에서 같다)에게 유리하도록 후보자, 그의 배우자 또는 직계존비속이나 형제자매에 관하여 허위의 사실을 공표한 자는 3년 이하의 징역 또는 3천만원 이하의 벌금에 처한다.

② 당선되지 못하게 할 목적으로 선거공보나 그 밖의 방법으로 후보자에게 불리하도록 후보자, 그의 배우자 또는 직계존비속이나 형제자매에 관하여 허위의 사실을 공표한 자는 5년 이하의 징역 또는 500만원 이상 5천만원 이하의 벌금에 처한다.

제62조(후보자 등 비방죄) 선거운동을 목적으로 선거공보나 그 밖의 방법으로 공연히 사실을 적시하여 후보자(후보자가 되려는 사람을 포함한다), 그의 배우자 또는 직계존비속이나 형제자매를 비방한 자는 2년 이하의 징역 또는 2천만원 이하의 벌금에 처한다. 다만, 진실한 사실로서 공공의 이익에 관한 때에는 처벌하지 아니한다.

제63조(사위등재죄) ① 거짓의 방법으로 선거인명부에 오르게 한 자는 1년 이하의 징역 또는 1천만원 이하의 벌금에 처한다.

② 선거인명부작성에 관계 있는 자가 선거인명부에 고의로 선거권자를 기재하지 아니하거나 거짓 사실을 기재하거나 하게 한 때에는 3년 이하의 징역 또는 3천만원 이하의 벌금에 처한다.

제64조(사위투표죄) ① 성명을 사칭하거나 신분증명서를 위조 또는 변조하여 사용하거나 그 밖에 거짓의 방법으로 투표하거나 하게 하거나 또는 투표를 하려고 한 자는 1년 이하의 징역 또는 1천만원 이하의 벌금에 처한다.

② 선거관리위원회의 위원·직원·투표관리관 또는 투표사무원이 제1항에 규정된 행위를 하거나 하게 한 때에는 3년 이하의 징역에 처한다.

제65조(선거사무관계자나 시설 등에 대한 폭행·교란죄) 다음 각 호의 어느 하나에 해당하는 자는 1년 이상 7년 이하의 징역 또는 1천만원 이상 7천만원 이하의 벌금에 처한다.

1. 위탁선거와 관련하여 선거관리위원회의 위원·직원, 공정선거지원단원, 그 밖에 위탁선거 사무에 종사하는 사람을 폭행·협박·유인 또는 불법으로 체포·감금한 자
2. 폭행하거나 협박하여 투표소·개표소 또는 선거관리위원회 사무소를 소요·교란한 자
3. 투표용지·투표지·투표보조용구·전산조직 등 선거관리 및 단속사무와 관련한 시설·설비·장비·서류·인장 또는 선거인명부를 은닉·파손·훼손 또는 탈취한 자

제66조(각종 제한규정 위반죄) ① 다음 각 호의 어느 하나에 해당하는 자는 3년 이하의 징역 또는 3천만원 이하의 벌금에 처한다. <신설 2024. 1. 30.>

1. 제30조의3제6항제2호를 위반하여 해당 위탁단체 이외의 자에게 휴대전화 가상번호를 제공한 자
2. 제30조의3제7항을 위반하여 명시적으로 거부의사를 밝힌 구성원의 휴대전화 가상번호를 제공한 자
3. 제30조의3제9항제1호를 위반하여 휴대전화 가상번호를 제28조에 따른 선거운동 외의 다른 목적으로 사용한 자
4. 제30조의3제9항제2호를 위반하여 휴대전화 가상번호를 다른 자에게 제공한 자
5. 제30조의3제10항을 위반하여 유효기간이 지난 휴대전화 가상번호를 즉시 폐기하지 아니한 자

② 다음 각 호의 어느 하나에 해당하는 자는 2년 이하의 징역 또는 2천만원 이하의 벌금에 처한다. <개정 2015. 12. 24., 2017. 12. 26., 2024. 1. 30.>

1. 제24조를 위반하여 후보자등이 아닌 자가 선거운동을 하거나 제25조부터 제30조의4까지의 규정에 따른 선거운동방법 외의 방법으로 선거운동을 하거나 선거운동기간이 아닌 때에 선거운동을 한 자. 다만, 제24조의2제7항에 따라 선거운동을 한 예비후보자등과 제24조의3제3항에 따라 선거운동을 한 활동보조인은 제외한다.

1의2. 제24조의2제7항을 위반하여 선거운동을 한 자

2. 제25조에 따른 선거공보의 종수·수량·면수 또는 배부방법을 위반하여 선거운동을 한 자
3. 제26조에 따른 선거벽보의 종수·수량 또는 첩부방법을 위반하여 선거운동을 한 자
4. 제27조를 위반하여 선거운동을 한 자
5. 제28조에 따른 통화방법 또는 시간대를 위반하여 선거운동을 한 자
6. 삭제 <2024. 1. 30.>
7. 제30조에 따른 명함의 규격 또는 배부방법을 위반하여 선거운동을 한 자

7의2. 제30조의2제4항을 위반하여 투표관리관등의 제지명령에 불응한 자

7의3. 제30조의3제6항제1호를 위반하여 휴대전화 가상번호에 유효기간을 설정하지 아니하고 제공하거나 휴대전화 가상번호를 제공하는 날부터 선거일까지의 기간을 초과하는 유효기간을 설정하여 제공한 자

8. 제31조를 위반한 자
9. 제36조를 위반하여 축의·부의금품을 제공한 자
10. 제37조를 위반한 자
11. 제38조를 위반한 자
12. 제73조제3항을 위반하여 출입을 방해하거나 자료제출의 요구에 응하지 아니한 자 또는 허위자료를 제출한 자
13. 제75조제2항을 위반한 자

제67조(양벌규정) 법인 또는 단체의 대표자나 법인 또는 단체의 대리인, 사용인, 그 밖의 종업원이 그 법인 또는 단체의 업무에 관하여 이 법의 위반행위를 하였을 때에는 행위자를 벌하는 외에 그 법인 또는 단체에 대하여도 해당 조문의 벌금형을 과(科)한다. 다만, 그 법인 또는 단체가 그 위반 행위를 방지하기 위하여 해당 업무에 관하여 상당한 주의와 감독을 게을리하지 아니한 경우에는 그러하지 아니하다.

제68조(과태료의 부과·징수 등) ① 「형사소송법」 제211조(현행범인과 준현행범인)에 규정된 현행범인 또는 준현행범인으로서 제73조제4항에 따른 동행요구에 응하지 아니한 자에게는 300만원 이하의 과태료를 부과한다.

② 다음 각 호의 어느 하나에 해당하는 자에게는 100만원 이하의 과태료를 부과한다.

1. 제29조제2항에 따른 관할위원회의 요청을 이행하지 아니한 자
2. 제73조제4항에 따른 출석요구에 정당한 사유 없이 응하지 아니한 자

③ 제35조제3항을 위반하여 금전·물품이나 그 밖의 재산상 이익을 제공받은 자(그 제공받은 금액 또는 물품의 가액이 100만원을 초과한 자는 제외한다)에게는 그 제공받은 금액이나 가액의 10배 이상 50배 이하에 상당하는 금액의 과태료를 부과하되, 그 상한액은 3천만원으로 한다. 다만, 제공받은 금액 또는 음식물·물품(제공받은 것을 반환할 수 없는 경우에는 그 가액에 상당하는 금액을 말한다) 등을 선거관리위원회에 반환하고 자수한 경우에는 그 과태료를 감경 또는 면제할 수 있다.

④ 과태료는 중앙선거관리위원회규칙으로 정하는 바에 따라 관할위원회(이하 이 조에서 "부과권자"라 한다)가 부과한다. 이 경우 과태료처분대상자가 납부기한까지 납부하지 아니한 때에는 관할세무서장에게 징수를 위탁하고 관할세무서장이 국세체납처분의 예에 따라 이를 징수하여 국가에 납입하여야 한다.

⑤ 이 법에 따른 과태료의 부과·징수 등의 절차에 관하여는 「질서위반행위규제법」 제5조(다른 법률과의 관계)에도 불구하고 다음 각 호에서 정하는 바에 따른다.

1. 당사자[「질서위반행위규제법」 제2조(정의)제3호에 따른 당사자를 말한다. 이하 이 항에서 같다]는 「질서위반행위규제법」 제16조(사전통지 및 의견 제출 등)제1항 전단에도 불구하고 부과권자로부터 사전통지를 받은 날부터 3일까지 의견을 제출하여야 한다.
2. 제4항 전단에 따른 과태료 처분에 불복이 있는 당사자는 「질서위반행위규제법」 제20조(이의제기)제1항 및 제2항에도 불구하고 그 처분의 고지를 받은 날부터 20일 이내에 부과권자에게 이의를 제기하여야 하며, 이 경우 그 이의제기는 과태료 처분의 효력이나 그 집행 또는 절차의 속행에 영향을 주지 아니한다.
3. 「질서위반행위규제법」 제24조(가산금 징수 및 체납처분 등)에도 불구하고 당사자가 납부기한까지 납부하지 아니한 경우 부과권자는 체납된 과태료에 대하여 100분의 5에 상당하는 가산금을 더하여 관할세무서장에게 징수를 위탁하고, 관할세무서장은 국세 체납처분의 예에 따라 이를 징수하여 국가에 납입하여야 한다.

4. 「질서위반행위규제법」 제21조(법원에의 통보)제1항 본문에도 불구하고 제4항에 따라 과태료 처분을 받은 당사자가 제2호에 따라 이의를 제기한 경우 부과권자는 지체 없이 관할법원에 그 사실을 통보하여야 한다.

제11장 보칙

제69조(전자투표 및 개표) ① 관할위원회는 해당 위탁단체와 협의하여 전산조직을 이용하여 투표와 후보자별 득표수의 집계 등을 처리할 수 있는 방법으로 투표 및 개표(이하 이 조에서 "전자투표 및 개표"라 한다)를 실시할 수 있다.

② 관할위원회가 제1항에 따라 전자투표 및 개표를 실시하려는 때에는 이를 지체 없이 공고하고 해당 위탁단체 및 후보자에게 통지하여야 하며, 선거인의 투표에 지장이 없도록 홍보하여야 한다.

③ 전자투표 및 개표를 실시하는 경우 투표 및 개표의 절차·방법, 그 밖에 필요한 사항은 중앙선거관리위원회규칙으로 정한다.

제70조(위탁선거범죄로 인한 당선무효) 다음 각 호의 어느 하나에 해당하는 경우에는 그 당선은 무효로 한다.

1. 당선인이 해당 위탁선거에서 이 법에 규정된 죄를 범하여 징역형 또는 100만원 이상의 벌금형을 선고받은 때
2. 당선인의 배우자나 직계존비속이 해당 위탁선거에서 제58조나 제59조를 위반하여 징역형 또는 300만원 이상의 벌금형을 선고받은 때. 다만, 다른 사람의 유도 또는 도발에 의하여 해당 당선인의 당선을 무효로 되게 하기 위하여 죄를 범한 때에는 그러하지 아니하다.

제71조(공소시효) 이 법에 규정한 죄의 공소시효는 해당 선거일 후 6개월(선거일 후 행하여진 범죄는 그 행위가 있는 날부터 6개월)이 지남으로써 완성한다. 다만, 범인이 도피한 때나 범인이 공범 또는 범죄의 증명에 필요한 참고인을 도피시킨 때에는 그 기간은 3년으로 한다.

제71조의2(재판기간) 이 법을 위반한 죄를 범한 자와 그 공범에 관한 재판은 다른 재판에 우선하여 신속히 하여야 하며, 그 판결의 선고는 제1심에서는 공소가 제기된 날부터 6개월 이내에, 제2심 및 제3심에서는 전심의 판결의 선고가 있은 날부터 각각 3개월 이내에 하도록 노력하여야 한다.

[본조신설 2024. 1. 30.]

제72조(위반행위에 대한 중지·경고 등) ① 관할위원회의 위원·직원은 직무수행 중에 위탁선거 위반행위를 발견한 때에는 중지·경고 또는 시정명령을 하여야 한다.

② 관할위원회는 위탁선거 위반행위가 선거의 공정을 현저하게 해치는 것으로 인정되거나 중지·경고 또는 시정명령을 이행하지 아니하는 때에는 관할수사기관에 수사의뢰 또는 고발할 수 있다.

제73조(위반행위에 대한 조사 등) ① 선거관리위원회의 위원·직원은 위탁선거 위반행위에 관하여 다음 각 호의 어느 하나에 해당하는 경우에는 그 장소에 출입하여 관계인에 대하여 질문·조사를 하거나 관련 서류 그 밖의 조사에 필요한 자료의 제출을 요구할 수 있다.

1. 위탁선거 위반행위의 가능성이 있다고 인정되는 경우
2. 후보자가 제기한 위탁선거 위반행위의 가능성이 있다는 소명이 이유 있다고 인정되는 경우
3. 현행범의 신고를 받은 경우

② 선거관리위원회의 위원·직원은 위탁선거 위반행위 현장에서 위탁선거 위반행위에 사용된 증거물품으로서 증거인멸의 우려가 있다고 인정되는 때에는 조사에 필요한 범위에서 현장에서 이를 수거할 수 있다. 이 경우 해당 선거관리위원회의 위원·직원은 수거한 증거물품을 그 관련된 위탁선거 위반행위에 대하여 고발 또는 수사의뢰한 때에는 관계 수사기관에 송부하고, 그러하지 아니한 때에는 그 소유·점유·관리하는 사람에게 지체 없이 반환하여야 한다.

③ 누구든지 제1항에 따른 장소의 출입을 방해하여서는 아니 되며 질문·조사를 받거나 자료의 제출을 요구받은 사람은 이에 따라야 한다.

④ 선거관리위원회의 위원·직원은 위탁선거 위반행위 조사와 관련하여 관계자에게 질문·조사하기 위하여 필요하다고 인정되는 때에는 선거관리위원회에 동행 또는 출석할 것을 요구할 수 있다. 다만, 선거기간 중 후보자에 대하여는 동행 또는 출석을 요구할 수 없다.

⑤ 선거관리위원회의 위원·직원이 제1항에 따른 장소에 출입하거나 질문·조사·자료의 제출을 요구하는 경우에는 관계인에게 그 신분을 표시하는 증표를 제시하고 소속과 성명을 밝히고 그 목적과 이유를 설명하여야 한다.

⑥ 소명절차·방법, 증거자료의 수거, 증표의 규격, 그 밖에 필요한 사항은 중앙선거관리위원회규칙으로 정한다.

제74조(자수자에 대한 특례) ① 제58조 또는 제59조의 죄를 범한 사람 중 금전·물품이나 그 밖의 이익 등을 받거나 받기로 승낙한 사람이 자수한 때에는 그 형을 감경 또는 면제한다. 다만, 다음 각 호의 어느 하나에 해당하는 사람은 그러하지 아니하다.

1. 후보자 및 그 배우자
2. 후보자 또는 그 배우자의 직계존비속 및 형제자매
3. 후보자의 직계비속 및 형제자매의 배우자
4. 거짓의 방법으로 이익 등을 받거나 받기로 승낙한 사람

② 제1항의 본문에 규정된 사람이 선거관리위원회에 자신의 해당 범죄사실을 신고하여 선거관리위원회가 관계 수사기관에 이를 통보한 때에는 선거관리위원회에 신고한 때를 자수한 때로 본다.

제75조(위탁선거범죄신고자 등의 보호) ① 이 법에 규정된 범죄에 관한 신고·진정·고소·고발 등 조사 또는 수사단서의 제공, 진술 또는 증언, 그 밖의 자료제출행위 및 범인검거를 위한 제보 또는 검거활동을 한 사람이 그와 관련하여 피해를 입거나 입을 우려가 있다고 인정할 만한 상당한 이유가 있는 경우 해당 범죄에 관한 형사절차 및 관할위원회의 조사과정에서는 「특정범죄신고자 등 보호법」 제5조(불이익처우의 금지)·제7조(인적 사항의 기재 생략)·제9조(신원관리카드의 열람)부터 제12조(소송진행의 협의 등)까지 및 제16조(범죄신고자등에 대한 형의 감면)를 준용한다.

② 누구든지 제1항에 따라 보호되고 있는 범죄신고자 등이라는 정을 알면서 그 인적사항 또는 범죄신고자 등임을 알 수 있는 사실을 다른 사람에게 알려주거나 공개 또는 보도하여서는 아니 된다.

제76조(위탁선거 위반행위 신고자에 대한 포상금 지급) ① 관할위원회는 위탁선거 위반행위에 대하여 선거관리위원회가 인지하기 전에 그 위반행위의 신고를 한 사람에게 포상금을 지급할 수 있다. <개정 2024. 1. 30.>

② 관할위원회는 제1항에 따라 포상금을 지급한 후 다음 각 호의 어느 하나에 해당하는 사유가 있는 경우에는 그 포상금의 지급결정을 취소한다. <신설 2024. 1. 30.>

1. 담합 등 거짓의 방법으로 신고한 사실이 발견된 경우
2. 사법경찰관의 불송치결정이나 검사의 불기소처분이 있는 경우
3. 무죄의 판결이 확정된 경우

③ 관할위원회는 제2항에 따라 포상금의 지급결정을 취소한 때에는 해당 신고자에게 그 취소 사실과 지급받은 포상금에 해당하는 금액을 반환할 것을 통지하여야 하며, 해당 신고자는 통지를 받은 날부터 30일 이내에 그 금액을 해당 관할위원회에 납부하여야 한다. ＜신설 2024. 1. 30.＞

④ 관할위원회는 제3항에 따라 포상금의 반환을 통지받은 해당 신고자가 납부기한까지 반환할 금액을 납부하지 아니한 때에는 해당 신고자의 주소지를 관할하는 세무서장에게 징수를 위탁하고 관할 세무서장이 국세강제징수의 예에 따라 징수한다. ＜신설 2024. 1. 30.＞

⑤ 제3항 또는 제4항에 따라 납부 또는 징수된 금액은 국가에 귀속된다. ＜신설 2024. 1. 30.＞

⑥ 포상금의 지급 기준 및 절차, 제2항제2호에 해당하는 불송치결정 또는 불기소처분의 사유, 반환금액의 납부절차, 그 밖에 필요한 사항은 중앙선거관리위원회규칙으로 정한다. ＜신설 2024. 1. 30.＞

제77조(위탁선거에 관한 신고 등) ① 이 법 또는 이 법의 시행을 위한 중앙선거관리위원회규칙에 따라 선거기간 중 선거관리위원회에 대하여 행하는 신고·신청·제출·보고 등은 이 법에 특별한 규정이 있는 경우를 제외하고는 공휴일에도 불구하고 매일 오전 9시부터 오후 6시까지 하여야 한다.

② 각급선거관리위원회는 이 법 또는 이 법의 시행을 위한 중앙선거관리위원회규칙에 따른 신고·신청·제출·보고 등을 해당 선거관리위원회가 제공하는 서식에 따라 컴퓨터의 자기디스크나 그 밖에 이와 유사한 매체에 기록하여 제출하게 하거나 해당 선거관리위원회가 지정하는 인터넷 홈페이지에 입력하는 방법으로 제출하게 할 수 있다.

제78조(선거관리경비) ① 위탁선거를 위한 다음 각 호의 경비는 해당 위탁단체가 부담하고 선거의 실시에 지장이 없도록 제1호의 경우에는 선거기간개시일 전 60일(보궐선거등의 경우에는 위탁신청을 한 날부터 10일)까지, 제2호부터 제4호까지의 경우에는 위탁관리 결정의 통지를 받은 날(의무위탁선거의 경우에는 위탁신청을 한 날)부터 10일까지 관할위원회에 납부하여야 한다. ＜개정 2024. 1. 30.＞

1. 위탁선거의 준비 및 관리에 필요한 경비
2. 위탁선거에 관한 계도·홍보에 필요한 경비
3. 위탁선거 위반행위의 단속 및 조사에 필요한 경비
4. 제79조에 따른 보상을 위한 재해보상준비금

② 동시조합장선거 및 동시이사장선거에서 제76조에 따른 포상금 지급에 필요한 경비는 해당 조합 또는 금고와 그 중앙회가 균분하여 부담하여야 한다. ＜개정 2023. 8. 8.＞

③ 위탁선거의 관리에 필요한 다음 각 호의 경비는 국가가 부담한다.

1. 위탁선거에 관한 사무편람의 제정·개정에 필요한 경비
2. 그 밖에 위탁선거 사무의 지도·감독 등 통일적인 업무수행을 위하여 필요한 경비

④ 중앙선거관리위원회는 위탁기관의 의견을 들어 선거관리경비 산출기준을 정하고 이를 관할위원회에 통지하여야 하며, 관할위원회는 그 산출기준에 따라 경비를 산출하여야 한다.

⑤ 관할위원회는 제52조에 따른 결선투표가 실시될 경우 그 선거관리경비를 제4항과 별도로 산출하여야 한다.

⑥ 관할위원회는 제4항에 따라 선거관리경비를 산출하는 때에는 예측할 수 없는 경비 또는 불가피한 사유로 산출기준을 초과하는 경비에 충당하기 위하여 산출한 선거관리경비 총액의 100분의 5 범위에서 부가경비를 계상하여야 한다.

⑦ 제1항에 따른 납부금은 체납처분이나 강제집행의 대상이 되지 아니하며 그 경비의 산출기준, 납부절차와 방법, 집행, 검사, 반환, 그 밖에 필요한 사항은 중앙선거관리위원회규칙으로 정한다.

제79조(질병·부상 또는 사망에 대한 보상) ① 중앙선거관리위원회는 각급선거관리위원회위원, 투표관리관, 공정선거지원단원, 투표 및 개표사무원(공무원인 자를 제외한다)이 선거기간(공정선거지원단원의 경우 공정선거지원단을 두는 기간을 말한다) 중에 이 법에 따른 선거업무로 인하여 질병·부상 또는 사망한 때에는 보상금을 지급하여야 한다.

② 제1항의 보상금 지급사유가 제3자의 행위로 인하여 발생한 경우에는 중앙선거관리위원회는 이미 지급한 보상금의 지급 범위에서 수급권자가 제3자에 대하여 가지는 손해배상청구권을 취득한다. 다만, 제3자가 공무수행 중의 공무원인 경우에는 손해배상청구권의 전부 또는 일부를 행사하지 아니할 수 있다.

③ 제2항의 경우 보상금의 수급권자가 그 제3자로부터 동일한 사유로 인하여 이미 손해배상을 받은 경우에는 그 배상액의 범위에서 보상금을 지급하지 아니한다.

④ 제1항의 보상금 지급사유가 그 수급권자의 고의 또는 중대한 과실로 인하여 발생한 경우에는 해당 보상금의 전부 또는 일부를 지급하지 아니할 수 있다.

⑤ 보상금의 종류 및 금액, 고의 또는 중대한 과실에 의한 보상금의 감액, 중대한 과실의 적용범위, 그 밖에 필요한 사항은 중앙선거관리위원회규칙으로 정한다.

[본조신설 2024. 1. 30.]

[종전 제79조는 제81조로 이동 ＜2024. 1. 30.＞]

제80조(선전물의 공익목적 활용 등) ① 각급선거관리위원회는 이 법에 따라 위탁단체 또는 후보자(후보자가 되려는 사람을 포함한다. 이하 이 조에서 같다)가 선거관리위원회에 제출한 벽보·공보 등 각종 인쇄물, 사진, 그 밖의 선전물을 공익을 목적으로 출판·전시하거나 인터넷 홈페이지 게시, 그 밖의 방법으로 활용할 수 있다.

② 제1항에 따라 각급선거관리위원회가 공익을 목적으로 활용하는 위탁단체 또는 후보자의 벽보·공보 등 각종 인쇄물, 사진, 그 밖의 선전물에 대하여는 누구든지 각급선거관리위원회에 대하여 「저작권법」상의 권리를 주장할 수 없다.

[본조신설 2024. 1. 30.]

제81조(시행규칙) 위탁선거의 관리에 관하여 이 법의 시행을 위하여 필요한 사항은 중앙선거관리위원회규칙으로 정한다.

부칙 ＜제20179호, 2024. 1. 30.＞

제1조(시행일) 이 법은 공포 후 6개월이 경과한 날부터 시행한다. 다만, 제33조의 개정규정은 공포한 날부터 시행한다.

제2조(재판기간에 관한 적용례) 제71조의2의 개정규정은 이 법 시행 이후 최초로 공소가 제기되는 사건의 재판부터 적용한다.

제3조(벌칙에 관한 경과조치) 이 법 시행 전의 행위에 대한 벌칙의 적용은 종전의 규정에 따른다.

제4조(포상금 지급결정 취소 및 반환에 관한 경과조치) 이 법 시행 전의 위탁선거 위반행위 신고로 인하여 제76조제2항 및 제3항의 개정규정에 해당하게 되는 사람은 이 법의 개정규정에도 불구하고 종전의 규정에 따른다.

공공단체등 위탁선거에 관한 규칙

[시행 2024. 11. 29.] [중앙선거관리위원회규칙 제611호, 2024. 11. 29., 일부개정]

제1장 총칙

제1조(목적) 이 규칙은 「공공단체등 위탁선거에 관한 법률」에서 위임된 사항과 그 시행에 필요한 사항을 규정함을 목적으로 한다.

제2조(선거관리 협조) 위탁단체는 선거공보의 발송, 선거벽보의 첩부 및 후보자 소견발표의 개최 등에 관하여 관할위원회로부터 인력·시설·장비 등의 협조 요구를 받은 때에는 우선적으로 이에 따라야 한다. <개정 2015. 12. 24.>

제2장 선거관리의 위탁 등

제3조(선거관리의 위탁신청) ①「공공단체등 위탁선거에 관한 법률」(이하 "법"이라 한다) 제8조에 따른 위탁신청은 별지 제1호서식에 따른다. <개정 2018. 9. 21.>

② 동시조합장선거 또는 동시이사장선거를 실시하는 경우 관할위원회는 임기만료일 전 200일까지 선거권자의 수, 선거벽보 첩부 예정 수량 및 장소, 정관 및 선거규정 등 선거관리에 필요한 사항을 통보해 줄 것을 위탁단체에 요청할 수 있다. 이 경우 그 요청을 받은 위탁단체는 임기만료일 전 180일에 해당하는 날의 다음 날까지 서면으로 해당 사항을 관할위원회에 통보해야 한다. <신설 2018. 9. 21., 2024. 7. 18.>

③ 합병·해산 등 법령이나 정관 또는 규약 등이 정하는 바에 따라 위탁선거를 실시하지 아니할 사유가 발생한 경우에는 해당 위탁단체는 지체 없이 합병 관련 등기서 사본, 합병·해산 관련 총회 의결록 또는 인가서의 사본, 그 밖에 그 사유를 증명할 수 있는 서류를 첨부하여 서면으로 그 사유를 관할위원회에 통보하여야 한다. <신설 2018. 9. 21.>

제4조(정관등에 관한 의견표시) 관할위원회는 위탁단체의 정관등에 규정된 선거에 관한 규정이 위탁선거를 관리하는 데 현저하게 불합리하다고 판단될 때에는 해당 규정을 개정할 것을 권고할 수 있다.

제5조(공정선거지원단) ① 법 제10조제1항에 따른 공정선거지원단원의 수는 30명 이내에서 중앙선거관리위원회 위원장이 정하는 기준에 따라 관할위원회가 정한다.

② 관할위원회는 공정선거지원단원에게 별지 제30호양식의 신분증명서를 발급하여야 한다.

③ 공정선거지원단원은 법규를 준수하고 성실하게 임무를 수행하여야 하며 관할위원회의 명령에 따라야 한다.

④ 공정선거지원단원이 법 제10조제2항에 따른 활동을 하는 경우에는 제2항의 신분증명서를 관계인에게 제시하여야 한다.

⑤ 관할위원회는 공정선거지원단원이 다음 각 호의 어느 하나에 해당하는 경우에는 해촉할 수 있다.

1. 법규를 위반하거나 그 임무를 수행하면서 불공정한 행위를 하거나 할 우려가 있는 경우
2. 정당한 사유 없이 관할위원회의 지휘·명령에 따르지 아니하거나 그 임무를 게을리 한 경우
3. 임무수행 중 입수한 자료를 유출하거나 알게 된 정보를 누설한 경우
4. 공정선거지원단원이 그 품위를 손상하거나 선거관리위원회의 위신을 실추시키는 행위를 한 경우
5. 건강 또는 그 밖의 사유로 임무를 성실히 수행할 수 없다고 판단되는 경우

⑥ 공정선거지원단원이 사직하거나 해촉된 때에는 지체 없이 그 신분증명서를 반환하여야 한다.

⑦ 공정선거지원단원에게 수당을 지급하는 경우에는 「최저임금법」 제10조(최저임금의 고시와 효력발생)에 따라 고시된 최저임금액 이상으로 지급하고, 실비는 「공무원 여비 규정」 별표 2의 제2호에 따라 산정된 금액을 지급한다. 이 경우 활동실적과 근무상황이 우수한 공정선거지원단원에게는 중앙선거관리위원회 위원장이 정하는 바에 따라 추가로 성과수당을 지급할 수 있다.

제6조(위탁선거 사무의 대행) ① 관할위원회는 법 제11조제3항에 따라 관할위원회가 지정한 사람 또는 하급선거관리위원회나 다른 구·시·군선거관리위원회(이하 "대행위원회등"이라 한다)로 하여금 다음 각 호의 위탁선거 사무의 전부 또는 일부를 행하게 할 수 있다. 다만, 관할위원회가 지정한 사람으로 하여금 위탁선거 사무를 행하게 할 때에는 제2호부터 제5호(투표의 관리에 관한 사무를 제외한다)까지에 규정된 사무에 한정한다. <개정 2022. 11. 28., 2024. 7. 18.>

1. 공정선거지원단의 운영에 관한 사무
2. 선거공보 및 법 제25조제2항에 따른 범죄경력에 관한 서류(이하 "선거공보등"이라 한다)의 접수·확인 및 발송에 관한 사무
3. 선거벽보의 접수·확인·첩부 및 철거에 관한 사무
4. 투표안내문의 작성 및 발송에 관한 사무
5. 투표 및 개표의 관리에 관한 사무
6. 그 밖에 위 각 호의 어느 하나에 준하는 사무로서 관할위원회가 정하는 사무

② 제1항에 따라 관할위원회가 지정한 사람으로 하여금 위탁선거 사무를 행하게 하려는 경우 선거관리 경험이 풍부하고 중립적이며 공정한 사람 중에서 지정하여야 하며, 그 사람에게는 중앙선거관리위원회 위원장이 정하는 바에 따라 수당 및 실비를 지급할 수 있다.

③ 제1항에 따라 대행위원회등으로 하여금 위탁선거 사무를 행하게 하려는 경우 선거일 전 30일[재선거, 보궐선거, 위탁단체의 설립·분할 또는 합병으로 인한 선거(이하 "보궐선거등"이라 한다)의 경우에는 위탁신청을 받은 날부터 10일]까지 대행위원회등이 행할 사무·기간, 그 밖에 필요한 사항을 정하여 이를 공고하고, 해당 대행위원회등에게 통지하여야 한다.

④ 대행위원회등이 위탁선거 사무를 행하는 경우 관할위원회가 지정한 사람은 자신의 도장을, 하급선거관리위원회 또는 다른 구·시·군선거관리위원회는 그 선거관리위원회의 청인 또는 위원장의 직인을 찍는다. 이 경우 관할위원회가 지정한 사람은 별지 제8호서식에 준하는 인영신고서를 관할위원회에 제출하여야 한다.

⑤ 대행위원회등은 제3항에 따라 관할위원회가 정한 사무·기간 등의 범위에서 관할위원회의 지도·감독을 받아 업무를 행하여야 하며, 관할위원회가 지정한 사람이 그 업무를 행한 경우에는 그에 관한 모든 서류를 선거일 후 지체 없이 관할위원회에 송부하여야 한다.

제2장의2 선거기간과 선거일 <신설 2018. 1. 19.>

제6조의2(선거일 공고) 관할위원회는 법 제14조제6항 전단에 따른 선거일 공고를 다음 각 호에서 정한 날까지 하여야 한다.

1. 법 제24조제3항제3호에 따른 중앙회장선거: 법 제24조의2제1항에 따른 예비후보자등록신청개시일 전 10일(보궐선거등의 경우에는 법 제8조 각 호 외의 부분 단서에 따라 위탁신청을 한 날부터 5일)까지

2. 제1호 외의 위탁선거: 선거인명부작성개시일 전일까지

[본조신설 2018. 1. 19.]

제3장 선거인명부

제7조(선거인명부의 작성 · 확정 등) ① 위탁단체가 법 제15조에 따라 선거인명부를 작성하는 경우에는 그 회원명부(그 명칭에 관계없이 위탁단체가 해당 법령이나 정관등에 따라 작성한 구성원의 명부를 말한다)에 따라 엄정히 조사·작성하여야 한다.

② 선거인명부는 별지 제2호서식에 따라 작성하여야 한다.

③ 위탁단체가 법 제15조제2항에 따라 선거인명부 등본을 관할위원회에 송부할 때에는 그 작성상황 또는 확정상황을 별지 제3호서식 또는 별지 제4호서식에 따라 각각 작성하여 함께 보내야 한다.

④ 하나의 투표소에서 사용하는 선거인명부는 선거권자의 원활한 투표를 위해 필요한 경우 해당 투표소의 선거권자의 수, 투표시간 및 장소 등을 고려하여 선거인수가 서로 엇비슷하게 분철할 수 있다. <개정 2022. 11. 28.>

⑤ 동시조합장선거 또는 동시이사장선거를 실시하는 경우 위탁단체는 관할구역의 구(자치구가 아닌 구를 포함한다)·시(구가 설치되지 않은 시를 말한다)·군(이하 이 항에서 "구·시·군"이라 한다) 또는 관할위원회의 관할구역 단위로 선거인명부를 작성·확정해야 하며, 중앙선거관리위원회는 법 제15조제3항에 따라 각 위탁단체로부터 제출받은 확정된 선거인명부의 전산자료 복사본을 이용하여 구·시·군 또는 관할위원회의 관할구역별로 하나의 선거인명부(이하 "통합선거인명부"라 한다)를 작성해야 한다. <개정 2023. 1. 20., 2024. 7. 18.>

⑥ 관할위원회는 제22조제2항에 따라 투표용지와 투표함을 투표관리관에게 인계할 때에 확정된 선거인명부를 함께 인계하여야 한다.

제8조(선거인명부의 확정 후 오기사항 등 통보) ① 위탁단체는 선거인명부 확정 후 오기 또는 선거권이 없는 자나 사망한 사람이 있는 것을 발견한 경우에는 선거일 전일까지 관할위원회에 별지 제5호서식에 따라 그 사실을 통보하고, 이를 통보받은 관할위원회는 선거인명부의 비고칸에 그 사실을 적어야 한다.

② 관할위원회는 선거인명부를 투표관리관에게 인계한 후에 제1항에 따른 오기 등을 통보받은 경우에는 지체 없이 이를 투표관리관에게 통지하여야 하며, 투표관리관은 그 사실을 선거인명부의 비고칸에 적어야 한다.

제4장 후보자

제9조(후보자등록) ① 법 제18조제1항에 따른 후보자등록신청서는 별지 제6호서식에 따른다.

② 위탁단체는 법 제18조제2항제2호 및 제4호에 해당하는 서류 등의 목록을 후보자등록신청개시일 전 30일까지 관할위원회에 제출해야 한다. 다만, 제11조의2제2항에 따라 이미 제출한 서류 목록에 변경이 없는 경우에는 그러하지 않으며 보궐선거등의 경우에는 법 제8조 각 호 외의 부분 단서에 따라 위탁신청을 할 때에 그 신청서와 함께 제출해야 한다. <개정 2024. 7. 18.>

③ 법 제18조제2항제3호에 따른 기탁금의 납부는 관할위원회가 기탁금의 예치를 위하여 개설한 금융기관(우체국을 포함한다)의 예금계좌에 후보자등록을 신청하는 사람의 명의로 입금하고 해당 금융기관이 발행한 입금표를 제출하는 것으로 한다. 다만, 부득이한 사유가 있는 경우에는 현금(금융기관이 발행한 자기앞수표를 포함한다)으로 납부할 수 있다.

④ 기탁금의 반환 및 귀속에 관하여는 해당 법령이나 정관등에 따른다.

⑤ 관할위원회는 법 제18조제5항에 따른 피선거권(해당 법령이나 정관등에서 정하는 피선거권과 관련된 범죄경력을 포함한다)의 확인을 위하여 필요한 사항을 별지 제7호의2서식에 따라 관계기관의 장(피선거권과 관련된 범죄경력의 경우 해당 위탁단체의 주된 사무소 소재지를 관할하는 검찰청의 장)에게 조회할 수 있다. <개정 2024. 7. 18.>

⑥ 후보자등록을 신청하는 사람은 법 제24조의2제1항에 따라 예비후보자등록을 신청한 때에 제출한 서류는 제출하지 않을 수 있다. 다만, 그 서류 중 변경 사항이 있는 경우에는 후보자등록을 신청할 때까지 추가하거나 보완해야 한다. <신설 2024. 7. 18.>

⑦ 후보자가 되려는 사람은 해당 위탁단체에 법 제18조제4항에 따른 범죄경력 조회와 관련된 법령이나 정관등을 요청할 수 있으며, 해당 위탁단체는 지체 없이 이를 제공해야 한다. <신설 2024. 7. 18.>

⑧ 법 제18조제4항에 따른 범죄경력조회 신청서는 별지 제7호서식에 따르며, 같은 조 제5항 및 제6항에 따른 피선거권 및 범죄경력에 관한 조사·회보는 별지 제7호의2서식에 따른다. <신설 2024. 7. 18.>

제10조(후보자 등의 인영) 후보자·예비후보자가 되려는 사람은 해당 후보자등록신청서 또는 예비후보자등록신청서에 별지 제8호서식에 따른 각각의 인영을 첨부하여 관할위원회에 제출하여야 한다. 이 경우 후보자등록신청 시 후보자의 인영을 제출하지 아니한 때에는 제출된 해당 예비후보자의 인영을 후보자의 인영으로 한다.
[전문개정 2018. 1. 19.]

제11조(후보자사퇴의 신고) 법 제20조에 따른 후보자사퇴의 신고는 별지 제9호서식에 따른다.

제5장 선거운동

제11조의2(예비후보자등록) ① 법 제24조의2제1항에 따른 예비후보자등록신청은 별지 제6호서식에 따른다.

② 위탁단체는 법 제24조의2제2항에 따른 피선거권에 관한 증명서류의 목록을 예비후보자등록신청개시일 전 30일까지(보궐선거등의 경우에는 법 제8조 각 호 외의 부분 단서에 따라 위탁신청을 할 때) 관할위원회에 제출해야 한다. 이 경우 법 제18조제2항제4호에 따른 서류 등의 목록도 함께 제출할 수 있다. <개정 2024. 7. 18.>

③ 보궐선거등의 경우 법 제24조의2제1항에 따른 예비후보자등록 기간을 충족하지 못한다고 판단할 때에는 법 제14조제2항에 따른 선거일을 정한 날부터 예비후보자등록신청을 할 수 있다. <신설 2024. 7. 18.>

④ 관할위원회는 법 제24조의2제4항에 따른 피선거권(해당 법령이나 정관등에서 정하는 피선거권과 관련된 범죄경력을 포함한다)의 확인을 위하여 필요한 사항을 별지 제7호의2서식에 따라 관계기관의 장(피선거권과 관련된 범죄경력의 경우 해당 위탁단체의 주된 사무소 소재지를 관할하는 검찰청의 장)에게 조회할 수 있다. <개정 2024. 7. 18.>

⑤ 법 제24조의2제6항에 따른 예비후보자의 사퇴신고는 별지 제9호서식에 따른다. <개정 2024. 7. 18.>

⑥ 관할위원회는 예비후보자가 등록·사퇴·사망하거나 등록이 무효로 된 때에는 지체 없이 그 사실을 공고하여야 한다. <개정 2024. 7. 18.>

⑦ 법 및 이 규칙에 따른 예비후보자등록신청은 일반직 국가공무원의 정상근무일의 오전 9시부터 오후 6시까지 해야 한다. 다만, 예비후보자등록신청 개시일에는 토요일 또는 공휴일에도 불구하고 오전 9시부터 오후 6시까지 할 수 있다. <개정 2024. 7. 18.>
⑧ 해당 위탁단체의 법령이나 정관등에 따른 예비후보자의 기탁금 납부, 반환 및 귀속에 관하여는 제9조제3항 및 제4항을 준용한다. <신설 2024. 7. 18.>
[본조신설 2018. 1. 19.]

제11조의3(선거운동원 및 활동보조인의 선임 신고 등) ① 법 제24조제1항, 제24조의2제7항에 따라 예비후보자 또는 후보자가 그의 배우자, 직계존비속 또는 해당 위탁단체의 임직원이 아닌 조합원·회원 중에서 지정하는 1명(이하 "선거운동원"이라 한다) 또는 법 제24조의3에 따른 활동보조인을 지정·선임·해임 또는 교체한 경우에는 별지 제6호의2서식에 따라 지체 없이 관할위원회에 신고해야 한다. 이 경우 예비후보자가 같은 선거에 후보자등록을 마친 때에는 예비후보자의 선거운동원 또는 활동보조인은 이 조에 따라 신고된 후보자의 선거운동원 또는 활동보조인으로 보아 따로 신고하지 않을 수 있다.
② 선거운동원 또는 활동보조인의 지정·선임 신고는 표지의 교부신청을 겸한 것으로 보며, 표지의 규격 및 게재사항은 별지 제6호의3서식에 따른다.
③ 선거운동원 및 활동보조인은 제2항의 표지를 잘 보이도록 달고 선거운동을 해야 하며, 이를 분실한 때에는 관할위원회에 별지 제6호의4서식에 따라 표지의 재교부를 신청할 수 있다.
④ 법 제24조의3제1항에 따라 활동보조인을 둘 수 있는 장애인 예비후보자·후보자의 범위에 관하여는 「공직선거관리규칙」 제27조의3제1항을 준용하며, 예비후보자·후보자가 활동보조인의 선임신고를 할 때에는 장애인임을 증명할 수 있는 서류 등을 제출해야 한다.
⑤ 법 제24조의3제4항에 따라 활동보조인에게 지급할 수 있는 수당과 실비는 다음 각 호와 같으며, 예비후보자 또는 후보자가 활동보조인에게 식사 또는 교통편의를 제공한 때에는 지급될 실비의 금액에서 그 금액을 공제하고 지급해야 한다.
1. 수당: 1일당 6만원 이내
2. 실비: 「공무원 여비 규정」 별표 2의 제2호에 해당하는 실비

[본조신설 2024. 7. 18.]

제12조(선거공보) ① 법 제25조제1항에 따른 선거공보의 규격·면수 및 적어야 할 사항은 다음 각 호에 따른다. <개정 2018. 9. 21., 2024. 7. 18.>
1. 규격: 길이 27센티미터 너비 19센티미터 이내
2. 면수: 8면 이내
3. 앞면에 적어야 할 사항: 선거명, 후보자의 기호 및 성명
4. 둘째 면에 적어야 할 사항: 법 제18조제4항에 따라 회보받은 범죄경력. 이 경우 작성은 별지 제11호의2서식에 따른다.

② 선거공보의 작성수량·제출수량은 제3항에 따른 예상 선거인수에 그 100분의 10을 더한 수로 한다. 이 경우 작성·제출할 수량의 단수가 10미만인 때에는 10매로 한다.
③ 위탁단체는 후보자등록신청개시일 전 10일까지 별지 제10호서식에 따라 예상 선거인수를 관할위원회에 통보하여야 한다.
④ 관할위원회는 후보자등록신청개시일 전 5일까지 선거공보의 작성수량·제출수량 및 제출장소를 공고하여야 한다.
⑤ 선거공보등은 별지 제11호서식에 따라 제출해야 한다. <개정 2024. 7. 18.>
⑥ 후보자가 선거공보 제출수량의 전부 또는 일부를 제출하지 않은 때에는 제출해야 할 수량에서 기존에 제출한 선거공보의 수량을 뺀 수만큼의 범죄경력에 관한 서류를 제출해야 한다. 이 경우 범죄경력에 관한 서류는 제1항제1호에 따른 규격 범위에서 별지 제11호의2서식에 따라 작성해야 하며, 그 소명자료를 함께 게재할 수 있다. <신설 2024. 7. 18.>
⑦ 후보자가 제출한 선거공보의 수량이 선거인수에 미달하는 경우에는 선거인명부등재순에 따라 제출매수에 달하는 순위자까지 발송하며, 후순위자에게는 범죄경력에 관한 서류를 발송해야 한다. <개정 2024. 7. 18.>
⑧ 법 제25조제5항에 따라 후보자가 선거공보등을 정정하려는 때에는 별지 제12호서식에 따라 관할위원회에 요청해야 한다. <개정 2024. 7. 18.>
⑨ 법 제25조제6항에 따른 이의제기는 별지 제13호서식에 따라 해야 하며, 관할위원회로부터 이의제기에 대한 증명서류의 제출을 요구받은 후보자와 이의제기자는 그 요구를 받은 날부터 3일 이내에 관련 증명서류를 제출해야 한다. <개정 2024. 7. 18.>
⑩ 법 제25조제6항에 따른 이의제기는 선거공보등의 제출·접수 또는 발송의 계속진행에 영향을 주지 아니한다. <개정 2024. 7. 18.>

제13조(선거벽보) ① 법 제26조제1항에 따른 선거벽보는 길이 53센티미터 너비 38센티미터로 하되, 길이를 상하로 하여 종이로 작성한다. <개정 2018. 9. 21.>
② 후보자가 제출할 선거벽보의 수량은 제5항에 따라 해당 위탁단체로부터 통보받은 첩부수량에 그 100분의 10을 더한 수로 하고, 후보자가 보완첩부를 위하여 보관할 수량은 제5항에 따라 해당 위탁단체로부터 통보받은 첩부수량의 100분의 30에 해당하는 수로 한다. 이 경우 후보자가 작성할 수 있는 총수량의 단수가 10미만인 때에는 10매로 한다.
③ 후보자가 제출한 선거벽보의 수량이 첩부수량에 미달하는 경우 관할위원회는 제5항에 따라 통보받은 첩부장소 중에서 선거벽보를 첩부하지 아니할 장소를 지정한다.
④ 후보자는 관할위원회가 첩부한 선거벽보가 오손되거나 훼손되어 보완첩부하려는 때에는 제5항에 따라 공고된 수량의 범위에서 그 선거벽보 위에 덧붙여야 한다.
⑤ 제12조제3항부터 제5항까지 및 제8항부터 제10항까지의 규정은 선거벽보에 이를 준용한다. 이 경우 "예상 선거인수"는 "선거벽보의 첩부수량 및 첩부장소"로, "선거공보등"은 "선거벽보"로, "작성수량·제출수량"은 "작성수량·제출수량·첩부수량"으로, "발송"은 "첩부"로 본다. <개정 2024. 7. 18.>

제14조(위법게시물에 대한 삭제요청) ① 관할위원회가 법 제29조제2항에 따라 법에 위반되는 정보의 삭제를 요청할 때에는 다음 각 호의 사항을 기재한 서면[「선거관리위원회 사무관리규칙」 제3조(정의)제5호에 따른 전자문서를 포함한다]으로 한다.
1. 법에 위반되는 정보가 게시된 인터넷 홈페이지의 게시판·대화방 등의 주소
2. 법에 위반되는 정보의 내용
3. 요청근거 및 요청내용
4. 요청사항의 이행기간
5. 불응시 조치사항

② 법 제29조제3항에 따른 이의신청은 별지 제14호서식에 따른다. 이 경우 관할위원회는 이의신청서에 기재사항이나 서명 또는 날인이 누락되었거나 명확하지 아니하다고 인정될 때에는 해당 이의신청인에게 보정기간을 정하여 보정을 요구할 수 있다.

③ 관할위원회는 이의신청이 법 제29조제3항의 이의신청기간을 지난 경우에는 그 이의신청을 각하한다.

④ 관할위원회는 이의신청이 이유 있다고 인정되는 경우에는 해당 인터넷 홈페이지의 관리자·운영자 또는 정보통신서비스 제공자에 대한 법 제29조제2항의 요청을 철회하고 이의신청인에게 그 처리결과를, 이유 없다고 인정되는 경우에는 이를 기각하고 이의신청인에게 그 뜻을 각각 통지하여야 한다.

제15조(명함배부 제한장소) 법 제30조 단서에서 "중앙선거관리위원회규칙으로 정하는 장소"란 다음 각 호의 어느 하나에 해당하는 장소를 말한다. <개정 2024. 7. 18.>

1. 병원·종교시설·극장의 옥내(대관 등으로 해당 시설이 본래의 용도 외의 용도로 이용되는 경우는 제외한다)
2. 위탁단체의 주된 사무소나 지사무소의 건물의 안

제15조의2(선거일 등 후보자 소개 및 소견발표) ① 관할위원회는 후보자 소견발표(결선투표의 경우를 포함한다) 개시시간·장소 및 발표시간을 정한 후 제18조제1항에 따라 투표소의 명칭과 소재지를 공고할 때 함께 공고하여야 한다. 이 경우 선거일 또는 결선투표일이나 투표소가 변경되는 등 부득이한 사유로 소견발표 일시 또는 장소를 변경한 때에는 지체 없이 그 사실을 공고하고 후보자와 위탁단체에 통지하여야 한다. <개정 2018. 1. 19.>

② 관할위원회와 투표관리관은 선거일 또는 결선투표일 전일까지 후보자 소견발표에 필요한 설비를 하여야 한다. <개정 2018. 1. 19.>

③ 법 제30조의2제1항에 따라 투표관리관이 후보자를 소개할 사람을 지정하는 경우에는 위탁단체의 구성원이 아닌 사람 중에서 공정한 사람으로 선정하여야 한다.

④ 법 제30조의2제1항에 따라 후보자를 소개할 때에는 해당 후보자의 소견발표 순서에 그 기호, 성명 및 경력을 소개하는 방법으로 한다. 이 경우 경력은 해당 후보자의 후보자등록신청서에 기재된 경력에 따른다.

⑤ 후보자가 소견발표를 하는 장소에는 특정 후보자를 지지·추천하거나 반대하는 내용의 시설물·인쇄물, 그 밖의 선전물을 설치·게시 또는 첩부할 수 없다.

⑥ 그 밖에 후보자 소견발표의 실시에 관하여 필요한 사항은 중앙선거관리위원회 위원장이 정한다.

[본조신설 2015. 12. 24.]

[제목개정 2018. 1. 19.]

제15조의3(선거운동을 위한 휴대전화 가상번호의 제공 요청) ① 법 제30조의3에 따른 관할위원회는 다음 각 호와 같다.

1. 법 제3조제1호가목에 따른 중앙회가 위탁한 선거: 중앙선거관리위원회
2. 법 제3조제1호가목에 따른 조합 및 금고가 위탁한 선거: 특별시·광역시·도·특별자치도(이하 "시·도"라 한다)선거관리위원회

② 법 제30조의3제1항, 제2항 또는 제8항에 따른 휴대전화 가상번호 제공 요청서는 별지 제14호의2서식에 따른다.

[본조신설 2024. 7. 18.]

제15조의4(구성원에 대한 고지 등) ① 위탁단체는 선거인명부작성개시일 전 30일까지(보궐선거등의 경우 그 선거의 실시사유가 발생한 날부터 5일까지) 해당 위탁단체의 구성원에게 법 제30조의3제7항에 따른 사실을 다음 각 호의 방법 중 둘 이상의 방법으로 알려야 한다.

1. 해당 위탁단체의 인터넷 홈페이지 또는 애플리케이션에 게시
2. 전자우편 발송
3. 문자메시지 발송

② 본인의 이동전화번호가 후보자에게 가상번호로 제공되는 것을 거부하려는 사람은 제1항에 따른 고지를 받은 날부터 선거인명부작성개시일 전일까지 해당 위탁단체에 명시적으로 그 의사를 표시해야 한다.

③ 제2항에 따른 거부의 의사표시 방법은 해당 위탁단체가 정하되, 그 의사표시에 소요되는 비용을 제공 거부자가 부담하지 않도록 조치를 해야 한다.

[본조신설 2024. 7. 18.]

제15조의5(휴대전화 가상번호의 제공) ① 이동통신사업자는 법 제30조의3제5항에 따라 생성한 휴대전화 가상번호를 별지 제14호의3서식에 따라 전자적 파일로 암호화하여 제공한다.

② 제1항에 따른 휴대전화 가상번호 제공 방식은 제15조의3제1항에 따른 관할위원회와 이동통신사가 협의하여 정한다.

③ 휴대전화 가상번호의 유효기간은 가상번호 제공일부터 선거일 전일까지로 하되, 법 제24조제3항제3호에 따른 중앙회장선거의 경우에는 선거일 또는 결선투표일을 포함한다.

[본조신설 2024. 7. 18.]

제15조의6(휴대전화 가상번호 사용비용) ① 이동통신사업자는 휴대전화 가상번호 사용비용(휴대전화 가상번호 1개를 1일 동안 사용하는 비용을 기준으로 한다)을 별지 제14호의4서식에 따라 매년 12월 말까지 중앙선거관리위원회에 통보해야 한다.

② 중앙선거관리위원회는 제1항에 따라 통보받은 비용을 별지 제14호의5서식에 따라 지체 없이 공고한다.

③ 이동통신사업자는 휴대전화 가상번호 사용비용·납부방법 등을 해당 이동통신사업자의 인터넷 홈페이지에 게시하는 등 위탁단체가 쉽게 알 수 있도록 필요한 조치를 해야 한다.

④ 이동통신사업자는 휴대전화 가상번호를 생성한 후 그 비용을 해당 위탁단체에 청구할 수 있으며, 해당 위탁단체는 지체 없이 이를 납부해야 한다.

[본조신설 2024. 7. 18.]

제15조의7(공개행사에서의 정책발표) ① 위탁단체가 법 제30조의4제3항에 따른 공개행사의 일시와 소견발표가 가능한 시간을 공고할 때에는 별지 제14호의6서식에 따라 해당 위탁단체의 인터넷 홈페이지 등에 게시하는 방법으로 한다. 다만, 공개행사가 없는 경우 공고를 생략할 수 있으며, 이미 공고한 내용에 변경사항이 있는 경우에는 지체 없이 변경된 사항을 공고해야 한다.

② 법 제30조의4제1항 및 제2항에 따라 정책발표를 하려는 예비후보자·후보자는 별지 제14호의7서식에 따라 공개행사 전일까지 해당 위탁단체에 신고해야 한다.

③ 위탁단체는 정책발표 순서, 시간 배분, 진행 방법 등을 모든 예비후보자·후보자에게 공평하게 정해야 한다.

[본조신설 2024. 7. 18.]

제16조(축의·부의금품 등의 금액의 범위) 법 제33조제3항에 따른 금액범위는 다음 각 호와 같다. <개정 2024. 7. 18.>

1. 법 제33조제1항제2호 나목에 따른 축의·부의금품:

5만원 이내
2. 법 제33조제1항제2호 다목에 따른 음식물: 3만원 이내
3. 법 제33조제1항제2호 다목에 따른 답례품: 1만원 이내
4. 법 제33조제1항제2호 라목에 따른 선물: 3만원 이내

제6장 투표 및 개표

제17조(투표관리관 및 투표사무원) ① 관할위원회는 선거가 있을 때마다 선거일 전 30일(보궐선거등의 경우에는 위탁신청을 받은 날부터 10일)부터 선거일 후 10일까지 투표관리관을 위촉·운영한다.
② 투표관리관은 법규를 준수하고 성실하게 직무를 수행하여야 하며 관할위원회의 지시에 따라야 한다.
③ 투표관리관은 해당 투표소의 투표사무원에 대하여 투표관리사무의 처리에 필요한 지시·감독을 할 수 있다.
④ 관할위원회는 투표소마다 투표사무원 중에서 1명을 미리 지정하여 투표관리관이 유고 또는 그 밖의 사유로 직무를 수행할 수 없게 된 때에 그 직무를 행하게 할 수 있으며, 미리 지정한 투표사무원이 유고 또는 그 밖의 사유로 직무를 수행할 수 없게 된 때에는 투표사무원 중 연장자순에 따라 투표관리관의 직무를 행하게 할 수 있다.
⑤ 관할위원회로부터 투표관리관 또는 투표사무원의 추천을 요청받은 국가기관·지방자치단체, 각급 학교 및 위탁단체의 장은 우선적으로 이에 따라야 한다.
⑥ 투표관리관이 되려는 사람은 별지 제15호서식에 따른 본인승낙서를 제출하여야 한다.
⑦ 관할위원회는 투표관리관이 다음 각 호의 어느 하나에 해당하는 경우에는 해촉할 수 있다.
1. 법규를 위반하거나 불공정한 행위를 한 경우
2. 정당한 사유 없이 관할위원회의 지시·명령에 따르지 아니하거나 그 임무를 게을리 한 경우
3. 건강 또는 그 밖의 사유로 임무를 성실히 수행할 수 없다고 판단되는 경우
⑧ 관할위원회가 투표관리관을 위촉 또는 해촉한 때에는 지체 없이 이를 공고하고, 그가 소속된 국가기관·지방자치단체, 각급 학교 및 위탁단체의 장에게 통지하여야 한다.
⑨ 투표관리관의 여비는 「선거관리위원회법 시행규칙」 별표 3의 읍·면·동선거관리위원회의 위촉직원과 같은 금액으로 하고, 투표관리관 및 투표사무원의 수당은 같은 규칙 별표 4에 따른다.

제18조(투표소의 설치 등) ① 관할위원회는 법 제40조제1항 또는 제41조제1항에 따라 투표소를 설치하는 경우에는 선거일 전 10일까지 그 명칭과 소재지를 공고하여야 한다. 다만, 천재지변 또는 그 밖의 부득이한 사유가 있는 경우 이를 변경할 수 있으며, 이 경우에는 즉시 공고하여 선거인에게 알려야 한다.
② 관할위원회와 투표관리관은 선거일 전일까지 투표소에 다음의 설비를 하여야 한다.
1. 투표참관인의 좌석
2. 본인여부 확인에 필요한 시설
3. 투표용지 발급 또는 교부에 필요한 시설
4. 투표함
5. 기표소
6. 그 밖의 투표사무에 필요한 시설
③ 삭제 <2024. 7. 18.>
④ 동시조합장선거 또는 동시이사장선거에서 다음 각 호에 해당하는 경우 관할위원회는 위탁단체와 협의하여 투표소를 추가로 설치·운영할 수 있다. <신설 2024. 7. 18.>
1. 관할구역 안에 「감염병의 예방 및 관리에 관한 법률」에 따른 감염병관리시설 또는 감염병의심자 격리시설이 있는 경우
2. 천재지변 등 부득이한 사정이 있는 경우
⑤ 관할위원회가 제4항에 따라 추가 투표소 설치를 결정하는 경우에는 그 명칭과 소재지를 지체 없이 공고해야 한다. <신설 2024. 7. 18.>
⑥ 법 제41조제1항 단서에 따라 투표소를 설치하지 않을 수 있는 읍·면·동은 다음 각 호와 같다. <신설 2024. 7. 18., 2024. 11. 29.>
1. 조합 또는 금고의 주된 사무소나 지사무소(명칭에 관계없이 주된 사무소 외 사무소를 모두 포함한다. 이하 이 조에서 같다)가 설치되지 않은 읍·면·동
2. 조합 또는 금고의 지사무소만 설치된 읍·면·동 중 해당 조합 또는 금고가 요청한 읍·면·동
3. 후보자등록마감시각에 후보자가 1명이거나 후보자등록마감 후 선거일 투표개시시각전까지 후보자수가 1명이 되어 투표를 실시하지 않기로 한 조합 또는 금고의 주된 사무소가 설치된 읍·면·동
4. 선거인이 없는 읍·면·동
5. 그 밖에 천재지변 등 부득이한 사유로 투표소를 설치하지 않기로 한 읍·면·동
⑦ 관할위원회가 제6항에 따라 투표소를 설치하지 않기로 결정하는 경우에는 지체 없이 그 사실을 공고해야 한다. <신설 2024. 7. 18.>

제19조(잠정투표) ① 동시조합장선거 또는 동시이사장선거에서 투표관리관은 전기통신 장애 또는 그 밖의 부득이한 사유로 해당 투표소에서 통합선거인명부를 사용하여 투표를 할 수 없는 경우에는 투표하러 온 선거인이 자신이 올라 있는 선거인명부의 작성 구역단위에 설치된 다른 투표소에서 투표할 수 있도록 해야 한다. <개정 2024. 7. 18.>
② 제1항에도 불구하고 선거인이 다른 투표소에 가서 투표할 수 없는 경우에는 관할위원회는 투표관리관으로 하여금 선거인의 본인여부를 확인하고, 그 명단(이하 이 조에서 "잠정투표자명부"라 한다)을 별도로 작성한 다음 선거인에게 투표용지와 별지 제16호양식에 따른 봉투를 교부하여 투표(이하 이 조에서 "잠정투표"라 한다)하게 할 수 있다.
③ 관할위원회는 잠정투표의 실시사유가 해소되면 지체 없이 잠정투표자명부를 통합선거인명부 운용시스템에 전송하고 그 기록을 보관하여야 한다.
④ 다음 각 호의 어느 하나에 해당하는 잠정투표는 무효로 한다.
1. 같은 선거에서 한 사람이 2회 이상 투표를 한 경우 해당 선거에서 본인이 한 모든 투표
2. 선거인명부에 올라 있지 아니한 사람이 한 투표

제20조(거소투표자·순회투표자·인터넷투표자) ① 동시조합장선거 또는 동시이사장선거에서 법 제41조제5항에 따라 거소투표, 순회투표 또는 인터넷투표(중앙선거관리위원회가 제공하는 정보통신망을 이용한 투표를 말한다. 이하 같다)를 실시하려는 위탁단체는 선거인명부작성기간개시일 전일까지 관할위원회와 협의하여 거소투표 대상 선거인(이하 "거소투표자"라 한다), 순회투표 대상 선거인(이하 "순회투표자"라 한다) 또는 인터넷투표 대상 선거인(이하 "인터넷투표자"라 한다)을 선정해야 한다. <개정 2024. 7. 18.>

② 위탁단체는 제1항에 따라 거소투표자, 순회투표자 또는 인터넷투표자로 선정된 선거인에게 그 사실과 투표방법 등을 지체 없이 알려야 한다.
③ 위탁단체는 제1항에 따른 선거인을 선거인명부의 비고칸에 "거소투표자", "순회투표자" 또는 "인터넷투표자"로 적고, 선거인명부작성기간 중 거소투표자명부, 순회투표자명부 또는 인터넷투표자명부를 각각 작성하여 지체 없이 관할위원회에 송부하여야 한다.

제21조(거소투표 · 순회투표 · 인터넷투표) ① 동시조합장선거 또는 동시이사장선거에서 법 제41조제5항에 따라 거소투표를 실시하는 경우 관할위원회는 선거인명부확정일 후 3일까지 거소투표자에게 투표용지와 회송용봉투를 등기우편으로 발송해야 한다. 이 경우 법 제25조에 따라 후보자가 제출한 선거공보등과 법 제43조에 따른 투표안내문을 동봉하여 발송한다. <개정 2024. 7. 18.>
② 거소투표자는 거소투표를 하여야 한다. 다만, 다음 각 호의 어느 하나에 해당하는 사람은 선거일에 해당 투표소에서 투표할 수 있다.
1. 거소투표용지가 반송되어 거소투표용지를 송부받지 못한 사람
2. 거소투표용지를 송부받았으나 거소투표를 하지 못한 사람으로서 선거일에 해당 투표소에서 투표관리관에게 거소투표용지와 회송용봉투를 반납한 사람
③ 거소투표는 선거일 오후 5시까지 관할위원회에 도착되어야 한다.
④ 동시조합장선거 또는 동시이사장선거에서 법 제41조제5항에 따라 순회투표 또는 인터넷투표를 실시하는 경우 관할위원회는 해당 위탁단체와 협의하여 투표일시, 투표장소, 투표방법 등을 정하고 선거일 전 10일까지 공고해야 한다. <개정 2024. 7. 18.>
⑤ 관할위원회는 그 소속 위원·직원·선거사무를 처리할 능력이 있는 공정하고 중립적인 사람 중에서 순회투표관리관·순회투표사무원 또는 인터넷투표관리관·인터넷투표사무원을 지정하여 순회투표 또는 인터넷투표를 각각 관리하게 하여야 한다.
⑥ 순회투표자는 순회투표를, 인터넷투표자는 인터넷투표를 하여야 한다. 다만, 순회투표자 또는 인터넷투표자가 투표를 하지 못한 경우에는 선거일에 해당 투표소에서 순회투표 또는 인터넷투표를 하지 않았음을 확인받은 후 투표할 수 있다.
⑦ 그 밖에 거소투표, 순회투표 또는 인터넷투표의 실시에 관하여 필요한 사항은 중앙선거관리위원회 위원장이 정한다.

제22조(투표용지 등) ① 투표용지는 「공직선거관리규칙」 별지 제42호서식의(가)를 준용하여 작성한다. 이 경우 정당칸은 작성하지 아니한다. <개정 2018. 9. 21.>
② 관할위원회는 투표용지 또는 투표용지 발급기를 투표함과 함께 선거일 전일까지 투표관리관에게 인계하여야 한다.
③ 투표관리관이 투표용지에 자신의 도장을 찍는 경우 도장의 날인은 인쇄날인으로 갈음할 수 있다.
④ 투표용지는 후보자등록마감일 후 4일 후에 인쇄한다(투표용지 발급기를 이용하여 선거일 이전에 출력하는 것을 포함한다). 다만, 선거관리에 지장이 있다고 인정되는 경우에는 해당 위원회의 의결로 그날을 변경할 수 있다. <신설 2024. 11. 29.>

제23조(투표안내문) 법 제43조에 따른 투표안내문은 별지 제18호서식에 따른다.

제24조(투표참관인 · 개표참관인) ① 법 제45조제1항에 따른 투표참관인 또는 개표참관인(이하 이 조에서 "참관인"이라 한다)의 신고는 별지 제19호서식에 따른다. 이 경우 동시조합장선거 또는 동시이사장선거에서는 법 같은 조 제5항에 따라 투표참관인을 지정하는 경우의 순위를 적어야 한다. <개정 2024. 7. 18.>
② 참관인의 선정이 없거나 한 후보자가 선정한 참관인 밖에 없는 때에는 관할위원회가 공정하고 중립적인 사람 중에서 본인의 승낙을 얻어 4명이 될 때까지 선정한 사람을 참관인으로 한다. 이 경우 참관인으로 선정된 사람은 별지 제15호서식에 준하는 본인승낙서를 제출하여야 한다.
③ 참관인의 수당과 식비 등에 관하여는 「공직선거법」 제122조의2제4항 및 「공직선거관리규칙」 제90조·제103조를 준용한다. <개정 2022. 11. 28.>

제25조(개표소의 설치 등) ① 관할위원회는 선거일 전 5일까지 개표소의 명칭과 소재지를 공고하여야 한다. 다만, 천재지변 또는 그 밖의 부득이한 사유가 있는 경우 이를 변경할 수 있으며, 이 경우에는 즉시 공고하여야 한다.
② 법 제46조제1항 단서에 따라 투표소에 개표소를 설치할 경우에는 제1항에 따른 공고를 할 때에 이를 함께 공고한다.
③ 관할위원회는 선거일 전일까지 개표소에 다음의 설비를 하여야 한다.
1. 투표함의 접수에 필요한 시설
2. 투표함의 개함과 투표지의 점검, 심사·집계 및 정리 등에 필요한 시설
3. 관할위원회 위원과 개표참관인의 좌석 및 일반인의 개표관람시설
4. 그 밖의 개표사무에 필요한 시설
④ 삭제 <2024. 7. 18.>
⑤ 개표사무원의 수당은 「선거관리위원회법 시행규칙」 별표 4에 따른다.
⑥ 개표상황표의 표준서식은 「공직선거관리규칙」 별지 제54호서식을 준용한다. <개정 2018. 9. 21.>

제26조(투표소 개표) ① 법 제46조제1항 단서에 따라 투표소에 개표소를 설치할 경우 투표관리관은 해당 개표소의 개표를 총괄 관리하는 책임사무원(이하 "책임사무원"이라 한다)이, 투표사무원 및 투표참관인은 각각 해당 개표소의 개표사무원 및 개표참관인이 된다.
② 책임사무원은 해당 투표소의 투표를 마감한 후 개표소의 개표 절차에 준하여 개표를 실시하여야 한다. 이 경우 법 제47조제3항에도 불구하고 해당 개표소의 후보자별 득표수의 공표는 책임사무원이 서명 또는 날인한 개표상황표에 의한다.

제27조(거소투표 등의 개표) 제21조에 따른 거소투표·순회투표의 투표함은 개함하여 일반투표함과 혼합하여 개표하고, 인터넷투표의 투표결과는 법 제47조제3항에 따른 후보자별 득표수에 합산한다.

제28조(개표결과의 송부) 법 제11조제3항에 따라 개표의 관리를 지정받은 대행위원회등과 책임사무원은 개표상황표를 작성하여 관할위원회에 모사전송의 방법으로 우선 송부하고, 개표가 종료된 후 그 원본을 송부하여야 한다. 이 경우 책임사무원은 투표지·투표함·투표록, 그 밖의 투표 및 개표에 관한 모든 서류 등을 함께 송부하여야 한다.

제29조(투표록 · 개표록 및 선거록의 작성) 법 제49조에 따른 투표록·개표록 및 선거록의 표준서식은 「공직선거관리규칙」 별지 제53호서식 및 별지 제57호서식의(가)·(나)·(다)를 각각 준용한다. <개정 2018. 9. 21.>

제30조(투표지 등의 보존기간의 단축) 법 제49조에 따른 투표록·개표록 및 선거록을 제외한 선거 관계 서류 등은 법 제50조 단서에 따라 해당 위탁선거에 관한 소송 등이 제기되지 아니할 것으로 예상되거나 위탁선거에 관한 소송 등이 종료된 때에는 관할위원회의 결정으로 폐기할 수 있다.

제31조(「공직선거관리규칙」의 준용 등) 투표 및 개표의 관리에 관하여는 이 규칙에 규정된 것을 제외하고는 그 성질에 반하지 아니하는 범위에서 「공직선거관리규칙」 제9장(투표) 및 제10장(개표)을 준용한다.

제32조(투표의 효력 등에 관한 이의제기 등) ① 법 제55조 단서에 따른 이의제기를 하려는 해당 위탁선거의 후보자 및 선거인(이하 이 조에서 "이의제기자"라 한다)은 그 사유가 발생한 날(투표의 효력에 관하여는 선거일을 말한다)부터 5일 이내에 별지 제26호서식에 따라 서면으로 하여야 한다.

② 제1항에 따른 이의제기를 접수한 직근 상급선거관리위원회는 이의제기를 접수한 날부터 10일 이내에 그 이의제기에 대한 결정을 하여야 하며, 그 결정 내용을 지체 없이 이의제기자 및 해당 관할위원회에 통지하여야 한다.

제7장 당선인

제33조(당선증의 서식) 당선인으로 결정된 사람에게 교부하는 당선증은 별지 제27호서식에 따른다.

제8장 벌칙

제34조(과태료의 부과 · 징수 등) ① 법 제68조제1항 및 제2항의 위반행위에 대한 과태료 부과기준은 별표 1과 같다.

② 관할위원회는 과태료의 처분을 하는 경우에는 해당 위반행위의 동기와 그 결과 및 위탁선거에 미치는 영향, 위반기간 및 위반정도 등을 고려하여 제1항의 기준금액의 2분의 1의 범위에서 이를 경감하거나 가중할 수 있다. 이 경우 1회 부과액은 법 제68조제1항 및 제2항에 따른 과태료의 상한액을 넘을 수 없다.

③ 법 제68조제3항 본문에 해당하는 사람에 대한 과태료의 부과기준은 별표 2와 같다.

④ 관할위원회는 법 제68조제3항에 따라 과태료를 부과할 때 과태료 처분 대상자가 제공받은 금액 또는 음식물·물품의 가액이 명확하지 아니한 경우에는 통상적인 거래가격 또는 시장가격을 기준으로 과태료를 부과한다.

⑤ 법 제68조제3항 단서에 해당하는 사람에 대한 과태료의 감경 또는 면제의 기준은 다음 각 호에 따른다.

1. 금품·음식물 등을 제공받은 경위, 자수의 동기와 시기, 금품·음식물 등을 제공한 사람에 대한 조사의 협조 여부와 그 밖의 사항을 고려하여 과태료 부과기준액과 감경기준 등은 별표 3과 같이 한다.
2. 과태료의 면제
   가. 선거관리위원회와 수사기관이 금품·음식물 등의 제공사실을 알기 전에 선거관리위원회 또는 수사기관에 그 사실을 알려 위탁선거범죄에 관한 조사 또는 수사단서를 제공한 사람
   나. 선거관리위원회와 수사기관이 금품·음식물 등의 제공사실을 알게 된 후에 자수한 사람으로서 금품·음식물 등을 제공한 사람과 제공받은 일시·장소·방법·상황 등을 선거관리위원회 또는 수사기관에 자세하게 알린 사람

⑥ 관할위원회는 제5항에 해당하는 사람을 법 제75조제1항에 따라 보호하여야 하며, 이 조 제5항제2호가목에 해당하는 사람에게는 법 제76조에 따른 포상금을 지급할 수 있다.

⑦ 법 제68조제3항에 따라 자수한 사람이 반환한 금품 등은 다음 각 호에 따라 처리한다.

1. 위반행위자를 고발 또는 수사의뢰하는 경우에는 증거자료로 제출하고, 증거자료로 제출할 수 없거나 경고 등 자체 종결하는 경우에는 「국고금 관리법 시행규칙」에 관한 관계규정을 준용하여 국가에 납부한다.
2. 제1호에 따라 국가에 납부하는 경우에는 물품·음식물은 입찰 또는 경매의 방법에 따라 공매하되, 공매가 적절하지 않다고 판단되는 경우에는 수의계약에 따라 매각할 수 있다.
3. 물품·음식물이 멸실·부패·변질되어 경제적 가치가 없는 경우에는 폐기처분하며, 멸실·부패·변질될 우려가 있거나 공매 또는 수의계약에 따른 매각이 적절하지 않다고 판단되는 경우에는 공익법인·사회복지시설·불우이웃돕기시설 등에 인계할 수 있다.

⑧ 법 제68조제4항에 따라 관할위원회가 과태료를 부과하는 경우에는 해당 위반행위를 조사·확인한 후 위반사실·이의제기 방법·이의제기 기한·과태료 부과액 및 납부기한 등을 명시하여 이를 납부할 것을 과태료 처분 대상자에게 통지하여야 한다.

⑨ 제8항에 따라 과태료 처분의 고지를 받은 과태료 처분 대상자는 그 고지를 받은 날부터 20일까지 납부하여야 한다.

⑩ 법 제68조제5항제2호에 따른 이의제기는 별지 제28호서식에 따른다.

⑪ 관할위원회 또는 관할세무서장이 징수한 과태료의 국가에의 납부절차에 관하여는 「국고금 관리법 시행규칙」의 관계규정을 준용한다.

제9장 보칙

제35조(위반행위에 대한 조사 등) ① 선거관리위원회의 위원·직원(이하 "위원·직원"이라 한다)이 법 제73조제1항에 따른 장소에 출입하여 관계인에 대하여 자료제출을 요구하는 경우 정당한 사유 없이 출입을 방해하거나 자료제출의 요구에 불응하거나 허위자료를 제출할 때에는 법 제66조제2항제12호에 따라 처벌받을 수 있음을 알려야 한다. <개정 2024. 7. 18.>

② 위원·직원은 조사업무에 필요하다고 인정될 때에는 법 제6조제1항에 따라 경찰공무원·경찰관서의 장이나 행정기관의 장에게 원조를 요구할 수 있다. <개정 2024. 7. 18.>

③ 위원·직원은 조사업무 수행 중 필요하다고 인정될 때에는 질문답변내용의 기록, 녹음·녹화, 사진촬영, 위탁선거 위반행위와 관련 있는 서류의 복사 또는 수집, 그 밖에 필요한 조치를 취할 수 있다.

④ 위원·직원은 직접 방문하여 조사하는 경우 외에 필요하다고 인정될 때에는 서면답변 또는 자료의 제출을 요구할 수 있다.

⑤ 위원·직원은 법 제73조제2항에 따라 위탁선거 위반행위에 사용된 증거물품을 수거한 경우에는 그 목록 2부를 작성하여 그 중 1부를 해당 물품을 소유·점유 또는 관리하는 자에게 교부하고, 나머지 1부는 관할위원회에 제출하여야 한다.

⑥ 위원·직원이 법 제73조제4항에 따라 관계자에게 동행을 요구할 때에는 구두로 할 수 있으며, 출석을 요구할 때에는 별지 제29호서식에 따른다. 이 경우 「형사소송법」 제211조(현행범인과 준현행범인)에 규정된 현

행범인 또는 준현행범인에 해당하는 관계자에게 동행요구를 할 때에는 정당한 사유 없이 동행요구에 응하지 아니하는 경우 법 제68조제1항에 따라 과태료를 부과할 수 있음을 알려야 한다.

⑦ 선거관리위원회는 중앙선거관리위원회 위원장이 정하는 바에 따라 법 제73조제4항에 따른 위탁선거 위반행위 조사와 관련하여 동행 또는 출석한 관계자에게 여비·일당을 지급할 수 있다.

⑧ 법 제73조제5항에 따른 위원·직원의 신분을 표시하는 증표는 별지 제30호양식에 따르되, 선거관리위원회가 발행하는 위원신분증 또는 공무원증으로 갈음할 수 있다.

제36조(위탁선거범죄신고자등의 보호) ① 위원·직원은 위탁선거범죄신고와 관련하여 문답서·확인서, 그 밖의 서류(이하 이 조에서 "문답서등"이라 한다)를 작성하는 경우 위탁선거범죄에 관한 신고·진술·증언, 그 밖의 자료제출행위 등을 한 사람(이하 이 조에서 "위탁선거범죄신고자등"이라 한다)의 성명·연령·주소 및 직업 등 신원을 알 수 있는 사항(이하 이 조에서 "인적사항"이라 한다)의 전부 또는 일부를 기재하지 아니할 수 있다.

② 위탁선거범죄신고자등은 문답서등을 작성하는 경우 위원·직원의 승인을 얻어 인적사항의 전부 또는 일부를 기재하지 아니할 수 있다.

③ 제1항 또는 제2항의 경우 위원·직원은 문답서등에 기재하지 아니한 인적사항을 별지 제31호서식에 따른 위탁선거범죄신고자등 신원관리카드에 등재하여야 한다.

④ 관할위원회가 수사의뢰 또는 고발을 하는 경우에는 조사서류와 별도로 제3항에 따른 신원관리카드를 봉인하여 조사기록과 함께 관할 경찰관서 또는 관할 검찰청에 제출하여야 한다. <개정 2021. 3. 23.>

제37조(포상금 지급기준 및 포상방법 등) ① 법 제76조에 따른 위탁선거 위반행위 신고자에 대한 포상은 1억원(동시조합장선거 또는 동시이사장선거에서는 3억원)의 범위에서 포상금심사위원회의 의결을 거쳐 관할위원회 위원장이 포상하되, 포상대상자를 익명으로 할 수 있다. <개정 2018. 9. 21., 2024. 7. 18.>

② 포상금의 지급기준·지급절차, 포상금심사위원회의 설치 등에 관하여는 「공직선거관리규칙」 제143조의4(포상금 지급기준 및 포상방법)제2항 및 제4항부터 제7항까지의 규정과 제143조의5(포상금심사위원회의 설치 및 구성)부터 제143조의8(포상금심사위원회의 의견청취 등)까지의 규정을 준용한다.

③ 법 제76조제2항제2호에 따라 포상금의 지급결정을 취소하는 불송치결정 또는 불기소처분은 다음 각 호와 같다. <신설 2024. 7. 18.>

1. 혐의없음
2. 죄가안됨

제37조의2(포상금의 반환통지 등) ① 관할위원회는 법 제76조제2항에 따라 포상금의 지급결정을 취소한 날부터 20일 이내에 해당 신고자에게 별지 제32호서식에 따라 반환해야 할 금액(이하 "반환금"이라 한다)을 서면으로 알려야 한다.

② 제1항에 따른 통지를 받은 사람은 통지를 받은 날부터 30일 이내에 해당 위원회가 지정한 예금계좌에 자신의 명의로 입금하는 방법으로 반환금을 내야 한다.

③ 관할위원회는 제2항에 따른 반환금을 반환일로부터 20일 이내에 중앙선거관리위원회의 수입징수관에게 내야 한다.

④ 관할위원회는 해당 신고자가 제2항의 기한 내에 반환금을 내지 않을 때에는 지체 없이 관할세무서장에게 징수를 맡겨야 한다.

⑤ 제2항 또는 제4항에 따라 반환받거나 징수한 금액의 처리에 관하여는 「국고금 관리법 시행규칙」을 준용한다.

[본조신설 2024. 7. 18.]

제38조(위탁선거에 관한 신고 등) ① 법 제77조제2항에 따라 신고·신청·제출 및 보고 등을 관할위원회가 제공하는 서식에 따라 컴퓨터의 자기디스크 등에 기록하여 제출하거나 관할위원회가 정하는 인증방식에 따라 인증을 받은 후 관할위원회가 지정하는 인터넷 홈페이지에 입력하는 방법으로 제출하는 경우에는 위탁단체·후보자 또는 신청권자 등의 도장이 찍혀있지 아니하더라도 정당한 도장이 찍힌 신고·신청·제출 및 보고 등으로 본다.

② 법 제77조제2항에 따른 방법으로 신고·신청·제출 및 보고 등을 하는 경우 그 첨부서류는 컴퓨터·스캐너 등 정보처리능력을 가진 장치를 이용하여 전자적인 이미지 형태로 제출하게 할 수 있다.

③ 법 및 이 규칙에 따른 공고는 관할위원회, 위탁단체의 주된 사무소 및 지사무소의 건물 또는 게시판에 첩부하는 것으로 한다.

제39조(공통경비의 부담기준) 관할위원회가 둘 이상의 위탁선거를 동시에 관리하는 경우 그 사무가 서로 겹치거나 공동으로 행하게 되어 있어 그 경비를 부담하는 위탁단체가 분명하지 아니한 때에는 해당 위탁단체들은 중앙선거관리위원회 위원장이 정하는 부담기준에 따라 관할위원회가 정하는 금액을 각각 부담한다.

제40조(경비산출) 관할위원회가 선거관리경비를 산출하는 경우 적용하는 선거기간 및 단가 등은 다음 각 호와 같다.

1. 선거기간은 법 제13조에 따른다.
2. 관할위원회 위원의 수당·여비는 「선거관리위원회법 시행규칙」 별표 3 및 별표 4에 따른다.
3. 투표관리관·투표사무원 및 개표사무원의 수당·여비는 제17조제9항 및 제25조제5항에 따른다.
4. 공정선거지원단원의 수당·실비는 제5조제7항에 따른다.
5. 투표참관인·개표참관인의 수당·식비는 제24조제3항에 따른다.
6. 시간외근무수당, 일용임금, 일반수용비, 공공요금 및 제세, 특근매식비, 차량·선박비, 국내여비 등은 선거관리경비 산출 당시의 정부고시가격 또는 정부의 기준요금 [「국가재정법」 제29조(예산안편성지침의 통보)제1항에 따른 예산안편성지침의 기준단가 및 요금을 포함한다]에 따른다.
7. 그 밖에 제2호부터 제6호까지의 규정 외의 단가는 시가 또는 실제 소요되는 가격에 따른다.

제41조(경비의 납부절차) ① 관할위원회는 위탁선거를 실시하는 경우에는 관할위원회의 소재지를 관할하는 금융기관(우체국을 포함한다)에 관할위원회 명의의 예금계좌를 개설하여야 한다.

② 관할위원회는 법 제78조제1항에 따른 선거관리경비의 납부기한 전 5일까지 해당 위탁단체에 선거관리경비의 금액·납부기한 및 계좌번호 등을 통지하여야 한다.

③ 위탁단체는 제2항에 따라 통지받은 선거관리경비를 관할위원회에 납부하고 통보하여야 한다.

제42조(경비의 추가납부) ① 관할위원회는 결선투표 등으

로 선거관리경비의 추가 납부사유가 발생한 경우에는 지체 없이 해당 위탁단체에 그 경비의 납부를 요구하여야 한다.

② 제1항의 요구를 받은 위탁단체는 요구를 받은 날부터 5일까지 관할위원회에 그 경비를 납부하고 통보하여야 한다.

제43조(경비집행) ① 관할위원회는 합리적인 선거관리경비 집행계획을 수립하여 선거관리경비를 효율적으로 집행하여야 한다.

② 중앙선거관리위원회 또는 시·도선거관리위원회는 경비절감 및 행정능률을 위하여 하급선거관리위원회의 위탁선거에 관한 사무 중에서 다음 각 호의 사무를 통합적으로 수행할 수 있으며, 그에 필요한 경비를 해당 선거관리위원회로부터 납부받아 일괄하여 집행할 수 있다. 이 경우 그 경비의 납부·집행·정산 등에 관하여는 중앙선거관리위원회 위원장이 정하는 바에 따른다. <개정 2024. 7. 18.>

1. 투표함, 기표용구, 일련번호지 투입함, 투표소출입자의 표지 등 투표관리 용구·용품의 구입·제작
2. 개표소부서표찰, 개표소출입자의 표지 등 개표관리 용구·용품의 구입·제작
3. 투표록, 개표록, 각종 공고문 등 서식의 인쇄·제작
4. 선거계도포스터, 위탁선거 위반행위 사례집 등 계도·홍보물의 인쇄·제작
5. 위원·직원 대상 선거관리에 관한 교육
6. 그 밖에 중앙선거관리위원회 위원장 또는 시·도선거관리위원회 위원장이 정하는 사무

③ 선거관리경비의 집행에 관한 사무는 중앙선거관리위원회훈령에 따른 회계 관계 공무원이 행하되, 구·시·군선거관리위원회 사무국장 또는 사무과장은 관서운영경비출납공무원이 「국고금 관리법 시행규칙」 별지 각 호 서식을 작성할 때에는 관서장의 권한을 대행한다.

④ 선거관리경비의 집행에 관한 증거서류의 구비, 회계장부의 비치와 보존 등에 관하여는 중앙선거관리위원회 위원장이 정하는 바에 따른다.

제44조(경비의 정산·반환) ① 중앙선거관리위원회 또는 시·도선거관리위원회는 관할위원회로부터 납부받은 선거관리경비를 정산·반환할 때에는 선거일 후 20일까지 집행잔액을 관할위원회에 납부하고 통지하여야 한다.

② 관할위원회는 위탁단체로부터 납부받은 선거관리경비를 정산·반환할 때에는 선거일 후 30일까지 집행잔액을 해당 위탁단체에 납부하고 성질별·세목별·항목별 집행내역을 통지하여야 한다. 이 경우 위탁단체는 관할위원회가 통지한 집행내역을 위탁단체 구성원에게 공개할 수 있다. <개정 2021. 8. 30.>

③ 제2항에도 불구하고 관할위원회는 동시조합장선거 또는 동시이사장선거에서 위탁단체의 합병·해산 또는 무투표 등으로 선거를 실시하지 않을 사유가 발생한 경우에는 다음 각 호에 따라 해당 위탁단체로부터 납부받은 선거관리경비를 정산·반환해야 한다. 이 경우 그 선거관리경비 중 이미 집행하였거나 집행 원인이 발생한 경비는 제외한다. <신설 2018. 9. 21., 2024. 7. 18.>

1. 선거일 전 30일까지 사유가 발생한 경우: 그 사유를 통보받은 날부터 20일까지
2. 선거일 전 30일 후에 사유가 발생한 경우: 선거일 후 30일까지

제45조(동시조합장선거의 포상금에 관한 특례) ① 동시조합장선거 또는 동시이사장선거에서 법 제76조에 따른 포상금을 지급하기 위하여 각 중앙회와 해당 조합 또는 금고는 다음의 산정식에 따라 산출한 금액을 부담한다. 이 경우 1억원 미만의 단수는 1억원으로 한다. <개정 2024. 7. 18.>

$$\text{각 중앙회 및 해당 조합·금고의 부담금액} = 20\text{억 원} \times \frac{\text{중앙회별 동시조합장선거 또는 동시이사장선거를 실시하는 소속 조합·금고의 수}}{\text{동시조합장선거 또는 동시이사장선거를 실시하는 중앙회 소속 조합·금고 전체의 수}}$$

② 제1항에 따른 부담금액 중 법 제78조제2항에 따라 해당 조합 또는 금고가 부담하는 금액은 해당 조합 또는 금고의 선거인수 등을 고려하여 중앙선거관리위원회 위원장이 정하는 기준에 따라 관할위원회가 정한다. <개정 2024. 7. 18.>

③ 중앙선거관리위원회는 해당 중앙회가 부담하여야 할 금액을, 관할위원회는 해당 조합 또는 금고가 부담해야 할 금액을 법 제78조제1항제3호에 따른 경비의 납부기한 전 5일까지 각각 통지해야 하며, 해당 중앙회와 조합 또는 금고는 통지받은 부담금액을 법 제78조제1항제3호에 따른 경비의 납부기한까지 중앙선거관리위원회 및 관할위원회에 각각 납부하고 통보해야 한다. <개정 2024. 7. 18.>

④ 중앙선거관리위원회 및 관할위원회는 제37조에 따라 포상금을 지급하는 경우 그 지급에 필요한 경비가 부족할 때에는 해당 중앙회와 조합 또는 금고에 추가로 그 경비의 납부를 요구할 수 있다. 이 경우 해당 중앙회와 조합 또는 금고는 지체 없이 이를 중앙선거관리위원회 및 관할위원회에 각각 납부하고 통보해야 한다. <개정 2024. 7. 18.>

⑤ 중앙선거관리위원회 및 관할위원회가 제3항 또는 제4항에 따라 각 중앙회와 조합 또는 금고로부터 납부받은 부담금액을 정산·반환할 때에는 선거일 후 30일까지 집행잔액을 해당 중앙회와 조합 또는 금고에 각각 납부하고 통지해야 한다. <개정 2024. 7. 18.>

⑥ 제5항에도 불구하고 중앙선거관리위원회는 제5항에 따른 반환기일 후에 포상금을 지급하여야 하거나 지급하여야 할 사유가 발생할 것으로 예상되는 경우에는 해당 선거일 후 6개월까지 그 금액의 반환을 유예할 수 있다.

[제목개정 2024. 7. 18.]

제46조(경비의 검사 등) ① 관할위원회는 선거관리경비출납계산서를 작성하여 증명기간 경과 후 15일 이내에 직근 상급선거관리위원회를 경유하여 중앙선거관리위원회에 제출하여야 하며, 계산서의 증명기간은 1월로 하되, 최초의 증명기간은 제41조에 따라 선거관리경비를 납부받은 때로 하고 최종 증명기간은 제44조제2항에 따라 정산·반환을 완료한 때로 한다.

② 선거관리경비에 관한 회계검사는 중앙선거관리위원회 위원장이 정하는 바에 따른다.

③ 중앙선거관리위원회는 선거관리경비에 관한 결산개요, 사업설명자료, 성질별·세목별 집행내역 등 결산서를 다음 연도 4월까지 국회 소관 상임위원회에 제출하여야 한다. <신설 2021. 8. 30.>

[제목개정 2021. 8. 30.]

제47조(특별정려금 지급 등) ① 관할위원회는 특별정려금 및 수당을 선거관리경비에 계상하여 해당 위탁단체로부터 납부받아 위탁선거사무를 수행하는 선거관리위원회 소속 직원에게 지급할 수 있다.

② 위탁선거의 관리·단속에 공로가 있는 선거관리위원회 소속 직원에 대하여는 포상금 지급 및 인사상 우대

조치를 할 수 있다.

③ 제1항에 따른 특별정려금 및 수당의 지급대상·지급액, 제2항에 따른 포상금 지급 및 인사상 우대조치 등에 관하여는 중앙선거관리위원회 위원장이 정하는 바에 따른다.

제48조(질병 · 부상 또는 사망에 대한 보상) ① 법 제79조제1항에 따라 각급선거관리위원회위원·투표관리관·공정선거지원단원·투표사무원 및 개표사무원에게 지급하는 보상의 종류 및 금액에 관하여는 「공직선거관리규칙」 제146조의6제1항을 준용한다.

② 제1항에 따른 보상은 별지 제33호서식부터 제36호서식까지에 따라 다음 각 호의 기한 내에 관할위원회를 경유하여 동시조합장선거·동시이사장선거 및 중앙선거관리위원회가 관할위원회인 위탁선거는 중앙선거관리위원회에, 그 밖의 위탁선거는 시·도선거관리위원회에 청구해야 한다.

1. 요양보상: 재해를 입은 날부터 180일까지
2. 장애보상: 장애 진단을 받은 날부터 180일까지
3. 장제 또는 유족보상: 사망한 날부터 180일까지

③ 보상의 청구에 대한 보정요구, 결정 기간 및 보상금 지급제한 사유에 관하여는 「공직선거관리규칙」 제146조의6제4항부터 제7항까지를 준용한다. 이 경우 “중앙위원회”는 “중앙선거관리위원회 또는 시·도선거관리위원회”로 본다.

[본조신설 2024. 7. 18.]

제49조(선거재해보상금심의위원회 설치 및 구성) ① 제48조에 따른 보상을 심사·결정하기 위하여 중앙선거관리위원회 또는 시·도선거관리위원회에 선거재해보상금심의위원회(이하 이 조에서 “심의위원회”라 한다)를 둔다.

② 중앙선거관리위원회에 두는 심의위원회는 위원장을 포함한 9명 이내의 위원으로 구성하되, 위원장은 선거정책실장이 되고, 위원은 중앙선거관리위원회 소속 4급 이상 공무원이나 의사, 변호사 또는 관련 분야 전문가 중에서 중앙선거관리위원회 사무총장(이하 “사무총장”이라 한다)이 임명 또는 위촉하며, 위원의 임기는 3년으로 한다.

③ 시·도선거관리위원회에 두는 심의위원회는 위원장을 포함한 9명 이내의 위원으로 구성하되, 위원장은 시·도선거관리위원회 사무처장(이하 “사무처장”이라 한다)이 되고, 위원은 해당 시·도선거관리위원회 소속 5급 이상의 공무원이나 의사, 변호사 또는 관련 분야 전문가 중에서 사무처장이 임명 또는 위촉하며, 위원의 임기는 3년으로 한다.

④ 심의위원회는 위원장이 소집하여 주재하며, 재적위원 과반수 출석으로 개의하여 출석위원 과반수 찬성으로 의결한다.

⑤ 심의위원회의 사무를 담당하기 위하여 간사 1명을 두며, 간사는 심의위원회의 위원장이 소속 공무원 중에서 임명한다.

⑥ 공무원이 아닌 위원에게는 예산의 범위에서 회의참석 수당 및 그 밖의 실비를 지급할 수 있다.

⑦ 그 밖에 심의위원회의 운영에 필요한 사항은 사무총장이 정한다.

[본조신설 2024. 7. 18.]

부칙 <중앙선거관리위원회규칙 제611호, 2024. 11. 29.>

이 규칙은 공포한 날부터 시행한다.

QR코드로 부록에 첨부될 각종 법령

1. 농업협동조합법
2. 수산업협동조합법
3. 산림조합법
4. 중소기업협동조합법
5. 새마을금고법
6. 도시 및 주거환경정비법(약칭 : 도시정비법)
7. 국민체육진흥법
8. 신용협동조합법
9. 교육공무원법
10. 공직선거법
11. 지역농업협동조합정관례(농림축산식품부고시 제2024－74호)
12. 수산업협동조합정관(예)(해양수산부고시 제2021－10호)
13. 수산업협동조합정관부속서 임원선거규정(예)(해양수산부고시 제2022－168호)
14. 농협협동조합중앙회정관
15. 농업협동조합중앙회 임원선거관리준칙
16. 수산업협동조합중앙회정관
17. 수협중앙회정관부속서 임원선거규정
18. 산림조합정관(예)
19. 산림조합정관(예)부속서 임원선거규약
20. 산림조합중앙회정관
21. 산림조합중앙회정관부속서 임원선거규약
22. 새마을금고정관(예)
23. 새마을금고 임원선거규약(예)
24. 중소기업중앙회정관
25. 중소기업중앙회부속서 임원선거규정

26. 신용협동조합 표준정관
27. 신용협동조합정관부속서 임원선거규약
28. 대한체육회정관
29. 대한체육회 회장선거관리규정
30. 대전광역시체육회정관
31. 대전광역시체육회 회장선거관리규정
32. 대한장애인체육회정관
33. 대한장애인체육회정관 회장선거관리규정
34. 정비사업 조합설립추진위원회 운영규정(안)(국토교통부고시 제2018-102호)
35. 서울특별시 정비사업표준선거관리규정(서울특별시고시 제2017-243호)
36. 부산광역시 재건축정비사업조합 표준정관(안)(부산광역시고시 제2020-489호)

판례색인

[법원]

[헌법재판소]

사항색인

[ㄴ]

[ㄷ]

[ㅁ]

[ㅂ]

[ㅅ]

[ㅇ]

[ㅈ]

[ㅊ]

[ㅌ]

[ㅍ]

[ㅎ]

공저자 약력

이용복 변호사

양정고등학교 졸업
동국대학교 법학과 졸업
동국대학교 대학원 법학과 졸업(석사)
한국해양대학교 대학원 해사법학과(박사과정수료)
사법연수원 제18기(제28회 사법시험)
부산 · 서산 · 의정부 · 서울 · 대구 검찰청 검사, 부부장검사
김천 · 대구 · 의정부 · 서울남부 검찰청 부장검사, 사법연수원 교수
이용복 법률사무소 변호사
법무법인 가교 변호사
중앙선거관리위원회 디도스 공격사건 특별검사보
법무법인(유) 에이스 변호사
한국외국어대학교 법학전문대학원 겸임교수
국정농단 의혹사건 특별검사보
법무법인(유) 대륙아주 변호사
KT 법무실장

윤상화 변호사

대일외국어고등학교 졸업
고려대학교 법학과 졸업
성균관대학교 법학전문대학원 졸업(5기)
변호사시험 제5회
춘천지방검찰청 공익법무관
대구고등검찰청 공익법무관
식품의약품안전처 공익법무관
과학기술정보통신부 공익법무관
법무법인(유) 대륙아주 변호사

제2판
위탁선거법강의

초판발행 2022년 10월 18일
제2판발행 2025년 2월 28일

지은이 이용복 · 윤상화
펴낸이 안종만 · 안상준

편 집 한두희
기획/마케팅 조성호
표지디자인 BEN STORY
제 작 고철민 · 김원표

펴낸곳 (주) 박영사
서울특별시 금천구 가산디지털2로 53, 210호(가산동, 한라시그마밸리)
등록 1959. 3. 11. 제300-1959-1호(倫)
전 화 02)733-6771
f a x 02)736-4818
e-mail pys@pybook.co.kr
homepage www.pybook.co.kr
ISBN 979-11-303-4886-5 93360

정 가 43,000원